Wolf-Eberhard Barth

Praktischer Umwelt- und Naturschutz

Wolf-Eberhard Barth

Praktischer Umwelt- und Naturschutz

Anregungen für Jäger und Forstleute, Landwirte, Städte- und Wasserbauer sowie alle anderen, die helfen wollen

Mit 33 Farbbildern auf Tafeln,
36 einfarbigen Fotos und 82 Zeichnungen

Verlag Paul Parey · Hamburg und Berlin

CIP-Kurztitelaufnahme der Deutschen Bibliothek

Barth, Wolf-Eberhard:
Praktischer Umwelt- und Naturschutz: Anregungen für Jäger u. Forstleute, Landwirte, Städte- u. Wasserbauer sowie alle anderen, d. helfen wollen / Wolf-Eberhard Barth. — Hamburg; Berlin: Parey, 1987.
ISBN 3-490-13318-8

Anschriften: Spitalerstraße 12, D-2000 Hamburg 1
Lindenstraße 44–47, D-1000 Berlin 61.
Printed in Germany.

Satz: PLS-PareyLaserSatz, Berlin.

Lithographie: Carl Kruse, Hamburg.

Druck und buchbinderische Verarbeitung:
Hubert & Co., Göttingen.

Umschlaggestaltung: Jan Buchholz und Reni Hinsch, Hamburg, unter Verwendung von zwei Farbbildern von Barth und Hullen.

ISBN 3-490-13318-8

Vorwort

Es ist besser,
ein kleines Licht anzuzünden,
als auf die Dunkelheit zu schimpfen.
Chinesisches Sprichwort

Obwohl drei Viertel der Bundesbürger den Umweltschutz heute zu den wichtigsten Aufgaben der Politik zählen und bereits etwa 5 Mio Mitmenschen in Umweltverbänden organisiert sind, treffen die meisten Umweltsünder immer noch auf eine Allgemeinheit, die sich gar nicht geschädigt fühlt und deshalb zu wenig wehrt.

Obwohl die Worte »Umweltschutz - Naturschutz - Ökologie« heute in aller Munde sind und das vorhandene gesetzliche Instrumentarium besser ist als sein Ruf, geht es immer noch rapide bergab mit unserem Lebensraum.

Es ist eine weit verbreitete, aber gefährliche Illusion, zu glauben, daß der Staat oder die Industrie allein in der Lage wären, unsere Umweltprobleme zu lösen. Dieser Trugschluß vernebelt unser persönliches Verantwortungsbewußtsein, läßt uns allzu leicht tatenlos verharren und unbewußt weiter an der Zerstörung unserer Lebensgrundlagen teilhaben. Aber wer andererseits mit seinen guten Taten heute nicht nur bei sich selbst anfängt, sondern auch noch versucht, auf andere einzuwirken, wird feststellen müssen, daß er häufig gegen eine elastische »Gummiwand« aus Unwissenheit, Kurzsichtigkeit, Anspruchsdenken und Maschinenhörigkeit anrennt. Jeder aktive Naturschützer kennt diese Gummiwand und ist vielleicht häufig enttäuscht und deprimiert, bis er sich im Interesse der Allgemeinheit wieder aufrafft — um gegen die nächste Wand zu rennen. Aber er muß es tun! Bezeichnend und ermutigend ist dabei immer wieder, daß die vermeintlichen »Gegner« an der »Gummiwand« in Wirklichkeit fast immer gutwillige Mitbürger sind, die von der Harmlosigkeit ihrer eigenen Umweltsünden überzeugt sind. In erster Linie liegt das daran, daß die meisten unserer Gesprächspartner nicht wissen, wie spät es eigentlich in unserer Umwelt ist, und noch immer den Resultaten eines Denkens folgen, das früher Gültigkeit hatte oder doch zu haben schien. Die Dimension unserer Umwelt- und Naturschutzprobleme ist nur wenigen bekannt. Darüber hinaus sind den meisten die Folgewirkungen ihres Handelns nicht bewußt.

Mit diesem Buch möchte ich deshalb versuchen, Augen und Ohren für zunächst unscheinbare, weil alltägliche Umweltsünden zu öffnen und Anregungen für Verbesserungen zu vermitteln, die wir selbst bewirken können. Dabei erscheint es mir unerläßlich, zunächst gewissermaßen einen Uhrenvergleich vorzunehmen, damit wir besser erahnen können, wie spät es tatsächlich in unserer Umwelt schon ist. Nur wenn wir den Zeigerstand besser erkennen und über die Darstellung einiger ökologischer Grundlagen auch noch begreifen, wie die Uhr weiterläuft, dann werden wir die Möglichkeiten abschätzen können, die wir in unser aller Interesse nutzen müssen.

Wenn ich dabei einige Bereiche vor unser aller Haustür besonders aufs »Korn« nehme und einige Mißstände als Beispiele recht schonungslos anspreche, dann sei jeder um Verständnis dafür gebeten. Nicht die Anklage in irgendeiner Form ist Zweck dieses Buches, sondern die daraus resultierende Aufforderung an uns alle, Fehler zu erkennen, zu beseitigen und unsere Umwelt biologisch zu bereichern, ökologisch zu stabilisieren und lebens- wie liebenswerter zu gestalten. Niemand braucht sich jeden genannten »Schuh« anzuziehen, aber für jeden ist ein »Schuh« dabei, der paßt! Die recht komplizierte Materie einiger Themen erfordert eine teilweise recht differenzierte Erläuterung. Dennoch soll dieses Buch weder wissenschaftliche Abhandlung sein noch Anspruch auf Vollständigkeit erheben. Der verantwortungsbewußte Leser soll lediglich in die Lage versetzt werden, gewisse Empfehlungen fundiert auf die engere Heimat zu übertragen, Probleme besser zu erkennen und aktiv an Verbesserungsmöglichkeiten mitzuwirken. Jeder an seinem Platz! So möchte ich mit diesem Buch ein wenig zum Verständnis, ein wenig zur Versöhnung und möglichst viel zum Handeln in und mit unserer natürlichen Umwelt anregen. Die Freiheit und die Aufgabe haben wir alle, uns in irgendeiner Weise auf den Weg zu machen und uns mit unserer lebensnotwendigen Natur guten Gewissens zu identifizieren.

Beim Umwelt- und Naturschutz sind unsere Möglichkeiten auch unsere Pflichten!

Inhalt

Was zählt, ist die helfende Tat,
und was uns einmal fehlen könnte,
sind die helfenden Taten,
die wir zu tun versäumten.
Curt Goetz

1 Auch weltweite Umweltprobleme gehen uns alle an

Wir haben die Erde nicht von unseren Vätern geerbt — wir haben sie von unseren Kindern geliehen!
Sprichwort der amerikanischen Amish People

Es gibt ein Wort von Albert Schweitzer, das nachgerade immer mehr Gültigkeit bekommt: »Der Mensch hat die Fähigkeit, vorauszublicken und vorzusorgen, verloren. Er wird am Ende die Erde zerstören.« Die Entwicklung der letzten 20 Jahre hat diese düstere Prognose in beängstigender Form bestätigt, mehr noch, die Beschleunigung der Entwicklung führt zu ernsten Mahnungen, die uns alle wachrütteln müssen:

> »Ich will die Zustände nicht dramatisieren«, sagte U Thant 1969, »aber nach Informationen, die mir als Generalsekretär der Vereinigten Nationen zugehen, haben nach meiner Schätzung die Mitglieder dieses Gremiums noch etwa ein Jahrzehnt zur Verfügung, ihre alten Streitigkeiten zu vergessen und eine weltweite Zusammenarbeit zu beginnen, um das Wettrüsten zu stoppen, den menschlichen Lebensraum zu verbessern, die Bevölkerungsexplosion niedrig zu halten und den notwendigen Impuls zur Entwicklung zu geben. Wenn eine solche weltweite Partnerschaft innerhalb der nächsten zehn Jahre nicht zustande kommt, so werden, fürchte ich, die erwähnten Probleme derartige Ausmaße erreicht haben, daß ihre Bewältigung menschliche Fähigkeiten übersteigt.«

Im Jahre 1972 hat der Mathematiker Dennis Meadow (USA) mit umfassenden Computermodellen wichtige Größen — wie die weltweite Bevölkerungsentwicklung, die Umweltverschmutzung — bis zum Jahre 2100 hochgerechnet. Alle verschiedenen, danach abgeleiteten Prognosen endeten in einer weltweiten Katastrophe. Die bekannte Umweltstudie »Global 2000« belegt diese Entwicklung sehr detailliert.

Zweifellos trifft der Tübinger Sozialforscher Tenbruck die internationale Situation wie den Nagel auf den Kopf, wenn er sagt: »Eine Welt, die auf Fortschritt baut, stürzt in Ratlosigkeit, wenn ihr dieser Fortschritt plötzlich zur unberechenbaren Größe wird.« Nur werden wir uns diese Ratlosigkeit national wie international künftig nicht mehr leisten können:

> **»Bei Wissen über die derzeitige ökologische Krise der Welt, die größer als die gegenwärtige Friedenskrise der menschlichen Völker und größer als die Energiekrise ist, wird der Politiker, der nicht dagegen handelt, an der Verletzung der biologischen Verfassung dieser Welt vorsätzlich schuldig.«** (Heydemann, in Lühl, 1984)

Das geht uns alle an, und mitschuldig ist jeder von uns. Viel wichtiger aber als die Frage nach der Schuld, deren Wurzeln sich ohnehin verlieren, ist die Bewußtmachung der eng verknüpften Zusammenhänge zwischen unserem alltäglichen Leben und den nationalen und internationalen Umweltproblemen. Wir müssen durch Aufklärung erreichen, daß die Qualität der natürlichen Umwelt nicht nur zum höchsten nationalen, sondern möglichst auch internationalen Ziel erklärt wird.

Die Beispiele aus dem internationalen Bereich können die globalen Umweltprobleme natürlich nur kurz skizzieren. Aber die Bundesrepublik ist als eine der führenden Industrienationen, ob sie es will oder nicht, durch ihre internationalen wirtschaftlichen Verflechtungen an diesen Problemen und der globalen Umweltzerstörung maßgeblich beteiligt. Es wäre für uns als Bürger dieser Nation sicher Befriedigung und Gewissensberuhigung zugleich, wenn die Bundesrepublik Deutschland nach dem Verursacherprinzip in Sachen Umwelt- und Naturschutz eine größere Verantwortung im internationalen Vergleich wahrnähme, als sie es in ihrer Eigenschaft als Industriestaat zur Zeit tut. Mit zunehmender Kenntnis der Zusammenhänge wird die Bevölkerung dies erwarten.

1.1 Bevölkerungsexplosion

Handeln, ohne zu denken, ist wie schießen, ohne zu zielen.
B. C. Forbes

Die Weltbevölkerung wird von rd. 4 Mrd im Jahre 1975 auf über 6 Mrd im Jahre 2000 anwachsen. Um die Jahrtausendwende wird die Bevölkerung um 100 Mio. Menschen jährlich zunehmen, im Vergleich wuchs sie im Jahre 1985 um rd. 80 Mio. Rund 90 % dieses Wachstums fallen auf die ärmsten Länder der Erde. Weit über zwei Mrd Menschen leben in Ländern, deren Bevölkerung um mehr als 2 % jährlich wächst. Eine Bevölkerung, zu der jährlich 2,1 % mehr Menschen hinzukommen, ist nach 33 Jahren doppelt so groß. Bei den erwarteten Wachstumsraten würde die Weltbevölkerung um das Jahr 2030 bereits 10 Mrd erreichen, so daß zu Lebzeiten unserer Kinder oder Enkel bereits der Zustand äußerster Belastbarkeit der gesunden Erde zu erwarten ist. Einige Völker in Afrika und im asiatischen Himalaya haben die Belastbarkeit ihrer Lebensräume schon heute überschritten. Die Folgen sind uns als Armut, Hunger und Krankheit hinreichend bekannt. Damit eine Bevölkerung weder zu- noch abnimmt, müssen pro Frau 2,1 Kinder geboren werden — in den Entwicklungsländern mit ihrer hohen Kindersterblichkeit sind es zwischen 2,2 und 2,3 Kinder. Die Bevölkerungsexplosion findet in der Dritten Welt statt mit einer Geburtenrate der Asiatinnen (ohne China und Japan) von 4,2, der Lateinamerikanerinnen von 4,5 und der Afrikanerinnen von 6,4 Kindern gegenüber 1,9 in Europa und Nordamerika bzw. 2,3 in der Sowjetunion.

Wo die Bevölkerungsentwicklung in so explosiver Weise verläuft, kann die ohnehin geringe wirtschaftliche Entwicklung nicht Schritt halten. Nach einer Statistik der Weltbank gab es im Jahr 1980 in den Entwicklungsländern (ohne das Milliardenvolk China) 840 Mio. Arbeitskräfte. 249 Mio. oder knapp 30 % von ihnen hatten keine für den Lebensunterhalt ausreichende Arbeit. Nach einer Schätzung der UN-Agrarorganisation FAO können in fünfzehn Jahren 65 Länder ihre Bevölkerungen nicht mehr ohne umfangreiche Nahrungsimporte ernähren (Beisel, 1984). Die UNESCO und u. a. kirchliche Hilfsorganisationen wollen den täglichen Hungertod von 40.000 Kindern durch Nahrungsspenden verhindern. Wirklich verhindern kann man ihn nur dann, wenn diese Kinder nicht geboren werden. So hart es klingen mag, Appelle an das Mitleid verschleiern das Problem.

Jede Tierpopulation reguliert sich zu irgendeinem Zeitpunkt auf verschiedene, meist arttypische Weise selbst, wenn Raum und Nahrung knapp werden. Den Beginn der Selbstregulation kann man durch »Zufütterung« oder »Raumvergrößerung« zwar hinauszögern, erreicht damit aber nur eine Verschiebung, d. h., die sogenannten »kompensatorischen Sterblichkeitsfaktoren« greifen so oder so, wenn der Zeitpunkt der »Überpopulation« erreicht wird. Das gilt selbstverständlich auch für die »Population Mensch«. Das bedeutet »natürliche Regulation« mit der Härte der Natur — oder aber sinnvolle Vorbeugung durch angemessene Geburtenkontrolle. Jede Entwicklungshilfe, die diese harte Konsequenz mißachtet, schiebt die Katastrophe nur vor sich her.

1.2 Energiehaushalt

In Amerika wurde eine Maschine erfunden. Sie pflanzt Kartoffeln, bewässert sie, erntet sie ab, wäscht sie, kocht sie und ißt sie auf.
Ephraim Kishon, Satiriker

Die manchmal immer noch unbeteiligte oder gar verharmlosende Reaktion einiger Bevölkerungskreise auf das internationale Waldsterben ist ein Indiz dafür, daß die Zusammenhänge unserer Lebensgrundlagen und die Abhängigkeiten jeglichen Lebens von pflanzlicher Produktion wenig bekannt sind. Jedes Lebewesen benötigt zur Entwicklung und Aufrechterhaltung aller Lebensvorgänge Energie. Diese Energie muß überall auf der Welt erst einmal gebunden werden, ehe sie für einen Organismus verfügbar wird. Dafür gibt es nur eine Möglichkeit, von der letztlich alles Leben auf der Erde abhängt: Es ist die Kunst der Natur, Sonnenenergie zu binden, indem sie bei der Assimilation mit Hilfe des Chlorophylls (Blattgrün) der Pflanzen die Sonnenenergie benutzt, um aus den Grundbausteinen Wasser und Kohlendioxid Zuckermoleküle herzustellen. Von dieser Primärproduktion sind alle Lebewesen mit ihrem speziellen Energiehaushalt abhängig. Jede Beeinträchtigung pflanzlichen Lebens — z. B. durch Immissionen — trifft unsere eigenen Lebensgrundlagen.

Ohne Pflanzen gibt es keine Energiebindung in der Nahrung und damit auch kein anderes Leben. Beim Verbrauch stammt gegenwärtig 90 % aller von uns genutzten Energie aus der Überproduktion der Pflanzenwelt in vergangenen Jahrmillionen (Kohle, Öl- und Gaslagerstätten). Wir verbrauchen heute mehr Energievorräte, als die Natur in der gleichen Zeit wieder binden kann. In dieser Betrachtung ist auch der Energieschwund bei der heutigen Veredelungswirtschaft von Bedeutung: Mit jeder Stufe einer Nahrungskette — pflanzlicher Primärproduzent —> pflanzenfressende Tiere —> fleischfressende Tiere als Konsumenten — geht Energie verloren. Etwa 90 % werden im Stoffwechsel veratmet, und nur rd. 10 % werden in der Körpersubstanz des Konsumenten gebunden. Pflanzenfresser können also nur etwa 10 % der in den Nahrungspflanzen enthaltenen Energie in eigene Körpersubstanz »einbauen«. Tiere, die in der nächsten Stufe Pflanzenfresser konsumieren, können ebenfalls nur rd. 10 % der in ihrer Fleischnahrung gebundenen Energie in eigener Körpersubstanz festlegen, d. h. nur mehr 1 % der ursprünglich von den Pflanzen gebundenen Energie.

Hochgerechnet ergeben diese Tatsachen bei Berücksichtigung der menschlichen Mischkost aus pflanzlicher und tierischer Nahrung, daß die Tragfähigkeit der Erde schon bei etwa 7,5 bis 15 Mrd Menschen erschöpft ist. Dabei muß darauf hingewiesen werden, daß die Industriestaaten der Welt — rd. 25% der Weltbevölkerung — fast 75 % der in der Welt eingesetzten Energie verbrauchen. Während ein Nordamerikaner im Durchschnitt jährlich die Energie von 11.000 kg SKE (= Steinkohleeinheit) verbraucht, ein Bundesbürger 6.600 kg und ein Sowjetbürger 6.100 kg, muß sich ein Afrikaner mit jährlich 250 kg SKE-Energie begnügen. Dieses Mißverhältnis wird sich in Zukunft infolge der Bevölkerungsexplosion in der Dritten Welt vergrößern. Die Energiekalkulation in Beziehung gesetzt zur Bevölkerungsexplosion zeigt, daß die Energiefrage nicht nur das Kernproblem unserer Wirtschaftssysteme einschließlich des Umweltschutzes ist, sondern auch der zentrale Faktor für jede Art von Leben.

1.3 Ausbringung von Pestiziden (= Bioziden)

Wir sind dabei, die Erde zu ermorden!
Ehrlich, USA

Die Weltproduktion der wichtigsten Pestizidarten, umgerechnet auf Millionen US $ im Wert von 1978, hat folgende Steigerungen erreicht:

Tabelle 1

Pestizide	1978	1980 in US $	1984	Steigerung 1980-1984 in %
Herbizide (Pflanzengifte)	3.716	4.226	4.792	13,4
Insektizide (Insektengifte)	3.028	3.357	3.822	13,8
Fungizide (Pilzgifte)	1.539	1.686	1.965	16,6

Gewichtsmäßig bedeutet das, daß die Industrie jährlich über 2 Mrd kg Pestizide produziert, mehr als ein halbes Kilo pro Erdbewohner. Laut Weltgesundheitsorganisation »WHO« wird in der Dritten Welt durchschnittlich jede Minute eine Person Opfer von Pestizidvergiftungen in irgendeiner Form. Ein kleines Beispiel soll dies verdeutlichen:

Galecron ist eines der vielen hochgiftigen Pestizide, die fast ausschließlich für den Export in Entwicklungsländer produziert werden. Der aktive Wirkstoff des Galecron ist das CDF (Chlorodimeform), das wegen seiner hohen Giftigkeit und krebsfördernden Wirkung im europäischen Herstellerland selbst nicht angewendet wird. Aus den gleichen Gründen gingen die Exporte in den USA von 600 t im Jahr 1974 auf 198 t im Jahre 1980 zurück. Laut WHO wurde es 1979 in neun Ländern, den USA, Mexiko, Bolivien, Kolumbien, El Salvador, Honduras, Guatemala, Ägypten und Australien, hauptsächich zum Schutz der Baumwollpflanzen eingesetzt. Es wird in der Regel von Flugzeugen versprüht, so daß es je nach Wind auch auf benachbarte (Gemüse-)Felder und ins Wasser gelangt. Gefährlich ist schon der direkte Kontakt, dem diejenigen Personen ausgesetzt sind, die das Galecron be- und entladen, zubereiten und schließlich spritzen. Während die Arbeiter, die das Gift in Europa produzieren, extreme Sicherheitsüberwachungen geniessen, die mit denen in Atomkraftwerken vergleichbar sind, gibt es in den Abnehmerländern kaum Sicherheits- oder Aufklärungsmaßnahmen über die Gefährlichkeit dieses Giftes.

Diese Probleme betreffen uns alle. Spektakulär sind Unglücksfälle mit Dioxin. Aber wieviele andere bleiben unbekannt? Allein 1971 wurden 14 Fälle wild abgelagerten Giftmülls in der Bundesrepublik aufgeklärt, darunter einer, bei dem Gift — ausreichend für den Tod von 250 Mio Menschen — beseitigt werden mußte. Ein anderes Beispiel von Wirkungsunterschätzung und Unbekümmertheit bei der Ausbringung von Pflanzengiften kommt gegenwärtig in den USA in Form der wahrscheinlich größten Schadensersatzforderung (ca. 40 Mrd US $) ans Tageslicht:

> Von 1962 bis 1971 haben die Amerikaner ca. 45 Mio l des Pflanzengiftes »Agent Orange« auf vietnamesische Wälder zur Entlaubung gesprüht. Bei der Herstellung dieses Pflanzengiftes fällt als Nebenprodukt Dioxin an, neben Nervengas der giftigste Stoff, den Chemiker jemals hergestellt haben (tausendfach giftiger als Arsen oder Zyanid). Obwohl dies seit 1957 bekannt war, wurde Dioxin nicht ausreichend von »Agent Orange« getrennt. Wie so oft bei der Pestizidanwendung wurde auch hier das Herbizid ausdrücklich als »harmlos für Menschen und Tiere« beschrieben. Die Soldaten hielten es für derart ungefährlich, daß viele Transportfässer sogar als Grillöfen benutzt wurden. Heute leiden rd. 60.000 Vietnam-Veteranen an schlimmen Hauterkrankungen bis hin zu den schrecklichsten Formen von Krebs. Viele sind bereits daran gestorben. Die Worte eines unheilbar an Darmkrebs erkrankten 28jährigen: »Ich starb in Vietnam und habe es nicht gewußt« kennt jeder Veteran in Amerika. Mindestens 1000 Kinder, die mit schweren Geburtsfehlern zur Welt kamen, sind die zweite Opfer-Generation, wie sie gerade in Vietnam beschrieben werden. Erst 1979 verbot die amerikanische Umweltschutzbehörde die Verwendung dioxinhaltiger Sprühmittel in der Forstwirtschaft. (Der Stern, März 1982)

Bis zum Jahr 2000 wird mit einer mehr als 10fachen Steigerungsrate der Pestizidausbringung gegenüber 1971 bis 1973 gerechnet. Die Hälfte der in den unterentwickelten Ländern verwendeten Pestizide sind beständige und deshalb besonders gefährliche organogene Chlorverbindungen.

Trotz verschiedenster Vorsichtsmaßnahmen seitens der Länder darf nicht verkannt werden, **daß Produkte angewandt werden, ohne daß die langfristigen ökologischen Folgen und Gefahren für den Menschen bekannt sind.**

Als Folgen des Pestizideinsatzes zeichnen sich heute u. a. folgende Umweltprobleme ab:

— Biologische Ausdehnung und Konzentration von beständigen Pestiziden im Gewebe der höher klassifizierten räuberischen Arten, einschließlich des Menschen. Beim DDT erfolgt die Konzentrationserhöhung z. B. vom Meerwasser bis zu den fischfressenden Vögeln etwa um das 50.000 bis 250.000fache. Beim Mensch ist der bis zu 50.000fache Wert der Meerwasserkonzentration nachgewiesen (vgl. Kap. 4).

— Steigende Resistenz gegen Pestizide führt bei zahlreichen Schädlingen in einen Teufelskreis: Immer höhere Mengen und immer stärkere Mittel werden eingesetzt werden müssen.

— Zerstörung natürlicher Schädlingsvertilger, wie z. B. insektenfressender Vögel und räuberischer Insekten. Das natürliche Gleichgewicht innerhalb aller Räuber-Beute-Beziehungen wird immer mehr zerstört.

— Auftauchen neuer Schädlinge, die vorher nicht schädlich waren. Das liegt daran, daß die bisherigen Konsumenten dieser Schädlinge verdrängt wurden.

— Die Gefährdung der die Pestizide ausbringenden Personen und die Wahrscheinlichkeit der Nichteinhaltung der Anwendungsvorschriften sind in den Entwicklungsländern viel größer, weil dort die Leute am Ausbringungsort oft kaum lesen können.

— International steigende Pestizidrückstände in Nahrungsmitteln, deren Summenwirkungen auf den Menschen unbekannt sind. Auch mögliche Wechselwirkungen mit Medikamenten können kaum erforscht werden.

1.4 Waldzerstörung und Wüstenneubildung

»Für uns Abendländer besteht alle Kultur darin, daß wir zugleich an unserer Vollendung und an der der Welt arbeiten.«
Albert Schweitzer

Die Wälder der Erde werden mit einer Geschwindigkeit von 18 bis 20 Mio ha jährlich beseitigt. Bis zum Jahr 2000 werden die Nutzholzvorräte pro Kopf um rd. 50 % zurückgehen. In jeder Minute werden 14 bis 20 ha geschlossene Tropenwälder abgeholzt, im Jahr 7,3 Mio ha, mehr als die Gesamtwaldfläche der Bundesrepublik Deutschland. Für diesen Kahlschlag gibt es mehrere Gründe: Land- und Feuerholzbedarf infolge der Bevölkerungsexplosion in den Entwicklungsländern, Devisen durch den Verkauf von Edelhölzern. »Die Zerstörung des Waldes wäre für die Menschheit noch viel schlimmer als die Erschöpfung des Erdöls«, kommentierte die »Allgemeine Forstzeitschrift«. Daten der Ernährungs- und Landwirtschaftsorganisationen der Vereinten Nationen (FAO) zeigen, daß 1980 etwa zwei Mrd Menschen, d. h. drei Viertel der in den Entwicklungsländern lebenden Bevölkerung, von Brennholz und anderen traditionellen Brennstoffen für ihren täglichen Energiebedarf abhängig waren. In der gesamten Dritten Welt sind etwa 1,15 Mrd Menschen vom Brennholzmangel betroffen. Etwa 100 Millionen können bereits jetzt ihren Mindestenergiebedarf nicht decken. Weitere 1,05 Mrd in ländlichen Gebieten sehen sich einer zunehmenden Brennstoffverknappung gegenüber. Die Exporte von Tropenhölzern stiegen von 113.000 m^3 im Jahr 1961 auf 19 Mio m^3 im Jahr 1979. Tropische Regenwälder können nicht wieder angepflanzt werden, wenn sie einmal vernichtet sind! Ein Grund dafür ist, daß im feucht-warmen Klima die Abbauvorgänge im Boden sehr rasch und fast ohne Bildung von Humusstoffen ablaufen. Bei den tropischen Regengüssen werden daher die Nährstoffe leicht ausgewaschen. Mineraldünger wirken dann nur ertragssteigernd, wenn genügend Wasser vorhanden ist. Gerade daran fehlt es aber in vielen Gebieten. Künstliche Bewässerungen ziehen meist einen ganzen Rattenschwanz ökologischer Probleme nach sich: Versalzung der Böden (durch die hohe Verdunstung), Verbreitung von Krankheiten, Verschlammung der Staubecken usw. In den trockenen Gebieten droht bei unvorsichtiger Landnutzung ständig die Wüste. **Zuerst werden die spärlichen Baumbestände abgeholzt, dann zerstören die Viehherden die Busch- und Grasvegetation, schließlich kommen mit der Dürre die Hungerkatastrophen und häufig die Wüste für immer.** So kann man es z. B. heute in der Region südlich der Sahara, in der Sahelzone, beobachten. Hier rückt an manchen Stellen die Wüste jährlich um 50 km vor. Auch das Umweltprogramm der Vereinten Nationen sieht einen engen Zusammenhang zwischen dem Fortschreiten der Wüste, der Dürre und dem Hunger in weiten Teilen Afrikas. In Äthiopien waren 1936 noch 39 % des Hochlandes bewaldet; heute sind es noch ganze 3 %. Fast 80 % der gesamten Erosionsfracht aller Flüsse der Erde werden von Südostasien sowie den Amazonas- und Kongobecken geliefert. Das sind die Gebiete mit den höchsten Waldverlusten vor allem durch Rodung für Kulturen. »Wenn Abflußmenge und Sedimentationsfracht der Flüsse in den Tropen durch die Entwaldung weiter zunehmen, wird dies nicht ohne Auswirkungen auf die benachbarten Ozeane bleiben«, stellt die Bundesforschungsanstalt für Forst- und Holzwirtschaft in Hamburg fest. Diese Ozeane seien zusammen mit den tropischen Waldgebieten wesentliche Motoren des Weltklimas. In früheren Jahren währte die Regenzeit z. B. in manchen afrikanischen Regionen noch sechs Monate, jetzt weniger als drei (Lucius, 1984). Die Holzvorräte werden weltweit in den unterentwickelten Ländern drastisch zurückgehen. Voraussichtlich bis zum Jahre 2020 wird praktisch der gesamte zugängliche Wald in diesen Ländern abgeholzt sein. Die Preise für alle Holzprodukte werden daher mit abnehmendem Angebot und ansteigendem Bruttosozialprodukt stark ansteigen. Da Bäume für höherwertige Nutzholzzwecke 100 und mehr Jahre benötigen, ist auch aus diesen Gründen ein stabiler Waldbau auf ökologischer Basis eine gute Form der Daseinsvorsorge. Ein hoher Wertzuwachs heute noch unrentabler, aber bereits mittelalter Bestände ist auch bei uns nach der Jahrhundertwende vorhersehbar. Man muß diese Entwicklung einmal in einem globalen und zum besseren Verständnis auch in einem historischen Zusammenhang sehen: Die Landoberfläche unserer Erde ist 136 Mio km^2 groß; zwei Drittel davon sind lebloses Gestein oder Wüste, 10 % werden als Anbaufläche genutzt, und weitere 25 % sind Weide und Waldfläche. Bodenerosion als Folge der Entwaldung Griechenlands beschrieb bereits Plato vor 2400 Jahren. Verschiedene Länder um das Mittelmeer haben infolge der Waldverdrängung größte Bereiche fruchtbaren Bodens durch nachfolgende Erosionen verloren. Spanien war einstmals das blühendste Land Europas, die Kornkammer des Römischen Reiches, und heute ist die Hälfte seines Bodens nicht mehr anbauwürdig. Der Anteil des Waldes ist auf 9,9 % der Gesamtfläche zusammengeschrumpft. Auch die USA, das Land mit den größten Exporten an Nahrungs- und Futtermitteln, haben heute große Verluste durch Erosion. Im Laufe ihrer Geschichte haben die USA etwa 1/3 ihres landwirtschaftlich genutzten Landes verloren. Jährlich werden 4 Mrd t Ackerboden durch Wasser fortgeführt, 1 Mrd t durch Wind. Schwerwiegende Probleme für die Nahrungsmittelproduktion in all diesen Gebieten sind damit vorprogrammiert.

1.5 Wasserhaushalt

Umweltbewußtsein ist Generationsbewußtsein.
M. Rock

Die Bevölkerungs-, Bruttosozialprodukts- und Ressourcen-Prognosen der Global 2000-Studie lassen auf eine schnell wachsende Nachfrage nach Süßwasser schließen. Für den Zeitraum von 1975 bis 2000 wird weltweit eine Steigerung des Wasserverbrauches um 200 bis 300 % erwartet. Es ist vorhersehbar, daß die Beibehaltung der kurzsichtigen nationalen und internationalen Wasserwirtschaftspolitik schon in absehbarer Zeit zu deutlichen Problemen führen wird. Dazu zählen die Verschmutzung der Fließ- und Stehendgewässer sowie der Weltmeere (jährlich kommen 250 Mio t Abfälle in die Meere, dazu 5 bis 10 Mio t Öl), der Raubbau am Grundwasser durch Entnahme, als Folge der großen Waldverluste oder durch weitreichende Vergiftungen, die Zerstörung der natürlichen Selbstreinigungskräfte vorhandener Gewässersysteme (Destabilisierung, Abholzung der Wassereinzugsgebiete und Gewässerränder mit der zwingenden Folge von Hochwässern, Erosionen, Verschlammungen, Wassermangel in Trockenzeiten). Die Weltmeere werden zu Kloaken der Zivilisation. Durch Überfischung ist der Fischfang weltweit heute bereits um 24 % zurückgegangen, er wird bis zum Jahr 2000 einen bedrohlichen Tiefstand erreichen.

1.6 Verdrängung von Pflanzen- und Tierarten

»Nicht Erbarmen, sondern Gerechtigkeit ist man dem Tiere schuldig.«
A. Schopenhauer

In den letzten 100 Jahren sind ca. 30.000 Pflanzenarten ganz oder fast verschwunden. Schätzungen deuten darauf hin, daß bis zum Jahre 2000 etwa 15 bis 20 % aller noch auf der Erde lebenden Arten ausgestorben sein können, vor allem aufgrund des Rückganges unberührter Lebensräume, aber teilweise auch infolge der Umweltverschmutzung. Der erwartete Artenrückgang wird über die Hälfte auf die Ausräumung oder Zerstörung der tropischen Wälder zurückgehen. Der potentielle Wert dieses genetischen Reservoirs ist immens. Die Arten des tropischen Waldes könnten bei angemessener Nutzung eigentlich eine dauerhafte Quelle neuer Nahrungsmittel (z. B. Nüsse, Früchte), pharmazeutischer Chemikalien, natürlicher Schädlingsvertilger, von Baustoffen, Spezialhölzern, Brennstoffen usw. bilden.

Auch die Einführung und Verbreitung fremder Arten haben zu schweren Schäden in einigen Ökosystemen der Welt geführt. Das Überleben einheimischer wild lebender Pflanzen und Tiere wird dabei gefährdet durch den nicht programmierten Existenzkampf oder z. B. die Übertragung von Krankheiten durch die eingeführten Arten. Man hat festgestellt, daß die Einführung exotischer Arten mit 19 % der drittwichtigste Grund für die Ausrottung von Wirbeltieren ist.

Diese Verdrängung von Pflanzen- und Tierarten hat mittelfristig einige sehr bedenkliche Aspekte. Dazu gehört auch die genetische Verarmung. Dies wird besonders deutlich beim Verschwinden von Unterarten und Varietäten von Getreidepflanzen. 4/5 der Weltnahrung stammen von weniger als zwei Dutzend Pflanzen- und Tierarten. Mehr als die Hälfte des mit Weizen angebauten Ackerlandes trägt z. B. lediglich eine genetisch identische Sorte. Wildwachsende lokale Pflanzensorten werden irgendwann benötigt, um den heute vielverwendeten Hochertragsvarietäten Resistenz gegen Schädlinge und Krankheitserreger einzukreuzen. Immer mehr setzt sich die Praxis der Monokultur einiger weniger Sorten durch, womit die Ernten anfälliger für epidemische Pflanzenkrankheiten und Schädlingsbefall werden, während gleichzeitig die genetischen Ressourcen, die helfen könnten, solchen Katastrophen zu begegnen, verlorengehen.

Artenvielfalt und genetische Vielfalt innerhalb der Arten einschließlich der genutzten domestizierten Tiere und Pflanzen bilden die einzige Versicherung gegen unkontrollierbare Massenentwicklungen von Organismen und damit auch gegen Seuchenzüge, die unsere Lebensgrundlagen bedrohen können.

2 Umweltprobleme der Bundesrepublik Deutschland trägt jeder mit

»Niemand beging einen größeren Fehler als jener, der nichts tat, weil er zu wenig tun konnte.«
F. Burke

Unwissenheit als Folge einer falsch gewichtenden Ausbildung oder vernebelnden Werbung, Nichtwissenwollen als Folge eines persönlichen Selbstschutzes und egoistisches Handeln auf Kosten der Allgemeinheit sind die wesentlichen Ursachen dafür, daß der Umwelt- und Naturschutz bei uns nur schleppend Fortschritte erzielt. Nichtwissen und Herunterspielen der sichtbaren Belastungen ist heute nicht nur leichtfertig, sondern sogar hochmütig und gefährlich. Die Kenntnis der folgenden Umweltprobleme ist Voraussetzung für die Entschlossenheit bei der Suche nach Auswegen. Denn von Ausweglosigkeit kann keine Rede sein, die Notausgänge stehen so weit offen wie Scheunentore. Aber wir müssen durch sie hindurch!

2.1 Luftverschmutzung — Die Rechnung wird unkalkulierbar

»Die Frage ist heute, wie man die Menschheit überreden kann, in ihr eigenes Überleben einzuwilligen.«
B. Russel

Mit der Luftverschmutzung steht das ökologische Gemeinwohl auf dem Spiel. Das Problem geht zurück auf die 50er Jahre, als der Mensch in unserem Raum zur bequemen, aber ökologisch, moralisch wie juristisch bedenklichen Fernverfrachtung von Luftschadstoffen in ungeheuren Mengen aus über 200 bis 300 m hohen Schornsteinen übergegangen ist. Die durchschnittliche Kaminhöhe der Hauptemittenten hat sich 1950 bis 1972 verfünffacht. Seit dieser Zeit schädigt der Mensch auch über 1000 km entfernt gelegene Gebiete, so daß den Betroffenen der direkte Verursachernachweis und damit eine wirksame Gegenwehr nicht möglich ist. Hohe Schornsteine und strenge Begrenzung der sichtbaren Staubemissionen haben zwar z. B. aus dem »rußigen Kohlenpott« das gesündere Ruhrgebiet »hervorgezaubert«, aber die giftigen und unsichtbaren Gase hat man überall auf die Reise zu unbekannten Nachbarn geschickt ... Heute müssen wir feststellen, daß wir alle diese Nachbarn sind, unsere Gesundheit (vgl. Abb. 1), unsere Wälder, Gewässer, Böden, Gebäude, Kunstwerke usw.

Da es außerordentlich viele Arten von Luftverschmutzungen gibt — das Emissionskataster im Raum Duisburg weist über 600 verschiedene Stoffe aus —, können auch die medizinischen Untersuchungen der exakten Zusammenhänge zwischen einzelnen Luftverschmutzungen und menschlichen Atemwegserkrankungen nur über EDV-Statistik zu Fortschritten führen. Auflagen des Datenschutzes setzen hier jedoch recht enge Grenzen (Lehringer, 1985). Die Abb. 1 kann nur einen groben Überblick über die Gesundheitsgefahren geben, die allgemein durch Luftverschmutzungen verursacht werden. Die wichtigsten Emissionen und dazugehörigen Emittentengruppen gehen aus Abb. 2 hervor und werden hinsichtlich ihrer Gefahren im folgenden etwas näher erläutert.

Schwefeldioxid (SO_2) — Ausstoß 3,0 Mio t

SO_2 entsteht vor allem bei der Verbrennung von Kohle, Erdöl und Erdgas. Die SO_2-Emissionen haben sich 1950 bis 1966 als Folge des gestiegenen Energieverbrauchs verdoppelt. Zusammen mit Wasser bildet SO_2 Schweflige Säure, H_2SO_3, und Schwefelsäure, H_2SO_4. Diese Säurebildung erfolgt überall beim

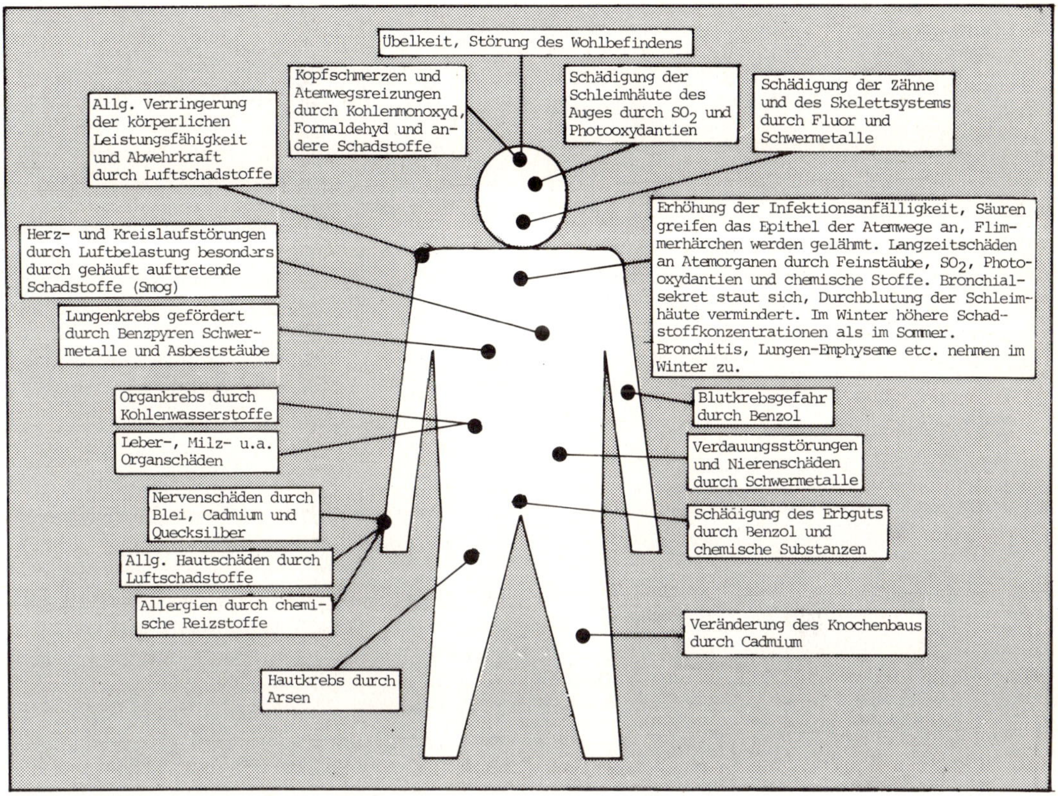

Abb. 1. Gesundheitsgefahren für den Menschen infolge Luftverschmutzung

Zusammentreffen mit Feuchtigkeit, sei es nun in Form von Regen, Schnee und Nebel oder sei es z. B. auf den feuchten Schleimhäuten unserer Atemwege. In den unteren Atemwegen werden die winzigen Flimmerhärchen der Bronchialschleimhaut, die abgefangene Fremdkörper rachenwärts zurücktransportieren, gelähmt — mit der Folge, daß sich in dem schutzlosen Organ Giftstäube anreichern können, die das Bronchialgewebe zerstören. Infektionen durch Krankheitskeime sind die Folge. Nach dem Statistischen Landesamt Berlin wird z. B. die Sterblichkeit älterer Bürger nach Wintertagen mit hohen SO_2-Werten um rd. 15 % erhöht. In Smogsituationen können sich in kurzer Zeit tödliche Gefahren ergeben, wie u. a. die Smogkatastrophe in London 1952 mit 4000 Toten gezeigt hat. Auch die Schädlichkeit krebserregender Kohlenwasserstoffe — wie Benzpyren — wird durch SO_2 deutlich verstärkt. So dürfte es wohl kein Zufall sein, daß im Saarland wie in Nordrhein-Westfalen, Ländern mit hoher SO_2-Belastung, Krebserkrankungen der Atmungsorgane besonders häufig auftreten — mit 109,3 bzw. 90,0 Toten pro 100.000 Männer gegenüber z. B. 62,3 in Bayern. Nach amerikanischen Untersuchungen bedeutet die SO_2-Belastung im Rahmen medizinischer Versorgung zusätzliche Kosten in Höhe von etwa 2,5 bis 63 US $ pro Kopf der Bevölkerung. Nach dem derzeitigen Kenntnisstand gehört die SO_2-Belastung der Luft zu den wichtigsten Ursachen des Waldsterbens. In den Hauptbelastungsgebieten (z. B. NRW, Hessen, Südniedersachsen) hat der jährliche Gesamteintrag von Schwefel schon 1974 den Wert von 100 kg Schwefel/ha überschritten. Nach Schätzungen des Deutschen Bauernverbandes muß jährlich Kalk für 1,5 Mrd DM nur deshalb auf die Äcker gestreut werden, weil die Versauerung durch SO_2 kompensiert werden muß. So kletterte denn auch der durchschnittliche Kalkverbrauch von 47,5 kg/ha im Jahre 1969/70 auf 92,9 kg im Jahre 1980/81.

Stickoxide (NO_x) — Ausstoß 3,1 Mio t

NO_x-Gase entstehen vor allem bei Hochtemperaturverbrennungen, z. B. von Kraftfahrzeug-

Emittentengruppe	Staub		Schwefeldioxid SO_2		Stickoxide NO_x als NO_2		Kohlenmonoxid CO		organische Verbindungen Kohlenwasserstoffe CH_x	
	1000t	%	1000t	%	1000t	%	1000t	%	1000 t	%
Kraft-und Fernheizwerke	154	22	1863	62	859	28	33	0,4	10	0,6
Industrie	420	60	756	25	434	14	1115	13,6	448	28,0
Summe Kraftwerke und Industrie		82		87		42		14		28,6
Kleinverbraucher Haushalte	63	9	279	9	115	4	1772	21	518	32,4
Verkehr	63	9	102	3	1692	55	533u	65	624	39
Summe	700 = 0,7 Mio t		3000 = 3,0 Mio t		3100 = 3,1 Mio t		9290 = 9,3 Mio t		1600 = 1,6 Mio t	

Abb. 2. Anteile der Emissionen und Emittentengruppen an den Gesamtemissionen in der Bundesrepublik Deutschland — Stand 1982; Quelle: Dritter Immissions-schutzbericht der Bundesregierung 1984

motoren. Mit der Bestandszunahme an Kraftfahrzeugen in der Bundesrepublik Deutschland (1960: 8 Mio KFZ, 1980 27 Mio KFZ = mit 2,3 Einwohnern pro PKW Weltspitze der Motorisierung) hat auch die Stickoxidemission eine Vervielfachung erfahren. Stickoxide bilden zusammen mit Feuchtigkeit (Regen, Nebel, Schnee, Schleimhäute u. a.) Salpetersäure, HNO_3. Über die Atemwege erfolgen Reizungen der Schleimhäute; höhere Konzentrationen führen zu Bronchitis und sehr hohe Konzentrationen können kurzfristig Lungenentzündungen mit tödlichem Ausgang hervorrufen. Zusammen mit anderen Schadstoffen — wie SO_2 und Feinstaub — werden die Schädigungen verstärkt. Besonders gefährdet sind Asthmatiker und Kleinkinder. Bei NO_x treten besonders hohe Belastungen für Bewohner an Hauptverkehrsstraßen und bei Verkehrsteilnehmern selbst auf. Neben einem Teil der Ursachen für das Waldsterben kommen auch Materialschäden, vor allem an Kunststoffen, auf das Konto der Stickoxide. Der jährliche Stickstoffeintrag über die Luft entspricht heute bei den Böden etwa der Menge der Stickstoff-Düngung, die vor dem Krieg in der Landwirtschaft üblich war.

Ozon, Peroxiacetylnitrat (PAN) und andere Photooxidantien

Diese Luftschadstoffe werden aus Stickoxiden und reaktiven Kohlenwasserstoffen unter Einwirkung von ultraviolettem Licht — deshalb »Photo«-oxidantien — gebildet. Wegen dieser chemischen Umwandlungsprozesse unter UV-Strahlung werden sie erst in weiterer Entfernung von den Quellen der Stickoxidemissionen wirksam. Ozon kommt normal in der Atmosphäre (40 bis 80 $\mu g/m^3$ in Bodennähe) vor und ist erst in höheren Konzentrationen ein stark giftiges Gas. Es ist ein starkes Oxidationsmittel, das bei Materialien (z. B. Autoreifen, Anstriche, Textilfarbstoffe) Schäden hervorruft. Es tötet Bakterien und Viren ab. In Gebieten mit den Vorläufersubstanzen (z. B. Verkehrsabgase) werden im Sommer gegen Mittag häufig höhere Konzentrationen (bis 400 $\mu g/m^3$) und gelegentlich in Ballungszentren auch Werte über 600 $\mu g/m^3$ nachgewiesen. Bei Mensch und Tier ist experimentellen Befunden zufolge schon ab einer Konzentration von etwa 200 $\mu g/m^3$ mit nachteiligen Wirkungen zu rechnen. Im Tierversuch ist eine Verminderung der Infektionsresistenz nachgewiesen worden. Übersteigt die Ozonkonzentration einen Wert von etwa 300 $\mu g/m^3$ Luft, kommt es zur Sichttrübung, zum sog. »photochemischen Smog« (»Los-Angeles-Smog«). Charakteristisch für diese Smogart sind beim Menschen Schleimhautreizungen. Geschädigt wird auch das Atemsystem und das Lungengewebe. Aus meßtechnischen Gründen wird häufig nur der Ozonanteil als Leitsubstanz gemessen. Auch diesen Luftschadstoffen wird eine Mitschuld am Waldsterben zugesprochen, da sie das Chlorophyll in Blättern und Nadeln sowie die Zellmembranfunktion zerstören.

Kohlenwasserstoffe (CH_x) — Ausstoß 1,6 Mio t

Bestimmte Kohlenwasserstoffe — wie z. B. Benzpyren —, die in Verbrennungsrückständen (Motoren, Hausbrand u. a.), Ruß, Teer, Tabakrauch, in gerösteten oder geräucherten Lebensmitteln sowie in bestimmten Mineralölen enthalten sind, gelten als gefährliche Substanzen, die schon in minimalen Konzentrationen stark krebserregend wirken. Hohe Konzentrationen können in Verdichtungsgebieten und auch im Wageninnern von Kraftfahrzeugen entstehen. Nach nur 30minütiger Fahrt in der Innenstadt steigt der Gehalt an krebserregendem Benzol im Wageninnern eines Autos auf mehr als das Doppelte der im Fußgängerbereich festgehaltenen Spitzenkonzentrationen (Umweltbundesamt). Laut einer Untersuchung der TH Zürich wurden 1982 rd. 40 % der in der Schweiz als Folge von Lungenkrebs registrierten Todesfälle von Autoabgasen verursacht - 1976 hat der Anteil noch bei 10 % gelegen. In Basel liegt die Lungenkrebs-Häufigkeit in den verkehrsdichten Stadtteilen um 40 % über dem Wert des Umlandes (FAZ, 39/1984).

Kohlenmonoxid (CO) — Ausstoß 9,3 Mio t

Kohlenmonoxid entsteht bei der unvollständigen Verbrennung von organischen Verbindungen und fossilen Brennstoffen (z. B. in Kraftfahrzeugen). Als reiz-, farb- und geruchsloses Gas wird es unbemerkt aufgenommen. Über die Lunge gelangt es ins Blut und beeinträchtigt den Sauerstofftransport aufgrund seiner hohen Bindungsfähigkeit an den roten Blutfarbstoff Hämoglobin. Der dadurch verursachte Sauerstoffmangel, der sich zunächst auf Herz und Gehirn auswirkt, kann je nach Konzentration zu Kopfschmerzen, verringerter Aufmerksamkeit, Schwindel, Ohrensausen, Übelkeit, Bewußtlosigkeit und tödlicher Atemlähmung führen. Durch hohe Spitzenkonzentrationen bei Verkehrsstoßzeiten und bei Smog sind insbesondere Herz- und Kreislaufkranke gefährdet.

Staub — Ausstoß 0,7 Mio t

Stäube sind in der Luft verteilte feste Teilchen. Die meist nicht sichtbaren feinen Stäube mit einem Teilchendurchmesser von weniger als 0,0002 mm können durch die Lungenbläschen direkt ins Blut gelangen. Sie können eine Vielzahl chemischer Verbindungen enthalten, die z. T. giftige, krebserregende und/oder erbgutverändernde Eigenschaften haben. Die Belastung der Biosphäre mit Stäuben aller Art ist heute auf den 100fachen Wert der Zeit um 1800 gestiegen. Zu den besonders gefährlichen Staubbestandteilen gehören Arsen, Asbest, Cadmium, Nickel, Blei, Chrom und polyzyklische aromatische Kohlenwasserstoffe. Je nach Zusammensetzung des Staubes können Atemwegserkrankungen (besonders bei gleichzeitiger hoher SO_2-Konzentration — gefährdet sind besonders Kinder), aber auch andere Vergiftungen des Körpers verursacht werden, die sich durch unspezifische Symptomatik äußern können, wie Abfall der körperlichen Leistungsfähigkeit, Unwohlsein, Schwächung der Immunabwehr und häufigeres Auftreten von Infektionskrankheiten (Wassermann, nach Bölsche, 1984). Einige Schwermetalle — besonders Blei und Cadmium — werden als Feinstäube weit verbreitet und reichern sich im Boden an, weil sie nicht abgebaut werden können. Mit zunehmender Bodenversauerung — »saurer Regen« mit pH 4,1 — werden sie leichter löslich und dann besonders giftig. Schwermetallanreicherungen einerseits und erhöhte Schwermetallmobilisierung durch Säureeintrag andererseits bedeuten ein unkalkulierbares Schadpotential. Gelöst gelangen nämlich Schwermetalle in die Pflanzen und mit diesen direkt oder über den Umweg der Fleischproduktion auf unseren Speisezettel oder aber mit dem Sickerwasser ins Grundwasser bzw. in unsere Fließgewässer.

Risikobehaftet ist auch die Erscheinung, daß sich Schwermetalle ähnlich wie andere Umweltgifte (z. B. DDT) im Körper speichern und z. B. durch seelischen Streß freigemacht werden, in den Kreislauf geraten und dann zu akuten Erkrankungen führen können. Beim Blei sind Blutarmut, Appetitlosigkeit, Verdauungsstörungen, Nierenschäden, Störungen des Spermas und der Fruchtbarkeit als Schäden beschrieben worden. Besonders bedenklich erscheinen auch die Folgen der unterschwelligen Bleivergiftungen auf die Psyche, wie Antriebslosigkeit, Ekel, Schwachsinn, Gefühlsverarmung, Kriminalität. Besonders neben häufig befahrenen Straßen weisen Pflanzen heute hohe Bleigehalte auf. Daher fordern Ökologen, breite Streifen entlang von Straßen nicht mehr landwirtschaftlich zu nutzen. Schutzgehölze wären statt dessen angebracht. Ähnlich ist es mit dem Cadmium, das u. a. über die Farb- und Kunststoffindustrie, über Verhüttungs- und Verbrennungsanlagen sowie als Verunreinigungsbestandteil über Phosphatdünger in unsere Umwelt gelangt. Fast in allen Nahrungsmitteln ist Cadmium heutzutage nachweisbar, die höchsten Konzentrationen wurden in Leber, Nieren und bestimmten Pilz- und Muschelarten festgestellt. Dieses Schwermetall zeigt bei Mensch und Tier toxische Wirkungen mit chemischen Effekten. Es wird als starkes Enzymgift beschrieben und führt zu Funktionsstörungen der Leber und vor allem der Nieren, zum Auftreten von Anämie, zur Beeinträchtigung der Fertilität sowie zur Demineralisation der Knochen infolge einer Kalziumausschwemmung; das letztgenannte Symptom war das überragende Merkmal der vor über 30 Jahren in Japan aufgetretenen Itai-Itai-Krankheit, an der Hunderte von Menschen erkrankten und viele starben. Sie hatten Reis von Flächen gegessen, die mit stark cadmiumhaltigen Industrieabwässern bewässert worden waren. Die Brisanz der Problematik liegt auch beim Cadmium darin, daß belasteter Boden nicht wieder zu reinigen ist, daß sich Cadmiumbelastungen und Bodenversauerung in den negativen Auswirkun-

Abb. 3. Der Wald stirbt wirklich in erschreckendem Ausmaß ab. Bereits über 50 % des bundesdeutschen Waldes ist mehr oder weniger krank. Dennoch sind derartige tote Zeugen selten zu sehen, weil der Forstmann aus Furcht vor einer drohenden Käferkalamität die absterbenden Bäume stets schnell entfernen muß. Dadurch wird die Wirklichkeit ungewollt kaschiert, weil die verbleibenden Bäume für Laien meist noch recht gesund aussehen und dann zu einer verharmlosenden Beurteilung der Luftverschmutzungsgefahren verleiten. (Foto: Archiv Norddeutsche Naturschutzakademie)

gen »hochschaukeln« und daß über die Nahrung aufgenommenes Cadmium weitgehend gespeichert wird (70 % in Leber und Nieren), so daß heute angegessene Vergiftungen vielleicht erst in 20 bis 30 Jahren in Erscheinung treten (Tataruch, 1984).

Walderkrankungen und Waldsterben durch Luftverschmutzungen

Der Wald ist der größte Bioindikator, der uns besonders anschaulich darauf hinweist, daß uns für grundlegende Gegenmaßnahmen nicht mehr viel Zeit bleibt. Mit den Wäldern sterben nicht nur unsere Bäume und Böden, sondern auch unsere Luft- und Wasserfilter, unsere Trinkwasserspeicher und Lärmschlucker, unsere Rohstofflieferanten und Erholungsgebiete, unsere Schutzwälle gegen Hochwasser, Lawinen und Steinschlag. Ohne Bergwald könnten z. B. in den Alpen nur noch 10 % der jetzigen Bevölkerung leben, da die Täler durch verheerende Überschwemmungen, Schnee- und Geröllawinen bedroht würden.

Betroffen von den Schäden sind alle Baumarten, Reinbestände wie artenreiche Mischbestände, Wirtschaftswälder wie Naturwälder mit natürlichen Baumarten, so daß natürliche Ursachen nicht in Frage kommen können. Ähnliche Schäden sind bereits über 100 Jahre als Rauchschäden bekannt, die sich allerdings infolge niedriger Schornsteine auf eng begrenzte Räume und klar erkennbare Schadstoffquellen beschränkten. Infolge der hohen Schornsteine, der immensen Schadstoffmengen und -arten gibt es lediglich Verschiebungen im Immissionstyp und demgemäß auch neue Komponenten im Schadbild, die sich unter die längst bekannten Symptome mischen (Wentzel, 1985). Nach allem, was man heute weiß, sind die kurzzeitigen Spitzenwerte der Immissionsbelastungen (SO_2, NO_x, Photooxidantien usw.) die entscheidenden Ursachen. Die Schädigung erfolgt dann hauptsächlich durch das Ausfiltern von Gasen, Aerosolen, Stäuben und Nebeltröpfchen direkt an der Nadel- und Blattoberfläche: Beschädigung der Zellmembranen, Hemmung der Photosynthese, Störungen der Stomata-Regulation mit der Gefahr übermäßiger Transpiration und Trocknis, Störungen der Enzymaktivitäten, Abnahme der Vitalität und der Resistenz gegenüber biotischen und abiotischen Schadfaktoren. Die Grenzwerte einer Schädlichkeit von SO_2 liegen bei der Fichte schon zwischen 20 mg/m^3 und 200 mg/m^3. Bei einer hohen SO_2-Konzentration von 500 mg/m^3 je 8 Stunden werden als typische Lokalwirkung die Nadeln rotbraun. Diese Grenzwerte werden heute häufig überschritten. Bei kombiniertem Einwirken von SO_2 und NO_2 treten Schäden bereits weit unter den Toleranzschwellen der einzelnen Schadgase ein (Rehfuess, 1983). Bei dieser Schädigungsart wird die große Filterwirkung unseren Bäumen zum Verhängnis, da sie gegenüber dem Freiland bis zu 10 mal mehr Staub- und damit auch Säurebildner aus der Luft »herauskämmen« . Die Fichte filtert gegenüber der Buche bei Schwefel das 2,6fache aus der Luft heraus. Da ältere Nadeln länger geschädigt werden und zuerst abfallen, stirbt bei Nadelbäumen meist die Krone von innen nach außen — kahle Ästchen zeigen den »Lamettaeffekt« — und von oben nach unten ab, weil oben die Filterwirkung höher ist. Je nach Dauer von Trockenperioden können sich erhebliche Schadstoffmengen auf Blättern, Nadeln oder Rinde ansammeln, die beim nächsten Niederschlag sofort in Lösung übergehen. Die dabei entstehenden besonders konzentrierten Säuren führen zu direkten Gewebeschäden. Dieser Effekt des Versauerungsschubes nach einer längeren Trockenperiode kann besonders in windexponierten Randbereichen, in Nebellagen sowie in Bereichen mit episodischer Anreicherung von Photooxidantien bei Strahlungswetter (Hochlagenbestände) schnell zu tödlichen Schädigungen führen. Die Konzentrationserhöhung ist bei Sulfaten und Nitraten besonders stark ausgeprägt und beträgt im Traufwasser unter der Fichte mehr als das 13fache an Sulfat bzw. 7fache an Nitrat im Vergleich mit dem Niederschlag oberhalb der Baumkrone.

Nach jüngsten Forschungsergebnissen der Universität Bayreuth sind die Schadstoffeinträge durch Nebelniederschlag 3 bis 4 mal größer als durch Regen. In den Inversions- und Nebellagen der Mittelgebirge sind im Haft- und Interzeptionswasser im Kronenraum inzwischen Säuregrade unter pH 3,0 gemessen worden, denen z. B. nach Vorschädigung durch Ozon eine Auslaugung von Magnesium und Calzium zugeschrieben werden kann (Wentzel, 1985), erkenntlich z. B. an den typischen Gelbfärbungen der Nadeln.

Infolge der hohen Filterwirkung der Bäume sammeln sich auch erhebliche Mengen weiterer Schadstoffe an, die ihrerseits Kettenreaktionen bewirken können. Allein in der Rinde ergeben sich jährliche Akkumulationsraten aus der Deposition von Luftverunreinigungen pro ha in Höhe von je 60 g bei Zink, Chrom, Nickel, Blei und 240 g bei Kupfer. Bei der Giftigkeit einiger dieser Metalle ist auch die Schädigung von Rindengewebe, Knospen und Trieben vorprogrammiert. Da Kupfer ein sehr giftiges Pilzgift ist, dürfte übrigens die Anreicherung in Holz und Rinde auch eine wesentliche Ursache dafür sein, daß der Schlagabraum heute nur noch sehr langsam zersetzt wird.

Eine andere, nicht ganz so schlagartig schädliche Reaktionskette erfolgt über das Niederschlagswasser, den sog. »sauren Regen«. Ulrich hat im Solling im langjährigen Mittel als Säurebildner zu 76 % das SO_2, zu 19 % die Stickoxide und zu 5 % das Chlor festgestellt. Der durchschnittliche pH-Wert des Regens betrug 1984 in Deutschland 4,1 (Extremwert 2,7) gegenüber 5,2 im Jahre 1965 und 4,4 im Jahre 1970. Normales Regenwasser müßte einen pH-Wert von etwa 5,6 haben.

Anmerkung: Mit dem pH-Wert wird der Säuregrad einer Lösung als »negativer dekadischer Logarithmus der Konzentration der freien Wasserstoffionen H^+« angegeben. Ein Absinken um einen pH-Wert zeigt an, daß die Flüssigkeit um ein Zehnfaches saurer geworden ist. Die pH-Wert-Skala reicht von 0 = reine Salzsäure bis 14,0 = reine Natronlauge. Der Neutralpunkt liegt bei 7,0 = reines Wasser. Darüber reagiert eine Lösung basisch (Lauge), darunter sauer (Säure); zum Vergleich einige pH-Werte: Seewasser 8,3; menschlicher Urin 7,6; Milch 6,5; ab 4,5 tritt Fischsterben in Seen ein; Essig 3,1; Zitrone 2,3; Batteriesäure 1,0.

Mit diesem Durchschnitt von pH 4,1 im Niederschlag wirken ständig auf alle Böden Säuren ein, deren Säuregrad außerhalb des Existenzbereiches produktiver Ökosysteme liegt. Je nach Menge der Niederschläge, je nach Gegebenheiten der vorhandenen Bodenlösung (z. B. basisches Kalkgrundgestein oder saures Granitgrundgestein) und je nach klimabedingten Temperaturwerten ist es eine Frage der Zeit, wann die gesamte Bodenlösung den pH-Wert 4,1 erreicht und negative Kettenreaktionen ausgelöst werden. Der pH-Wert der Waldböden ist von 1953 bis 1982 in Extremfällen bereits um bis zu 1,8 pH-Punkte abgesunken (Bayerisches Geologisches Landesamt, 1982). Die Absenkung der pH-Werte im Boden hat eine Auswaschung der wichtigen, basisch wirksamen Nährstoffkationen von Calzium, Magnesium und Kalium und eine Anreicherung von Kationen der Metalle Mangan, Aluminium und Eisen zur Folge. Auch Kobalt wird ausgewaschen. Das ist wildbiologisch interessant, weil dieses Element für die Pansenflora der Wiederkäuer lebensnotwendig ist. Eine Kobaltverarmung der Waldbodenpflanzen könnte auch ursächlich dafür sein, daß die Wiederkäuer zum Ausgleich stärker Gehölzpflanzen verbeißen bzw. schälen, da sich Kobalt in der Rinde verholzter Pflanzen anreichert.

Neben der bereits erwähnten zunehmenden Löslichkeit und Schädlichkeit der Schwermetalle bei Versauerung ist für das giftige Zusammenspiel von Säure und Metall im Boden auch das Auftreten von Aluminium-Ionen kennzeichnend. Dieser gravierende ökologische Faktor wirkt sich über die Schädigung von Wurzeln auf die gesamte Vegetation — auch auf die Bäume — und über die Schädigung der Bodenmikroorganismen (Bakterien, Pilze) auf die Zersetzerkette bis zu den wichtigen Regenwürmern aus. Unter pH 4,2 im sog. Aluminium-Pufferbereich treten plötzlich höhere Konzentrationen von freien Aluminium-Ionen auf. Während schon beim ersten Auftreten von Aluminium-Ionen unter pH 5 empfindliche Baumarten (wie die Edellaubhölzer Esche, Ulme, Ahorn, Kirsche) absterben, erleiden die Hauptwirtschaftsbaumarten erst »schlagartig« schwerste Schäden unter pH 4,2. Im Solling hat Ulrich z. B. festgestellt, daß in einem Buchenbestand ab pH 4,2 in der Bodenlösung die für die Ernährung entscheidende Feinwurzelmasse von vorher 2.500 kg/ha innerhalb weniger Monate bis auf wenige 100 kg/ha abstarb. Dies muß man im Zusammenhang damit sehen, daß die Menge der jährlich neu entstehenden Feinwurzeln mindestens 50 % der Blattmassenproduktion beträgt (Göttsche, bei Meyer, 1984). Durch die Schädigung des Feinwurzelsystems wird die Pflanze trockenheitsempfindlicher (neue Wurzeln erreichen die feuchten Stellen nicht mehr), außerdem geht die Kontrolle über die Zusammensetzung der Nährstoffe verloren. Bei einer Schädigung der wichtigen »Kontrollzellen« an den Feinwurzeln findet der Wasssertransport zwar noch statt, mit ihm können aber alle schädlichen Aluminium-, Eisen- und Mangan-Ionen sowie Schwermetalle ebenso wie z. B. Sporen von schädlichen Mikroorganismen in den Pflanzenkörper vordringen. In den stärker versauerten Böden besteht also die Gefahr, daß die Schädigung im Wurzelsystem schneller in Richtung Stammbasis vordringt, als der Baum durch Bildung von Trenngewebe reagieren kann. Dadurch können tiefreichende verholzte Wurzeln ebenso wie bestimmte Stammabschnitte schneller faul werden.

Eine zunehmende Windwurf- und Windbruchgefahr sind deutliche, heute in steigendem Maße zu beobachtende Folgen.

Unzweifelhaft löst die zunehmende Versauerung auch bei der empfindlichen Fauna im Boden unkalkulierbare Kettenreaktionen aus. Auf einem Quadratmeter Waldboden können bis zu 1000 Tierarten vorkommen, von großen Regenwürmern bis zu winzigen Einzellern mit einer Siedlungsdichte von bis über 100 Millionen Individuen. Alle diese Organismen sind in Arten und »Zuständigkeiten« aufeinander abgestimmt. Nach bisherigen Erkenntnissen nehmen durch Versauerung vor allem die wichtigen Bakterien ab, während pilzliche Biomasse u. U. sogar zunimmt und sich die z. B. davon lebenden Springschwänze und Hornmilben vermehren können. Regenwürmer sterben bei Versauerung aus. Allgemein nimmt die Bodenfauna ab und verringert sich die Zersetzungsgeschwindigkeit im Auflagehumus (Schaefer, 1985). Auch dadurch bleibt der Schlagabraum im Wald heute über sehr lange Zeiträume unzersetzt erhalten.

Die bei den Walderkrankungen nachgewiesenen Reaktionsketten sind früher oder später überall zu erwarten. Damit steht wesentlich mehr auf dem Spiel, als das Schicksal der deutschen Forstwirtschaft, deren 7,3 Mio ha Wald ein Vermögen von rd. 200 Mrd DM darstellen. **Ökologen rechnen mit dem Allerschlimmsten: Daß das Waldsterben nur der Anfang eines gigantischen, globalen Vegetationssterbens ist, das Fischwelt und Bodenorganismen, Pflanzen und Menschen gleichermaßen trifft. Wenn im Jahr 1985 bereits über 50 % der Wälder in der Bundesrepublik Deutschland sichtbar krank waren, dann kann es keine dringendere Mahnung geben, als die Ursache durch Reduktion aller Schadstoffemissionen energisch zu bekämpfen.**

SO_2, NO_x und andere Säurebildner belasten auch unsere Gewässer

Der Kalkgehalt bestimmt das Säurebindungsvermögen (SBV) eines Gewässers. Erst wenn der Kalkgehalt zur »Abpufferung« von eingetragenen Säuren »aufgebraucht« ist und weiter

Abb. 4. Schematische Darstellung der Hauptverursacher der Schwefeldioxid ($SO2$)- und Stickoxid (NO_x)-Luftverschmutzungen und ihrer globalen Einwirkungen auf Menschen (Gesundheitsgefahren), Pflanzen (Baumsterben), Tiere (Kleinlebewesen sterben), Bauwerke (Verwitterung) und landwirtschaftliche Böden (Kalkaufwand) in der Bundesrepublik Deutschland. Die 200 bis 300 m hohen Schornsteine der Industrie und das hohe Verkehrsaufkommen verursachen den früher nicht gekannten Ferntransport und die hohen Belastungen eigentlicher Reinluftgebiete.

Säure einwirkt, sinkt der pH-Wert. Deshalb bewirken die Hauptsäurebildner in der Luft (SO_2, NO_x) gegenwärtig nur in kalkarmen Gewässern Versauerungen (Jens, 1985). Die Anzahl der Tier- und Pflanzenarten in einem Gewässer nimmt mit sinkendem pH-Wert ab. Arten mit hohen Ansprüchen an den Lebensraum machen weniger empfindlichen, doch dafür säuretoleranten Arten Platz. In sauren Bächen und Seen wird das eigentlich artenreiche Nahrungsgefüge schnell einseitig und artenarm. Das ganze System wird anfälliger gegenüber Störungen. Das Problem der Gewässerversauerung ist sehr drastisch zuerst in Tausenden von skandinavischen Seen durch völliges Verschwinden jeglichen Fischlebens aufgefallen, weil die flachgründigen Einzugsbereiche auf saurem Grundgestein (Granit) nur ein sehr geringes Säurebindungsvermögen haben. In der Bundesrepublik Deutschland gibt es inzwischen bereits ähnliche Entwicklungen. Der pH-Wert der beiden Arberseen im Bayerischen Wald lag z. B. früher bei 5,5 und ist mittlerweile auf 4,7 gesunken. Boten diese Gewässer früher für Fische noch eine leidlich günstige Reaktion, so ist mittlerweile die für Fische zuträgliche Schwelle des pH-Wertes unterschritten (Jens, 1985). Die mit der Versauerung des Wassers steigende Lösungsfähigkeit von Metallen löst auch hier Kettenreaktionen bei der Fauna aus. Enthält z. B. das Quellwasser Eisen in gelöster Form, so schlägt sich dieses auf den alkalischen Kiemen der Jungfische in Form von Eisenocker nieder und kann damit zum Erstickungstod der Jungfische führen.

Die stark versauerten Böden können außer Blei keines der anderen Schwermetalle mehr zurückhalten, geben Kobalt sowie in geringeren Mengen Nickel, Kupfer und Cadmium mit dem Sickerwasser ab und belasten dadurch das Wassersystem. Das Forscherteam Krieter, Schoen und Wright untersuchte im Frühjahr 1983 zur Zeit der Schneeschmelze Mittelgebirgsbäche auf ihren Gehalt an Säurebildnern: Im Bayerischen Wald und im Schwarzwald waren die Bäche so mit Sulfat und Nitrat belastet wie in Südskandinavien. Die Gewässer im Kaufunger Wald, Knüllgebirge, Hunsrück und Taunus wiesen wesentlich höhere Gehalte auf, als bisher in Kanada und Südskandinavien gemessen worden sind. Nur das Säurebindungsvermögen dieser Gewässer hat bisher drastischere Auswirkungen bei der Gewässerfauna verhindert. Durch Versauerung im Wasser gelöste Metalle können auch unmittelbar toxisch wirken, wobei wegen der weiten Verbreitung besonders an das Aluminium zu denken ist, das dritthäufigste Element im Boden, welches mit 7,5 % an der Bildung der Erdkruste beteiligt ist (Jens, 1984). Das Freiwerden von Aluminium-Ionen führt dazu, daß mehr Aluminium und organische Verbindungen im Sickerwasser »verschwinden« und damit früher oder später im Quellwasser und in der Grundwasserspende zu erwarten sind. Tatsächlich ist diese Entwicklung im Kaufunger Wald bereits im Quellwasser nachgewiesen worden. Ulrich hat dort 21 Quellen auf ihre chemischen Eigenschaften untersucht.

Tabelle 2

1. Ostabdachung, Immissionsschutzlage, 11 Quellen	
pH-Werte	6,75 - 7,8
Kein Eisen, Mangan, oder Aluminium	
Organische Substanz	1,50 - 3,5 mg C/l
2. Westabdachung, Staulage der westlichen Winde und damit Immissionslage, 10 Quellen	
pH-Werte	3,75 - 4,40
Eisen	0,03 - 0,37 mg/l
Mangan	0,40 - 1,70 mg/l
Aluminium	2,60 - 7,00 mg/l
Organische Substanz	5,50 - 30 mg C/l

Die tödliche Giftigkeit für die Bachforelle wird mit 0,1 mg Al/l bei einem pH-Wert von 4,8 angegeben, während Bachforellenbrut bei einem pH-Wert von 5,0 noch 0,2 mg Al/l toleriert (Schoen, 1984). Regenbogenforellen vertragen so niedrige pH-Werte nicht, und Krebse, Floh-Krebse, Schnecken, Muscheln sterben bereits bei pH-Werten von 6,5 bis 6,0. Diese Werte müssen jeden aufhorchen lassen, wenn man bedenkt, daß damit diese Quellen — die eigentlich Trinkwasser liefern könnten — Werte aufweisen, die das 26 bis 70fache der Giftigkeitsschwelle für Bachforellen erreicht haben. Da mit steigender Höhenlage sowohl die Waldfläche als auch die Niederschlagsmenge steigt, tragen unsere Mittelgebirge entscheidend zur Grundwasserneubildung bei. Daher muß man nach diesen Daten damit rechnen, daß früher oder später das Grundwasser in seiner Qualität durch giftige Metallionen-Konzentrationen gefährdet ist. Das Problem kann nicht einfach durch Kalkung gelöst werden, wie es häufig durch Teichwirte geschieht. Eine Kalkung ist wegen der ökologischen Schädigung, die sich damit für das natürliche Wirkungsgefüge der vorhandenen Organismen ergeben kann, äußerst bedenklich. Es kann dabei u. a. zur Bildung schädlicher chemischer Verbindungen — etwa des Aluminiums — kommen, die sehr viel giftiger sind als das im sauren Medium in Lösung befindliche Metall-Ion.

2.1.1 Anregungen zu Abwehrmaßnahmen gegen Luftverschmutzungen

Entscheidend ist die umgehende, drastische Verringerung aller Schadstoffe in der Luft. Das kann national wie international nur über strenge gesetzliche Vorgaben nach dem »Stand der Technik« und ebenso strenge behördliche Kontrollen (wie z. B. in USA und Japan) erfolgen. Gerade die mit der öffentlichen Hand vielfältig verbundenen Energieversorgungsunternehmen — Kommunen, Kreise, Länder als Anteilseigner; führende Politiker und Beamte in Aufsichtsräten — sind aufgefordert, mit energischen Maßnahmen zu einer raschen Emissionsreduzierung beizutragen. Die OECD ebenso wie das Umweltbundesamt in Berlin haben errechnet, daß die Luftverschmutzung in der Bundesrepublik Deutschland alljährlich Schäden in Höhe von 40 bis 70 Mrd bewirkt. In diese Rechnung gehen z. B. Gesundheitskosten, das Waldsterben sowie landwirtschaftliche Ertragseinbußen, die verstärkte Korrosion von Metallen und Schutzanstrichen, Schäden an Kunststoffen und u. a. auch die starke Verwitterung von Bauwerken und historischen Baudenkmälern ein. Da außerdem nach Angaben der OECD durch Abgasentgiftung die durchschnittliche Lebenserwartung der Westeuropäer um 500 Tage verlängert werden könnte, gibt es Gründe genug anzunehmen, daß die Kosten von Reparaturen der Umwelt — soweit überhaupt möglich! — im Durchschnitt erheblich höher sind als die Kosten, die entstehen, wenn man von vornherein Umweltschutzmaßnahmen vorsieht. Dies haben Ende der sechziger Jahre die japanischen Umweltschützer erkannt, als sie ihr Land auf dem Weg zu einem »ökologischen Harakiri« sahen. Durch Industrieabwässer verseuchte Fische hatten Tausenden von Menschen qualvolle, oft tödliche Krankheiten gebracht. Heute gelten japanische Umweltgesetze und -technologien auf der ganzen Welt als vorbildlich. Während z. B. die Kapazitäten aller Entschwefelungsanlagen in Japan 1977 bereits die 30.000 Megawatt-Grenze überschritten, erreichten die Kapazitäten der bundesdeutschen Anlagen 1980 erst 500 Megawatt. Abgaskatalysatoren für Kraftfahrzeuge wurden bereits Mitte der 70er Jahre eingeführt. Mit den schärfsten Vorschriften senkten die Japaner den Ausstoß von Kohlenmonoxid und von Kohlenwasserstoffen pro Fahrzeug von 100 % im Jahre 1970 auf je 6 % im Jahre 1984. Der Bundesrepublik Deutschland gelang im gleichen Zeitraum nur eine Verringerung von 100 auf 36 % bzw. 56 %. Noch besser für Japan fällt der Vergleich bei den Stickoxiden aus: Während die Japaner den Ausstoß von 100 % im Jahre 1970 auf heute 13 % drückten, stieg der Ausstoß in der Bundesrepublik im gleichen Zeitraum auf 135 %!! Die ökologischen Erfolgsmeldungen der Japaner werden durch das Umweltbundesamt in Berlin bestätigt. Man hat in Japan die Beweislast umgekehrt, an der hierzulande die Kläger noch regelmäßig scheitern: Die Industrie muß beweisen, daß sie nicht schädigt; sind ihre Beweise nicht hieb- und stichfest, hilft ihr auch kein Lamento über Arbeitsplätze und internationale Konkurrenz. In der Bundesrepublik Deutschland lag der Ausstoß an Luftverunreinigungen insgesamt 1980 noch etwa auf gleicher Höhe wie 1970. Die Flut von ständig neu in Auftrag gegebenen, verzögernden und häufig überflüssigen Gutachten sind deutliche Indizien dafür, daß die Aufklärung der Bevölkerung, der Entscheidungsträger (Abgeordnete, Bürgermeister, Gemeinderäte u. a.) und der Meinungsbildner (Journalisten, Pfarrer, Lehrer u. a.) immer noch nicht ausreicht. Resolutionen und Demonstrationen nach demokratischen Spielregeln sind wichtig, können aber die umfassende Information der Bürger nicht ersetzen.

— Es nützt uns wenig, darauf hinzuweisen, daß rd. die Hälfte der Immissionen in der Bundesrepublik Deutschland aus ausländischen Quellen stammt — oft wird dabei verschwiegen, daß rd. die Hälfte unserer Inlandemissionen ebenfalls in benachbarte Länder verfrachtet wird. Entscheidend ist, daß vor allem die Massenströme aus den eigenen Großkraftwerken die gefährlichen Kurzzeitspitzenwerte in der Luftbelastung verursachen, so daß Rauchgasreinigungen in der Bundesrepublik Deutschland auch bei uns überproportionale Schadensminderungen erwarten lassen. Dieser Effekt und das positive Beispiel werden andere Staaten nachziehen lassen.

— Der Hinweis auf eine Gefährung von Arbeitsplätzen ist heute längst widerlegt. Außerdem kann Arbeitsplatzerhaltung keine Rechtfertigung für Umweltzerstörung sein (Deutscher Forstverein, 1984)! Umweltfreundliche Produktionsmethoden sind in der Regel arbeitsintensiv und schaffen deshalb zusätzliche Arbeitsplätze. Darüber hinaus ist Umwelttechnologie ein Wirtschaftszweig, der künftig immer größere Bedeutung erlangen wird und damit eine Vielzahl neuer Beschäftigungsmöglichkeiten eröffnet. Schon jetzt bietet die Umwelttechnik für viele Betriebe eine Existenzgrundlage. Durch eine Vorreiterrolle im Umweltschutz besteht für die Bundesrepublik die Chance, zur führenden Nation auf dem Gebiet der Umwelttechnologie aufzusteigen und dadurch mittelfristig neue Exportmöglichkeiten zu erschließen. Nicht der Umweltschutz, sondern z. B. das Waldsterben gefährdet Arbeitsplätze!

— Nach Angaben des Umweltbundesamtes erfordert die Nachrüstung aller Kohlekraftwerke in der Bundesrepublik Deutschland mit Entschwefelungsanlagen Investitionen von rd. 13,5 Mrd DM bei jährlichen Kosten (Abschreibung, Zinsen, Unterhaltung) von rd. 3 Mrd DM (Deutscher Forstverein, 1984). Dadurch würde sich der Strompreis um maximal 1,5 Pfg. je Kilowattstunde erhöhen. Ein Zwei-Personen-Haushalt mit einem Jahresverbrauch von 2.000 Kilowattstunden würde dadurch mit 30 DM belastet werden. Entschwefelung ist also finanzierbar. Ein Ersatz durch Kernkraftwerke würde das Vielfache der Entschwefelung aller Kraftwerke kosten und das Problem nicht lösen, weil schnelle Hilfe erforderlich ist und die Vorlaufzeit für Planung und Bau weit über das Jahr 2000 hinausreichen würde.

— Ein teilweiser Ersatz von Mineralöl durch Alkohol erscheint gegenwärtig utopisch und wäre zudem sicher mit einer erheblichen Landschaftsbelastung verbunden, da entsprechende Intensivflächen von der Landwirtschaft weiter forciert werden würden.

— Forstlicherseits sind die Möglichkeiten für Abwehrmaßnahmen gegen das Waldsterben sehr begrenzt. Sie können in erster Linie nur darin liegen, katastrophale Ausbreitungen von Sekundärschädlingen, die unseren Wäldern den »Rest« geben können, zu verhindern. Durch Einarbeitung von silikatischen oder carbonatischen Kalken kann in zugänglichen Lagen nur sehr notdürftig der chemische Bodenzustand so verbessert werden, daß ein Zeitgewinn von einigen Jahren zu erzielen ist. Damit werden jedoch die entscheidenden direkten Schädigungen von Schadstoffspitzenbelastungen an Nadeln und Blättern überhaupt nicht beeinflußt. Die hier und dort angesprochene Züchtung von resistenten Bäumen ist aus genetischen Gründen — z. B. Verarmung des vielseitigen Genreservoirs, keine Resistenz gegen alle (!) Umweltbelastungen —, aus zeitlichen und aus ökologischen Gründen schon deshalb absurd, weil der Mensch als Teilhaber dieses Ökosystems selbst nicht resistent gegen die Vergiftung aller seiner Lebensgrundlagen werden kann.

— In Verdichtungsgebieten sowie in den überregionalen Erholungsgebieten ist heute die KFZ-Dichte infolge der Abgas- (und Lärm-) Belastung ein entscheidender Weiser für die Lebensqualität bzw. Gesundheitsbelastung für Millionen von Menschen. Wir müssen erkennen, daß das Verkehrssystem »Individualverkehr zu jeder Zeit und überall« angesichts der weitreichenden Belastungen nicht zu verantworten ist und energische Schritte zur lokalen Verkehrsberuhigung und damit zur Reduktion der Luftverschmutzung und Lärmbelastung sowohl in den Städten als auch in den Erholungsgebieten dringend erforderlich sind. Es versteht sich von selbst, daß damit nach dem »Stand der Technik« eine Reduktion der schädlichen Emissionen an den Kraftfahrzeugen selbst einhergehen muß.

— Als Verkehrsteilnehmer kann jeder Bürger wesentlich zur Entlastung der Luft beitragen:

— Bevorzugung von Kraftfahrzeugen mit geringem Benzin- oder Dieselverbrauch und Abgasentgiftung nach dem »Stand der Technik« (Katalysator),

— regelmäßige Wartung von Motor, Vergaser und Zündung,

— Abstellen des Motors bei Standzeiten (der ADAC hat z. B. auf einem 60 km langen Teilstück der Autobahn Karlsruhe-Stuttgart-München gemessen, was die Autofahrer im Juli 1980 durch Stehen im Stau verbraucht haben: 1,3 Mio l Benzin, Abgas gratis!).

— Eine vom Umweltbundesamt veranlaßte Untersuchung hat nachgewiesen: Fernfahrer mit Spezialschulung fahren ihre »Brummis« erheblich leiser als ihre ungeschulten Kollegen und sparen dabei mehr als 10 % Kraftstoff, ohne daß sich die Transportgeschwindigkeit ändert. Sparsam und lärmarm fahren heißt: mit niedriger Motordrehzahl im hohen Gang fahren. Die modernen LKW-Motoren sind für eine solche Fahrweise geradezu konzipiert.

— Ähnliche Erfolge können umweltbewußte PKW-Fahrer erzielen, wie eine andere Untersuchung ergeben hat. Verglichen wurde zwischen einer aggressiven, hochtourigen und einer umweltschonenden Fahrweise. Ergebnis: — Doppelt soviel Kohlenmonoxid, 50 % mehr Kohlenwasserstoffe und 25 % mehr Stickoxide kommen aus dem Auspuff — zugleich erhöht sich der Kraftstoffverbrauch um mehr als 25 % — der Zeitgewinn ist gering, die Durchschnittsgeschwindigkeit liegt im Stadtverkehr maximal 10 % höher als bei einer umweltschonenden Fahrweise — ein aggressiver PKW-Fahrer verursacht darüber hinaus soviel Motorenlärm wie drei bis fünf vernünftige Fahrer zusammen.

— Einschränkung des privaten KFZ-Gebrauchs; keine Kurzstrecken fahren, mehr zu Fuß gehen, Fahrrad fahren, öffentliche Verkehrsmittel ausnutzen. Zur Beförderung des gleichen Gewichts verbraucht z. B. ein LKW zehnmal mehr Energie als die Bahn; kein überflüssiges Gewicht befördern; in der Freizeit

gehört unser Kraftfahrzeug nicht in die unmittelbaren Erholungsgebiete. Es ist z. B. eine rücksichtslose Zumutung der Allgemeinheit gegenüber, wenn Badegäste, Angler oder Surfer die Ufer der Gewässer verstellen. Notfalls sollten die Grundeigentümer die Zufahrmöglichkeit in der freien Landschaft versperren.
— Auch mit den täglichen Lebensgewohnheiten kann jeder Bürger einen wertvollen Beitrag zur Luftreinhaltung leisten: — Hausheizung regelmäßig warten, schwefelarme Brennstoffe verwenden, z. B. entschwefeltes Heizöl verlangen — Raumtemperatur nicht überhöhen, beim Heizen die Fenster geschlossen halten, Warmwasserverbrauch einschränken — Wärmedämmung der Gebäude und Wohnungen verbessern. — Energie sparen, wo es nur geht (Man hat z. B. errechnet, daß jede nicht verbrauchte Kilowattstunde elektrischer Energie unserer Luft 6,7 g Schwefeldioxid an Belastung erspart. Wenn somit in allen 20 Mio Haushalten der Bundesrepublik nur je eine Glühbirne von 60 W weniger eingeschaltet würde, so würden dadurch 1.200 MW weniger verbraucht. Das entspricht der Abgabeleistung eines großen Kernkraftwerkes.)

2.2 Wasserverschmutzung — Gefährdung mit weitreichenden Folgen

»Bei allem Tun müssen wir außer auf das Tun selbst, auf unseren gegenwärtigen, vergangenen und zukünftigen Zustand achten und auf den der anderen, für die unser Tun Bedeutung hat, und müssen die Zusammenhänge all dieser Dinge sehen. Und dann wird man sehr zurückhaltend sein.«
Blaise Pascal, 1623—1662

»Brunnenvergifter« war früher ein schlimmes Schimpfwort, weil es den betraf, der die Basis allen Lebens zerstörte. Heute beteiligen wir uns alle daran und verlieren den Blick für die schleichende Vergiftung unseres Lebensnervs. Im Bundesdurchschnitt entfielen im Jahre 1979 auf 100.000 Einwohner 7,1 Umweltschutzdelikte (die Dunkelziffer beträgt sicher ein Vielfaches). 88% der aufgedeckten Delikte lagen im Bereich des Gewässerschutzes. Inzwischen wird bereits vielerorts Wasser guter Qualität, das als Trinkwasser geeignet wäre, knapp. In vielen Städten ist das Leitungswasser schon derart mit Schadstoffen überlastet und gechlort, daß kein Mensch mehr auf die Idee kommt, dieses Wasser zu trinken. Die Bundesrepublik Deutschland, eins der wasserreichsten Länder der Erde, gerät in eine Wasserkrise. Der tägliche Pro-Kopf-Verbrauch an Trinkwasser ist von 1950 mit 85 l auf 140 l im Jahr 1980 gestiegen, der sich wie in Abb. 5 dargestellt aufteilt.

Die entscheidende Gefahr ist darin zu sehen, daß die Trinkwasserversorgung der Bevölkerung von der Qualität des Grundwassers und von der Funktion des biochemischen Selbstreinigungsvermögens der Oberflächengewässer direkt abhängig ist. Es gibt erschreckend viele Beispiele von Wasserverschmutzungen, die hier nur angedeutet werden können: - In der Bundesrepublik Deutschland werden täglich rd. 50 Mio m^3 Abwasser produziert. Davon werden rd. 30 Mio m^3 ungereinigt in die Gewässer abgeleitet. Davon wiederum kommen nur 5 Mio m^3 Abwässer aus der öffentlichen Kanalisation, der Rest ist Industrieabwasser. Rund 50.000 chemische Stoffe und Substanzen bedrohen die Gewässergüte mitteleuropäischer Flüsse. Auch wenn nach den 1985 veröffentlichten Erkenntnissen des Heidelberger Institutes für Sedimentforschung die Schwermetallbelastung vieler Flüsse zurückgegangen ist, darf das über die steigende Konzentration von Nährstoffen im Abwasser (Phosphor- und Stickstoffverbindungen) und gefährliche Belastungen mit weiteren Schadstoffen nicht hinwegtäuschen (Hauser, 1985). Immerhin werden viele Bürger mit Wasser versorgt, das aus Flüssen stammt, z. B. 20 Mio Deutsche und Holländer aus dem Rhein. Bei den Schwermetallen weist die Elbe heute die höchsten Belastungen auf, teilweise immer noch mit Zuwachsraten im Hamburger Raum. Noch um die Jahrhundertwende gehörte die Elbe zu den fischreichsten Gewässern Europas. Heute ist sie biologisch fast tot. Wo vor 20 Jahren noch relativ gefahrlos gebadet werden konnte und wo damals die Hamburger Wasserwerke Trinkwasser aus der Elbe aufbereiteten, riskieren die letzten Elbfischer heute Ordnungsstrafen bis zu 50.000 DM, wenn sie versuchen, Elbfische zu verkaufen. Krebsartige Geschwulste wuchern an Aalen (Blumenkohlkrankheit!), Fäulnisflecken (Himbeerkrank-

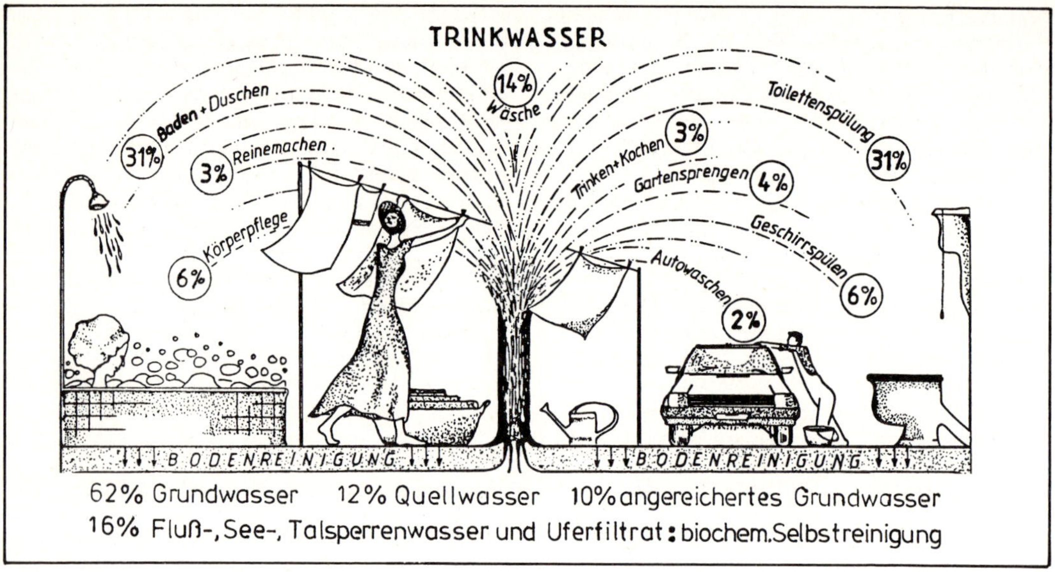

Abb. 5. Herkunft und Verteilung des Trinkwassers aus der öffentlichen Wasserversorgung in der Bundesrepublik Deutschland im privaten Haushalt.

heit!) entstellen Flundern. 46 % der Elbaale enthalten mehr hochgiftiges Quecksilber als nach deutschen Gesundheitsvorschriften erlaubt ist. 91 % der Aale und 100 % aller sonstigen Fischarten weisen unzulässig hohe Anteile der Pestizide Hexachlorcyclohexan (HCH) und Hexachlorbenzol (HCB) auf. Zu massivem Protest seitens der Bevölkerung wie der Elbfischer führte erst eine im Frühjahr 1982 bekanntgewordene Abwasser-Einleitungsgenehmigung aus dem Jahre 1979: »Chlorierte Kohlenwasserstoffe dürfen grundsätzlich nicht in den Vorfluter geleitet werden, es sei denn, es geht nicht anders. Dann ist die erlaubte Tagesfracht auf 6 t pro Tag begrenzt.« Das Chemiewerk leitet, so erfuhren die Umweltschützer, ca. 2 t chlorierte Kohlenwasserstoffe pro Tag in den Fluß. Die daraus resultierenden Langzeitgefahren auch für den Menschen sind unübersehbar. Weil die Oberflächengewässer von eilig angesiedelter Industrie um Hamburg so stark verseucht werden, daß auch die Qualität des Grundwassers bedroht ist, werden nach dem Hamburger Umweltsenator »Stillegungen von Trinkwasserbrunnen in Elbnähe nicht mehr zu vermeiden sein«. Dafür sollen nun jährlich bis zu 25 Mio m^3 Wasser aus neuen Brunnen in der Lüneburger Heide gepumpt und dort über Grundwasserabsenkungen wertvolle Naturschutzbereiche gefährdet werden ...!

— Sechs Mio t Industrieabfälle verklappten die Länder der Europäischen Gemeinschaft im Jahr 1978 im Meer, darunter rund 850.000 t Titandioxid, einen wichtigen Ausgangsstoff für die Farbenindustrie. Wind und Wetter sowie die Flüsse tragen den größten Teil der Schwermetall-Frachten aus den Industriestaaten Mitteleuropas ins Meer: jährlich über 31.000 t Zink, 7.700 t Blei, 5.900 t Kupfer, 2.700 t Nickel, 2.900 t Chrom, 840 t Cadmium und 44 t Quecksilber. Dabei muß man berücksichtigen, daß sich die Lebensfülle der Weltmeere gerade auf die Randbereiche besonders konzentriert, die wir mit unseren Abfällen und Schadstoffen belasten. Nur eine relativ dünne Schicht an der Wasseroberfläche bietet den mikroskopisch kleinen Wasserpflanzen, dem schwebenden »Phytoplankton« ausreichend Licht für die Photosynthese. Vom Phytoplankton leben alle Meerestiere, also das winzige »Zooplankton« ebenso wie die Fische und Wale. In diese komplizierten Lebensabläufe greifen wir mit immer mehr Schadstoffen ein.

In einem 1985 vorgelegten Gutachten werden die hohen Konzentrationen der besonders gefährlichen Chlorkohlenwasserstoffe — u. a. DDT, DDE, Aldrin, Dieldrin, Lindan und Endrin — im Ostfriesland-Watt und der bedenklich wachsende Anfall von Phosphaten und Nitraten in der Nordsee — sichtbar am massenhaften Anwachsen der Algen, die als Schaumberge (»Algenblüten«) an die Strände schwimmen — als »ernsthafte Gefahr für das ökologische Gleichgewicht wie auch für den Erholungswert« beschrieben (Buchwald, 1985). Sehr bedenklich ist inzwischen auch die hohe PCB-Belastung in Nord- und Ostsee, auf deren Konto Fortpflanzungsstörungen vieler Meerestiere (Fische, Seehunde, Seevögel u. a.) kommen dürften (vgl. Kap. 2.4).

— Vor 15 Jahren wurden noch rd. 50.000 Mülldeponien in der Bundesrepublik betrieben, meist ohne Sicherheitsvorkehrungen, mit Ablagerungen von hochgiftigen und grundwasserschädlichen Stoffen. Im Zuge der Erstellung von Abfallbeseitigungsplänen wurde das Risiko durch Konzentration der Abfälle auf 4.500 Deponien im Jahre 1976 gemindert. Bedenklich stimmen dennoch die »Altdeponien«, die meist nur mit Erde überdeckt und bepflanzt worden sind. Da nicht bekannt ist, was in diesen Deponien liegt, sind es durchaus kritische Zeitbomben für das Grund- und damit für das Trinkwasser.

— Ein großes Problem der meisten Gewässer in der Bundesrepublik stellen die hohen und steigenden Konzentrationen von Phosphaten dar, die aus Fäkalien, aus Düngemitteln der Landwirtschaft und aus Waschmitteln (oft über 50 % Anteil) stammen. Sie verursachen durch Nährstoffanreicherungen (Eutrophierung) eine starke Vermehrung von Algen, die nach übermäßigem Wachstum absterben und dann den Sauerstoff des Wassers verbrauchen, so daß es durch Fäulnisprozesse zu Sauerstoffmangel kommt. Im Oberflächenwasser z. B. des Bodensees sind Phosphatkonzentrationen in den letzten 30 Jahren auf das 30fache angestiegen. Die Masse der Algen hat sich verzehnfacht. Eine derartige Entwicklung führt früher oder später zum »Kippen«, d. h. die Sauerstoffreserven reichen nicht mehr aus, die organische Masse abzubauen.

— Durch die besorgniserregende Verschmutzung des Grundwassers in Ballungszentren ist eine immer stärker werdende Konzentration von Wasserentnahmen in ländlichen Gebieten zu bemerken. Beispiele hierfür sind das Hessische Ried in der Nähe des Rhein-Main-Ballungsraumes, die Nordheide in der Nähe von Hamburg, der Bereich bei Fuhrberg nördlich von Hannover. In diesen Gebieten ist eine tiefgreifende Veränderung der Flora und Fauna aufgrund des absinkenden Grundwasserspiegels vorprogrammiert bzw. bereits zu beobachten.

In überwiegend landwirtschaftlichen Gebieten ist die Trinkwassergewinnung aus dem Grundwasser daneben zunehmend von einem weiteren Problem betroffen: Bei sehr hohen Stickstoff-Düngungen (der Stickstoffverbrauch der westdeutschen Landwirtschaft hat sich binnen 10 Jahren verdoppelt) bzw. Gülleeinträgen aus Intensivtierhaltung wird das Grundwasser stark durch Nitrate belastet. Die Gefahr geht von Stoffen aus, die im Körperstoffwechsel oder durch mikrobielle Vorgänge aus dem Nitrat entstehen: Nitrite und Nitrosamine. Nitrit ist ein starkes Gift, das schon in geringen Mengen vor allem bei Säuglingen rasch die sogenannte Blausucht hervorruft. Die Sauerstoffaufnahme des Blutes wird eingeschränkt, die Haut verfärbt sich bläulich, die Kinder bekommen keine Luft mehr. Noch bedenklicher sind die langfristigen Gefährdungen. Im sauren Milieu des Magens können sich Nitrite zu Nitrosaminen umwandeln, die zu den stärksten krebserregenden Stoffen zählen. Die Nitratkonzentrationen im Trinkwasser nehmen allgemein kontinuierlich und besorgniserregend zu. Ob die Nitratbelastung des Trinkwassers in Landkreisen mit hohem Anteil an Intensivtierhaltungsbetrieben für die dort festgestellte sehr hohe Magenkrebssterblichkeit verantwortlich ist, läßt sich nicht mit Gewißheit sagen. Internationale Studien legen einen solchen Zusammenhang jedoch nahe. Seit August 1985 ist der bisherige Trinkwaser-Grenzwert von 90 mg Nitrat/l der EG-Norm von 50 mg/l angepaßt worden. Etwa 8 bis 10 % des hierzulande aus den Hähnen fließenden Wassers wird diesen Grenzwert überschreiten, schätzte die Trinkwasserkommission des Bundesgesundheitsamtes — mit steigender Tendenz, weil die Düngemittel-Lawine drei bis sieben Jahre brauche, bis sie auf das Grundwasser durchschlage. Die Trinkwasserkommission beurteilt diese Perspektive als »besorgniserregend«. Auch nach ihrer Meinung muß »entsprechend dem Verursacherprinzip« die Stickstoff- und Gülle-Düngung in Trinkwasser-Schutzzonen begrenzt werden, »selbst wenn die Landwirte wirtschaftliche Nachteile erleiden«, zumal es bisher keine nutzbare Methode gibt, das Nitrat aus dem Rohwasser zu entfernen.

2.2.1 Anregungen zu Abwehrmaßnahmen gegen Wasserverschmutzungen

Der leichtfertige Umgang mit unseren Wasserresourcen hat ökonomische Gründe, nämlich kostengünstig das Wasser auszunutzen und alle negativen Folgen der Allgemeinheit zu überlassen. Grundlegende Änderungen sind deshalb nur durch strenge gesetzliche Vorgaben und entsprechende behördliche Kontrollen, durch konsequente Anwendung des Verursacherprinzips und durch einen Bewußtseinswandel von uns allen zu erwarten. Dem können folgende Anregungen dienen:

— Grundwasser sollte grundsätzlich der Trinkwasserversorgung vorbehalten werden. Industrielle Wasserentnahmerechte aus dem Grundwasserbereich sollte man beenden. Die Sanierung verschiedener Grundwasserbereiche, Beseitigung bzw. Kontrolle vorhandener Altlasten (z. B. Altdeponien) und die Verschärfung von Grundwasserbestimmungen erscheint erforderlich.

— Alle Oberflächenwasser sollten saniert werden, damit sie wieder für Brauchwasserzwecke verwendbar sind. In diesem Zusammenhang sollten alle Fließ- und Stehendgewässer so gestaltet und genutzt werden, daß die natürlichen Selbstreinigungskräfte maximiert werden können (vgl. Kap. 5). Die Renaturierung aller Gewässer könnte ein umfangreiches Programm ergeben, das dem gesamten Bundesgebiet eine erhebliche ökologische Aufwertung verleiht.

— Alle Kläranlagen müssen für die vollbiologische Reinigung ausgebaut werden; nährstoffreiche Substanzen sind, wo nötig, durch eine dritte Klärstufe auszuscheiden.

— Mit dem Abwasserabgabengesetz ist ein moderner »Umwelt-Ablaß« kreiert worden, d. h. man zahlt pro Schadeinheit (= ungereinigtes Abwasser eines Einwohners im Jahr) die leicht zu verkraftende Abgabe (1986: 40 DM) und darf dann die Umwelt weiter belasten. Dennoch scheint es gegenüber dieser Vorgehensweise keine akzeptable Alternative zu geben. Allerdings werden die Abwasserabgaben drastisch erhöht und zusätzlich Kohlenwasserstoffe, Salze und Abwärme in den Schadstoff-Katalog einbezogen werden müssen. Die Einführung einer Grundwasserabgabe für die Industrie ist anzustreben.

— Abwassereinleitungen in die Kanalisation sollten denen in Gewässer gesetzlich weitgehend gleichgestellt werden: Die Gebühren müssen nach der Schädlichkeit der Kanalisationsabwässer gestaffelt werden.

— Wassersparmaßnahmen insbesondere bei Großverbrauchern durch wassersparende Technologien und Verwendung von Oberflächenwasser als Brauchwasser sollten gefördert werden.

— Die Wassertarifstaffelung, die hohen Wasserverbrauch geradezu begünstigt, sollte konsequent auf Förderung von Sparmaßnahmen umgestellt werden. Ab einer gewissen Mindestmenge sollte auch beim Kleinverbraucher ein progressiver Tarif eingeführt werden.

— Einleitung schwer abbaubarer und toxischer Stoffe in Gewässer muß konsequent unterbunden werden. Das gilt auch für die Verbrennung und Verklappung von Abfällen auf See.

— Die Wasserkontrolle sollte sachlich wie personell erheblich verstärkt werden. Wasserverschmutzung ist kein »Kavaliersdelikt« und deshalb streng zu ahnden.

— Bei allen wasserwirtschaftlichen Planungen und Projekten sollte eine angemessene Umweltverträglichkeitsprüfung durchgeführt werden.

— Bei Grundwasserabsenkungen, die für eingetretene Schadensfälle mit ursächlich sind, sollte die Beweislast umgekehrt werden, in dem sich künftig der Wasserförderer entlasten muß.

— Waschmaschinen und Geschirrspüler nur in Gang setzen, wenn sie wirklich voll ausgenutzt werden können. Dabei unbedingt phosphatarme und umweltfreundliche Waschmittel verwenden und auch diese nur in kleinen Mengen einsetzen.

— Gartenpflanzen nur gezielt bewässern. Gartensprenger sind Wasserverschwender ersten Ranges und meist überflüssig.

— Öfter duschen als ein Vollbad nehmen. Der Wasserverbrauch bei 5- bis 10maligem Duschen entspricht einem Vollbad.

— Toilettenspülung dosieren. Das »kleine« Geschäft benötigt wenig Wasser. Zweigeteilte Spülkästen für WC haben sich in der Schweiz bewährt.

— Wasserhahn während des Einseifens, des Rasierens, des Zähneputzens abstellen.

— Düngung mit Nitrat und Gülle in Wasserschutzgebieten muß unbedingt eingestellt werden.

— Jeder Kreis sollte tunlichst bestrebt sein, seine Trinkwasserprobleme selbst zu lösen. Es kann auf Dauer nicht vertreten werden, in bestimmten Gebieten eine zunehmende Wasserverschmutzung und -verknappung hinzunehmen und durch den Bau von Talsperren (und damit verbundener Landschaftszerstörung) in anderen Bereichen auszugleichen.

2.3 Pestizidanreicherungen — unverantwortlicher Leichtsinn

»Wenn diese Entwicklung sich weiter fortsetzt, wird Europa bald nicht mehr bewohnbar sein!«
Rundbrief des Europarates an alle Bürger Europas vom Dezember 1970

Pestizide (= Biozide) sind Mittel, die im Tier- und Pflanzenschutz ausgebracht werden und Schadorganismen vernichten sollen. Ihre Ausbringung ist von 1977 bis 1979 von 205.000 t auf 224.000 t gestiegen. In dieser großen Menge rücken wir — d. h. meist Laien! — mit z. T. hochgiftigen Stoffen störenden Pflanzen, Insekten, Pilzen usw. zu Leibe und bringen unbewußt den ganzen Naturhaushalt durcheinander. Kein Berufsstand arbeitet so selbstverständlich mit so vielen lebensfeindlichen Substanzen und ist dafür so wenig ausgebildet wie die Bauern, die unsere Nahrung produzieren. Fachkundige und deshalb kritische Biologen und Ärzte messen der schleichenden Giftigkeit körperfremder Stoffe heute eine größere Bedeutung bei als ihrer akuten Wirkung. Welche chemischen Verbindungen diese Fremdstoffe mit dem körpereigenen Chemismus eingehen und welche Gefahren das mit sich bringt, ist weitgehend unbekannt. **So ist die »Toxische Gesamtsituation« (Eichholtz) heute zu einem sehr gefährlichen und unkalkulierbaren Risikofaktor geworden, an dem wir ständig aktiv wie passiv teilhaben.**

Man bezeichnet Schadstoffe, die sich aufgrund besonders schlechter Abbauarbeit bzw. ungenügender Ausscheidung im Organismus einlagern und anreichern können, als Summationsgifte. Mit steigendem Körpergewicht und Alter nimmt das Schädigungsrisiko zu. Summationsgifte werden vornehmlich in stoffwechselaktiven Organen wie z. B. Leber, Niere, Milz, aber auch im Fettgewebe (DDT, PCB, HCH u. a.), im Gehirn (u. a. organische Quecksilberverbindungen, chlorierte Kohlenwasserstoffe), in den Knochen (u. a. Blei) und im Muskelgewebe angereichert. Ein extremes Beispiel ist Cadmium (vgl. Kap. 2.1). Während der Gesamtgehalt von Cadmium im Organismus des Neugeborenen bei einem Mikrogramm liegt, steigt er beim Erwachsenen nach 30 Lebensjahren bereits auf das 10.000fache (13 bis 30 mg) an, da die täglich aus Nahrung und Luft aufgenommene Menge rd. 3 Mikrogramm beträgt. Überschreitet die Konzentration eines Schadstoffes im Organismus einen bestimmten Schwellenwert, treten die ersten Vergiftungserscheinungen auf (BMI, 1985). Diese sind dann meist irreparabel (vgl. Kap. 4.4).

Mit all diesen Mitteln ist nicht zu spaßen. Jedes, auch das »harmloseste« ist giftig, schließlich soll es Leben vernichten. Man darf auch nicht glauben, daß im Fett gespeicherte Giftstoffe harmlos sind. Bei Tieren hat man nachgewiesen, daß die Gifte bei längeren Hungerperioden oder Streßsituationen frei werden und dann zu Massensterben führen können, die aus der augenblicklichen Situation heraus nicht erklärbar sind. So stellte z. B. Kolmann (1970) fest, daß während der Brutzeit viele Eiderentenweibchen starben, da sie zu dieser Zeit keine Nahrung aufnehmen und folglich ihre Fettreserven abbauen müssen. Die Männchen waren nicht betroffen, obwohl sie genauso hohe Mengen an Dieldrin, Endrin usw. im Körper hatten.

Weitgehend ungeklärt — deshalb aber nicht weniger gefährlich — sind bisher die Grenzkonzentrationen all dieser Stoffe, die auf den Menschen bzw. sogar sein Erbgut schädlich wirken. Das Zusammentreffen chemisch ganz verschiedener Fremdstoffe, z. B. Arzneimittel und Rückstände von Pestiziden in der Nahrung, kann im menschlichen Organismus unerwartete Reaktionen auslösen. Die Mittel können sich in ihrer Wirkung aufheben, summieren oder sogar potenzieren (Wellenstein). Ein Beispiel der gegenseitigen Wirkungsverstärkung ist zwischen dem DDT und PCB (polychlorierte Biphenyle) nachgewiesen. Allein schon die Gegenwart von DDT beeinflußt den Rückhalt von PCB; diese reichern sich in gewissen Organen — vor allem in der Leber — stärker an als allein. In diesem Fall kann PCB die Leberenzyme fünfmal stärker beeinträchtigen als DDT, das hier stellvertretend für verschiedene chlorierte Insektizide steht, die eine ähnliche Wirkung auf viele Organismen haben. Wo stehen wir heute in dieser gefährlichen Entwicklung? Die Tatsache, daß die Muttermilch um das Vielfache stärker belastet ist als alle anderen Nahrungsmittel (10 bis 20fach höher als in Kuhmilch, Umweltbundesamt 1984), macht die Ärzte zwar ratlos, sollte aber die Öffentlichkeit und alle Verantwortlichen aufrütteln. Sogar bei Düngemitteln hat man heute Auswirkungen festgestellt, mit denen niemand gerechnet hat, die aber bedenklich sind: Bei einem Experiment an der Tierärztlichen Hochschule Hannover reduzierte ein mit Nitratdünger getriebenes Grünfutter binnen kurzem die Fruchtbarkeit von Bullen und Kaninchen. Allein in der Bundesrepublik Deutschland sind heute für Land- und Forstwirtschaft, Wein- und Gartenbau ca. 1.500 Präparate der verschiedensten Verbindungen amtlich zugelassen, und ständig kommen neue Entwicklungen auf den Markt, die von profitorientierten Vertretern dem nichtsahnenden Praktiker als preiswerte Hilfe empfohlen werden. Die Gefahr von unkalkulierbaren Wechselwirkungen zu über 50.000 Chemikalien, die es bei uns gibt, liegt auf der Hand. Schon 1963 hat der damalige Präsident der Biologischen Bundesanstalt für Land- und Forstwirtschaft (BBA), die für die Anerkennung von Pestiziden zuständig ist, Richter, die Lage auf dem Herbizid-Sektor treffend gekennzeichnet:

> »Obwohl die chemische Unkrautbekämpfung, wenn man sie unter unterschiedlichen Gegebenheiten sicher und erfolgreich handhaben will, beachtliche Spezialkenntnisse voraussetzt, hat sie unter dem Zwang der Verhältnisse in einem Umfang Eingang in den praktischen Landbau gefunden, der im umgekehrten Verhältnis zu dem steht, was wir über die Wirkungsweise der Mittel im positiven und negativen Sinn wissen. Die Praxis ist der Forschung davongelaufen. Daß dabei empfindliche Rückschläge auftreten können, ist unvermeidbar.«

Heute müssen wir feststellen: mehr Gift denn je wird von Hobbygärtnern wie Stadtgartenämtern, von Land- und Forstwirten, von Hausfrauen an der Blumenbank, wie Ordnungsfetischisten beim Englischen Rasen (also von Laien!) auch dort ausgebracht, wo der Zusammenhang mit unserer Nahrung eigentlich augenfällig sein müßte.

Mit dem Satz »Bei bestimmungsgemäßer und sachgerechter Anwendung ungefährlich« wird das gesundheitliche Risiko auf Bauern, Winzer, Gärtner, Waldarbeiter oder andere Laien abgewälzt. Die Folge davon ist, daß umstrittene Präparate oft jahrelang in der Praxis angewendet werden und man sie erst nach dem Auftreten sehr ernster Vergiftungsfälle aus dem Verkehr zieht. So war es beim Arsen, dem DDT, Aldrin, Dieldrin, Endrin ebenso wie bei einigen Mitteln zur Beseitigung unerwünschten Gras-, Kraut- und Strauchwuchses.

Auf eine andere Gefahr, die letztlich von allen Giften ausgeht, mag bei den Insektengiften hingewiesen werden. Die Insektizide treffen auf etwa 1 Mio Insektenarten, von denen aber nur etwa 250 Arten für den Menschen ausgesprochen schädlich sind. Durch die Chemikalien werden viel mehr nützliche Insekten getötet, auch die natürlichen Feinde der Schadinsekten. So machte man z. B. die unangenehme Erfahrung, daß die Spinnmilben bei Anwendung der üblichen Insektizide sich sogar stärker vermehrten, da ihre natürlichen Feinde zuerst ausgerottet wurden. Andererseits nimmt die Wirksamkeit von Insektiziden durch Resistenzentwicklungen der Insekten oft schnell ab, so daß immer größere Mengen benötigt werden. Nach einer Umfrage der Weltgesundheitsorganisation (WHO) sind in den Jahren 1956 bis 1962 80 Insektenarten und 1962 bis 1968 bereits 180 Arten resistent, d. h. unempfindlich gegen DDT gewesen. In Laborversuchen vertragen die Fliegen nach 20 bis 50 Generationen die tausendfache Giftdosierung.

Einige Beispiele einst als »harmlos« in die Praxis gelangter Mittel mögen verantwortungsbewußte Leser sensibilisieren:

— Gramoxone, ein Unkrautvertilgungsmittel (Herbizid),» mit dem z. B. unsere öffentlichen Anlagen vom Unkraut gesäubert werden, war zunächst in der niedrigsten Giftklasse 3 und wurde dann in die nächsthöhere Giftklasse eingestuft. Die gefährlichen Dämpfe dieses Mittels und der Kontakt damit können schwere Lungen-, Augen- und Hautschäden hervorrufen« (Windt).

— In Schottland betrug vor der Einführung des Mittels Dieldrin der Anteil der erfolgreich brütenden Steinadler-Paare 72 %, nach seiner Einführung 1961 bis 1965 dagegen nur 30 %. Nachdem man im Januar 1966 das Dieldrin in Schottland verboten hatte, stieg der Bruterfolg wieder auf 69 %.

— Endrin verursacht auch bei Kleintieren schwere Schäden: Vergiftung des Nervensystems, lebensgefährliche Übererregung der Muskulatur. Je nach Konzentrationsgrad führt Endrin auch zu Organvergrößerungen wie Funktionsstörungen und blockiert die Herz- und Hirntätigkeit. Im Frühjahr 1982 starben am Bodensee mehrere tausend Vögel. In allen Kadavern konnte Endrin nachgewiesen werden. Stichproben ergaben auch Endrinreste in Kuhmilch und Erdbeeren. Dabei wurde schon vor 20 Jahren vor diesem Gift gewarnt. Erst dieses Vogelsterben war Anlaß, die Zulassung für alle endrinhaltigen Pflanzenschutzmittel zu widerrufen.

— Infolge des Trends zu großflächigen Monokulturen und zu arbeitskräftesparenden Maßnahmen ist der Verbrauch von Herbiziden in der Bundesrepublik Deutschland von 1962 bis 1969 auf das Vierfache gestiegen (heutiger Anteil am Pestizideinsatz: 60 %). Die lange Zeit als »harmlos« eingestuften Salze und Ester z. B. der 2,4,5-Trichlorphenoxyessigsäure (2,4,5-T) — sie dienen als Herbizide zur Niederhaltung von Unkräutern, unerwünschten Laubholzes in Nadelwäldern oder zur Ausrottung von Birken in der Heide — wurden schließlich auch als gefährlich erkannt: Die tödliche Konzentration für Fische beträgt 1 mg/l Wasser. Bei 20 mg/kg Lebendgewicht sterben Hunde nach 11 bis 75 Tagen. Für Blatt- und Wurzelgemüse gilt als Toleranz: 0,01 ppm. Rückstandsanalysen ergaben aber in Getreidekörnern 0,04 ppm und im Futtergras 5 ppm (21 Tage nach Anwendung von nur 1 kg/ha!).

— Der Kasseler Öko-Chemiker Kickuth ermittelte, daß selbst in extremer Verdünnung Unkrautvernichtungsmittel Verhaltensänderungen bei Wasserflöhen bewirken können. Schon geringste Spuren bestimmter Herbizide, weit unterhalb gesetzlicher Richtwerte, hemmen den Fortpflanzungstrieb der Tierchen; binnen weniger Generationen kann die Einwirkung des Giftes zum Aussterben beispielsweise von Bachflohkrebsen führen, einer wichtigen Nahrung vieler Fischarten.

— Im Bereich der Lebensmittel besteht die Gefahr, daß die Rückstandssituation bei heimischen Pflanzenproduktionen noch verschlechtert wird. Die Verwendung verschiedener Mittel hinter- und nebeneinander führt dabei zu der Situation, daß zwar die zulässige Rückstandsmenge des einzelnen Pflanzenschutzmittels eingehalten wird, die — nicht reglementierte — Summe der Einzelrückstände aber stark ansteigt (BMI, 1985). Zu diesem vom Bundesinnenministerium festgestellten Problem kommt bei der Fleischproduktion — ggf. in Wechselwirkung — noch hinzu, daß manchmal von seiten der Erzeuger ohne tierärztliche Beteiligung den Tieren Präparate verabreicht werden, deren Rückstände ebenfalls auf unserer Speisekarte landen. Der Bundesverband der Pharmazeutischen Industrie schätzt allein den zusätzlichen jährlichen Schwarzmarkt auf 50 Mio DM: »Die unkontrollierte Verabreichung hochwirksamer Tier-Arzneimittel führe dazu, daß die Präparate im Organismus der Tiere nicht in gewohnter Zeit abgebaut und so vom Verbraucher mit der Nahrung aufgenommen werden könnten.« 1970 zeigten z. B. im Schlachthof Hannover von 1.508 Schlachtkälbern 67,3 % deutliche Antibiotikarückstände, von 1.049 Schweinen 23 % und von 1.004 Rindern 5,5 %. Der Bauernverband wehrt sich gegen eine Kontrolle direkt beim Bauern und Züchter. In den USA wurden z. B. bei 12.000 Proben von Milch und Molkereiprodukten in 77,6 % verschiedenste Pestizide gefunden.

Als Verbraucher wissen wir nicht so recht, wie wir uns gegen derartige Risiken wehren können. Zuverlässige Produktionsgemeinschaften der »alternativen Welle« erscheinen durchaus förderungswürdig.

2.3.1 Anregungen zur Einschränkung der Pestizidausbringung

Vor einem unüberlegten Einsatz aller chemischen Mittel muß mit Nachdruck gewarnt werden. Notwendig ist die Beschränkung auf eindeutige Zwangslagen, wobei die Überschreitung der wirtschaftlichen Schadensschwelle als Maßstab dienen kann.

— Grundsätzlich sollten alle Pestizide nicht mehr routinemäßig mehrmals in den verschiedenen Wachstumsperioden eingesetzt werden, sondern nur noch in den notwendigen Fällen. Die meisten Schäden durch Insekten und Pflanzenkrankheiten entstehen infolge Außerachtlassens alt bewährter Kulturregeln. Der Steuerzahler und Verbraucher, der die landwirtschaftlichen Flächen pro Jahr und ha mit über 2.000 DM subventioniert, dürfte auch einen Anspruch auf ökologisch vernünftiges Wirtschaften haben. Auf nahezu die Hälfte der chemischen Anwendungen ließe sich, die neuere Forschung zeigt es, verzichten, wenn die Bauern zuvor die amtlichen Berater zuzögen. Es ist unbedingt erforderlich, mit dem System des »integrierten Pflanzenschutzes« (vgl. Kap. 11) alle schädlichen oder nützlichen Organismen, die Chancen ihrer Ausbreitung, die mögliche Höhe des Schadens, die Giftkosten und die bei der Giftanwendung unvermeidliche Zerstörung nützlicher Organismen sowie die Gefahren in der Nahrungskette bis zum Endverbraucher in eine Gesamtkalkulation einzubeziehen. Chemische Aktionen auf größerer Fläche gehören deshalb in die

Hand erfahrener Spezialisten. Es ist nicht zu akzeptieren, daß 90 % der landwirtschaftlichen Beratung durch verkaufsorientierte Sachbearbeiter der chemischen Industrie erfolgt.

— Die Ausbringung konzentrierter Insektengifte wie breitwirkender Herbizide durch Hubschrauber über verzahnte Gebiete von Straßen, Wohnungen, Hausgärten, Obstwiesen und Weinbergen ist human-toxikologisch untragbar und deshalb zu unterlassen.

— In Hausgärten wie öffentlichen Parkanlagen, an Straßen- und Wegrändern ebenso wie innerhalb von Wohnungen ist auf die Verwendung von Pestiziden völlig zu verzichten. Der freie Verkauf von Pestiziden sollte ähnlich wie bei Arzneimitteln unterbunden werden. Es gibt inzwischen einige Großstädte, die den Pestizideinsatz in öffentlichen Parkanlagen konsequent unterbunden haben.

— Das Netz der amtlichen Lebensmittelüberwachung und Rückstandskontrollen muß wesentlich enger geknüpft werden. Die chemischen Untersuchungsanstalten sollten personell und sachlich entsprechend ausgestattet werden.

— Die Verbraucher müssen durch intensive Aufklärung überzeugt werden, daß die Qualität z. B. pflanzlicher Erzeugnisse nicht auf ihrem Gewicht und schönen Aussehen liegt, sondern in ihrem Nährwert. Nur ein informierter Verbraucher kann durch ständiges Hinterfragen den Handel dazu bewegen, seinerseits auf den Erzeuger einzuwirken. Gegenüber der rückstandsfreien Nahrungsmittelqualität ist die Preisfrage nachrangig. Die Vermittlung entsprechender Kenntnisse gehört auch zur zeitnahen Umwelterziehung der nachwachsenden Generation.

2.4 Die Müllberge wachsen immer schneller

»Es nützt nicht viel, sich rotzuschämen. Es nützt nichts, und es schadet bloß, sich tausend Dinge vorzunehmen. Laßt das Programm, und bessert Euch drauflos!«
Erich Kästner

Die gesamte Müllmenge (Hausmüll, Industriemüll) in der Bundesrepublik Deutschland beträgt gegenwärtig rd. 84 Mio t im Jahr. Auf jeden Bewohner entfallen im Mittel also über 1,36 t pro Jahr bzw. 3,7 kg täglich (Umweltbundesamt, 1984). Beim Hausmüllvolumen entfallen heute bereits rd. 50 % auf Verpackungen. In Stuttgart wurde der Hausmüll 1950 und 1980 nach seinen Bestandteilen sortiert. Nach dieser Untersuchung enthielt der Hausmüll 1980 folgende Anteile:

Kunststoffe	7,7 %
Gummi	5,4 %
Holz, Leder, grobe Pappe	5,4 %
Metall, Stein, Ton, Porzellan	5,4 %
Glas	9,5 %
organische Küchenabfälle	15,6 %
Papier, Feinpappe	39,0 %
Feinmüll (Sand, Asche)	12,0 %

Die Hausmüllbeseitigung kostet pro Jahr rd. 4 Mrd DM. Der bei weitem größte Teil der Entsorgungskosten betrifft die Sammlung und den Transport des Mülls. Nicht in dieser Rechnung enthalten sind die z. T. erheblichen Umweltbelastungen bzw. deren Risiken (z. B. Altdeponien) und die Kosten für die Beseitigung von Einzelabfall (z. B. Einwegflaschen, Plastiktüten) aus der freien Landschaft. Die letzteren Kosten mutet man meist den Grundeigentümern zu.

Zu den riesigen Müllmengen kommt noch das brisante Problem des gefährlichen Sondermülls. Ein Giftmüll-Skandal jagt in den Medien den anderen, und immer wieder sind ökonomische Gründe dafür maßgebend. Auf europäischer Ebene kommen pro Jahr rd. 40 Mio t giftiger und gefährlicher chemischer Abfälle zusammen (das ist fast ein Pfund pro Tag für jeden EG-Bürger). Und auch hierbei ist die Tendenz steigend. Der chemische Unrat in Megatonnenmenge würde — freigesetzt — hinreichen, ganze Landstriche zu verseuchen: »Ein Problem von riesiger Dimension« (Umweltbundesamt). Nach einer Statistik des Berliner Umweltbundesamtes gibt es rd. 50.000 alte ungeordnete und unkontrolliert verfüllte Ablagerungsplätze mit zum Teil unbekanntem Gefährdungspotential. Als ein Beispiel stellvertretend für viele mag die Belastung der Umwelt durch »Polychlorierte Biphenyle« (PCB) gelten, die hauptsächlich über Mülldeponien, Hausmüllverbrennungsanlagen, Industriemüll verarbeitende Betriebe, Altölverbrennungsanlagen und teilweise über Öle aus der Altölaufbereitung verbreitet werden.

PCB sind chlorierte organische Verbindungen von sehr hoher chemischer Stabilität. Sie werden in der Umwelt nur sehr langsam abgebaut und reichern sich über Nahrungsketten — ähnlich wie DDT — in den Organismen an. Sie wurden aufgrund ihrer spezifischen Eigenschaften (unbrennbar, thermisch stabil, zähflüssig, hoher Siedepunkt) in zahlreichen Anwendungsbereichen u. a. als Weichmacher für Kunststoffe, als Schmiermittel, Beschichtungs-, Imprägnier- und Flammschutzmittel, Kühlmittel in Wärmeaustauschern, Hydraulik-, Transformatoren- und Isolieröl eingesetzt. Ende 1983 wurde die PCB-Produktion in der Bundesrepublik zwar vollständig eingestellt, dennoch wird der aufgrund der bisherigen Produktion und der breit gestreuten Verwendung PCB-haltiger Produkte bereits erfolgte und zum Teil nicht mehr vermeidbare PCB-Eintrag in die Umwelt auf 30.000 bis 40.000 t geschätzt. Besonders belastet durch PCB sind die Mittel- und Unterläufe der Flüsse Rhein, Ems, Weser und Elbe sowie die angrenzenden Teile des Wattenmeeres. Die zum Teil hohen PCB-Rückstände in Fischen und anderen Wasserlebewesen sowie in See- und Greifvögeln und deren Gelegen gefährden langfristig den Bestand vieler Arten. Erst nach langen Versuchen fand man heraus, daß PCB wie auch DDT Enzyme in der Leber aktivieren, die das Sexualhormon Östrogen in eine wasserlösliche Form umwandeln, so daß es leicht aus dem Körper ausgeschwemmt werden kann. Experimentell wurde festgestellt, daß PCB den Östrogenabbau fünfmal mehr beschleunigt als DDT. Bei niedrigem Östrogengehalt sind auch die Kalziumreserven gering, daher steht auch für die Eierschalenproduktion der belasteten Vögel zu wenig Kalzium zur Verfügung. PCB und die chlororganischen Biozide verstärken z. T. gegenseitig ihre biologischen Wirkungen.

Nach schwedischen Untersuchungen kamen z. B. bei rd. einem Drittel der erwachsenen weiblichen Seehunde Gebärmuttermißbildungen vor, 25 % litten an Nieren- und Nebennierenentzündungen, mehrfach waren schwere Darmschäden zu diagnostizieren. Das Gewicht — und damit auch die Fettschicht — lag häufig deutlich unter der Sollgröße, außerdem wurden mehrfach mißgebildete und zerbrechliche Krallen festgestellt. Natürlich können PCB-Rückstände in tierischen Nahrungsmitteln, insbesondere in Fischen, auch zu PCB-Belastungen beim Menschen führen. Hinsichtlich gesundheitlicher Schäden sind die möglichen Risiken für den Menschen noch nicht vollständig geklärt. Es muß jedoch festgestellt werden, daß bei chronischer Einwirkung auf den Menschen Leber-, Milz-, Thymus- und Hautschäden entstehen können. Beeinträchtigungen der Immunabwehr, der Fruchtbarkeit und schädliche Wirkungen auf die Nachkommen wurden in Tierversuchen festgestellt und dürften ebenso für den Menschen zutreffen. PCB-Rückstände treten unter anderem in bedenklichem Maße auch in der Muttermilch auf. Zu diesen Ergebnissen kommt ein gemeinsam vom Bundesgesundheitsamt und Umweltbundesamt erarbeiteter Bericht aus dem Jahre 1984.

»Ohne einen gesetzlichen, ordnungspolitischen Rahmen kann die Abfallwirtschaft in der Bundesrepublik Deutschland nicht funktionieren«, sagte ein Vertreter des Bonner Innenministeriums 1985 anläßlich des 2. Umwelt-Symposiums »Sonderabfall — Transport, Behandlung, Lagerung« in Gütersloh. Diese Feststellung trifft nicht nur für den gesetzlichen Sondermüll, sondern allgemein auch für den überwiegenden »Alltagsmüll« zu. Das Beispiel der Einweggetränkeverpackung soll verdeutlichen, daß wenige daran viel verdienen, die Allgemeinheit aber früher oder später kräftig draufzahlt:

Von 1970 bis 1983 hat sich der Marktanteil der Einweg-Getränke-Abfüllung um rd. 13 % auf rd. 25 % erhöht. Das Umweltbundesamt erwartet schon bald »amerikanische Verhältnisse« (in den USA werden mehr als 90 % aller Getränke per Wegwerfpackung auf den Markt gebracht) mit der Konsequenz, daß die Hausmüllmenge um 25 % und die Kosten für die Müllbeseitigung sowie die Energievergeudung entsprechend steigen. Durch das von den Großunternehmen beabsichtigte »Sterben« vieler kleiner Brauereien und Erfrischungsgetränke-Hersteller, die sich teure Abfüllautomaten nicht leisten können, sowie durch das Wegrationalisieren von Verkaufspersonal, das im Handel mit der Flaschenrücknahme beschäftigt ist, würde es etwa 70.000 zusätzliche Arbeitslose geben. Nur etwa 10 Großunternehmen in der Bundesrepublik wollen im Interesse ihrer Expansionspläne die Dose um jeden Preis. Unter Berücksichtigung durchschnittlicher Umlaufzahlen für Mehrwegflaschen (0,5 l) bei den Herstellungskosten und unter Einbeziehung der Kosten für Leergutrücknahme und Spülen der Mehrwegflasche bei den Verpackungskosten von 1 l Bier in 0,5 l Flaschen (bei den Einwegbehältern wurden je 5,8 Pfg. je Stück für Abfallbeseitigung einbezogen), ergibt sich folgende Übersicht:

Tabelle 3

	HK*	VK** in Pfennig	Gesamt
Mehrwegflasche	3,4	16,8	20,2
Einwegflasche	19,4	44,5	63,9
Weißblechdose	31,0	67,8	98,8

*Herstellungskosten, **Verpackungskosten

Die 3- bis 5mal höheren Gesamtkosten lohnen sich für die Hersteller erst später, wenn die Situation der Marktbeherrschung erreicht und damit die Zeit der Einführungs- und Dumpingpreise vorbei ist. Dann werden die Getränke nämlich für den Verbraucher teurer. Mit dieser Entwicklung geht die wachsende Müllmenge in unserer Landschaft, im Wald, an den Skipisten und am Strand einher. Wohin man auch kommt, Einwegflaschen und -dosen sind schon da! Wenn man bei der Mehrwegflasche die durchschnittlichen Umlaufzahlen berücksichtigt, ergeben auch die Abfallgewichte interessante Vergleiche: Die Einwegflasche verursacht 24,5 mal so viel Abfallgewicht wie die Mehrwegflasche, die Weißblechdose das 7,2fache und die Aludose das 4,3fache. Noch sehr viel krasser ist der Unterschied beim Abfallvolumen: 32fach! Ein verblüffendes Untersuchungsergebnis hat das Umweltbundesamt in Berlin erzielt, als es den Energieverbrauch umgerechnet hat. Mit der Energie, die für die Mehrweg-Pfandflasche benötigt wird, kann man 18 Minuten fernsehen, bei einer Einweg-Glasflasche sind es 156 Minuten (9fach), bei einer Einweg-Weißblechdose 195 Minuten (11fach) und bei einer Einweg-Aluminium-Dose gar 379 Minuten (22fach). Die Energievergeudung der Einwegsysteme ist also sehr beträchtlich! Die Luftbelastung durch Staub, Schwefeldioxid und Stickoxid ist bei der Produktion von Einwegbehältern 2- bis 30mal so hoch und die Gewässerbelastung durch Salze bei der Herstellung von Einwegflaschen ist zwischen 10- und 50mal so hoch wie bei Mehrwegflaschen (Spülen eingeschlossen).

Bei Betrachtung dieser Vergleiche ist die Verminderung der Einwegverpackungen (und damit der Müllberge, der Energie- und Materialvergeudung usw.) nicht eine wirtschaftliche Rechenfrage, sondern eine Frage der ökologisch-ökonomischen Moral. Auch Rohstoffressourcen, die Umwelt und die Arbeitsplätze sind in die Gesamtbetrachtung einzubeziehen. Allein 1980 verbrauchten die Bundesbürger für Verpackungen fast 1,2 Mio t Kunststoff, 610.000 t Weißblech (Stahl/Zinn), 4 Mio t Papier und Pappe, fast 2,9 Mio t Glas und ca. 100.000 t Aluminium.

2.4.1 Anregungen zur Einschränkung des Müllanfalls

Unter strenger Beachtung des Verursacherprinzips wird sich das Müllproblem nur lösen lassen, wenn auch hier die Umweltfrage mit hoher Priorität behandelt und alle denkbaren Verfahren — Deponie, Verbrennung, Kompostierung, Wiederverwendung u. a. — nebeneinander konsequent angewendet werden. Es liegt auf der Hand, daß hier ein staatlicher Handlungsbedarf ebenso besteht wie die Notwendigkeit des umweltbewußten Verhaltens der Bürger:

— Begrenzung bzw. Verhinderung der Abfälle auf gesetzlichem Wege, die die Umwelt oder die Allgemeinheit besonders belasten. Negative Kennzeichnungspflicht aller Stoffe, Verpackungen usw., die die Umwelt unangemessen belasten. Der Bürger muß auf diese Weise bereits beim Kauf erkennen lernen, wie er selbst zur Verringerung der Umweltbelastung beitragen kann.

— Erleichterung der angemessenen Beseitigung gefährlicher Stoffe durch staatliche Stellen, ggf. über Rückkauf- und Pfandsysteme (z. B. Kleinbatterien, Arzneimittel, Giftreste, Lösungsmittel usw.), da finanzielle Anreize stets die Motivation fördern.

— Ein ökologisches Umgehen mit dem Müll erfordert weit mehr als die bloße Beseitigung der Abfälle. Es geht darum, bereits bei der Produktion von Gütern die Frage einzubeziehen: Was geschieht mit dem Produkt nach dem Verbrauch? Maßnahmen zur Verwertung der Abfälle (Recycling) reichen nicht aus. Die Vermeidung von Abfällen muß oberste Priorität erhalten. Abfallintensive Einwegprodukte, die durch andere Produkte ersetzt werden können, dürfen nicht produziert oder importiert werden. Darauf muß ggf. eine Verpackungssteuer »zielen«. Unsere Umwelt muß ein hoher betriebswirtschaftlicher Kostenfaktor werden.

— Das Verursacher- und Kostenträgerprinzip ist im Müllsektor auch nicht annähernd realisiert, da alle »Umweltkosten« (z. B. Abfallentsorgung aus freier Landschaft, Sanierung von abfallbedingten Umweltschäden und Altdeponien u. a.) weitgehend unberücksichtigt bleiben. Mit dem Verursacherprinzip könnte ein Regelungsansatz über den Preis gefunden werden, der den Verbraucher bis zum »abfallbewußten« Kaufverhalten ermuntert, möglichst wenig Abfall zu »produzieren«.

— Wer z. B. als »Belohnung« für Abfallverminderung auch hohe Kosten einsparen kann, wird Glas, Papier, Metalle zu den bereitgestellten Recycling-Behältern bringen, wird kompostierbaren Abfall entweder selbst im Garten behalten oder zu einem vorgehaltenen »Sammelkompostplatz« bringen und damit zusätzlich einen Naturschutzbeitrag leisten, wird gefährliche Sonderabfälle — zusätzlich gefördert durch Rückkaufsysteme — bei entsprechenden Annahmestellen abliefern, wird bereits beim Einkaufen darauf achten, daß überflüssige Verpackungsmaterialien — insbesondere Kunststoffe — gleich im Laden bleiben. Da dadurch dem Handel zusätzliche Kosten entstehen, wird dieser entsprechend reagieren.

— Die widerrechtliche Abfallbeseitigung könnte durch o. g. System zwar forciert werden, sie muß jedoch so oder so anhand eines strengen Bußgeldkataloges bundeseinheitlich geahndet werden. Das Wegwerfen von Dosen, Flaschen o. dgl. wird in der Praxis so gut wie gar nicht geahndet. Entrümpelungsaktionen in der freien Landschaft auf Initiative von Vereinen, Politikern oder der Bundeswehr hin sind gut gemeint, lösen das Problem jedoch schon 20 Jahre lang überhaupt nicht. Im Umwelt- und Naturschutz sind sie nicht mehr als zeitungsspektakuläre Alibiveranstaltungen, für die eigentlich Abfallbeseitigungsträger mit eigenem Personal (Arbeitsplätze!) zuständig sein sollten.

— Kontrollierte Herstellung von Kompost aus geeignetem Müll für den Landschafts- und Gartenbau. Derartiger Kompost kann besserer Ersatz für den in Moorgebieten gewonnenen Torf sein. Damit kann gleichzeitig ein wertvoller Beitrag geleistet werden, die noch vorhandenen Torfvorkommen und damit die letzten, durchweg schützenswerten Moorgebiete als Lebensraum für eine bedrohte Tier- und Pflanzenwelt zu schonen. Der eigene Gartenabfall bleibt am besten im eigenen Garten (vgl. Kap. 9).

— Die Lebensdauer von Gebrauchsgütern muß gesteigert werden, d. h., in einer ökologisch orientierten (Abfall-)Wirtschaft geht Vermeidung vor Verwertung und Verwertung vor Beseitigung. Diese Rangfolge der »Umgangsformen« mit dem Müll wurde bereits 1975 im Abfallwirtschaftsprogramm der Bundesregierung festgehalten; sie hat jedoch weder in der Gesetzgebung noch in der Praxis ihren Niederschlag gefunden (Michelsen, 1984/85).

2.5 Lärmbelastungen werden immer noch unterschätzt

»Bald können wir überall hinfahren, aber es wird sich nicht mehr lohnen, dort anzukommen.«
Horst Stern

Bereits um die Jahrhundertwende prophezeite der Medizin-Nobelpreisträger Robert Koch: »Eines Tages wird der Mensch den Lärm ebenso unerbittlich bekämpfen müssen wie die Cholera und die Pest.« Wie recht er doch damit hatte! Lärm ist Schall, der andere stören kann. Er wird von unterschiedlichen Personen unterschiedlich empfunden. Das macht seine Bekämpfung problematisch. Dennoch ist festzustellen, daß Lärm heute mit die gravierendste Beeinträchtigung der Lebensqualität im Wohnbereich, am Arbeitsplatz, im Einkaufsgebiet und in den Erholungszentren darstellt.

Lärm wird als »Schalldruckpegel« in Dezibel (dB) in einem bestimmten Frequenzbereich (A) angegeben. Erhöht man einen Schallpegel um 10 dB, so entspricht das einer Verzehnfachung der Schallintensität. Eine Erhöhung von 20 dB entspricht einer hundertfachen Vergrößerung. Addiert man zwei Schallpegel von 50 dB, so ergeben 50 dB + 50 dB nicht 100 d B, sondern 53 dB: Eine Erhöhung (Verminderung) des Schallpegels um 3 dB entspricht einer Verdoppelung (Halbierung) der Schallintensität (BMI, 1982).

Bereits ein Schallpegel von nur 25 dB (A) kann bei empfindlichen Personen zu vegetativen Reaktionen führen. Als besonders störend werden einzelne Schallereignisse empfunden, deren Pegel das Grundgeräusch um mehr als 10 bis

15 dB (A) überschreiten. Dabei sind auch die persönliche Einstellung und Beziehung des Menschen zur Lärmquelle (z. B. Motorrad, Musiker) sowie seine normale Tätigkeit, die Kontinuität der Geräusche und die Tageszeit bedeutend.

Tabelle 4

	dB (A)
Hörschwelle des Menschen	0
Wasserhahn	20
üblicher Tagespegel im Wohnbereich	40 - 50
normale Umgangssprache, 1 m Entfernung	50 - 60
Schreibmaschine	60 - 70
elektr. Rasenmäher	70
PKW, 7 m Entfernung	70 - 85
LKW, 7 m Entfernung	90
Preßlufthammer, 7 m Entfernung	90 - 100
Düsenflugzeug, 100 m Entfernung	120 - 140

Lärm streßt, die Hautgefäße verengen sich, der Blutdruck steigt, das Herzschlagvolumen verringert sich, Herzrhythmus-, Kreislauf- und Atemstörungen stellen sich ein, Leistungs- und Konzentrationsbeeinträchtigungen treten auf, die Magensaft- und Speichelproduktion vermindern sich, Magen- und Zwölffingerdarmgeschwüre nehmen zu, der Hormonhaushalt (»Streßhormone«) gerät aus dem Gleichgewicht, der allgemeine Muskelspannungszustand verstärkt sich, nicht nur am Tage, sondern auch in der Nacht.

Nach einer russischen Studie ruft Lärm psychische Störungen hervor, zehrt an den Nerven und schwächt die Widerstandsfähigkeit des menschlichen Organismus.

Bereits ab 60 dB (A) reagiert unser Körper mit deutlichen Streßsymptomen, wie z. B. erhöhter Hormonausschüttung. Erheblich niedriger liegt dagegen der Schwellenwert für nächtliche Schlafstörungen. Schon bei Pegeln über 30 dB (A) im Innenraum kann der Nachtschlaf gestört sein. »Es ist zu befürchten, daß bestimmte vegetativ bedingte Krankheitssymptome durch langfristig andauernde Störungen der Nachtruhe ausgelöst oder verstärkt werden.« (BMI, 1982)

Der jährliche Verbrauch von 5.000 t Schlafmitteln in der Bundesrepublik ist nicht zuletzt auf Lärm zurückzuführen. Eine im Auftrag des Umweltbundesamtes durchgeführte Studie hat den Verdacht erhöht, daß ein Zusammenhang zwischen Verkehrslärm und Erkrankungen durch hohen Blutdruck besteht. Da Bluthochdruck zu den häufigsten Krankheiten in der Bundesrepublik Deutschland zählt (etwa 6 Mio Erkrankte) und einen der bedeutendsten Risikofaktoren für Herzinfarkt und Gefäßkrankheiten darstellt, ist ein höheres Erkrankungsrisiko durch starken Verkehrslärm von großer umwelt- und gesundheitspolitischer Bedeutung (BMI, 1982). Schon eine ständige Berieselung mit 70 dB (A) kann beim Menschen zu Dauerschäden führen. Ab etwa 120 dB (A) können auch bei kurzzeitiger Einwirkung dauernde Gehörschädigungen eintreten (Umweltbundesamt, 1984), da absterbende Gehörsinneszellen nicht regenerationsfähig sind.

Schon 1969 fühlten sich nach einer Allensbacher Demoskopieuntersuchung rd. 50 % der Bevölkerung durch Lärm gestört. Inzwischen hält 3/4 der Bevölkerung nach einer Infas-Umfrage den Lärmschutz für vordringlicher als den Straßenbau. Ganze 11 % aller Wohnungsplätze in der Bundesrepublik können nachts als ruhig bezeichnet werden (Mittelwert unter 35 dB (A), BMI, 1982). Ca. 1/3 aller Balkone und Gärten werden nur noch eingeschränkt oder gar nicht mehr genutzt (Michelsen, 1984/85). Über 70 % der Lärmstörungen gehen nach Umfragen auf den Verkehr zurück. Die damit verbundene Gesundheitsgefährdung wurde inzwischen auch durch eine Bonner Verkehrslärmstudie medizinisch nachgewiesen: Im lauten Wohngebiet ist der Anteil der Bevölkerung, der wegen Bluthochdrucks behandelt wird, um 50 % höher als im wenig belasteten Stadtteil. So ist die Kraftfahrzeugdichte inzwischen zu einem Maß für schlechte Luft, hohen Lärm und Gesundheitsbeeinträchtigung in den Städten geworden.Das gilt zunehmend auch für viele Natur- und Erholungsgebiete. Ein Lärmstreifen von rd. 500 m zu beiden Seiten einer stark befahrenen Straße scheidet in waldfreiem Gelände für eine echte Erholung meist aus.

Es ist ein Teufelskreis: Die größten Teile unserer Städte sind infolge von Lärm, Abgasbelastung und Grünarmut so lebensfeindlich, daß die Mehrzahl der Einwohner in der Freizeit diesen Bereichen mit dem PKW oder dem Motorrad entflieht, einer inneren Natursehnsucht folgend den großen Naturgebieten (Wälder, Gebirge, Seen, Küsten) zustrebt und dort wieder so viel Lärm erzeugt, daß die Erholungseignung auf der Strecke bleibt. Feinfühlige Menschen, Naturliebhaber, Individualisten entfliehen als erste diesem Trubel, suchen sich ein neues, bisher verschontes Naturgebiet und veranlassen damit dort wieder kurzsichtige Gemeinden oder Fremdenverkehrsinvestoren zu gewinnträchtigen Erschließungen (Straßen, Parkplätze, Campingplätze, Seilbahnen usw.), bis auch dort die Verlärmung und Landschaftsbelastung eine wirkliche Langzeiterholung ausschließen.

Der Rausch aus Lärm und Geschwindigkeit geht immer zu Lasten anderer. Ab Tempo 100 steigen alle Lärmwerte stark an. Ein KFZ mit 140 km/h erzeugt 4 x so viel Lärm und verbraucht 40 % mehr Sprit als ein mit Tempo 100 fahrendes Fahrzeug. Nicht zuletzt sind auch die Autofahrer selbst vom Lärm stark betroffen. Absolute Stille, verbunden mit Dunkelheit (»sensorische Deprivation«) kann allerdings auch als Folter empfunden werden. Der Mensch braucht als soziales Wesen ein Mindestmaß an körperlichen und geistigen Reizen. Bereits bei 25 dB (A) können aber Arbeiten, die eine hohe geistige Konzentration erfordern, gestört werden. Beim Lernen findet man z. B. einen deutlichen Leistungsabfall, weil der Übergang vom Kurzzeit- in das Langzeitgedächtnis durch Lärm beeinträchtigt wird.

2.5.1 Anregungen zur Einschränkung der Lärmbelastungen

Der sinnvollste Lärmschutz kann nur der sein, der auf eine Vermeidung bzw. Einschränkung der Lärmquelle zielt:

— Die Wiederbelebung von Stadtzentren kann nur durch konsequente Begrenzung bzw. sogar Verdrängung des Individualverkehrs erfolgen. Fußgängerzonen haben sich überall weitgehend bewährt, zum Nutzen der Gemeinden, der Anwohner und nicht zuletzt der Geschäftsleute. Verkehrsberuhigte oder verkehrsfreie Zonen müssen konsequent angestrebt werden und schließlich große Teile der Städte umfassen. Mindestens während der Nachtzeit (22.00 bis 6.00 Uhr), in vielen Gebieten aber auch am Tage, sollte der uneingeschränkte Individualverkehr in der Stadt wesentlich reduziert werden. Parallel dazu müssen das Radwegenetz ausgebaut und der öffentliche Personen-Nahverkehr verbessert werden.

— Die Erarbeitung von Lärmkarten und Lärmkatastern für Städte mit dem Ziel, lärmgeschützte Funktionszonen und grüne Pufferstreifen zu schaffen, erscheint angesichts der Lärmproblematik angemessen. Bepflanzte Lärmschutzwälle (Pegelminderung rd. 10 dB [A]) sind in vielen Bereichen empfehlenswert.

— Aus Natur- und Erholungsgebieten müssen alle vermeidbaren Lärmquellen konsequent ferngehalten werden: Motorboote, Hubschrauberrundflüge über Naturgebieten, Hubschrauberskitransporte zu Berggipfeln, Freilichtdiscoveranstaltungen oder Freizeitrummelparks in Waldgebieten. Wurftaubenschießstände gehören nicht in Erholungsgebiete, da eine Kapselung der Anlage und damit eine wirksame Lärmminderung nicht möglich ist. Eine unnötige Belastung der Allgemeinheit mit Lärm — vom aufgedrehten Radio im Erholungsgebiet bis zum frisierten Feuerstuhl (jedes zweite Motorrad ist manipuliert, BMI 1982) — kann nach den heutigen Erkenntnissen über die Gesundheitsfolgen nicht mehr widerstandslos hingenommen werden.

— Die Bevölkerung sollte über alle schädlichen Auswirkungen von Lärm auf unsere Gesundheit, unsere Lebensqualität und unsere Natur aufgeklärt werden. Der Verursacher von unnötigem Lärm muß bei Kenntnis der Folgen und Sensibilität der Allgemeinheit ein schlechtes Gewissen als persönliche Hemmschwelle spüren. Durch »Kavalierstarts« z. B. an Ampelanlagen kann der Lärmpegel um bis zu 20 dB (A) (= hundertfache Schallintensität) ansteigen. Insofern können rücksichtsvolles Anfahren, die Einstellung auf »grüne Wellen« und die Abschaltung von Ampelanlagen bei geringem Verkehr (z. B. nachts) wesentlich zur Lärmminderung beitragen. Schon bei einem Halt von einer halben Minute lohnt es sich, den Motor abzustellen (bei 3 Minuten im Leerlauf verbraucht man so viel Sprit wie bei 1 km Fahrt; BMI, 1982). Einige autofreie Sonntage im Jahr könnten aus pädagogischer Sicht dem Wiedererkennen des Wertes von Ruhe für unser Leben sicher dienlich sein.

— Laute Rasenmäher sind eine Zumutung für alle Nachbarn. Abgesehen davon, daß Rasenmäher erst ab Lärmwerten von unter 60 dB (A) das Umweltgütezeichen erhalten und nur diese eingesetzt werden sollten, ist auch das Produkt des Mähwerkes — nämlich der englische Rasen — naturfeindlich. Insofern ist für den Umweltschutz der beste Rasenmäher der, der im Keller bleibt.

— Wo eine Minderung des Lärms nicht möglich ist, kommt dem persönlichen Schallschutz Bedeutung zu. Dazu gehört für Anwohner von Hauptverkehrsstraßen z. B. auch der Einbau von speziellen Lärmschutzfenstern. Während ein normales Einfachfenster den Lärm nur um 20 dB (A) und ein Verbundfenster um 25 dB (A) mindert, kann ein Schallschutzkastenfenster sogar Dämmwerte von bis zu 50 dB (A) erreichen. Rolläden erreichen eine Schalldämmung von bis zu 15 dB (A).

2.6 Der Tourismus neigt zur Selbstzerstörung

»Die Aussteiger aus der 10ten Liegestuhlreihe der Costa Brava werden dorthin fliehen, wo die Natur noch in Ordnung ist.«
Horst Stern

Aufgrund einer internationalen Studie ist damit zu rechnen, daß der Tourismus bis zur Jahrtausendwende eine der größten Industrien der Welt werden dürfte. Diese Entwicklung unterliegt Methoden der Großindustrie: Vereinheitlichung des Angebotes durch Normierung, Rationalisierung, Produktionssteigerung, schneller Umsatz, Monopolisierung der Kundenbedürfnisse, Zentralisierung in Händen weniger internationaler Freizeitkonzerne... Mitursache dieser Entwicklung ist die anhaltende Entgrünung der Städte, die den Drang der Einwohner ins jeweils nächsterreichbare Grün forciert und damit auch dort draußen Überbelastung, Zersiedelung und Zerstörung produziert: Die Ausflughäufigkeit der Einwohner nimmt mit zunehmender Stadtgröße zu. **Die Grundlage für eine touristische Erschließung ist in der Regel eine vielfältige, naturnahe und intakte Landschaft mit entsprechender Erholungseignung.** Darüber sind sich viele Fremdenverkehrsgemeinden offenbar nicht im klaren, die mit verschiedensten Mitteln für den Touristenfang alles opfern, zuallererst meist die intakte Landschaft. Es ist absehbar, daß ein Teil der Touristen jenen Orten den Rücken kehren wird, die ihre Individualität im Wohnbereich und die besondere Eigenart und Schönheit der Landschaft kurzfristigen Wirtschaftserwägungen und falsch interpretierten Kundeninteressen geopfert haben und die sich mit den städtischen Strukturen unweigerlich auch die Nachteile der Stadt eingehandelt haben. Touristische Ballungsgebiete mit weit fortgeschrittener Urbanisierung und Zerstörung der Natur bekommen die Anfänge dieser Abkehr der Gäste heute bereits zu spüren. Zurück bleibt eine nicht ausgelastete Fremdenverkehrsindustrie, Verschuldungen und vor allem eine stark beeinträchtigte Natur. Nicht von der maximalen Erschließung und Ausnutzung der Landschaft, sondern von der Bewahrung bzw. Wiederherstellung ihres Naturreichtums wird die Zukunft des Fremdenverkehrs abhängen. Das gilt national wie international. Wer heute Fremdenverkehr fördern will, muß hier ansetzen und zur ökologischen Sanierung der Landschaft und ihrer biologischen Belebung beisteuern. Bisher sieht die Bilanz, kurz gefaßt, sehr negativ aus: — Allein 112 Pflanzenarten sind in der Bundesrepublik durch ungezügelten Tourismus gefährdet. — Über 50 % der anteilsmäßig ohnehin viel zu wenigen Naturschutzgebiete sind durch touristische Übernutzung beeinträchtigt. — In einigen Fremdenverkehrsgebieten hat sich der Tourismus in nur 30 Jahren mehr als verzehnfacht, so daß das Wort einer »touristischen Selbstmordgesellschaft« regional recht plastisch wird, wenn die Natur und Ruhe suchenden Erholungsgäste ausbleiben und das Feld der hektischen Kurzzeittouristik überlassen. Umwelt-, Naturschutz und Erholungswesen sind so eng miteinander verzahnt, daß sie stets behutsam aufeinander abgestimmt werden müssen.

2.7 Die alarmierende Flächenbilanz

»Weh denen, die ein Haus an das andere ziehen und einen Acker zum anderen bringen, bis daß kein Raum mehr da sei.«
Jesaja, ca. 700 v. Chr.

Der Baseler Anthropologe Adolf Portmann wies einmal auf die Bedeutung der Landschaft als ein den Menschen prägendes »Psychotop« hin: **»Der Mensch ist so geschaffen, daß er abhängig ist von Duft, Ton, Farbe, Form, und daß der Umgang mit dem Sternenhimmel, mit den Jahreszeiten in der Natur, mit allem, was lebt und ist, zum normalen Umschwung seines Lebens gehört. Unsere Seele verarmt**

heute infolge der Mangelwirtschaft an Natureindrücken.« Tatsächlich werden heute immer häufiger neben ökologischen auch ästhetische und moralische, philosophische und psychologische Argumente zugunsten der Landschaft vorgebracht. Was mit diesen ernsten Argumenten und Mahnungen gemeint ist, wird auch aus der erschreckenden Flächenbilanz deutlich, die einem verhängnisvollen Trend unterliegt. Bundesweit werden derzeit täglich rd. 165 ha freier Landschaft zerstört, zubetoniert, asphaltiert, zerschnitten, zersiedelt, das sind pro Minute über 1.100 m^2 und jedes Jahr mehr als 60.000 ha, eine Fläche größer als der Bodensee (1955 waren es 26.000 ha, 1965 schon 36.000 ha und 1975 bereits 44.000 ha). Allein von 1979—1981 haben die Siedlungszonen in der Bundesrepublik — so der Bonner Raumordnungsbericht 1982 — um 120.922 ha zugenommen, so viel, wie die Fläche sämtlicher Naturschutzgebiete zusammen. Insgesamt nehmen heute Industrie- und Siedlungsgebiete 10 % der Fläche in der Bundesrepublik Deutschland ein (55 % Landwirtschaft, 30 % Forstwirtschaft). Die Zersiedelung — aber auch die intensive Konzentration auf nur 20 Kulturpflanzen im Bereich der Landwirtschaft — bedeutet biologisch, daß viele wichtige Pflanzen- und Tierglieder der Ökosysteme voneinander getrennt sind. Je kleiner die verbleibenden Restflächen, desto weniger Tierarten können sich auf ihr behaupten. Wie stark die Isolationseffekte auch von Straßen und Wegen sind, belegen neuere wissenschaftliche Untersuchungen: Selbst durch verkehrsarme Kreisstraßen und Feldwege werden z. B. Laufkäfer — aber auch Nagetier-Bestände u. a. m. — in Teilpopulationen ohne jeglichen Individuenaustausch getrennt. Die Inselbildung führt zu Inzucht und Erbschäden und beschleunigt das Aussterben gefährdeter Arten. Hier scheinen sogar exponentielle Abhängigkeiten zu bestehen. Soll sich die Artenzahl verdoppeln können, muß die Fläche nicht etwa um das Zwei-, sondern um das Zehnfache vergrößert werden. Dies bedeutet umgekehrt, daß das Tempo der Ausrottung biologischer Substanz noch um ein Vielfaches größer ist als die Geschwindigkeit, mit der die Zerstückelung der deutschen Landschaft voranschreitet.

Gemessen an den strengen internationalen Kriterien besitzt die Bundesrepublik Deutschland auf ihrer Gesamtfläche nur 0,14 % Naturschutzgebiete. Sie liegt damit am Ende der Skala von 18 Nationen. Nur Belgien hat noch weniger zu bieten. In der Schweiz dagegen sind, bezogen auf die Gesamtfläche, die geschützten Gebiete dreimal größer als bei uns, in Frankfreich fünfmal und in den dicht besiedelten Niederlanden sogar mehr als zehnmal. Dies ergab eine Bestandsaufnahme der Vereinten Nationen, die 1982 veröffentlicht wurde.

Man darf bei dieser Betrachtung nicht außer acht lassen, daß z. B. der durch Verkehrswege negativ beeinflußte Teil des Bundesgebietes ungleich größer ist, als die laut Statistik zubetonierte bzw. asphaltierte Fläche (1981: 4,7 % der Gesamtfläche; Umweltbundesamt, 1984). Auto-Abgase beeinträchtigen Flora und Fauna auf einem etwa 200 m breiten Streifen beiderseits der Fahrbahnen. Die Lärmteppiche der Autobahnen sind, so die Bonner Umwelt-Gutachter »bis zu 1.000 m breit«. Auch bei Waldstraßen erstrecken sich die negativen Auswirkungen bisweilen auf gut das Hundertfache der reinen Fahrbahnfläche. Die Bundesrepublik steht heute mit 1 Auto pro 2,3 Einwohnern an der Weltspitze der Motorisierung. Das schlägt sich in der Straßendichte nieder. Während wir 1960 noch 2.500 km Autobahnen hatten, waren es 1980 bereits 7.300 km. Das Straßennetz insgesamt beträgt rd. 490.000 km, das entspricht fast 2 km pro Km^2. Der Anteil noch unzerschnittener, verkehrsarmer Räume von mehr als 100 Km^2 Fläche macht nur noch 1/5 der Fläche des Bundesgebietes aus (Sening, 1985).

Ähnlich ist die Entwicklung der Hochspannungsleitungen: 1960: 20.000 km, 1980: 50.000 km — das viel dichtere Gewirr der Mittel- und Niederspannungsleitungen nicht gerechnet, das Ende 1981 mit 490.632 km Länge die Bundesrepublik unübersehbar als verdrahtetes Land auswies.

> Im deutschen Alpenraum sind mittlerweile 88 Schwebebahnen und mehr als 800 Schlepplifte gebaut worden. »Wo erst einmal eine Seilbahn verkehrt«, klagt der Alpenverein, »folgt erfahrungsgemäß eine Umwandlung der Landschaft durch Zersiedelung: Erst zieht die Bahn ein Parkwächterhäuschen nach sich, sodann Imbißstuben, Hotels, Chalets. Und am Ende stehen die Behörden vor dem kaum lösbaren Problem der Wasserversorgung, der Entwässerung, der Abfallbeseitigung usw.«

So werden viele Naherholungsgebiete seit Jahren gleichsam von innen her entwertet durch eine Vielzahl zunächst punktueller Schäden. In diesem Zusammenhang darf eine Gefahr nicht übersehen werden, die besonders im kommunalen Bereich durch persönliche Verflechtungen auf den für die Naherholung so wichtigen Außenbereich ausstrahlt. Getarnt als Jagd- und Fischerhütten, Bootshäuser, Pferde- oder Schafställe, Wachtelzuchten, Bienenständer usw. sind Zehntausende von Wochenendhäusern in Landschaftsteilen entstanden, die generell von Bebauung freigehalten werden sollen. Allein z. B. im Regierungsbezirk Darmstadt haben hessische Naturschützer rd. 10.000 illegal errichtete Hütten, Teiche, Wochenendhäuser und Zweitwohnungen ausgemacht. Die Einsicht liegt nahe, daß viele zehnprozentige Kompromisse nicht nur mathematisch zum hundertprozentigen Verlust der Landschaft führen. Dabei stehen die Chancen nicht schlecht, z. B. Schein-Landwirte aus dem Außenbereich fernzuhalten. Entgegen der gängigen, auch in Bauämtern verbreiteten Meinung, ein paar Tiere verschafften dem Antragsteller sogleich den Anspruch auf eine Sonder-Baugenehmigung, stellen Gerichte hohe Anforderungen an die Erfüllung des Begriffs »land- oder forstwirtschaftlicher Betrieb«. Vor allem die Oberinstanzen sind strenge Sachwalter des Bundesbaugesetzes, unerbittlich selbst bei vermeintlichen Kleinigkeiten.Es ist sicher schwierig, kommunale Gefälligkeitsplanungen sowie die amtliche Duldung von Schwarzbauten, dieser modernen Form des Landraubes gegenüber der Allgemeinheit, und auch andere Gesetzesverstöße zu stoppen, da die »Palette der Ursachen« — so der niedersächsische Verwaltungsjurist Frohnecke — »von Faulheit über Gleichgültigkeit und Schlamperei bis zu Rechtsmißbrauch und parteipolitischer Vetternwirtschaft reicht«. Ein konsequenter Gegenkurs ist aber unbedingt notwendig, um an den Stadträndern breite Grüngürtel für die Feierabend- und Wochenenderholung »vor der Haustür« zu schaffen und zu erhalten.

2.7.1 Anregungen zur Einschränkung des Flächenverbrauches

— In Mangellandschaften wie Küsten, Bergen, Seeufern, Naherholungszentren und Ferienerholungsgebieten muß radikaler Zweitwohnungsstop einschließlich der Hütten durchgesetzt werden.

— Eine weitere Zerschneidung der Landschaft durch neue Straßen (oder Leitungen usw.) erscheint nicht mehr akzeptabel. Sogar die Straßenbauindustrie fordert bereits öffentlich mit Recht die Umorientierung zu arbeitsplatzintensiven Maßnahmen der Verkehrsberuhigung. Der Grundsatz, für jede neue Straße eine andere zu beseitigen, scheint angebracht.

— Umrüstung aller für Vögel als gefährlich erkannten Freileitungen und Mastenkonstruktionen. Erdverkabelungen bestehender Freileitungen im Bereich wertvoller Naturschutzgebiete und Erholungsgebiete bzw. Verlagerung an Straßentrassen.

— Die Raumplanung muß sich insgesamt ökologischen Prinzipien unterstellen, wie es 1982 der Augsburger Sozioökonom Prof. Atteslander bei einem Bonner Hearing über »Raumordnung und Ökologie« gefordert hat. »Wir schalten und walten und planen in unserem Lande so, als ob wir nicht sechzig Millionen, sondern erst eine Million Einwohner wären« (F. Vester).

— Durch Einführung der sog. Verbandsklage für — nach strengen Maßstäben — anerkannte Öko-Verbände gegen die Eingriffe in die Landschaft müßten nach amerikanischem, schweizerischem und skandinavischem Vorbild die Naturschützer den Naturzerstörern gleichgestellt werden. Das kann zwar in der Praxis für Verwaltungen unbequem werden, ist aber letztlich Teil einer so oft zitierten »bürgernahen Verwaltung« und eine gute Möglichkeit, den großen Sachverstand der Öko-Verbände im Interesse der Allgemeinheit weiter zu fördern.

— Alle Bau- und Gesetzesvorhaben müssen, ähnlich wie es eine Entschließung des Europaparlamentes vom 18. Februar 1982 vorsieht, einer umfassenden Umweltverträglichkeitsprüfung unterworfen werden.

2.8 Das Ergebnis: Die Gefährdungslage bei Flora und Fauna

»Unsere Generation wird nicht so sehr die Untaten böser Menschen zu beklagen haben, als vielmehr das erschreckende Schweigen der guten.«
Martin Luther King

Noch registriert der Bürger nur achselzuckend, was ihm in der Natur auffällt, ohne zu ahnen, welche ursächlichen Gefahren dahinterstecken, die uns und mehr noch unsere Kinder und Enkel erfassen können. Die Aufzählung gefährdeter Pflanzen- und Tierarten könnte Bücher füllen, doch die Entwicklung geht weiter. Bald werden unsere Kinder Storch, Auerhahn, Fledermaus, Fischotter, Siebenschläfer oder Eisvogel nur noch aus Bilderbüchern kennen, wenn wir das Ruder nicht entscheidend herumreißen!

Es besteht kein Zweifel, daß in der Bundesrepublik mit einer Aussterberate von mindestens 80 bis 90 Arten pro Jahr gerechnet werden muß. Das bedeutet, daß in 10 Jahren etwa 1,2 % des Organismen-Artbestandes in unserem Land unwiederbringlich vernichtet werden. In der natürlichen Evolution werden diese 1,2 % des Artenbestandes etwa in 30.000 Jahren ausgewechselt, wenn man von einer Existenzdauer von durchschnittlich 4 Mio Jahren pro Art ausgeht. So müssen wir heute davon ausgehen, daß der Aussterbevorgang mit einer mindestens 1.000- bis 3.000fachen Beschleunigung im Vergleich zur Neuentwicklung von Arten in der Bundesrepublik abläuft (Jahrbuch Natur- und Landschaftspflege, Band 30).

Die gegenwärtigen Aussterbeprozesse unterscheiden sich in der Bundesrepublik Deutschland in ihrer Geschwindigkeit also von allem, was über die irdische Evolution — einschließlich der Eiszeiten! — bekannt ist. Bereits 1980 rechnete der Bonner Umwelt-Staatssekretär G. Hartkopf damit, daß bis zur Jahrtausendwende weltweit »mindestens 500.000 Pflanzen- und Tierarten« ausgerottet sein werden. Die Aussterbegeschwindigkeit in der Tierwelt nimmt immer stärker zu, in immer kürzerer Zeit sterben immer mehr Tierarten aus (Bonner Bundesforschungsanstalt für Naturschutz und Landschaftsbiologie).

Tatsächlich erscheint es fraglich, ob wir im Rahmen des »wählerstimmenheischenden Vierjahres-Opportunismus« in der Lage sein können, die dem Aussterbeprozeß zugrundeliegende Ursachenkette konzeptionell und praktisch zu unterbrechen. Die für Fachleute unverständlich erscheinende Gelassenheit vieler politisch oder behördlich Verantwortlicher erinnert den Hamburger Wissenschaftsautor G. Haaf (»Rettet die Natur«) an den Witz von den beiden Fensterputzern, die vom 100. Stock eines Hochhauses abstürzen: Während der eine lauthals sein Schicksal beklagt, scheint der andere ungerührt. »Was hast Du bloß«, sagt er 90 Etagen tiefer, »bislang ist uns doch noch gar nichts passiert!«

Wenn wir Pflanzen verdrängen, sägen wir an dem Ast, auf dem wir sitzen! Wir leben von unseren Pflanzen — direkt und indirekt — und sind abhängig von deren Vielfalt und Funktion (Luft, Wasser, Boden, Klima). Botaniker registrierten bisher rd. 300.000 verschiedene Pflanzenarten auf der Welt, also sehr viel weniger Arten als im Tierreich, das allein etwa eine Mio bekannte Insektenarten umfaßt. Das liegt daran, daß Pflanzen an die Klima- und Nahrungsbedingungen ihres jeweiligen Standortes gebunden sind, während sich die direkt oder indirekt von Pflanzen lebenden Tiere dank ihrer Beweglichkeit leichter spezialisieren konnten. Wenn eine Pflanze ausstirbt, hat das daher schwerwiegende Folgen für die von ihr abhängigen tierischen Spezialisten. Aber auch umgekehrt bestehen viele Abhängigkeiten aus der gemeinsamen Entwicklungsgeschichte: Pflanzen sind häufig auf die Hilfe von Bakterien, Pilzen und Tieren angewiesen, wie z. B. Blütenpflanzen auf bestäubende Insektenarten. So warnt auch das Umweltgutachten von 1978: »Schon der Ausfall einer seltenen Pflanzenart kann im Sinne des Artenschutzes belastend sein.« Diese Belastung wächst zu einer unkalkulierbaren Lawine, wenn auf der Erde etwa jede zehnte Art vom Aussterben bedroht ist. In Industrienationen wie der Bundesrepublik Deutschland wächst der Gefährdungsgrad bereits auf rd. 40 %, in Ballungsräumen sogar auf fast 70 % aller Pflanzenarten. Die Zusammenfassung der »Roten Listen« in der Bundesrepublik Deutschland belegt diese Situation und die Wechselwirkungen zu Tierpopulationen mit sehr alarmierenden Zahlen:

Tabelle 5: Zusammenstellung der »Roten Liste« von Tier- und Pflanzenarten in der Bundesrepublik Deutschland

Klasse	Gesamtzahl der Arten	davon ausgestorben		Zahl der unmittelbar auf lange Sicht vom Aussterben bedrohten Arten		%-Anteil der ausgestorbenen und gefährdeten Arten an der Gesamtzahl
	abs.	abs.	%	abs.	% d. Gesamtzahl	
Säugetiere	87	8	9	40	46	55
Vögel	240	17	7	113	47	54
Kriechtiere	12	0	0	8	67	67
Lurche	19	0	0	12	63	63
Fische ca.	130	2	2	43	33	35
Libellen	70	2	3	34	49	52
Wespen/Immen	1000	25	1	610	34	35
Groß-schmetterlinge	1420	6	0,4	469	33	33,4
Farne und Blütenpflanzen	2330	56	2	917	37	39
Flechten	1960	20	1	920	47	48
Großpilze	4148	37	1	1000	24	25

Die Gefährdung von Arten geht in erster Linie auf die Vernichtung oder Veränderung ihrer Lebensräume zurück. Ein Vergleich mit anderen europäischen Ländern ergibt, daß vor allen Dingen Feuchtgebiete (Fließ- und Stillgewässer, Feuchtwiesen, Sümpfe, Moore u. a.), Trockenbiotope (einschl. Halbtrockenrasen), alpine Biotope, wärmeliebende Gehölzbiotope und Ackerunkrautfluren (einschließlich der kurzlebigen Ruderalvegetation) die am stärksten bedrohten Lebensräume in der Bundesrepublik Deutschland sind.

Als Ursachen des Artenrückganges bei den Pflanzenarten auf Bundesebene, geordnet nach der Zahl der betroffenen Pflanzenarten der Roten Listen, nennt das Umweltbundesamt die in Abb. 6 dargestellten Gründe. Wichtiger als jede Pflanze oder jedes Tier für sich ist die Funktion im Gesamtsystem. Es muß jeden alarmieren, wenn z. B. in Niedersachsen — das ist in anderen Bundesländern nicht besser! — von 357 Pflanzengesellschaften 282 = 79 % mehr oder weniger gefährdet oder ausgestorben sind (Informationsdienst Naturschutz, Nr. 3, 1983).

Gesetze vom Ausscheiden störender Teilsysteme, von der Sukzession der Arten, von der Selbstregulation von Systemen, vom Streßmechanismus und den Dichtesymptomen funktionieren nicht nur in der Tierwelt, sondern genauso auch bei uns. Sogar unsere künstliche Umwelt — z. B. eine überbelastete Großstadt — reagiert als System. Eine lebensfeindliche Architektur und eine grobe Technik führen auch in den »Ökosystemen der Wirtschaft« zur menschlichen Instabilität durch Monostrukturen, zu Aggressionen und zu nachlassendem Brutpflegeinstinkt. Und immer weniger Exemplare einer mit uns lebenden Tierwelt können

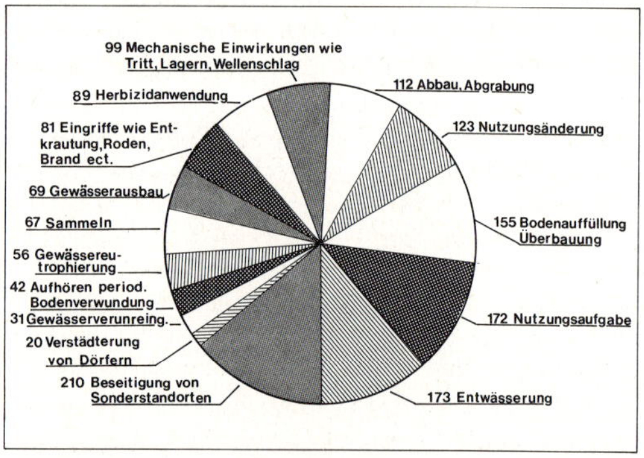

Abb. 6. Ursachen des Artenrückgangs und Anzahl der betroffenen Pflanzenarten.

uns vor weiteren Eingriffen in verbotene Zonen warnen. »Wer bereit ist, die Existenz einer Tier- oder Pflanzenart aufs Spiel zu setzen, deren künftige Bedeutung er nicht zu ahnen vermag, verhält sich wie jemand, der vor einem Flug in die Pilotenkanzel einer Boeing 747 geht und dort Geräte herausreißt, nur weil er deren Funktionen noch nicht kennt.« (Sylvia Earle, amerikanische Meeresbiologin)

2.8.1 Anregungen zum Biotop- und Artenschutz

Wir müssen den gefährlichen Trend unserer »Roten Listen« umkehren und zielstrebig dazu beitragen, unsere Umwelt wieder vielfältig, stabil und lebenswert zu gestalten. Unsere bisherige »weiche« Naturschutzpolitik kann uns diesem Ziel nicht näher führen. Nach dem Motto »Wasch mir den Pelz, aber mach mich nicht naß« wird in der Praxis viel zu sehr um den »heißen Brei« herumgeredet und fast nicht gehandelt. Einigermaßen ernsthaft geschützt sind in der Bundesrepublik Deutschland nur die Naturschutzgebiete, die mit rd. 1 % der Landesfläche lediglich eine Ansammlung meist randbeeinflußter und winziger Naturinseln (drei Viertel sind nicht größer als einen halben Quadratkilometer) in einem Riesengebiet eher feindlichen Kulturlandes darstellen.

Bei den Landschaftsschutzgebieten, die etwa ein Viertel des Bundesgebietes umfassen, sieht die Situation auch nur auf den ersten Blick besser aus. In Wirklichkeit werden hier fast alle Nutzungen wenig gebremst — vom Panzer bis zur Autobahn, vom Bagger bis zum Wochenendhaus, von unbeeinflußter Forstwirtschaft bis zur ungezügelten Landwirtschaft reichen die Beeinträchtigungen. Das mag hier und dort besser sein, wo sich die Verantwortlichen energisch durchsetzen. Für eine allgemeine Betrachtung belegen die Roten Listen jedoch sehr deutlich, daß die bisherige Strategie des »Feigenblatt-Naturschutzes« das Aussterben von Pflanzen- und Tierarten nicht stoppen kann. Nach übereinstimmender Aussage der Wissenschaftler müßten sich die Größenordnungen des strengen Flächenschutzes in Naturschutzgebieten auf etwa 10 bis 12 % Flächenanteil verzehnfachen (Aktionsprogramm Ökologie; BMI, 1983; Naturschutzatlas Niedersachsen, 1984). Aber eine erhebliche Beschleunigung der gegenwärtigen Praxis wäre notwendig. Nach der heutigen Unterschutzstellungsgeschwindigkeit wären 213 Jahre notwendig, um nur 3 % Naturschutzgebietsfläche zu erreichen (Thielcke, 1982).

Darüber hinaus bedarf es etwa 5 bis 7 % naturnaher Ausgleichsflächen in land- und forstwirtschaftlichen Intensivgebieten als »geschützte Landschaftsbestandsteile«, zusammen also etwa 15 bis 19 % der Bundesrepublik Deutschland. Es darf nicht sein, daß wie bisher ein Mehrfaches der Landesfläche unter Straßenasphalt statt unter Naturschutz steht!

— Vervielfachen müßte sich auch der finanzielle Ansatz des staatlichen Naturschutzes. Von den 13,9 Mrd des Etats 1980 im Bundesministerium für Landwirtschaft und Forsten entfielen gerade 0,2 % auf den Naturschutz. Für den dringend erforderlichen Ankauf von Schutzgebieten stellte der Bund jährlich gerade fünf Mio DM zur Verfügung, so viel, wie der Bau von 100 m Autobahn kostet.

— Das chronische Personaldefizit der Städte, Landkreise, Regierungen und Ministerien im Hinblick auf die Ausstattung mit Naturschutzfachkräften wird häufig ergänzt durch eine zumeist subalterne Position dieser Mitarbeiter, die sie gegenüber den Vorgesetzten meist von vornherein in eine unglückliche Verteidigungsposition drängt.

Als tiefere Ursachen für das Vollzugsdefizit wurden im einzelnen diagnostiziert: unzulängliches Problembewußtsein für Umweltschutzfragen bei Behördenpersonal; Mangel an Rechts-, Fach- und Sachinformation auf Seiten der Behördenbediensteten; unzulängliche Ausstattung der Behörden mit Fachpersonal; Konflikte zwischen den Belangen des Umweltschutzes und anderen Interessen, die bei der Entscheidung zu berücksichtigen und gegeneinander abzuwägen sind; politische und wirtschaftliche Pressionen, die den Bediensteten eine angemessene Berücksichtigung der Belange des Umweltschutzes unmöglich machen und sie erschweren (Deutscher Juristentag 1978, nach Bölsche, 1983).

— In unserer Demokratie benötigen Verwaltung, Parlament und Regierung die Unterstützung der Öffentlichkeit. Die Öffentlichkeit wird dann Forderungen erheben, wenn sie erfährt, worum es beim Naturschutz letztendlich geht. Die deutsche Naturschutzbewegung bleibt aufgerufen, Wissenslücken weiter schließen zu helfen. Sie wird dabei allerdings auch aus Fehlern der Vergangenheit lernen müssen:

— Abbau des elitären Einzelgängertums im Interesse einer wirksamen Aufklärung der Öffentlichkeit — Abbau der Naturschwärmerei und unwissenden Gefühlsduselei durch ständige interne Fortbildung — Abbau der unkritischen Technikfeindlichkeit vieler Naturfreunde. Wir müssen gangbare Kompromisse erlangen. — Einige zweifelhafte Naturliebhaber können durch ihr Spezialistentum mehr Schaden als Nutzen stiften (z. B. Naturphotographen, Eiersammler, »Terrarianer«, Insektensammler, Höhlenfreunde usw.). — Keine Vermenschlichung der Tier- und Pflanzenwelt. Ein emotionaler Naturschutz, der auf Sentimentalität statt auf fundamentalen ökologischen Einsichten beruht, hält die Naturzerstörung nicht auf!

— Die Landwirtschaftsklausel im Bundesnaturschutzgesetz von 1976 hat sich in der Praxis wie ein Freibrief für die Zerstörung von Lebensräumen ausgewirkt. Der hessische Umweltminister Schneider: »Ich vermag keinen Sinn darin zu sehen, daß von immer weniger und immer größeren Betrieben mit immer mehr Aufwand und zunehmenden ökologischen Schäden in den agrarischen Vorranggebieten immer mehr Überschüsse produziert werden. Auf mehr Fläche sollte durch eine größere Zahl von Betrieben extensiver und damit weniger produziert werden.«

3 Fazit von Kap. 1 u. 2: Es ist später, als wir denken; packen wir es an!

»Die Fähigkeit, heute anders zu denken als gestern, unterscheidet die Klugen von den Starrköpfigen.«
J. Steinbeck

Das in höchstem Grade alarmierende Ergebnis der Roten Listen ist gewissermaßen die Quittung für das, was wir bisher leichtfertig, fortschrittsgläubig, egoistisch und bequem mit unserer Umwelt angestellt haben. **Selbstkritisch müssen wir heute zugeben, daß die größte Umweltkatastrophe aller Zeiten der Mensch selbst ist, der auf dem besten Wege ist, sich selbst mit seinen Lebensgrundlagen zu zerstören.**

»Die moralischen Hemmnisse gegenüber dem Natürlichen sind gefallen, längst haben wir die Folgen der Technik nicht mehr in der Hand: Im Namen des Fortschrittes vergiften wir die Luft, das Wasser, den Boden, die Tiere — und uns selbst! Wir tun dies in solchem Ausmaß, daß es zweifelhaft geworden ist, ob die Erde noch in hundert Jahren bewohnbar sein wird. Wir kennen die Tatsachen, aber wenn auch viele dagegen protestieren, so sind doch die Verantwortlichen auch weiterhin auf technischen Fortschritt aus und gewillt, alles Leben kurzsichtig dem Götzendienst an ihrem eigennützigen Idol zu opfern.« So formuliert es Erich Fromm in seiner »Anatomie der menschlichen Destruktivität«.

In einer Welt, die voll ist von menschlichem Elend und menschlicher Gewalt, mag ein Aufruf zur Rettung unserer Natur manche an jenen englischen Lord erinnern, der bis zum Halse im Wasser auf sinkendem Schiff seinen Fünfuhrtee bestellt. Für alle, die den Schutz der Natur immer noch als Nachmittagsluxus verträumter Naturschwärmer ansehen und ernste Warnungen als »Angstmacherei« abzutun versuchen, wird es höchste Zeit, über ihre Verantwortung nachzudenken. Unsere Gesellschaft gleicht nämlich einem Menschen, der ahnungslos in einem Minenfeld herumirrt und sich dabei mit Sorgen um seine Altersversorgung quält. Würde man die Ängste dieses Menschen vergrößern, wenn man ihm die einzige Gefahr vor Augen führte, in der er wirklich schwebt? Und wäre man zu dieser Aufklärung nicht selbst dann verpflichtet, wenn das der Fall wäre? (v. Ditfurth, 1985) Nein, für eine Verharmlosung der Probleme ist es auch beim politischen Frühschoppen zu spät, bei dem hier und dort Naturschützer noch als »wirre Romantiker« bezeichnet werden. Es gibt nichts mehr zu lachen. In dem Minenfeld liegen keine Knallerbsen, sondern hochbrisante Ladungen, und kein Mensch weiß, wo welche wann hochgehen können... Glaubte man vor Jahren noch, mit einem Heftpflaster auszukommen, reicht heute das Herumdoktern an den Symptomen nicht mehr aus, nein, die Minen müssen raus aus dem Feld!

Umweltzerstörende Überproduktion in der Landwirtschaft mit riesigen Mengen von Nahrungsmitteln, die vernichtet werden müssen, besser läßt sich der Bankrott einer ökonomischen Theorie nicht demonstrieren! Wenn das unsere Antwort auf die deutlichen ökologischen Probleme bleibt — ob in der Landwirtschaft, in der Industrie oder sonst wo —, dann wird unsere »Sanduhr« schneller ablaufen, als wir ahnen. In dieser »Sanduhr« hat Gruhl (1982, verändert) die ökologischen Zusammenhänge vereinfacht dargestellt (vgl. Abb. 7).

Der Ausfall auch nur einer Stufe in der Basispyramide entzieht dem Menschen die Möglichkeit des Weiterlebens. Alle höher ausgebildeten Formen des Lebens sind abhängiger und damit auch gefährdeter als die niederen. Über dieser Pyramide »balanciert« auf »wackliger Spitze« die künstliche Pyramide mit allen Ergebnissen menschlichen Erfindergeistes. Je mehr Schichten auf den ökonomischen Überbau geladen werden, umso größer wird die Last, die auf der ökologischen Basis wie auf den menschlichen Trägern ruht. Der Balanceakt wird immer waghalsiger. Die untere Pyramide wird laufend geschwächt, da sie mit jeder Schicht, die man oben hinzufügt, stärker ausgeplündert und mit Umweltschäden belastet werden muß. Dabei bleibt sie die einzige Vor-

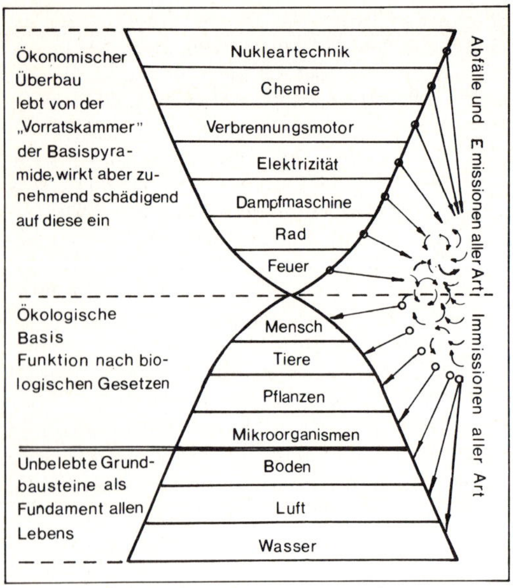

Abb. 7. Die natürliche und künstliche Pyramide als schematischer Querschnitt einer »Sanduhr«. (Gruhl, 1982, verändert)

ratskammer für die obere. Die »Sanduhr« läuft und läuft, und wir wissen nicht genau, wie weit sie bereits abgelaufen ist. Dafür gibt es nur Zeichen:

Die Summe aller durch Krankheit entstandenen Kosten betrug bereits im Jahre 1980 rd. 200 Mrd DM (zum Vergleich: Der Bundeshaushalt hatte damals 214 Mrd DM). Der Zeitpunkt ist absehbar, wo die Kosten einer fehlgeleiteten Lebensweise der Kranken nicht mehr von den Gesunden getragen werden können (Sening, 1985). Es ist sicher kaum zu bezweifeln, daß ein großer Teil des stark gestiegenen Aufwandes auch eine Folge der zunehmenden Umweltbelastung ist.

Je dichter die Menschen zusammenwohnen und je höher ihr materieller Wohlstand steigt, umso weniger »Spielraum« haben sie zur Befriedigung ihrer natürlichsten Lebensansprüche. **Die Natur kann heute kein kostenloser und unerschöpflicher Selbstbedienungsladen mehr sein!** Das »Raumverhalten« von Tieren, d. h. das Bestreben, den Lebensbereich in irgendeiner Form als Revier abzugrenzen, läßt erkennen, daß bei vielen der Raum, nicht das Futter, der begrenzende Faktor ihrer Vermehrung ist. Die Populationszusammenbrüche bei Feldmäusen sind keine Folge von Nahrungsmangel, sondern von Raumenge oder genauer von Bedrängnis im eigenen Raum. Nach Konrad Lorenz führt das Zusammengepferchtsein vieler Menschen auf engem Raum durch »Erschöpfung und Versandung zwischenmenschlicher Beziehungen zu Erscheinungen der Entmenschlichung«. Die ausbrechende Gewalt richtet sich sowohl gegen Menschen als auch gegen Sachen: In New York werden in einem Jahr 360.000 Telefonzellen eingeschlagen, über 200.000 Schulfenster zertrümmert und Schäden von 850.000 Dollar in öffentlichen Parks und Verkehrsmitteln angerichtet. Mit der Zahl der Bevölkerung wachsen auch die Zahlen der Gewaltverbrechen wie Raub, Mord und Vergewaltigung — Phänomene, die längst auch auf unsere Großstädte übergegriffen haben. Wissenschaftliche Untersuchungen aus dem Bereich der Psychologie weisen darauf hin, daß Menschen mit Hang zu Gewaltverbrechen eine abnorm geringe Toleranz gegenüber einem Zusammensein mit vielen Menschen auf engem Raum haben (Stern, 1978).

Der Mensch ist nach seiner Geschichte und Entwicklung ein Glied der Natur, aus der er sich nicht lösen kann, weshalb zunehmende Denaturierung der Nahrung, des Lebensraumes und der Lebensweise nicht ohne Nachteile fortgesetzt werden können. Die vielfältige Natur ist eine Voraussetzung für unser körperliches, geistiges und seelisches Leben. Wir ahnen nicht, ob und wann die Natur einen erfolgreichen Innovationsschritt gegen die »Naturkatastrophe Mensch«, z. B. in Gestalt von außer Kontrolle geratenden Viren oder Bakterien (deren Antagonisten wir versehentlich mitausgerottet haben) oder als »Dichte-Streß-Reaktion« in Form von Kriegen durchsetzt. Es ist jedoch durchaus wahrscheinlich, daß derartige Reaktionen entsprechend den üblichen Mechanismen eines ökologischen Systems bei zunehmender Gleichgewichtsstörung seiner einzelnen Glieder einsetzen. Als Betroffene können wir diese zunehmende Gefahr nicht nur als interessierte Zuschauer beobachten. Wir müssen handeln und werden sehen, daß dabei Rückschritt auch Fortschritt sein kann. Es vergeht ja kein Tag mehr, an dem wir nicht in irgendeiner Form mit kleinen oder großen Umweltskandalen durch unsere Medien auf die lawinenartig fortschreitende Umweltzerstörung hingewiesen werden. Flüsse, in denen man nicht mehr baden darf; Pflanzen, die man nicht mehr essen kann; Luft, die man tunlichst nicht mehr einatmen sollte —

jenseits aller Wissenschaft ist Ökologie, diese Lehre von den Wechselbeziehungen zwischen den Organismen und ihrer Umwelt, zu einem Synonym für ein Unwohlsein über die uns umgebende Welt geworden. Dieses Unwohlsein breitet sich angesichts einer Natur, die nicht wächst, sondern schwindet, ebenso epidemisch aus wie das Unbehagen angesichts von über 2 Mio Menschen, die keine Arbeit mehr finden, und angesichts vieler Betriebe, die keine Aufträge mehr haben. Was liegt da näher als die Empfehlung, die »Sanduhr« zu stoppen und verstärkt im Umwelt- und Naturschutz zu investieren, um die Ökonomie auch mit Hilfe der Ökologie wieder zu beleben? Die Programme aller im deutschen Bundestag vertretenen Parteien beinhalten heute bereits eine Fülle von konkreten Absichten, denen man durchweg zustimmen kann, doch die Praxis vor Ort, die tägliche Wirklichkeit sieht anders aus. Dort scheint der unentschlossenen Politik noch die geringe Artenkenntnis der Bundesbürger entgegen zu kommen, welche nach einer amtlichen Umfrage im Durchschnitt nur fünf freilebende Tierarten und sieben Pflanzenarten kennen. Das Verschwinden der Arten geschieht lautlos und unbeachtet. Es hat sich durch kurzfristig aufeinanderfolgende Wahlen so ergeben, daß die Politiker die Bewußtseinsbildung in der Bevölkerung nicht, wie es guter Führungseigenschaft entspräche, aus eigenem besseren Wissen vorantreiben, sondern nur vollziehen, was sie für den Wunsch der Bevölkerung, also für stimmenträchtig halten. So wird Landschaft zum Wahlgeschenk. Der »Vierjahres-Opportunismus« der Abgeordneten, analysierte die Politikerin Helga Schuchardt, führe dazu, daß die Politik Alarmsignale wie den Artenschwund »systematisch überhört« und »die Alternativszene mehr Gespür für die lebensbedrohenden Entwicklungen hat als unsere Bürokratie«. Bei der heutigen, leider bis in das tägliche Miteinander der Bevölkerung reichenden Verbands- oder Parteienpolarisierung, die viele objektive Problembeurteilungen zugunsten Verbands- oder Parteiinteressen vernebelt, haben es auch die bestwilligen — weil gut informierten — Abgeordneten wahrlich nicht leicht, sich durchzusetzen.

Nur, wie sollen die um knappe Mehrheiten ringenden Politiker aus dieser Zwickmühle herauskommen, in der sie neben vielen Verbandsvertretern mit gebundenen Händen stecken? Auch die Verbände können das Interesse ihrer Beitragszahler nur wachhalten, wenn sie immer neue Benachteiligungen entdecken, die zu beseitigen sind. Die bittere Wahrheit ist: Der Anspruchsbürger, den die sozialen Wohlfahrtsstaaten erzogen haben, vernichtet nicht nur den Wohlstand durch seine Anspruchshaltungen, er vernichtet auch sein eigenes Glück. Doch wenn wir einmal auf längere Sicht vorausdenken, dann bedarf es bei hinreichender Kenntnis der Umweltproblematik und ihrer vielfältigen Auswirkungen auf unser tägliches Leben keiner besonderen prophetischen Fähigkeiten mehr für die Vorhersage, daß sich in absehbarer Zeit nur die Politik durchsetzen wird, die es am besten und für jedermann überzeugend versteht, Umwelt- und Naturschutz nicht nur als Schönwetterthema in einer Wahlrede aufzugreifen, sondern auch in die Tat umzusetzen. Das gilt für alle Ebenen, nicht nur für die »fernen« Bundes- und Länderebenen, sondern ganz besonders auch für die »nahen« Kreis- und Gemeindeebenen. Von allen Verantwortung tragenden Menschen wird der informierte Bürger ein gehöriges Maß an Zivilcourage erwarten, wenn es darum geht, auch unpopuläre Maßnahmen durchzusetzen und hemmungslos auf Kosten der Allgemeinheit wuchernde Ansprüche zurückzudrängen. Das Ergebnis einer im Sommer 1985 bei über 10.000 Bürgern in 66 Städten durchgeführten Umweltschutzbefragung belegt diese Erwartung recht eindrucksvoll: 88 % sind für bessere Aufklärung, 80 % für strengere Gesetze, 76 % für Umweltschutz-Subventionen, und mehr als die Hälfte der Bürger sehen ein, daß ihr eigener Beitrag zum Umweltschutz zu gering ist.

Umgekehrt hat sich innerhalb von nur 15 Jahren in der Bundesrepublik Deutschland — ebenfalls durch demoskopische Umfragen abgesichert — eine geradezu erstaunliche Technikfeindlichkeit entwickelt. 1966, auf der Höhe der Wachstumszeit, als noch jede Gemeinde dankbar war, wenn sie ein paar Hektar für ein industrielles Erschließungsvorhaben hergeben konnte, fanden noch 72 % der Bundesbürger, die Technik sei »alles in allem für die Menschheit ein Segen«; 15 Jahre später glaubten das nur noch 20 %. Mehr als die Hälfte der Bundesbürger haben heute Angst vor der Technik; zwei Drittel verbinden sie spontan mit Umweltzerstörung. Selbst unter jungen Menschen, 16 bis 20 Jahre alt, ist innerhalb von 15 Jahren die Bejahung der Technik von 83 auf 23 % zurückgegangen, und unter den 21- bis 29jährigen von 78 auf 25%. Deutlicher kann sich der Zusammenbruch der nahezu grenzenlosen Fortschrittsgläubigkeit nicht äußern, die dieses Land noch vor vergleichsweise wenigen Jahren beherrschte. Viele Jugendliche verweigern den Leistungszwang, ziehen das harte, entbehrungsreiche Leben auf dem Lande vor, wollen mit eigenen Händen ihr täglich Brot erarbeiten.

Sind es nur Phantasten, Sonderlinge, Deserteure? — In der Großstadt verkommen immer mehr Jugendliche in Alkohol, Drogen und Diskothekenlärm. Sie machen die Gesellschaft für ihr Elend verantwortlich. Erschreckend ist ihr Haß gegen Staat und Wirtschaftssystem. — Nicht nur die Jugend revoltiert. Immer weitere Kreise fühlen, erkennen die Widersprüche zwischen den Möglichkeiten der reichen Industriestaaten und der erbärmlichen Wirklichkeit. — Besonders beunruhigend ist, daß die fortdauernde Krise nicht wie früher auf Mangel und Armut beruht, sondern — vor allem in den westlichen Industriestaaten — im Gegenteil auf Überfluß und Übersättigung. Auch die im Bundesinnenministerium eingesetzte Sachverständigengruppe bemerkt in ihrem Abschlußbericht »Aktionsprogramm Ökologie« im Jahre 1983 dazu u. a. folgendes:

> »Öffentliche Diskussionen, Wahlkämpfe und demoskopische Meinungsbilder vermitteln den Eindruck, als sei die Notwendigkeit eines umfassenden, wirkungsvollen Natur- und Umweltschutzes im Bewußtsein der Bevölkerung weit tiefer verankert als im Handeln der politisch Verantwortlichen. Die Folge ist der Rückzug vieler Menschen aus der Konsumgesellschaft — eine resignative Form des Protestes. Gelingt es nicht, diese Menschen durch ökologisch orientierte Fachpolitiken für die Gesellschaft zurückzugewinnen, dann überläßt man das Aktionsfeld radikalen Gruppierungen, die den Staat bald unregierbar machen können... Nach 10 Jahren programmatischer Umweltpolitik...ist es bisher nicht gelungen, eine Trendwende zu erreichen. Die ökologischen Warnzeichen mehren sich. Es ist Zeit zur Umkehr... Der Zusammenhang zwischen Umweltpolitik und Beschäftigung ist in den letzten Jahren lebhaft diskutiert worden. Die Vermutung, Umweltschutz würde per saldo Arbeitsplätze kosten, ist durch nationale und internationale Studien inzwischen widerlegt. Sie sollte daher heute vom Tisch sein... Zahlreiche Untersuchungen belegen, daß das Produktions- und Lebensniveau der hochentwickelten Industrieländer kaum Aussicht auf langfristigen Fortbestand hat. Die endlichen Ressourcen der Erde erschöpfen sich allmählich, wichtige Ökosysteme der Meere und Kontinente sind gestört, viele der noch lebenden Pflanzen- und Tierarten stehen vor der Ausrottung, die Umweltmedien Boden, Wasser und Luft werden in einer Weise verändert, daß die ökologischen Folgen vor allem wegen der möglichen Ketteneffekte unabsehbare Ausmaße annehmen können und die für den Menschen lebenswichtigen natürlichen Selbstreinigungsmechanismen außer Kraft gesetzt werden. Der Menschheit wird die Lebensgrundlage entzogen.«

Ermutigen alle diese Ergebnisse nicht auch die örtlichen Politiker, Verbandsvertreter, Bürgermeister und Gemeindedirektoren dazu, die kritischen Worte des erfahrenen Politikers Gruhl (1982) zur »Wettbewerbsdemokratie« in der Praxis zu widerlegen?

> »Es ist ein Spiel von Leistungen und Gegenleistungen, bei dem alle Werbetricks angewandt werden. Die Politik ist zu einem orientalischen Basar heruntergekommen, auf dem alle Mittel der Taktik und des psychologischen Falschspiels gebräuchlich sind. Die Handhabung kann auch dazu führen, daß Probleme, die allen Seiten unangenehm sind, in schönster Übereinstimmung aus dem Verkehr gezogen werden, wie das oft vor Wahlen geschieht. Man spricht nur über das, was populär ist und was Meinungsumfragen als augenblicklich aktuell ermittelt haben.«

Niemand kann erwarten, daß der Durchschnittsmensch heute erkennen kann, was für ihn gut ist. Und damit dieser Durchschittsmensch auch unbeirrt weiter seiner »Fata morgana« eingeimpfter Wünsche nachjagt, wirft die Wirtschaft in der Bundesrepublik jährlich rd. 4 % vom Bruttosozialprodukt allein für die Werbung auf den Markt, während der Umweltschutz bei nur etwa 2 % des Bruttosozialproduktes rangiert.

Als Entschuldigung für fehlendes Handeln wird immer wieder auf ökonomische Zwänge verwiesen. Ökonomie wird jedoch heute vielfach mit kurzfristiger Rendite verwechselt. Diese Denkweise ist im Ansatz falsch. Ökologie ist eine Rahmenbedingung, um die langfristig niemand herumkommt. So müssen wir schnellstens zu einer ökologisch ausgerichteten Wirtschaft und zu einem ökologisch ausgerichteten Handeln kommen, in dem alle ökologischen Notwendigkeiten die Eckpfähle setzen. Das gilt für die Industrie ebenso wie für die Land- und Forstwirtschaft, die Wasserwirtschaft ebenso wie für das Fremdenverkehrsgewerbe, die Stadtplanung ebenso wie für den Straßenbau und nicht zuletzt auch für alle Freizeitbeschäftigungen, vom Hobbygärtner über die Angler bis zum Jäger. **Wir müssen erkennen, daß der Mensch ein Teil und Partner der Natur ist, von der er lebt, und daß er nicht gegen die Natur leben kann, sondern sich ihr anpassen muß, wie alle anderen Lebewesen auch. Das bedeutet, daß sich alle ökonomischen**

Ziele des Menschen nach den Grenzen der Natur richten müssen.

Nachdenklich sollte uns eine Denkart stimmen, die in der überlieferten Rede des Häuptlings Seattle vom Stamme der Duwamisch-Indianer erhalten ist, die er im Jahre 1865 zur Antwort gab, als man an seinen Stamm das Ansinnen stellte, sein Land zu verkaufen. Der Gedanke befremdete ihn:

> »Wie kann man den Himmel kaufen oder verkaufen — oder den Odem der Erde? Diese Vorstellung ist uns fremd. Wenn wir die Frische der Luft und das Glitzern des Wassers nicht besitzen — wie könnt ihr es von uns kaufen? Was immer den Tieren geschieht, geschieht bald auch den Menschen. Alle Dinge sind miteinander verbunden. Was die Erde befällt, befällt auch die Söhne der Erde. Der Mensch schuf nicht das Gewebe des Lebens, er ist darin nur eine Faser. Was immer ihr dem Gewebe antut, das tut ihr euch selber an. Wir sind ein Teil der Erde, und sie ist ein Teil von uns. Die Luft ist kostbar für den Roten Mann, denn alle Dinge teilen denselben Atem, das Tier, der Baum, der Mensch... Was ist der Mensch ohne Tiere? Wären alle Tiere fort, so stürbe der Mensch an großer Einsamkeit des Geistes. Lehrt Eure Kinder, was wir unsere Kinder lehrten: Die Erde ist unsere Mutter. Wenn Menschen auf die Erde spucken, bespeien sie sich selbst. Denn das wissen wir: die Erde gehört nicht den Menschen, der Mensch gehört der Erde.«

Der Indianerhäuptling entschuldigte damals seine Überzeugung mit den Worten: »Ich bin nur ein Wilder und verstehe es nicht anders.« Wie wenig haben wir doch dieser Lebensphilosophie entgegenzusetzen! Überkapazitäten bei Stahlwerken, beim Hoch- und Straßenbau, beim Wasserbau und bei der Landwirtschaft..., ständig neue Forderungen an unsere Umwelt, Straßen, Fabriken, Kraftwerke usw. zu bauen — nicht wegen des Bedarfs, sondern wegen der Arbeitsplätze.

In erster Linie können heute nur die ökologischen Erkenntnisse lebensrettend sein. Das vorrangige Ziel einer ökologischen Überlebensstrategie ist die Erhaltung und Wiederherstellung gesunder, funktionsfähiger Landschaften, in denen sich der Mensch wohlfühlt. Je gesünder eine solche Landschaft ist, umso mehr Pflanzen- und Tierarten leben dort. Solche ausgewogenen, natürlichen Erholungslandschaften können dann von umso mehr Menschen genutzt werden. Friedensreich Hundertwasser, der bekannte Wiener Maler, hat dies erkannt, künstlerisch umgesetzt und versucht, den Baum seinen Mitmenschen als Symbol des Überlebens, des Lebenwollens ans Herz zu legen.

> »Du mußt Deine Umwelt gestalten. Du kannst nicht auf die Obrigkeit und auf Erlaubnis warten. Es ist Deine Pflicht, der Vegetation mit allen Mitteln zu ihrem Recht zu verhelfen. Straßen und Dächer sollen bewaldet werden. In der Stadt muß man wieder Waldluft atmen können. Das Verhältnis Baum — Mensch muß religiöse Ausmaße annehmen. Dann wird man auch endlich den Satz verstehen: Die gerade Linie ist gottlos.«

Die Lösung der ökologischen Krise kann nur gelingen, wenn sie über eine intensive Aufklärung der Bevölkerung von einem gesellschaftlich breit getragenen Wertwandel der Leitmotive begleitet wird.

4 Einige ökologische Grundlagen — Erst verstehen, dann handeln

»Die Natur kennt weder Belohnung noch Strafe, lediglich Konsequenzen.«
Ingersoll

Man kann von niemandem erwarten, daß er sich für die Probleme der Natur, unserer Lebensgrundlagen, einsetzt, wenn er die Sprache der Natur, ihre eigenen Gesetze und Zeichen nicht versteht. Ausbeutung der Natur und Ausbeutung des Menschen sind in einer Reaktionskette sehr viel enger miteinander verknüpft, als viele meinen.

Nur wenn wir uns bemühen, ökologische Zusammenhänge zu begreifen, werden unsere Reaktionen angemessen sein. Einseitige Artenschutzargumente bergen allzu leicht die Gefahr in sich, in ein Abseits zu geraten und dann mit einer mangelhaften Begründung dem Naturschutz womöglich sogar einen schlechten Dienst zu erweisen.

So ist es zwar gut gemeint, aber im Ansatz falsch, z. B. alle insektenverzehrenden Singvögel als Schädlingsbekämpfer zu Nützlingen zu erklären, weil u. a. die Frage vernachlässigt wird, woher denn die Vögel die Kenntnis der jeweils schädlichen und daher zu vertilgenden Insekten haben sollten. Die einen reden von Greifvogel-, Möwen-, Krähen- oder Amselplage, die anderen rechnen auch heute noch in Prozenten den Anteil »schädlicher« Insekten in der Nahrung unserer Singvögel vor. In beiden Beispielen steht die Diskussion aus ökologischer Sicht auf falscher Grundlage, nämlich der einseitigen, vermenschlichten Wertung von der jeweiligen ökonomischen Position des Betrachters aus. Gemeinsam ist beiden der gute Wille, aber leider im Ergebnis auch die Gefahr, daß durch derartige Fehlansätze die dringend erforderliche Zusammenarbeit von beiden unterlaufen wird. **Die Natur kennt keine Nützlinge, Schädlinge oder Unkräuter, sondern nur vielfältigste Organismen, die insgesamt ein kompliziertes Wirkungsgefüge ergeben, dem wir uns weitestgehend anzupassen haben und in das wir möglichst nur dort regulierend eingreifen sollten, wo die Selbstregulierung nicht mehr möglich ist oder wir aus einer Überproduktion Nutzungsmöglichkeiten haben. Dann sind auch Ökologie und Ökonomie keine Gegenpole, denn beides sind Haushaltslehren, die miteinander in Verbindung gebracht werden müssen.** »Ökologie ist nichts anderes als gescheite Ökonomie«, sagt Konrad Lorenz.

4.1 Kurzerläuterungen einiger Begriffe

»Es streiten sich und geraten in Widerrede die Menschen, die nur einen Teil sehen.«
Buddha

Ökologie

Ökologie ist die Lehre vom Naturhaushalt, die Wissenschaft von den Beziehungen und Wechselwirkungen zwischen allen Lebewesen selbst und zwischen ihnen und ihrer Umwelt. Unter Lebewesen werden Mikroorganismen, Pflanzen, Tiere und Menschen gleichermaßen erfaßt, so daß diese Definition durchaus auch umweltpolitisch brauchbar ist.

Biotop = Lebensraum der Organismen

Die Gesamtheit der unbelebten Faktoren eines Ortes (z. B. Gesteine, Wasser, Luft, Licht, Wärme) bildet den Lebensraum oder Biotop der Organismen. Jeder Biotop beherbergt immer eine ganz bestimmte Lebensgemeinschaft von Pflanzen und Tieren. Mit jeder Änderung und jedem Eingriff im Biotop ändert sich auch die Zusammensetzung der Lebensgemeinschaft.

Im allgemeinen Sprachgebrauch schließt der Begriff Biotop heute auch die biotischen, also belebten Faktoren des Lebensraumes mit ein, da diese stets zu den Wechselwirkungen beitragen. Bezieht man den Lebensraum nur auf eine Art, spricht man von Habitat.

Biozönose = Lebensgemeinschaft

Der Lebensraum (Biotop) wird von einer Lebensgemeinschaft bewohnt. Eine Lebensgemeinschaft aus Pflanzen und Tieren bezeichnet der Ökologe als Biozönose.

Ökosystem = Gesamtheit von Lebensraum und Lebensgemeinschaft

Der Lebensraum (Biotop) und die in ihm wohnende Lebensgemeinschaft (Biozönose) bilden durch ihr Zusammenwirken ein Ökosystem. Bedingt durch Unterschiede in den unbelebten Elementen (Gesteine, Wasser, Luft, Licht, Wärme usw.) und wiederum dadurch bedingte Unterschiede in den belebten Elementen (Bakterien, Pilze, Pflanzen, Tiere, usw.) unterscheidet man sehr viele Ökosysteme. Ein Ökosystem reguliert sich weitgehend selbst, d. h., Schwankungen in den Bestandsgrößen einzelner Arten, in den Energieflüssen oder in den Stoffumsätzen zwischen den Arten werden so untereinander reguliert, daß sich das Gesamtsystem annähernd in einem Gleichgewichtszustand befindet. Eine gut funktionierende Selbststeuerung ist Grundbedingung für die Überlebensfähigkeit eines Systems. Die Größe eines Ökosystems wird vom Betrachter festgelegt: Eine Regenpfütze ist ein Ökosystem wie eine Dachrinne, ein Teich, eine Wiese, eine Trockenmauer oder eine Stadt. **Auch unsere Hautoberfläche ist ein Ökosystem, in dem sich in »gesundem« Zustand viele Organismen gegenseitig in »Schach« halten, also im Gleichgewicht befinden. Wenn wir dagegen z. B. durch Luftschadstoffe oder scharfe Seifen bestimmte Organismen verdrängen, können sich andere Organismen stärker vermehren und dadurch Hautkrankheiten hervorrufen.**

Ökologische Nische

Das Zusammenleben verschiedener Pflanzen- und Tierarten führt dazu, daß jede Art ihre eigene »Ecke«, ihre ökologische Nische, beansprucht. Sie ist funktionell der Lebensraum, der für ein bestimmtes Lebewesen die günstigste Kombination von biotischen und abiotischen Standort- bzw. Lebensbedingungen bietet. Kleinste Unterschiede können darüber entscheiden, ob eine ökologische Nische von dieser oder jener Pflanzen- oder Tierart besiedelt, bzw. erobert wird. Man sehe nur einmal einen Felsen näher an, dann wird man feststellen, daß ganz feine Unterschiede in der Oberflächenstruktur, die Lage zur Sonne, zum Wind, zum Regen u. a. schon ausreichen, um die ökologische Nische auf wenigen Zentimetern so zu verändern, daß andere Organismen (Flechten, Algen, Moose, u. a.) zu finden sind. Über den Begriff der ökologischen Nische wird auch der Begriff Ökosystem (Lebensgemeinschaft) besser verständlich. Jede Art, die in diesem Ökosystem eine ökologische Nische findet, nimmt darin eine bestimmte Funktion ein, und das so stark oder so lange, bis sie selbst oder Konkurrenten die Bedingungen so verändert haben, daß die ökologische Nische von einer anderen Art erobert wird. Allgemein gilt: **Je abwechslungsreicher die Lebensbedingungen einer Lebensstätte, desto größer die Zahl der ökologischen Nischen, und umso größer ist die Artenzahl der zugehörigen Lebensgemeinschaft.**

Symbiose

Unter Symbiose versteht man eine Lebensgemeinschaft von Pflanzen und/oder Tieren, die sich ständig gegenseitig helfen. Ganz anders als beim Schmarotzertum der Parasiten, wo die eine Art zum Schaden der anderen alleine profitiert, haben sich bei der Symbiose verschiedenartige Lebewesen zum gegenseitigen Nutzen zusammengefunden. So sind Flechten Symbiosen aus Pilzen und Algen. Bekannt ist auch die Symbiose zwischen Ameisen und Blattläusen, die von den ersteren wie Kühe gehalten und gemolken werden. Auch wir Menschen leben in Symbiose, in lebensnotwendiger Verflechtung mit anderen Organismen, z. B.: Die Darmbakterien leben von unserer Nahrung und bauen uns dafür lebenswichtige Vitamine auf.

4.2 Die Assimilation (= Photosynthese) — Produktions- und Energiegrundlage allen Lebens

»Wir wollen nicht streiten, wie eine Feuersbrunst entstand. Laßt uns lieber an die Arbeit gehen, sie zu löschen!«
Johann Amos Comenius

Die Pflanzen produzieren ihre Biomasse aus Wasser und den darin gelösten Grundstoffen (aus dem Boden) sowie aus Kohlendioxid (aus der Luft) mit Hilfe des Sonnenlichtes und seiner Energie nach der Gleichung

Tabelle 6

tags Assimilation

$$6\ CO_2 + H_2O + 675\ Kcal \rightleftarrows C_6H_{12}O_6 + 6\ O_2$$

nachts Dissimilation

Kohlendioxid + Wasser + Lichtenergie ⇄ Kohlenhydrat + Sauerstoff
264 Gramm + 108 Gramm ⇄ 180 Gramm + 192 Gramm

Die Umsetzung von Sonnenenergie in chemische Energie wird durch den grünen Farbstoff Chlorophyll vermittelt. Mit Hilfe dieses Blattgrüns kann die Pflanze das Kohlendioxid der Luft, das Wasser des Bodens und die Sonnenenergie so verbinden, daß Zuckerbausteine entstehen, die diese Energie enthalten, und zugleich Sauerstoff an die Umwelt abgegeben wird. Diesen Vorgang nennt man Assimilation (= Photosynthese).

Zur Aufrechterhaltung der eigenen Lebensvorgänge muß die Pflanze nachts wieder etwas von diesem am Tage bei Sonnenlicht produzierten Energievorrat verbrauchen. Sie tut dies, indem sie einige Zuckermoleküle zu Wasser und Kohlendioxid zerlegt, also die obige Gleichung umkehrt. Diesen umgekehrten Vorgang nennt man Dissimilation (= Atmung der Pflanzen).

Nur aufgrund der Assimilation kann überhaupt durch Organismen Energie gebunden werden, von der alle anderen Lebewesen leben. Darüber hinaus werden durch diese Vorgänge der Sauerstoffgehalt der Luft, aber auch des Wassers reguliert. Im Wasser assimilierende Pflanzen beeinflussen damit den Säuregrad des Wassers, da durch die Entnahme oder Abgabe von Kohlendioxid (CO_2) auch der Kohlensäuregehalt des Wassers beeinflußt wird (Kohlensäure bildet sich aus Kohlendioxid und Wasser). Bei der zunehmenden Versauerung unserer Gewässer hat diese Regulation und damit die Notwendigkeit zur naturnahen Gestaltung aller Gewässer an Aktualität gewonnen.

In einem Ökosystem können nur die assimilierenden Pflanzen Produzenten sein, während alle folgenden Stufen Konsumenten sind. Grob vereinfacht benötigt jede Konsumentenstufe 90% der Energie der vorhergehenden Stufe zur Aufrechterhaltung der eigenen Lebensvorgänge, wie z. B. die Nahrungskette eines untersuchten russischen Sees belegt:

Tabelle 7

	%
Phytoplankton	100
Zooplankton	11,6
Planktonfressende Fische	1,5
Raubfische	0,1

Biomasse der Produzenten (hier assimilierendes Phytoplankton) = 100 %. Die Verluste von einer Nahrungsebene zur nächsten liegen bei etwa 90 %.

Aus der Tatsache, daß beim Übergang von einer Stufe zur nächsten etwa 90 % des Wertes der »gefressenen Energie« verlorengehen, kann man grob schätzen, daß aus 50 Mio t assimilierendem Phytoplankton etwa 5 Mio t Kleinkrebse entstehen und daraus vielleicht 1 Mio t Heringe und daraus wieder etwa 100.000 t Kabeljau oder Thunfisch.

Neben dieser Betrachtung des Energieflusses muß auch beachtet werden, daß alle Pflanzen durch die Assimilation nicht nur den Sauerstoffgehalt ihrer Umgebung beeinflussen, sondern auch Wasser verdunsten. Durch diese

Verdunstung entsteht Verdunstungskälte, die gegenüber einer wärmeren Umgebung für Luftzirkulation, Luftbefeuchtung, Luftfilterung usw. sorgt, so daß durch das z. B. unter Bäumen entstehende Kleinklima die menschliche Lebensqualität erheblich beeinflußt werden kann.

Wir Menschen werden uns darauf besinnen lernen müssen, daß unser Dasein — Nahrung, Energie, Sauerstoff, Klima usw. — letztlich von der Funktion der Assimilation aller Pflanzen abhängig ist.

4.3 Der Boden — unsere belebteste Basis

»Ich bin Leben, das leben will inmitten von Leben, das leben will.«
Albert Schweitzer

Unsere Böden — ob nun am Land oder unter Wasser — bilden die Basis, auf der menschliches und tierisches Leben existiert.

Der Boden ist alles andere als eine leblose Substanz, in die man nur Nährstoffe hineinzupumpen braucht, um einen möglichst hohen Ertrag herauszuholen, oder in dem man ungestraft einfach unbequeme Abfälle »verschwinden« lassen kann. Ganz im Gegenteil. Alle Bodenarten stellen ein empfindliches, sehr komplexes System dar von chemischen, kolloidchemischen und biologischen Faktoren. Um die Vielfalt der Bodenlebewesen quantitativ einigermaßen zu kennzeichnen, muß man schon bei kleinen Bodenproben z. T. mit fast unvorstellbaren Zahlen »jonglieren«:

Einige der wichtigsten Pflanzen- und Tiergruppen in europäischen Böden — berechnet auf einen Bodenblock von einem Quadratmeter Oberfläche und dreißig Zentimetern Tiefe (= 0,3 m^3 Boden) werden als Beispiele im folgenden genannt (nach Dunger, 1970, in Illies und Klausewitz, 1973):

Um diese Zahlen auf eine kleine Einheit zu beziehen: Gesunder Boden enthält pro Gramm an Mikroorganismen u. a. etwa 500.000 Bakterien, 400.000 Pilze, 50.000 Algen und 30.000 Protozoen. In den oberen 20 cm eines guten Wiesenbodens findet man entsprechend große Mengen von organischer Substanz. Die folgenden Zahlen geben das Frischgewicht je ha an:

- — 500 bis 600 t tote organische Substanzen, also pflanzliche und tierische Reste
- — 50 bis 80 t Pflanzenwurzeln
- — 10 bis 15 t Bakterien und Strahlenpilze
- — 10 bis 15 t echte Pilze und Algen
- — bis 4 t Regenwürmer
- — über 1 t andere Würmer, Gliederfüßler, Schnecken, Wühlmäuse usw.

Allein die Biomasse (=Gesamtlebendgewicht) der Regenwürmer entspricht der Biomasse an Rindern, die von der gleichen Wiesenfläche leben können.

Diese unvorstellbar vielen Bodenlebewesen stehen unter sich in vielfältiger Beziehung, sind voneinander abhängig und reagieren auf klein-

Tabelle 8

		Anzahl Einzelwesen Durchschnittlich u. im Optimum	Gesamtgewicht in Gramm Durchschnittlich u. maximal
Kleinste Pflanzen		10^{12} - 10^{15}	50 - 500
Bakterien		10^{12} - 10^{15}	50 - 500
Pilze		10^{9} - 10^{12}	100 - 1000
Kleinste Tiere (bis 0,2 mm)			
Geißeltierchen	5 x	10^{11} - 10^{12}	10 - 100
Wimpertierchen		10^{6} - 10^{8}	10 - 100
Kleintiere (0,2 bis 2,0 mm)			
Fadenwürmer		10^{6} - 2 x 10^{7}	1 - 20
Milben		100.000 - 400.000	1 - 20
Springschwänze		50.000 - 400.000	0,6 - 10

ste Beeinflussungen sofort mit weitreichenden Reaktionsketten, deren Ende niemand genau bestimmen kann. Kaum 10 % der Bodenbakterien sind erforscht. Das Fatale ist, daß unsere vielfältigen Möglichkeiten — von der »chemischen Keule« bis zu Großmaschinen — geradezu ermuntern, mit dem Boden recht sorglos umzugehen. Das für uns Menschen entscheidende System der Bodenlebewesen liegt darin, daß sie

1. den Grundbaustein des Lebens — Kohlenstoff — als Kohlendioxid selbst erzeugen,
2. den lebensnotwendigen Stickstoff in für die Pflanzen erst verwertbarer Form als Ammoniak oder Nitrat binden,
3. den Kreislauf zur Wiederverwertung der in den Pflanzen und Tieren gebundenen Nährstoffe schließen.

Zu 1: Grundbaustein Kohlenstoff — erzeugt das Kohlendioxid

Wir selbst, Tiere, Pflanzen, Mikroben und damit auch unsere Nahrung, also die gesamte organische Welt, bestehen zu rund 85 % der Trockensubstanz aus Kohlenstoff. Der Kohlenstoffkreislauf ist mit dem des Sauerstoffs eng verknüpft. Beide treffen sich in der Photosynthese aller grünen Pflanzen, in der Atmung der Tiere und in den Zersetzungsprozessen der Mikroben. Obgleich die Luft das für diesen Prozeß erforderliche Kohlendioxid nur zu 0,03 % enthält, werden doch jährlich von Land- und Wasserpflanzen zusammen rund 120 Mrd t organisches Material aufgebaut und eine entsprechende Menge zurückgegeben. Diese gewaltige Leistung vollbringen neben den Pflanzen und Tieren vor allem die Mikroorganismen des Bodens, die pro ha stündlich viele Kilogramm Kohlendioxid produzieren.

Zu 2: Bindung des Stickstoffs in pflanzenverwertbarer Form

Der Stickstoffkreislauf ist eng gebunden an die Nahrungsketten. Anders als beim Kohlenstoff liegen die großen Reserven des Stickstoffs in der Luft, die zu 78 % aus ihm besteht. Während es beim Kohlenstoff die Pflanzen sind, die ihn aus der Luft aufnehmen, sind es beim Stickstoff als einzige die Bodenbakterien: Stickstoffsammler, die frei im Boden leben, und Knöllchenbakterien, die mit Pflanzenwurzeln in Symbiose leben. Sie binden den Stickstoff in pflanzenverwertbarer Form als Ammoniak oder Nitrat. In Pflanze und Tier zu Protein geworden, in körpereigenes Eiweiß umgebaut, über die Nahrungskette weitergereicht, als Harn und Kot ausgeschieden und schließlich wieder erneut zersetzt und wieder aufgenommen — steht auch der Stickstoff in einem ständigen Kreislauf.

Zu 3: Wiederverwendung der in Pflanzen und Tieren gebundenen Nährstoffe

Zunächst werden die organischen Abfälle durch größere Boden-Tiere (Asseln, Insektenlarven, Hornmilben, Springschwänze, Würmer usw.) zerkleinert, so die Zellulose und das Lignin der abgefallenen Blätter, Äste und Zweige sowie die unverdaulichen Bestandteile der tierischen Leichen. Die große Oberfläche der so immer wieder mechanisch zerkleinerten toten organischen Substanz ermöglicht es dann den nichttierischen Lebewesen, den Bakterien, Algen und Pilzen (insbesondere Strahlenpilze), die unverdauliche Substanz schnell chemisch umzusetzen. Die Strahlenpilze haben z. B. die Fähigkeit, schwer abbaubare Stoffe, wie Fette, Wachse, Paraffine, Holz (Lignin) und Chitin zu zerlegen. Sie sind es, die den typischen Bodengeruch erzeugen.

Im Darm der besonders nützlichen Regenwürmer werden organische Abfälle mit anorganischen Bestandteilen des Gesteinsverwitterungsmaterials vermischt und so die Bildung von Ton-Humus-Komplexen gefördert. Das Gewicht der stabilen Kotballen wird auf 1 bis 90 t/ha und Jahr geschätzt. Außerdem hinterlassen die Regenwürmer dauerhafte Gänge und tragen so wesentlich zur Bildung von Grobporen bei, die auch von Pflanzenwurzeln genutzt werden und die Bodenlüftung erhöhen. Es liegt auf der Hand, daß äußere Einwirkungen, die zum Verschwinden der Regenwürmer führen, insgesamt schwere Schäden in den Böden und ihren Organismen verursachen. Fadenwürmer und Urtierchen (Protozoen) ernähren sich von verwesenden tierischen und pflanzlichen Leichen. Sehr wesentlich tragen auch die Hornmilben zur Zerkleinerung der Substanzen bei: Durch ihre Tätigkeit vergrößern sie die innere Oberfläche der Erde auf das Fünftausendfache. Schließlich beteiligen sich auf bestimmten Böden vornehmlich Urinsekten von Anfang an am Zerkleinerunsgprozeß, nämlich die Springschwänze (Kollembolen). Sie sind besonders zahlreich in sauren Bodenschichten, wo Regenwürmer kaum mehr vorkommen. Die feinverteilten Reste werden nun von Pilzen angegriffen, die dabei oft sehr schnelle und hohe Stickstoffumsätze erzielen. Die wichtigen Mikorrhyza-Pilze, die mit den Wurzeln höherer Pflanzen vergesellschaftet leben, stellen wahrscheinlich den Bäumen und anderen Pflanzen Aminosäuren über deren Wurzeln direkt zur Verfügung. Schließlich wird das bereits stark zersetzte tote organische Material für die Bakterien verfügbar. Diese vollziehen die letzten chemischen Schritte in diesem Zersetzungsprozeß; sie spalten aus einfacheren organischen Substanzen wieder pflanzenverfügbare Nährstoffe ab und schließen so den ewigen lebenswichtigen Kreislauf.

Zur Funktionserhaltung und Gleichgewichtsstabilisierung gibt es auf allen Stufen dieser Abbauprozesse auch räuberische Nutznießer, wie Spinnen, Raubmilben, Raubinsekten (Ameisen, Käfer, Wanzen usw.), Hundertfüßler, Schnecken und Urtierchen, die sich von Gliedern dieser Zersetzernahrungskette ernähren.

Gut 90 bis 95 % der von höheren Pflanzen aufgebauten Stoffe wird in der Natur von der Zersetzernahrungskette aufgenommen, ohne daß sich höhere Pflanzenfresser einschalten. Die meisten Blätter und sonstigen Pflanzenbestandteile gelangen beim Absterben (z. B. Laubfall) auf den Boden, bevor sie durch die Pflanzenfresser genutzt werden können. Der größte Energieanteil des Ökosystems wird somit im Kreislauf wieder in die Zersetzernahrungskette gepumpt.

Ohne diese Abbauvorgänge wäre die Erde schon längst in ihrem eigenen Abfall erstickt, ohne diese vielschichtigen Kreislaufsysteme wären die lebenswichtigen Nährstoffe den höheren Pflanzen nicht verfügbar, ohne den diesen Systemen zugrundeliegenden »Haushaltsgrundsatz« wäre die Energiebilanz der Erde längst zusammengebrochen.

Die Zersetzerkette und ihre unvorstellbar weit verzweigten Funktionsabläufe bilden deshalb die lebensnotwendige Basis unserer Nahrungspyramide. Um die vielfältigen Aufgaben dieser Basis auch vollständig bewältigen zu können, muß natürlich die Bodenmikroflora und -fauna sehr artenreich sein, denn nur die Artenvielfalt garantiert auch die erforderlichen Spezialisten, die auf besondere Anforderungen reagieren können. Und diese Artenvielfalt kann sich nur dann entwickeln und erhalten, wenn die der Zersetzung in natürlichen Kreisläufen zukommenden Materialien — wie Nadeln, Laub, Zweige u. a. — auch tatsächlich auf dem Boden verbleiben können und nicht — wie es z. B. aus Ordnungsliebe im Garten und Park häufig geschieht — ständig entnommen werden.

Dem steht weiterhin gegenüber, daß der Einsatz von Chemikalien die Artenzahl dieser Basis vermindert, wichtige Bakterien hemmt oder zerstört und das biologische Gleichgewicht durcheinanderbringt, indem er z. B. die Entwicklung von Schädlingen (z. B. der Nematoden) begünstigt. Monokulturen verändern das Gleichgewicht der Bestandteile des Bodens, dem einige übermäßig entzogen oder auch zugeführt werden. Dadurch wird das Zusammenspiel der Mikroben gestört bzw. vernichtet, so daß sich Pflanzenschädlinge oft ungebremst stark vermehren können. Mit der Abnahme der Bodenorganismen sinkt die Fruchtbarkeit und Tragfähigkeit der Böden, sinken Wasserhaushaltung und letztlich die Widerstandsfähigkeit der Pflanzen gegen Krankheit und Schädlinge.

Der immer kurzsichtigere Kampf um Ertragssteigerung muß deshalb in eine Sackgasse führen. Während man noch um die Jahrhundertwende etwa genauso viele Kalorien an Energie in einen Hektar hineinstecken mußte, wie er dann in Form von Nahrung herausgab, hat man die inzwischen erreichte Verdoppelung des Hektarertrages nur dadurch erzielen können, daß man an Energieeinsatz das bis zu Zwanzigfache dessen hineinsteckt, was man gewinnt. Durch die Vielfalt der Bodenorganismen noch gesunder Böden ist gewährleistet, daß auch bestimmte Schadstoffe im Boden durch die Zersetzerkette unschädlich gemacht werden können, wie z. B. DDT, das in etwa 5 Jahren abgebaut werden kann. Andere Schadstoffe aber, für die es keine Spezialisten (mehr) gibt, können sich anreichern. Die nicht abbaubaren oder sehr persistenten Stoffe (z. B. Dioxine) und die Schwermetalle werden auf diese Weise nicht aus dem Ökosystem entfernt und können ihrerseits dazu führen, daß viele Organismen verschwinden und damit das biologische Gleichgewicht zerstört wird.

Für die Pflanzenernährung ist z. B. die Bindung des Luftstickstoffs durch Mikroben wichtig. In Versuchen wurde nachgewiesen, daß die Schwermetalle Zink, Cadmium, Kupfer und Nickel in Konzentrationen von wenigen ppm die Bindung von Stickstoff an Sojabohnen hinderten. In einer Wasserkultur von Getreidepflanzen und Sonnenblumen verringerten kleine Konzentrationen von Blei, Cadmium, Nickel und Thallium die Photosynthese und das Wachstum der Pflanzen. Durch 100 ppm Blei und nur 1 ppm Cadmium wurde bereits die Eiweißsynthese der Mikroorganismen geschädigt. Einen erheblichen Einfluß hat dabei auch der pH-Wert (Säuregrad), weil die Metalle bei sauer werdenden Böden (Folgen der Immissionen!) in Lösung gehen und dann hochgradig giftig wirken.

So ist die Schwermetallanreicherung der Böden eine zunehmende Gefahr mit Langzeitwirkung: Bei den landwirtschaftlich genutzten Böden werden allein rd. 90.000 ha als Cadmium-Belastungsgebiete angesehen, von denen auf rund 35.000 ha der Cd-Grenzwert im Boden von 3 mg/kg Cd überschritten wird. Zusätzlich gelten 3,6 Mio ha als Belastungsgebiete. Als Quellen werden Immissionen aus der Industrie, Klärschlamm-Aufbringung, Überschwemmungsablagerungen von Flußsedimenten und Baggergut-Aufbringung angegeben.

4.3.1 Anregungen zur pfleglichen Bodenbehandlung

Wir können aus diesen unvorstellbar vielschichtigen, komplizierten und in weiten Bereichen noch nicht erforschten Zusammenhängen nur die Schlußfolgerung ziehen, die Behandlung unserer Böden wesentlich stärker auf die natürlichen Gegebenheiten abzustellen.

— Jeder Boden ist das Ergebnis einer viele tausend Jahre währenden Entwicklung, wenn man nur von der letzten Eiszeit ausgeht. In naturnahen Gebieten sollten wir »dreimal« überlegen, ehe wir in dieses kostbare überlieferte Gut mit »verführerischen« Großmaschinen eingreifen.

— Konsequente Reduktion aller vermeidbaren Schadeinflüsse, die auch von Natur aus nicht vorhanden wären (Luftverschmutzungen, Wasserbelastungen, Pestizidausbringungen, Düngungen u. a.).

— Wiedernutzbarmachung möglichst vieler aus dem Kreislauf entnommener Stoffe im Sinne der natürlichen Vorgänge in der Bodennahrungskette, etwa durch Kompostierung von organischen Haushaltsabfällen.

— Förderung der naturnahen Pflanzenvielfalt und Belassung der vielfältigen Pflanzenabfälle an Ort und Stelle zur Stützung der Vielfalt der Bodenorganismen. Das gilt für Teile der Land- und Forstwirtschaft ebenso wie für Parkanlagen oder Hausgärten. Der artenarme »Messerhaarschnitt-Rasen« ist in diesem Sinne ebenso unnatürlich — und durchaus in vielen Bereichen reduzierbar — wie das regelmäßige Laubharken oder das Beseitigen z. B. von abgeschnittenen Zweigen. Die vielen auf die Zersetzung oder auf ein Überwintern im Schutz dieser Pflanzenteile angewiesenen Kleinstlebewesen sind wichtige Glieder unserer Nahrungspyramide, Stabilisatoren unserer Ökosysteme und sehr oft auch direkte Nahrungsgrundlage unserer Vögel.

4.4 Population = Gruppe artgleicher Lebewesen

»Gleichheit ist kein Naturgesetz. Die Natur hat nichts gleich gemacht. Ihr höchstes Gesetz ist Unterordnung und Abhängigkeit.«
L. C. de Vauvenargues

Man nennt Gruppen artgleicher Lebewesen innerhalb eines bestimmten Raumes Population. Der Bezug zur Raumeinheit — d. h. zu einem Ökosystem — wird deshalb hergestellt, weil die Evolution (Entwicklung der Lebewesen) dazu geführt hat, daß sich z. B. die Auerwildpopulation des Schwarzwaldes genetisch von der Auerwildpopulation in Schweden unterscheidet, da die Entwicklungsbedingungen in beiden Bereichen verschieden sind. Wie bedeutsam der Populationsbegriff ist, läßt sich auch schon daran erkennen, daß z. B. die Nahrungskonkurrenz, um die es in der Ökologie immer wieder geht, umso schärfer ist, je ähnlicher die Nahrungsansprüche der Konkurrenten sind. Es liegt dabei auf der Hand, daß die zur gleichen Art gehörenden Individuen die ähnlichsten Nahrungsansprüche haben. Die Nahrungskonkurrenz zwischen den Mitgliedern einer Population und das nicht zuletzt auch damit zusammenhängende Sozialverhalten beeinflussen deshalb das System der räumlichen Verteilung.

Populationsökologie

Populationsökologie behandelt in der Hauptsache die Frage, warum die Populationen von Mikroorganismen, Pflanzen und Tieren sich nicht unbegrenzt vermehren, sondern warum sie auf bestimmter, etwa gleichmäßiger Höhe bleiben.

Um eine Lebensgemeinschaft (Biozönose) wirklich zu verstehen, müssen nicht nur die einzelnen Organismen und Arten, sondern auch ihre Beziehungen untereinander sowie zur unbelebten Natur berücksichtigt werden. In dieser Betrachtung ist zunächst festzustellen, daß im Prinzip jede Population zu exponentiellem Wachstum fähig ist, also dazu neigt, sich immer stärker zu vermehren. **Das bedeutet, daß in jeder Organismenart, so unscheinbar sie sich auch immer geben mag — von der Bakterie bis zur Alge, von der Blattlaus bis zum Vogel, von der Feldmaus bis zum Menschen — der Keim einer Populationslawine, also der Zündsatz einer Bevölkerungsexplosion steckt.** Bei der Entwicklung der Bevölkerungszahl der Erde ist uns diese exponentielle Entwicklung durchaus geläufig. Während 7000 v. Chr. noch 2.500 Jahre vergingen, bis sich die »Population Mensch« von 10 Mio auf 20 Mio verdoppelte, waren es von 1000 v. Chr. bis 0 nur noch 1.000 Jahre, um sich von 80 Mio Menschen auf 160 Mio zu verdoppeln, und von 1850 n. Chr. bis 1950 n. Chr. schon nur noch 100 Jahre bis zur Verdoppelung von 1.250 Mio auf 2.500 Mio. Parallel zu dieser exponentiellen Wachstumskurve der Menschen geht die Kurve der ausgerotteten Säugetierformen. **Wenn wir stattdessen z. B. an krankheitserregende Bakterien oder Viren denken, die sich mit großer Geschwindigkeit exponentiell vermehren können, wenn ihre Antagonisten »zufällig« ausgerottet worden sind, dann wird klar, welch immense und unkalkulierbare Gefahr in diesem Zündsatz des exponentiellen Wachstums einzelner Arten bei Verdrängung anderer Arten steckt.**

In der Regel kann eine Tier- oder Pflanzenpopulation in einem für sie freien Lebensraum zunächst mit größter Wachstumsrate exponentiell ansteigen, während vom Punkt der Halbsättigung des Lebensraumes ab mit weiterer Zunahme ein immer stärker begrenzender Druck von Konkurrenten auf sie ausgeht, der ihre Wachstumsrate zunehmend mindert, bis diese praktisch zu Null wird. In dem Fall hat die Population die Tragekapazität des Lebensraumes für diese Art voll ausgefüllt. Zu diesen populationsdichteabhängigen Faktoren kommen dann häufig dichteunabhängige Begrenzungsfaktoren — etwa Winterfrost, Sommerdürre, Überschwemmungen, Waldbrände, aber auch z. B. Gifteinsätze und andere Umweltverschmutzungen —, die sich immer so auswirken, daß dadurch die Tragekapazität der Umwelt für diese Arten zeitweise oder auf Dauer dramatisch gesenkt wird.

1. Jede Population ist in ihrer Dichte energie- und rohstoffbegrenzt, dazu zählen in erster Linie Nahrungsfaktoren, in vielen Fällen aber genauso Wasser, Licht, Kohlensäure, Sauerstoff. In Sonderfällen sind es bestimmte ökologische Nischenfaktoren, wie Nistplätze oder Schutzbereiche, die ähnliche Grenzen setzen. (Hier setzt der Artenschutz ein, wenn er z. B. wegen fehlender Höhlenbäume Nistkästen aufhängt oder Überwinterungsquartiere von Fledermäusen in alten Stollen gegen Gesteinssammler verschließt.)
2. Keine Art besitzt eine Ressource auf Dauer allein zum Eigenverbrauch. Arteigene und artfremde Konkurrenten fordern ihren Teil. Konkurrenz vielfältigster Art ist daher ein Fundamentalregelmechanismus des Daseins aller Lebewesen. Dies kann sich auch als belastende Störung, als Streß durch die Konkurrenten auswirken. Streß ist eine Übererregung des Körpers mit einer Vielzahl physiologischer Folgen, die von erhöhten Hormonausschüttungen bis zu Unfruchtbarkeit und Kannibalismus reichen. Am bekanntesten ist aber Konkurrenz unter Tieren (auch Menschen) durch aggressive Auseinandersetzung um Ressourcen und ressourcenträchtige Gebiete, wodurch die zuerst verfügbaren Güter schon unter den Tieren zu »privaten« Besitzgütern werden. Je nach Nahrungsangebot und Konkurrenz sind die Gebiete, die aggressiv verteidigt werden, unterschiedlich groß. Jeder Jäger, der häufig draußen in der Natur ist, kennt derartige innerartliche Auseinandersetzungen z. B. beim Rehwild, beim Fuchs oder bei Greifvögeln. Besonders elegant — und für uns Menschen akustisch so erfreulich — ist die Revierverteilung vieler Singvögel, deren Gesang für Männchen der gleichen Art eine für Distanz sorgende Signalwirkung hat.
3. Raubtiere, Parasiten, Krankheitserreger sind schließlich die letzten Begrenzungsfaktoren, die den Überschuß regulieren, in der Regel mit umso größerem Erfolg, je dichter die Beutepopulation ist. Hier stellt sich meist zwischen Freßfeind und Beute oder Parasit und Wirt nach einiger Zeit ein mehr oder weniger stabiles Gleichgewicht ein.

Dort, wo ein Eingriff ansetzt, ist die Wirkung nicht zu Ende, sondern sie gelangt über komplizierte Regulationsmechanismen meist zu sehr überraschenden Rückwirkungen, selbst wenn sie ganz speziell ansetzt. Vernichtet man eine bestimmte Stechmückenart, die im Larvenstadium vielleicht ein Zikadenfresser ist, so vermehren sich vielleicht die Zikaden in Gewässern und werden zu Krankheitsüberträgern, die nunmehr kaum noch kontrolliert werden können. Erst recht überraschend sind die »Erfolge«, wenn man nicht nur spezifisch eingreift, sondern etwa mit Breitbandpestiziden ganze Konsumentenklassen drastisch reduziert. Das gilt im großen wie im kleinen, etwa wenn wir mit desinfizierenden Mundwässern oder Zahncremes die Zusammensetzung unserer aus gut 80 Bakterienarten bestehenden Mundflora komplett verändern, so daß selbst bei Verringerung der absoluten Bakterienzahl von den Mikroorganismen, die sich im ursprünglichen System gegenseitig in Schach hielten, nunmehr vielleicht gerade die anaeroben Organismen sprunghaft die Oberhand gewinnen und erst recht ein Kariesbefall eintritt (Olschowy, 1981). Statt diese Denk- und Handlungsweise zu ändern, glauben wir, auf die alte Weise, d. h. punktuell und mit immer größerem Energieeinsatz all der Schäden und Rückschläge einzeln Herr werden zu können, die dieses unbekümmerte Draufloswirtschaften für unseren vernetzten Lebensraum mit sich bringt. Dadurch sind wir in das typische immer schnellere Aufschaukeln einer »positiven Rückkoppelung« hineingeraten, wie sie unweigerlich zum Zusammenbruch desjenigen Systems führen muß, in dem dies stattfindet.

Nahrungskette-Nahrungsnetz

Als Nahrungskette bezeichnet man eine Freß-Abfolge, wie z. B. Gras-Heuschrecke-Frosch-Schlange-Storch. Da aber der Frosch nicht allein von Heuschrecken, die Ringelnatter nicht nur von Fröschen und der Storch nicht nur von Nattern lebt, verknüpft und verzweigt sich eine solche Kette rasch zu einem vielschichtigen Nahrungsnetz.

Wie in Kap. 2.3 dargestellt, werden über die verschiedenen Nahrungsketten (bzw. Nahrungsnetze) nicht oder schwer abbaubare Schadstoffe (z. B. Schwermetalle, chlorierte Kohlenwasserstoffe, radioaktive Stoffe) bis zur Spitze angereichert (Abb. 8).

Abb. 8. Anreicherung von DDT aus dem Meerwasser in einer einfachen Freßkette. Ähnlich erfolgt eine Anreicherung im Fettgewebe des Menschen. (nach Vester, 1978, verändert)

Auf die damit verbundenen Gefahren kann nicht genug hingewiesen werden, da der Mensch selbst stets am Ende von u. U. sehr langen Nahrungsketten steht. Stets haben uns Tiere auf diese ernsten Gefahren aufmerksam gemacht; meist waren es Vögel, die durch ihr Massensterben, durch plötzlich brüchige Eier oder ihr Wegbleiben von bekannten Nistplätzen die ersten Warnzeichen als sog. Bioindikatoren gaben. Ein Beispiel waren die Bruterfolge des Braunen Pelikans auf zwei Inseln vor der kalifornischen Küste: Im Jahr 1969 enthielten die Sardinen, von denen sich die Vögel ernähren, durchschnittlich 4,27 Milligramm DDT pro Kilogramm Körpergewicht, und aus 1.125 Nestern wuchsen ganze vier Pelikane heran; 1974 war der DDT-Gehalt der Sardinen auf 0,15 Milligramm pro Kilogramm gesunken — und die Forscher zählten 1.286 Nester, aus denen 1.185 Pelikane das Erwachsenenalter erreichten!

Belegt sind diese Anreicherungsbeispiele:

Quecksilber: Vom Süßwasser mit 0,01 bis 0,08 ppb über Kaulquappen und Libellenlarven zu Forellen mit 300 bis 600 ppb (bis 60.000fach).

PCB: Vom Nordseewasser mit 0,0000011 bis 0,0000031 ppm über Plankton und Fische bis zu den Seevögeln mit 110 ppm (bis 10.000fach) bzw. Meeressäugern mit 160 ppm (bis 16.000fach).

Radioaktive Isotope (aus Fabriken und Kraftwerken): Vom Flußwasser über Plankton, Fische bis zu den Enten mit 40.000facher, bis zu jungen Schwalben, die von Wasserinsekten gefüttert werden, mit 500.000facher — bzw. bis zum Eidotter von Wasservögeln mit 1- bis 1,5 miofacher Konzentration.

Daneben kann man sich bei Betrachtung von Nahrungskettenbeispielen auch vorstellen, daß der Energiefluß je nach Länge der Nahrungskette sehr unterschiedlich ist, da jede Stufe nur etwa 10 % der Energie der vorhergehenden Stufe speichert und den Rest zur Aufrechterhaltung der eigenen Lebensvorgänge benötigt. In Abb. 9 wird bei sehr einfachen Nahrungsketten jeweils die gleiche Biomasse Gras (Produzent) an den Anfang gestellt, während an der Spitze der Pyramide jeweils die Zahl der Menschen steht, die abhängig von der Länge der Nahrungskette davon ernährt werden kann.

Andererseits können uns Nahrungsnetzbetrachtungen auch zeigen, wie kritisch z. B. das Aussetzen von fremden Tierarten in ein Ökosystem zu sehen ist. Meist ist die einsetzende Kettenreaktion — besonders wenn sich die Lebensgemeinschaft in ihrer eigenen

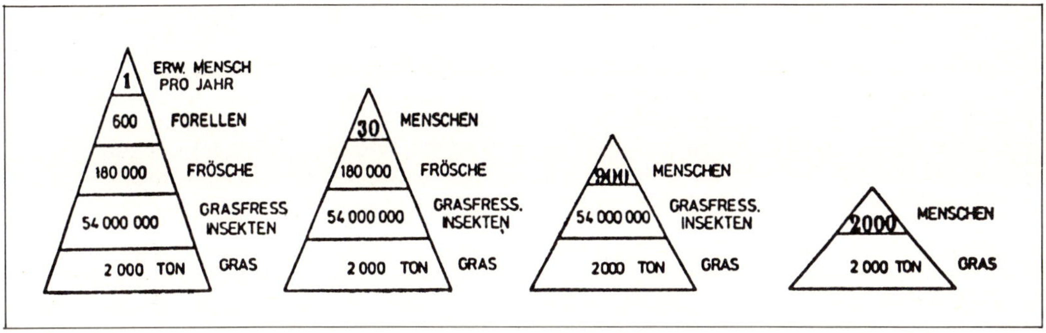

Abb. 9. Energiefluß und »Rentabilität« der Nahrungsketten in Abhängigkeit von der Zahl der Konsumentenebenen . (Miller, 1975)

Entwicklung nicht darauf einstellen kann und die ökologische Nische mit feindlosen fremden Räubern besetzt wird — nicht so klar zu beschreiben wie z. B. bei der Rattenbekämpfung mit Mungos in den westindischen Zuckerrohrplantagen, wo man die Vernetzung des Lebensraumes nicht gekannt hat:

Ausgangslage: Rattenplage in Zuckerrohrplantagen — wurde durch Import von Mungos beseitigt.
— Die Zuckerrohrpflanzen konnten wieder gedeihen.
— Die Zahl der Maikäfer reichte nicht aus, um die Zuckerrohrplantagen zu gefährden, weil die Maikäfer und deren Engerlinge von Eidechsen vertilgt und damit reguliert wurden.
— Inzwischen hatten sich aber die Mungos infolge des Verzehrs der Ratten stark vermehrt, — und als es keine Ratten mehr gab, mußten sie sich umstellen und fraßen Eidechsen.
— Weil nun die Eidechsen immer weniger wurden, konnten sich die Maikäfer ungehemmt vermehren — und machten dem Zuckerrohr den Garaus. Der Schaden war größer als zuvor durch Ratten!

Mit ähnlichen Mechanismen, deren Einwirkung im Ökosystem wir nicht abschätzen können, müssen wir grundsätzlich rechnen, wenn wir z. B. irgendeine Tierart einbringen. Das trifft besonders negativ auf den Waschbären zu, aber ebenso für das übermäßige Aussetzen von jagdbaren Tieren, die als Produkte der Gefangenschaftszüchtung in der Natur meist als Verhaltenskrüppel leichte Beute für Räuber werden, dadurch deren Bestände unnatürlich anwachsen lassen und diese dann zwingen, auf andere Tierarten auszuweichen, wenn der Tisch nicht mehr so reich gedeckt ist.

Bioindikatoren — Biologische Frühwarnsysteme

Das System der Nahrungsketten bzw. Nahrungsnetze erklärt die Problematik der Summationsgifte. Betroffen von tückischen Anreicherungen sind vor allem Endkonsumenten, also die Endglieder von Nahrungsketten, wie z. B. die Greifvögel und Säugetiere (Seehund u. dgl.). Sie gelten deshalb auch als besonders empfindliche Bioindikatoren oder biologische Frühwarnsysteme, die uns auf derartige Gefahren überhaupt erst aufmerksam machen. Das kann lebenswichtig sein, denn betroffen ist stets auch der Mensch. Je höher eine Tierart in der Naturpyramide steht, oder je spezialisierter die Lebensraumansprüche einer Tier- oder Pflanzenart sind, desto empfindlicher reagiert diese Art auf jede Beeinträchtigung der ökologischen Basis. Jede verlorene oder gefährdete Art bedeutet ein Alarmsignal, das wir wahrnehmen müssen. Besonders gilt das für unsere Vogelarten, deren Verschwinden wir meist noch am ehesten bemerken. Diese Bioindikatoren lassen sich auch nicht durch technische Meßinstrumente ersetzen, weil diese nur das anzeigen, wonach man sucht. In unserer Umwelt befinden sich aber bereits Zehntausende künstlicher chemischer Verbindungen, die es in der Natur nicht gibt, deren Gefährlichkeit einzeln bzw. besonders in Verbindung mit anderen nicht bekannt ist. Neben akuten Gefahren weisen uns die biologischen Frühwarnsysteme auch auf zunächst harmlos erscheinende ökologische Veränderungen hin, wir müssen sie nur deuten können und deuten wollen. Bereits Ende der 50er Jahre sind z. B. einige Flechten (u. a. Bartflechten) in einigen Gebieten drastisch zurückgegangen bzw. sogar verschwunden, deutliche Anzeichen für zunehmende Luftverschmutzung! Wir haben damals diese Sprache der Natur zwar verstanden, aber nicht gewürdigt...

Fließgleichgewicht, negative und positive Rückkoppelung, Regelkreis

Durch Aktionen und Reaktionen ist in unserer Umwelt alles ständig im Fluß. In einem Ökosystem sind alle Baustoffe und Glieder nur relativ im Gleichgewicht, vergleichbar mit einem Gefäß, in dem sich Zu- und Abfluß stets etwa die Waage halten. Man spricht deshalb von einem Fließgleichgewicht. Zwischen allen belebten und unbelebten Bausteinen unserer Umwelt wirken ähnlich wie bei Angebot und Nachfrage in unserer Wirtschaft gegenläufige Mechanismen. Ein zuviel an Stoff, Energie, Tier oder Pflanze führt in einer stabilisierenden Wechselwirkung zu einer negativen Rückkoppelung, indem der Überschuß schnell wieder durch eine andere Reaktion weggenommen wird (deshalb negativ). Auf diese Weise wird eine Massenvermehrung irgendeiner Pflanze oder eines Tieres in der Natur dadurch bald ausgeglichen, daß sich z. B. die Freßfeinde oder auch Parasiten schneller vermehren und dadurch das Fließgleichgewicht im Organismus oder in der Lebensgemeinschaft wieder herstellen. Dies ist das entscheidende Grundprinzip aller Regelkreise. Je mehr Insekten von einer Vogelart gefressen werden und je mehr sich diese Vögel dadurch zunächst vermehren, umso weniger Insekten gibt es. Die Nahrung für die Vögel wird knapp, und ihre Zahl verringert sich wieder. Solche negativen Rückwirkungen regieren praktisch alle Gleichgewichte im System der Natur. Nur wenn wir die normalen Regulatoren in der Natur beseitigt haben, müssen wir versuchen, deren Funktion — z. B. durch Jagdregulation des Schalenwildes infolge des Fehlens des Großraubwildes — zu ersetzen. Bei den Vögeln funktionieren dagegen die negativen Rückkoppelungsmechanismen in der Regel ohne unser Zutun.

Die positive Rückkoppelung dagegen führt umso mehr Stoff oder Energie zu, je mehr davon bereits vorhanden ist, bis das Beziehungsgefüge zusammenbricht. Das ist in der Natur selten, in der Kulturlandschaft allerdings häufig zu beobachten: So werden Insekten, die mit chemischen Mitteln bekämpft werden, umso unempfindlicher, je mehr Insektizide — häufig unsachgemäß — gegen sie eingesetzt werden. Die »genetische Rückkoppelung« durch Koevolution mit dem Insektizid — verschiedene Insekten werden immun gegen kleine Dosierungen — führt dazu, daß immer mehr Insektizid benötigt wird, um noch eine Wirkung zu erzielen. Das schaukelt sich so lange hoch, bis das System zusammenbricht.

Fließgleichgewicht und Rückkoppelung zeigen sich sehr anschaulich in einem abgeschlossenen Behälter mit gesundem Seewasser, in dem sich kleinste pflanzliche und tierische Organismen (Plankton) tummeln und in dem Nährstoffe gelöst sind. Bleibt ein solcher Behälter an der Luft und am Licht stehen, dann kann sich ein Gleichgewicht einstellen: Algen wachsen und produzieren Sauerstoff, der vom tierischen Plankton verbraucht wird. Abgestorbene Lebewesen werden durch Bakterien zersetzt, wobei Nährstoffe wieder frei werden. Aus diesem Vorgang beziehen die Bakterien ihre Lebensenergie. Aus den Nährstoffen bauen die Algen unter Nutzung der Lichtenergie neue Körpersubstanz auf, wobei sie das Kohlendioxid verwenden, das von den Bakterien und dem tierischen Plankton (z. B. Urtierchen) abgegeben wird. Schließlich entsteht zwischen Algen, Urtierchen und Bakterien einerseits, den Nährstoffen im Wasser und in den Körpern sowie dem Kohlendioxid- und Sauerstoffgehalt andererseits ein Fließgleichgewicht, das von der Sonnenenergie im Fluß gehalten wird. Dieser »Mikrokosmos« ist ein Regelkreis und erhält sein Gleichgewicht durch negative Rückkoppelungen. Er kann uns als einfaches Modell recht gut die Vorgänge in einem gesunden Gewässer veranschaulichen. Bei aller Vielfalt der Regelkreise in der Natur und in unserer Kulturlandschaft kommt doch immer wieder dasselbe Funktionsprinzip zum Vorschein, in dem sich der Regelkreis als ein in sich geschlossenes System von Rückkoppelungen selbst ständig reguliert.

Die Sukzession zum Klimax-Stadium

Auch Ökosysteme machen eine Entwicklung durch, deren verschiedene Stadien man als Sukzession (= Aufeinanderfolgen) bezeichnet. Die verschiedenen Stadien einer Sukzession kann man sehr gut auf frisch aufgeschobenen Böden, die sich dann selbst überlassen bleiben, oder auf Gesteinsverwitterungsbereichen (z. B. Geröllbereiche in den Alpen) beobachten. Mit dem Fortschreiten der Verwitterung siedeln sich meist immer neue spezialisierte Flechten und Moose an, die ihrerseits die Verwitterung des Bodensubstrats weiter fördern und zur ersten Humusbildung (abgestorbenes organisches Material mit vielfältigen Bodenorganismen) führen. Dann erhalten immer mehr höhere Pflanzen die ihnen entsprechende Lebensgrundlage, so daß sich auch die Tierwelt entfalten kann. Je nach Ausgangssituation entwickelt sich das Ökosystem früher oder später — das kann u. U. mehrere hundert Jahre dauern — zu dem, was man als Endstadium, auch Klimax-Stadium bezeichnet. Auch dieses Stadium ist wie in allen biologischen Systemen kein starrer, sondern ein dynamischer Zustand. Die Artenzusammensetzung eines Ökosystems schwankt in diesem Klimax-Stadium jedoch nur noch innerhalb bestimmter Grenzen. Jeder Standort hat sein charakteristisches Klimax-Stadium. Von einem Fluß abgelagerte Schotterbänke entwickeln sich in unserem Klimabereich z. B. stets über verschiedene Sukzessionen — Schilf, Weidengebüsch, Erlen usw. — zu einem artenreichen Auwald.

Ein brachliegender Acker wird in unserem Klimabereich in der Regel über viele Stufen und Jahre von Ackerkrautgesellschaften, Hochstaudenfluren und Buschstadien schließlich zu einem für den jeweiligen Standort typischen Mischwald.

Gegen unnatürliche Störungen — die durch Menschen verursacht sind — können sich alle Klimax-Stadien manchmal nur sehr langsam oder vielleicht überhaupt nicht mehr wehren. Wenn z. B. tropische Urwälder von Menschen gerodet werden, kommt es zu nicht mehr umkehrbaren Veränderungen — vor allem des Bodensystems. Hier wächst allenfalls ein Sekundärwald nach, der in vielen Jahrhunderten nicht, wahrscheinlich nie mehr, die ursprüngliche Artenvielfalt wiedererlangt. So sind aus der menschlichen Geschichte viele Fälle bekannt, in denen zerstörte Klimax-Stadien für immer zur Wüste oder zu kaum noch nutzbaren Buschvegetationen geworden sind. Bekanntes Beispiel sind viele Gebirge im Mittelmeergebiet, die früher reiche Wälder trugen und heute nur noch trockene Buschvegetationen entwickeln können.

Überließe man die Fichtenwälder, die z. B. auf Standorten einer eigentlichen Buchen-Klimax-Gesellschaft stehen, sich selbst, dann würde es sicher oft mehrere Baumgenerationen, d. h. viele hundert Jahre dauern, bis sich wieder ein natürliches Klimax-Stadium einstellen kann. Das liegt daran, daß sich die künstlich eingebrachten Fichten zunächst infolge ihrer starken Population immer wieder selbst natürlich verjüngen (aussamen) und nur langsam je nach Entfernung zum nächsten Buchenbestand immer mehr Buchen ihren Standort »zurückerobern« könnten.

Vielfalt stabilisiert das Ökosystem

Gerade durch die Schwierigkeiten, die wir in künstlichen Monokulturen kennen, haben wir viel über die Bedeutung der Artenvielfalt in einem natürlichen Ökosystem gelernt. **Die Vielfalt trägt entscheidend zur Stabilisierung gegenüber inneren und äußeren Störungen bei. Das geschieht nach dem Prinzip des Gleichgewichts durch gegenseitige Kontrolle.** Von einer einzigen älteren Eiche in einem gesunden Mischwald können in einem Sommer durchaus über 250 Insektenarten mit vielen tausend Individuen leben. Trotzdem nimmt der Baum keinen Schaden,

— weil jede Insektenart etwas andere Nahrungsgewohnheiten hat und dadurch der Baum nicht einseitig belastet wird,
— weil bei einem so vielfältigen Insektenbestand immer auch eine Vielzahl von Insektenräubern vorhanden ist.

In einem natürlichen Ökosystem entsteht zwischen allen Pflanzen und Tieren ein Gleichgewicht von Angebot und Nachfrage, weil auf kleine Veränderungen — z. B. des Lichtfaktors bei Entnahme eines Baumes — schnell andere spezialisierte Arten reagieren können. **Vielfalt bewirkt also Flexibilität und diese wiederum Stabilität des Gleichgewichts. Artenvielfalt ist also eine Art Risikoversicherung für unvorhergesehene Zukunftsereignisse. Die Erhaltung bzw. Wiederherstellung der natürlichen Vielfalt, wo immer dies möglich ist, und so weitgehend, wie es die örtlichen Rahmenbedingungen zulassen, ist im Grunde die wichtigste allgemeine Forderung, die wir alle aus der Sicht des Umwelt- und Naturschutzes stellen müssen.**

Wenn wir den Grundsatz befolgen, immer bei den niedrigsten Organismen, z. B. im Boden oder im Wasser zu beginnen, dann haben wir gedanklich schon einen entscheidenden Schritt vollzogen, und dies besonders dann, wenn wir uns immer wieder fragen, wie würde die Natur von selbst reagieren, wenn wir eine Maßnahme unterlassen. Nur so wird es möglich sein, uns ständig an der Natur zu orientieren, deren Regelmechanismen gerade in bezug auf die natürliche Vielfalt unsere Leitschnur werden müssen. Wenn wir den Schutz von Vögeln, Amphibien, Libellen oder Schmetterlingen fordern, dann setzen wir gedanklich schon zu hoch in der Vielfalt unserer Nahrungsnetze an. Diese Vielfalt ist nur möglich, wenn wir die natürliche Vielfalt aller Glieder unterhalb dieser sichtbaren Tiere sowohl bei den Pflanzen wie auch bei den Tieren berücksichtigen. Die Insekten spielen dabei eine große Rolle. In Mitteleuropa leben etwa 600 Wirbeltierarten, dagegen mehr als 40.000 Arten der sogenannten »niederen Tiere«. Dazu gehören z. B. mehr als 800 Spinnenarten, von denen wir meist nur die Winkelspinne, die in unseren Kellern und Wohnungen lebt, oder die radnetzbauende Kreuzspinne kennen. Wissenschaftler haben errechnet, daß die in Deutschland lebenden Spinnen jedes Jahr so viele Insekten und andere Beutetiere verzehren, daß deren Gewicht dem der gesamten deutschen Bevölkerung entspricht. Die Bedeutung der Spinnen — um ein Beispiel von vielen zu nennen — ist für den Haushalt der Natur also sehr groß.

Es liegt auf der Hand, daß nicht nur die Vielfalt der Arten, sondern auch die Vielfalt und die Häufigkeit der Genotypen einer Art (= erblich bedingte Unterschiede innerhalb einer Art) Gegenstand unserer Überlegungen sein müssen. Die Vielfalt der Genotypen bildet das Genreservoir für die Zukunft. Artenvielfalt funktioniert nur auf der Grundlage von Genvielfalt. Die rein ökonomisch ausgerichtete Bevorzugung bestimmter hochproduktiver Genotypen, z. B. bei Haustieren, Kulturpflanzen in der Landwirtschaft oder Bäumen in der Forstwirtschaft wird in dem Augenblick gefährlich, wenn damit die Genvielfalt der Art verlorengeht. Die Evolution arbeitet ja immer weiter, und niemand kann vorhersagen, welche wichtigen genetischen Anlagen diese oder jene Tier- oder Pflanzenart morgen haben muß, um fortbestehen zu können. Arten müssen also in den verschiedenen Populationen genetisch sehr vielseitig sein, um ständige ökologische Anpassungen zu erreichen.

Der Naturschutz muß die Erhaltung der Vielfalt sowohl der Arten als auch innerartlich deren Genotypen als Basis der Überlebensstrategie auf unserem Planeten allgemein als oberstes Ziel fordern!

Die modernen Erkenntnisse belegen, daß es dazu keine Alternative gibt. Ökosysteme werden aus den Beständen von Arten, die wiederum genotypisch differenziert sind, aufgebaut. Keine Art kann ohne den Bezug auf das Ökosystem leben, und auch kein Ökosystem existiert ohne eine bestimmte Basis von Arten. So sind also Artenschutz und Ökosystemschutz einschließlich des Schutzes der Grundlagen Wasser, Boden, Luft die entscheidende Voraussetzung.

Größe von Ökosystemen — Biotopverinselung

Die Forderung nach Erhaltung der Artenvielfalt und damit von Ökosystemen wirft zwangsläufig die Frage nach Mindestgrößen von zu schützenden Ökosystemen auf. Dabei spielen einerseits die Mindestareale der verschiedenen Tierarten und andererseits die Gefahren von Biotopisolierungen durch Verinselung infolge von unüberwindbaren Hindernissen die entscheidende Rolle. Fortschreitender Nutzungswandel an den Randzonen größerer Ökosysteme, großflächige land- und forstwirtschaftliche Intensivnutzung, Straßen, Siedlungen, verschmutzte Gewässerabschnitte u. dgl. trennen heute Ökosysteme immer mehr voneinander. Die daraus resultierende Biotopverinselung ist der erste Schritt zum Aussterben von Arten. Man macht sich das heute noch relativ wenig klar. Allein Verkehrsstraßen trennen die Habitate verschiedener Tierpopulationen unüberwindbar in Inselhabitate. Bei wissenschaftlichen Untersuchungen konnte z. B. weder für die Rötelmaus noch für die Gelbhalsmaus ein Überqueren einer verkehrsarmen Kreisstraße nachgewiesen werden. So wird man davon ausgehen müssen, daß allein schon allen befestigten Wegen (auch Forstwegen), jeder Siedlung, jedem Kanal, jedem intensiv genutzten Agrarland usw. ein trennender Effekt von schwer abschätzbarer Bedeutung zukommt. Einzelne kleinflächige Landschaftsstrukturen (wie Hecken, Knicks, Feuchtwiesen) können mit zunehmender Erweiterung lebensfeindlicher Elemente von den Randzonen her (Einsatz von Chemikalien, Immissionsbelastung, Strukturverarmung) zu Habitatinseln werden. Dieser negativen »Salamitaktik« gegenüber der Natur leisten wir gegenwärtig noch überall in der Bundesrepublik Vorschub (vgl. Abb. 10).

Je kleiner die Habitatinsel, desto größer der Flächenanteil der Randzonen an der Gesamtfläche, desto geringer der Anteil der wichtigen Kernzone. Ein Grundwert ist dann überschritten, wenn die Randzoneneinflüsse die gesamte Fläche überstreichen und die biotoptypische Kernzone verlorengeht. So sind allein aus mikroklimatischen Überlegungen heraus inselartige Waldbestände, die einen Minimaldurchmesser von 80 m nicht überschreiten, nicht mehr als Biotop für Waldtiere anzusprechen. Man muß dabei bedenken, daß sich parallel zu den Besiedelungsprozessen der Randzonen mit weniger spezialisierten und wanderungsfreudigen, oft auch kulturbegünstigten Arten und der Verdrängung der biotoptypischen Arten auch das Artenspektrum

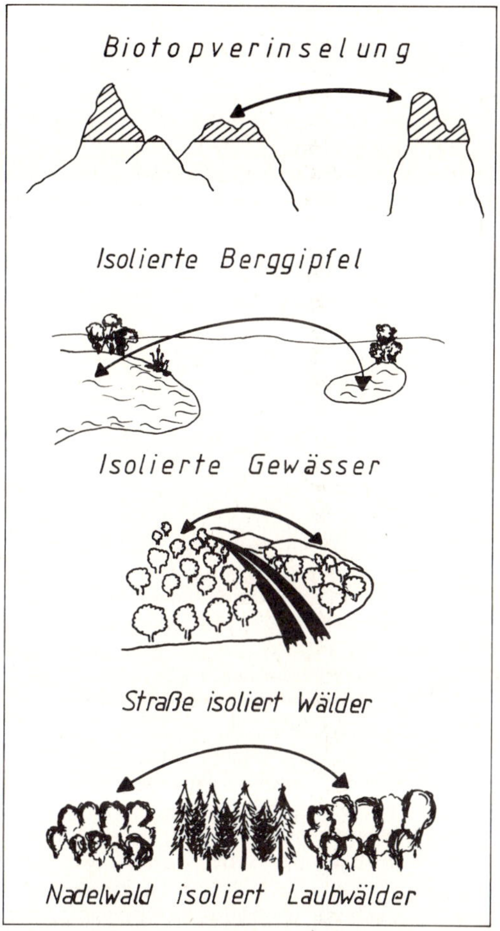

Abb. 10. Beispiele für die Entstehung isolierter Lebensräume, die von verschiedenen Organismen im Austausch nicht mehr erreicht werden können. (nach Mader, 1979, verändert)

der Kernzonen verändert. Andererseits wird eine 500 m vom Rand eines großflächigen Waldes gelegene Waldinsel über intensiv bewirtschaftete Feldfluren von einem großen Teil der Waldfauna bereits nicht mehr erreicht.

Umgekehrt kann man allgemein feststellen, daß mit zunehmender Biotopfläche auch die Artenzahl steigt.

Daneben ist die weitestgehende Vernetzung bzw. Verbindung möglichst großer Biotopflächen von Bedeutung, die durch ökologisch naturnahe Randbiotope ermöglicht werden kann. Diese Randbiotope bilden ihrerseits ein Netz von Orientierungslinien und Leitbahnen in der Landschaft (z. B. für Singvögel, Tagfalter, Libellen, Wanderamphibien, pirschende Raubsäugetiere). Die außerordentlich hohe Aktivitätsdichte insbesondere von Räubern und das besonders hohe Angebot an Futter- und Wirtspflanzen sind die Grundlage für die Verknüpfung von Nahrungsketten in den Saumzonen. Von hier aus kontrollieren viele Räuber ihre Nahrungsgrundlage in der Kulturlandschaft. Hier ist die Siedlungsdichte vieler Schädlingsvertilger (z. B. Marderartige, Vögel, Ameisen, Sandläufer, Schlupfwespen) und Bestäuber (z. B. Hummeln, Erdbienen) erhöht. Sogar Nahrungsdepots werden angelegt (z. B. Würger, Totengräber). Dies alles zusammen führt zu einer hohen Beziehungsdichte zwischen den Ökosystemgliedern, zu einer Vielfalt an Energieflußwegen, die als landschaftsstabilisierend aufgefaßt werden (Haber, 1979). Dazu gehört, daß von Natur aus stark vernetzte Ökosysteme — wie serienmäßig zueinander gelegene Seen, Fließgewässersysteme, Feuchtgebiete in Flußniederungen, Ufersäume, Waldränder — in möglichst großem Umfang in ihrer natürlichen Vernetzung erhalten bzw. wiederhergestellt werden müssen.

Einige Beispiele sollen dies verdeutlichen:

— Ein Baum
Schon ein einziger Laubbaum mit reifem Fruchtansatz, mit hohem Anteil von Sonn- und Schattblättern, mit vielen abgestorbenen Ästen, mit besonnten und beschatteten Rindenpartien, mit bemoosten Rindenflächen, zum Teil flechten- und algenbewachsen, mit wassergefüllten Baumhöhlen, mit trockenen Asthöhlen, mit Wurzelhöhlen und verschiedenartigem Pilzbewuchs, stellt ein sehr vielseitiges und ggf. deshalb besonders schützenswertes System da.

— Minimalareal eines Laufkäfers
Ein großer Laufkäfer (z. B. der Goldlaufkäfer) kann beispielsweise am Tag eine Strecke von etwa 100 m laufen, zum Teil recht gradlinig. Diese Strecke muß aber im artgemäßen Biotop verlaufen. Der Laufkäfer berührt dabei nur etwa 2 m^2 Bodenoberfläche, da sein jeweiliger Laufkontakt mit dem Areal nur 2 cm Spurbreite beträgt. Da die Strecke zufällig gelaufen wird, muß an einem Tag mindestens ein Gebiet von 100 x 100 m Seitenlänge = 1 ha Fläche angeboten werden. in 30 Tagen Lebenszeit (als Käfer) entfernt sich der Laufkäfer oft um 200 bis 250 m vom Geburtsort. Wenn diese Strecken im typischen Biotop liegen sollen, muß das ökologisch artgemäße Areal für diesen Laufkäfer als Individuum also mindestens etwa 5 ha groß sein.

— Minimalareal eines Erdhummelvolkes
Die Arbeiterinnen eines Erdhummelvolkes benötigen die Blüten einer etwa 20 ha gro-

Tabelle 9

Art	Brutpaar-Minimalraum	Ökosystemtypen in ha
Steinadler	10000 - 14000	alpine Biotope an der oberen Waldgrenze
Uhu	6000 - 8000	große Laub- und Nadelwaldbiotope
Habicht	3000 - 5000	Nadel- und Laubwaldbiotope, vernetzt mit offenen Biotopen
Rohrweihe	1500 - 3000	Sumpf- und Moorbiotope, Röhrichtzonen
Sperber	700 - 1000	offene Biotope, vernetzt mit Gehölzbeständen
Wiesenweihe	500 - 700	Feuchtwiesen, Sumpfbiotope
Mäusebussard	400 - 800	Laub- und Mischwald-, vernetzt mit baumarmen Biotopen
Waldkauz	200 - 400	lichte Laubwald-, Park- und Siedlungsbiotope
Turmfalke	100 - 400	baumarme Biotope, vernetzt mit Gehölzgruppen
Minimalareale von Säugetieren:		
Waldmaus	0,15	Reh 100 - 200
Waldspitzmaus	4,00	Fuchs 200 - 300

ßen Wiese (400 x 500 m groß). Die Jungköniginnen breiten sich im Herbst über 5 km Entfernung bis zum nächsten Wiesenbestand aus und benötigen zum Überwintern trockene Baumstümpfe am Waldrand und Mauselöcher.

— Minimalareale von Greifvögeln
Mit oben angedeuteten Untersuchungen und Überlegungen kommt man auch zu Vorstellungen über Minimalareale von Greifvögeln (Brutpaar-Minimalareale), wie sie Brüll (1980) angibt (Tab. 9).

Je nach Arteninventar und je nach Minimalarealen der vorkommenden Tierarten müssen also auch die zu schützenden Ökosysteme in ihrer Mindestgröße beschaffen sein. Bei gleichmäßiger Verteilung wären heute die Naturschutzgebiete mit einer Durchschnittsgröße von nur rd. 180 ha in der Bundesrepublik etwa 15 km voneinander entfernt. Dies kann mittelfristig die Isolationsproblematik ebenso wenig vermindern wie den Ökosystemschutz gewährleisten. Bei einer anzustrebenden Gesamtflächensicherung von etwa 10 % der Bundesrepublik muß eine Herabsetzung der Minimaldistanz der Naturschutzgebiete voneinander auf durchschnittlich 2 bis 3 km Entfernung erreicht werden (Heydemann). Dazwischen kommt allen verbindenden Naturrequisiten (angefangen bei Strauch und Baum) eine Vernetzungsfunktion zu, zu deren Schutz eigentlich fast jeder beitragen kann.

Anregungen zur Erhaltung der Artenvielfalt

Gleichsam wie ein roter Faden münden letztlich alle Naturschutzempfehlungen dieses Buches in Anregungen zur Wiederherstellung einer standortgemäßen und naturnahen Vielfalt. In den folgenden Kapiteln sind diese Hinweise speziellen Bereichen zugeordnet, dennoch müssen wir auch ganz allgemein ein Gespür dafür entwickeln, wie wir der Gefahr einer weiteren Verarmung unserer belebten Umwelt vorbeugen können.

— Kein Eingriff in die Natur ohne zwingenden Grund!
— Ständige Berücksichtigung der ökologischen Zusammenhänge in der Natur!
— Verantwortung gegenüber der gemeinsamen Geschichte aller Lebewesen, nicht nur gestern, sondern auch morgen!

Die Verpflichtung zum maßvollen Umgang mit der Natur ist eine moralische Norm, die als gesellschaftspolitisches Grundpostulat akzeptiert werden muß, wenn wir uns die Rückkehr zu den »inhumanen« Bedingungen der natürlichen Selektion (Seuchen, Vergiftungen, Hungerkatastrophen usw.) ersparen wollen (Küppers, 1982).

Täglich zu beobachtende Gefährdungen der Artenvielfalt durch Biotopveränderungen können weitreichende Folgen haben (nach Jahrbuch für Naturschutz und Landschaftspflege, Band 30, verändert):

— *Totale Biotopveränderungen* geschehen beispielsweise durch Straßenbau, Siedlungserweiterung, Eindeichung, Kahlschlag, Entwässerungen, Umbruch des Bodens, Entsalzungen, Gewässerausbau, Umformung einer Wiese in »englischen Rasen«, Verwendung nicht standortgemäßer Baumarten, Ausbau von Fließgewässern u. dgl. Hierbei werden jeweils Hauptfaktoren des bisherigen Biotops entscheidend geändert, so daß bis zu 100 % der Arten bei Flora und Fauna beseitigt werden können. Hier besteht keine kurzfristige Renaturierungsmöglichkeit mehr.

— *Weitgehende Biotopveränderungen* geschehen beispielsweise bei Umwandlung von Wiesenflächen in Weide, bei teilweiser Entwässerung von Feuchtwiesen, durch Umwandlung von Vorland-Salzwiesen in Binnenland-Salzwiesen, durch Mähen von Wegrändern, durch Einsatz chemischer Mittel, Besatz von Gewässern mit unangemessen hohen Populationen fremder Raubfischarten u. dgl. Hierbei werden meist 50 bis 70 % des typischen Artenbestandes von Flora und Fauna verdrängt. Es bestehen mittelfristig noch Renaturierungsmöglichkeiten.

— *Teilweise Biotopveränderungen* geschehen beispielsweise durch mäßigen Erholungsbetrieb an Seeufern (Vertritt und Störungen), durch stärkeres Befahren (z. B. auch Surfen) von kleineren Gewässern, durch Entnahme von Baumstümpfen und der Fällung von Bäumen, durch Beseitigung abgestorbener stehender Altbäume aus Waldbiotopen, durch Abmähen des kleineren Strauchwerks an den Seiten von Wallhecken, durch Ausmähen von Gewässerrändern, durch Beseitigung des Laubabfalls, durch Mähen von Wiesen vor der Hauptblüte u. dgl. Hierbei werden meist 30 bis 50 % des typischen Arteninventars der Flora und Fauna verdrängt. Gleichzeitig werden wie bei der weitgehenden Biotopveränderung die Häufigkeitsanteile innerhalb der Arten weitgehend umgestaltet. Meist ist mit einer hohen und noch kurzfristig erreichbaren Möglichkeit der Renaturierung zu rechnen.

— *Strukturveränderung einzelner Biotope* geschehen beispielsweise durch das Mähen von Teilbereichen an der Schilfzone im Winter, durch partielle Beweidung von Salzwiesenflächen, durch Verhinderung der Entwicklung von reichem Unterwuchs in Waldsystemen, z. B.. durch Überbestand an Schalenwild, durch Beseitigung der Krautschicht, durch Vertritt u. dgl. Hierbei werden meist 20 bis 40 % der typischen Arten von Flora und Fauna verdrängt. Je nach Spezialisationsgrad der verdrängten Arten und der Frage, ob der Biotopenstandort isoliert ist, kann die Wiedereinwanderung 5 bis 10 Jahre und mehr beanspruchen.

— *Veränderung des Faktors Windstärke*
Der Windfaktor hat auf die Verbreitung von Insekten, Spinnen, Milben, Pflanzen u. dgl. einen hohen Einfluß. Die Verringerung des Windschutzes durch Beseitigung von Feldgehölzen, Hecken, Einzelbäumen, Hochstauden, durch Straßenverbreiterungen, Abholzen aller Birken in Heide und Moor u. dgl. kann große Arten- und Populationsverluste bewirken. Andererseits können Windschutzpflanzungen in Bereichen, wo sie von Natur aus nicht vorkommen, spezialisierte Lebensgemeinschaften behindern. Das gilt z. B. für Feuchtbiotope in Küstennähe, deren typische Wirbellosen-Arten oft nur konkurrenzfähig sind, wenn windempfindliche Binnenlandarten nicht zur Entwicklung kommen können. Ähnliches gilt für viele Enten, Gänse, Watvögel, Möwen und Seeschwalben, die meist eine unverminderte Sicht über den flachen Horizont benötigen, um sich sicher zu fühlen.

— *Veränderung des Faktors Feuchtigkeit*
Anders als bei den abiotischen Faktoren Licht, Temperatur und Wind wirken sich Veränderungen des Faktors »Feuchtigkeit« selbst über kilometerweite Bereiche von der eigentlichen Störquelle aus. Dies ist z. B. bei allen Speicherbecken zu bedenken, wenn z. B. das 100fache Areal hinsichtlich Boden- und Luftfeuchtigkeit betroffen sein kann.

— *Veränderung des Faktors Licht*
Die Veränderung des Lichtfaktors kann ein gesamtes Ökosystem in seinem Arteninventar total umwandeln. Beispielsweise wird durch die Aufforstung von Grenzertragsböden, trockenen Heiden, sauren Magerrasen, Kalktrockenrasen, Abbruchkanten, Steilhängen oder durch die Beseitigung von Weiden und Erlen in Fließgewässerbereichen eine bis zu 100 %ige Verdrängung der typischen Tier- und Pflanzenarten bewirkt.

— *Veränderung des Faktors Raumstruktur*
Die Raumstruktur eines Biotopes kann entscheidenden Einfluß auf die Artenvielfalt haben. Ein vielseitig geschichteter Wald mit stärkerer Streuauflage, mit guter Kraut- und Strauchschicht, mit differenzierter Stammschicht und verschieden hohen Kronenräumen hat allein durch diese Unterteilung eine Vervielfältigung der Artenkombination und der Populationsdichte der einzelnen Arten zur Folge. Dies kann z. B. in der Behandlung von Gärten, Parks, Kleingehölzen und Wäldern sehr positiv berücksichtigt werden. Was im gut geschichteten Wald für Vögel und Säugetiere gilt, gilt übertragen auf die Kraut- und Hochstaudenflur ebenso für viele Insekten.

— *Veränderung der chemischen Beschaffenheit eines Standortes.*
Hierzu gehören neben den Auswirkungen aller Immissionsarten ebenso alle Giftstoffe, Wasserbelastungen, z. B. durch Waschmittel, sowie organische und anorganische Dün-

ger. Einfluß auf die Artenvielfalt haben alle Stoffe, die für Naturbiotope untypisch sind.

Giftstoffe wirken sich vor allen Dingen in Gewässer-Ökosystemen über Hunderte von Kilometern Entfernung von der eigentlichen Schadensquelle aus, während Bodenvergiftungen mehr in Schadquellen-Nähe auftreten. Herbizide (Pflanzengifte) können beispielsweise — in Gräben zur chemischen Entkrautung angewendet — in den nachfolgenden Seenbereichen im Sediment eingelagert auftreten, bevor sie abgebaut werden. Hormonmittel können nicht nur auf die bekämpften Pflanzen, sondern auch auf den Stoffwechsel von Vögeln, Säugetieren, Insekten Einfluß haben.

Das Auftreten von Schädlingsmassen ist allgemein die Antwort der Natur auf künstliche Monokulturen. Entsprechendes gilt für die gesamte chemische Schädlingsbekämpfung, weil in der Regel nicht nur die Schädlinge, sondern auch deren natürliche Feinde vernichtet werden. Untersuchungen haben sogar gezeigt, daß sich nach Spritzungen mit breitenwirksamen Insektiziden der prozentuale Anteil der Schädlinge verdoppelt, der Anteil der Nützlinge aber auf ein Viertel zurückgehen kann. Manche Arten — wie z. B. die Obstbaum-Spinnmilbe — sind überhaupt erst durch die Vernichtung ihrer natürlichen Feinde zum Schädling geworden.

Es ist zu betonen, daß die Anwendung von Giften in der Natur zu einer rasanten Verarmung der Artenvielfalt führt. Da das ökologische Gleichgewicht aber von der Artenvielfalt abhängt, werden alle chemisch behandelten Ökosysteme zunehmend störanfälliger. Man ist auf immer größere Giftmengen oder immer stärkere Gifte angewiesen, deren ökologische Nebenwirkungen und gesundheitliche Gefahren meist unbekannt sind. Vergleiche mit einer Sucht erscheinen naheliegend. Jeder, der in irgendeiner Form auf den Einsatz von chemischen Mitteln in seinem Einflußbereich verzichtet oder ihren Einsatz einschränkt, trägt zur Erhaltung der Artenvielfalt bei: das beginnt beim Insektenspray in der Wohnung und im Garten, bei der Verwendung schädlicher Waschmittel, bei der richtigen Beseitigung von Lösungsmitteln und Arzneien (beide gehören nicht in den Ausguß) und reicht weiter über den Verzicht möglichst aller chemischen Mittel in Gartenanlagen, Parks, an Weg- und Straßenrändern, an Fließ- und Stehendgewässern bis zum Verzicht in Waldgebieten, bzw. der weitgehenden Einschränkung in der Landwirtschaft und im Weinbau.

Wir dürfen dabei nicht vergessen, daß durch Pestizide Arten beseitigt werden, bevor man überhaupt das generelle Arteninventar der Mikropilze und Nematoden (Fadenwürmer) in Mitteleuropa kennt. Durch Düngungen werden beispielsweise die auf nährstoffarme Bedingungen spezialisierten Arten zu Land und in Gewässern beseitigt. Durch Kalkung (z. B. für Fischerei und Angelsport) können nährstoffarme säurehaltige Moorgewässer in nährstoffreiche Gewässer mit basischer Reaktion umgewandelt werden — mit der Folge, daß mindestens 80 bis 90 % der typischen Tier- und Pflanzenarten solcher natürlichen Systeme ausgerottet werden.

Auch ein sogenannter »pflanzenschonender Herbizid-Einsatz« bewirkt auf längere Zeit oder immer ein Ausschalten bestimmter zweikeimblättriger Krautarten. Dadurch wird zwar der »grüne Gesamteindruck« dieser Bereiche nicht verändert, wohl aber die Zusammensetzung des Arteninventars. Solche einschneidenden Veränderungen bemerken Nicht-Biologen leider selten. Noch viel weitgehender wirkt sich der Herbizid-Einsatz auf die spezialisierten Tierarten aus. Der Ausfall von bestimmten Pflanzen bedeutet je Art immer den Ausfall von im groben Durchschnitt 5 bis 25 Tierarten, die auf diese Wirtspflanze spezialisiert sind. Das gilt an Gewässern ebenso wie auf dem Land oder z. B. an Straßenrändern. Immer handelt es sich bei dem Herbizid-Einsatz um eine indirekte Tierbekämpfung. Durch das Ausschalten einer vielseitigen Wirbellosen-Fauna auf diese Weise und die Verhinderung des Samenansatzes der Pflanzen werden auch die insekten- und körnerfressenden Vogelarten über den Nahrungsverlust in ihrem Bestand erheblich reduziert.

— *Veränderung der historischen Komponente*
Der Altersgrad eines Standorts und die Dauer des Unterlassens einer Maßnahme haben auf die Artenvielfalt einen hohen Einfluß. Von bestimmten Tierarten werden beispielsweise nur solche Baumarten als Wirtspflanzen verwendet, die über 100 bis 200 Jahre alt sind. Hier spielt die historische Stabilität eines Ökosystems eine wichtige Rolle. Der Forstmann z. B. tut deshalb gut daran, wenn er stets einige Altbäume — sowohl lebend wie auch abgestorben — in gleichmäßiger Verteilung so lange wie möglich erhält.

Die Beseitigung alter liegender Baumstämme gefährdet z. B. viele Bockkäfer-Arten, die Entfernung alter Steinhaufen gefährdet Reptilien-

Arten, die Fällung von speziellen Horstbäumen gefährdet Greifvogelarten. Dabei muß man auch wieder bedenken, daß die einzelnen Habitate meist sehr unterschiedlich zu bewerten sind. Alte Fichtenbaumstubben werden anders besiedelt als alte Eichenstubben usw.; Stubben in Feuchtbereichen werden wiederum anders besiedelt als Stubben in Trockenbereichen. Stets finden sich andere spezialisierte Tier-, Pilz-, Moos-, Algen- und Flechtenarten, die zusammen ein eigenes Subsystem bilden.

In Mitteleuropa ist mit etwa 10.000 parasitischen Tierarten zu rechnen. Etwa 75 % gehören zur Gruppe der parasitischen Schlupfwespen und Fliegen, die in anderen Insektenarten leben und als Stabilisatoren in Ökosystemen eine genauso große Bedeutung wie die sonstigen Räuber haben. Auch davon fallen Arten aus, wenn die Wirtstierart, z. B. durch Beseitigung einer Wirtspflanze, verdrängt wird. Meist werden bei uns 5 bis 8 Nahrungsstufen in einer Nahrungskette gezählt. Bei Ausrottung einer Tier- oder Pflanzenart unterer Stufen ist also der »Mitreißeffekt« wie ein »Laufmaschen-Effekt« durch sämtliche übergeordnete Nahrungsstufen zu berücksichtigen.

In zunehmendem Maße wächst die Gefährdung durch gezieltes Sammeln einzelner Arten für Hobby- und Schauzwecke, für Belegsammlungen, zum Tausch in Vereinen, zur Dekoration und nicht zuletzt auch zum Handeln. Gerade letzteres ist ein trauriges Kapitel, da mit zunehmender Gefährdung einer Art deren Sammlerwert und damit die Verleitung auch zur widerrechtlichen Aneignung in der Natur steigt. So gibt es in Deutschland eine regelrechte illegale Eier-Börse, bei der seltene ausgeblasene Vogeleier gehandelt werden. Für Eier von besonders gefährdeten Vogelarten werden sehr hohe Preise gezahlt. Wie in so vielen Bereichen, so verdirbt auch hier wieder das verlockende Geld den Charakter und verleitet zu unverantwortlichem Verhalten, während der Kontrollseite meist die Hände gebunden sind und die geringen Strafen das Risiko nicht wesentlich erhöhen. Auch der Handel mit Großinsekten aus den Tropen, wie er heute von fast allen Kaufhäusern betrieben wird, ist keine Handlungsweise, die den internationalen Artenschutz-Gedanken respektiert.

Leider droht auch das Fotografieren von seltenen Vögeln und Säugetieren ebenso zur Manie zu werden, wie die Tendenz zum Abschießen seltener Tierarten in Ländern, in denen diese Arten noch nicht unter Schutz stehen. Da gerade die seltenen Arten einen besonderen fotografischen Wert haben, werden diese überproportional gestört.

Auch beim speziellen Artenschutz spielt der Zeitfaktor oft eine große Rolle. Gerade diejenigen Arten sind oft sehr gefährdet, die für ihre Entwicklung längere Zeit beanspruchen. Beispielsweise kommen die gefährdeten Bockkäfer, Hirschkäfer, Steinflügler und Libellen oft nur auf Generations-Zyklen von 1 Generation in 2 bis 5 oder mehr Jahren. Da die Larven-Stadien der meisten Arten wenig beweglich sind, muß wenigstens in dieser Zeit ihr Habitat für solche Arten unverändert bleiben. Das Fällen des letzten »Hirschkäfer-Baumes« in einem Waldgebiet bewirkt durch die Larvenvernichtung das Aussterben dieser Art in großem Umkreis, da keine Hirschkäfer-Larve nach Beseitigung des Nahrungsbaumes zu einem neuen Standort wandern kann.

— *Schädlinge und Unkräuter kennt die Natur nicht*

»Ein Unkraut ist eine Pflanze, deren Vorteile noch nicht entdeckt wurden.« (Emerson)

Schädlinge kennen wir nur in künstlich geschaffenen Systemen — z. B. in der Land- und Forstwirtschaft, im Weinbau oder auch in unseren Wohnungen —, wenn die Verbindungen zu den Kontrolleuren durchschnitten sind oder einzelne Arten neu in großer Zahl kultiviert werden. Erst die Verschiebung von Gleichgewichten, die durch Trennung von Kreisläufen entsteht, schafft über die natürlichen Feinde und Konkurrenten hinaus das, was wir Schädlinge nennen. Das gilt in großen Ökosystemen ebenso wie z. B. auch in der Medizin. Auch dort zieht jede Störung der Hormonregulation oder der körpereigenen Abwehr mit Medikamenten, jede Durchbrechung der vegetativen Rhythmen durch Schlafmittel und jede einseitige Störung der Aktivität unserer Darmbakterien durch Antibiotika neue Beschwerden und neue Eingriffe nach sich.

4.5 Der Mensch im Ökosystem seiner Landschaft

»Die Tiere leiden und erfüllen mit ihrem Seufzen die Lüfte. Die Wälder fallen der Vernichtung anheim. Die Berge werden geöffnet und ihrer Metalle beraubt, welche in ihren Adern wachsen. Aber das menschliche Verhalten ist schnell, jene zu loben und zu ehren, welche durch ihr Tun der Natur wie der Menschheit den größten Schaden zufügen.«
Leonardo da Vinci (1452 bis 1519)

Auch der Mensch hat sich im Laufe der Evolution einem Ökosystem angepaßt. Ob sich der Mensch in einer Landschaft wohlfühlt, hängt deshalb unter anderem auch davon ab, wie reich und naturnah diese Landschaft gegliedert ist. Bäume, Feldgehölze, Hecken, Tümpel, Teiche und Fließgewässer mit reichem Uferbewuchs, Mischwälder und Moore sind deshalb nicht nur eine ökologische, sondern für den Menschen infolge seiner Entwicklung auch eine psychische Notwendigkeit. Sowohl die Stadtbevölkerung als auch die Bewohner des Landes selbst haben deshalb sowohl Bedarf als auch ein Recht auf Naturgenuß. Die ästhetische Bindung des Menschen an die Natur ist weitgehend angeboren. Die Schönheit, die in der Artenvielfalt begründet liegt, hat einen engen Bezug zur menschlichen Seele.

Je biologisch belebter — d. h. je reicher an natürlichen Pflanzen und Tieren — unsere Umwelt, unsere Landschaft, unser Ökosystem als menschlicher Lebensraum ist, desto höher ist auch unser Wohlbefinden und damit die Erholungseignung.

Hieraus resultiert eine außerordentlich hohe Verantwortung bei all denen, die in unserem dicht besiedelten Bundesgebiet die Möglichkeit haben, auf die Gestaltung unseres Lebensraumes (Garten, Hof, Stadt, Bach, Fluß, land- und forstwirtschaftliche Flächen usw.) in irgendeiner Form Einfluß zu nehmen (vgl. Kap. 14).

Die zu fördernde naturnahe Vielfalt unserer Landschaft ist allerdings nicht gleichzusetzen mit einer Forderung nach Unterlassung jeglicher Maßnahmen, denn praktisch alle unsere Ökosysteme entwickeln sich vom Zeitpunkt des Unterlassens aller Maßnahmen an in unseren Breiten langfristig zur Endgesellschaft (= Klimaxgesellschaft) Wald. Dies würde schließlich die räumliche Vielfalt der Landschaft herabsetzen. Zur Vielfalt, der wir angepaßt sind, die wir kennen und die wir erhalten wollen, gehören ohne Zweifel auch die durch menschliche Wirtschaft geschaffenen Formen der Kulturlandschaft (wie Streuobstwiesen, Trockenrasen, Streuwiesen, Hecken, Hochstaudenfluren usw.). Deshalb sollten wir bestimmte Flächen in verschiedenen Sukzessionsstadien naturnah erhalten. Das Schwergewicht liegt dabei auf der Vielfalt der standortgemäßen Vegetation. **Nur eine standortgemäße und natürliche Vegetation bietet die Voraussetzungen für eine artenreiche Fauna. Standortfremde Pflanzen zeigen immer auch eine stark verarmte Fauna.**

5 Wiederbelebung unserer Fließgewässer

»Wir gehören einer Zeit an, deren Kultur in Gefahr ist, an den Mitteln der Kultur zugrunde zu gehen.«
Friedrich Nietzsche

Jeder Leser kennt Fließgewässer »mehr oder weniger vor der Haustür« und kennt damit — ohne es vielleicht zu ahnen — ziemlich sicher Beispiele für weitgehend zerstörte Landschaftsbestandteile, die eigentlich unsere schönsten sein könnten.

Nach heutigem Kenntnisstand leben in europäischen Fließgewässern viele tausend und davon mindestens 3.105 eng auf dieses Ökosystem spezialisierte Tierarten. Die Aufteilung der Arten auf die einzelnen Bereiche geht aus der Tabelle 10 hervor.

Damit gehören Fließgewässer zu den biologisch reichhaltigsten und vielfältigsten Landschaftselementen überhaupt. Sie sind gewissermaßen das ökologische Rückgrat unserer Landschaft und prägen Landschaftshaushalt (z. B. Kleinklima), Landschaftscharakter, Landschaftsbild und nicht zuletzt auch die Erholungseignung entscheidend. Leider ist jedoch von diesem großen Wert nicht mehr viel übrig geblieben. Die wesentlichen Fehler haben bestanden in folgenden Maßnahmen:

— Übertriebene Verbauungen und Befestigungen

— Begradigungen (Folgen: Erhöhung der Fließgeschwindigkeit, Erosionen, Ablagerungen und Hochwasserschäden an größeren Gewässern)

Abb. 11. Wenn Fließgewässer bei Schneeschmelze oder nach hohen Niederschlägen über die Ufer treten, können in kurzer Zeit enorme Schäden entstehen. In bestimmten Gebieten häufen sich neuerdings derartige Hochwässer. Das ist nicht selten eine Folge sowohl der großen Flächenversiegelung (Straßen, Plätze, Bebauung) als auch der Verbauung und Begradigung der Vorfluter, die das Versickern großer Niederschlagsmengen verhindern und eine Beschleunigung der Wasserabgabe bewirken. (Foto: Hemker)

Tabelle 10

	Quellen	Bäche	Flüsse
Hydropolypen	0	3	1
Strudelwürmer	141	117	24
Rädertierchen	20	11	79
Nematoden	22	4	22
Schnecken	248	87	62
Muscheln	1	16	25
wenigborstige Würmer	3	6	1
Bärtierchen	0	14	0
Milben	119	421	9
Krebse	210	131	193
Eintagsfliegen	3	163	117
Steinfliegen	8	345	52
Libellen	4	62	38
Wanzen	2	34	5
Käfer	63	288	72
Schlammfliegen	0	7	9
Köcherfliegen	173	558	130
Zweiflügler	467	986	251
Fische	0	143	260
Lurche/Kriechtiere	9	16	1
Vögel	0	5	132
Säugetiere	0	28	33

Anzahl der Tierarten aus verschiedenen systematischen Gruppen, die in Europa in Quellen, Bächen und Flüssen vorkommen. Zusammengestellt nach Brehm & Meijering (1982): »Limnofauna Europaea«. Diese Auflistung ist aber noch keineswegs vollständig. Es sind noch viele Neufunde zu erwarten. Bereits jetzt sind nach Angaben o. g. Autoren insbesondere bei den Zweiflüglern, Strudelwürmern und Wenigborstern eine Reihe von Arten nachzutragen, die in der »Limnofauna Europaea« noch keine Berücksichtigung gefunden haben (nach Blab, 1984).

— Verdrängung des Baumbewuchses an den Ufern
— Falsche Baumartenwahl an den Ufern (z. B. Nadelgehölze)
— Beseitigung der Altwässer und Altarme
— Fassung von Quellen, Verrohrungen, übertriebene Drainagen
— Unangemessene Unterhaltungsmaßnahmen
— Einbringung von Abwässern und Abwärme
— Starker Bootsverkehr (besonders Motorschiffe)
— Besatz mit standortfremden Fischarten und Fischrassen und dadurch Gefährdung des Artenspektrums und der genetischen Identität

Allein von 1960 bis 1970 wurden im Bundesgebiet 25.000 km Bachläufe ausgebaut, d. h. begradigt, verrohrt, in Betonschalen verlegt und ihres Uferbewuchses brutal entledigt (Hutter, 1985). Natürlich mäandrierende Fließgewässer existieren nur noch in weniger als 10 % ihrer ursprünglichen Länge. Die restlichen natürlichen Fließgewässer reichen nicht mehr für das Überleben der typischen Tierarten aus, wie Libellen, Frösche, Molche, Fische, Feuchtgebietsvögel. Und noch immer geht die Zerstörung der Fließgewässer recht wenig gebremst weiter, immer noch tragen wir zur weiteren Verarmung dieser Ökosysteme bei, ja die meisten von uns haben sich bereits an die armseligen Kanäle gewöhnt, die praktisch keine Selbstreinigungskraft, kein Leben und keinen Erholungswert mehr haben, aber eigentlich unsere wertvollsten Bereiche sein könnten. Sollte das hohe Haushaltsvolumen der Wasserwirtschaft, das in einigen Ländern mehr als das 100fache des Ansatzes beim Naturschutz beträgt, in dieser Form »zurückschlagen«?

In Baden-Württemberg werden bereits 79 % der Fischarten als mehr oder weniger gefährdet oder ausgestorben gemeldet, wobei der Anteil der gefährdeten Arten bei den wirtschaftlich nicht genutzten Arten sogar 95,4 % beträgt.

Abb. 12. Ein vielsagendes Spiegelbild unserer sehr verbreiteten und unwissend lebensfeindlichen Ordnungsliebe: Ein 1984 (!) für über 1 Mio DM fertiggestellter Ausbau eines Dorfbaches im Rahmen einer sogenannten Dorfsanierungsmaßnahme. Man hat es gut gemeint und Natursteine — fein verfugt — im Sohl- und Uferbereich eingebaut, und aus eigener Initiative fegt ein Anwohner die ihn störenden feinen Sandablagerungen wieder aus dem Bachgrund heraus ... Der Dorfbach ist zu einem toten Kanal degradiert worden, das Dorf hat seinen biologisch potentiell reichsten Lebensraum und wertvollsten Naherholungsbereich eingebüßt. (Foto: Verfasser)

Bundesweit sind etwa 70 % aller im Süßwasser vorkommenden Fischarten in ihrem Überleben gefährdet oder sogar ausgestorben.

Allein durch Begradigung (also ohne Sohlbefestigung) verarmt die Lebewelt unserer Fließgewässer schlagartig. So wurden in regulierten Bächen des Sauerlandes 241 Tierarten (rd. 50 %) und 450 Individuen (rd. 14 %) pro Quadratmeter gezählt, gegenüber 486 Arten und 3.180 Individuen je Quadratmeter in natürlichen Bachläufen (Dittmar, 1955).

In Bayern fand man an einem regulierten Bachabschnitt 55 verschiedene Wasserinsekten gegenüber 148 Arten an einem ursprünglichen Bach (Engelhardt, 1973). Dabei stellte sich heraus, daß durch die Regulierung die ursprüngliche Fauna fast vollständig von einer neuen ärmeren Artengemeinschaft abgelöst wurde. Nur 2 Arten kamen in beiden Gewässern vor.

In naturnahen Bächen bildet das Fallaub (nicht etwa die schwer zersetzbaren Nadeln!), das von den Mikroorganismen zu feinen Partikeln, dem Detritus, abgebaut wird, die wichtigste Nahrungsgrundlage der Fauna. In belasteten Gewässern ist die Biomasse der Makrophyten, Algen, Bakterien und Pilze größer als im unbelasteten Abschnitt. Durch ein erhöhtes Nahrungsangebot steigen die Anteile der Pflanzen- und Detrituskonsumenten. Der mikrobielle Abbau verschlechtert die Sauerstoffversorgung. **Eine besondere Bedeutung kommt dem Hohlraumsystem unter der Stromsohle zu. Zahlreiche Insektenarten besiedeln das Lückensystem während der frühen Larvenstadien und sind auf einen kontinuierlichen Wasserdurchstrom dieses Lebensraums angewiesen.** Durch ein erhöhtes Bakterien- und Algenwachstum wird der Wasserdurchstrom behindert,und es kommt zu einem Ausfall der empfindlichen Formen, z. B. der Steinfliegen (Waßmann, 1984). Der biologische Zustand wird durch Veränderung der Wasserführung und der Ufervegetation stark beeinträchtigt. In naturnahen Bächen finden sich durch abwechslungsreiche Strömungs- und Substratverhältnisse eine Vielzahl unterschiedlicher Lebensräume (Nischen). Diese Vielfalt wird in ausgebauten Gewässern mit einheitlichem Querschnitt weitgehend nivelliert. Vollends zerstört werden Fließgewässer durch Verrohrungen. Nach Freier (1979) sind die kleinen Fließgewässer in Schleswig-Holstein im Landesdurchschnitt um 25 %, regional bis zu 75 % durch Verrohrung zurückgegangen, in Flurbereinigungs- bzw. Gutsbezirken stellenweise sogar bis zu 100 %.

Es liegt mir fern, die Verantwortlichen für bisherige biologische Fehlbehandlungen zu kritisieren. Die meisten haben sicher in guter Absicht und in Erfüllung nicht ausreichend definierter gesetzlicher Vorschriften (z. B. Forderung nach ungehindertem Wasserabfluß) gehandelt. Für neuere Maßnahmen — in vielen Gebieten läuft die Gewässerzerstörung permanent weiter — kann man die Entschuldigung allerdings nicht mehr gelten lassen. Es gibt inzwischen eine Fülle von Fachbüchern, Einzelveröffentlichungen und Richtlinien, die diese alarmierende Entwicklung, aber auch technisch wie biologisch richtige Alternativen darstellen. Was Generationen von Technikern an unseren Flüssen und Bächen angerichtet haben, wird heute selbst von ökologisch denkenden Wasserbauingenieuren nicht mehr gutgeheißen. Moderne Handbücher über Fließgewässerunterhaltung (z. B. »Ökologische Aspekte bei Ausbau und Unterhaltung von Fließgewässern«, DVWK-Merkblätter, Verlag Paul Parey, 1984) haben längst den weitgehenden Konsens mit ökologischen Grundforderungen hergestellt, — nur die Praxis scheinen diese Erkenntnisse kaum zu erreichen. Da viele Erlasse auf Landesebene — nicht nur das Wasserhaushaltsgesetz, sondern auch andere Gesetze auf Bundesebene — seit einiger Zeit deutliche Vorgaben enthalten,

> z. B. § 2 (1) BNatSchG: »... Gewässer sind vor Verunreinigung zu schützen, ihre natürliche Selbstreinigungskraft ist zu erhalten oder wiederherzustellen; nach Möglichkeit ist ein rein technischer Ausbau von Gewässern zu vermeiden und durch biologische Wasserbaumaßnahmen zu ersetzen.«

scheint es an der Zeit, die behördlichen Kontrollorgane wesentlich stärker als bisher einzusetzen.

Vorsicht vor negativen Kettenreaktionen

Artenvielfalt und Individuendichte werden insbesondere durch folgende Faktoren bestimmt:

- Fließgeschwindigkeit des Wassers
- Korngröße und Lagerungsstabilität der Substrate
- Licht- und Temperaturverhältnisse
- Sauerstoffhaushalt
- Wasserchemismus (z. B. Kalk- und Nährstoffgehalt, pH-Wert und dessen Schwankungen)
- Wasserbelastungen, z. B. durch organische, giftige, trübende, sedimentierende, düngende oder andere unnatürliche Substanzen.

Abb. 13. Ein mit Beton kanalisierter Bergbach mit fast ebenso »totem Messerhaarschnittrasen« im Uferbereich inmitten eines sonst idyllischen Fremdenverkehrsortes: Biologische Belebung und biochemische Selbstreinigungskraft des Gewässers sind hier zerstört worden, Erholungssuchende meiden diesen sogar gefährlichen Bereich. Da die Attraktion und der Erholungswert einer Landschaft mit zunehmender biologischer Belebung steigen und natürliche Fließgewässer zu den biologisch reichsten Landschaftselementen zählen, hat dieser Fremdenverkehrsort eine wichtige Entwicklungschance vertan. (Foto: Verfasser)

Wir müssen daher lernen, daß Maßnahmen an einem Gewässer negative Kettenreaktionen hervorrufen können, die niemand beabsichtigt oder heute noch verantworten kann. Nach einer unnatürlichen Querschnittsverengung eines Fließgewässers können z. B. folgende Kettenreaktionen ablaufen:

Beschleunigung der Fließgeschwindigkeit, Änderung der Schleppkraft, Änderung der Korngrößenzusammensetzung des Gewässerbettes, Wasservertiefung, Änderung der Belichtungs- und Temperaturverhältnisse, Änderung der Assimilationsbedingungen der Wasserpflanzen, dadurch mögliche pH-Wert-Verschiebung, ggf. sogar Erreichung z. B. toxischer Aluminium-Konzentrationen oder Schwermetallösungen (ab pH-Wert 4,2), Änderung der Erosionsbedingungen und damit möglicherweise Vorprogrammierung weiterer negativer Eingriffe, Veränderung der Lebensbedingungen der Mikroorganismen sowie der gesamten sonstigen Flora und Fauna... usw.

Insofern ist es von grundlegender Bedeutung, daß jeder, der in ein Fließgewässer eingreift oder dafür verantwortlich ist, über biologisch-physikalische und biologisch-chemische Wechselwirkungen und Selbstreinigungsvorgänge wenigstens so informiert ist, daß er die Auswirkungen seines Handelns erahnen kann.

5.1 Biologisch-physikalische und biologisch-chemische Wechselwirkungen

»Um an die Quelle zu kommen, muß man gegen den Strom schwimmen.«
S. J. Lec

Strömung

Die Strömung ist in der Regel der bedeutsamste Faktor im Fließgewässer, der maßgeblich die Lebensbedingungen aller Organismen bestimmt. Da kein Organismus auf Dauer gegen die Strömung anschwimmen kann, sind die Fließgewässerorganismen in vielfältiger Weise an das Leben unter diesen Bedingungen durch Körperbau oder Lebensweise angepaßt (z. B. durch Abplattung des Körpers, Hafteinrichtungen und Aufenthalt in strömungsarmen bzw. strömungstoten Bereichen). Auf diese Weise werden die Organismen nicht abgetrieben, genießen aber die Vorteile des fließenden Wassers mit dauerndem Wasseraustausch, der z. B. Sauerstoff und Nährstoffe rasch befördert. Das schnell fließende Wasser im Bachoberlauf und Berglandbach schürft vor allem die Bachsohle ein. Dabei schleppt es das feine Substrat in Stillwasserbereiche und verebnete Bachabschnitte. Die verbliebenen Kiese, Gerölle und Blöcke sowie darauf wachsende Bachmoosrasen überwiegen in der Bachsohle. Die Kleinlebewesen, z. B. Algen, Fliegenlarven, Bachmilben und Flohkrebse, finden vor der kräftezehrenden Strömung nur Schutz (s. Abb. 14):

— an der wenige Millimeter starken, durch Reibung des Wassers am Substrat strömungsarmen Grenzschicht zum Gewässerbett,

— im stillen, sogenannten »Totwasserbe-

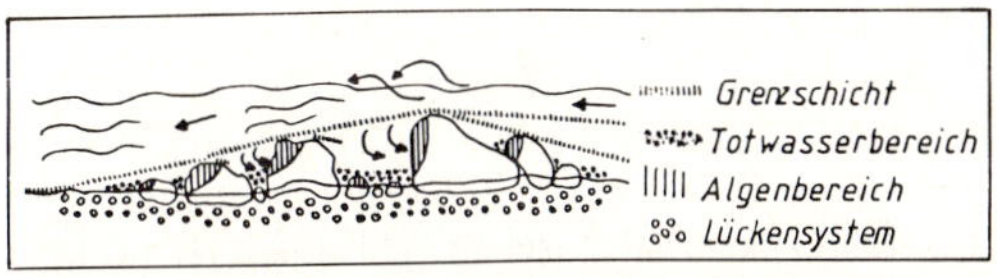

Abb. 14. Grenzschicht, Totwasserbereich und Lückensysteme der Sohle eines Baches im Längsschnitt.

reich«, hinter und unter Geröllen, Pflanzenpolstern und anderen Hindernissen sowie
— im wassergefüllten Lückensystem des Untergrundes.

Im Kontaktbereich mit der Stromsohle treten Schereffekte zwischen dem frei strömenden Wasser und dem festen Substrat auf, die zur Verwirbelung des Wassers führen. In diesem Totwasserbereich finden die meisten Fließwasserbewohner Schutz vor der Strömung. Die Tiefe dieser biologisch wichtigen Zone hängt von der Rauhigkeit der Stromsohle ab: Je feinkörniger das Substrat, desto dünner ist auch der Totwasserbereich, der somit großräumig gesehen flußabwärts an Ausdehnung verliert. Im Geschwindigkeitsbereich von 10 bis 100 cm/s, der in Gebirgsbächen am häufigsten auftritt, beträgt die Dicke der strömungsarmen Grenzschicht einige Millimeter. Die Körperhöhe der Organismen, die sich direkt an den überströmten Steinen aufhalten, liegt meist unter 4 mm, und die Tiere drücken sich umso mehr an die Unterlage, je höher die Fließgeschwindigkeit ist; sie folgen damit gewissermaßen der dünner werdenden Grenzschicht, die ein wichtiger Strömungsschutz für sie ist. Aufwuchs-Algen besiedeln die Oberseite der Steine und größerer Gerölle, wobei oft bestimmte strömungsgeschützte Areale bevorzugt werden. Kleinere Gerölle werden auf der gesamten Oberfläche besiedelt, sobald sie in den Totwasserbereich eintauchen (Abb. 15). Alle diese Algen behaupten sich in der Strömung, indem sie dem bewegten Wasser möglichst wenig Widerstand bieten und/oder sich fest auf dem Untergrund verankern.

In Stillgewässern und langsam fließenden Gewässern haben die Algen große Bedeutung

Abb. 15. Besiedlung verschieden großer Steine mit Algen im Bach.

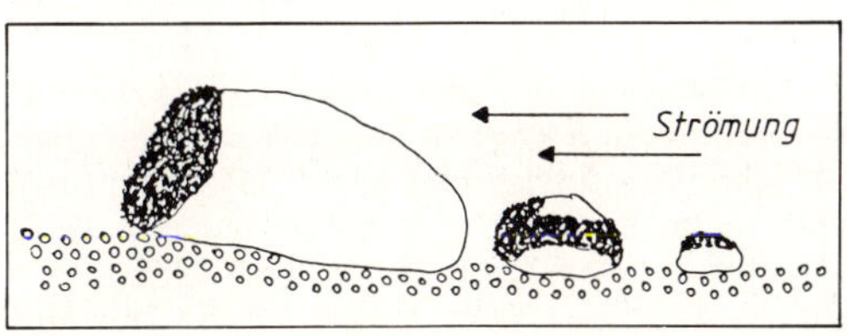

für die Planktonbildung. Das Phyto- und Zooplankton wiederum spielt eine große Rolle bei der Selbstreinigung der Fließgewässer. Viele der Fließwassertiere, besonders die Algenfresser unter den Insektenlarven, die tagsüber im strömungsgeschützten Totwasser leben, werden in der Abenddämmerung aktiv und verlassen das Strömungsrefugium, um auf der Oberseite der Steine die Algen abzuweiden. Die Tiere drücken sich mit der Unterseite umso mehr gegen die Steinfläche, je stärker die Strömung ist, und gelangen so in den Strömungsschutz der Grenzschicht. Trotz dieser Verhaltensweise und ihrer morphologischen Disposition (Abflachung des Körpers) werden sie häufig mit der Strömung von der Steinoberfläche weggerissen. Daher ist es ein **biologisches Anliegen, strömungsschützende Areale in Fließgewässern zu fördern:** Totwasser zwischen den Geröllen der Stromsohle, Pflanzenpolster, Gangsysteme und Lückenräume der Lockergesteine im Bereich der Stromsohle. Auch Amphibien und Libellen benötigen Bereiche mit geringer oder fehlender Strömung. Betonierte Sohlen, Ufer und Verrohrungen schließen eine Besiedelung mit Organismen weitgehend aus und stellen ökologische Barrieren dar, weil Kleinstlebewesen diese Bereiche zum Ausgleich der Strömungsabdrift bachaufwärts nicht wieder überwinden können. Außerdem verhindern sie Vertikalwanderungen der Bodenfauna im Lückensystem des Bachuntergrundes zum Schutz gegen Frost, Trockenheit und Abdrift. Der Porenraum unterhalb der Gewässersohle (Stein- und Sandlückensystem) ist allgemein ein biologisch bedeutsamer Lebensraum. Insbesondere in Bergbächen ist er als ein Refugium für die jüngsten Stadien von niederen Tieren und Fischen wichtig.

Diese Forderungen berücksichtigen z. B. die Richtlinien des Landesamtes für Wasser und Abfall in Nordrhein-Westfalen (1980) für den naturnahen Ausbau und die Unterhaltung von Fließgewässern:

> »Der ständige Gefällewechsel und das unstete Fließen von natürlichen Gewässern müssen auch nach der Umgestaltung gegeben sein, denn nur bei einem ständigen Wechsel der Wassertiefe und Fließgeschwindigkeit können die Gewässer durch naturnahe Weiterentwicklung ihrer Pflanzen- und Tierwelt die ihnen zukommende Rolle im Naturhaushalt voll erfüllen. Dementsprechend sind alle Maßnahmen, durch die ein wechselvolles Fließverhalten erreicht wird, in Einklang mit den gewässerökologischen Erfordernissen zu bringen. Dazu gehört auch,

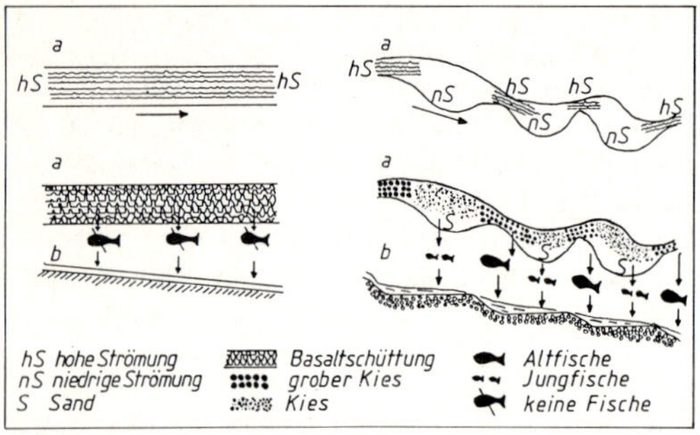

Abb. 16. Schematisiert Aufsicht (a) und Längsschnitt (b) eines begradigten und eines natürlichen Bachabschnittes und ihr Wert als Fischbiotop. (nach Bless, 1981, verändert)

daß der natürlicherweise vorhandene Charakter des Gewässers nicht unnötig verändert wird.«

Für kleine Organismen wie Aufwuchsalgen, Insektenlarven, Bachflohkrebse, Würmer und Schnecken sind bei ausreichender Rauhigkeit des Gewässerbettes (Steine, Wasserpflanzen, Störsteine) bereits gute Entfaltungsmöglichkeiten gegeben. Für Fische jedoch werden meist ausgedehnte Stillwasserzonen benötigt, die als Stand-, Ruhe-, Zufluchts-, Nahrungs-, Laich- und Aufwuchsplätze dienen. Fehlen solche Ruhezonen, kann der gesamte Bachabschnitt für Fische unbesiedelbar sein (Abb. 16). Auf grobem Sediment in Schnellen werden z. B. ausgewachsene Groppen angetroffen, in feinerem Sediment bei langsamer Strömung halten sich Jungtiere auf; in monotonem Schotter bei gleichbleibend starker Strömung sind keine Fische nachzuweisen (Blab, 1984).

Temperatur

Alle natürlichen Fließgewässer werden von geschlossenen Ufergehölzen (Erlen, Weiden) begleitet, die je nach Aufwuchs- oder Zerfallsphase das Gewässer mehr oder weniger stark beschatten. Im Gegensatz zur ganzjährigen Beschattung — z. B. durch grundsätzlich nicht standortgemäße Fichten — ist diese Beschattung hauptsächlich nur im Sommer gegeben. In engem Zusammenhang mit dieser Beschattung steht der Temperaturhaushalt der Gewässer. Beschattung verhindert die Erwärmung. Die Temperatur und insbesondere auch deren Schwankungen sind aber von großer Bedeutung für die Verbreitung der Süßwassertiere. Die van't Hoff'sche Regel — nach der die Geschwindigkeit der chemischen Reaktionen bei mittleren Temperaturen verdoppelt bis verdreifacht wird, wenn sich die Temperatur um 10 °C erhöht — gilt auch für die Lebensvorgänge im Körper der Bachtiere. Z. B. erfolgt die Entwicklung der Eintagsfliegenlarven in Abhängigkeit von der Wassertemperatur. Sinkt im Herbst die Temperatur auf einen bestimmten Wert, so stellen die Larven jegliches Wachstum ein und überwintern in der bis dahin erreichten Größe. Die kritische Temperatur nennt man auch den »Entwicklungsnullpunkt«. Erst bei steigender Temperatur im Frühjahr beginnt das Wachstum wieder. Offensichtlich benötigt jede Art zur Entwicklung vom Ei zur schlüpfenden Imago eine bestimmte Wärmesumme. In dem kälteren Oberlauf eines Mittelgebirgsbaches steht eine geringere jährliche Gesamtwärmemenge zur Verfügung als im Mittellauf mit seiner im Sommer größeren Erwärmung. Daher werden auch die Gewässerstrecken von unterschiedlichen Arten besiedelt. Eine unnatürliche Erwärmung der Oberläufe bringt u. U. typische Arten zum Aussterben. Auch durch Entfernen der beschattenden Ufergehölze — der weitest verbreitete Fehler an unseren Fließgewässern — sowie durch Verbreitern des Gewässerbettes und durch Verlängern der Fließzeit wird die Erwärmung des Wassers gefördert. Dadurch kann z. B. ein natürliches Forellengewässer in einen fischereilich weniger wertvollen Zustand versetzt werden. Entsprechendes gilt für alle Gewässerabschnitte, auf die sich auch in Abhängigkeit von der Temperatur bestimmte Organismen spezialisiert haben. Das wird besonders augenfällig bei den Quellen. Ihnen gemeinsam ist die annähernd gleiche Temperatur während des ganzen Jahres; die Schwankungen betragen in der Regel nur zwei bis vier Grad, während kleine Stauteiche zwischen Sommer und Winter Temperaturunterschiede von oft weit über 20 °C aufweisen können.

Höhere Wassertemperaturen verstärken also die Stoffwechselgeschwindigkeit der Organismen und beeinflussen den Sauerstoffgehalt erheblich. Mit zunehmender Temperatur ist weniger Sauerstoff im Wasser löslich. Da der Sauerstoffverbrauch der Organismen bei zunehmender Temperatur ansteigt, summieren sich die negativen Auswirkungen von Temperaturerhöhungen und organischer Belastung — z. B. in landwirtschaftlichen Bereichen —, denn die temperaturbedingte Intensivierung der Selbstreinigung hat einen erhöhten Sauerstoffverbrauch der Bakterien in abwasserbelasteten Strecken zur Folge. Dies kann in kritisch belasteten Gewässern zu Fischsterben durch Sauerstoffmangel führen. Durch den Mangel an Beschattung von Erlen und Weiden kann also der Temperaturhaushalt unnatürlich erhöht und damit der Sauerstoffgehalt unnatürlich verringert werden. Mit zunehmendem Sauerstoffdefizit, auch wenn es nur gelegentlich und kurzzeitig auftritt, sinkt die Artenzahl der Wassertiere schnell ab. Insbesondere verschwinden die an hohen Sauerstoffgehalt gebundenen Reinwasserformen, wie z. B. unter den Fischen die Forellen und Äschen. Die Verarmung der Lebensgemeinschaft kann dadurch im Extremfall zur völligen Verödung des Gewässers führen. Bei stärkerer Erwärmung (z. B. durch Abwärmebelastung) ist bei einer Reihe von Köcher-, Eintags- und Steinfliegenlarven nachgewiesen worden, daß die Larven vorzeitig, z. B. noch im Winter schlüpfen, so daß die ausgewachsenen Tiere dann infolge der unwirtlichen Winterbedingungen außerhalb des Gewässers umkommen. Nicht zuletzt ist der Faktor »Temperatur« über den Faktor »Sauerstoffgehalt« auch mit dem Faktor »Säuregrad = pH-Wert« in vielfältiger Weise gekoppelt.

Licht

Augenfällig ist der Einfluß des Lichtes auf die Bachpflanzen, für deren Assimilation es unentbehrlich ist. Im vollbelichteten und deshalb unnatürlichen Wiesenbach entwickeln sich die Algen und höheren Pflanzen viel stärker als im natürlich beschatteten Waldbach. Das reichere Nahrungsangebot gibt einer entsprechend größeren Zahl von Tieren Lebensmöglichkeit. Die Eiablage und das Schlüpfen mancher Wasserinsekten, z. B. der Eintagsfliege (Ephemerella belgica) wird nach neuen Untersuchungen durch die Lichtintensität beeinflußt. Köcherfliegen schlüpfen z. B. vorzugsweise bei unbedecktem Himmel, schlüpfreife Puppen »warten«, bis sich günstiges Flugwetter einstellt. Temperatur und Licht sind zwei Faktoren, die durch Bepflanzungsmaßnahmen am Gewässerrand beeinflußt werden. Vom Licht bzw. auch vom Trübungsgrad des Wassers ist die Dicke der biologisch produktiven Wasserschicht

Abb. 17. Eine typische Situation an eutrophierten Gewässern, denen der natürliche Erlen- oder Weidensaum als Schattenspender genommen worden ist: Der Nährstoffreichtum läßt die Vegetation im Gewässer und am Ufer »explodieren«, so daß das Gewässer leicht »zu- oder hochwächst« und dann der normale Wasserabfluß nicht mehr gewährleistet ist. Anstatt die beschattenden Gehölze wieder einzubringen, besteht die Reaktion darauf häufig in der regelmäßig wiederkehrenden Anwendung intensiver technischer, kostspieliger und tieretötender Verfahren, vom Einsatz verschiedenster Mähgeräte bis zur besonders bedenklichen »Notbremse« in Form von Grabenfräsen. (Foto: Wennrich)

abhängig. Da durch Licht die Assimilation der Wasserpflanzen gesteuert und dadurch der Kohlendioxid- und Sauerstoffgehalt des Wassers wesentlich beeinflußt wird, ändert sich damit auch der Säuregrad (pH-Wert) des Wassers, was bei zunehmendem Säureeintrag durch Immissionen von aktueller Bedeutung ist (s. Abb. 2). Der pH-Wert hat auf die Lebensbedingungen aller Organismen auch in den Ökosystemen der Fließgewässer großen Einfluß. Bei pH-Wert-Messungen 1983/84 an der Oder im Harz, einem typischen Gebirgsbach mit Quellregion in Hochmoorbereichen, wurde in Abhängigkeit von der Wasserführung eine pH-Wert-Schwankung von 4,4 bis 5,1 festgestellt. In einem von der Oder gespeisten Feuchtbiotop mit kleinen Flachwasserflächen unmittelbar neben dem Fließgewässer betrugen die Werte dagegen 5,6 bis 6,0, im Durchschnitt also infolge der Temperatur und des Pflanzenwuchses jeweils erheblich mehr. In tiefen Flüssen und besonders in verschmutzten (trüben) Gewässern wird das meiste Licht bereits nahe der Wasseroberfläche »geschluckt«. Dann wird für das Wachstum der Wasserpflanzen und des Phytoplanktons in den tieferen Schichten das Licht zum sog. Minimum-Faktor. Im Rhein bei Koblenz erfolgen z. B. über 80 % der pflanzlichen Sauerstoffproduktion bis zur Tiefe von nur einem Meter. Bei 2 m Tiefe ist die Lichtintensität bereits so weit zurückgegangen, daß keine Nettoproduktion von Sauerstoff mehr möglich ist.

Beispiel (nach Bundesverband der Bürgerinitiativen, 1979):

Ausgangslage: Kanalisierter Fluß von 4 m Tiefe mit senkrechten Spundwänden. Fließgeschwindigkeit 1 m/s; das Phytoplankton produziert pro m^3 Wasservolumen durchschnittlich 1,15 g Sauerstoff. Kompensationsebene = Bereich, bei dem aufgrund der begrenzten Lichtintensität keine Nettoproduktion von Sauerstoff mehr möglich ist, soll bei 2 m Tiefe liegen.

Änderung durch Böschungsabflachung: Wird das ursprünglich senkrechte Ufer auf beiden Seiten bis zu einer Böschungsneigung von 1 : 3 abgeflacht, so nimmt bei gleichem Abflußquerschnitt die durchlichtete Oberflächenzone stark zu. Dies hat zur Folge, daß die zusätzliche Sauerstoffproduktion bei einer angenommenen Tagesfließstrecke von 86,4 km mehr als 4 t beträgt. Diese 4 t Sauerstoff sind ausreichend, um die ungereinigten Abwässer von fast 70.000 Einwohnern biologisch abzubauen.

Aus negativen Erfahrungen lernen

Allein die vielen negativen Beispiele der Fehleinschätzungen der Faktoren »Temperatur« und »Licht« sollten zu Reaktionen führen. Ziel des Ausbaues von Gewässern kann nicht sein, eine nur scheinbar optimale Lösung im Kompromiß nur dekorativ bepflanzter Ausbaustrecken zu suchen. Das Ziel muß vielmehr sein, eine Lösung zu finden, welche den abflußregelnden Gewässerausbau mit der biologischen Gesunderhaltung durch Bepflanzung und naturnahe Gestaltung der Sohle verbindet und damit das Gewässer zugleich auch in die Landschaft einbindet. Es gilt, aus den Fehlern der Vergangenheit im herkömmlichen Wasserbau im gleichen Maße zu lernen wie aus Beobachtungen in der freien Natur an Wildgewässern:

Die in den folgenden Abschnitten a bis d dargestellten Entwicklungen beruhen zwar mehr auf häufigen Erfahrungen aus dem Bereich der Gewässer II. Ordnung, veranschaulichen aber die Kettenreaktion, die eine technisch übertriebene und nicht naturnahe Behandlung von Fließgewässern allgemein auslösen kann. Die Hauptursachen für diesen Teufelskreis aufgrund des sich so außerordentlich üppig entwickelnden Aufwuchses sind ungehinderter Lichteinfluß (keine Bäume) sowie Erwärmung und künstliche Eutrophierung des Wassers (aus Düngung der Nachbarflächen und Siedlungsabfällen).

a) Breit ausgebaute, offen in der Sonne liegende Gewässer erwärmen sich stark und verkrauten sehr rasch durch massenreiche Staudenfluren. Der Grad solcher Verkrautungen richtet sich bis zu einem gewissen Grade nach der Fließgeschwindigkeit bei Niedrigwasserführung: Langsam fließende Gewässer, besonders Gräben, können in kurzer Zeit vollständig zuwachsen. Das gilt besonders für Wasserläufe in landwirtschaftlichen Bereichen.

b) Zu starke Verkrautung schränkt darüber hinaus den Lebensraum des biologisch aktiven Planktons ein und verschlechtert damit den Gewässerzustand. Starke Verkrautungen und Verschilfungen beeinträchtigen daher den Fischbestand und das biologische Gleichgewicht seiner Nahrungskette. Absterbende Pflanzenmassen führen zu unerwünscht hoher organischer Belastung des Gewässers und verschlechtern auch damit seinen biologischen Zustand.

c) Verkrautete Gewässer verschlicken allmählich randlich beiderseits einer Niederwasserrinne unter Bildung einer Mittelwasserberme, welche zwar der Verkrautung selbst meist ein Ende setzt, zugleich aber den zuvor geplanten Abflußquerschnitt erheblich verringert.

d) Solche Mittelwasserbermen, -zungen oder -inseln sind bei offen daliegenden Gewässern bevorzugte Ansiedlungspunkte für Hochstauden und Weiden, welche ihrerseits den Hochwasserabfluß weiter beeinträchtigen und weitere Aufschlickung begünstigen. Kolke, Uferabrisse, Durchbrüche und Gewässerbettverlagerungen sind dann die Folge.

Sieht man die Dinge in diesem natürlichen Zusammenhang, so wird klar:

— Jeder Gewässerausbau, der das Stadium a) bewirkt, verursacht regelmäßige und teure Räumaktionen, weil es die Stadien b) bis d) einleitet.

— Jede Räumung, die das Stadium a) wieder herstellt, führt wiederum zum offen in der Sonne liegenden Gewässer und zu breitem Niedrigwassergerinne und damit zu den Stadien b) bis d). Ein teurer Teufelskreis mit regelmäßigen Maßnahmen, die biologisch unsinnig sind! Maßnahmen wie Ausbaggern, Entkrauten und Mähen haben, was den Wasserpflanzenbesatz angeht, ohnehin nur einen geringen Wirkungsgrad, denn die meisten Hydrophyten verfügen sowohl über eine reichliche Samenproduktion als auch über eine starke vegetative Vermehrung.

Eine früher weit verbreitete Anwendung von Pflanzengiften ist aus ökologischen Gründen konsequent abzulehnen. (Sie wäre bei sachgemäßer Anwendung übrigens auch teurer als Mähen, da das Pflanzenmaterial beseitigt werden muß.) Die Beobachtung zeigt, daß nur durch Ufergehölze ausreichend beschattete Gewässer nicht oder kaum verkrauten, insbesondere wenn sie über ein natürlich ausgebildetes oder baulich geschaffenes echtes Niedrigwassergerinne verfügen.

Insofern ist der Teufelskreis, in dem viele Grundeigentümer (Landwirte) oder Gewässerverbände mit weiten Gebieten stecken, nur durch Renaturierung, insbesondere durch eine Bepflanzung mit standortgemäßen Baumarten (besonders Erlen, teilweise auch Weiden) zu durchbrechen. Der Schatten, den die Roterle bei beidseitig geschlossenem Bewuchs wirft, hält jeglichen Stauden- und Gräseraufwuchs kurz und die Fließrinnen krautfrei. Mähen und Räumung erübrigen sich. Bisamratten verlieren eine ihrer Hauptnahrungsquellen: Wasser- und Uferpflanzen. In seiner Dissertation hat Anselm bereits 1975 nachgewiesen, daß die Unterhaltung von Gewässern mit einem standortgemäßen Gehölzbewuchs langfristig auch billiger ist. Sofern Anlieger (z. B. Landwirte) trotz gesetzlicher Verpflichtung (Wasserhaushaltsgesetz) Gehölze an den Gewässern nicht dulden wollen und damit der Allgemeinheit nicht nur ökologisch schaden, sondern auch noch höhere Unterhaltungskosten zumuten, sollten sie die Unterhaltungskosten selbst tragen.

Biologisch-chemische Wechselwirkungen

Neben unsachgemäßen Gewässerbaumaßnahmen bedeuten Abwasserbelastungen die stärkste Beeinträchtigung für Fließgewässer. Auch dafür gibt es eine Reihe von biologischen Indikatoren, z. B. Eintags-, Ufer- und Köcherfliegenlarven, Bachflohkrebse u. a.

Tageszeit, Strömungsgeschwindigkeit und Temperatur beeinflussen den Sauerstoffgehalt des Wassers. Er schwankt in einem Fließgewässer mit der Temperatur zwischen einem Niedrigwert am Morgen und dem Höchstwert am frühen Nachmittag. Fließgewässer mit rascher Wasserbewegung und geringer Wassertiefe sind sauerstoffreicher als langsam fließende oder stehende Gewässer. Die Zufuhr organischer Stoffe (z. B. Abwasser) in Gewässer verschlechtert ihre Sauerstoffbilanz. Gerade die Querschnittswahl kann auch über den Sauerstoffgehalt die Gewässergüte und Selbstreinigung eines Fließgewässers stark beeinflussen. Bei einem stärker belasteten Gewässer kann die Verringerung der Flußbreite und die damit verbundene Vergrößerung der Wassertiefe die Sauerstoffversorgung so stark beeinträchtigen, daß schließlich die Sauerstoffkonzentration zum alles andere bestimmenden Faktor wird. Standortgemäße Laubbäume (Erlen, Weiden) fördern mittelbar die Sauerstoffsättigung und damit das Selbstreinigungsvermögen der Fließgewässer erheblich.

Gewässer mit geringem Kalkgehalt reagieren meist sauer. Sie können aber durch Kohlendioxid-Entzug bei der Photosynthese einen pH-Anstieg bis über 9 erfahren, weil sie kaum gepuffert sind. Dagegen sind kalkreiche Gewässer gepuffert. Ihr pH-Wert liegt mit geringen Schwankungen um 7 bis 8. Ähnlich dem Sauerstoffgehalt unterliegen CO_2-Gehalt und pH-Wert Schwankungen im Tages- und Jahresgang.

Natürliche Phosphorverbindungen kommen nur in geringen Mengen in Fließgewässern vor. Durch Bodenerosion, Abwasser (Waschmittel) und landwirtschaftliche Dünger können größere

Abb. 18. Eine häufige Ausgangslage: Aus privaten Interessen sind die natürlichen und zuverlässigen Ufersicherungsgehölze (Erlen und Weiden) beseitigt worden. Auf Kosten der Allgemeinheit sind damit das »ökologische Rückgrat« sowie der Erholungswert der Landschaft und die biochemische Selbstreinigungskraft des Gewässers stark beeinträchtigt und die Ufer der Erosion preisgegeben worden, so daß eine intensive Verbauung oft unvermeidlich wird. Die dann anfallenden »hausgemachten« und recht hohen Kosten trägt wiederum meist die Allgemeinheit. (Foto: Hemker)

Phosphormengen in die Gewässer gelangen. Diese tragen zu einer unerwünschten Düngewirkung (Eutrophierung) bei, die an starkem Algen- und sonstigem Pflanzenbewuchs erkennbar ist. Dieses starke Algenwachstum kann bei Zersetzungsvorgängen der organischen Substanz zu so starker Sauerstoffaufzehrung führen, daß Fischsterben eintritt. Bei der Fauna ist z. B. die Flußperlmuschel sehr empfindlich gegenüber zusätzlichem Phosphorgehalt. In diesem Zusammenhang erscheint bemerkenswert, daß noch immer keinem Waschmittel das Umweltgütesiegel zuerkannt wurde.

Biologische Selbstreinigungsvorgänge

Da Trinkwasserknappheit vorgezeichnet ist, Trinkwasser in großen Mengen auch an Flüssen aufbereitet wird (mehr als ein Drittel der bundesdeutschen Bevölkerung erhält schon seit über 10 Jahren sein Trinkwasser über aufbereitetes Rheinwasser) und schon ein gering verunreinigtes Flußwasser fünfmal mehr krebserregende Stoffe als Grundwasser enthält, wird die Förderung der biochemischen Selbstreinigung der Fließgewässer zu einer hochrangigen ökologischen Aufgabe. Der überwiegende Teil (ca. 70 %) der biologischen Selbstreinigungsvorgänge spielt sich nicht im Fließgewässer selbst, sondern in den ufernahen Flachwasserrändern ab, in den Teilen also, auf die wir mit allen Maßnahmen häufig einwirken (Uferlinie, Bewuchs, Befestigungen u. a.). Da wesentliche Vorgänge bereits im nicht oder kaum sichtbaren biochemischen und biologischen Bereich ablaufen und eine entscheidende Grundlage im naturnahen Gewässerzustand und der richtigen Gewässerpflege finden, sollen auszugsweise auch die Anfangsglieder der Nahrungskette in den Fließgewässern grob vereinfacht vorgestellt werden.

Bakterien

Sie sorgen in erster Linie für eine biochemische Gewässerreinigung. So werden z. B. Fette zunächst hydrolytisch in Glyzerin und Fettsäuren gespalten, die in der Endstufe zu Kohlendioxid und Wasser zerlegt werden. Darüber hinaus zersetzen Bakterien neben Eiweiß auch Kohlenhydrate stufenweise zu Kohlendioxid und Wasser.

Urtierchen

Sie stellen in der Nahrungskette die nächste Stufe dar und fressen in erster Linie Bakterien, manche Arten auch kolloidal gelöste Stoffe. Sie bewirken die Ausflockung und Adsorption der Kolloide. Der Einfluß dieser Urtierchen (Protozoen) auf Abwässer ist also am stärksten in bezug auf die Klarheit des Wassers, jedoch gering in chemischer Hinsicht.

Algen

Zu den Algen gehört auch das Phytoplankton — mikroskopisch kleine Algen. Sie nehmen aus gelösten organischen Verbindungen Kohlenstoffverbindungen und organischen Stickstoff auf. Sie verarbeiten außerdem Fettsäuren, Aminosäuren, Harnstoffe und Peptone. Bedeutung haben alle chlorophyllhaltigen Algen wie die höheren grünen Wasserpflanzen auch durch die Erzeugung von Sauerstoff während der Assimilation, den u. a. die Reduzenten zum Abbau der organischen Verunreinigungen benötigen. Algen dienen u. a. Urtierchen, Rädertierchen, Weichtieren, Würmern, Kleinkrebsen und den Larven vieler Wasserinsekten und Fischen als Nahrung. Bei Massenentwicklungen grüner Algen kommt es während hoher Lichteinstrahlung infolge verstärkter Assimilation zu starkem Ansteigen des pH-Wertes. Während der Dunkelheit verbrauchen die Algenmassen durch die Atmung so viel Sauerstoff, daß besonders in den frühen Morgenstunden leicht Sauerstoffmangel im Wasser auftritt. Jede dieser Erscheinungen für sich allein kann Fischsterben auslösen.

Höhere Wasserpflanzen

Sie wirken wie Filter. Sie halten die festen, im Wasser treibenden Stoffteile zurück und setzen sie dem im Wasser enthaltenen bzw. durch die Assimilation erzeugten Sauerstoff aus. Außerdem bilden die Wasserpflanzenbüschel und -dickichte die Wohnstätten zahlloser Tiere. Abgesehen davon haben sie meist auch noch Algenüberzüge. Die »herausgefilterten« Schmutzteile werden so der Einwirkung dieser Lebewesen in erhöhtem Maße ausgesetzt. Höhere Wasserpflanzen bieten für Krautlaicher die Voraussetzung zum Ablaichen. Auch die Fischbrut findet in der »weichen« Unterwasserflora (Laichkräuter) Nahrung und Schutz. Überstarke Bestände können jedoch ebenfalls zu den bei den Algen erwähnten negativen Erscheinungen führen.

Röhrichte und Seggenrieder

Alle Wasserpflanzen nehmen große Mengen Mineralsalze aus dem Wasser auf. In besonders hohem Maße gilt das für eine Segge (*Carex elata* All.) und für die Flechtbinse (*Scipus lacustris* L.). Bei Versuchen vermochten Flechtbinsen außerdem bis zu 600 mg/l Phenol aus dem Wasser restlos zu entfernen. Auch hinsichtlich der Beseitigung von Schwermetallen und von pathogenen Keimen aus dem Abwasser haben größere Bestände von Flechtbinsen einen Reinigungsgrad erzielt, der den von herkömmlichen Kläranlagen wesentlich übertrifft. Nach neuesten Erkenntnissen sind z. B. Schilf, Wasserschwertlilie und in hohem Maße die Flechtbinse in der Lage, in kürzester Zeit »moderne Industrieabwässer« aus dem sauren oder alkalischen Bereich in den Neutralbereich zu bringen. Flußuferröhrichte bieten einer vielgestaltigen Pflanzen- und Tierwelt Lebensraum und tragen zum Schutz seltener Arten bei. Sie sind allerdings nur für Gewässer ab etwa 2 m Wasserbreite und 50 cm Tiefe bei Mittelwasser geeignet. Die »harte« Wasserflora der Röhrichtzone bietet besonders auch vielen Wasservögeln Brut-, Schutz- und Nahrungsraum. Auch viele Libellen sind auf diese Pflanzen angewiesen.

Weichhölzer der Uferbereiche

Ufergewächse, insbesondere Erlen und Weiden, beschleunigen die Selbstreinigung eines Gewässers stark. Die Sauerstoffsättigung des Wassers erfolgt — wie Freilandversuche ergaben — im Vergleich zu Wasserläufen ohne Uferbestand in einem um 86 bis 95 % kürzeren Zeitraum! Offenbar nehmen die Ufergewächse, die mit ihren Wurzeln in die Gewässersohle reichen, dort mit dem Wasser gelöste Verbindungen auf. Sie bieten Fischen Verstecke und Laichplätze. Die Fische profitieren darüber hinaus vom »Insektenregen«, der von Bäumen und Sträuchern ins Wasser fällt. Natürliche Fließgewässer werden bei uns stets durch einen Erlen-/Weiden-Baum- und -Buschgürtel begleitet.

Höhere Wassertiere

Diese Tiere sind in ihren Lebensgrundlagen von den oben genannten Anfangsgliedern der Nahrungskette abhängig und dienen ihrerseits als Nahrung für die Endglieder der Nahrungskette (Fische, Vögel). So sind z. B. die Muscheln (Teich-, Fluß-, Kugel-, Erbsenmuscheln) als Wasserfiltrierer bedeutungsvoll. Fast ohne Unterlaß filtrieren diese Tiere, die in verhältnismäßig großer Zahl den Gewässergrund bevölkern, Schwebstoffe aus dem Wasser und führen sie nach entsprechender Umsetzung in ihrem Körper dem Bodenschlamm zu. Um welche Mengen es sich hierbei handelt, erkennt man daran, daß ein einziges Tier einer nordamerikanischen Teichmuschelart bei einem entsprechenden Versuch in einer Stunde 42 l Wasser durchfiltriert hat. 10.000 Dreiecksmuscheln filtern pro Stunde 10 m^3 Wasser (Bless, 1980). Auch die Süßwasserschwämme gewinnen ihre Nahrung durch Filtration und tragen damit zur Reinigung des Wassers bei.

Je reicher ein Gewässer — im Wasser und am Ufer — an natürlich vorkommenden Tieren und Pflanzen ist, desto größer ist die biologische Selbstreinigungskraft. Falsche Maßnahmen (fehlende Gehölze oder falsche Gehölze, z. B. Nadelbäume) beeinträchtigen die biologische Selbstreinigungskraft erheblich. Auch die Abwechslung der physikalischen Faktoren — wie Form des Flußbettes, Durchflußmenge, Durchflußgeschwindigkeit (bei Fließgeschwindigkeiten unter 10 bis 20 cm/s wird z. B. die Sedimentation organischen Materials zu einem wichtigen Faktor, was zu einer verstärkten Bodenschlammehrung bis hin zu anaeroben Verhältnissen der Gewässersohle führt), Temperatur des Wassers, Turbulenz, Mengenverhältnis zwischen eingeleitetem Abwasser und Wasser des Vorfluters, Korngröße des Bodensubstrates u. a. — ist für die Artenvielfalt und damit die biologische Selbstreinigungskraft von großer Bedeutung.

Abb. 19. In der Natur — und besonders in einem Gewässer — ist jede gerade Linie unnatürlich und lebensfeindlich. Gegenüber Beton und dem häufig verwendeten Wasserbauholz Bongossi als Ufersicherung hat diese Steinschüttung den Vorteil, daß sie den ökologischen Zusammenhang zwischen Bach und Ufer nicht völlig unterbricht, weil sie eine durchgehende Begrünung nicht ausschließt. Dennoch reduziert die Strukturmonotonie auf Dauer die biologische Belebung auf einen Bruchteil — meist unter 10 % — des von Natur aus vorhandenen Arten- und Individuenreichtums. Wenn wir so weiterbauen, werden viele der an Fließgewässer gebundenen Pflanzen- und Tierarten aussterben. Und wenn in Flurbereinigungsverfahren natürliche Gewässer begradigt oder verlagert werden, sind derartige, heute unverantwortliche Entwicklungen vorprogrammiert. (Foto: Hemker)

5.2 Naturnahe Fließgewässer sichern Artenvielfalt

»Sagst Du's mir, so vergesse ich es. Zeigst Du's mir, so merke ich es mir leicht. Läßt Du mich teilhaben, so behalte ich es!«
Altes Chinesisches Sprichwort

Oberster Grundsatz bei der Bewältigung der Fließgewässerproblematik sollte stets die Orientierung an dem Zustand sein, den uns die Natur vorgeben würde. So führt uns die Frage »Wie sähe das Gewässer ohne menschlichen Einfluß aus?« in der Regel auf den richtigen Weg. Je näher man dem natürlichen Zustand kommen kann, desto mehr Artenvielfalt ist zu erwarten (vgl. Abb. 20), desto größer wird die biologische Selbstreinigungskraft, desto mehr dient auch das Gewässer z. B. wieder der Erholung des Menschen.

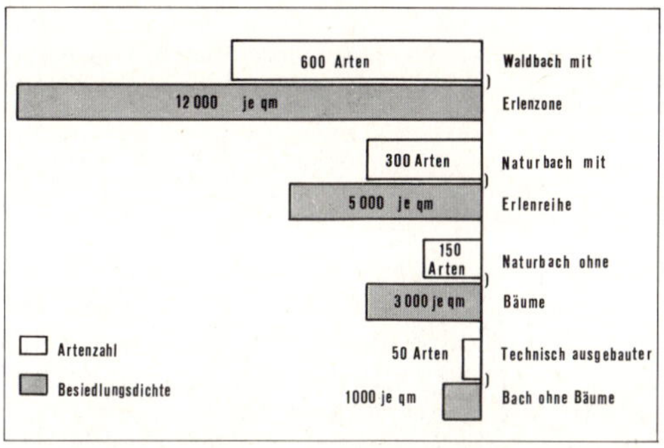

Abb. 20. Artenvielfalt und Besiedlungsdichte in Fließgewässern (nach Hess. Landesprogramm »Naturnahe Gewässer«, 1984). — Nicht darstellbar sind betonierte, ausgemauerte oder verrohrte Bäche, da Besiedlung fast oder gleich Null ist.

Da die örtlichen Gegebenheiten jeweils sehr unterschiedlich sind, werden auch die möglichen Schritte zur Renaturierung ebenso unterschiedlich ausfallen. So können auch die folgenden Erläuterungen zu Beispielen von naturnahen Fließgewässern, zu Quer- und Längsprofilen, zu Uferneigungen und Bepflanzungen nur Anregungen vermitteln.

Naturnahe Fließgewässer im Querprofil (Abb. 21)

1. Laichkrautzone
im Bereich der Niedrigwassergrenze, annähernd ganzjährig unter Wasser (echte Wasserpflanzen):

Aquatische Zone
Diese Biozönose soll optimale Voraussetzungen als Aufenthalts- und Fortpflanzungsstätte für die meisten wasserbewohnenden Tiere bieten: Mollusken, Krebse, Insektenlarven, Fischnährtiere wie Bachflohkrebse und Hüpferlinge, Amphibien, Reptilien, Wasservögel und Säugetiere

2. Röhricht- und Großseggenzone
im Uferbereich zwischen Niedrig- und Mittelwassergrenze (Wasserbedeckung mindestens 1/2 Jahr). Ersatzgesellschaften: Riedgräser, Anpassungsmöglichkeit an variierenden Wasserstand.
Amphibische Zone
Schutzfunktion besonders durch Schilf; als Ersatz in eutrophierten Gewässern Flechtbinse. Auch Wasserschwaden, Kalmus und Wasserschwertlilie stellen wertvolle Uferschutzpflanzen dar.

3. Weichholzzone
zwischen Mittelwasser und mittlerem Hochwasser (Wasserbedeckung höchstens einige Wochen, gewöhnlich nur im Winterhalbjahr):
Terrestrische Uferzone
Bewuchs mehr aus Roterlen bei kurzzeitigen Hochwässern und mehr aus Weiden bei längeren Hochwässern.

4. Hartholzzone
uferwärts anschließend, gewöhnlich durch Eschen, Ulmen, Stieleichen, Ahorn, Hainbuchen gekennzeichnet.

Die Ausbildung der einzelnen Zonen ist natürlich im Oberlauf anders als im Unterlauf, mehr oder weniger verändert treten sie jedoch praktisch überall auf. **Wesentlich ist, daß alle Fließgewässer von den Mittelgebirgslagen bis zur Mündung von einem Erlen- und Weidensaum begleitet werden und daß deren Wuchsbereich in der Weichholzzone unmittelbar über der Mittelwasserlinie beginnt.** Diese sehr wichtige Feststellung ist inzwischen auch Lehrmeinung der Wasserbauingenieure, hat aber vielerorts die Praxis noch nicht erreicht,

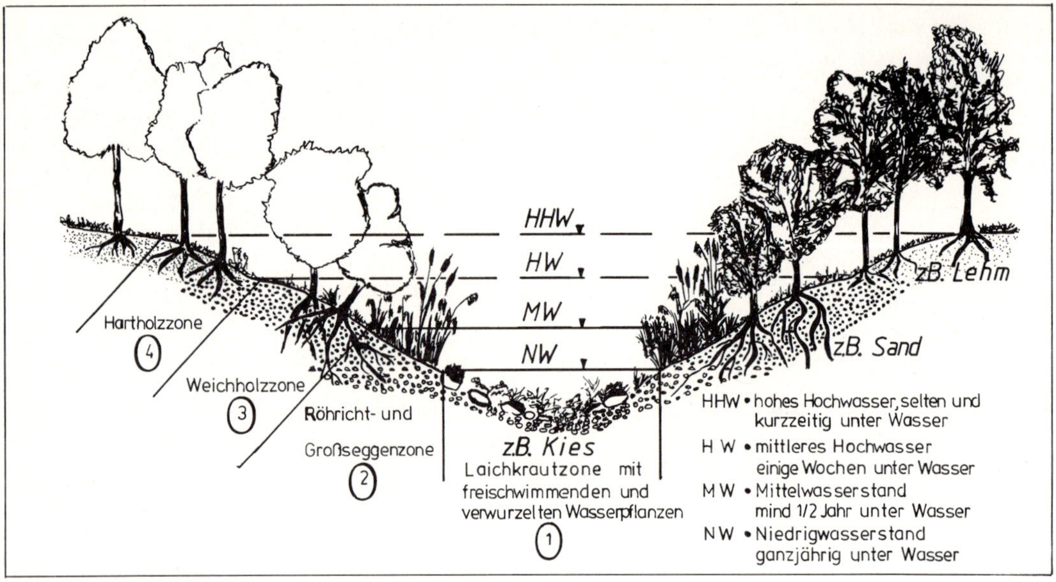

Abb. 21. Schema des Querprofils eines Flachlandfließgewässers mit naturnahen Vegetationszonen. Diese Zonen sind in Längs- und Querrichtung sehr unterschiedlich und heute durch Nutzung bzw. Verbauung stark eingeschränkt. Mehr oder weniger ausgeprägt sollten diese Zonen an allen Fließgewässern vorhanden sein bzw. wiederhergestellt werden. (nach Bittmann, verändert)

weil früher nach dem Grundsatz »Das Hochwasserprofil muß frei von allen Hindernissen sein!« ausgebildet worden ist. Heute wird allgemein anerkannt, daß der wichtige Gehölzbewuchs in der Weichholzzone in die Hochwasser-Profilberechnung miteinbezogen werden muß und das Mindestprofil entsprechend größer zu dimensionieren ist. Die Uferneigung wird im wesentlichen von der Standfestigkeit des Bodens bestimmt. Möglichst flache Neigungen (z. B. 1 : 5 bis 1 : 3) sind zu empfehlen, um Raum für Hochwasser, Pflanzenbewuchs, Lebensraum für Tiere und Auflandungen zu lassen.

Gerade Röhrichte, die an Ufern langsam fließender Gewässer typisch sind, benötigen sehr flache Ufer, weil sie außerordentlich lichtbedürftig und empfindlich sind. Röhrichte sind stark zurückgegangen, z. B. an der Havel in Berlin von 1962 mit einer durchschnittlichen Wassertiefe von 1 m auf 0,6 m im Jahre 1978 (Ursachen: starker Sportbootverkehr und Wellenschlag, ungeordneter Bade-, Camping- und Angelverkehr). Die Röhrichtarten benötigen eine gute Verbindung zum trockenen Ufer, um ihren gesamten Pflanzenkörper einschließlich der weit ins Wasser vordringenden Rhizome mit Sauerstoff zu versorgen. Jede Halmknickstelle unterbricht die Sauerstoffversorgung nicht nur für den einzelnen Halm, sondern auch für das dazugehörige Wurzel- und Rhizomwerk, so daß sich ein oberirdisch nicht sofort erkennbarer Schadensumfang auf die Nachbarschaft und die neue Halmgeneration auswirkt. Viel Abwechslung auch in der Uferneigung und eine möglichst lange Linienführung (Wechsel der Breiten- und Tiefenverhältnisse) erhöhen die Zahl ökologischer Nischen und steigern damit die Artenvielfalt. Biologisch wichtig ist eine ausreichende Wassertiefe in Niedrigwasserzeiten. Dies kann durch eine muldenförmige, aber möglichst rauhe und durch Kolke bereicherte Sohle, durch Leitsteine (Buhnen) oder auch durch Doppelprofil mit ein- oder zweiseitiger Berme für Niedrigwasser- bzw. Hochwasserführung erreicht werden.

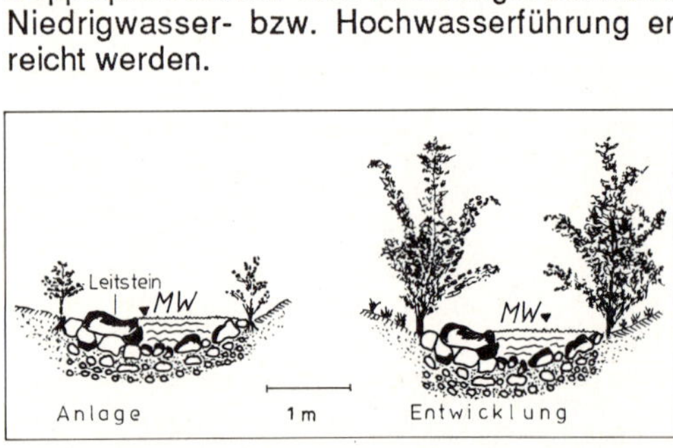

Abb. 22. Kleiner Berglandbach — schematischer Querschnitt (nach LWA NRW 1980, verändert). Keine Bedrängung durch Nadelbäume auf mindestens 5 m Breite nach beiden Seiten!

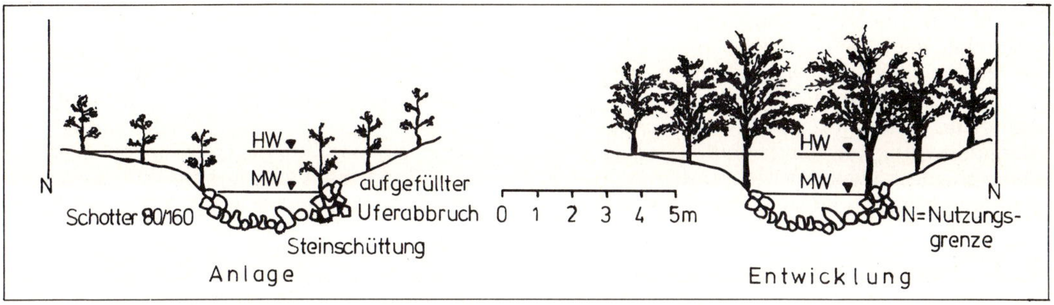

Abb. 23. Größerer Berglandbach — Beispiel eines Querschnittes (nach LWA NRW 1980, verändert). Keine Bedrängung durch Nadelbäume auf mindestens 10 m Breite nach beiden Seiten!

Abb. 24. Kleiner Flachlandbach oder -graben mit Grundsicherung in sandig-lehmigem Substrat. Beispiel eines Querschnittes (nach LWA NRW, 1980, verändert). Keine Bedrängung durch Nadelbäume und andere Nutzungen auf mindestens 5 m Breite nach beiden Seiten.

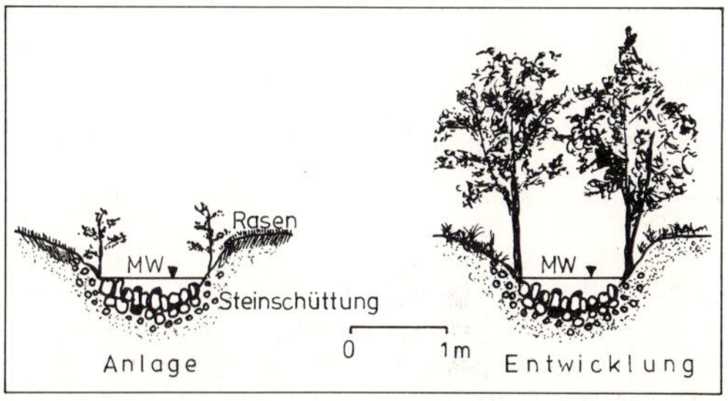

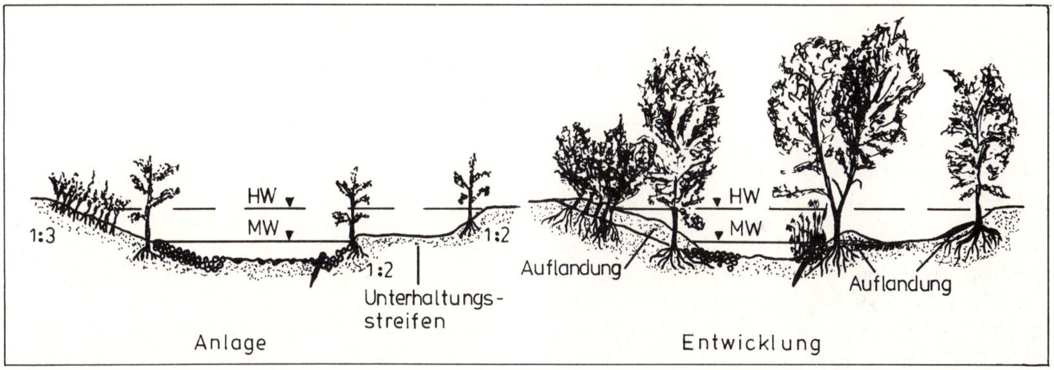

Abb. 25. Größerer Flachlandbach (oder Fluß) mit einseitig gebrochenem Querprofil und Unterhaltungsstreifen (nach Hessischem Landesprogramm »Naturnahe Gewässer«, 1984, verändert). Keine Bedrängung durch Nadelbäume auf mindestens 10 m nach beiden Seiten.

Im kleinen Berglandbach (Abb. 22) genügt ein durchgehender Roterlenbewuchs an der Mittelwasserlinie. Größere Erosionen können durch einzelne Steinpackungen gemindert werden. Die Unterhaltung beschränkt sich auf gelegentliches Auf-den-Stock-Setzen der Erlen.

Bei größeren Berglandbächen (Abb. 23) ist das Ufer den Örtlichkeiten entsprechend zu gestalten. Uferausspülungen werden aufgefüllt und vorübergehend mit Steinschüttungen, später durch Ufervegetation gesichert. Weiche Sohlen können mit Schotter befestigt werden. Der herangewachsene, meist zweizeilige Roterlen- und Baumweidenbewuchs macht eine regelmäßige Unterhaltung überflüssig.

Kleine Flachlandbäche und -gräben (Abb. 24) sind wegen der erwünschten Vorflut und des feinkörnigen Substrats oft besonders tief. Die Böschung sollte mindestens 1 : 2 geneigt und zunächst mit Rasen gesichert werden. Die Sohlenerosion ist durch Steinschüttung zu mindern. Roterlen oder Baumweiden übernehmen auf Dauer den Ufer- und Sohlenschutz.

Größere Flachlandbäche (Abb. 25) erhalten meist ein Doppelprofil und einen Unterhaltungsstreifen. Je nach Wassermenge, Fließgeschwindigkeit, Hochwasserlage, Boden, Lage im Längsverlauf (Gerade, Innen- oder Außenkurve), angrenzender Nutzung, Unterhaltungsnotwendigkeit usw. sind verschiedene Querschnitte notwendig. Neben dem Bewuchs sind mögliche Sandablagerungen bei der Festlegung des Durchflußquerschnittes zu berücksichtigen.

Naturnahe Fließgewässer im Längsprofil

Nach der Jahrestemperaturschwankung und Struktur der Gewässersohle kann man die Fließgewässer in Quelle, Oberlauf (Berglandbach) und Unterlauf (Flachlandbach) untergliedern (große Flüsse werden nicht dargestellt).

Quellen

Die Quellen sind Lebensraum für an gleichmäßig niedrige Temperaturen (8 bis 12 °C) gebundene Tiere. Der Sauerstoff- und Nährstoffgehalt des Quellwassers ist noch gering. Kalkarmes Wasser reagiert meist sauer und kann z. B. den Eintrag von saurem Regen nicht abpuffern. Bei Sturz- und Sprudelquellen strömt das Wasser sofort talwärts. Die meist schmale Quellsohle ist frei von Bewuchs. Bei den Sicker-, Sumpf- und Tümpelquellen bildet sich ein größerer nasser Quellbereich mit zum Teil kleinen Wasserflächen. Die Quellen besitzen jeweils typische Lebensgemeinschaften. Sie sind von Natur aus selten und von großer ökologischer Bedeutung. Nach neuestem Kenntnisstand wurden in Europäischen Quellen rd. 1.500 Tierarten festgestellt, wovon 465 Arten reine, d. h. hochspezialisierte Quellbewohner zu sein scheinen (Blab, 1984). Die meisten Quelltiere leben von vermoderten Pflanzen. In Quellzonen können z. B. Strudelwürmer, Quellschnecken, Wassermilben, Köcherfliegenlarven und Feuersalamander angetroffen werden. Besondere Pflanzengesellschaften der Quellen und quellnahen Bachstrecken sind z. B. Bitterschaumkraut-Quellflur, Quellmoos-, Bachquellenkraut-Gesellschaften und Waldschaumkrautflur. Die folgenden Gefährdungsarten geben zugleich Anregungen zu möglichen Korrekturen:

- zahlreiche Quellen versiegen durch Absenken des Grundwassers
- Quellfassungen zur Ableitung des Wassers (dazu gehören auch gutgemeinte, heute aber nicht mehr vertretbare Fassungen in Erholungsgebieten zur Erfrischung der Gäste)
- Anlage von Fischteichen
- Drainage von Sumpfquellen, Entwässerungsgräben
- private Brunnenbohrungen und Vermüllung
- Beeinträchtigung durch Dünge- und Pflanzenschutzmittel
- Falscher Gehölzanbau (Nadelbäume — Fehlbestockungen ergeben potentielle Sturmlöcher, sind also auch aus waldbaulichen Gründen zu unterlassen. Der nähere Quellbereich ist am besten der natürlichen Entwicklung von Quellfluren, Erlen, Birken und Weiden zu überlassen.)
- Wege- und Straßenbau, Betreten durch Erholungssuchende

Abb. 26. Quellbereiche sind wertvolle Lebensbereiche mit meist hochspezialisierten Pflanzen- und Tierarten, die bereits auf Roten Listen geführt werden. In vielen Erholungswäldern sind Quellen in guter Absicht aus Unwissenheit durch Naturfreunde oder Wandervereine gefaßt und damit viele seltene Pflanzen- und Tierarten verdrängt worden. Hier sollte ein Umdenkungsprozeß schnell Taten folgen lassen. Jede beseitigte Fassung und der natürlichen Entwicklung überlassene Quelle ist ein wertvoller Naturschutzbeitrag. (Foto: Archiv Forstamt Oderhaus)

Bachoberläufe (Berglandbäche)

Auch hier sind die Strömungsverhältnisse von wesentlicher Bedeutung. Bachoberläufe sind durch die plätschernde Wasserbewegung, das ziemlich kalte Wasser (bis 15 °C) und die geringe Wassertiefe sauerstoffreicher als langsam fließende oder stehende Gewässer. Saures Wasser (pH unter 6) mit geringem Kalkgehalt ist in der Regel nährstoff- und artenärmer, beherbergt aber viele seltene Arten. Der Lauf ist meist abwechslungsreich gestaltet, die Ufer sind unregelmäßig, flache Stellen wechseln mit tiefen Gumpen, sandige Bänke mit kiesigen Halden, grober Schotter mit großen Blöcken ab. Die schnellen Wasser brechen sich schäumend an zahlreichen Hindernissen. Höheres Pflanzenleben fehlt meist noch.

Zwischen den Blättchen und Stengeln der Moospflanzen schlagen sich ständig die vom Wasser mitgeführten Zerfallstoffe pflanzlicher und tierischer Herkunft nieder. Die Algenentwicklung, vorwiegend Kiesel- und Grünalgen, ist auf und zwischen den Moosrasen besonders reichlich. Daher finden in den Moosbüscheln zahlreiche Arten von Detritus- und Algenfressern beste Ernährungsmöglichkeiten, anderen Tieren bietet dieser Kleinlebensraum strömungsgeschütze Wohnräume. Besonders bedeutungsvoll ist jedoch die durch die verästelten, beblätterten Moosstengel bewirkte, im Vergleich etwa zu unbewachsenen Steinen sehr beträchtliche Oberflächenvergrößerung. Die Besiedlung der Bachmoosrasen ist daher oft ganz überraschend hoch. In einem Sauerlandbach fand man auf anstehendem Fels wachsenden Rasen des Mooses *Scapania undulata* von nur 0,119 m^2 Fläche und 4,98 g Trockengewicht 4.309 Tiere! Davon waren etwa 20 % Köcherfliegen-, 14 % Eintagsfliegen- und 10 % Steinfliegenlarven. Der Rest verteilt sich auf die übrigen Tiergruppen. Trotz der vielfältigen Anpassung an das Leben in der Strömung werden natürlich doch immer wieder Tiere der Bergbäche vom reißenden Wasser losgerissen und talwärts geschwemmt. Sobald sie jedoch irgendwo einen Halt gefunden haben, besitzen sie die Fähigkeit, sich stets gegen die Strömung zu stellen, bzw. der Strömung entgegenzuwandern. So wird es den Bachtieren ermöglicht, sich in den meisten Fällen in ihrem Lebensraum zu behaupten oder ihn wieder zu erreichen , sofern dies nicht durch unnatürliche Hindernisse unmöglich gemacht wird. Sämtliche Salmoniden — die typischen Fischarten der Bachoberläufe — sind Kieslaicher; das Weibchen schlägt mit dem Schwanz eine Laichgrube in den Untergrund und legt in diese die Eier. Der sofort vom Männchen besamte Laich wird mit Kies bedeckt und entwickelt sich darunter. Durch die Wahl der richtigen Korngröße ist die gute Sauerstoffversorgung der Eier gewährleistet.

Bachunterläufe (Flachlandbäche)

Die untere Bachzone und der Flachlandbach haben langsamer fließendes Wasser. In der breiten Bachaue mit feinkörnigem Substrat nehmen Seitenerosion einerseits und Aufschüttung andererseits und damit die Bachwindungen zu. An den Prallhängen entstehen tiefe Kolke. Die Bachsohle ist noch abwechslungsreich. Sand und Schlamm lagern sich auf ruhigen Teilstrecken ab. Hier können vermehrt höhere Wasserpflanzen neben z. B. Kiesel- und Blaualgen Fuß fassen. Kann sich das Hochwasser in der Aue ungestört ausbreiten, entwickeln sich die im Bachoberlauf nur teilweise anzutreffenden Vegetationszonen im Querprofil schon besser, in der natürlichen Flußlandschaft vollständig. Temperatur und Sauerstoffgehalt wechseln jahreszeitlich und streckenweise stark. Wegen der vielfältigen Ausprägung des Bachbodens, des reichen Nahrungsangebotes (Pflanzen), der ausgeglichenen Wasserführung und geringen Strömung, die keine so ausgeprägte Anpassung verlangt, ist der Niederungsbach artenreicher und andersartig als der Gebirgsbach. Bodenschlamm und Bachgrund sind z. B. von Fliegenlarven, Würmern, Muscheln, Schnecken, Wasserasseln, Käfern und Wasserpflanzen besiedelt. Hier beginnt die Region der Äsche. Auch die Äsche und die Barbe benötigen zum Laichen kiesigen Untergrund, haben aber eine höhere Vorzugstemperatur als die Bachforelle und der Bachsaibling. Die Äschenregion ist bevorzugtes Laichgebiet für Fischarten aus der Flußzone. Das Wasser ist immer noch reich an Sauerstoff, die Temperaturen aber steigen, erreichen jedoch im Jahresmittel höchstens 17 bis 18 °C. Neben der Äsche als Leitfisch sind außer den noch vorkommenden Fischen der Forellenregion schon Cypriniden (Weißfische) zahlreich vertreten. Die wenigen noch nicht ausgebauten Flachlandstrecken sollten nachdrücklich erhalten und gepflegt werden. Einer stark abflußhemmenden Verkrautung und Grundräumung ist durch standortgemäße Bestockung aus Weich- und Harthölzern vorzubeugen. Die bewaldete Aue darf nicht durch Stichgräben entwässert werden. Auch durch den Wald führende Vorflutgräben können bei richtigem Profil oberhalb der Mittelwasserlinie bestockt und damit pflegeextensiv sein.

Im Bereich der Flachlandbäche stehen von Natur aus im Hochwassereinzugsgebiet sog. Auewälder (Abb. 27), das sind Laubwälder auf zeitweise überfluteten Standorten in Bach- und Flußauen. Sie zeichnen sich meist durch eine **sehr artenreiche Kraut- und Strauchschicht aus und beinhalten in naturnaher Ausbildung einen Artenreichtum, der mit dem des tropischen Regenwaldes zu vergleichen ist.** Kennzeichnend für diesen Artenreichtum ist die hohe Stabilität im System. Der Öffentlichkeit muß bekannt werden, daß nicht nur die Erhaltung der wenigen restlichen Auewälder, sondern auch

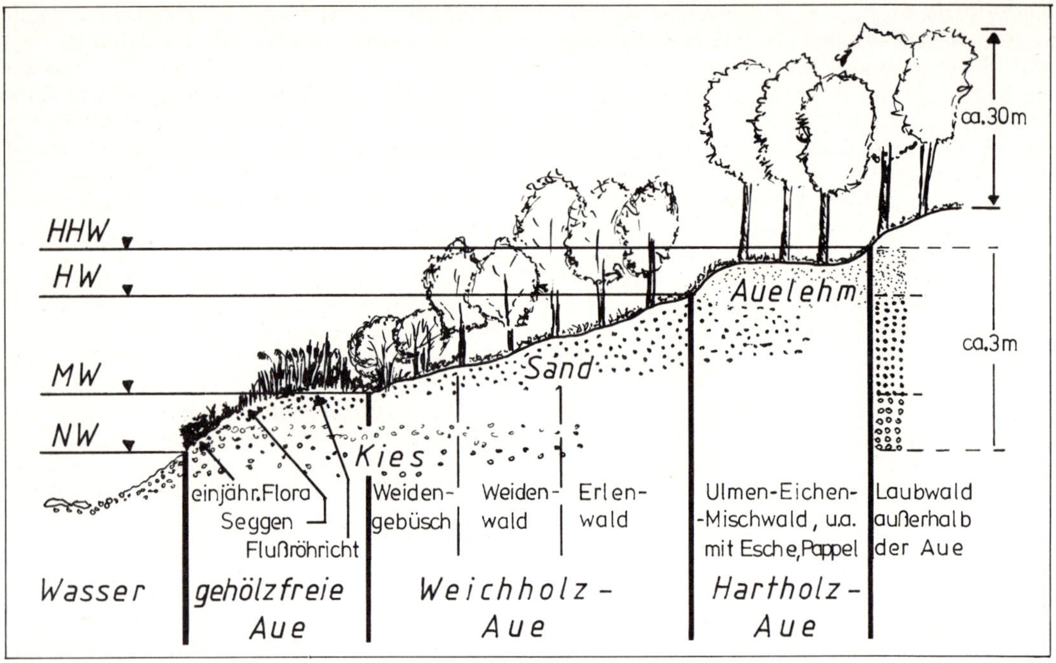

Abb. 27. Schematischer Schnitt durch die Fluß- und Stromaue (Ebene bis Mittelgebirge). (nach Ellenberg, 1978, verändert)

die Neuentwicklung in geeigneten Gebieten für den Landschaftshaushalt und nicht zuletzt auch für den Erholungswert von großer Bedeutung sind. Man unterscheidet Weiden-Auewälder, Erlen- und Hartholz-Auewälder und Eichen-Hainbuchenwälder im Auebereich.

Kennzeichnende Pflanzenarten

— Baumschicht: Silberweide, Bruchweide, Schwarzpappel, Schwarzerle, Grauerle, Traubenkirsche, Esche, Feldulme, Flatterulme, Stieleiche, Hainbuche u. a.

— Strauchschicht: Purpurweide, Mandelweide, Korbweide, Haselnuß, Gewöhnlicher Schneeball, Schwarzer Holunder, Pfaffenhütchen, Rote Johannisbeere, Stachelbeere u. a.

— Krautschicht: Rohr-Glanzgras, Große Brennessel, Wald-Ziest, Rasenschmiele, Hainmiere, Entferntährige Segge, Mädesüß, Wechselblättriges Milzkraut, Riesen-Schwingel, Wald-Gerbstern, Scharbockskraut, Moschuskraut, Hohler Lerchensporn, Dunkles Lungenkraut u. a.

Tierarten: Da Eichen und Weiden die meisten Phytophagenarten (Pflanzenfresser) unter allen einheimischen Baumarten besitzen, gehören Hartholz- und Weichholzauewälder zu den tierartenreichsten Lebensräumen unserer Landschaften. Die Tierwelt der von Weiden und Pappeln beherrschten Weichholzaue setzt sich ganz deutlich von den Tierbeständen aller anderen Waldgesellschaften ab. Vor allem auf dem Weidenlaub findet sich eine Vielzahl eigenständiger Tierarten ein, so z. B. Blattwespen, sehr viele Schmetterlingsarten, ebenso zahlreiche Blattkäfer und Rüsselkäfer. Im Weidenholz entwickeln sich der Weidenbohrer und eine Reihe von Bockkäferarten. Zahlreiche räuberisch (z. B. viele Singvogelarten) und parasitisch (z. B. viele Hautflügler) lebende Tierarten nutzen dieses reiche Beutetierangebot.

Quelle-Mündung: Untergrund — Oberfläche = Ein System

Zwischen allen Lebensbereichen der Fließgewässer erfolgt von Natur aus ein starker Stoff- und Organismenaustausch durch Abdrift sowie durch flußauf- und abwärts gerichtete Wanderungen sowohl von Fischen als auch von anderen Organismen. Während das Plankton die Abdrift durch Produktion ausgleicht (in den Flußoberläufen und kleineren Bächen spielt die Planktonproduktion jedoch nur eine untergeordnete Rolle), geschieht das bei verschiedenen Insektenarten durch Wanderungen im Larvenstadium am rauhen Untergrund oder als Imagines durch die Luft (z. B. bei einigen Libellenarten). Die Fische, bei denen nach neueren Erkenntnissen alle flußbewohnenden Arten Wanderungen ausführen, sind dabei jedoch gänzlich auf einen ununterbrochenen Flußlauf angewiesen (Laichwanderung, Nahrungswanderung, Bestandsdichte-Ausgleichswanderung). Alle Wanderungen sind instinktgesteuert. Ihre Unterbindung (z. B. durch Staustufen, Wehre, verrohrte Abschnitte, Betonsohlen, Talsperren) hat nachteilige Folgen für die Erhaltung und Nachbildung der Gewässerfauna und damit für das ganze System Fließgewässer (Dahl, 1976). Auch die Teichmuschel ist z. B. auf die Wanderungsmöglichkeit der Fische angewiesen, da ihre Larven durch Fische verbreitet werden.

Im Prinzip gilt die Forderung nach Erreichbarkeit aller Gewässerabschnitte durch die Fauna auch innerhalb des Bodensubstrates. Sowohl grobe Substrate (Blöcke, Geröll, Baumwurzeln) wie feine Substrate haben für die Lebensgemeinschaft eines Oberlaufes bzw. Baches eine große Bedeutung. Grobe Substrate vergrößern zum einen den benetzten Querschnitt des Gewässers bis auf das 5fache, was mit der potentiellen Siedlungsfläche für Aufwuchsalgen und haftende Tierarten gleichzusetzen ist, zum anderen befinden sich in ihrem Lebensbereich die lebenswichtigen Ruhezonen. Bereiche mit feinem Substrat sind Laichgründe für viele Fische und Lebensbereich einer speziellen Bodenfauna. Für alle ist hier eine Verbindung in der Flußsohle zum Untergrund wichtig, dem sog. hyporheischen Interstitial (Schwoerbel, 1971, nach Dahl, 1976), ein Bereich, der weder vom Hochwasser noch vom Geschiebe beeinflußt wird. In diesen Bereich ziehen sich die Bodenorganismen bei Hochwasser zurück, aus diesem Bereich wird die Flußsohle nach einem starken Hochwasser wieder neu besiedelt. Das hyporheische Interstitial bietet außerdem vielen Fließwassertieren nicht nur Schutz vor der Strömung, sondern ist gleichzeitig Temperaturrefugium, da sich in 20 bis 30 cm Tiefe unter der Flußsohle das Porenwasser selbst bei extremen Minustemperaturen nicht unter 3 bis 4 °C abkühlt.

Diese Feststellungen zusammen führen dazu, daß alle größeren Querwerke (z. B . Mauern, Wehre, Sohlabstürze zum Erosionsschutz, Grundbetonierungen oder dgl.), die eine Wanderung entgegen der Fließrichtung (bzw. in den Untergrund) wegen des Mangels an strömungsgeschützten Kleinbereichen für Kleinlebewesen und Fische begrenzen, einer ökologisch sehr negativ zu beurteilenden Segmentierung des Fließgewässers gleichkommen. Fischtreppen helfen dann — wenn sie überhaupt funktionieren — auch nur wenig, weil sie für Kleinlebewesen nicht passierbar sind. Einen günstigen Ausgleich können Steinrampen oder Sohlgleiten schaffen, die in Form von groben Steinschüttungen unterhalb des Querwerkes ein Gefälle von 1 : 10 bis 1 : 20 im Bachgrund herstellen (Abb. 28). Die Korngröße des Schüttmaterials richtet sich nach der größten Schleppkraft des Fließgewässers, die Oberfläche soll so rauh und abwechslungsreich wie möglich sein. Der Sauerstoffeintrag wird dadurch verbessert. Fischtreppen werden überflüssig.

Entsprechendes gilt für Betongrundierungen an Furten, für Widerlager unter Brücken, für Beton- und Metallrahmendurchlässe aus Fertigteilen sowie für alle auch kurzen Bachverrohrungen aus Beton, z. B. unter querenden Wegen (Durchlässe). Hier fehlen die strömungsarmen Bereiche am Grund, die ein Passieren entgegen der Fließrichtung für die meisten Bachtiere ausschließen und so z. B. oft die Forellen, Flußneunauge und Groppen am Erreichen ihrer Laichgewässer in entfernten kiesigen Seitenbächen hindern. In vielen

Abb. 28. (A) Der Sohlabsturz ist entgegen der Fließrichtung für kleine Fließwassertiere und — je nach Höhe — auch für Fische nicht passierbar.(B) Durch Hinterschüttung mit Fluß- oder Bruchsteinen in Form einer Sohlgleite (Steinrampe) mit der Neigung 1:10 bis 1:20 wird dieses Querwerk (A) für alle Fließwassertiere passierbar. Am Fuß ist wie bei Sohlabstürzen ein Tosbecken möglich.(C) Glatte Gründe (z. B. Beton o. Metall) können durch einfache oder Doppelsohlschwellen aus Bruchsteinen (keine Pflastersohle!) so aufgerauht werden, daß die entstehenden strömungsarmen Bereiche allen Fließwassertieren ein Wandern entgegen der Fließrichtung ermöglichen.

Abb. 29. Jeder Sohlabsturz (Foto), jeder grundbetonierte Abschnitt, jeder abwasserbelastete Bereich, jede Teilverrohrung segmentieren ein Fließgewässer unnatürlich in Einzelteile, weil sie für Kleinstlebewesen entgegen der Fließrichtung nicht passierbare Barrieren darstellen. Die daraus resultierenden Verinselungserscheinungen tragen stark zur Verarmung der Gewässerfauna bei und verhindern — z. B. bei Fischen — oft eine natürliche Reproduktion. Fischtreppen (rechts im Bild) lösen das Problem nicht, weil sie die Kleinstlebewesen nicht berücksichtigen. Diese Kleinstlebewesen können nicht frei im Wasser gegen die Strömung schwimmen, sondern vermögen nur direkt an der Oberfläche der Steine bzw. in der strömungsarmen Grenzschicht des reich strukturierten Bodensubstrates bachaufwärts zu wandern. (Foto: Hemker)

Abb. 30. Wenn bei Brückenbauten der Bachgrund befestigt werden muß, sollte die Grundbefestigung möglichst tiefer als 50 cm unter Grund erfolgen, damit sich darüber wieder normale Verhältnisse einstellen können. Bei Rahmenfertigteilen (hier gewellte Stahlteile) kann die ökologische Barrierewirkung ausgeglichen werden, indem der Grund betoniert wird und in den frischen Beton möglichst viele, abwechselnd große Steine eingesetzt werden. In diesem Beispiel hat sich bald nach Fertigstellung Feinsubstrat zwischen den Steinen abgesetzt, die Steine sind durch Algen und Moose besiedelt worden, Kleinstlebewesen und Fische können entgegen der Fließrichtung wandern. Im Brückenbereich können allerdings Kleinstlebewesen infolge des Betons nicht tiefer in den Untergrund ausweichen. (Foto: Archiv Forstamt Oderhaus)

Fällen ist es dann möglich, in den Betongrund oder in den Beton auf Metallgrund unterschiedlich große Steine ähnlich den Sohlschwellen mit einzubringen, die abwechselnd hoch aus dem Beton herausragen, so daß sich auch dazwischen wieder feineres Material absetzen kann. Wichtig ist dabei, daß sich durchgehend ausreichend viele strömungsarme Bereiche ergeben. Alle notwendigen Verrohrungen und Brückendurchlässe müssen möglichst kurz sein, einen Mindestdurchmesser von 70 cm und eine Mindestwassertiefe von 25 cm haben, um für alle Organismen passierbar zu bleiben. Auch der Luftraum unmittelbar über dem Fließgewässer muß gut durchgängig sein, da viele Wasserinsekten als Imagines bachaufwärts gerichtete Schwärmflüge mit Orientierung am Wasser durchführen und dabei durch zu enge Verrohrungen und andere naturfremde Anlagen empfindlich gestört werden. Auch Abwassereinleitungen segmentieren übrigens ein Fließgewässersystem in der Längsrichtung, weil die dadurch bedingten, im Einlaufbereich oft tödlichen Belastungen die Wanderung der Gewässerorganismen entgegen der Fließrichtung in diesem Abschnitt verhindern.

Abb. 31. Störsteine (Größe je nach Fließgeschwindigkeit und Schleppkraft) brechen die Strömung und steigern die Vielfalt der Lebensbedingungen im Sohlbereich. Außerdem verlängern und vertiefen sie — in Gruppen angeordnet (Buhnen) — den Niedrigwasserfluß.

Wenig besiedelbare Fließgewässerabschnitte, die infolge irgendwelcher Maßnahmen in der Korngrößenzusammensetzung im Grund sowie im Uferbereich zu einheitlich sind und deshalb keinen Strömungsschutz bieten, können durch größere Störsteine biologisch aufgewertet werden. Dadurch wird gleichzeitig die Wasserbelüftung verbessert (Abb. 31).

Das ökologisch wichtige Ziel, Fließgewässer von der Mündung bis zur Quelle mit allen Seitenarmen wieder zu einem System zu verbinden, so daß Wanderungen entgegen der Strömung weitgehend möglich sind, verbietet die Anlage von Stauteichen oder angestauten Feuchtbiotopen grundsätzlich! Jede Förderung der Wanderungsmöglichkeit gegen die Strömung und von der Oberfläche in den Untergrund ist ein Schritt zur Wiederbelebung naturnaher Fließgewässer.

Nur Roterlen und Weiden als Uferschutzgehölze

Von allen Pflanzen an Fließgewässern haben Erlen und Baumweiden die größte Uferschutzbedeutung. Wichtig ist, daß sie in den unteren Böschungsteil unmittelbar oberhalb der Mittelwassermarke eingebracht werden. Nur dort kann das Wurzelwerk die gefährdeten Uferzonen voll schützen und der Gehölzschatten den Krautwuchs im Wasser und auf den Böschungen kurz halten. Die Erle ist hinsichtlich ihres Standortes (ob lehmig, sandig oder torfig) wenig wählerisch, vorausgesetzt, sie verfügt über genügend Bodenwasser und ein Mindestmaß an Nährstoffen. Die Grau- oder

Abb. 32. Schematische Wurzelbilder von Schwarz- (= Rot) Erle/Weide sowie Pappel und Fichte am Fließgewässer im Querschnitt. Bei B werden die Wurzeln freigespült, so daß sie mangrovenartig in der Luft stehen. Bei C werden die Wurzeln ganz unterspült. B und C führen früher oder später zum Kippen der Bäume (Hebelkräfte!), so daß die Wurzeln ein großes Loch in die Uferböschung reißen können. Nur Erlen und Weiden können über ihre Belaubung bzw. über die Wurzeln innerhalb des Hochwasserprofils ihre natürliche ökologische Funktion erfüllen.

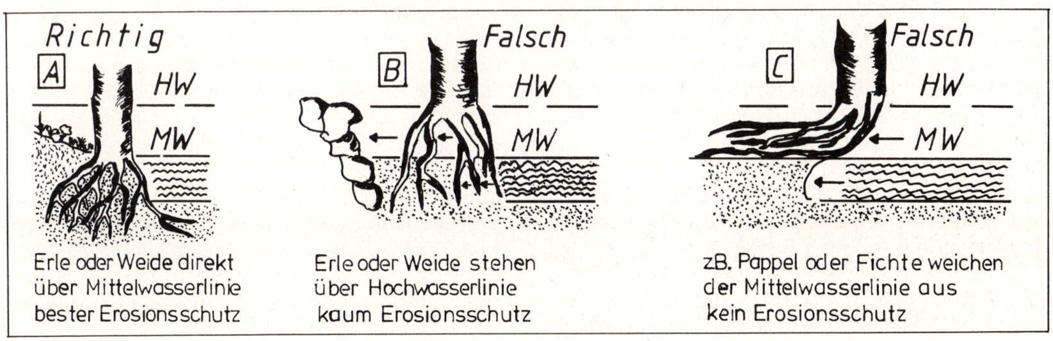

Weißerle herrscht in der montanen Stufe, die Rot- oder Schwarzerle an den sonstigen Bächen vor. Offenbar verhindert die Erle auch, daß Bisamratten Baue graben. Die Baumweiden übernehmen den Uferschutz an Flüssen, die längere Zeit Hochwasser führen. Von der Linie des sommerlichen Mittelwasserstandes stoßen Erle und Weide wie sonst keine anderen Holzarten mit ihrem palisadenartigen Wurzelwerk bis zu 1,50 m unter den Wasserspiegel in den dauernd durchfeuchteten Boden vor (Abb. 32).

Der seitliche Erosionsschutz durch Erlen reicht bis etwa 2,50 m. Die in den Weichholzauen der Unterläufe durchaus standortgemäßen Pappeln schützen dagegen den ständig nassen Böschungsfuß nicht ausreichend. Ihre Wurzeln vertragen zwar vorübergehende Überschwemmungen, meiden aber dauernd vernäßte Bodenhorizonte. Die dort nur flachwurzelnden Pappeln werden dann leicht unterspült (s. Abb. 32). Ihr geringer Schattenwurf reicht in nährstoffreichen Gewässern meist nicht aus, den Massenaufwuchs von Hochstauden und -gräsern zu unterdrücken. Auch die Wurzeln der Stieleiche, der Esche und besonders natürlich der Nadelbäume biegen an der Grenze zum dauernd vernäßten Unterboden in die Waagerechte um. Somit haben die Wurzeln auf den Gewässerchemismus keinen Einfluß. Da sie leicht unterspült werden, steigt mit zunehmendem Alter (größere Höhe, stärkere Hebelkraft) die Windwurfgefahr, so daß in Waldgebieten die richtige Baumartenwahl auch dem Schutz der nachgelagerten Bestände dient. Nach etwa 15 bis 20 Jahren muß die Roterle — sofern sie nicht forstwirtschaftlich genutzt wird — dicht über dem Boden gekappt werden. Dann ist gewährleistet, daß sie schnell und kräftig wieder austreibt und neuer dichter und den Wasserlauf samt Böschung beschattender Gehölzbewuchs aufkommt. Ziel der Pflege muß eine Art Dauerwald sein, in dem unterschiedlich hohe Erlen und Weiden nebeneinander stehen. Erlen und Weiden tragen mit ihrem leicht zersetzbaren Laub als Nahrung der Flohkrebse, die wiederum wichtige Fischnährtiere sind, zur Primärproduktion bei. An den Wasserläufen mit höchstens einigen Tagen Hochwasser ist als Hauptholzart die Roterle zu empfehlen. Zur Belebung und Steigerung der Artenvielfalt kommen besonders die Silberweide (*Salix alba*), die Fahlweide (*Salix rubens*) und die Bruchweide (*Salix fragilis*) in Frage. Bei den Wasserläufen mit längeren Hochwassern in der Vegetationsperiode herrschen dagegen die baum- und strauchförmigen Schmalblattweiden vor, weil die Roterle sehr lange Überflutungen nicht so gut verträgt. In die Überschwemmungsbereiche außerhalb der Ufersicherungszone gehört dann von Natur aus auch die Schwarzpappel. Erst ein ausreichender Uferbewuchs mit diesen Baumarten markiert weithin sichtbar den Verlauf eines Fließgewässers. Wo er fehlt, büßen Flüsse und Bäche ihre Rolle als landschaftsgliederndes Element ein. In landwirtschaftlich intensiv genutzten Bereichen bieten fast nur die Gewässerufer auf Dauer Platz für Baum- und Strauchbewuchs. Hier sind sie auch als Lebensstätte und Deckung für viele Vögel und Säugetiere besonders wichtig. Gewässerbegleitende Gehölzpflanzungen sollen möglichst eine Verbindung zu vorhandenen Gehölzbeständen (Hecken, Gebüschen, Baumgruppen, Feldgehölzen, Waldsträuchern) erhalten.

Um in einigen geeigneten Uferabschnitten die Abwechslung zu steigern, kann an hydraulisch wenig beanspruchten Gleithängen dann auch einmal auf Ufergehölz verzichtet werden, wenn Pestwurz mit ihrem reich verzweigten, ausdauernden und dicht unter der Oberfläche hinziehenden Rhizomgeflecht die Stabilisierung übernimmt. Erst im höheren Böschungsbereich sowie in der weiteren Bachaue sollten je nach Standort neben Erle bzw. Weide auch andere Baumarten treten. Dabei muß bedacht werden, daß diese nicht die Erlen und Weiden am Wasser ausdunkeln. Die vielen, in der Vergangenheit entwickelten und bewährten Lebendverbauweisen sind wegen ihres hohen Arbeitsaufwandes heute oft nur noch ausnahmsweise durchführbar. Es ist jedoch zu betonen, daß Böschungen auch mit Buschlagen aus Strauchweiden sehr gut gesichert werden können.

Weitere Anregungen zum Naturschutz an Fließgewässern

Renaturierungsprogramme

Auf Orts-, Kreis- oder Länderebene — wie in Hessen bereits angelaufen — sind konsequente Renaturierungsprogramme zum Rückbau von ausgebauten Gewässern, zur Förderung der Mäanderbildung — verbunden mit Grundstückserwerb —, zur naturnahen Gestaltung der Uferbereiche, zur Erhöhung der ökologischen Vielfalt, zur Reaktivierung bzw. Erhaltung ökologisch wichtiger Altarme, zur Bereicherung von Gewässern in Ortslagen, zur Erhaltung artenreicher Feuchtwiesen an Fließgewässern, zur Wiederfreilegung und Belebung von Verrohrungsstrecken durchweg sehr empfehlenswert. Sie erfordern allerdings auch Mut, weil sie das Eingeständnis früherer Fehler bedeuten. Aber diesen Mut wird man bei anderen Natur- und Umweltschutzbelangen ebenso benötigen.

Abb. 33. Die Folge falscher Baumartenwahl am Gewässer: Da außer Erlen und Weiden alle Baumarten (hier Pappeln) mit ihren Wurzeln oberhalb der Mittelwasserlinie bleiben, werden sie mit zunehmender Höhe infolge der großen Hebelkräfte leicht vom Wind geworfen. Die Sanierung derartiger Schadstellen ist oft sehr kostspielig und führt aufgrund technischer »Lösungen« zur weiteren biologischen Verarmung. (Foto: Hemker)

Abb. 34. Hohe senkrechte Spundwände — gefährliche Fallen auch für größere Tiere und Menschen! — und »Messerhaarschnittrasen« degradieren dieses Gewässer zu einem trostlosen und biologisch verarmten Kanal, der auch innerörtlich keine Naherholungsbedeutung hat. Eine wesentliche Aufwertung erscheint hier denkbar, wenn die Spundwände durch große, in abwechselnder Linie verlegte Wasserbausteine ersetzt, die Ufer im Boden stärker strukturiert und in unterschiedlicher Intensität durch Erlen und Weiden bepflanzt werden. Die Rasenpflege sollte in möglichst großen Bereichen weitgehend unterbleiben. Im Sohlbereich können große Störsteine u. dgl. die Strömungsverhältnisse variieren und damit ebenfalls viele neue ökologische Nischen schaffen. (Foto: Dahl)

Verwaltungen und Ökologen

Angesichts leerer Kassen stellt der Mangel an ökologisch besonders geschultem Personal z. B. bei vielen Gemeinden, Wasserbehörden, Wasserwirtschaftsämtern und Unterhaltungsverbänden ein nicht unwesentliches Problem dar. Bürgernahe Verwaltung kann in den Fällen positive Entwicklungen ergeben, wenn Verwaltungen und private Spezialisten oder Verbände eine enge Zusammenarbeit anstreben. Unschöne Konfrontationen mit Bürgerinitiativen sind dann meist vermeidbar. Größere Verwaltungen und Verbände werden darüber hinaus zunehmend hauptamtliche Ökologen benötigen.

Altwässer

Die Erhaltung und Verbindung von Altwässern zum Fluß sind auch deshalb wichtig, weil bei kanalisierten Fließgewässern in den Altwässern aufgrund der Wasserpflanzenvorkommen und günstigeren Strukturverhältnisse das Flußplankton erzeugt wird, weil Altwässer Refugialbiotope sind und Zentren für die Wiederbesiedlung von Flußabschnitten mit Gewässerorganismen sein können und weil hier viele krautlaichende Fische — wie z. B. der Karpfen — ihre Brut absetzen. An Altarmen sind — sofern sie nicht durch Nutzungen (z. B. Boote, Surfer) beeinträchtigt werden — oft auch noch größere Röhrichtzonen zu erhalten.

Ökologische Nischen

Problembereiche, die eigentlich in ein naturnahes Gewässer gehören und auf die eine Vielzahl von Lebewesen spezialisiert sind — wie z. B. Kies- und Schlammbänke, Kolke, Steilufer, Untiefen, neue Uferabbrüche, Überflutungsbereiche — sollten auch bei Gewässerschauen im Naturschutzinteresse wohlwollend beurteilt, als ökologische Nischen erkannt und möglichst unverändert belassen werden. Sie sind wesentliche Glieder der Abwechslung und Artenvielfalt unserer Fließgewässer.

Sohlräumungen möglichst unterlassen

Man muß sich stets bewußt sein, daß jede Sohlräumung von Fließgewässern den Lebensraum für unzählige Wasserlebewesen zerstört, die im Boden zwischen Geröll und Schlamm oder unter der Gewässersohle ständig leben und dort Hochwasser und strenge Winter überdauern, laichen, ruhen, sich verstecken oder sich verpuppen. Folglich geht dabei die Zahl der Arten und Individuen extrem stark zurück. Bei nicht schiffbaren Flüssen und Bächen sollte man Sohlräumungen möglichst ganz unterlassen. Bei Aufschwemmungen mit Rückstau wäre ökologisch zu begrüßen, die überschwemmten Gebiete lieber aus der Nutzung herauszunehmen (ggf. Entschädigung). Bei wirklich unvermeidbaren Grabenräumungen sollten pro Jahr nur eine Seite oder nur jeweils abschnittsweise etwa 50 m geräumt werden, damit die geräumten Strecken schneller von den ungeräumten wieder besiedelt werden können. Auch in den geräumten Abschnitten können meterweise kleine Bereiche unangetastet bleiben. Am naturschonendsten wird von Hand geräumt. Baggerräumung verursacht größere Schäden, und extrem folgenschwer ist eine Räumung durch Fräsen, wodurch alle größeren Lebewesen abgetötet werden. Eine Räumung sollte nur etwa Mitte September bis Anfang Oktober erfolgen, weil zu der Zeit Amphibien ihre Winterruheplätze im Schlamm noch nicht aufgesucht haben. Vorher muß sehr genau festgelegt werden, daß nicht zu tief und nicht zu breit geräumt wird, um noch stärkere Entwässerungen zu vermeiden (Hutter, 1985). Es empfiehlt sich, derartige Maßnahmen besonders kritisch durch ökologisch geschultes Fachpersonal zu beaufsichtigen.

Abb. 35, 36. Der Einsatz von Grabenfräsen in Gewässerbereichen (oben) ist außerordentlich bedenklich und tötet unkontrollierbar unzählige Tiere (unten: z. B. Frösche, Molche, Kleinfische) ab, die auf Roten Listen der vom Aussterben bedrohten Tierarten geführt werden. (Foto: Hemker)

Höchstens eine Seite bearbeiten
Bei unabdingbaren Ausbau- oder Pflegemaßnahmen sollten natürliche Uferabschnitte so weit wie möglich integriert und erhalten werden. Die Beschränkung der Maßnahme auf nur eine Uferseite ist stets einem Gesamteingriff vorzuziehen. Mindestens die sonnenseitige Böschung — wegen des Schattenwurfes — und die Prallhänge sollten durchgehend mit Gehölzen gesichert werden.

Ankauf statt Ausbau
Größere Ausbau- und Ufersicherungsmaßnahmen sind in der Regel teuer. Sofern sie zum Schutz überschwemmungsgefährdeter Bereiche unumgänglich sind, sollte stets auch überlegt werden, ob nicht ein Anpachten oder Ankauf der gefährdeten Bereiche billiger ist und dadurch die Maßnahme im Interesse des Naturschutzes unterlassen werden kann.

Erholungswert der Fließgewässer
Der Erholungswert einer Landschaft steigt mit der biologischen Belebung. Das wird gerade an Fließgewässern deutlich. Je naturnaher und daher abwechslungsreicher und artenvielfältiger die Fluß- und Bachläufe sind, desto größer ist ihre Anziehungskraft auf Menschen. Je naturferner die Menschen leben, desto mehr werden sie von reichen Naturlandschaften wie von Magneten angezogen. Deshalb suchen gerade Stadtmenschen diese »Stücke unverdorbener Natur«, wie man am Verhalten der Wanderer und Spaziergänger, der Sportfischer, der Badenden, der Camping- und Bootsfreunde leicht beobachten kann. Immer mehr Leute stürzen sich auf die immer weniger werdenden Reste der Natur. Auch das gibt Veranlassung, die Natur an den Fließgewässern wieder konsequent zu fördern. Allerdings gebietet die Förderung naturnaher Artenvielfalt, daß auch die von den Erholungssuchenden ausgehenden Störungen berücksichtigt werden. Spazierwege sollten deshalb meist nur einseitig an Gewässern entlang führen und einige Bereiche überhaupt nicht erschließen. Die Schaffung von Totalreservaten mit strengen Schutzbestimmungen und Betretensverboten kann durchaus auch dem Erholungswert der Landschaft dienen, da sich die zu erwartenden Bereicherungen auch auf Nachbarzonen positiv auswirken können. Auch Angler sollten besondere Schonbereiche zumindest in der Brutzeit scheuer Vogelarten nicht betreten. Ihr Pkw gehört auf den Parkplatz und nicht ans Gewässer. Straßen sollten möglichst weit ab von Fließgewässern verlaufen. Der Europarat entwarf 1977 einen »Grünen Plan für Europa«, in dem u. a. die Städtebau- und Freizeitplaner gemahnt werden, z. B. die Uferregionen von Seen und Flüssen vor dem Campingwesen zu schützen. Auch innerhalb der Siedlungen und Städte sind die Fließgewässer die potentiell besten Naherholungsgebiete. Wenn es die Stadtväter verstehen, Fließgewässer auch innerörtlich wieder naturnah einschließlich des Gehölzbewuchses zu entwickeln, werden sie ungeahnte Steigerungen des Lebenswertes und der Attraktion der Städte erzielen.

Anregungen für Forstleute
Forstleute können auch als Mitglied eines Wasserunterhaltungsverbandes, als Naturschutzbeauftragte oder als Berater auf die Gestaltung der Gewässer 2. Ordnung Einfluß nehmen. Ihnen obliegt daneben meist die Unterhaltung der Waldbäche als Gewässer 3. Ordnung im eigenen Revier. Waldbäche sind in der Regel noch nicht ausgebaut und nicht verschmutzt. Sie müssen als letzte naturnahe Fließgewässer besonders gepflegt werden. Das schließt die konsequente Rücknahme von bis zu etwa 30-jährigen Nadelbäumen auf mindestens 5 bis 10 m Breite auf beiden Seiten der Ufer und Ersatz durch Erlen und Weiden ein. Dies bedeutet gleichzeitig Schutz nachgelagerter Nadelbaumbestände gegen spätere Windwurfgefahr. Ausserdem sollten Forstleute darauf bedacht sein, alle Sohlabstürze und Durchlässe in Fließgewässern so zu gestalten, daß sie für alle Organismen entgegen der Fließrichtung passierbar sind. Zur Förderung der Vielfalt verschiedenster seltener Arten — z. B. auch Flechten — sollten auch hier, sofern nicht Unfallverhütungsgründe entgegenstehen, absterbende und wirtschaftlich wertlose Altbäume im Bereich der Bachauen erhalten werden.

Fischbesatz
Der Besatz (oft Überbesatz) mit fremden Fischarten oder -rassen bzw. der Überbesatz mit einheimischen Raubfischarten ist außerordentlich bedenklich. Er bedeutet eine erhebliche Faunenverfälschung, deren Auswirkung auf das gesamte Ökosystem — u. U. viele Kilometer entfernt — niemand beurteilen kann. Jede Selbstbeschränkung der Angler dient dem Naturschutz. Biotopschutz und naturnahe Bereicherung zur Förderung der eigenen Regeneration ist in jedem Fall besser, Kalkdüngungen und dgl. von Fließgewässern zur Erhöhung des fischereilichen Wertes sind wegen nicht einschätzbarer biochemischer Kettenreaktionen abzulehnen. Es empfiehlt sich,

Fließgewässer nur abschnittsweise zu verpachten und dazwischen lange Schonzonen ohne jede Bewirtschaftung vorzusehen.

Wer kann etwas tun?
Da die Fließgewässer eine ökologisch so außerordentlich große Bedeutung haben und über 90 % mehr oder weniger stark beeinträchtigt sind, sollten wir uns alle zur Hilfe aufgerufen fühlen. Gewässerverbände und staatliche Forstverwaltungen sind von ihrer Aufgabenstellung her in ihren Bereichen zuständig. Bürgermeister, Stadtdirektoren, Gartenämter sollten erkennen, welche Möglichkeiten zur Förderung der Naherholung, des Wohn- und Lebenswertes in der Renaturierung stecken. Angler hätten ein gutes persönliches Motiv, weil jede biologische Förderung auch ihren Schützlingen, den Fischen, zugute kommt. Entsprechendes gilt für die Jäger, denn naturnaher Gehölzbewuchs an den Fließgewässern dient dem Wild als Lebensraum, vom Schalenwild bis zur Ente. Jäger wie Angler und Naturschutzspezialisten sollten mit den örtlich zuständigen Gewässerverbänden eng zusammenarbeiten und sachkompetente Vertreter zu allen Gewässerschauen entsenden, denn dort fallen »vor Ort« die Entscheidungen. Wie wäre es mit Patenschaften für Schulen? Einen praxisnäheren Biologieunterricht und ein besseres Heranführen der Jugend an Probleme der Natur vor unserer Haustür gibt es nicht!

Auch Naturschutzorganisationen, Heimatverbände oder Service-Clubs könnten derartige Patenschaften für Gewässerabschnitte übernehmen oder Sanierungsaktionen starten. Wie wäre es mit einer finanziellen Förderung z. B. durch den örtlichen Fremdenverkehrsträger? Der Fremdenverkehr lebt schließlich in den meisten Fällen von der Landschaft und dürfte nicht tatenlos zusehen, wie diese Grundlage immer ärmer wird. Biologische Arbeitsgemeinschaften oder Leistungskurse höherer Schulen könnten regelmäßig bestimmte Gewässer untersuchen und die Ergebnisse in der örtlichen Presse publizieren. Auch den Gemeinden fällt mit ihrer Planungshoheit die Verantwortung um die Biologie unserer Gewässer zu. Wäre es nicht angemessen, wenn Flurbereinigungsbehörden alte Fehler schnellstmöglich bereinigen und z. B. verrohrte Fließgewässer wieder ausbuddeln würden?

Initiative und Zusammenarbeit aller sind gefragt. **Die Renaturierung der aus Unkenntnis stiefmütterlich behandelten Fließgewässer macht unsere Umwelt naturnaher, vielfältiger, schöner und damit lebens- wie liebenswerter.**

6 Wiederbelebung und Neuanlage von Stillgewässern

»Ethik ist ins Grenzenlose erweiterte Verantwortung gegen alles, was lebt.«
Albert Schweitzer

6.1 Allgemeines zur Situation

Unter Stillgewässern werden alle Stehendwasserflächen — vom kleinsten Tümpel bis zum großen See — verstanden, denen ein nur langsamer Wasseraustausch — Wochen bis u. U. Jahre dauernd — gemeinsam ist.

Ähnlich den Fließgewässern gehören diese Arten von Feuchtbiotopen im naturnahen Zustand zu den biologisch reichhaltigsten und vielfältigsten Landschaftselementen, die unsere Landschaft hinsichtlich Wasserhaushalt, Kleinklima, Gestalt, Erhaltung der Bodenfruchtbarkeit, biologischer Vielfalt und Erholungseignung entscheidend prägen. Sie sind Lebensraum für eine Fülle von Pflanzen- und Tierarten, deren Bedeutung für den Menschen u. a. wegen ihres Gen-Potentials noch gar nicht abgeschätzt werden kann und deren Rückgang ein Alarmsignal für Beeinträchtigungen der Umwelt darstellt. Heute gehören Feuchtgebiete mitsamt den in ihnen lebenden Tier- und Pflanzenarten zu den am meisten gefährdeten Naturbereichen. Bezeichnend für das ganze Bundesgebiet mag dafür die Untersuchung von Raabe (1979) sein, die er für die Gemeinde Heikendorf bei Kiel angestellt hat: Von ehemals (Vergleichsjahr 1880) 291 Kleingewässern sind zwischenzeitlich 119 völlig verschwunden, 94 teilweise aufgefüllt und von den verbleibenden 78 können infolge fortgeschrittener Wasserverschmutzung lediglich noch 13 (4 %) als biologisch einigermaßen gesund gelten. Aufgrund vergleichender kartographischer Aufnahmen weist auch Feldmann (1976) einen Schwund von Kleingewässern in bestimmten westfälischen Meßtischblättern von 50 % in nur 10 Jahren nach.

Ebenso kennzeichnend für die Gefährdungslage der Feuchtgebiete ist, daß bundesweit etwa 35 % aller Fischarten gefährdet sind. Betroffen sind davon insbesondere die kleinen Fischarten, die früher in unvorstellbaren Mengen vorgekommen sind, z. B. Bitterlinge in Rheinaltwässern oder Moderlieschen in Seen, Tümpeln und Teichen. Meist stellten die kleinen Fische die Hauptbiomasse der Fische überhaupt dar und waren entsprechend wichtig in den Nahrungsketten der Gewässersysteme. Der Zusammenhang zwischen Mückenplagen und dem Fehlen von Kleinfischmengen liegt ebenso auf der Hand wie das Zurückgehen z. B. des Eisvogels und des Graureihers durch das Fehlen ihres Nahrungspotentials. Auch bei den Fischen gilt schließlich der ökologische Grundsatz, daß der Bestand der Beutetiere den Bestand der Räuber begrenzt und nicht etwa umgekehrt. Das Ausweichen des Graureihers auf Fischzuchtanlagen ist insofern ebenfalls ein Indikator für den traurigen Zustand unserer einheimischen Fischfauna. Das Verschwinden der Bitterlinge deutet noch auf eine andere Misere hin: Muscheln sterben schon bei geringerer Wasserbelastung aus als der Bitterling, der sie quasi als »Gefäß« für den Laich benötigt. Stirbt die Muschel, so kann sich auch der Bitterling nicht mehr fortpflanzen und stirbt aus. Die wichtigsten Ursachen der katastrophalen Situation der Feuchtgebiete basieren auf folgenden Fehlbehandlungen und Beeinträchtigungen:

— Komplette Biotopvernichtung durch Beseitigung (z. B. Einplanieren, Müll- und Bauschuttverfüllung, Entwässerung). Das gilt auch heute noch im kleinen und im großen. Immer noch werden unzählige Tümpel und Rinnsale zugeschoben.

— Belastung mit chemischen, physikalischen und organischen Abfallprodukten. Die biochemische Selbstreinigungskraft wird zerstört oder beeinträchtigt, Abbauprozesse verzehren Sauerstoff, das Wasser wird trüber, Wasserpflanzen erhalten weniger Licht und produzieren weniger Sauerstoff, Sauerstoffarmut entzieht den Wassertieren die Lebensmöglichkeit. Als Folge heißt es durchaus nicht selten »Baden verboten«. Neben mechanischen Einwirkungen (z. B. Wellenschlag durch Bootsverkehr, Betreten u. a.) leidet Schilf auch indirekt durch die Zufuhr von zu vielen Nährstoffen an Überdüngung. Dadurch werden die Schilfhalme zwar dicker, brechen aber leichter. Auch dadurch wird die Luftversorgung der Schilfpflanzen unterbrochen, und die abgebrochenen Schilfhalme fehlen im nächsten Jahr als Schutz für die besonders empfindlichen, frisch ausgetriebenen Halme (Hutter, 1985).

— Zerstörung und Beeinträchtigung der Uferbereiche und deren Verlandungsvegetation, die den Hauptteil der Artenvielfalt und der biochemischen Selbstreinigungsprozesse beinhalten (vgl. Kap. 5.1). Röhrichte sind z. B. weit über die Hälfte zurückgegangen. Verursacher sind nicht nur die Badegäste, sondern z. B. auch die Bootfahrer, Surfer, Sammler (Eiersammler, Terrarianer), Fotografen, Naturbeobachter u. a.
— Die in vielen Bundesländern noch gesetzlich vorgesehene Bereitstellung von Gewässern an Angelsportvereine (es gibt 1,2 Mio Angler in der Bundesrepublik) hat leider in vielen Gewässern zu einem Überbesatz an standortfremden Fischarten und -rassen geführt, die das gesamte Ökosystem durcheinanderbringen. Das gilt zwar besonders für Raubfischbesatz, aber auch Friedfische können sich durchaus ungünstig auswirken. Manche Karpfenarten fressen gerade die aufkommende Unterwasservegetation ab, die eigentlich erst das Gewässer »lebendig« machen. Oft genug wird z. B. über das Aussetzen fangreifer Fische und den Verkauf von Angelkarten ein schwunghafter Handel auf Kosten der Natur und damit der Allgemeinheit betrieben. Der Rückgang der Amphibien korreliert z. B. eng mit der Dichte und dem Artenspektrum des Fischbesatzes der Laichgewässer. Ich kenne Gewässer, in denen infolge des Mangels an schützender Ufervegetation keine Jungente mehr heranwachsen kann, weil sie zu schnell Opfer groß gewordener Raubfische (z. B. Hechte) wird. Besonders schädlich sind auch das Beseitigen der Verlandungszonen zur Vergrößerung der Flächen für die Fischproduktion, das Zufüttern von Nahrung (Eutrophierung), das periodische Trockenlegen des Teiches, das Kalken, die Beseitigung der Ufervegetation, in der sich die Angelschnur verheddert, der Störeinfluß (rund um die Uhr wird geangelt!) sowie die Verfolgung von Nahrungskonkurrenten, wie z. B. Graureiher und Eisvogel (Blab, 1984).

Es muß also gerade auch bei den Feuchtbiotopen betont werden, daß die wieder dringend benötigte Artenvielfalt ohne Sicherung und naturnahe Entwicklung der Lebensstätten von ausreichender Größe und Qualität nicht zu erreichen ist. Artenschutz ohne Biotopschutz ist auch hier illusorisch! Allein etwa 320 in der Bundesrepublik Deutschland vorkommende höhere Tierarten hängen in ihrer Existenz vom Wasser in ausreichender Menge und Güte ab. Dazu gehören Fische, fast alle heimischen Frösche, Kröten, Molche sowie alle Sumpf- und Wasservögel. Im Röhricht z. B. leben über 20 gefährdete Vogelarten.

Eine wesentliche Basis für den Reichtum unserer Feuchtgebiete stellen die über 2.000 Arten von Insekten, Schnecken, Muscheln, Kleinkrebsen und Würmern dar, die zusammen mit den Pflanzen ein komplexes System wechselseitiger Abhängigkeiten von Produzenten, Konsumenten und Destruenten bilden, in dessen Funktion wiederum die höheren Tiere eingebunden sind. Wichtige Bindeglieder sind dabei die Amphibien (= Lurche), die von den niederen Tieren leben. So können z. B. Kröten auf die Schadinsektenfauna der Kulturpflanzen stark regulierend wirken. Eine interessante Kalkulation hat dazu der BUND aufgestellt: Eine mittelgroße Amphibienpopulation mit ca. 1.000 Kröten und Fröschen, die jährlich ziehen, wiegt etwa 60 kg. Zusammen mit den Erwachsenen und Jungtieren, die nicht wandern, kann man das Gesamtgewicht auf 90 kg schätzen (die Weibchen der Erdkröte wandern nur jedes zweite Jahr). Bei einem »Umsetzverhältnis« von 1:10 (vgl. Kap. 1.2) kann man in der Nahrungspyramide davon ausgehen, daß die 90 kg Amphibien rd. 900 kg Insekten und sonstiges Kleingetier gefressen haben, die ihrerseits rd. 9.000 kg Pflanzen vertilgt haben (Abb. 37). In dieses System greifen wir ein, wenn wir durch Belastungen bzw. Zerstörungen der Feuchtgebiete die Laichmöglichkeiten der Amphibien extrem reduzieren. Eine starke Zunahme der Insekten, die wir z. T. als Schädlinge ansehen, kann damit forciert und dadurch wiederum ein

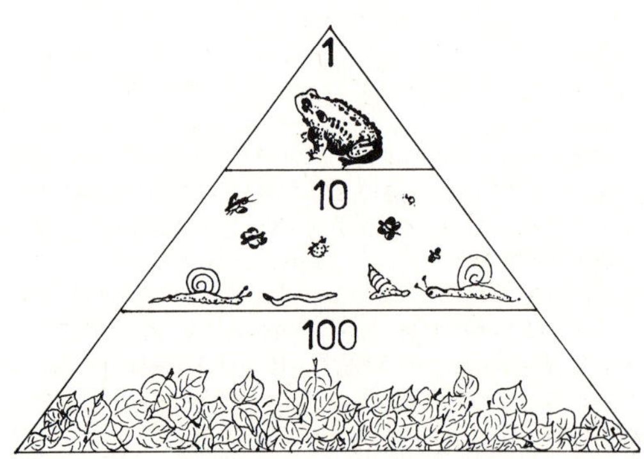

Abb. 37. Beispiel einer Nahrungspyramide für Amphibien.

Pestizideinsatz vorprogrammiert werden. In dieses System gehören z. B. alle Kröten, Frösche, Molche ebenso wie auch der Salamander. So gesehen ist der Schutz der Amphibien auch ein Beitrag zur biologischen Schädlingsbekämpfung.

Ihrerseits bieten die Amphibien Nahrung für andere Tiere (nach Glandt, 1981, verändert):
— als Laich - für Enten
— als Larve - für räuberische Wirbellose im Wasser (z. B. Gelbrandkäfer oder Libellenlarven) sowie für Fische (selbst kleine Arten wie Elritze und Sonnenbarsch können der Amphibienpopulation stark zusetzen).
— als Lurch - für Fische (z. B. Forellen, Saiblinge, Barsche, Hechte, Aale), Wasservögel (z. B. Reiher, Storch, Rohrdommel, Zwergdommel), Landvögel (z. B. Uhu, Waldkauz, Bussard, Rohr- und Wiesenweihe), Säuger am Wasser (z. B. Iltis, Wasserspitzmaus, Otter), Säuger auf Land (z. B. Igel), Schlangen (z. B. Ringelnatter, Kreuzotter).

6.2 Wie naturnahe Stillgewässer (wieder)hergestellt werden sollten

»Die Natur versteht keinen Spaß!«
J. P. Eckermann

Für die Entwicklung und Besiedlung eines naturnahen Stillgewässers durch unterschiedlich spezialisierte Pflanzen- und Tierarten sind u. a. von entscheidender Bedeutung: Art und Menge der Wasserführung bzw. des Wasseraustauschs, Nährstoffgehalt, Wasserqualität, Gewässerchemismus, Temperatur (Beschattung durch Bäume!), Sauerstoffgehalt, der kleinstandörtliche Wechsel (z. B. Uferstruktur, Halbinsel) sowie Art und Häufigkeit der Beeinträchtigungen. Dadurch bedingt entwickeln sich recht unterschiedliche Ökosysteme. Allein nach Nährstoffgehalt unterscheidet man folgende Typen:
— *oligotroph* = nahrungsarm, im wesentlichen arm an gelösten Nitraten und Phosphaten
— *dystroph* = nahrungsarm, aber reich an gelösten Humussäuren
— *eutroph* = nahrungsreich, im wesentlichen reich an gelösten Nitraten und Phosphaten.

Diese Voraussetzungen haben sowohl auf die Zone der offenen Wasserfläche als auch auf die Zone des Ufers grundlegenden Einfluß:

Zone der offenen Wasserfläche
In der offenen Wasserfläche schweben Millionen kleiner Tiere und Pflanzen in den obersten biologisch aktiveren Wasserschichten. Sie bilden das sog. Plankton, das aus Lebewesen von der Größe eines Millimeterbruchteils bis etwa 4 bis 5 mm gebildet wird. Es handelt sich dabei um einzellige Algen, Rädertierchen, Wasserflöhe, Mückenlarven u. dgl.; Art, Menge und Dichte dieses Planktons kennzeichnen den Zustand eines Stillgewässers. Anreicherung mit Nährstoffen führt zur Vermehrung des pflanzlichen Planktons und davon hängt wieder die Menge der von den Pflanzen lebenden Tiere ab. Bei starker Planktonbildung trübt sich das Wasser, Sonnenlicht reicht nicht mehr so tief und die biologisch aktivere Wasserschicht verringert sich. Unterwasserpflanzen können nur noch in den Wassertiefen gedeihen, in die mindestens 1 % des auf die Wasseroberfläche treffenden Lichtes gelangt. Die nicht mehr belichteten Pflanzen sterben ab, sinken zu Boden und bilden Schlamm, in dem durch Zersetzungsvorgänge Sauerstoff verbraucht wird. In stark verschmutzten Gewässern kann dadurch der Sauerstoffvorrat durch Abbau der aus den oberen Schichten absinkenden toten Organismen ganz aufgebraucht werden. Man spricht in diesem Fall davon, daß das Gewässer »kippt«. Im Faulschlamm ist dann kein Leben mit Sauerstoff mehr möglich, die biochemische Selbstreinigung ist praktisch am Ende, das Gewässer ist tot, reichert sich schnell weiter an mit Schadstoffen und wird gefährlich auch für den Menschen (»Baden verboten«).

Uferzone
Die Uferzone ist der Hauptlebens- und Fortpflanzungsbereich der Pflanzen und Tiere. Hier spielen sich nicht nur entscheidende Lebens- und Selbstreinigungsvorgänge ab, sondern praktisch ausschließlich von hier beleben sich unsere Stillgewässer mit höheren Lebewesen. Die Uferneigung und damit die Fläche der besiedelbaren Bereiche spielen dabei eine große Rolle. Am weitesten in die Tiefe reichen z. B. die kalküberkrusteten Armleuchteralgen und auch einzelne Blütenpflanzen, wie z. B. das Horn-

Abb. 38. An naturfremd befestigten Stillgewässern (z. B. verfugte Pflastersteine, Spund- und Pallisadenwände u. a.) täuschen die wenigen störunempfindlichen, futterheischenden Wasservogelarten eine heile Natur vor. In Wirklichkeit sind von Ufer- und Flachwasservegetation künstlich entblößte Gewässer biologisch und ästhetisch extrem verarmte Fisch-Hälterbecken, aus denen viele seltene Pflanzen- und Tierarten verdrängt worden sind. Derartig verbaute Gewässer (z. B. Parkteiche) könnten durch Renaturierung der Uferstruktur und eine gewisse Abschirmung von Ruhebereichen sowohl biologisch im Artenreichtum als auch im Erholungswert für die Bevölkerung außerordentlich aufgewertet werden. (Foto: Wennrich)

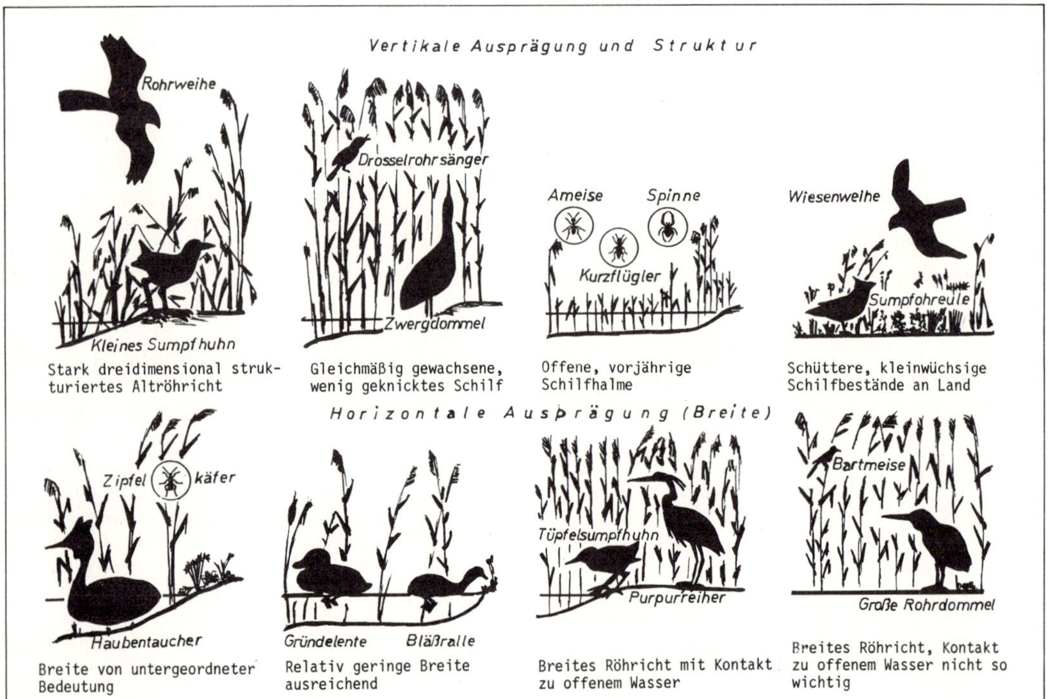

Abb. 39. Besiedlungsbestimmende Strukturmerkmale des Röhrichts einschließlich einiger typischer Tierarten. (nach Blab, 1984)

blatt. Meist endet aber bei unseren Gewässern in einer Tiefe von 4 Metern die Besiedlung assimilierender Pflanzen. Wo das Wasser allmählich flacher wird, können zunehmend viele am Grund wurzelnde Pflanzen die Wasseroberfläche erreichen. Deren Blätter schwimmen z. T. auf der Wasseroberfläche, z. B. See- und Teichrosen oder Laichkräuter (dort laichen viele Fische ab). Weiter am Ufer folgt ein dichter Gürtel von Binsen und Schilf. Die grünen Halme der Seebinse könnnen auch unter Wasser noch das Sonnenlicht zum Wachsen ausnutzen. Schilf mit Halmen von insgesamt über 3 m Länge ist dagegen ganz auf die Blätter über dem

Wasser angewiesen, da diese Pflanzen den Luftsauerstoff benötigen. Es kann daher nur bis zu einer Wassertiefe von etwa 1,50 m vordringen, so daß nur flache Uferneigungen breite Schilfgürtel ergeben können. An einem natürlichen oder naturnahen Ufer bauen Röhrichte verschiedener Art die im Wasser gelösten Schadstoffe ab (vgl. Kap. 5.1) und schützen den Uferbereich vor Erosion. Sie wirken als Laich-, Jungfisch- und Vogelbrutgebiet und schaffen die natürliche Pufferzone zwischen Land und Wasser. Die Lebensgemeinschaft des Röhrichts ist gegenüber schädigenden Einflüssen besonders empfindlich. In offenen, vorjährigen Schilfhalmen brüten und überwintern zahlreiche Insektenarten (Abb. 39).

Hinter dem Schilfgürtel folgen uferwärts meist verschiedene Seggenarten, grasähnliche Pflanzen mit scharfen Blatträndern. Dahinter folgt, wie auch bei Fließgewässern, die Weichholzzone mit Weiden und Erlen. Die Uferzone aller natürlichen und naturnahen Stillgewässer mit ihrem unterschiedlichen Pflanzengürtel ist so reich an verschiedenen Pflanzen und Tieren wie kaum ein anderer Lebensraum unserer Heimat. An der Uferzone erkennt man demnach den biologischen Wert der Gewässer und nicht an der Größe der offenen Wasserfläche. Fische, Kröten, Frösche, Molche, Libellen, Vögel u. a. benötigen gerade diesen Lebensraum (Abb. 40).

Hinweise zur Anlage und Gestaltung von naturnahen Stillgewässern

Allgemeine Grundregeln

— Die Erhaltung, Verbesserung und Pflege der vorhandenen Feuchtbiotope einschließlich aller Feuchtwiesen, Aue- und Bruchwälder müssen Vorrang vor der Neuanlage haben. Jede Maßnahme an und in einem Feuchtgebiet oder in der Nähe kann zu oft unabsehbaren und weitreichenden Folgen für Wasser und Boden, für Pflanzen und Tiere führen. Es besteht die Gefahr, daß eine andere wertvolle Lebensgemeinschaft zerstört wird. Deshalb muß jede Maßnahme vorher sorgfältig unter Hinzuziehung von Spezialisten auf ihre Verträglichkeit mit ökologischen Erfordernissen geprüft werden. Das schließt die meist erforderliche behördliche Genehmigung ein.

— Auf keinen Fall dürfen Fließgewässer — auch nicht kleinste Rinnsale, die ganzjährig Wasser führen — angestaut werden. Jeder Anstau zerstört entscheidend die Fließwasserbiologie (vgl. Kap. 5.1).

— Gewässerdurchmesser nicht zu groß wählen und Mindesttiefe von 1 m (wegen Frostgefahr) vorsehen. Wegen des hohen Ufer- und damit größeren Lebensraumanteils sind viele kleine Gewässer im räumlichen Verbund besser als ein großes. Allerdings sollten die Gewässer auch nicht zu schnell zuwachsen können, so

Abb. 40. Schema der natürlichen Zonierung eines Stillgewässers. (nach E. Schmidt, 1974, verändert)

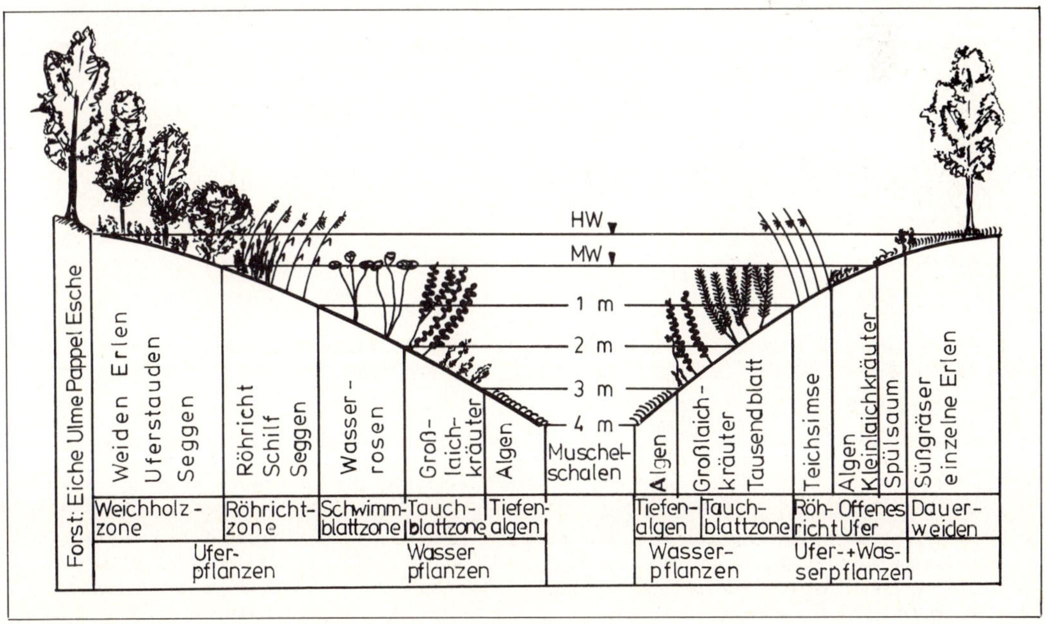

daß eine Mindestgröße von ca. 30 m^2 in der freien Landschaft empfehlenswert ist. Ein kleiner Gartentümpel kann dagegen auch bei geringerer Größe nützlich sein.

— Möglichst eine Vernetzung eines Gebietes mit vielen kleinen Feuchtbiotopen anstreben, ebenso einen Zusammenhang zu reichen Lebensräumen in der Nachbarschaft (Brachflächen, Hecken, Wälder) herstellen, die als Wanderungs- und Lebensraum (Biotopgürtel!) geeignet sind.

— Große Abwechslung in der Gestaltung der möglichst langen Uferlinie (Normalneigung 1:10, teils flacher, oder steiler bis zu einer senkrechten Wand, Buchten, Halbinseln, Inseln) ergibt schon allein z. B. über die unterschiedliche Sonneneinstrahlung vielfältige ökologische Nischen, deren Abwechslung sich in Artenvielfalt und Besiedlungsdichte niederschlagen. Alles sollte möglichst »wild« gestaltet werden. Erdaushub muß nicht einplaniert werden. Gerade dazu muß der Maschinenführer besonders angehalten werden, da er sonst gewohnt ist, »saubere« Arbeit streng nach Reißbrettplanung zu liefern. Andererseits ist sicherzustellen, daß nicht rund um die Wasserfläche Bodenaushubwälle entstehen, Vögel müssen die Umgebung übersehen können.

— Möglichst schon in der Planungsphase denkbare Konflikte berücksichtigen, z. B. Totalreservat, Verbotszonen, Badegäste, Boote, Surfer, Kraftverkehr, Reiter, Angler, Camping, Wohnmobile, Wegeverlegung, Schwimmbalken als Schutz des Röhrichts vor Wellenschlag, dünge- und pestizidfreie Gürtel, Kontrolle der Schutzvorschriften, Aufklärung, Betreuung.

— Weder Wasserpflanzen noch Tiere einbringen. (Hier kann man meist nur Fehler machen, die unnötige Kosten verursachen.) Lediglich in der Weichholzzone sollte je nach Bedarf mit Pflanzung von standortgemäßen und einheimischen (!) strauch- und baumförmigen Weiden sowie mit Roterlen nachgeholfen werden (Beschattungseffekt und Steuerungsmöglichkeit zur Verminderung von Störungen sowie Versteckmöglichkeiten für Tiere beachten).

— Keinen Mönch oder irgendeine andere Ablaßvorrichtung vorsehen. Das verführt nur zum Ablassen des Wassers, führt damit zu schwe-

Abb. 41. Bruthilfen für »wilde« Stockenten, dicht bei dicht: Eine gutgemeinte Fleißarbeit, die dem verbreiteten Nutz-Schaddenken entspricht und damit ökologisch leider falsch ansetzt. Die Bevorzugung einer Art setzt populationsdynamische Kettenreaktionen in Gang, die zum Verschwinden gefährdeter Tier- und Pflanzenarten beitragen und deshalb heute unverantwortlich sind. Konzentrieren wir Jäger uns auf naturnahe Biotopgestaltungen und freuen wir uns über die natürliche Überschußproduktion der Natur, die wir angemessen nutzen können! (Foto: B. Winsmann)

ren Schädigungen der entwickelten Lebensgemeinschaft und ist konstruktionsbedingt unnötig teuer.

— Von vornherein sicherstellen, daß keine Entenfutterstellen oder Bruthilfen eingerichtet werden. Derartige gutgemeinte, aber für den Biotopschutzzweck abträgliche Einrichtungen dienen meist nur der Stockente, die damit den gefährdeten und zu fördernden Arten die Entwicklungsmöglichkeiten nimmt. Gerade bei der Stockente ist der Anteil der tierischen Nahrung (z. B. Libellenlarven) sehr hoch. Sie verzehrt den Laich aller Froschlurcharten und ist praktisch ein Feind der Amphibien an Kleingewässern. Außerdem führt Futter für Enten zur Eutrophierung des Gewässers, was Sauerstoffzehrung zur Folge haben kann. (Die Sommerfütterung ist nach den meisten Landesjagdgesetzen verboten.) Gegen eine angemessene Bejagung der Stockenten ist in den meisten Feuchtbiotopen nur dann nichts einzuwenden, wenn nicht andere seltene Vogelarten zu stark gestört werden.

— Bei Dammbauten (durch Bagger oder Laderaupen) stets berücksichtigen, daß spätere Reparaturen wegen Undichtigkeiten sehr zeitaufwendig und teuer sind und meist Handarbeit bedeuten. Ungeeignete Dammbaumaterialien sind Bauschutt, Straßenaufbruch, Kiese, gebrochenes Material, gefrorener Boden, Erdmaterial mit Stubben, Wurzeln und anderen organischen Stoffen. Vor dem Anschütten des Dammaterials ist der wasserführende Boden an der Dammsohle bis zur wasserhaltenden Schicht abzuschieben, um den unterirdischen Abfluß zu unterbinden. Gegebenenfalls von vornherein wasserseitig eine möglichst dicke Lehm- oder Tonschicht (eventuell im feuchten Zustand durch Eintreten mit Stiefeln verdichten) als Dichtung auftragen. Dammhöhe meist mindestens 1,50 m, damit die Mindestwassertiefe von 1 m gewährleistet ist. Die Dammkrone sollte so breit sein, daß der Damm durch die Maschine lagenweise verdichtet werden kann. Wird das Material für den Damm durch Ausschieben der zu überstauenden Fläche gewonnen, muß darauf geachtet werden, daß die wasserhaltende Bodenschicht nicht zerstört wird. Besonders in kiesigen Bereichen ist hier äußerste Vorsicht geboten. Undichte Stellen können durch Einschwemmen von Feinmaterial oder Einbringen von Lehm oder Ton meist abgedichtet werden. Den Überlauf entweder im gewachsenen und nicht erosionsgefährdeten Boden vorsehen oder aber künstlich befestigen (am besten sind z. B. gemauerte Bruchsteinrinnen, sonst Kunststoffrohre). Aus Kostengründen haben sich Kunststoffrohre (als ortsfremde Materialien stören sie eigentlich!) insofern bewährt, als sie vom Maschinenführer ohne Hilfe eingebaut werden können. Allerdings verstopfen Rohre relativ leicht. Deshalb müssen sie auch zur Wasserseite deutlichen Abstand zum Damm haben. Das kann allerdings den Nachteil ergeben, daß die Rohre im Winter bei wechselndem Wasser- und Eisstand hochfrieren und dann im Einbaubereich Undichtigkeiten verursachen. Die Überlaufsicherung muß sofort eingebaut werden, am nächsten Tag könnte der Damm bereits durch Überlaufwasser »durchgeschnitten« sein. Sofern das Wasser luftseitig beim Überlauf wasserfallartig herunterstürzt, muß der Aufschlag zur Verhinderung einer Rückerosion durch größere Steine gesichert werden (Abb. 42). Die Lage des Überlaufes bestimmt im Gewässer den Wasseraustausch und die Ausdehnung des Bereiches, der infolge mangelnder Strömung stärker erwärmt wird.

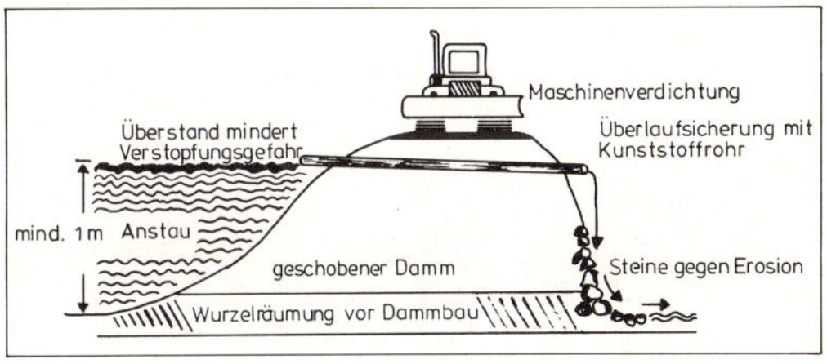

Abb. 42. Schnittbild eines geschobenen Dammes.

— Kunststoffplanen zur Damm- und Grundabdichtung sind teuer, problematisch im Einbau und empfindlich gegen spitze Steine und Zerstörung durch Tiere. Sie verhindern außerdem den biologischen Zusammenhang zum Untergrund. Für Naturschutzprojekte halte ich sie nur dann für bedingt geeignet, wenn eine sehr starke Bodenüberdeckung (über 0,50 m) möglich ist.

— Feuchtbiotopgestaltungsmaßnahmen mit Maschinen sollten grundsätzlich nur in der vegetationsarmen Zeit (Oktober bis Februar) durchgeführt werden, also außerhalb der Laichzeit.

Grund- oder regenwasserabhängige Stillgewässer (Abb. 43)

Stillgewässer im Entwässerungsgraben

Man hat früher viele Waldgebiete mit Hilfe aufwendiger Grabensysteme so stark entwässert, daß standortfremder Nadelbaumanbau möglich

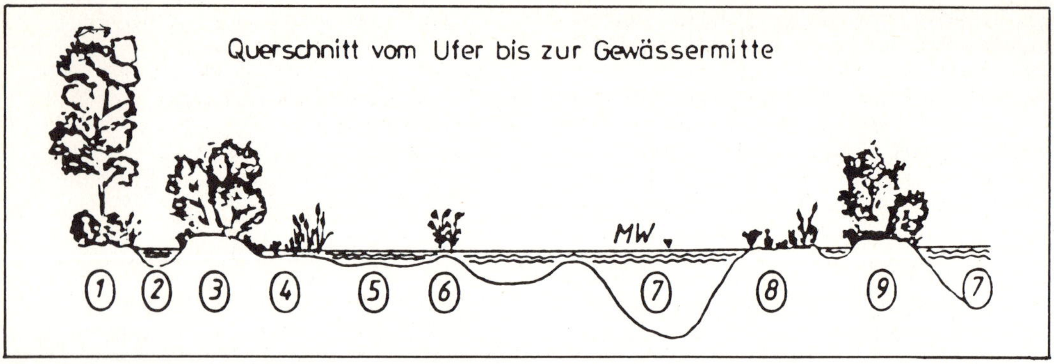

Abb. 43. Querschnittsbeispiel eines grundwasserabhängigen Stillgewässers mit gestalteter Standortvielfalt: 1 Teilweise Randbepflanzung (z. B. Erlen, Weiden) als Sichtschutz, Lebensraum und Gestaltungselement — 2 Ringgraben als Schutz vor Zugang und als Amphibienbiotop — 3 Aushubwall wechselnd steil und hoch, nur teilweise z. B. mit Weiden bepflanzt — 4 Versumpfter Uferbereich mit natürlich ankommender Vegetation (Biotop z. B. für Amphibien, Insekten, Vögel) — 5 Ausgedehnter Flachwasserbereich für Watvögel und als Laichgewässer — 6 Landzunge (teilweise mit Röhricht) zur Abgrenzung des Flachwasserbereiches (Erwärmung!) — 7 Tiefer Wasserbereich (Lebensraum für Tiefwasserorganismen und für Tauchtiere), nicht zuwachsend und in der Tiefe frostsicher — 8 Flache Insel, wechselnd unter Wasser, mit natürlich ankommender Vegetation — 9 Höhere Insel mit wechselnden Uferneigungen, teilweise z. B. mit Weiden oder Erlen (bei höherer Lage je nach Größe auch mit Schwarzpappeln, Stieleichen, Ulmen, Eschen u. a.) bestockt.

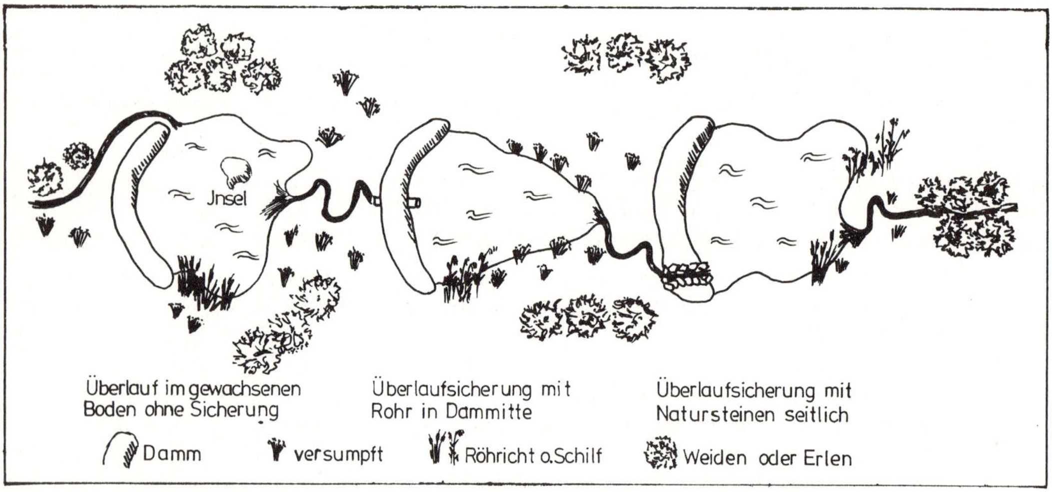

Abb. 44. Stillgewässerkette im Entwässerungsgraben, der nur zeitweilig Wasser führt (Aufsicht).

wurde. Ähnliches erfolgte in landwirtschaftlichen Bereichen zur Vergrößerung der Anbauflächen. Sofern derartige Entwässerungsgräben nicht ständig Wasser führen und demzufolge biologisch nicht den Fließgewässern zuzuordnen sind, können die Gräben meist problemlos durch Dämme wieder angestaut werden. Hintereinander kann sich dann eine z. T. recht lange und vielgestaltige Kette von Stillgewässern ergeben (Abb. 44).

Stillgewässer neben einem Entwässerungsgraben

An alljährlich austrocknenden Gräben können durch Zurücknahme eines Ufers und Vertiefung der Sohle kolkartige strömungsarme Ausbuchtungen angelegt werden. Die Sohle des Kolkes muß niedriger liegen als der tiefste zu erwartende Grundwasserstand, um auf diese Weise bei Austrocknung des Grabens eine Restwasserfläche zu erhalten (Abb. 45).

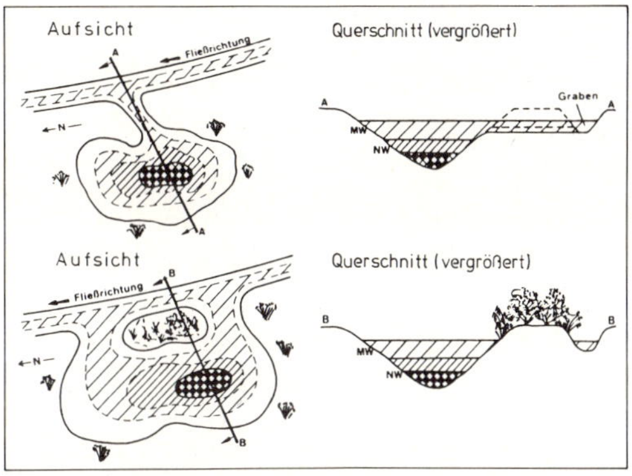

Abb. 45. Anlage von Kolken seitlich von Entwässerungsgräben, die nur zeitweilig Wasser führen. (nach Nds. Landesforstverwaltung, 1982)

Stillgewässer am Zusammenfluß von Entwässerungsgräben

An Blößen, Wiesenflächen usw. ergibt sich unter Umständen die Möglichkeit, einen Entwässerungsgraben hinter dem Zusammenfluß zweier Arme aufzustauen und die Wasserfläche durch die Herausnahme der Halbinsel zu vergrößern (Abb. 46).

Stillgewässer neben einem Fließgewässer

An einem Fließgewässer dürfen Stillgewässer nur außerhalb des Fließgewässers angelegt werden (vgl. Kap. 5.1). Aus dem Fließgewässer darf nur eine relativ niedrige Wassermenge abgeleitet werden, damit einerseits die Fließge-

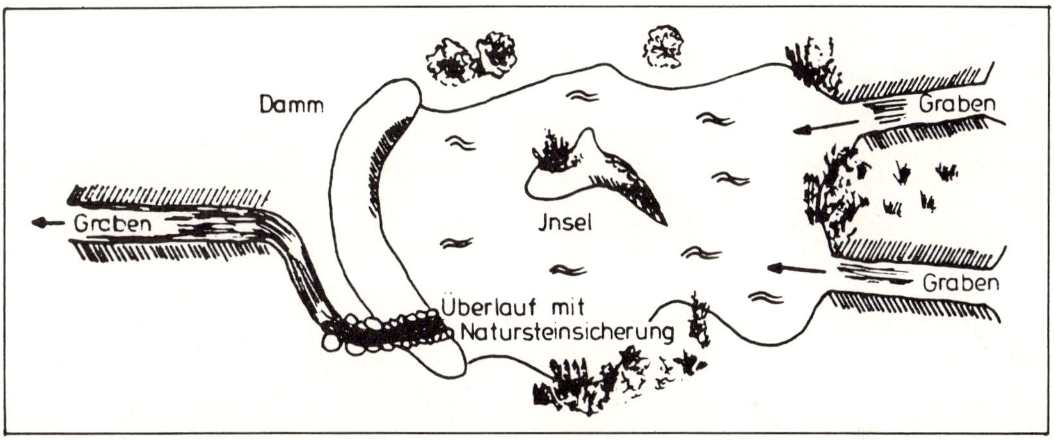

Abb. 46. Stillgewässer am Zusammenfluß von zwei Entwässerungsgräben, die nur zeitweilig Wasser führen. (nach Nds. Landesforstverwaltung, 1982)

Abb. 47. Stillgewässer neben einem Fließgewässer mit seitlicher Dammsicherung, Sohlgleite im Bach zur Niveauregulierung im Ableitungsbereich und Hochwasserschutz aus Rundhölzern. (nach Nds. Landesforstverwaltung, 1982, verändert)

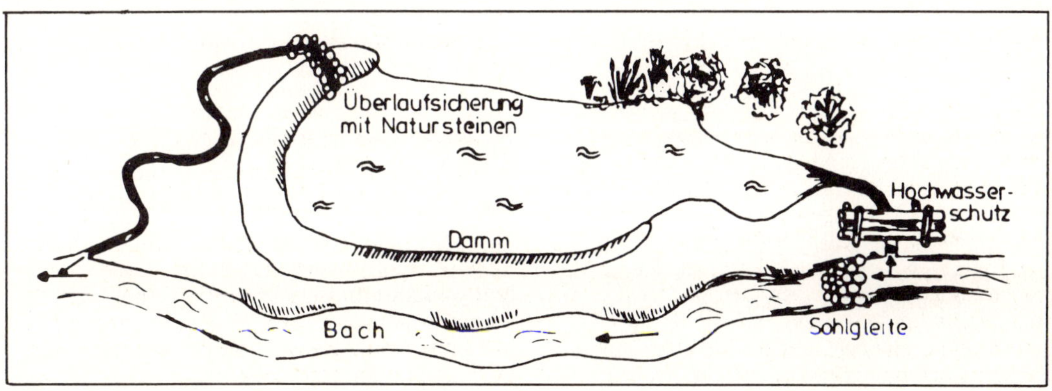

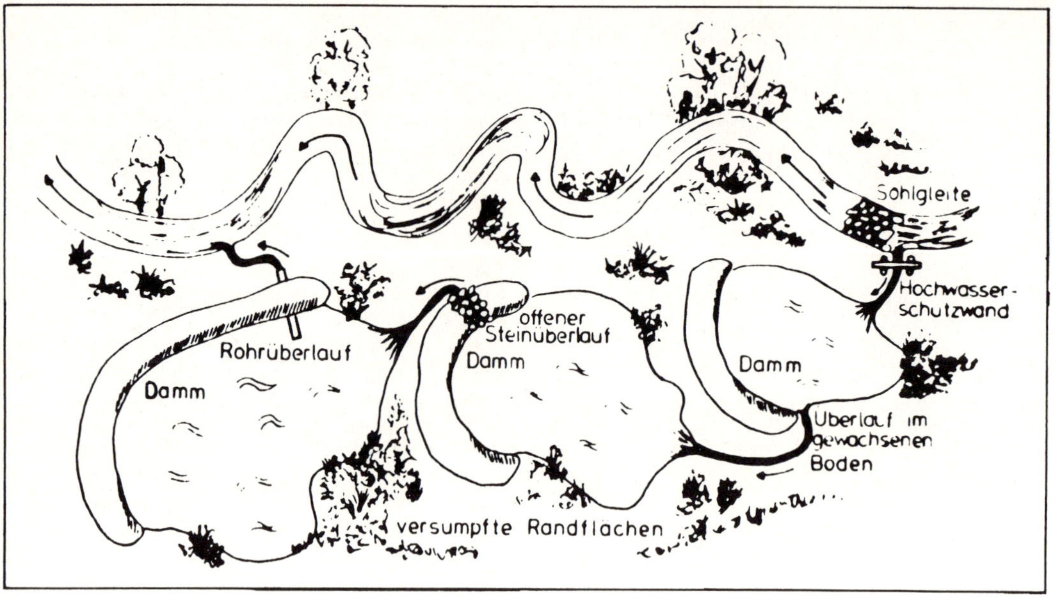

Abb. 48. Stillgewässerkette neben einem Fließgewässer — z. B. auf der Fläche einer entfernten Fichtendickung.

wässerbiologie nicht nennenswert beeinträchtigt wird und andererseits nicht zu große Wassermengen durch die Stauanlagen geleitet werden. Enge und steile Täler sind für derartige Maßnahmen nicht geeignet (Abb. 47 und 48).

Das Fließgewässer wird dabei durch eine Sohlgleite aus Steinschüttung leicht angestaut, so daß die Tierwanderung entgegen der Fließrichtung nicht beeinträchtigt wird. Innerhalb dieses Rückstaus wird der Ableitungsgraben zum Tümpel gebaut. Eine Wand aus Rundhölzern, im Ableitungsgraben eingebaut, schützt den Tümpel vor Hochwasser. Die Wassermenge, die durch die Ritzen zwischen den Rundhölzern hindurchfließt, kann durch Verstopfen mit Grassoden verringert bzw. durch Öffnung mit einer Motorsäge vergrößert werden. In der Regel ist es nur in den ersten Monaten notwendig, regulierend einzugreifen, bis sich die richtige Öffnungsweite eingestellt hat (Abb. 49).

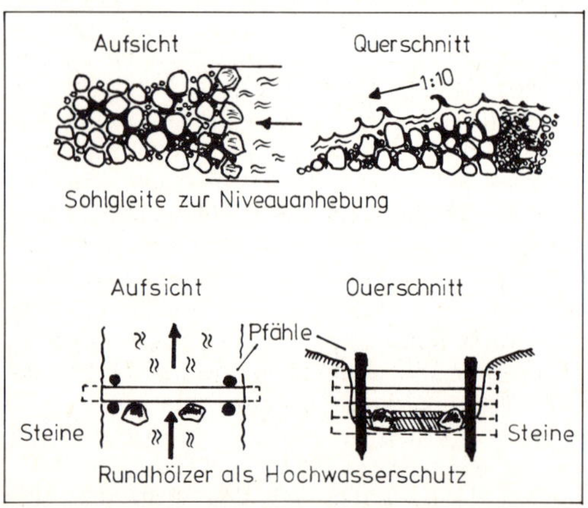

Abb. 49. Einfaches Ableitungsbauwerk. Durch eine Sohlgleite aus groben Steinen wird der Wasserstand etwas angehoben, damit auch bei Niedrigwasserführung gleichviel Wasser durch die Hochwasserschutzwand hindurch abfließen kann. Die Regulierung des Wasserdurchlasses kann über Steine, gesägte Schlitze in den Rundhölzern oder ähnlich erfolgen.

Stillgewässer im Stauwurzelbereich von Talsperren und Teichen

Bei allen größeren angestauten Teichen und Talsperren sind die Stauwurzeln, d. h. die Zuläufe der Fließgewässer, biologisch besonders interessant. Sofern sich dort aus verschiedenen Gründen kein Auewald entwickeln läßt, kann der Bereich durch die seitliche Anlage vieler Stillgewässer biologisch weiter aufgewertet werden mit dem gleichzeitigen Erfolg, daß ein Betreten durch Erholungssuchende erschwert, wenn nicht gar ausgeschlossen wird (Abb. 50).

Stillgewässer in Abbaugebieten — Renaturierung statt Rekultivierung

In kaum einem Bereich der behördlichen Naturschutzarbeit hat sich der Mangel an qualifizier-

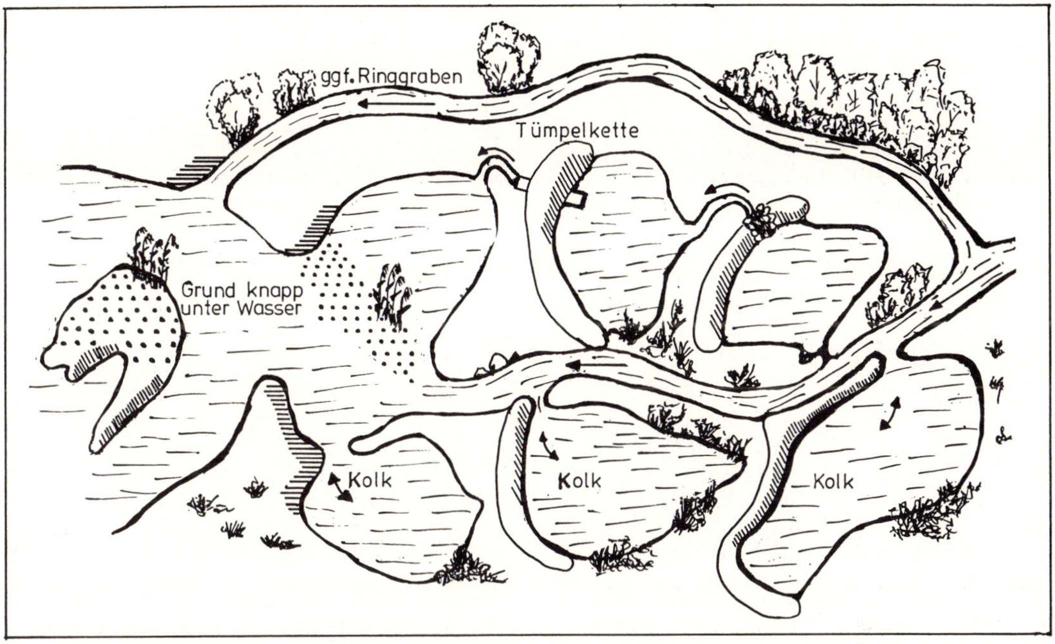

Abb. 50. Tümpelkette, Kolke und ggf. Ringgraben als mögliche Bereicherung im Stauwurzelbereich von Teichen und Talsperren bei gleichzeitiger Abschirmung gegen Störungen durch Betreten.

ten Biologen so nachteilig ausgewirkt wie im Bereich der Rekultivierung von Ton-, Sand-, Kiesgruben und Steinbrüchen. Immer wieder treten die gleichen Zielkonflikte auf:
— Angelverein will Fischgewässer
— Bürgermeister will Fremdenverkehr (Baden, Surfen, Segeln)
— Ein Teil der Öffentlichkeit will Wiederherstellung der ursprünglichen Landschaft
— Motorrad-Club will Motocross-Piste
— Amtliche Stellen wollen Deponie für unverrottbare Abfälle
— Industrie will Bebauung
— Privatleute wollen Campingplatz und Wochenendgrundstücke
— Grundbesitzer will landwirtschaftliche Nutzung
— Naturschutz will Tier- und Pflanzenreservat.

Fast immer gewinnen auch heute noch mehr oder weniger »persönliche Nutzplanungen« die Oberhand. Nach einer Untersuchung von Mickley (1974) wurden im Freiburger Raum von etwa 40 Kiesgruben nicht einmal 3 % der Fläche als vollwertige biologische Regenerationszellen zur Verfügung gestellt. So forderte die Deutsche Sektion des Internationalen Rates für Vogelschutz bereits 1972 zu Recht, daß mindestens 20 % der Flächen der ausgebeuteten Kies-, Sand- und Braunkohlengruben als Schutzgebiete bereitgestellt werden. Die Forderung sollte nach dem heutigen Stand der Natur auf mindestens 30 % angehoben werden, da derartige Abbaugebiete oft gerade besonders stark gefährdeten Arten Ersatzlebensraum bieten können. Oft haben die Gebiete einen besonders günstigen Wärmehaushalt (z. B. abstrahlende Wände in Steinbrüchen). Ganz besonders wertvoll sind nahrungsarme Kiesgruben angesichts der zunehmenden Eutrophierung der gesamten Landschaft. Gerade diese armen Lebensräume beherbergen eine Vielzahl von spezialisierten und deshalb bedrohten Arten. Rechtzeitig lassen sich gerade für Kiesgruben schon im Abbau- oder Betriebsplan sehr differenzierte Gestaltungsziele festlegen, die dann Zug um Zug mit dem Fortschreiten des Abbaus unter Verwendung des zwischengelagerten Mutterbodens realisiert werden können:
— Freie Wasserflächen für Schwimm- und Tauchvögel (Enten, Taucher)
— Flachwasserzonen für Watvögel (Strandläufer, Schnepfen, Wasserläufer)
— Zonen für Schwimmblattpflanzen (Seerosen, Laichkräuter)
— Zonen für Röhricht (Schilf, Rohrkolben)
— Zonen für Sumpfgelände, Seggenwiesen
— Zonen für pflanzenreiche Weiher für Amphibien, Libellen und andere Kleintiere

— Zonen für vegetationsarme Weiher und Tümpel mit Kies- und Sandböden für Kreuzkröte, Unke u. a.
— Zonen mit vegetationsfreien Kies- und Sandflächen als Brutplatz für Flußregenpfeifer und Biotop für Ödlandpflanzen
— Zonen für Sanddorn-Gebüsch
— Zonen für Weichholz-Aue, Gehölz mit Weiden, Erlen, Schwarzpappeln
— Zonen für Steilufer als Brutplatz für Uferschwalbe, Eisvogel, Wildbienen, Grabwespen u. a.
— Zonen für Inseln als Sicherheitsräume gegen Beutegreifer
— Zonen für die Naherholung, deutlich abgesetzt von den Naturschutzbereichen.

Wenn dies alles rechtzeitig und vor dem Zeitpunkt festgelegt wird, an dem die Flächen für mehr oder weniger private Nutzungen interessant werden, dann kann sichergestellt werden, daß nicht nur dem Naturschutz gedient ist, sondern ein größeres Gebiet für die Allgemeinheit nachhaltig liebens- und lebenswert wird.

Naturnahe Stillgewässer bereichern Dorf- und Stadtbild

Wasserflächen üben die größte Anziehungskraft auf Menschen aus und haben mit Abstand den größten Erholungswert. **Je naturnaher und damit vielgestaltiger und artenreicher ein Gewässer auch innerhalb eines Dorfes oder einer Stadt gestaltet ist, desto größer ist der Erholungswert; je naturferner die Menschen leben, desto mehr werden sie von dieser Magnetwirkung erfaßt.** Das Problem ist nur, daß die meisten Dorf- und Stadtteiche infolge unkundiger Ordnungsliebe ihrer naturnahen Ausstattung weitgehend beraubt worden sind. Statt dessen wird an den verbauten Ufern (Stein- oder Betonmauern, Pallisadenränder) zwischen einigen Parkbäumen in stupider Regelmäßigkeit der englische Rasen mit hohem Kostenaufwand dem »Messerhaarschnitt« unterworfen. Man hat sich daran gewöhnt und findet das auch noch schön, weil es eben in der Nähe nichts Schöneres gibt. Der Laie sieht ja die potentielle Schönheit nicht. Man kann aber sicher sein, daß ein naturnaher und deshalb tausendfach artenreicherer Teich in der Nähe die Menschen unbewußt stärker anziehen würde. Sie würden dort sehr reichhaltige Abwechslung bei den Pflanzen, Sträuchern und Bäumen der Ufervegetation und viele verschiedene zu beobachtende Tierarten (z. B. Libellen, Schmetterlinge, Vögel) finden, dem vielstimmigen Vogel- und Froschkonzert lauschen können und dabei eine Entspannung erfahren, die sie immer wieder zurückkehren läßt. Jedes Dorf, jede Stadt ist gut beraten, wenn sie die Renaturierung innergemeindlicher Stillgewässer in Angriff nimmt. In vielen Fällen wird es sogar an kleinen Kurparkteichen von nur 50 m Durchmesser möglich sein, durch geschickte Ufergestaltung und Wegeführung eine gewisse Trennung von Erholungs- und Naturzone zu schaffen, deren Artenvielfalt dann auf das übrige Gewässer ausstrahlt.

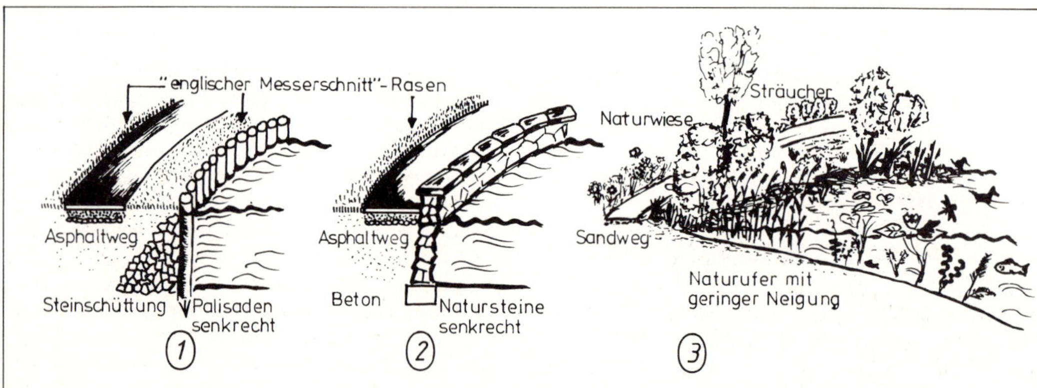

Abb. 51. Die Ufergestaltung bestimmt den Biotop- und Erholungswert auch innerörtlicher Stillgewässer
(1+2) Schlechte Beispiele von Stillgewässern, wie sie häufig in Städten und Dörfern zu finden sind: Befestigte Ufer mit senkrechten Wänden, Asphaltwegen und Kurzrasen. Keine biologisch aktive Zone an Land, am Ufer, im Wasser. Extrem arm an Lebewesen, geringes Selbstreinigungsvermögen, keine Biotopbedeutung, sehr geringer Erlebnis- und Erholungswert.
(3) Ein naturnahes Ufer mit wechselnd flacher Neigung und standortgemäßer, vielfältiger Flora und Fauna sowohl an Land als auch im Wasser. Kein künstlicher Fischbesatz. Sehr große Biotopbedeutung, sehr hoher Erlebnis- und Erholungswert. Anlage und Unterhaltung meist wesentlich kostengünstiger als 1 und 2.

Der Magistrat der Stadt Plön stellt mit Recht fest, daß der besondere Reiz des Stadtbildes von Plön darin liegt, daß gerade naturnahe Landschaftsteile und naturnahe Ufer und Gewässer mit Schilf bis in die bebauten Zonen der Stadt hineinreichen und wirbt mit Erfolg bei der Bevölkerung darum, die Ufer auch in den Privatbereichen naturnah zu erhalten, weitere standortgemäße einheimische Bäume (keine Nadelhölzer) zu pflanzen, sumpfige Gebiete wiederentstehen zu lassen und sich im Zugang an das Gewässer auf schmale Stege zu beschränken. Diese Einstellung ist langfristig gedacht und dient dem Lebens- und Erlebniswert der Landschaft für die Bevölkerung (Abb. 51).

Die entscheidende Umgestaltung gilt bei der Renaturierung innergemeindlicher Stillgewässer in der Regel der Uferform. Bei einer Ausgangssituation eines runden Teiches mit 50 m Durchmesser und 50 cm hohen senkrechten Spundwänden an den Ufern bedeutet rein rechnerisch die Rücknahme des Ufers um 2,5 m (Böschung 1: 5) einen Gewinn von 412 m^2 biologisch produktiver Uferfläche, bei Rücknahme um 5 m (Böschung 1:10) gar einen solchen von 864 m^2. Wird die Böschung einfach teichwärts vorgelagert, ergeben sich bei Böschung 1: 5 auch noch 373 m^2, bei Böschung 1:10 noch 707 m^2 zusätzliche Uferfläche. Bei einer Gesamtfläche des Teiches von 1964 m^2 sind das immerhin durchweg nennenswerte Anteile, die eine wesentliche Bereicherung bei Pflanzen und Tieren ermöglichen. Eine lockere Erstbepflanzung mit einigen Uferpflanzen ist in dem Fall zu empfehlen; wenn dazu dann noch strauch- und baumförmige Weichhölzer gepflanzt werden, auf Düngung, Pestizideinsatz, Rasenpflege und Laubharken in der Nähe verzichtet wird, dann sind eigentlich schon die entscheidenden Schritte getan. Eine Wegeführung mit wechselndem Uferabstand, eine dezente Abwehr des Betretens der Ufer und gegebenenfalls die Aufstellung einer dekorativen Informationstafel runden die Maßnahme insgesamt ab (Abb. 52).

Abb. 52. Vollendet gestalteter Dorfteich mit Informationstafel. (Aus: »Save the village pond«, London 1974)

Auch Nachklärteiche können für den Naturschutz wertvoll sein

Der Bau kleiner Klärteichanlagen kann sowohl in ökonomischer wie auch in ökologischer Sicht Vorteile bieten. Darüber hat Tscharntke (1983) interessante Untersuchungen angestellt, die hier auszugsweise wiedergegeben werden.

Seit Inkrafttreten des Abwasserabgabengesetzes zum 1.1.1981 stehen bekanntlich auch kleinere Gemeinden vor der Aufgabe, eine vollbiologische Klärung ihrer Abwässer vorzunehmen. Dafür kommen zunehmend kleine und technisch einfache Klärteichanlagen zum Einsatz, die geringen Aufwand beim Bau, beim Betrieb und bei der Wartung erfordern.

> Untersucht wurde eine Kläranlage bei Homberg, Hessen, die für 500 Einwohner ausgelegt ist und aus zwei hintereinandergeschalteten Belüftungsbecken mit Linienbelüftern und an dritter Stelle einem Nachklärteich (Volumen 4.400 m^3, Oberfläche 4000 m^2, Wassertiefe 0,5 bis 2,5 m wechselnd) besteht. Das zu klärende Wasser bleibt in den ersten beiden Stufen ca. 1 bis 3 Wochen (der sich dort absetzende Schlamm wird alle 5 bis 7 Jahre abgepumpt) und gelangt dann im Überlaufverfahren in den Nachklärteich.

Der als vielgestaltiges Feuchtgebiet (wechselnde Tiefen, Uferneigungen, Inseln, Gehölzbepflanzung) ausgelegte Nachklärteich weist eine Fülle von Uferpflanzen auf, die sich selbständig angesiedelt haben, wie z. B. Sumpfschafgarbe, Blutweiderich, Uferwolfstrapp, Wassermiere, Gilbweiderich, Binsen, Ackerminze, Sumpfdotterblume, gelbe Schwertlilie, gewöhnlicher Froschlöffel. Andere Arten wurden zwar eingepflanzt, zeigten aber eine starke Vermehrung, da der Biotop ihren Ansprüchen genügte, vor allem: einfacher Igelkolben, Breit- und Schmalblättriger Rohrkolben und Rohrglanzgras. Der Nachklärteich weist unmittelbar am Ufer eine meist geschlossene Zone an Rohrglanzgras auf, dazwischen Gelbe Schwertlilie, Schilfrohr, Schmalblättriger Rohrkolben und Teichbinse. Die Nachklärleistung (vgl. auch Kap. 5.1) vom Auslauf des zweiten Belüftungsbeckens bis zum Auslauf des Nachklärteiches ist erheblich, wie Tab. 11 zeigt.

Tabelle 11

	Auslauf 2. Belüftungs-becken	Auslauf Nachklär-teich
	in mg/l	
Ammonium	9,8	1,4
Nitrit	9,9	3,9
Nitrat	98,0	30,0
Ortho-Phosphat	16,0	6,0

Tscharntke hat eine kaum überschaubare Vielfalt an fliegenden Insekten festgestellt. Allein bei den Schwebfliegen ergaben sporadische Handfänge 25 Arten. Bei den Großschmetterlingen wurden über Lichtfang an 2 Tagen 69 Arten festgestellt. Bei den Lurchen wurden der Teichmolch, der kleine Teichfrosch, die Erdkröte und der Grasfrosch angetroffen. Der Grasfrosch laichte im März zwar massenhaft ab, wegen der Freßaktivität der leider ausgesetzten 100 Karpfen und 20 Schleien und des künstlich hochgehaltenen Haus- bzw. Stockentenbesatzes entwickelten sich aber kaum Kaulquappen (ein Hinweis darauf, daß auch Friedfische in für den Naturschutz angelegten Feuchtgebieten nicht ausgesetzt werden sollen). Auch vom Laubfrosch wurden etliche Tiere im Uferbereich beobachtet. Sporadische Beobachtungen führten zum Registrieren von 58 Vogelarten. (Die systematische Erfassung der Vogelwelt eines Klärteiches bei Salzgitter — ein 270 ha großes Gebiet mit 160 ha Wasserfläche — ergab 250 Arten, Wassmann, 1980.) Bei den registrierten Vogelarten waren verschiedene bestandsbedrohte Brutvögel, z. B. Knäkente, Rotmilan, Flußuferläufer, Eisvogel. Auch Fledermäuse haben sich angesiedelt und finden ein reichhaltiges Angebot von in den Abend- und Nachtstunden schwärmenden Insekten. Ebenso dankbar hat die auf der Roten Liste notierte Wasserspitzmaus reagiert, die reich strukturierte Ufer benötigt und diese an dem Nachklärteich findet. Insgesamt erscheint es demnach möglich, auch das Abwasserabgabengesetz und den damit verbundenen Auftrag an die Gemeinden, ihre Abwässer vollbiologisch zu klären, als Motivation für die Anlage von Nachklärteichen in Form reich strukturierter Feuchtbiotope zu nutzen.

Vorkehrungen gegen menschliche Störungen an Stillgewässern

Praktisch alle Wasservogelarten haben gegenüber dem Menschen eine große, meist über 100 m reichende Fluchtdistanz (außer Stockente, Bläßhuhn, Höckerschwan): Gelege werden verlassen, der Bruterfolg sinkt unter eine kritische Schwelle, im Winter geht bei der Flucht unnötig Energie verloren, der Wasservogelbestand geht schnell bis auf unempfindliche Allerweltsarten zurück. Die biologisch uneingeschränkt zur Verfügung stehende Nettofläche geht bei Erholungsnutzung stark zurück (vgl. dazu Kap. 14). Reichholf (1975) hat in einem Wasservogelbrutgebiet nachgewiesen, daß allein durch Angler der Brutbestand von Wasservögeln auf weniger als 20 % gedrückt wurde. Wildermuth (1978) berichtet von noch alarmierenderen Ergebnissen beim Bruterfolg des Haubentauchers, der durch stärkeren Bootsverkehr auf 2,5 % (!) gedrückt wurde. Auch bei zu häufiger Bejagung überwinternder Entenarten wurde ein Vertreibungseffekt nachgewiesen, der zur Folge hatte, daß nur mehr 15 % statt normalerweise etwa 90 % der verfügbaren Biomasse (vor allem Zuckmückenlarven und Schlammröhrenwürmer) von den Enten geerntet wurden mit der Konsequenz, daß der Anteil der fäulnisfähigen Biomasse erheblich anstieg (Blab, 1984).

Ein besonderes Problem stellen alle Formen des Bootfahrens dar (vom Surfen bis zum Segeln und Motorbootfahren), weil die Individualisten gerade immer in die ruhigsten Bereiche eindringen und dort ungeahnte Schäden verursachen. Einschränkungen des Bootsverkehrs mit partiellen Verbotsregelungen haben meist nur dann Sinn, wenn auch die regelmäßige Kontrolle gewährleistet ist. Nach jahrelangen Versuchen habe ich z. B. eine schwimmende Insel aus der als Biotopschutzbereich entwickelten Stauzone einer Talsperre wieder entfernen lassen, weil trotz allseitig angebrachter Schilder mit höflichen Bitten um Nichtbetreten regelmäßig Bootsfahrer anlandeten, die sich dort auf »eigener« Insel sonnen wollten. Die Insel hatte für die Biotopschutzzone eher störungsanlockende Wirkung. Folgende Anregungen für vorkehrende Lenkungsmaßnahmen an Stillgewässern können gegeben werden:

— Ständige Aufklärung der Bevölkerung, auch über die Presse, z. B. über Störungen und Fluchtverhalten, Bruterfolg, Folgen von Vegetationszerstörungen (knickende Halme beim Schilf) usw; Hinweistafeln für Schutzgebiete mit Erläuterungen. Wenn ein zunehmender Teil der Bevölkerung die Zusammenhänge begreift, beginnt der »Erziehungsprozeß« sich zu verselbständigen, wie man z. B. bei Reaktionen auf widerrechtliches Befahren von gesperrten Forststraßen häufig beobachten kann.

— Strengster Schutz während der Hauptgefährdungszeiten
Brutzeit: April bis Juli
Überwinterungszeit: Dezember bis April.
— Bei kleineren Gewässern neigen viele Besucher zu einem Rundumspaziergang. Das sollte man nicht mit Gewalt hindern wollen, sondern durch geschickte Wegführung und begleitende Maßnahmen so lenken, daß dennoch ein geschütztes Ufer von etwa einem Drittel der Gesamtlänge übrigbleibt.
— Zentralisierung des gesamten Erholungsverkehrs (Baden, Lagern, Surfen, Bootfahren, Angeln) durch attraktive Maßnahmen, wie Lagerflächen mit guter Besonnung, Bade-, Boots- und Anglerstege, Spielflächen; Anziehungspunkte wie Schutzhütten, Spielgeräte, Sitzgruppen, Ausblicke lenken ab.
— Absperrungen und Markierungen auf der Wasserfläche: dichte Bojenkette einschließlich Beschilderung, Schwimmleinen oder Schwimmbalken, fest verankerte sperrige Baumkronen.
— Absperrungen an Land: Umlaufgräben, Dornengestrüpp und Brennesseldickichte, Handläufe aus einfachen Holzstangen, Versumpfung (Mücken), Reisigwälle mit Schlagabraum, dichte Weidenbepflanzung, Kulturgatter (Abb. 53).
— Angler und Jäger sind für den Naturschutz in den meisten Fällen sehr gut zu engagieren. Das erreicht man — wie in so vielen Fällen des täglichen Lebens — nicht durch hart fordernden »Konfrontationskurs«, sondern durch verständnisvolle Gespräche. Da für beide Gruppen der Naturschutz erheblich bereichernde Auswirkungen haben kann, sind Kompromisse zur Ruhigstellung von Schutzzonen sicher leicht zu erreichen.
— Eine dezente Beschilderung wie z. B. »Biotopschutzbereich. Bitte nicht betreten. Das Forstamt« wird von vielen Menschen durchaus respektiert.

Weitere Anregungen zum Naturschutz an Stillgewässern

Versumpfte Gräben

Auch versumpfte Gräben haben sich nicht selten zu kleinen Stillgewässern mit großem Wert für Pflanzen- und Tierarten und deren Vernetzung entwickelt. Am besten ist meist, wenn auf die Räumung ganz verzichtet werden kann (vgl. Kap. 5.2). Anderenfalls sollte die Räumung nur in der zweiten Jahreshälfte und auch nur abschnittsweise oder halbseitig in einem Jahr erfolgen. Besser noch sind kolkartige Verbreiterungen.

Angler

Angler sind im Grunde meist Naturfreunde, die es oft gut meinen, aber aus Unwissenheit leicht Fehler mit weitreichenden Folgen begehen können. Es empfehlen sich eine Bestandsaufnahme der noch vorhandenen heimischen Fischfauna und anschließende Überlegungen, welche Verbesserungen realisierbar sind. Ein Pachtpreisnachlaß bei öffentlichen Verpächtern zur Förderung von Schutzgebieten kann gemeinsam sicher leicht erzielt werden. Ebenso scheint als Ergebnis erreichbar, daß Pachtgewässer möglichst nicht bzw. nur kurz und in der

Abb. 53. Beispiel zur Trennung von Erholungs- und Naturschutzzonen (schematisch) an einer kleinen Talsperre.

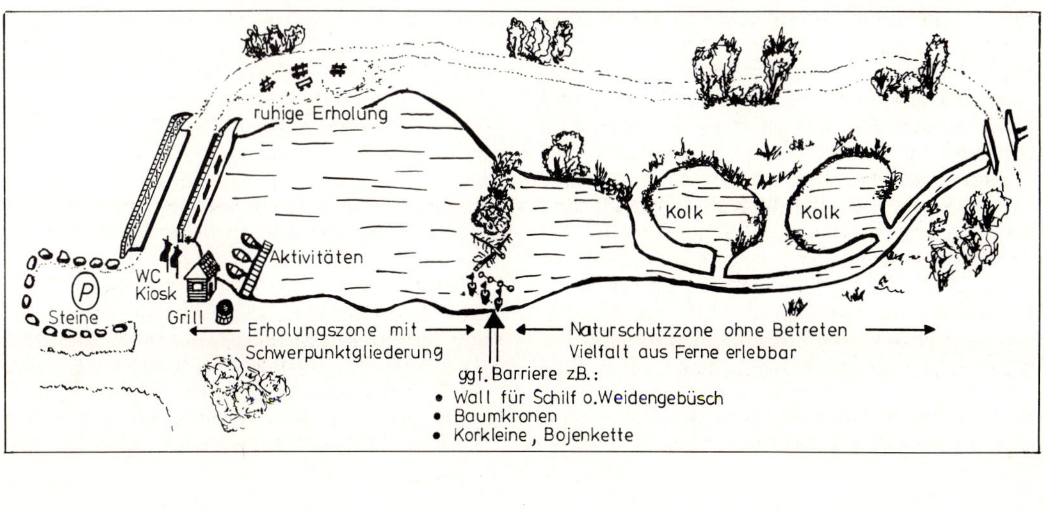

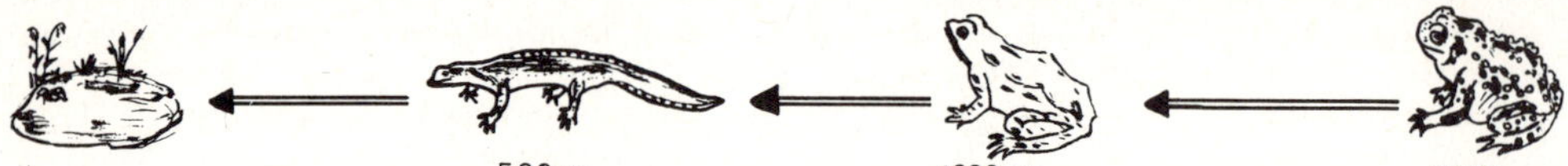

Abb. 54. Richtwerte für maximale Wanderstrecken einiger Amphibien vom Lebensraum zum Laichgewässer. (nach BUND)

Zeit zwischen September und November abgelassen werden und auf Kalkung verzichtet wird, um die Larvenentwicklung und Überwinterung von Insekten und Amphibien so wenig wie möglich zu beeinträchtigen. Ersatzbiotope — auch zur Ablenkung z. B. von Graureihern und Eisvögeln — können gemeinsam angelegt werden. Das beste Ergebnis einer Zusammenarbeit wird erzielt, wenn der Fischbestand nach Artenspektrum und Menge auf das ökologisch verträgliche Verhältnis zur Wassergröße abgestellt und so gepflegt wird, daß die übrige Natur keinen Schaden nimmt.

Straßenunterführungen für Amphibien

Es ist geradezu beglückend, mitzuerleben, wie sehr sich zunehmend die Bevölkerung auch mit tatkräftiger Hilfe dafür einsetzt, daß nicht so viele Amphibien bei ihrer Laichwanderung überfahren werden. Abfang- und Sammelaktionen sind schon fast überall üblich. Meist haben einige Publikationen der Presse ausgereicht, viele Menschen zu mobilisieren. Die Sympathie der großen Mehrheit ist diesen Menschen sicher, und die Öffentlichkeit bekommt zunehmend ein ausgeprägtes Gespür für negative Abläufe in unserer Natur. Die Wanderstrecken unserer Amphibien können beträchtlich sein (Abb. 54). Die dabei infolge der Standorttreue zu angestammten Laichplätzen zu überwindenden Straßen bedeuten für sehr viele Amphibien den unnatürlichen Tod. Nach einer Untersuchung in den Niederlanden starben 30 % der Erdkröten auf einer Straße, obwohl dort nur alle 6 Minuten ein Auto fuhr.

Besser als bloße Sammelaktionen auf Straßen sind das Aufstellen von unüberwindbaren Fangzäunen und das regelmäßige Leeren der Sammelbehälter. Langfristig allerdings kann auch das nicht die Lösung sein. Vielmehr erscheint es erforderlich, ausreichend Ersatzbiotope abseits der Straße anzulegen oder bei der Straße selbst technische Vorkehrungen zu schaffen, die ein Unterwandern der Straße durch kleine Tunnel und Zwangspässe ermöglichen. Beidseitig (wegen der Rückwanderung) muß dafür der Rand der Straßenkörper — z. B. durch Einbau von nach außen gerichteten, u-förmigen Betonfertigteilen (AFZ Nr. 7/1985) — so gestaltet werden, daß die Amphibien nicht auf die Straße gelangen können und dann im Abstand von höchstens 50 m einen nicht zu engen Rahmendurchlaß (mit Geröll und möglichst etwas Wasser in der Sohle) finden, den sie passieren können. Einem vermehrten Auftreten von Freßfeinden kann z. B. durch entsprechende Bepflanzung sowohl an den Wanderungsrändern als auch an den Tunnelein- und -ausgängen der Straße vorgebeugt werden. Straßenbauverwaltungen sind bei Bau- und Unterhaltungsmaßnahmen heute für derartige kostenaufwendige Vorkehrungen durchaus zu gewinnen.

Baufirmen engagieren

Erfreulicherweise sind heute viele Baufirmen (auch deren Chefs sind oft Naturliebhaber) gern bereit, für den guten Zweck von Biotopgestaltungsmaßnahmen Sonderkonditionen einzuräumen, und dies besonders dann, wenn die Baumaßnahme in Zeiten fällt, die ohnehin wenig Bautätigkeit haben.

Löschwasserstellen

Zusammen mit der Feuerwehr lassen sich bei entsprechender Aufklärung außerhalb der Fließgewässer Löschwasserstellen entsprechend DIN 14210 mit mindestens 1.000 m^3 Löschwasser, 2 m Tiefe, leichtem Gefälle zur jederzeit zu erreichenden Entnahmestelle, nicht über 5 m Saughöhe — d. h. ca. 4,5 m von der Wasseroberfläche bis zur Aufstellfläche der Pumpe — so herrichten, daß ohne Fischbesatz auch der Biotopschutz profitiert.

Stillgewässer durch Sprengungen

In Sonderfällen kann das Sprengen zur Schaffung von grundwassergespeisten kleinen Stillgewässern ein Verfahren sein, das dem Maschineneinsatz überlegen ist. Ich habe es dann ausnahmsweise angewandt, wenn der Untergrund besonders feucht (Gefahr des »Absaufens« der Raupe sowie ungewollter Flurschaden) und zugleich durch menschliche Einwirkungen die Oberfläche unnatürlich verarmt (wenige Grasarten, »Verfichtung«) war. Beispiel einer derartigen Sprengung:

— 250 Bohrlöcher mit Schlepperzaunbohrgerät 1 m tief vorgebohrt
— Verdichtung der Sprengsätze erfolgte durch Wasser, das gleich in den Bohrlöchern stand
— Abstand der Bohrlöcher 1,50 m
— in jedes Loch kam eine halbe 65er Ammon-Gelit-3-Patrone mit 1,25 kg (Versuche mit 2,5 kg/Bohrloch hatten kein sichtbar besseres Ergebnis gebracht)
— Zündung mit Moment-Zündern
— herausgeschleudert wurde Material aus bis zu 1,5 m Tiefe
— rd. 675 m Boden flogen in die Luft, kopfgroße Steine flogen bis 300 m weit.

Ergebnis: Frösche und Libellen am Rande dicht daneben liegender kleiner Tümpel (aus Testsprengungen) waren offensichtlich »unbeeindruckt«, da die Druckwelle v-förmig zum Himmel steigt. Bereits ein Jahr später waren eine reiche, früher nicht vorhandene Flora (etwa 50 Arten) und allein 8 Libellenarten sowie Grasfrösche und Erdkröten festzustellen. Zur »Verwilderung« und damit Anreicherung unnatürlicher Monotonie erscheint das Verfahren in Sonderfällen empfehlenswert, die »Genauigkeit« der Arbeit ist allerdings verständlicherweise dem Maschineneinsatz unterlegen.

Jäger fördern Stillgewässer als Hegeteiche

Sobald die Jäger den biologischen Wert von Stillgewässern erkennen und die ökologischen Zusammenhänge begreifen, sind sie besonders leicht für tätige Arbeit zu engagieren.

Bekanntlich besteht für Entenpopulationen ein Engpaß an Brutbiotopen. Das kann man in jedem Frühjahr beobachten, wenn Enten z. B. Gartenteiche zu besiedeln versuchen. Als Brutbiotope sowohl für Enten wie auch für andere Vogelarten sind Gewässerränder wegen des Wildwuchses als Dekkungsschutz hervorragend geeignet. Auch das Kleinklima wird verbessert, indem z. B. mehr Tau entsteht. Speziell die Wildpflanzen (Äsungspflanzen der Hühner) leben ja mehr vom Tau als vom Wurzelwasser. Tau ist auch erforderlich z. B. für den Bruterfolg der Fasanen, da die Henne mit dem feuchten Brustgefieder, das sie nach ihrem Ausgang zum Gelege mitbringt, auch den Eiern die nötige Brutfeuchtigkeit verleiht. Bei »Steppenklima« ohne Tau — z. B. in ausgeräumten Fluren — läßt das Schlupfergebnis merklich nach. An den Gewässern müssen für die Enten ausreichend Sitzmöglichkeiten vorhanden sein. Sie sind wichtiger als die Schwimmquadratmeter pro Tier. Wasserwild schwimmt nur mehr als daß es sitzt, wenn es Sicherheitsprobleme hat. Auf Anfüttern muß verzichtet werden. Wichtig im Interesse der jagdlichen Hege sind besonders auch die Insekten, die sich an Hegeteichen einstellen. Ein großer Teil der Insekten, welche die Lebensgrundlage für unsere Hühner bilden, sind heute Gewässerinsekten und nicht etwa Insekten des »warmen Landes«.

Stillgewässer als Schulweiher oder Gartentümpel

Da gerade Kinder unbedingt an die Natur herangeführt werden sollen, sind naturnahe Schulweiher oder Gartentümpel (für die Familie) immer dann besonders empfehlenswert, wenn im Umfeld auch ein hinreichender Lebensraum für die sich einstellenden Tierarten entwickelt werden kann. Schon Kleinstanlagen von nur wenigen Metern Durchmesser können bereichernd sein. Lehrer können praxisnahe Unterrichtsinhalte für Kinder aller Altersgruppen — von einfachen Bestimmungsübungen und Lebensraumuntersuchungen bis zu bio-chemischen Wasseranalysen — entwickeln, die Kinder bei pädagogisch richtiger Gestaltung für ein Leben lang prägen (Abb. 55).

Wer ist aufgerufen?

— Der Teichwirt profitiert von der Ablenkung der Graureiher.
— Den Angler interessiert die Erhaltung der Kleinfischarten als notwendige Glieder der Lebensgemeinschaften im Wasser.
— Der Jäger freut sich über Stock- und Krickenten an Tümpeln, über Deckung, Suhlen, Tränken und Nahrung, die hier Fasanen, Rebhühner, Schnepfen und Schalenwild finden.
— Der Zoologe findet ein Objekt des Forschens.
— Der Lehrer findet die Möglichkeit zu praxisnahem Biologieunterricht.
— Kinder finden über die Lebensfülle eines Tümpels wieder Zugang zur Natur.
— Forstleute, Botaniker, Ornithologen, Fledermauskenner, Aquarianer freuen sich über die Artenvielfalt.
— Der Fremdenverkehr freut sich über deutliche Impulse, die von einer naturnahen Gewässerlandschaft für deren Erholungseignung ausgehen.
— Segler und Surfer wollen naturnahe Gewässer und nicht stumpfsinnige Wasserbecken.

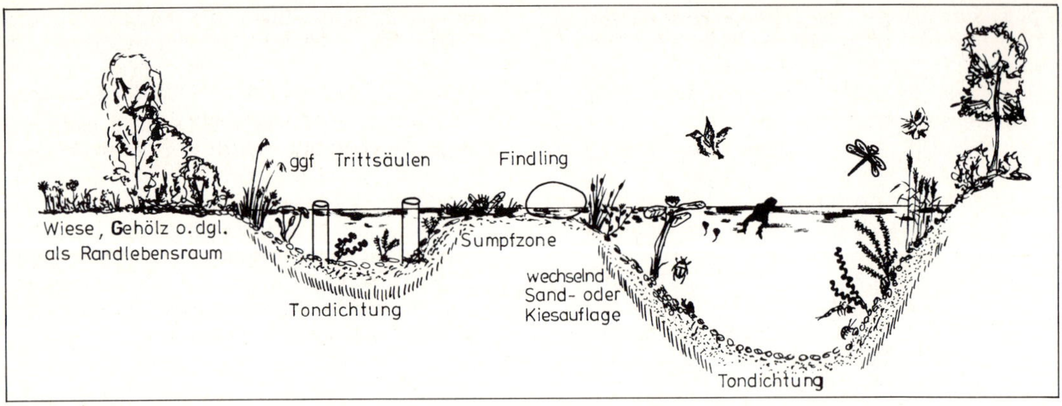

Abb. 55. Abwechslungsreich gestalteter Schulweiher oder Gartentümpel mit Ton-Grundabdichtung. Natürliche Vielfalt bei Flora und Fauna, ausreichend Lebensraum im Randbereich.

— Bürgermeister, Stadtdirektoren und Kommunalpolitiker freuen sich, wenn sie etwas für die Daseinsvorsorge und Lebensqualität der Menschen tun können.
— Der Naturparkträger weiß, daß über naturnahe Stillgewässer der Wert der Landschaft erheblich zu steigern ist.
— Behörden, Flurbereinigungs- und Wasserbauämter sowie Bürgerinitiativen finden ein dankbares Feld einer fruchtbaren Zusammenarbeit im Interesse der Allgemeinheit.

Diese Reihe könnte man beliebig weiterführen, im Grunde wollen wir alle das gleiche, uns fehlt oft nur die Information darüber, das zu erkennen, was wir wirklich wollen, wenn wir Eigennutzdenken einmal außer acht lassen. Warum handeln wir nicht? An ortsansässigen fachkundigen Beratern und Betreuern fehlt es sicher nicht!

7 Naturschutz durch Angler?

»Alles ist relativ. Für den Regenwurm sind Erdarbeiten etwas wesentlich Vergnüglicheres als Angeln!«
C. A.

Wunsch und Wirklichkeit

Von der ursprünglichen Motivation, dem Eifer, Zeit- und Geldaufwand sowie von der großen Anhängerschaft her — es gibt ca. 1,2 Mio Angler in der Bundesrepublik Deutschland — existiert neben der Gruppe der Jäger kaum eine andere, für die aktiver Naturschutz so bedeutsam ist wie für die Angler. Das liegt an der Tatsache, daß die Freunde der Fischwaid auf intakte Gewässer angewiesen sind. Je mehr man in die Natur investiert, desto mehr wirft sie an nutzbarem Überschuß ab. Diese Zusammenhänge sind leider immer weniger Anglern bekannt, und immer häufiger werden zwischen Anglern und Ornithologen oder anderen Naturschützern die schon deshalb überflüssigen Kollisionen, weil Natur- und damit auch Vogelschutz zu den satzungsgemäßen Aufgaben und überlieferten Idealen der Angler zählen. Hier haben sich Differenzen entwickelt, die am besten die Angler selbst, daneben aber auch die Verpächter und Behörden schnell begreifen und ändern sollten. Dazu gehört der Verzicht auf die in manchen Fischereigesetzen (z. B. Niedersachsen) vorgesehene Privilegierung von Angelvereinen, die eine Anpachtung von Gewässern z. B. durch Naturschutzorganisationen fast unmöglich macht und deshalb örtlich dafür verantwortlich sein kann, daß auch die letzten Naturoasen der Übernutzung, Faunenverfälschung oder Zerstörung preisgegeben werden.

Abb. 56. Vom entspannt am idyllischen Gewässer hockenden und sich in die Natur angemessen einfügenden Angler zum Bau von völlig naturfremden Hälterbecken mit Riesenmengen von Zuchtfischen, mit einträglicher Ausgabe von Angelkarten, Einzäunung gegen Unbefugte, Abwehrmaßnahmen gegen Graureiher, Geräteschuppen und anschließendem Wochenendhaus bedarf es heute dank technischer Möglichkeiten nur weniger Schritte. Ob mit oder ohne Genehmigung oder gar Förderung durch besondere persönliche Beziehungen auf der Ortsebene, auf der Strecke bleibt stets die Natur. Molche, Frösche, Kleinfische, Libellen, Feuchtgebietsvögel und viele andere Arten haben hier keine Überlebenschance. Auf der Strecke bleibt somit stets auch das Naturerlebnis für die Angler selbst und für alle anderen Erholungssuchenden. (Foto: Dahl)

Tatsächlich gibt es wohl nur wenige Vereine in der Bundesrepublik, deren Hobby in den letzten 20 Jahren einen derartigen Aufschwung und damit leider auch eine gewisse Verlagerung der einstigen Ideale erfahren hat wie die Angelvereine. Hier zeigt sich deutlich ein Zusammenhang mit der zunehmenden Urbanisierung, Industrialisierung und sonstigen Umweltbelastung, der unsere Sehnsucht nach Ersatzhandlungen in der »unverfälschten« Natur sehr deutlich schürt. Sicher dürfte vielen — insbesondere älteren — Anglern gerade diese Entwicklung selbst »ein Dorn im Auge« sein.

Schon die Bezeichnung »Sport«-Angeln war früher nicht üblich, der »Sport« hatte beim Angeln, dem stillen Genießen der Natur am Gewässer eigentlich nichts verloren, ganz abgesehen davon, daß ein »Sport«, der im Fangen und ggf. Wiederaussetzen von Tieren besteht, sowohl nach ethischen wie auch tierschützerischen Gesichtspunkten bedenklich erscheint. Man fühlte sich eins mit der Natur, man hegte, pflegte und schützte sie und freute sich über seinen Fisch am Haken, den die Natur hat wachsen lassen. Wie selbstverständlich fügte man sich ein in das reiche natürliche Geschehen am Ufer und im Wasser, genoß das vielstimmige Konzert der Frösche und Vögel, deren Brut und Lebensräume man mied. Ganz anders heute (von Ausnahmen abgesehen): Sehr zum Leidwesen der ökologisch informierten Spitzenvertreter der Angel-Verbände stieg mit zunehmender Mitgliederzahl der Druck auf die Gewässer. Vom Kleinstgewässer angefangen, wurde praktisch alles durch die Vereine in Pacht genommen, was nur eben möglich war, und dann natürlich mit Fischen besetzt, wie sie der Markt gerade preiswert hergab: Arten, Rassen, Mengen spielten häufig zunächst keine so große Rolle. Alles was schwimmen konnte, war interessant. Und wo die natürlichen Gewässer nicht ausreichten, dort legte man eben neue an. Die im Bundesgebiet zigtausendfach zu beobachtende Abfolge

— Bächlein oder Quellhorizont in der Wiese
— Maschine her und Tümpel angelegt
— billige Fische von irgendwo eingesetzt
— Abwehrdrähte oder Netze gegen Graureiher
— Zaun drum, damit auch niemand klaut
— kleines Hüttchen »nur« für die Geräte
— kleiner Anbau für ein Bett
— nach einigen Jahren steht ein ansehnliches Wochenendhaus, geeignet sogar zur Vermietung mit Angelmöglichkeit...

paßt ebenso in diesen Trend, wie die um sich greifende Kommerzialisierung. Mit zunehmender Mitgliederzahl und steigendem Absatz von Angelkarten — inzwischen ein lukrativer Touristenzweig — stieg der Geldumsatz. Man kann es sich leisten, immer mehr fangreife Fische — z. B. Regenbogenforelle oder Saibling, um nur zwei fremde »Einwanderer« zu nennen — oder Riesenmengen von Jungfischen auszusetzen und auch mit Futter nicht zu sparen: Mehr Petri-Heil bedeutet mehr Geld! Was dabei auf der Strecke blieb, ist in vielen Fällen die »Biologie« unserer Gewässer. Es gibt heute keine natürlichen Lebensräume in der Bundesrepublik, die einer vergleichbar intensiven und ständigen Faunenverfälschung und Zerstörung unterworfen werden wie die Gewässer.

Wenn man zusammen mit ökologisch informierten Anglern wirkliche Besserungen erreichen will — und viele positive Ansätze von Angelvereinen ermuntern dazu! — dann erscheint es zunächst angebracht, durch Schilderung eines Beispieles zu kennzeichnen, was im Interesse der Angler selbst zu vermeiden ist (nach Tamm, 1981):

> 300 m langer Altarm der Lahn: Bis 1978 sehr reicher Lebensraum mit vielen seltenen Pflanzen- und Tierarten der Roten Liste. Das Gebiet »pulsierte« förmlich durch vielfältigstes Leben. Besonders reiche Flora bei Laichkräutern, Schwimmblattpflanzen und Röhricht. Ein üppiger Erlenbewuchs schirmte das Gebiet vom Umland ab. Für diesen letzten naturnahen Altarm am Ober- und Mittellauf der Lahn lief bereits das Verfahren zur Naturschutzgebietsausweisung. Da beantragte der Sportfischerverein, einen Teil vom übermäßigen Pflanzenbewuchs befreien und das Gebiet geringfügig vertiefen zu dürfen. Die Naturschutzbehörde genehmigte — gutgläubigerweise — den Antrag. Ergebnis: 9/10 der Gesamtfläche wurden ausgebaggert, der Altarm wurde durch Absteilung der Uferböschung verbreitert. Die gesamte Wasser- und Ufervegetation wurde vernichtet, die Ufererlen wurden gerodet. Die steile Uferböschung wurde mit Rasen angesät. Der Altarm liegt nun nackt und steril wie eine Badewanne in der Landschaft. Die Ufer sind kahl und ungeschützt, größere Wasserpflanzen fehlen. Eine natürliche Verjüngung des Fischbestandes dürfte nicht mehr erfolgen. Geangelt wird nur noch, was vorher eingesetzt worden ist. Das Wachstum der Fische ist auf Zufütterung angewiesen. Man könnte die Fische ebenso im Betonbecken oder im Aquarium halten. Sie sind keine Wildtiere mehr, die in die natürliche Lebensgemeinschaft eines intakten Gewässers eingebaut sind, sondern sie gleichen Mastschweinen im Stall. Alle Naturschutzpläne sind hinfällig, alle Pflanzen- und Tierarten der Roten Liste sind verschwunden. Alle Proteste des Naturschutzes fanden bei dem Sportfischerverein kein Verständnis. Dieser besonderen Spielart von Petrijüngern scheint es wichtiger zu sein, auf ausgeräumter Flur mit dem Auto direkt bis ans Wasser fahren zu können und aus offener Tür heraus bei eingeschaltetem Autoradio angefütterte Haustier-Karpfen im Einheitsformat von der Einsatzserie des Vorjahres in großer Zahl zu fangen, als in der Ruhe eines letzten Stückes Gewässerwildnis, umgeben von vielfältigen Lebensformen, echter Fischwaid auf natürlich aufgewachsenes Schuppenwild nachzugehen. Dem Eingriff folgten weder Einsicht noch Bedauern, wie Stellungnahmen von Vereinsvertretern in der Regionalpresse offenbarten.

Dieses Beispiel erscheint kennzeichnend für zwei Mißstände, die in der Bundesrepublik Deutschland leider sehr häufig zu beklagen sind:

— Die Menschen der Industriegesellschaft haben eine tiefergehende Beziehung zur Natur und ein fundiertes Wissen über das Wirkungsgefüge in der Natur verloren und können auch nicht ihre eigene Abhängigkeit von den natürlichen Lebensgrundlagen erkennen. Sie pflegen deshalb häufig sehr rücksichtslos vorzugehen.

Persönliche, falsch verstandene Erholung geht kompromißlos vor Naturschutz.
— Die Behörde hat infolge fehlender Qualifikation der entscheidenden Mitarbeiter — oder auch infolge anderer Abhängigkeiten — die beantragte Maßnahme unterschätzt und eine vermeidbare Maßnahme gebilligt, die mit der Zerstörung eines vielfältigen Lebensraumes nicht nur den Tod von Millionen von Lebewesen, sondern auch die Vernichtung eines hervorragenden Erholungsraumes für die Allgemeinheit bedeutet hat.

Es geht, bei Lichte besehen, um viel mehr als nur um Vögel oder um Schilf, es geht um ganze Ökosysteme, die hochgradig gefährdet sind und für die Allgemeinheit große Bedeutung haben (vgl. Kap. 2). Bei Kenntnis der ökologischen Zusammenhänge werden Angler z. B. brütende wie auch überwinternde Entenarten in naturnahen Gewässern geradezu begrüßen, da das Kurzhalten der Wasserpflanzenvegetation — das Nahrungsangebot bestimmt die Entenmenge! — für das Ökosystem lebenswichtig ist. Das gelingt nur, wenn die Enten vom Menschen ungestört sind. Bei überwinternden »Gastenten« wird die fast 100 %ige Nutzung durch die Wanderung ermöglicht. Die Enten erscheinen erst, wenn die Pflanzen ihr höchstmögliches Wachstum erreicht haben, und fliegen nach Hause in den hohen Norden, wenn sie alles abgeerntet haben. Dieser Kahlfraß hat bedeutende ökologische Konsequenzen: Ohne ihn würden die Wasserpflanzen an den Grund der Gewässer sinken, dort verfaulen und dem Wasser Sauerstoff entziehen. Indirekt sind also die Enten für einen hohen Fischbestand verantwortlich (Kurt, 1982). Das gilt besonders dort, wo infolge von Abwassereinleitungen die Eutrophierung infolge der Düngung groß ist.

Richtiges Verhalten und Handeln am und im Gewässer bedeutet allerdings für jeden Angler — zumindest aber für die Verantwortlichen — eine recht genaue Kenntnis zunächst darüber, was die rapide Artenverarmung unserer Feuchtgebiete ökologisch bedeutet (vgl. Kap. 4) und welche Gefahren damit verbunden sind. Dazu gehört nicht zuletzt auch das Wissen um die Auswirkungen von Störungen, die unbewußt und ungewollt von jedem Angler ausgehen können (vgl. Kap. 14). Wenn ein Angler über diese Dinge gründlich informiert ist, wird er derjenige sein, der am meisten für die Renaturierung und allgemeine ökologische Verbesserung unserer Gewässer zu tun bereit ist. Er weiß dann auch, daß z. B. ein Graureiher durchaus nicht nur Fische, sondern gewichtsmäßig ein Mehrfaches an Insekten, Würmern, Amphibien und Mäusen frißt und nur dann an einem Gewässer lästiger werden kann, wenn es im Übermaß voller »behältergezüchteter Verhaltenskrüppel« steckt, die keine naturnahe Deckung (z. B. Unterstände, Röhrichtzone) mehr annehmen können. Die besten Mittel, lästige Konkurrenzsituationen zwischen Graureiher und Fischereiinteressen zu beseitigen, sind die ökologische Verbesserung bestehender Verbauungen und die konsequente Renaturierung der Gewässer (Staub, 1985).

Die Kenntnis darüber, daß scheue Wasservogelarten häufig eine Fluchtdistanz von 100 m haben (vgl. Kap. 14) und daß ein ruhig dasitzender und wurmbadender Angler auch in einer Schilfzone die Vogelwelt in einem Umkreis von mindestens 50 m so gravierend stört, daß beim mehrstündigen Aufenthalt das Gelege und damit der gesamte Jahresnachwuchs aufgegeben werden kann, wird für einsichtige Petri-Jünger Anlaß genug sein, selbst dafür zu sorgen, daß während der Brutzeit — möglichst April bis Juli — der gesamte Brutbereich der in Frage kommenden Vogelarten nicht betreten wird (die Wasservögel zählen zu den meistgefährdeten Vogelarten in der Bundesrepublik Deutschland).

Ganz bewußt sollte der Angler für eine Regelung und Selbstbeschränkung den Rat des örtlichen Vogelschutzbundes einholen (Abb. 57). So ergeben sich schon von selbst Anknüpfungspunkte zu einer fruchtbaren und heute so wichtigen Zusammenarbeit. Sollte es sich bei dem Angelgewässer um ein wichtiges Überwinterungsquartier handeln, werden auf diesem Wege sicher auch wertvolle Hinweise für Schutzvorkehrungen zu erreichen sein (Dezember bis April). In den meisten Fällen dürfte eine Einschränkung auf bestimmte Hauptzeiten oder auch auf bestimmte Uferzonen zu begren-

Abb. 57. Zahl der Wasservogelnester in Abhängigkeit von der Anwesenheit von Anglern (oder anderen Menschen) im Vogelschutzgebiet Hagenauer Bucht. (nach Reichholf, 1979)

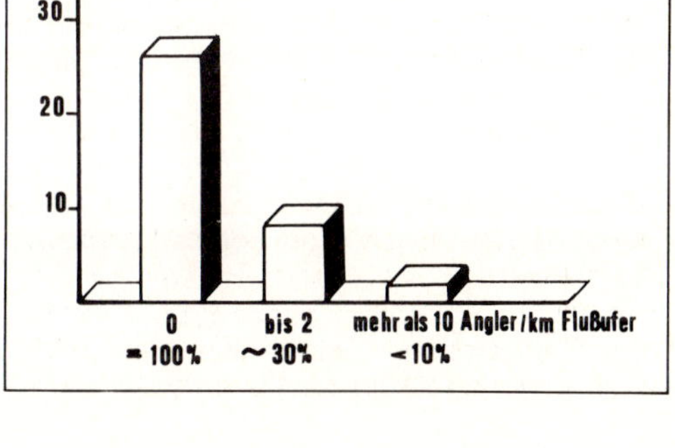

zen sein. Allerdings ist zu betonen, daß jeder Bootsverkehr (also auch das Angeln vom Boot aus) gerade auch die Zug- und Überwinterungsvögel empfindlich stören kann (vgl. Kap. 14) und deshalb streng zu begrenzen sein wird.

Gemeinsam z. B. mit den Ornithologen und den Jägern lassen sich auch Regelungen finden, den Boots- und Surfbetrieb, der allen Interessen sehr schaden kann, räumlich (z. B. durch Bojenketten oder Korkleinen) oder zeitlich zu beschränken. Die Angler werden bei richtiger Information aller ökologischen Zusammenhänge und Bereitschaft zu angemessener Selbstbeschränkung schnell erkennen, daß es viele Interessengruppen auf Ortsebene gibt, mit deren Hilfe sie gemeinsame Ziele besser erreichen können.

Zur gesetzlichen Aufgabe der Angler

Ähnlich wie die Jäger haben insbesondere auch die Angler das Problem der »schwarzen Schafe«, mit dem sie nicht fertig werden können, solange es keine Zwangsmitgliedschaft gibt und ein Verbandsausschluß Lizenzentzug bedeuten würde. Jeder aktive Naturschützer muß wissen, daß nur etwa die Hälfte der Angler in der Bundesrepublik Deutschland organisiert ist. Insofern ist es durchaus denkbar, daß bei Verstößen von Anglern gegen wichtige Ziele des Naturschutzes die organisierten Angler mit anderen Verbänden gemeinsam gegen die »schwarzen Schafe« vorgehen, da die meisten Wünsche der Naturschützer tatsächlich in Fischereigesetzen bzw. im Artenschutzprogramm des Verbandes Deutscher Sportfischer (VDSF) enthalten sind.

Nach dem Artenschutzprogramm ist z. B. jeder Fischer verpflichtet, mit aller Kraft dafür einzutreten, daß für die gefährdeten Fischarten wieder naturnahe Lebensräume geschaffen werden. Bei der fischereiwirtschaftlichen Nutzung der Gewässer müssen die ökologischen Erfordernisse vor den wirtschaftlichen Erwägungen Vorrang haben. Wenn man bedenkt, wie unsere Gewässer heute aussehen,

> begradigt, verbaut, betoniert, verrohrt, verschmutzt, verschlammt, versandet, giftbelastet, entblößt von natürlicher Vegetation, zerstückelt durch zahlreiche Wehre und andere unpassierbare Einbauten, Bach- und Flußstaue, störende Nachbarflächen (Straßen, Landwirtschaft, Campingplätze, Bebauung) usw.,

dann sollte eigentlich jedem klar sein, daß Angler bei richtiger Information die besten Verbündeten sein können. Mit den Anglern zusammen kann man Pflegeausbau zur Biotopverbesserung fordern, weil es den gesetzlich und verbandsmäßig festgelegten Zielen entspricht. Der praktische Naturschutz wird erkennen, daß er die Angler zur Arterhaltung und kontrollierten Wiedervermehrung der gefährdeten Fischarten unbedingt benötigt. Betrachtet man die Liste der bedrohten Fischarten, so erkennt man, daß der größte Teil in Fließgewässern oder in mit diesen in Verbindung stehenden Stillgewässern vorkommt. Man kann davon ausgehen, daß es möglich ist, alle mitteleuropäischen Fischarten der kontrollierten Vermehrung zu unterziehen, und dies wird niemand besser realisieren können, als die Angler selbst.

Allerdings wird ein Fischbesatz mit gefährdeten Arten nur Sinn haben, wenn

a) die übrigen Fischpopulationen art- und mengenmäßig angepaßt sind,
b) der Fischbestand durch ein einmaliges Fischsterben ausgerottet und die Ursache beseitigt worden ist,
c) ein neuer Lebensraum entstanden und naturnah gestaltet worden ist und die natürliche Besiedelung nicht in kurzer Frist zu erwarten ist,
d) der Zugang zu den Laichplätzen gestört ist,
e) ein ursprünglich weitgehend zerstörter Lebensraum durch wasserbauliche und abwassertechnische Maßnahmen und biologische Randgestaltungen wieder renaturiert worden ist und nun wieder besiedelt werden kann (Stein, 1981).

Auch die folgenden Auszüge aus dem »Merkblatt über die Grundzüge der fischereilichen Bewirtschaftung von Gewässern« (Haß, Nds. Landesverwaltungsamt-Binnenfischerei, 1984) können Grundlage einer Zusammenarbeit sein, da es sich um Erläuterungen gesetzlicher Vorgaben handelt, die dem Naturschutz an Gewässern dienen sollen:

— Fischereiberechtigte und Fischereipächter sind verpflichtet, einen der Größe und Art des Gewässers entsprechenden Fischbestand zu erhalten und zu hegen. Zu einem solchen Fischbestand gehören auch die fischereilich nicht genutzten sowie die seltenen oder bedrohten Arten, so daß Hege und Artenschutz nicht trennbar sind.
— § 42 des Niedersächsischen Fischereigesetzes erweitert die Pflicht zum Betreiben eines Artenschutzes sogar auf alle Tier- und Pflanzenarten. Den Erfordernissen des Artenschutzes aber kann in der Regel nur dann Rechnung getragen werden, wenn sich die fischereiliche Bewirtschaftung eines Gewässers auf die Fischarten stützt, die bereits in

ihm vorkommen. Eine »Bereicherung« des Artenspektrums durch Einbürgerung anderer Arten hat zu unterbleiben. Das Aussetzen von nicht heimischen Fischarten entspricht weder den Vorstellungen der im VDSF organisierten Fischer noch den Normen der Fischereigesetzgebung. Leicht kommt es damit zur Gefährdung der Fischbestände (durch Krankheiten oder Parasitenbefall) oder der Gewässerflora (z. B. durch den Grasfisch).

— Fang und natürliche oder besatzbedingte Bestandsergänzungen müssen sorgfältig aufeinander abgestimmt werden. Zwischen Befischungsintensität und Nachwuchsrate der Fische muß ein Gleichgewicht bestehen. Gleichbleibender jährlicher Routinebesatz ohne Berücksichtigung der tatsächlichen Bestandsentwicklung ist abzulehnen.

— Durchschnittsgewicht und Stückzahl der gefangenen Fische — für jede Art gesondert betrachtet — geben die Kontrollwerte, nach denen der Fang zu erhöhen oder zu verringern ist. Allgemein gilt: Durchschnittsgewicht der gefangenen Fische zu gering: Stärker befischen, damit weniger Fische im Gewässer zurückbleiben und das einzelne Individuum mehr Nahrung bekommt. Ggf. als Begleitmaßnahme den Besatz verringern.

Durchschnittsgewicht der gefangenen Fische zu hoch: Schwächer befischen, damit mehr Fische im Gewässer zurückbleiben und möglichst alle Naturnahrung auch genutzt wird. Ggf. als Begleitmaßnahme Besatz erhöhen, jedoch unter allen Umständen Überbesatz vermeiden.

— Fischereiliche Bewirtschaftungsmaßnahmen stellen Eingriffe in die natürliche Bestandsentwicklung dar. In der Regel ist es ihr Hauptziel, die Häufigkeit der einzelnen Fischarten innerhalb des Gesamtbestandes zugunsten der besonders gefragten Arten zu verschieben. Dabei muß äußerst vorsichtig vorgegangen werden, da keine der zur natürlichen Lebensgemeinschaft gehörenden Fischarten im Bestand zu sehr verringert oder sogar ausgerottet werden darf. Wer z. B. in einen Bach so starken Salmonidenbesatz einbringt, daß durch Nahrungskonkurrenz oder Wegfraß Arten wie Mühlkoppe oder Elritze selten werden oder verschwinden, hat die zulässigen Grenzen weit überschritten und verstößt gegen die gesetzlich vorgeschriebene Hegepflicht. — Bei der Einführung neuer Tier- und Pflanzenarten ist die Gefahr negativer Beeinflussung vorhandener Lebensgemeinschaften besonders groß. Daher muß die fischereiliche Bewirtschaftung eines Gewässers in der Regel mit den bereits vorkommenden Fischarten erfolgen. — Sowohl Überbesatz als auch Überfischung sind nicht mit der Hegepflicht vereinbar. — Oft werden Fische eingesetzt, die ihr Hauptwachstum bereits hinter sich und ein etwa gesetzlich festgelegtes Mindestmaß überschritten haben und somit fangreif sind. Sie nehmen im Gewässer nicht mehr an Länge und Gewicht zu und »warten« praktisch nur darauf, daß sie jemand wieder herausfängt. Bei dieser sogenannten Hälterangelei wird wiederum gegen den Grundsatz der möglichst guten Ausnutzung der Naturnahrung für den Zuwachs verstoßen. Sie ist daher im Regelfall abzulehnen. — Bei Planung und Durchführung von Veranstaltungen sind die am und im Gewässer vorkommenden Tiere und Pflanzen besonders zu berücksichtigen, um den Eingriff so schonend wie möglich zu gestalten. Durch Anfüttern der Fische darf keine Gewässerverschmutzung verursacht werden. Eine sinnvolle Verwertung der gefangenen Fische muß unbedingt gewährleistet sein. — Als Sprecher von mehr als einer Million Sportfischern in der Bundesrepublik Deutschland gehört der VDFS auch dem Deutschen Naturschutzring an.

Weitere Anregungen zum Naturschutz durch Angler

Ufervegetation

Die Ufervegetation (unter Wasser, am Wasserrand und außerhalb der Gewässer) ist der entscheidende Lebensbereich der Gewässerökosysteme (vgl. Kap. 5 und 6). Die Angler sollten alles daran setzen, diese Zonen — ggf. auch mit hohem finanziellen und technischen Aufwand — naturnah zu gestalten und streng zu schützen. Das kann von der Herstellung weiter Flachufer bis zur Anlage von geschützten Inseln reichen. Auf die Empfindlichkeit bestimmter Pflanzen (z. B. Schilf, vgl. Kap. 5 und 6) ist durch besondere Schutzvorkehrungen (z. B. gegen Betreten bzw. gegen Wellschlag vom Wasser) Rücksicht zu nehmen. Schilfverlandungsbereiche sind ökologisch außerordentlich wertvoll und sollten durch keinerlei Maßnahmen gefährdet werden. Sie dienen im übrigen der natürlichen Reproduktion der Fischbestände. »Säuberungsaktionen« an den Ufern (Freischneiden von Gehölzen, Auskoffern von Schilfbereichen, Beseitigung sonstiger Ufervegetation) sollten unbedingt unterlassen werden.

Gewässerschauen von Unterhaltungsverbänden
Regelmäßig — meist jährlich — halten die Wasserunterhaltungsverbände ihre Gewässerschauen ab. Dabei werden die Fließgewässerabschnitte von einer Kommission durchgehend begangen und vor Ort die zu treffenden Maßnahmen besprochen und entschieden. Das ist der beste Zeitpunkt, mit den Entscheidungsträgern einvernehmlich ökologisch gute Regelungen festzulegen. An allen Schauen sollten unbedingt ökologisch gut informierte Angler teilnehmen. Am besten ist, wenn dabei Angler, Jäger, Ornithologen und andere Naturschutzvertreter gemeinsam auftreten.

Entwicklung neuer Gewässer
Angler sollten sich rechtzeitig in die Planung und Entwicklung neuer Teiche (z. B. Kiesabbau) einschalten und uneigennützig auf die Entwicklung großer Biotopschutzzonen von mindestens 30 % Anteil hinarbeiten, die vielfältig zu gestalten sind (vgl. Kap. 6) und von vornherein so geplant werden sollten, daß ein Begehen für jedermann vom Ufer (z. B. Umlaufgräben) und ein Stören vom Wasser (z. B. durch dem Ufer vorgelagerte Flachbereiche, die sich begrünen) ausgeschaltet werden kann.

Gewässerverschmutzungen
Die Aufdeckung und Verfolgung von Gewässerverschmutzungen ist eine hochrangige Naturschutzaufgabe für Angler. Für diese wichtige Aufgabe sind bei den anderen Verbänden (Jäger, Ornithologen, Naturschutzvereine u. a.) sicher weitere Helfer zu gewinnen.

Hälterangelei als Familienspaß
Eigentlich sollte der bloße Gedanke, dutzendweise frisch ausgesetzte Einheits-Portions-Forellen aus einem sterilen Fischhälterbecken zu ziehen, auch in Anglerkreisen ähnlich grotesk gewertet werden, wie in Jägerkreisen das Schießen auf Wild in Kleingattern. Das sind dekadent-neurotische und von Geschäftemachern forcierte Zeiterscheinungen, die ethisch wie tierschützerisch nicht zu verantworten und keinesfalls mit den Grundsätzen der Waidgerechtigkeit zu vereinbaren sind. Auch in der Presse sollten Angler — möglichst zusammen mit anderen Interessenvertretern — deutlich dagegen »Sturm« laufen.

Fischbesatz
Oberstes Ziel ist, alle Gewässer biologisch so zu beleben, daß sich auch Fische selbst wieder reproduzieren können. In Gewässern mit entsprechenden Laich- und Schutzzonen dürfte dieses Ziel schrittweise zu erreichen und dann auch ein Verzicht auf jegliches Aussetzen möglich sein. Zielstrebig sollte man darauf hinarbeiten und rechtzeitig Vorkehrungen für möglicherweise zunehmende Probleme im Verhältnis »Pachtgewässergröße und Mitgliederstand« treffen.

Selbstbeschränkung an den Gewässern
Zusammen mit den Jägern, Ornithologen und anderen Naturschutzverbänden sollte man gewisse allgemeingültige Selbstbeschränkungen anstreben, die dann gemeinsam auch gegenüber konkurrierenden Interessen — z. B. Wassersport — praxisnah durchgesetzt werden könnten. Eine Beschränkung der Zahl der Standplätze, zeitliche oder räumliche Aussparungen, Verzicht auf Stege in bestimmten Zonen und dgl. sollten künftig im Interesse des Naturschutzes, im Interesse der Allgemeinheit und im eigenen Interesse keine Ausnahme mehr sein. Bei mehreren nah beieinanderliegenden kleineren Gewässern lassen sich zusammen mit den anderen Interessenvertretungen möglicherweise auch sinnvolle Regelungen treffen, die wechselnd mal das eine, mal das andere Gewässer freigeben. Bei der Bewirtschaftung von Fließgewässern empfiehlt sich neben der Zusammenarbeit mit fachfremden Verbänden (einschließlich der Wasserunterhaltungsverbände) auch die Koordination mit Anglern anderer Gewässerabschnitte. In vielen Gebieten werden in alle Gewässerabschnitte der verschiedenen Angelvereine zentnerweise fast fangreife Forellen selbst in kleine Bäche ausgesetzt. Meist erfolgen derartige Maßnahmen an nur wenige Kilometer voneinander entfernten Stellen. Dadurch kann der Bestand an Kleinfischen und Wasserinsekten sehr stark reduziert werden. Ein natürliches Gleichgewicht zwischen Räuber (Forelle) und Beute (Kleinfisch) kann sich nicht einstellen, da aus Nahrungsmangel abwandernde Forellen immer wieder durch Neueinsetzungen ergänzt werden. Dieses Ungleichgewicht bewirkt unter anderem, daß dem Eisvogel, der auf diese Kleinfische und Wasserinsekten angewiesen ist, die Nahrungsgrundlage entzogen wird. Er kann also selbst bei Vorhandensein von Brutmöglichkeiten diese Bachabschnitte nicht besiedeln und sie auch nicht als Überwinterungsrevier nutzen (Bunzel, 1979).

8 Wiederbelebung unserer Moore

»Die Schurken sind immer praktisch tüchtiger als die ehrlichen Leute, weil ihnen die Mittel gleichgültig sind.«
F. Grillparzer

Moore sind Anhäufungen von Pflanzenresten, die infolge von Sauerstoffmangel in der vernäßten Oberfläche nur unvollständig abgebaut werden. Sie bauen sich aus unterschiedlichen Torfschichten auf. Die Sauerstoffarmut verhindert den Abbau organischer Substanz im Untergrund, so daß heute noch aus der gut erhaltenen Zusammensetzung der Pollenarten in den Moorschichten ein genaues Bild von der Artenzusammensetzung der Wälder der letzten 15 bis 20.000 Jahre (Nacheiszeit) in der Umgebung ermöglicht wird. Als extreme Lebensräume haben Moore in der deutschen Kulturentwicklung immer eine Sonderstellung eingenommen, die sich auch in der Malerei und Literatur niederschlägt. Man unterscheidet zwei Hauptformen: Hochmoore und Niedermoore.

— **Niedermoore** liegen im Einflußbereich des Grundwassers. Sie gehen in der Regel aus der Verlandung nährstoffreicher (eutropher) Stillgewässer hervor. So sind die charakteristischen Pflanzengesellschaften der Niedermoore stets auf einen gewissen Nährstoffreichtum angewiesen. Entsprechend der Vegetationsabfolge (Sukzession) eines zum Niedermoor verlandeten Gewässers findet im einfachsten Fall folgende Entwicklung statt (DNR, 1980): Schilfröhricht —> Seggenried —> Weiden —> Faulbaumgebüsch —> Erlenbruchwald.

  Niedermoore sind relativ artenreich und enthalten viele Pflanzen- und Tierarten der »Roten Liste« (z. B. Käfer, Schmetterlinge, Libellen, Vögel).

— **Hochmoore** haben keine Verbindung zum Grundwasser, werden ausschließlich über das Niederschlagswasser gespeist und können nur im kühlen Klima und nur dort entstehen, wo die gleichmäßig im Jahr verteilte Niederschlagsmenge größer ist als der Wasserverlust durch Verdunstung und Abflüsse. Wegen dieser Abhängigkeit vom nährstoffarmen (oligotrophen) Niederschlagswasser sind die charakteristischen Pflanzengesellschaften der Hochmoore stets auf Nährstoffarmut angewiesen (problematisch bei zunehmendem Nährstoffeintrag durch Immissionen). Vorherrschend sind Torfmoosarten (Sphagnum), die allmählich einen eigenen Moorkörper bilden und im Laufe der Zeit ein so mächtiges Torflager bilden, daß sich das Moor uhrglasförmig über die Umgebung erhebt. Das Hochmoor wächst im Mittel nur um 1 mm pro Jahr. Die Sphagnum-Moose wachsen an ihrer Spitze immer weiter, während die tieferen Schichten absterben und schließlich in Torf übergehen. Diese Torfmoose können aufgrund des Baus ihrer Blätter bis zum zwanzigfachen ihres Trokkengewichtes an Wasser speichern. Bereits wenige Zentimeter unter der Oberfläche des Sphagnum-Moospolsters wird alles sauerstoffatmende Leben ausgeschaltet. Hochmoore sind wegen der extremen Standortverhältnisse als erdgeschichtlich junge Bildung (etwa 6.000 bis 7.000 Jahre) relativ artenarm (z. B. nur 120 bis 150 Wirbellose), enthalten aber wegen der erforderlichen hohen Spezialisierung anteilmäßig außerordentlich viele Pflanzen- und Tierarten der »Roten Liste« (z. B. Glockenheide, Torfmoose, Wollgräser, Sonnentauarten, Moosbeere, Schlammsegge, Moltebeere, Goldregenpfeifer, Birkhuhn, Großer Brachvogel, Sumpfohreule, Kreuzotter, Moorfrosch, Schlingnatter, Sumpf-Heidelibelle, Hochmoor-Mosaikjungfer, Schmetterlinge) und sind deshalb für den Naturschutz von größter Bedeutung.

Niedermoore können durch Hochwachsen, Entfernung vom nährstoffreichen Grundwassereinfluß und schrittweise Umstellung auf die ausschließliche Speisung durch nährstoffarme Niederschläge über sog. »Zwischenmoorphasen« (Übergangsmoore) in Hochmoore übergehen. Aufgrund der vielfältigen wirtschaftlichen Nutzungen (z. B. Torfgewinnung als Heiz- und Düngematerial, Kultivierung landwirtschaftlicher Böden, Forstflächen, Torf-Aktivkohle für chemische Industrie) hat sich die Fläche deutscher Moore (Nieder- wie Hochmoore) drastisch reduziert. Von insgesamt 2,25 Mio ha noch im Jahre 1918 wurden 1967 für die Bundesrepublik Deutschland nur mehr 42.000 ha Hochmoor und 683.000 ha Niedermoor angegeben.

Mit rd. 450.000 ha Mooren war Niedersachsen einst der moorreichste Landschaftsraum Mitteleuropas. Etwa die Hälfte der Moore waren

Niedermoore. Von den rd. 250.000 ha Hochmooren blieben nur etwa 25.000 ha (10 %) noch im naturnahen Zustand erhalten; es gibt heute kein einziges ungestörtes Hochmoor mehr (Nds. Landesverwaltungsamt, 1976). In Schleswig-Holstein verlief die Entwicklung ähnlich. Die für 1880 ermittelte Hochmoorfläche von 53.000 ha verkleinerte sich bis 1975 auf rund 5.500 ha, auch diese Flächen sind in ihrem Wasserhaushalt erheblich beeinträchtigt; es gibt auch in Schleswig-Holstein kein einziges ungestörtes Hochmoor mehr (DNR, 1980). Die Torfindustrie machte allein in Niedersachsen 1979 nach Angaben der Torfforschungs-GmbH einen Umsatz von 240 Mio DM.

Abb. 58. Die Fläche unserer Moore mit ihren hochspezialisierten Pflanzen- und Tierarten und dazu noch erdgeschichtlich unersetzbarem Wert hat sich drastisch verringert. Niedersachsen z. B. — einst der moorreichste Landschaftsraum Mitteleuropas — hat heute kein einziges ungestörtes Hochmoor mehr. Durch Einschränkung der Torfverwendung und Ersatz z. B. durch die wesentlich günstigere Komposterde helfen wir mit, die letzten Moore zu erhalten und abgetorfte Moore schneller wieder zu renaturieren. (Foto: Dahl)

Bei Berücksichtigung der Hauptmoorpflanzen ergibt sich, daß in der Bundesrepublik von den 209 höheren Pflanzenarten insgesamt 123 (= 59 %) auf der »Roten Liste« stehen. Dies ist besonders auch deshalb so bedauerlich, weil sich die extremen oligotrophen Verhältnisse eines Hochmoores bei weitem nicht so leicht erhalten oder wieder schaffen lassen wie die eutrophen Niedermoor-Standorte. Ähnliches gilt für die Tierarten. Allein 12,4 % der Schmetterlingsarten der »Roten Liste« sind in ihrem Lebensraum an Hoch- und Übergangsmoore gebunden.

Die Gemeinden und Kreise, die in ihrem Bereich heute noch naturnahe Moore haben, können sich glücklich schätzen über diese Kleinodien der Natur und sollten alles daran setzen, den Naturschutz hier wirksam zu fördern. Grundlegende Voraussetzung ist die Ausweisung als Naturschutzgebiet und die gleichzeitige Ausschaltung negativer Einwirkungen von außen, indem man ausreichend breite schützende Pufferzonen in das Schutzgebiet einbezieht. Die weiterhin denkbaren und u. U. sehr wichtigen Maßnahmen sind aus den im folgenden aufgeführten Gefährdungen abzuleiten.

Verhinderung von Entwässerungen

Die größte Gefährdung geht von den nutzungsbedingten Entwässerungsmaßnahmen aus. Mit sinkendem Wasserstand verschwindet die charakteristische Vegetation und mit ihr die spezialisierte Fauna. Mit der Vegetationsänderung ist eine stärkere Durchlüftung, Zersetzung und Mineralisation des Torfes verbunden. Darin liegt auch das Problem der landwirtschaftlichen Nutzung der Moorböden. Nach Kunze können bei falscher Nutzung jährlich bis zu zwei Zentimeter Moorboden durch biochemische Prozesse einfach verschwinden. »Wenn ein Bauer seine Moorbodenfelder im Laufe seines Arbeitslebens falsch bearbeitet, dann liegen die Felder bei Hofübergabe an den Sohn 40 Jahre später fast einen Meter tiefer.« So wird die landwirtschaftliche Bedeutung entwässerter Flächen oft weit überschätzt; z. B. werden heute nur noch 5 % der entwässerten bayerischen Hochmoore landwirtschaftlich genutzt.

Ziel von Wiederbewässerungsmaßnahmen darf allerdings nicht sein, lediglich wieder Feuchtbiotope mit hochmoorspezifischer Flora und Fauna zu erhalten. Insofern spricht man auch nicht von Renaturierung, d. h. Überführung zerstörter Landschaftselemente in einen naturnahen Zustand, sondern von Regeneration, d. h. die Rückführung abgestorbener Moorflächen in den Zustand natürlichen Moorwachstums, wie sie jedoch in Nordwestdeutschland bisher noch nicht wieder erreicht werden konnte (Dierßen, 1981).

Die durch Vorentwässerung und Torfstich veränderten Moore können durch Wiedervernässungsmaßnahmen (Verschluß der Entwässerungsgräben) relativ leicht regeneriert werden. Bei den industriell abgetorften Flächen bedarf es schon umfangreicherer Biotopgestaltungsmaßnahmen mit differenziert konkretisiertem Schutzziel. Die kultivierten Moore sind für eine Regeneration ungeeignet, können jedoch renaturiert, z. B. als Feuchtbiotope im Sinne einer Pufferzone und als Lebensraum für die Vogelwelt der Moore dennoch wertvoll werden.

Bei Niedermooren ist der Verschluß der Gräben zur Wiedervernässung oft ausreichend. Die Vernässung zur Regeneration von Hochmooren ist deshalb schwieriger, weil Grundvoraussetzung nährstoffarmes Wasser aus Niederschlägen ist. »Moorfremdes« Wasser aus Kulturflächen führt immer zu einer Nährstoffanreicherung (Eutrophierung), deshalb dürfen Kulturflächen auf keinen Fall in das Moor entwässern. Durch Einplanieren und Abflachen alter Torfstichkanten können die Lebensbedingungen für Tiere und Pflanzen verbessert werden. Steile, glatte Wände der Entwässerungsgräben erschweren die Ausbreitung und sind gefährliche Todesfallen für zahlreiche Tierarten, von jungen Bodenbrütern bis zu ausgewachsenem Haar- und Schalenwild. Es gibt Gebiete, in denen sämtliche Jungvögel (z. B. des Birkhuhns) in schmalen, oft nur 0,2 m breiten und über 1 m tiefen Entwässerungsgräben für maschinelle Abtorfung ertrinken (Heckenroth, 1975).

Gräben müssen dort sorgfältig verdichtet werden, wo beim Grabenaushub die wasserhaltende Schicht durchstoßen wurde, um zu verhindern, daß das Wasser weiter in den mineralischen Untergrund abfließt.

Abb. 59. Abgetorfte Moore sollten schnellstmöglich wieder renaturiert werden und dadurch neue Feuchtbiotope ergeben, die gegen Betreten abgeschirmt werden müssen. Als Folge der Wiedervernässung kehren moortypische Pflanzen wieder »heim«, wie hier das Wollgras. (Foto: Zentrale Informationsstelle Torf und Umwelt [ZJT], Frankfurt)

Beseitigung von Verbuschungen durch Gehölze

In vorentwässerte Hochmoore wandern schnell Birken, Kiefern und andere Gehölze ein, die dem Moor durch Verdunstung zusätzlich Wasser entziehen, durch Beschattung die lichtliebenden Moorpflanzen verdrängen und durch Laub- und Nadelabfall bestimmte Pflanzenarten und hierbei vor allem die Torfmoose zum Absterben bringen. Die Beseitigung der Gehölze einschließlich der Heideflächen gehört zu den wichtigen Begleitmaßnahmen, die später durch Wiedervernässung überflüssig werden.

Steuerung der Moortouristen

In einem intakten Moor reicht der mooreigene Wasserstand bis unmittelbar an die Moosschicht heran. Mit jedem Schritt sinkt der Besucher ein und zerreißt dabei Sproß- und Wurzelwerk der Kräuter und zarten Torfmoospflanzen. Zu dieser mechanischen Einwirkung kommt die qualitative Veränderung des Wassers. Denn beim Einsinken des Fußes wird der «Moorschwamm« an eng begrenzter Stelle ausgepreßt. Danach saugt er sich wieder voll. Die sauerstoffhaltige Zone des Moorwassers reicht aber nur wenige Zentimeter tief. Darunter herrscht höchste Sauerstoffarmut — ein für die Torfbildung entscheidendes Kriterium. Die durch Tritte verursachte Wasserumwälzung bringt diese charakteristische Schichtung für einige Zeit durcheinander. Durch die Trittschäden werden dann längs der Moorpfade aus dem sich infolge des Sauerstoffeintrages zersetzenden Torf Nähr- und Mineralstoffe freigesetzt, die unter natürlichen Bedingungen im Torf konserviert und so ohne Einfluß auf die Pflanzen- und Tierwelt geblieben wären. Zu der Freisetzung ursprünglich konservierter Stoffe kommt der Eintrag von Stoffen, die als Mineralreste bei den Moortouristen an Schuhen haften oder aber in Form von Abfällen und Fäkalien (auch durch Hunde) ins Moor gelangen (Gerken, 1984). Im Winter kommt hinzu, daß der zusammengepreßte Schnee unter den stärker bewanderten Skispuren wesentlich später auftaut, damit den Wärmehaushalt empfindlich beeinträchtigt und somit z. B. in den Hochlagen der deutschen Mittelgebirge auf den betroffenen Teilflächen die Vegetationszeit um mehrere Wochen verkürzt. Maschinell gespurte Langlaufloipen meiden deshalb grundsätzlich Hochmoorgebiete.

Die Folge all dieser Schäden ist, daß sich meist Trittrasengesellschaften einstellen und die ursprünglichen Arten der Kraut- und Moosschicht dezimiert werden.

Als Gegenmaßnahme gegen touristische Störungen kommt leider nur ein vollständiges Betretensverbot (Wegegebot nach Naturschutzgesetz) in Frage, das für Besucher — zumal in Erholungsgebieten — etwas versöhnlicher gestaltet werden kann, indem Randwege und gegebenenfalls auch Beobachtungsstände angelegt werden, die neben ihrer steuernden Funktion auch Einblick in den Lebensraum Moor vermitteln. Gut verdichtete Randwege können zudem das mooreigene Wasser zurückhalten und gleichzeitig eine Vernässung von Kulturflächen außerhalb verhindern. Moorbohlenstege können — geschickt am Rand angelegt — sehr gut steuernd und über die erhöhte Aussicht sogar erlebnissteigernd wirken. In Frage kommt nur unbehandeltes Holz als Baumaterial. Die Stützpfeiler müssen den Grund des Moores erreichen, dürfen aber die Stauschicht nicht durchstoßen. Ein Lattengatter auf beiden Seiten kann ein Abweichen vom Moorweg sowohl für Menschen als auch für Hunde zusätzlich verhindern. Am Beginn des Moorpfades sollte eine Informationstafel angebracht sein, die das Gebiet charakterisiert und um Verständnis für den so wichtigen Naturschutz in Moorgebieten wirbt.

In Schwerpunktbereichen ist die Einrichtung von mindestens 200 m, möglichst jedoch 500 m breiten Pufferungsräumen empfehlenswert, die zusätzlich zum Kerngebiet geschützt werden.

Einschränkung der Torfverwendung — Torf gehört ins Moor!

Jeder, der Torf verwendet, sollte sich darüber klar sein, daß er damit an der weiteren Vernichtung unserer Moore teilnimmt. Ein Verzicht sollte insofern leichter fallen können, als in der Hauptverwendung zur Bodenverbesserung der Torf durch wesentlich Besseres ersetzbar ist. Torf ist zur Bodenverbesserung durchaus nicht so geeignet, wie oft angenommen wird. Er besteht nämlich fast nur aus den abgestorbenen Moosfasern, die in einem belebten Boden sehr schnell in die Bausteine Kohlenstoff, Sauerstoff und Wasserstoff zerlegt werden. Torf verschwindet deshalb im belebten Bodenmilieu schnell. Vom scheinbar bodenverbessernden Torf fehlt nach kurzer Zeit meist jede Spur. Man darf dabei nicht vergessen, daß der Torf gerade unter nährstoffarmen Verhältnissen erwachsen ist.

Dagegen ist Kompost aus dem eigenen Garten der kostengünstigste, wirksamste und ökologisch sinnvollste Torf-Ersatz. Je nach Verwendungszweck kann dieser Kompost mit Tonmineralien oder dgl. angereichert werden. Zunehmend kommt auch zerkleinertes Rindenmaterial — das bei der Holzverarbeitung ohnehin anfällt — oder industriell hergestellter Kompost auf den Markt. Rindenhumus läßt den Boden — anders als beim Torfeinsatz — nicht versauern, und der höhere Nährstoffgehalt ermöglicht eine sparsamere Anwendung als beim Torf. Rindenhumus lockert und belüftet den Boden, verbessert den Wasserhaushalt und begünstigt mit ausgeprägter Langzeitwirkung das Leben der Bodenorganismen.

Wer kann etwas tun?

Auch der Moorschutz ist im Grunde eine Aufgabe für uns alle (z. B. Einstellung der Torfverwendung im Garten oder Stadtpark, finanzielle Unterstützung von Moorankaufsprogrammen für Naturschutzzwecke, wie sie staatlich auf Landesebene, z. B. in Niedersachsen, bereits laufen, aber örtlich z. B. durch Verbände noch wesentlich stärker gefördert werden könnten).

Stadtväter und Stadtgartenämter sollten ein Beispiel geben und die Verwendung von Torf in öffentlichen Anlagen durch einen «Federstrich« beenden!

9 Grüne Wiederbelebung unserer Dörfer und Städte

»Und wenn ich wüßte, daß morgen die Welt untergeht, so würde ich doch heute noch ein Bäumchen pflanzen.«
Martin Luther

Es gibt keine Alternative

In der Bundesrepublik Deutschland leben heute über 50 % der Menschen in den großen Verdichtungsräumen (7 % der Landesfläche) und über 80 % in Orten mit mehr als 20.000 Einwohnern.

Die Erfahrungswelt der Jugend ist also im wesentlichen die Stadt. Im Vorschulalter ist die Welt der Kinder an der Straßenblockecke zu Ende, und noch im frühen Schulalter ist sie nur ein paar Straßen größer. Das ist die Erfahrungswelt der kommenden Generationen, aus ihr schöpfen sie die prägenden Erlebnisse. Hier wird die Persönlichkeit entwickelt, hier wird entschieden, ob sich technokratisch orientierte gefühlsarme oder emotional betonte Menschen mit Sinn für das Lebendige formen. Es ist inzwischen eindeutig bewiesen, daß in naturfernen Stadtverhältnissen mit hoher Bevölkerungsdichte und starker Reizüberflutung die Menschen in höherem Maß als in ländlichen Gebieten unter psychischen und sozialen Störungen wie Konzentrationsschwäche, Aggressionen und Depressionen leiden, die in Süchtigkeit, Kriminalität und andere asoziale Verhaltensweisen münden können. Andererseits belegen die Erkenntnisse aus der Entwicklungspsychologie, daß gerade naturnahe Freiräume von entscheidender Bedeutung für die Frühsozialisation von Kindern und die Entwicklung ihrer Phantasie, Kreativität, Konfliktfähigkeit und soziale Konfliktlösungsbereitschaft sind. «Wo für einen Baum kein Platz ist, da ist auch keiner für Kinder und alte Menschen!« lautet eine alte Weisheit.

Verschiedene städtische Entwicklungen haben derartige Erkenntnisse nicht beachtet, eher die beherrschende Rolle des Straßenverkehrs programmiert. Die funktionale und räumliche Trennung von Wohn-, Arbeits-, Bildungs-, Kultur-, Erholungs-, Einkaufs- und Industriebereichen ermöglichte es, Versorgungs- und Entsorgungsstruktur sowie die sonstigen Rahmenbedingungen den jeweiligen Anforderungen rationell anzupassen und führte betriebswirtschaftlich bedingt zur Entwicklung von Zentren mit Monofunktionen: Wohnzentren, Einkaufszentren, Bildungszentren, Kulturzentren, Verwaltungszentren usw. Mit der Größe der Zentren wächst auch ihr Einzugsbereich, so daß von mehr Leuten größere Entfernungen zurückgelegt werden müssen, der Verkehr wächst also stark an. Durch die Isolierung in den Wohnzentren sowie durch das ständige Pendeln zwischen den funktional getrennten Zentren können nur flüchtige soziale Kontakte entstehen, es ergeben sich schwerwiegende soziale Probleme.

Demgegenüber steht die wichtige Erkenntnis, daß die Freude an der landschaftlichen und biologischen Vielfalt, das Erlebnis der Natur und die damit verbundene Entspannung, Ruhe und Besinnung zu den Wurzeln menschlichen Wohlbefindens gehört. Psychologen, Psychiater und Soziologen betonen, daß das Naturerlebnis beim streßgeplagten Stadtbewohner eine seelische Ausgleichsfunktion erfüllt. Insofern ist auch innerstädtisch die Aussage, daß die Erholungseignung mit zunehmender biologischer Belebung steigt, von außerordentlicher Bedeutung. Dorf und Stadt sind physischer, biologischer und geistiger Lebensraum, sind Ausgangspunkt eines Heimatbezuges. Geborgenheit, dieser intimste Begriff von Heimat und Landschaft, ist nur dann zu erzielen, wenn die Übereinstimmung des Bürgers mit seinem Lebensraum gegeben ist. Damit muß sich jeder, der um die Verbesserung der Lebensbedingungen in unseren Dörfern und Städten bemüht ist, auseinandersetzen. Wer hier Ganzheit gestalten will, muß die Einzelteile und deren Wesen erkennen und die Geschichte, die natur- und kulturräumliche Vielfalt und deren physische, biologische und kulturelle Komponenten beachten. So gesehen muß auch das Bauen, Gestalten und biologische Beleben bei Dorferneuerung grundsätzlich anders als bei Stadterneuerung sein. So ist es auch völlig falsch, wenn in Dörfern die typische

»Dorfökologie« zweifelhaften Stadtvorbildern geopfert wird und Qualität, Gelassenheit und Selbstverständlichkeit der alten Dörfer gestalterischen Verstädterungstendenzen unterworfen werden.

Wenn sich unser Lebensraum immer einförmiger, steriler, gerader, lebloser, lauter ... und dadurch in jedem Fall biologisch artenärmer entwickelt, ist die menschliche Antriebslosigkeit und Bewegungsfeindlichkeit mit einprogrammiert. Wo biologische Vielfalt fehlt, wird das Geschenk der Freizeit mehr durch Bewegungsarmut mißbraucht, als dort, wo »unberührte« und deshalb abwechslungs- und artenreiche Natur zu Spaziergängen und sonstigen entspannenden Tätigkeiten anregt, die Erholung, Vorbeugung und Heilung von Krankheiten des Kreislauf- und Nervensystems bedeuten.

Mit jeder zusätzlichen natürlichen Pflanzenart, die wir in unseren Dörfern und Städten fördern, geben wir rd. 5 bis 25 Tierarten eine Lebensgrundlage, die biologische Belebung potenziert sich also schnell. In der Innenstadt von Berlin mit nur einzelnen Straßenbäumen leben z. B. nur noch 7 Säuger: drei Feldmausarten, die Wanderratte, die Hausratte, die Hausmaus und der Steinmarder. Von den über 100 Vogelarten Berlins sind in der Innenstadt nur noch wenige zu finden: Haussperling, Mauersegler, Haustaube, Dohle, Amsel, Hausrotschwanz, Turmfalke, Grünfink. Sie sind fast alle Gebäudebrüter. Nimmt man die Wohnanlagen mit etwas Grünflächen hinzu, so steigt die Artenzahl sofort um weitere vier Säugetierarten und auf doppelt so viele Vogelarten.

Nicht routinemäßige Bekenntnisse zum Umweltschutz sind gefragt, sondern sichtbare Erfolge. Die Natur ist viel reicher, wenn wir Kosten sparen, sie in Ruhe lassen und unser hektisches und neurotisches Getue, z. B. in den innerstädtischen Grünflächen, durch Gelassenheit und Freude über ihre Reaktion ersetzen. Blattläuse, Schnecken und »Unkraut« — oft die letzte einheimische Natur in Parks und Gärten — haben wir mit viel Mühe, Geld und Chemie ausgerottet und dabei kaum bemerkt, daß es auch um die Schmetterlinge geschehen ist und die Vögel verstummt sind. Wir haben ihnen mit fremdländischen Zuchtpflanzen die natürliche Nahrung entzogen oder ihnen mit Gift den Garaus gemacht. Die Vielfalt ist unserer Sauberkeitsneurose zum Opfer gefallen (Horst Stern), sterile Bodendeckerpflanzungen (z. B. Cotoneaster) haben die Städte erobert.

Der wohnungsbezogene oder wohnungsnahe grüne Freiraum sollte sich in erster Linie durch Ruhe und saubere Luft auszeichnen und Anstoß zum menschlichen Kontakt geben. Er darf deshalb nicht auf ein Minimum reduziert und vom Auto besetzt werden! Wo sollen die Menschen Kontakt finden? Sicher nicht in der Anonymität der Wohnsilos, viel eher durch das Gespräch auf der Bank oder das gemeinsame Spiel vor der Haustür. Diese Dinge sind entscheidend für die Lebensqualität, man hat sie bei der früher propagierten »verkehrsgerechten« Stadt vergessen und ihre Bedeutung unterschätzt. Die ökologische Sanierung unserer Wohn- und Arbeitsumwelt ist die eigentliche Herausforderung in unseren Dörfern und Städten, an der sich Planungs- und Entscheidungsträger der Gemeinden ebenso wie wir alle messen müssen.

9.1 Stadtklima — durch Bäume und Grünflächen zu verbessern

»Die Seele wird vom Pflastertreten krumm; mit Bäumen kann man reden wie mit Brüdern und tauscht bei ihnen seine Seele um.«
Erich Kästner

Zwischen Stadtklima und menschlichem Wohlbefinden gibt es eine Reihe von Zusammenhängen, die durch höheren Grünflächenanteil sehr positiv beeinflußt werden können. Um diese Aussage in ihrer Tragweite zu erfassen, ist es erforderlich, durchschnittliche Klimadaten von Städten mit denen ihrer ländlichen Umgebung zu vergleichen, wie aus der Tabelle 12 hervorgeht.

Allgemein herrscht in der Stadt ein reizarmes Schonklima, das den Menschen verweichlicht, Erkältungskrankheiten begünstigt und die Widerstandskraft der Stadtbewohner schwächt, weil die Stimulation der Landluft, wie Frische der Temperatur, Luftbewegung, Kurzwelligkeit des Lichtes usw. fehlen.

Der Mensch fühlt sich nur in einem bestimm-

Tabelle 12: Klimaelementwerte im Vergleich von Städten und ländlicher Umgebung

Klimaelemente	Veränderungen des Stadtklimas gegenüber dem Klima der ländlichen Umgebung (= 100 %)	Bemerkungen
Strahlung		
Gesamtstrahlung auf horizontaler Oberfläche	80 %	Folgen der Luftverschmutzung an Smog-Tagen: Bis zu 50—60 % niedrigere Einstrahlungswerte. Geringerer UV-Anteil führt zu: stärkerer bakterieller Belastung; Häufung von Bindehautentzündungen; verminderter Anregung der Stoffwechselvorgänge; verzögerter Knochenreife und Begünstigung der Rachitis bei Kindern (Verminderung der Vitaminbildung im Körper). Geringe Sonnendauer beeinträchtigt die Leistungsfähigkeit des Menschen und der Pflanzen,führt zu Depressionen.
Ultraviolett im Winter	60 %	
Ultraviolett im Sommer	90 %	
Beleuchtung		
Sichtbares Licht im Winter	85 %	
Sichtbares Licht im Sommer	95 %	
Bewölkung		
Wolken	110 %	Größere Partikelkonzentrationen bedeuten höhere Zahlen an Kondensationskernen mit der Folge der Zunahme von Bewölkung und Nebel.
Nebel im Winter	200 %	
Nebel im Sommer	130 %	
Gewitterhäufigkeit	13—63 mehr Gewittertage im Jahr	
Niederschlag		
Gesamtbetrag	110 %	
Tage mit mindestens 5 mm Niederschlag	110 %	In Abhängigkeit von Energieumsatz, Reflexions- und Wärmespeicherfähigkeit der Hauswände, Relief und Bodenversiegelung und besonders vom Anteil der Grünflächen stellen die Städte Wärmeinseln dar. Steigerungsrate im Stadtzentrum Wien gegenüber der Umgebung von 0,5 °C (1954) auf 1,6 °C (1976).
Gewitterhäufigkeit	115 %	
Tau-Niederschlag	35 %	
Temperatur		
Jahresmittel	1— 2 °C höher	
Winterminima	1— 3 °C höher	
maximale Temperaturunterschiede	3—12 °C	
Verdunstung		
Gesamtbetrag	40—70 %	Fehlende Vegetationsdecke und rascher Abfluß der Niederschläge. Dagegen können z. B. je m² Boden unter Wald 50—200 l Wasser gespeichert und dann langsam verdunstet werden.
Relative Feuchtigkeit		
Jahresmittel	94 %	
Wintermittel	98 %	
Sommermittel	92 %	
Windgeschwindigkeit		
Jahresmittel	75 %	
Spitzenböen	85 %	
Windstillen	113 %	
Inversionen	160 %	Abhängig vom Grünflächenanteil.
Schadstoffbelastung		
Staubpartikel (z. B. Ruß, Benzpyren, Aerosole)	1000 %	Hauptursache: Verbrennung von primären Energieträgern (fossile Brennstoffe). Der Staubgehalt der Luft beeinflußt die jährliche Gesamtsterblichkeit sehr deutlich, vor allem bei den 50—69jährigen.
Schwefeldioxid	500—1000 %	
Kohlenmonoxid	2500 %	
Kohlendioxid	1000 %	

Quelle: nach Angaben bei Landsberg & Fortak, aus Grohe, 1982 (verändert)

Beispiele naturnaher Fließgewässer als Orientierungshilfen für die biologische Sanierung beeinträchtigter Wasserläufe: Großer Reichtum an spezialisierten Pflanzen- und Tierarten, größte biochemische Selbstreinigungskraft, sicher gegen Uferzerstörungen und deshalb geringer Pflegeaufwand, besonders reizvolle Landschaftselemente mit höchstem Erholungswert für Menschen aller Herkunftsbereiche.

1: Auewaldbereich im Bergvorland mit nachlassender Fließgeschwindigkeit und mäanderartigen Schotterablagerungen, auf die ebenfalls viele Tierarten spezialisiert sind.

2: Breiter Bach mit strukturierter Sohle, ausgeprägter Röhricht- und Großseggenzone, dichtem Weichholz- und anschließendem Hartholzgürtel.

3: Mäandrierender Heidebach mit Erlen, deren Schattenwurf ein Verkrauten des Gewässers und der Ufer verhindert.

4: Reich strukturierter Auewald bei Hochwasser. Derartige Auewälder sind so lebensreich, daß sie mit tropischen Regenwäldern zu vergleichen und außerordentlich schutzwürdig sind. Wir sollten wieder neue Auewälder begründen können. (Fotos: Dahl)

Die Natur zeigt, wie Gefällbrüche strukturiert sein müssen. Abwechselnd große Steine — von der Strömung unterschiedlich in einer Durchschnittsneigung flacher als 1:10 abgelagert — ergeben eine Fülle von strömungsarmen Bereichen, die von vielen Pflanzen- und Tierarten besiedelt werden. Derartige natürliche Sohlgleiten sind für Fische und Kleinstlebewesen entgegen der Fließrichtung passierbar, erübrigen also auch jede Fischtreppe. Sie sind in einem Fließgewässer natürlich und sehen so reizvoll aus, daß sie einen Bach oder Fluß auch innerörtlich anstelle von Sohlabstürzen nicht nur biologisch sondern auch ästhetisch wesentlich aufwerten. (Foto: Markmann)

Da alle Fließgewässer innerörtlich oder in der freien Landschaft unnatürliche Barrieren enthalten, die entgegen der Fließrichtung nicht von Kleinstlebewesen bzw. Fischen passiert werden können, bietet sich ein weites Feld für Naturschutzaktionen, z. B. lokaler Vereine. Bei dem Fotobeispiel hat ein örtlicher Industriebetrieb rd. 600 t Wasserbausteine gestiftet, die vom Lions-Club »Goslar-Kaiserpfalz« in Handarbeit eingebaut werden und zwei Sohlabstürze von rd. 1 m Höhe biologisch sanieren. (Foto: Verfasser)

Bereits 6 Monate nach Abschluß der Aktion sind viele Steine mit Algen und Moosen überzogen, Kleinstlebewesen und Fische können entgegen der Fließrichtung wandern, das Gewässer hat auch ästhetisch so gewonnen, daß sich die örtliche Bevölkerung daran erfreut. Der sicht- und erlebbare Erfolg ermuntert zu weiteren Naturschutzaktionen. (Foto: Verfasser)

Häufige Situation von Bächen in Waldgebieten: Für den unkundigen Betrachter wirkt der Bach noch schön, obwohl seine biologische Vielfalt bereits stark eingeschränkt ist und künftig noch weiter reduziert wird, da die Fichten die wenigen Erlen verdrängen werden. In diesem Alter können die dicht an das Gewässer herangepflanzten Fichten noch radikal auf etwa 10 m nach beiden Seiten beseitigt und durch standortgemäße Erlen (uferwärts anschließend ggf. auch Ahorn, Esche, Ulme u. a.) ersetzt werden. Die in diesen Bächen u. a. meist vorhandenen Flohkrebse — wichtige Fischnährtiere! — benötigen z. B. die Erlenblätter (und nicht Fichtennadeln!) als Nahrungsgrundlage. (Foto: Archiv Forstamt Oderhaus)

Jedes Stillgewässer lebt biologisch entscheidend von seiner vielstrukturierten Uferzone und nur zu einem geringen Teil von seiner offenen Wasserfläche. Die natürlichen Zonen der Großlaichkräuter, Schwimmblattpflanzen, Röhrichte (Schilf, Seggen), Weich- und Harthölzer ergeben zusammen einen außerordentlich reichen, bunten und ästhetisch schönen Lebensraum mit großer Erholungswirkung für den Menschen. Die beiden Fotos vermitteln einen Eindruck, welche Vielfalt an Stillgewässern die Natur entwickelt, wenn der Mensch ihr nur Zeit und Raum läßt. (Foto oben: Archiv Forstamt Oderhaus, Foto unten: Dahl)

Ein künstlich in einem nur zeitweilig Wasser führenden Graben angelegtes Feuchtgebiet. Dem Grundsatz folgend, keine Bepflanzung und keinen Tierbesatz vorzunehmen, hat die Natur von selbst in kurzer Zeit einen artenreichen und auch ästhetisch schönen Lebensraum entwickelt, ein biologisches Kleinod in einer sonst verarmten Landschaft. In der Bildmitte ein Dammbereich mit infolge der steilen Uferneigung schmaler Vegetationszone. (Foto: Markmann)

Auch ohne Autos erkennt man sofort die »teure Wohngegend«: Mehrere Menschengenerationen haben hier das gleiche gewollt, die natürlichen Bäume (Berliner Kieferngebiet) und damit den Parkcharakter erhalten und den Schattenwurf bzw. Nadel- oder Laubabfall nicht als störend empfunden. Das Lokalklima ist hier gesünder, die Luft infolge der Filterleistung der Bäume sauberer, die Lebensqualität höher und damit das Wohngebiet bei der Bevölkerung beliebter als »ausgeräumte« Stadtbereiche. (Foto: Czypionka)

Beispiel zurückhaltender Versiegelung im Fußgänger- und Parkbereich und Förderung einer Straßenallee. Die sich selbst einstellende Trittvegetation kann sich weitgehend ungestört durch Pflegeeingriffe und relativ artenreich entwickeln. Lokalklima, Luftreinheit und biologische Belebung steigern hier die Wohnqualität erheblich. (Foto: Czypionka)

Fassadengrün schützt Wände vor Wind, Wetter und Schadstoffimmissionen (Säurebildner der Luft), hält Wände und Putz trocken und verlängert deren Lebensdauer, läßt durch die Verdunstungskälte auch bei »stehender« Hitze die Luft zirkulieren, gleicht Temperaturextreme aus, reinigt die Luft, verringert Lärmwirkungen, kaschiert häßliche Bauwerke — ob zu Hause oder am Arbeitsplatz —, belebt biologisch sonst tote Wände und trägt wesentlich zur psychischen Wohnwertverbesserung bei. Bei großzügiger Bodenbereitstellung im Wurzelbereich und dauerhafter Kletterhilfe kann Fassadengrün über Menschengenerationen unseren engeren Lebensbereich ökologisch wesentlich verbessern. (Foto: Czypionka)

Eine reich strukturierte Landschaft mit Feldern, Hecken und bunten Wiesen bildet einen attraktiven Übergang von der Kleinstadt zur Umgebung. Biologische Vielfalt und Erholungseignung ergeben hier eine gesunde Harmonie, die instinktiv jeden Menschen zum Wiederkommen anregt. Dazu bedarf es keiner Einrichtungen, keiner Grill- oder »Rummel«-Stelle und auch keiner Hinweise. Eine biologisch intakte Landschaft wirkt stets für sich. (Foto: Archiv Forstamt Oderhaus)

Glatte, dicht verfugte Mauern bleiben tote technische Bauwerke. Dagegen können sich unverfugte, Hohl- und Feinerdebereiche enthaltende Trockenmauern mit ihren eigentümlichen Lebensbedingungen mit extrem spezialisierten Pflanzen- und Tierarten besiedeln und dann ein reich belebtes, anheimelnd buntes Mosaik ergeben. Bei ausreichend Boden am Mauerfuß kann sich Ruderalflora einfinden und ggf. zusammen mit Fassadengrün, das die Mauer herab- oder heraufwächst, das Bild der Mauer noch weiter verschönern. Jeder offene Teilbereich kann wesentlich zur Belebung einer Mauer beitragen. Je rauher und unregelmäßiger die Oberfläche, desto größer ist die Zahl der ökologischen Nischen und die zu erwartende Artenvielfalt. (Foto: Tüxen, Archiv Norddeutsche Naturschutzakademie)

Dicht versiegelte Straßen verinseln unsere Landschaft, weil sie durch viele Tiere bis zur Kleinsäugergröße nicht passiert werden. Jede Verinselung beschleunigt Aussterbereaktionen in der Natur. In der Längsrichtung besteht dagegen die Möglichkeit, durch ökologisch ausgerichtete Böschungsgestaltung biologische Ausgleichsbereiche miteinander zu vernetzen. Ein vielartiges und reichstrukturiertes Mosaik von standortgemäßen Kraut-, Strauch- und Baumarten (einschl. einiger Nadelgehölze) kann auf langen Böschungen einer vielartigen Fauna Lebensraum bieten, während z. B. fremdländisches Dekorationsgrün dagegen biologisch extrem arm ist. Zur Anlage und biologisch richtigen Pflege sollten die Straßenbaulastträger Fachleute einstellen. (Foto: Verfasser)

Ein schöner Beitrag zur Steigerung der Artenvielfalt im Böschungsbereich: Stehengebliebene Felsen mit reich strukturierter Oberfläche bieten vielen Arten (z. B. Flechten, Moose, Farne und daran gebundene Insekten) speziellen Lebensraum und vergrößern durch Kleinklimabeeinflussung der näheren Umgebung die Zahl der ökologischen Nischen. (Foto: Verfasser)

Alte Alleen bereichern ästhetisch die Landschaft, mindern die Schadstoffbelastung der Luft, fördern eine angepaßte Fahrweise und reduzieren dadurch das Unfallaufkommen. Nur die Verwendung von standortgerechten Baumarten ergibt eine biologische Belebung, während »Fremdländer« kaum Nahrungsgrundlage für einheimische Tierarten sein können. Während z. B. an Eichen mehrere 100 Insektenarten (Nahrungsgrundlage z. B. für Vögel) leben können, werden an der fremdländischen Platane keine Insekten festgestellt. Die Straßenbaulastträger sollten systematisch neue Alleen — wie früher sehr verbreitet — begründen. (Foto: Tüxen, Archiv Norddeutsche Naturschutzakademie)

Die Segetal- und Ruderalflora, also die natürliche Pflanzenwelt der Äcker, Gärten, Weinberge, Raine, bäuerlichen Siedlungen, Schuttplätze, Brachflächen usw., ist ohne Biozid- und Düngemitteleinsatz außerordentlich artenreich, bunt und ästhetisch schön. Sie bietet Lebensraum für eine Fülle von nützlichen Insekten und Nahrungsgrundlage für viele Vögel und Säugetiere. Diese Flora gehört auf biologischen Ausgleichsflächen — über Randbereiche miteinander vernetzt — in alle landwirtschaftlichen Gebiete. Diese Flächen sind wertvoll auch für Erholungssuchende, bedürfen aber einer angemessenen Pflege, die auch kleinere landwirtschaftliche Betriebe gegen Kostenerstattung für die Allgemeinheit erbringen können. (Foto: Markmann)

Innerhalb der beiden intensiv bewirtschafteten Getreidefelder rechts und links ist nur der schmale Steinwall bzw. die Hecke in der Mitte eine kleine, unzureichende ökologische Ausgleichszone. Noch kann die Natur dankbar farbenprächtig (Foto) und artenreich reagieren, wenn auf einem zusätzlichen Randstreifen der Biozideinsatz unterbunden wird. Bieten sich dadurch nicht eine Fülle von Möglichkeiten des Aufeinanderzugehens von Landwirtschaft und Naturschutz, der Wiederbegründung von Naherholungsmöglichkeiten für die Bevölkerung? (Foto: Markmann)

Trotz gegensteuernder Bemühungen und landwirtschaftlicher Überproduktionen werden jährlich immer noch mehrere 1.000 km Hecken in der Bundesrepublik Deutschland beseitigt und damit reichhaltige Lebensräume für nützliche Insekten, Vögel und Säugetiere zerstört. Neben ihren direkten biologischen Vorteilen fördern Hecken den Wasserhaushalt der Umgebung, schützen gegen Wind, ermöglichen Ertragssteigerungen, filtern schadstoffhaltige Luft und schützen vor Erosionen. Sie bestimmen den Erholungswert landwirtschaftlicher Gebiete. In Randbereichen sollten, wo es nur geht, Hecken neu begründet werden. Optimal sind Doppelhecken — wie auf dem Foto — an beiden Seiten von Wegen, die ihrerseits nicht befestigt sind und deshalb diese Lebensräume nicht verinseln. (Foto: Archiv Norddeutsche Naturschutzakademie)

Alte, extensiv genutzte Obstwiesen sind ästhetisch besonders attraktiv, erholungswirksam und prägen unsere dörfliche Landschaft. Gegenüber intensiv genutzten Obstplantagen werden sie nicht mit Gift behandelt und sind biologisch vielfach reicher — z. B. enthalten sie einen 13fachen Vogelbestand — und gesünder. (Foto: St. Meyers)

Alte Einzelbäume sind in der freien Landschaft und besonders in einer ausgeräumten Agrarwüste Kleinodien, die ökologisch wie ästhetisch besonders wertvoll sind. Wir haben nur noch wenige davon, wir sollten sie wie unseren Augapfel hüten! (Foto: Dahl)

Ein reich strukturierter, standortgemäßer und gleichwertig nach ökologischen wie ökonomischen Kriterien entwickelter und gepflegter Wald ist für die Allgemeinheit von unersetzbarem Wert und darf nicht durch Umweltbelastungen, kurzfristige ökonomische Zwänge oder Technikhörigkeit vergewaltigt werden. Ein naturnah zusammengesetzter Wald ist eine artenreiche, schöne und stets gesunde Quelle für die menschliche Erholung. (Foto: Archiv Forstamt Oderhaus)

Reich zerklüftete und strukturierte Oberflächen von Felsen aus dem gleichen Grundgestein zeigen — läßt man sie nur möglichst lange unberührt — die reiche Reaktionsmöglichkeit der Natur auf feine Standortunterschiede. Flechten (Entwicklungszeit z. T. mehrere hundert Jahre!), Algen, Pilze, Moose, Farne u. a. bilden die Grundlage für eine vielfältige und schöne Lebensgemeinschaft. Kein standortfremder Wald sollte diese wertvollen Bereiche unnatürlich beeinträchtigen. (Foto: Markmann)

Ein gut entwickelter Waldrand ist stets infolge seiner besonderen Randbedingungen biologisch besonders artenreich und deshalb auch sehr erholungsintensiv. Über die Vielfalt der Waldinnenränder (Foto oben) und Waldaußenränder (Foto unten) und damit über sehr bedeutende Landschaftselemente entscheidet der Forstmann bereits im sehr jungen Bestandesalter, indem er z. B. den späteren Abstand der Wirtschaftsbaumarten vom Weg oder von der Außengrenze festlegt, Kraut-, Strauch- und Mischbaumarten fördert und ständig herauspflegt und sehr frühzeitig den geschlossenen Schutzmantel (Trauf) anstrebt. Unterlassungen und Fehler im jungen Bestandesalter sind später mindestens für die nächsten hundert Jahre kaum reparabel. (Foto oben: Verfasser, Foto unten: Markmann)

Der letzte Rest eines zersetzten und wieder dem Kreislauf zugeführten Baumes. Schönheit auf kleinem Raum, von natürlicher Artenvielfalt »kostenlos« immer wieder gestaltet. (Foto: Markmann)

Ein verantwortungsbewußter Jäger mit guten Jagdhunden reguliert gewissenhaft die Wildbestände, die keine natürlichen Feinde mehr haben (z. B. Schalenwild), vermeidet Seuchen und Krankheiten (z. B. Fuchsreduktion gegen Tollwut), nutzt vorsichtig eine Überschußproduktion der Natur (z. B. Stockenten, Hasen) und sorgt ständig für den Schutz der freilebenden Tierwelt in seinem Revier. Dafür benötigt er viel Zeit und vor allem die Möglichkeit, fast täglich im Revier zu sein. (Foto: Markmann)

Der Fasan ist ein farbenprächtiger Vogel, der schon vor einigen hundert Jahren in Deutschland eingebürgert worden ist. Als beliebtes Jagdwild wird er leider in zunehmendem Maße ausgesetzt. Als Volierenzuchtprodukt ist er weitgehend fluchtverhaltensgestört und wird deshalb eine leichte Beute seiner Feinde, die sich durch diesen ständig künstlich gedeckten Tisch unnatürlich stark vermehren können ... Große Aussetzungsaktionen setzen in der Natur unkalkulierbare Kettenreaktionen in Gang (u. a. Nahrungskonkurrenz für andere Vogelarten), die aus Natur- und — besonders beim Aussetzen kurz vor der Jagd — auch aus Tierschutzsicht unverantwortlich sind. (Foto: St. Meyers)

Die Vermeidung von menschlichen Störungen sichert in vielen Lebensräumen (z. B. Feuchtgebieten) empfindlichen Tierarten sowie in winterlichen Notzeiten zahlreichen scheuen Tierarten das Überleben. Eine geschickte Kanalisierung von Touristenströmen gehört deshalb zur unbedingt notwendigen Naturschutzstrategie, die niemand mißachten sollte. Wenn der Fremdenverkehr eigennützig und rücksichtslos Landschaften für sich in Beschlag nimmt, verdrängt er schnell die natürliche Artenvielfalt und zerstört sich damit seine eigene Grundlage. (Foto: Archiv Norddeutsche Naturschutzakademie)

Unsere Bevölkerung trauert dem Weißstorch nach, der eigentlich vielzahlig in unsere Landschaft und in dörfliche Lebensgemeinschaften gehört. Wenn er heute hier oder dort auftaucht, steht das schon in der Zeitung, und viele Gemeinden halten in rührender Ausdauer künstliche Nisthilfen bereit. Das nutzt nichts, denn wir haben den Storch wie viele andere Tierarten in erster Linie durch Nahrungs- und Lebensraumzerstörung verdrängt. Wenn in gemeinsamen Aktionen mehrerer Gemeinden in Grünlandgebieten Drainagen wieder verstopft, Wiesen versumpft und Überschwemmungsflächen wie auf dem Foto angelegt werden können, kommt auch der Storch wieder! Und ein Dorf mit vielen besetzten Storchennestern hätte nicht nur wegen der Störche erhebliche Fremdenverkehrschancen, sondern auch wegen der sich wieder belebenden Natur in der nahen Umgebung. (Foto: Markmann)

ten Temperatur-Feuchte-Milieu »behaglich«. Ist die mögliche Wärmeabstrahlung des Körpers geringer als die zugeführte Wärmemenge, z. B. bei Hitzewetterlage, und tritt noch eine bestimmte Luftfeuchtigkeit hinzu, können vermehrt Hitzschläge und andere gesundheitsschädigende Wirkungen auftreten. Wird zur Lufttemperatur (in °C) der doppelte Wert des Dampfdrucks (in mm Quecksilbersäule) addiert, ergibt sich die sog. Äquivalenttemperatur. Sie wird heute allgemein zur Kennzeichnung von »Schwüle« und »Hitzestreß« verwendet. Werte über 49 °C Äquivalenttemperatur gelten dabei als gefährlich. Die folgende Tabelle zeigt, daß innerhalb einer Auswahl deutscher Städte die Anzahl der Schwületage stark variiert. Das beruht zum einen auf der Häufigkeit auftretender Hitzewetterlagen (Oberrheinebene) und zum anderen ganz wesentlich auf den innerstädtischen Windverhältnissen und dem Anteil von Grünflächen am gesamten Baukörper, z. B. Berlin, München (nach Grohe, 1982) (Tab. 13).

Tab. 13: Durchschnittliche Häufigkeit der Tage mit Schwülebelastung (>49 °C Äquivalenttemperatur)

Ort	Anzahl der Tage mit mehr als 49 °C Äquivalenttemperatur
Lübeck	14,7
Berlin	18,1
München	19,5
Stuttgart	22,2
Bonn	24,4
Frankfurt	27,8
Mannheim	29,0
Karlsruhe	33,7

Quelle: Deutscher Wetterdienst 1950—1969 (aus Grohe, 1982)

Erhöhte Wärme- und Schwülebelastung mit Wärmestaus und Hitzeschäden führen zu Herz- und Kreislauferkrankungen mit einer erhöhten Sterblichkeitsrate, häufigeren Verkehrsunfällen, Migräne und Kopfschmerzen, Schlafstörungen, Leistungs- und Konzentrationsschwächen. Zwar stellen die Menschen individuell unterschiedliche Ansprüche an den Temperaturhaushalt, das Mikroklima der Umgebung, dennoch lassen sich gewisse Abhängigkeiten zum Wohlbefinden graphisch darstellen (Abb. 60).

Die städtische Oberflächenstruktur verändert mit Zunahme der überbauten und versiegelten Flächen dieses Klima. Während Pflanzen selbst bei stärkster Sonneneinstrahlung im Sommer durch Transpiration Blattemperaturen von maximal 25 °C halten können, erwärmen sich dunkle Bauten, Dächer und asphaltierte Straßen auf über 60 °C. Die Lufttemperaturen über solchen Oberflächen steigen überproportional an. Unsere Städte haben vom Typus her

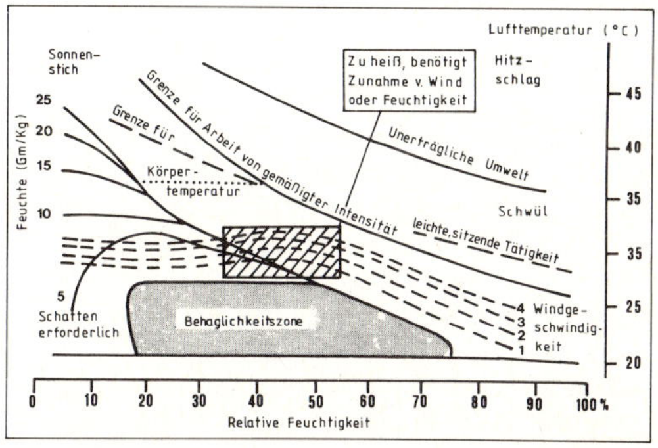

Abb. 60. Auswirkungen von Temperatur, Wind und Feuchtigkeit auf den Menschen. (Grohe, 1982, verändert)

oft ein Steppenklima, da mit so zunehmender Lufttemperatur beim Fehlen von transpirierender Vegetation die relative Luftfeuchtigkeit sinkt. Im Zusammenhang mit diesen klimatischen Besonderheiten muß man die städtischen Schadstoffbelastungen sehen: Wie dem »Luftreinhalteplan Rhein-Main« zu entnehmen ist, steigen die Belastungsanteile der wesentlichen Schadstoffe — Kohlenmonoxid, Schwefeldioxid, organische Gase und Dämpfe, Stäube — im unmittelbaren Bereich des Kfz-Verkehrs derartig an, daß dort jeweils rd. 95 % der Emissionsquelle »Verkehr« zuzurechnen ist.

Als die häufigsten durch Luftverunreinigungen hervorgerufenen Erkrankungen haben sich herausgestellt (vgl. Kap. 2.1):

— Reizerscheinungen der Augen sowie der Luftwege durch Schwefeldioxide und Stickoxide, triefende Augen und Nasen, Hals- und Kopfschmerzen
— Häufiges Auftreten von sog. Erkältungskrankheiten
— Entzündliche Veränderungen der Lungen, verursacht ebenfalls durch Schwefeloxide in Verbindung mit Staubpartikeln
— Allergien
— Zellschädigungen durch Metalle und Ruß
— Störung des Sauerstoffaustausches des Blutes durch Kohlenmonoxid (chronische CO-Vergiftung)
— Tumore infolge der Einwirkung einiger Kohlenwasserstoffe, z. B. Bronchialcarcinome, verursacht durch polyzyklische Aromate

— Psychosomatische Schäden, die in Form allgemeiner Leistungs- und Konzentrationsschwächen sowie Schlafstörungen auftreten
— Höhere Todesraten, vor allem bei akuten Smogwetterlagen (aus: »Städtebauliche Klimafibel«, Innenministerium Baden-Württemberg).

Man hat Gründe zur Annahme, daß bei Verringerung der Luftvermutzung um 50 % die Sterblichkeit durch Lungenkrebs um 25 % und die Zahl der Herz- und Kreislaufkrankheiten und Todesfälle infolge dieser Krankheiten um jeweils 20 % vermindert werden könnte (Schulz, 1982).

Die größten Gefahren für die städtische Bevölkerung hinsichtlich der Zusammenhänge zwischen Stadtklima und Luftverschmutzung bestehen dann, wenn die Schadstoffimmissionen insbesondere bei länger anhaltenden Inversionswetterlagen zu hohen Konzentrationen führen und kurzfristig hohe Lebensrisiken verursachen (vgl. Abb. 61).

Neben diesen krassen Auswirkungen bestimmter Wetterlagen muß vor allem auch die höhere Zahl der Erkrankungen von Säuglingen und Kindern zu denken geben. So wurden — neben Beobachtungen der Verzögerung der Knochenreife bei Schulkindern sowie eines niedrigeren Hämoglobingehaltes des Blutes und weiterer krankhafter Erscheinungen — die folgenden Erkrankungen von Säuglingen im Ruhrgebiet festgestellt:

	Stadtkinder	Landkinder
Rachitisschäden	15,1 %	7,6 %
Bronchitis	3,53 %	2,49 %
Augenschäden	6,6 %	1,7 %.

Neben der Ausschaltung der Ursachen können in diesem Zusammenhang wesentliche Verbesserungen durch Grünanlagen in den Städten erreicht werden. Grünflächen wirken hier außerordentlich klimaregulierend. Infolge der geringeren Rückstrahlung von 5 bis 20 % (Hauswand 30 bis 80 %, Straßen 20 bis 40 %) entnimmt die Biomasse der Einstrahlung einen höheren Energiebetrag als die Baumassen, indem sie die Energie als »Antrieb« für die Photosynthese und zur Verdunstung von Wasser nutzt. Dabei entsteht Verdunstungskälte, die sich temperaturmindernd auf das Mikroklima der Umgebung auswirkt.

Aufgabe einer künftigen »Technik des klimagerechten Städtebaus« sollte es daher sein, aus den vorgegebenen Eigenarten des Reliefs, der Bodenart und der Hydrologie des jeweiligen Standortes ein Maximum an Verstärkung günstiger und an Abschwächung ungünstiger Klimabedingungen herauszuholen.

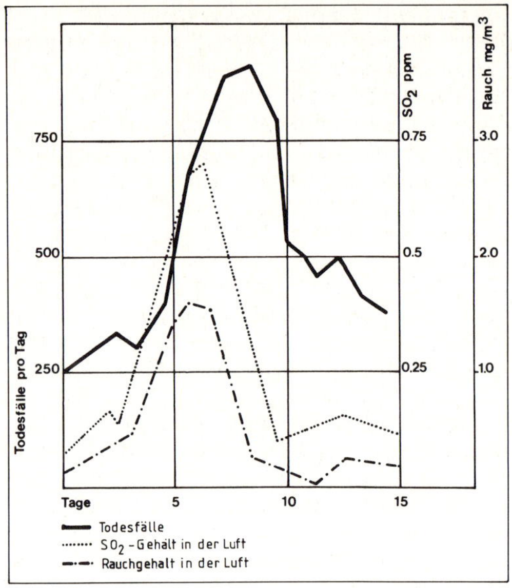

Abb. 61. Todesfälle pro Tag in Abhängigkeit von der Luftverschmutzung. (aus Grandjean/Gilgen, 1973, in Städtebauliche Klimafibel, Innenministerium Baden-Württemberg)

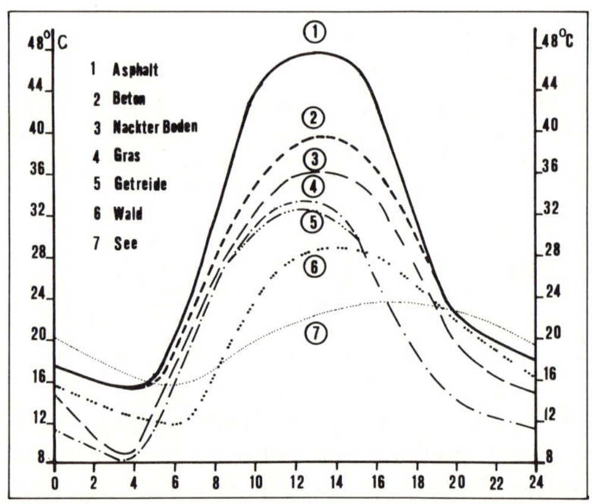

Abb. 62. Temperaturentwicklung bei unterschiedlicher Bodenbedeckung. (nach Fezer, 1975, aus Städtebauliche Klimafibel, Innenministerium Baden-Württemberg)

Temperatureinflüsse durch verschiedene Vegetationsformen

Da die Aufheizung unserer Städte andere Klimadaten wesentlich mitbestimmt und lokal unterschiedliche Erwärmungen kleinörtlich sehr differenzierte Luftströmungen ergeben, die z. B. Voraussetzung für Luftreinigungsvorgänge der Vegetation sind, müssen die thermischen Einflüsse erkannt werden (Abb. 62).

So ist es durchaus normal, wenn zwischen Asphaltflächen und z. B. Teerpappendächern einerseits und Rasenflächen andererseits Temperaturunterschiede von über 20 °C entstehen. Ein hoher Anteil von Grünflächen trägt grundsätzlich zu einer geringeren Aufheizung bei. Demzufolge sollten z. B. Parkplätze nicht mehr als Asphaltflächen, sondern, wo irgend möglich, z. B. als Pflasterrasen hergestellt oder als unterirdische Stellplätze unter begrünten Flächen angeordnet werden. Aber auch kleinräumig bei Pflasterung und Gehwegplatten ist es mikroklimatisch von Bedeutung, die temperaturmildernde Wirkung der kleinwüchsigen, unscheinbaren Vegetation zwischen den Fugen nicht außer acht zu lassen, wie Messungen von Hard, 1982, an einem heißen, schwachwindigen Sommertag im Stadtgebiet von Osnabrück belegen, z. B.

- — Fahrbahn aus Granitpflaster: Kopf der Pflastersteine 38 °C
- — etwas vertiefte Fuge, völlig vegetationslos 43 °C
- — vertiefte Fuge, z. B. mit Mastkraut oder Wegerich 32 °C!
- — Gehweg aus eng verlegten Betonplatten (Oberfläche) 40 °C
- — Breitere Fugen mit niedrigem Bestand von natürlich aufkommenden Gräsern und Kräutern 30 bis 36 °C
- — Breitere Fugen mit natürlich aufkommenden Kräutern, die sich einige dm weit über die Betonplatte legen 25 °C!

Damit sind kleinräumig durch »Ritzenvegetation« beachtliche Luftströmungen zu erzielen.

Messungen haben ergeben, daß vor allem Wälder und Wiesen für die Entstehung von Kaltluft bedeutsam sind. Soweit zur Stadt hin geneigte Hänge bereits bewaldet oder für eine Bewaldung vorgesehen sind, ist deshalb zwischen Waldrand und Bebauung jeweils eine ausreichend große Fläche freizuhalten, um einen guten Abfluß der bei Tag besonders wertvollen Kaltluft aus dem Stammraum des Waldes zu gewährleisten. Grünes Freiland (Wiesen, Felder, Brachland, Gartenland) wird zwar bei Tag durch die Sonneneinstrahlung recht warm, kühlt aber bei Nacht stark ab. Der Stammraum des Waldes ist dagegen bei Nacht wärmer als die bodennahe Luftschicht im Freiland, bei Tag aber kühler als diese. Freiland ist daher bei Nacht, Wald bei Tag als Kaltluftlieferant anzusehen.

Abb. 63. Beispiel einer ökologisch sinnvollen Alternative zur dichten Asphalt- oder Betonversiegelung von Plätzen, Wegen und Einfahrten: Ausreichende Befestigung nur der Belastungsbereiche; die Ritzen- und Randvegetation mindert deutlich die hohe Aufheizung, bindet Staub, ermöglicht Regenversickerung, fördert das örtliche Kleinklima in gesunder Weise und ist dazu auch noch ästhetisch schön. (Foto: Czypionka)

Anreicherung der Luftfeuchtigkeit durch Bäume

Unsere Innenstädte sind gerade während der Sommermonate zu trocken (»Betonwüsten-Milieu«). Die Differenz der relativen Feuchte kann gegenüber dem Umland mehr als 10 % betragen. Hier und da hilft man durch die Anlage von sehr teuren Springbrunnen und Beregnungsanlagen, deren wohltuende Wirkung von den Einwohnern schnell erkannt wird. Viel natürlicher und billiger erzielen Bäume diesen Effekt. Eine 85jährige, rd. 43 m hohe Douglasie muß z. B. für einen Jahreszuwachs von ca. 0,3 m^3 Holz während einer Vegetationsperiode — also etwa von Mai bis August — rd. 90.000 Liter Wasser aufnehmen und davon mehr als 99 % durch Transpiration an die umgebende Luft abgeben. Bei diesem Transpirationsvorgang entsteht im Baumbereich die sog. Verdunstungskälte. Ein Hektar Buchenwald gibt an einem einzigen Tag bis zu 40.000 Liter, das sind 40 t = m^3 Wasser, an die Luft ab. Die daraus resultierende höhere Luftfeuchtigkeit in der Umgebung dieser Bäume ist fühl- und erlebbar. Messungen in Grünflächen ergaben einen Wiederanstieg der relativen Luftfeuchtigkeit gegenüber dem Siedlungsbereich um 5 bis 6 %, also eine Annäherung an die Werte auf dem freien Land. Dies ist ein nicht zu unterschätzender Vorteil,

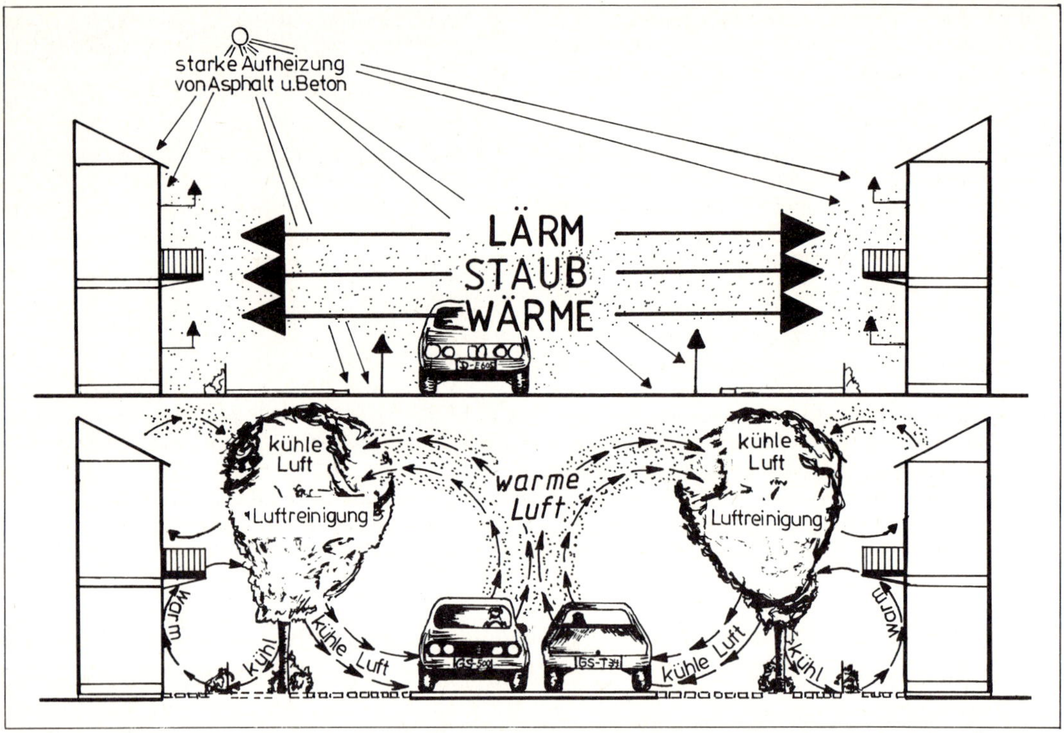

Abb. 64. Straßen mit Bäumen werden wesentlich weniger aufgeheizt. Die kleinörtigen Temperaturunterschiede bewirken zwischen Bäumen und Straße bzw. zwischen Bäumen und Häusern Luftzirkulationen. Dadurch streichen ständig neue Luftmassen durch die Blätter, an denen sich feinste Schmutzteilchen ablagern. Die »Baumwäsche« erfolgt durch Regen. Bäume — möglichst ergänzt durch Sträucher — schützen Fußgänger und Hausbewohner vor Staub, dienen als Lärm- und Schmutzvorhänge für die Wohnungen und fördern ein angenehmes Kleinklima. Bis zu 80 % der Aerosole und Stäube werden »ausgekämmt«. Bei einer »autogerechten Straße« kann die Konsequenz dieser Erkenntnis darin bestehen, z. B. die Straße im Querschnitt zu verengen (Einbahnstraße, Anliegerstraße) und Bäume einschließlich Sträucher zu pflanzen.

da die extrem niedrigen Luftfeuchtigkeitswerte der Stadt Krankheiten des Nasen- und Rachenraumes begünstigen.

Luftaustausch und Luftreinigung durch Bäume

Nach jüngsten Prognosen dürfte der Autoboom in der Bundesrepublik erst um die Jahrtausendwende bei rd. 30 Mio PKW's eine Art Sättigung erfahren. Will man dieser Entwicklung nicht weitere Bestandteile unserer Lebensqualität in den Städten opfern, werden weitreichende Konsequenzen schnellstmöglich in Angriff genommen werden müssen. Dazu gehören entscheidend auch die Vorkehrungen zur Förderung unserer Bäume in den Dörfern und Städten zur Verbesserung des Stadtklimas sowie zur Luftreinigung. Bäume fördern in ihrer näheren Umgebung die Luftzirkulation (wärmere Luft steigt, kühlere Luft fällt) und damit den Luftaustausch. Dadurch wird es möglich, daß ständig neue und belastete Luftmassen an der riesigen Blattoberfläche, die wie ein Filter wirkt, vorbeistreichen können (Abb. 64).

Bei Parkbäumen, Straßenbegleitgrün o. dgl. wird die mit feinen Stäuben und Kernen angereicherte Luft weitgehend am Blatt- und Astwerk sedimentiert und dann durch Regen in den Boden gespült. Selbst unbelaubte Pflanzungen besitzen noch einen »Filterwert« von 60 % des Sommers.

Staubmessungen in Frankfurt haben z. B. ergeben, daß eine baumfreie Straße gegenüber einer baumbestandenen Straße im Mittel 3 bis 4 mal so stark belastet ist. Ein innerstädtischer Park hat 5 mal weniger Staubteilchen in der Luft als das Stadtzentrum, und Waldluft gar hat 200 bis 1.000 mal weniger Staub und Ruß (Kondensationskerne). Entscheidend für diese Wirkung der Bäume ist, daß die Gesamtheit der möglichen staubabfangenden Oberflächen extrem hoch ist. Während zum Beispiel die Gesamtoberfläche aller Pflanzen, die auf einem Quadratmeter Acker wachsen, fünf Quadratmeter und auf einem Quadratmeter Rasen schon zehn Quadratmeter beträgt, breitet sich ein Strauch auf der gleichen Fläche dermaßen aus, daß seine Gesamtoberfläche schon bei 100 Quadratmetern liegt. Ein Baum besitzt über dieser Bodenfläche eine Gesamtoberfläche von 1.000 Quadratmetern. Deshalb kann zum Beispiel eine nur dreißigjährige Roßkastanie mit ihrem Laub jährlich bereits 120 kg trockenen Staub und 80 kg mit Flüssigkeiten vermischte Aerosole binden. Im Ruhrgebiet bedeckt übrigens heute eine etwa 2 cm dicke Schicht aus Ruß- und Flugasche die Oberfläche des Waldbodens, Rückstände, die von den Nadeln und Blättern aufgefangen und vom Regen abgewaschen worden sind (Kurt, 1982).

Man hat ausgerechnet, daß eine etwa 100 Jahre alte Buche mit 800.000 Blättern in der Stunde 2,35 kg Kohlendioxid verarbeitet, rd. 1,7 kg Sauerstoff erzeugt und 5.000 m^3 Luft »reinigt«. Eine hundertjährige Buche filtert so im Jahr den Luftinhalt von 800 Einfamilienhäusern. Wird sie gefällt, so müßten 2.700 mannshohe Jungbäume gepflanzt werden, um die ökologische Bedeutung der getöteten »Baumpersönlichkeit« zu ersetzen. Diese Jungbäume — Kauf, Pflanzung, dreijähriges Anwachs- und Pflegerisiko miteingeschlossen — würden pro Stück rd. 1.270 DM kosten. Das ergibt: 3,5 Mio DM für eine gefällte Buche (Kurt, 1982).

Nach H. Landsberg von der Universität Maryland in den USA besteht die wichtigste Maßnahme, das denaturierte Stadtklima auszugleichen, darin, im Stadtgebiet so viele Grünflächen wie nur möglich zu erhalten bzw. anzulegen. Eine Stadt ist so reich, wie die Zahl ihrer Bäume groß ist! Diese alte Volksweisheit müßte man angesichts der vielen kranken Bäume heute »modern« abwandeln: Eine Stadt ist so reich, wie die Zahl der gesunden Blätter an ihren Bäumen groß ist.

Neue Bäume in Straßenbereichen und Verkehrsberuhigung

Es ist noch gar nicht lange her, daß man zur vermeintlichen Förderung der Verkehrssicherheit recht großzügig Straßenbäume gefällt hat. Dabei hat man übersehen, daß durch Straßenbäume der Verlauf einer Straße deutlicher wahrnehmbar wird und auch Entfernungen leichter abschätzbar sind. Das Kuratorium für Verkehrssicherheit in Wien hat mehrere Streckenabschnitte in einer Gesamtlänge von 63 km vor und nach dem Fällen der Straßenbäume untersucht: Vor der Entfernung der Bäume betrug die Zahl der Unfälle 109, und nach dem Abholzen stieg sie auf 202. Die Zunahme der Unfälle wird mit dem Wegfall des Baumbestandes als optisches Führungsinstrument begründet (Meyer, 1984). Insofern stehen der Wiedereinbringung von Straßenbäumen weniger Sicherheitsaspekte entgegen als oft angenommen wird.

Verbesserungen der verkehrsbedingten Probleme infolge von Luftverunreinigung, Lärmbelastung (vgl. Kap. 2.5) und Grünflächenarmut können in erster Linie nur in Maßnahmen der Verkehrsberuhigung und gleichzeitiger Erhöhung des Grünflächenanteils gesehen werden. Fußgängerzonen haben sich bewährt, können aber die Forderung nach flächenhafter Verkehrsberuhigung nur punktuell erfüllen. Ziel muß sein, den motorisierten Verkehr in wesentlichen Teilbereichen der Stadt — insbesondere in den Wohnbereichen — einzuschränken. Dazu können Verkleinerungen der Straßenquerschnitte zugunsten von Grünstreifen (Hecken, Bäume) oder punktuelle Grünflächen insofern empfohlen werden, weil das Grün die positiven Aspekte der Verkehrsberuhigungsmaßnahmen potenziert. Fahrrad- und Fußwege (möglichst ohne Asphaltversiegelung!) lassen sich dabei integrieren. Die Leitvorstellungen müssen konsequent von den bisher euphorisch vertretenen Thesen der »autogerechten« Stadt schrittweise abrücken und dafür die ökologische Qualität des Wohnfeldes in den Vordergrund stellen.

Da etwa 60 % der Bundesbürger überhaupt nicht motorisiert sind und auch die übrigen »saubere Ruheräume« benötigen, erscheint die Forderung gerechtfertigt, den Fußgänger wieder entscheidend in den Vordergrund zu rücken. Seit den 60er Jahren gab es wohl kaum eine Straßenbaumaßnahme, die nicht gleichzeitig — so ganz nebenbei — auch eine Verschlechterung für den Fußgänger mit sich gebracht hat:

— Gehwege werden in immer stärkerem Maße zu Fahrbahnnebenstreifen — Gehwege werden immer häufiger als Parkplätze benutzt — Fußgängerüberwege wurden demontiert, in Berlin z. B. von 1965 bis 1975 um 90 % — Die Lichtsignalanlagen werden zur Gefahrenquelle für die Fußgänger. Mehr als die Hälfte innerörtlicher Fußgängerunfälle ereignen sich hier. — Gleichzeitig wurde das Angebot des öffentlichen Personenverkehrs verschlechtert. Stadt- und Strukturplanung zwangen die Bundesbürger zur Autobenutzung.

Trotzdem erreichten z. B. im Jahr 1970 in den Städten noch immer zwischen 23 und 46 % der

Berufstätigen ihren Arbeitsplatz zu Fuß. Die Stadt mit den breitesten Autostraßen — Berlin — stellt dabei das Schlußlicht dar. Rund 1/3 des innerstädtischen Autoverkehrs ist Kurzstrekkenverkehr (oft weniger als 3 km). Obwohl im Durchschnitt etwa 40 % aller Wege in Städten zu Fuß zurückgelegt werden (größter Anteil überhaupt!), werden bei Verkehrszählungen die Fußgänger fast nie mitgezählt und dementsprechend bei Baumaßnahmen auch nicht gleichberechtigt berücksichtigt: Eine 24stündige Fußgängerzählung eines Gehweges ergab z. B., daß im untersuchten Straßenabschnitt doppelt so viele Fußgänger auf dem 2,50 Meter breiten Gehweg vorbeiliefen, als Menschen auf der 9 Meter breiten Fahrbahn im Auto vorbeifuhren (Fußgängerinitiative Berlin, 1981, Michelsen, 1984).

Hauptziel einer Verkehrsberuhigung ist, mehr Straßen für den Durchgangsverkehr unattraktiv zu machen, um für den Fußgänger und Anwohner Fläche zu gewinnen, z. B. durch

Sackgassen, Einbahnstraßenringe, Reduktion der Anschlüsse an übergeordnete Straßen, Unterbrechung von Straßenverbindungen, Verlangsamung der Fahrgeschwindigkeit durch Profilverengungen, Bodenwellen, Straßenmöblierung als Verkehrshindernisse.

Eine differenzierte Planung wird dabei nicht nur die Profilverengung von Straßen und Anreicherungen mit Bäumen vorsehen, sondern auch detailliert die Fußgängerbereiche, z. B. durch unterschiedliche Pflasterung, Teilentsiegelung und Begrünung mit standortgemäßer Vegetation zur Verbesserung der mikroklimatischen und optischen Bedingungen einbeziehen. Das kann bedeuten, daß der Gehweg in drei Bereiche geteilt wird: Intensiv begangener Mittelteil mit weniger begangenen und entsprechend weniger ausgebauten — d. h. weniger versiegelten — Randbereichen. Der weit verbreiteten Unsitte, Kübel oder Beetpflanzen anstelle weitgehend pflegeunabhängiger und standortgemäßer Vegetation vorzusehen, sollte man auch im Hinblick auf die hohen Investitions- und Folgekosten von vornherein vorbeugen. Grundsätzlich erscheint im Straßenraum eine Unterscheidung in »Kulturpflanzen« und »Unkräuter« schon deshalb unsinnig, weil es hier keine »Ernte« zu schützen gibt. Nichts kann hier so zweckmäßig sein, wie die sich von selbst einstellende und erhaltende Vegetation, die sich in ihrer Artenzusammensetzung der unterschiedlichen Trittintensität anpaßt. Wo immer möglich, sollten keine versiegelten Oberflächen (Beton, Bitumen) verwendet werden, sondern Beläge mit hohem Anteil luft- und wasserdurchlässiger Materialien (Böse, 1984), wie z. B.

— Stellplätze aus Pflaster mit hohem Fugenanteil — durchgehende Streifen aus wassergebundener Decke mit Baumpflanzungen — Gehwege aus Platten, Klinker, Pflaster und sich begrünenden Fugen — unbefestigte Saumstreifen an Fassadenrändern, Hecken und Mauern (häufig wenig betreten und Wuchsraum für eine üppige, bunte Ruderalflora).

Damit verlagert sich die Arbeit des Stadtgärtners von der »Automatik-Pflege« zur sorgfältigen, individuell abgestimmten Standortvorbereitung und Auswahl der Materialien. Die Bevorzugung der sich selbst einstellenden »Naturvegetation« erfordert ein Umdenken bei Gärtnern wie bei Auftraggebern und Nutzern, da die Vegetation eben nicht mehr »normgerecht« und »schlüsselfertig« geliefert werden kann, sondern sich erst im Laufe der Zeit einstellt. Da das wirklich standortgemäße Saatgut nicht bekannt und somit auch nicht erhältlich ist, sollte allenfalls eine lockere Erstaussaat erfolgen, die eine Entwicklung stabiler, artenreicher und den ökologischen Standortverhältnissen entsprechender Pflanzengesellschaften nicht durch zu hohe Erstbesiedelungsdichten erschwert. Insofern sind ggf. auch übliche Gewährleistungsansprüche »naturgerechter« zu formulieren.

An einer Straße ohne Fahrradweg könnte z. B. eine Gliederung, wie sie Abb. 65 zeigt, vorgesehen werden.

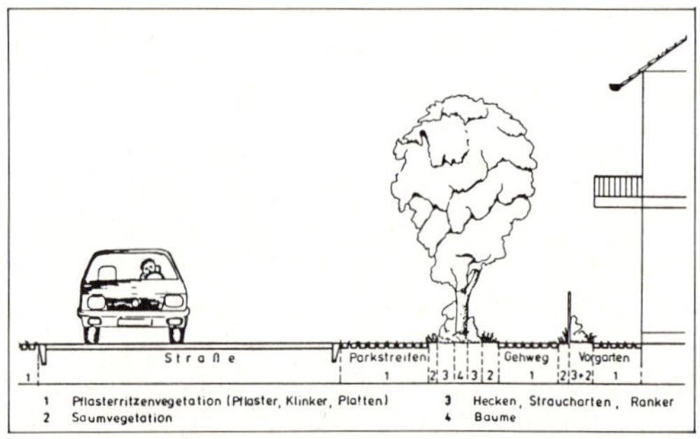

Abb. 65. Schematische Gliederung der Bereiche intensiver und nachlassender Nutzungsintensität mit typischer Vegetationszonierung. Jede Vegetation — von der Pflasterritzenvegetation bis zu den Bäumen — bindet Staub, fördert die Abkühlung und verbessert das örtliche Kleinklima.

Im Verbund mit derartigen Maßnahmen sollte stets auch eine Reduktion des Individualverkehrs erfolgen. Damit wird schrittweise der verkehrsbedingte Flächenverbrauch ebenso reduziert wie der Anteil der Bodenversiegelung. Das wiederum hat den Vorteil, daß wieder mehr Wasser in den Boden gelangen und dort den Grundwasserspiegel anheben kann. Dem in vielen Städten zu bemerkenden Problem, daß höhere Niederschläge infolge der Bodenversiegelung schneller zu Hochwasserschüben und Verschmutzungen der Flüsse und Seen führen, kann damit auf natürliche Weise begegnet werden. Sogenannte Regenrückhaltebecken könnten dadurch sogar entbehrlich sein. Andererseits dient die Verbesserung des Wasserhaushaltes im städtischen Untergrund der Verbesserung des Stadtklimas. Sollten dennoch Wasser- und Regenrückhaltebecken gebaut werden müssen, ist unbedingt die Chance zu nutzen, durch Schaffung eines flachen Dauerstaus (ca. 20 bis 100 cm) kleine Feuchtbiotope anzulegen, die naturnah gestaltet und sich dann selbst überlassen werden. Bei Hochwasser wird dieser Niedrigstau kurzzeitig zwar erheblich überschritten, jedoch wird sich die Natur darauf »einstellen« können. Die verschiedentlich bereits gebauten »sterilen Becken« sollten schnellstmöglich saniert werden, sie dokumentieren nur ökologisches Unwissen, wo sie doch eigentlich zur Bereicherung und dringend erwünschten Vernetzung der städtischen Naturräume beitragen könnten.

Besondere Vorkehrungen für Straßenbäume

Die entscheidende Voraussetzung für das Gedeihen von Straßenbäumen bilden die physikalischen, chemischen und biologischen Bedingungen im Boden. Es kommt dabei auf die Qualität des Wasser-, Nährstoff- und Sauerstoffhaushaltes an, und zwar nicht nur im Bereich der meist viel zu engen Baumscheibe, sondern möglichst im gesamten Bereich der Kronentraufe. Dabei dürfen wir nie unterschätzen, daß die »Funktion« des Bodens vom Zusammenspiel einer unvorstellbar großen Zahl

Abb. 66. Phantasielose, mit Rasenpflastersteinen nur grün kaschierte Regenrückhaltebecken sind häufige Folgen übertriebener und ebenso phantasieloser Flächenversiegelungen, die selbst mittlere Niederschläge manchmal schon zu Vorflutproblemen werden lassen. Wenn schon die schrittweise Entsiegelung der Einzugsgebiete und damit eine Förderung u. a. des städtischen Klimas und Grundwasserkörpers nicht möglich sind, dann sollte wenigstens das Regenrückhaltebecken biologisch aufgewertet werden können: Der Vorfluter kann z. B. naturnah als Fließgewässer (vgl. Kap. 5) oder das Becken als Flachwasserbiotop (vgl. Kap. 6) mit niedrigem Dauerstau gestaltet werden, so daß ein kleiner, durchaus recht artenreicher und gesunder Naherholungsbereich entstehen kann. (Foto: Hemker)

an Kleinstlebewesen (Bakterien, Pilze, Algen u. a. in Milliardenzahlen pro Gramm Boden) abhängt, die wir nicht »versiegeln« können, ohne den Baum zu gefährden (vgl. Kap. 4). Eine gesunde Bodenkultur ist die Grundlage aller Baumpflegemaßnahmen. Das bedeutet Verzicht auf Unkrautchemikalien in Baumnähe, keine Bodenverdichtung, Asphaltierung möglichst weit entfernt, keine Wurzelverluste und -beschädigungen bei Baumaßnahmen, Schutz gegen mechanische Stammbeschädigungen (Rammschutz gegen PKW) und weitestgehender Verzicht auf Streusalz. Noch werden in jedem Winter 3 Mio Tonnen Streusalz (Natriumchlorid) verstreut. Das ist laut Bundesinnenministerium in »bis zu 90 %« der Fälle Ursache des Straßenbaumniederganges. Das Salz, das sich im Boden anreichert und auch in regenreichen Jahren kaum ausgewaschen wird, bewirkt nach einer Untersuchung Hamburger Wissenschaftler zunächst »vermindertes Wachstum und Nekrosen (Verfärbung der Blattränder), sodann vorzeitigen Blattfall im Sommer, Absterben von Teilen der Krone und schließlich den Tod der Bäume«. Zudem wird der Humus dauerhaft geschädigt. Durch einen vielschichtig ablaufenden chemischen Prozeß werden die »Krümelstruktur« des Bodens zerstört und Nährstoffe durch Natrium verdrängt (vgl. Kap. 10).

In den Blättern fahrbahnnaher Straßenbäume registrierten die Hamburger Wissenschaftler das 24fache beziehungsweise 16fache der in unbelasteten Gebieten gemessenen Natrium- und Chlorwerte. In den Böden haben die Natrium- und Chlorkonzentrationen gar das 55 beziehungsweise 24fache des Üblichen erreicht. Die Korrosionsschäden an Fahrzeugen und Verkehrswegen, alljährlich rund 5 Mrd Mark, sind laut Innenministerium bis zur Hälfte auf Natriumchlorid zurückzuführen. Für Sanierung und Ersatz salzkranker Bäume muß allein das Land Hamburg 60,5 Mio DM aufwenden. Die Straßensalzung bedroht im übrigen langfristig auch die Wasserversorgung. »Im Großraum München«, so das Bundesinnenministerium, »ist der durchschnittliche Salzgehalt im Grundwasser innerhalb von 15 Jahren um 75 bis 100 % gestiegen.« Mediziner geben der Brunnenversalzung Mitschuld an der Zunahme von Bluthochdruck-Erkrankungen (Bölsche, Schriftenreihe der Naturfreunde).

9.2 Lärmschutz durch Bäume

»Daß soviel Ungezogenheit gut durch die Welt kommt, daran ist die Wohlerzogenheit schuld.«
Marie von Ebner-Eschenbach

Neben den Luftverunreinigungen stellt heute der Lärm mit die wichtigste Umweltbelastung dar (vgl. Kap. 2.5). Die Schallreduktion gehört zu den wichtigsten Aufgaben auch der innerörtlichen Landschaftspflege. Allerdings dürfen die Erwartungen an die Lärmminderungswerte durch Bäume nicht zu hoch geschraubt werden. Pflanzenbreiten von 25 bis 30 m wären erforderlich, um die Wirkung eines nur 2 m hohen Lärmschutzwalles zu übernehmen. Dabei ist jedoch zu betonen, daß der optische Schutz — z. B. einer Straßenbepflanzung — auch ganz wesentlich dazu beiträgt, das individuelle Lärmempfinden der Menschen zu reduzieren. Die häufig errichteten Lärmschutzwände an Fernstraßen engen dagegen ein und wirken beklemmend. Ein Erdwall, bepflanzt mit Sträuchern und Bäumen, würde ähnliche Dämmwerte erreichen, aber die Psyche des Autofahrers nicht so sehr belasten. Wo irgend möglich sollte daher der Widerstreit zwischen Technik und Natur zugunsten der Natur entschieden und den bepflanzten Lärmschutzwällen der Vorzug gegeben werden (Meyer, 1984). Immerhin belegen neuere Forschungsergebnisse die schallmindernde Wirkung von Bäumen eindeutig, so daß einige Hinweise gegeben werden können:

— Die Lärmdämmung durch Grüngürtel ist stark frequenzabhängig. Hohe Frequenzen werden stärker gedämmt als die tiefen. Das ist insofern wichtig, weil meist die hohen Frequenzen physisch wie psychisch stärker schädigen (Lärmschwerhörigkeit zeigt sich meist in einem deutlichen Gehörverlust im Frequenzbereich bei 4.000 Hz). Wegen dieses Effektes führt auch bereits eine einfache Baumreihe entlang einer Straße zu einer deutlichen Lärmminderung, weil hart und scharf klingende Verkehrsgeräusche weniger stark in Erscheinung treten. Meister (1959) empfiehlt, quer zur Ausbreitung des Lärms Riegel aus Bäumen und Sträuchern anzubringen, und schreibt jedem einzelnen Pflanzenriegel eine Dämmwirkung von 1 bis 2 dB (A) zu.

— Die stärkste pegelmindernde Wirkung der Nadelbäume liegt im Durchschnitt etwa zwischen 500 und 2.000 Hz und die der Laubbäume zwischen 2.000 und 8.000 Hz.
— Die Schalldruckpegeldifferenz pro 1 m Kronendurchmesser liegt im Durchschnitt zwischen 0,40 und 0,80 dB (A) bei Einzelbäumen. Eine stärkere Baumkrone kann also durchaus mehr als eine »Schallhalbierung« bewirken. Die Lärmschutzwirkung einzeln stehender Bäume in dicht bebauten Wohnstraßen ist relativ gering. Durch Minderung des zwischen den Häuserfronten auftretenden »Flatterechos« sind aber auch einzeln stehende Bäume sehr nützlich.
— Schallschutz von Einzelbäumen ist 2 bis 6 mal größer als der, der von Waldstreifen ausgeht, die mit derselben Baumart bepflanzt sind. Das geht wahrscheinlich auf die sehr großen Unterschiede in der Belaubung und im Kronenaufbau der einerseits im Freistand und andererseits im Wald gewachsenen Bäume zurück.
— Die artenspezifische Lärmminderung ist abhängig von Belaubungsdichte, Blattstellung, Blattgröße und davon, ob es sommer- bzw. immergrüne Blätter sind. So kann z. B. eine Bepflanzung mit dem relativ großblättrigen und dicht belaubten Bergahorn 10 bis 12 dB (A) abschirmen, im Gegensatz z. B. zu einer Bepflanzung mit kleinblättrigen Bäumen, die bei gleicher Pflanzbreite nur etwa 2 dB (A) abhalten. Auch Strauchunterwuchs ist von großer Bedeutung (Schandinischky, 1982).
— Nadelbäume mit geschlossenen und dichten Kronen — z. B. Zypressen und Lebensbäume — bewirken eine stärkere Reduktion des Schalls pro 1 m Kronendurchmesser als die übrigen Nadelbäume. Das kann bei der Bepflanzung von Friedhöfen von Bedeutung sein.
— Dichte, vielstrukturierte und mindestens 6 m hohe Hecken haben eine besonders gute Schalldämmwirkung und sind darüber hinaus biologisch sehr reichhaltig.

9.3 Ständige Orientierung an der Natur — möglichst in der ganzen Stadt

»Es ist nicht genug zu wissen, man muß es auch anwenden; es ist nicht genug zu wollen, man muß es auch tun!«
J. W. v. Goethe

Bei der Frage nach Gestaltungsleitlinien im innerstädtischen Grün erscheint mir eine möglichst weitgehende Orientierung an dem, was die Natur aus einem Standort »machen« würde — ließe man ihr nur Raum, Zeit und Eigenständigkeit — als geeignete »Richtschnur«, die in den meisten Fällen »angepeilt« werden könnte. Das führt zwangsläufig zur Abkehr von überflüssigen oder gar schädlichen Maßnahmen, denen wir in unserer Gestaltungsmanie — z. B. Gifteinsatz, Rasenpflege, Laubharken, Aufräumen, Pflanzenwahl u. a. — allzuleicht erliegen.

Es gibt kaum einen Bereich, in dem uns die »Befragung« der Natur nicht in irgendeiner Form weiterhelfen würde. Deshalb halte ich hier auch wenig von »DIN-Normen« oder ähnlichen Vorschriften, die eher einer unnatürlichen Monotonisierung oder Typisierung Vorschub leisten könnten. Aus diesem Grunde erscheinen mir auch Laienbefragungen jedenfalls dann höchst fragwürdig, wenn sie als entscheidende Planungsgrundlage Verwendung finden sollen. Dafür ist das allgemeine Naturverständnis einfach zu gering. Wenn Bürger einen stadtnahen, weitgehend denaturierten und aus standortfremden Bäumen bestehenden Wald besonders lieben, dann sagt das z. B. überhaupt nichts darüber aus, ob sie nicht bei ausreichender Information einen vielfältig strukturierten, artenreichen und ungepflegten Stadtpark bevorzugen würden. Dennoch enthalten bei richtiger Interpretation viele Befragungen Hinweise darauf, daß wir in innerstädtischen Grünanlagen oft nicht nur an der Natur, sondern auch am Bürger vorbeihandeln. Wenn in einer Befragungsuntersuchung (Nohl, 1975) hinsichtlich der Freiraumbesuchsgründe z. B. herauskommt, daß die meisten Bürger von

> Staub und Lärm der Straße wegkommen, Ruhe von der Hetze des Alltages finden, sich körperliche Bewegung verschaffen und nur die wenigsten Bürger (0,6 %) den Rasen als Spielplatz benutzen wollen,

dann sehe ich darin in erster Linie die Bestätigung dafür, daß der Wunsch nach Nähe zu »echter« Natur ausgeprägt ist. Der Trittrasen wird also gar nicht so sehr benötigt, dennoch neigen Freiraumplaner dazu, bei der Entwicklung räumlicher Konzepte von »Aktivitäten« als den grundlegenden Programmelementen auszugehen. Lange Aktivitätslisten werden aufgestellt in der Hoffnung, für jeden etwas anbieten zu können. Tagtäglich werden neue Aktivitäten erfunden, so daß im Falle der Verwirklichung solcher Pläne Freiräume nicht nur zum Träger von bunten Aktivitäten-Potpourries werden, sondern die einzelnen Freiräume auch noch ihre Individualität zugunsten einer gleichförmigen Ausstattung aufgeben. Diese Entwicklung trägt über Ökonomisierung und Normierung entscheidend zur Verarmung unserer städtischen Umwelt bei (Nohl, 1975).

Wenn Freiraumplaner und Stadtgartenämter — wie leider häufig zu beobachten — zu sehr an herkömmlichen, monotonen und artenarmen Grünstrukturen festhalten, dann entspringt dies allerdings nicht in jedem Fall der bequemen und initiativlosen »Es-war-schon-immer-so-Mentalität«, sondern sicher nicht selten auch der Sorge vor Kritik, z. B. aus der Bevölkerung, dem Rat oder der Stadtverwaltung. Solange keine ausreichende Information der Öffentlichkeit erfolgt, ist dies auch nicht ganz unbegründet. Dennoch kann man davon ausgehen, daß der Bürger bei wirklichen Elementen der Natur viel leichter bereit ist, ein positives ästhetisches Urteil abzugeben. Während in der Betrachtung eines Kunstwerkes der Mensch häufig befangen ist, beeinflussen in der Betrachtung der Natur Ordnung und Proportion das ästhetische Urteil auch des Laien viel weniger. Vielfalt der Arten und Formen der unverfälschten Natur werden in unseren Grünanlagen vom Bürger wesentlich unvoreingenommener akzeptiert, als viele meinen.

Auch Spielplätze benötigen Naturelemente

Allzu häufig sieht man völlig denaturierte »Abstellplätze für Kinder« mit normierten Spielgeräten, die streng an Unfallverhütungsvorschriften ausgerichtet sind, der kindlichen Entwicklung wenig Raum lassen und den wichtigen Erfahrungsfaktor »Natur« schlichtweg vergessen. Von Mario Montessori stammt die Beobachtung: »Kinder spielen nicht, sie arbeiten.« Wenn »Spielen« gleichwertig wie »Lernen« und »Arbeiten« ist, brauchen wir vielfältige Spielbereiche, die möglichst reichhaltige Naturrequisiten einbeziehen. Dabei sind u. a. folgende eng verzahnte Aspekte von Bedeutung:

1. *Soziologisch-pädagogische Zielsetzung:* Kinder üben das Sozialverhalten (Kontakte mit anderen Kindern, Toleranz, Einordnung, Konfliktfähigkeit), Lernprozesse werden eingeleitet wie Abschätzen von Gefahren und allgemeine Umwelterfahrungen. Rücksichten auf Pflanzen und Tiere werden geschult, Identifikationen zu bleibenden Naturelementen werden geprägt (der Baum steht auch nach 30 Jahren noch dort!).
2. *Physisch-psychische Zielsetzung:* Spielerisch-turnerische Bewegungsabläufe, z. B. Laufen, Springen, Klettern, Kriechen bis zur Erholung und zur Naturbeobachtung (z. B. Schmetterlinge, Vögel, Frösche).
3. *Formale Ausstattung der Spielplätze:* Platzgröße, Geländeformung, Naturausstattung und schließlich Materialwahl und Art der Spielgeräte. Der ganze Spielplatz muß »Spielgerät« sein. Besonders wichtig sind raumbildende Elemente wie Mauern, Erdwälle, Wasserflächen, Wildflächen und Bäume zum Klettern.

Ganz automatisch kommt man bei derartigen Überlegungen dazu, statt der herkömmlichen, abgegrenzten Spielplätze mehr multifunktionale, verkehrsfreie und grünreiche Freiräume zu schaffen, in denen Kinder das tun können, was ihnen Spaß macht, und nicht das, was Erwachsene wollen. Hauptstörfaktor in der Siedlung ist wiederum der Verkehr. Auch deshalb ist zu überlegen, ob der Verkehr immer so wohnungsbezogen sein muß, ob Straße und Parkplatz direkt jedem Wohnhaus zugeordnet sein müssen oder ob statt dessen in Wohnungsnähe nicht besser Grün, Spiel und Erholung stattfinden sollten. Sehr oft sind in Wohnungsnähe die attraktivsten Freiflächen mit Parkplätzen »zugepflastert«. Ein PKW verbraucht allein ca. 25 m^2 an Stellfläche einschließlich Zufahrtsfläche. Kindern wird höchstens 10 % davon, 2,5 m^2 pro Kind, zugebilligt. Sie gehören aber ebenso dazu. Wir brauchen zwar Bereiche, wo Kleinkinder ungestört und sicher spielen können, noch mehr brauchen wir aber Bereiche im Wohnumfeld, in denen ganze Familien in das Spiel einbezogen werden können. Wenn es uns gelingt, größere Flächen vor der Haustür verkehrsfrei zu erhalten und mit möglichst vielfältigen, naturgemäßen Requisiten zu beleben, ergibt sich diese Entwicklung weitgehend von selbst.

Naturnahes Grün, vor allem in der Nähe der Wohnung, ist für die Sozialisation von Kindern äußerst wichtig. Besonders das sich Verändernde (Wachsen, Blühen, Verwelken, Jahreszeiten ...) und das Lebendige (Vögel, Kleintiere ...) sind in ihrer Begreifbarkeit wesentliche Stimulation für die Entwicklung von Selbstbewußtsein, Kreativität und Phantasie, von sozialer Kontakt- und Konfliktfähigkeit. Vielfältiges Grün erhöht für alle die Qualität der innerstädtischen Lebensbedingungen insgesamt für Wohnen, Arbeiten, Tages- und Kurzzeiterholung (Grohe, 1982).

Naturschutz und Naherholung auf Friedhöfen?

Diese Frage mag zunächst makaber klingen, bei näherem Hinsehen ergeben sich jedoch Aspekte, über die wir vielleicht zu wenig nachdenken. Der mittelalterliche Kirchhof war wohnungsnah und mit dem Alltag verbunden. Kirche und Kirchhof waren eine Einheit. Die Sicherheit und Vertrautheit, mit dem Tode umzugehen, ging dem modernen Menschen verloren. Ging damit in unserer Gemeinschaft nicht viel mehr verloren? Lohnt es nicht darüber nachzudenken, ob wir damit nicht einen wesentlichen Teil unseres Lebens der Alltagshektik geopfert haben? Insbesondere für ältere Menschen sind Friedhöfe heute noch Orte der Ruhe und Besinnung und eine Stätte der Begegnung. Warum nicht für alle?

Die städtebaulichen Richtwerte für Friedhofsanlagen betragen rechnerisch 4 bis 5 m^2 pro Einwohner. Daran »knabbert« kein Bodenspekulant, weil die Verpflichtung, unseren Toten eine würdige Ruhestätte zu geben, fest in unseren kulturellen Auffassungen verankert ist. Doch unsere Friedhöfe müssen heute auch andere Funktionen wahrnehmen. Sie gehören in das öffentliche Grünsystem, weil sie über einen sehr reichhaltigen Bestand an Bäumen und Sträuchern verfügen und damit in ihrem Gebiet oft wesentliche klimatische Ausgleichsfunktionen und Lärmschutzaufgaben erfüllen und zugleich für den innerörtlichen Naturschutz von großer Bedeutung sind. Tatsächlich stellen heute viele ältere Friedhöfe Naturoasen dar, die sich in den naturnahen Zonen und den hohen Schichten alter Bäume durch große Artenvielfalt auszeichnen. Ältere Menschen wissen die damit verbundene Naturschönheit, den Gesang der Vögel und in den Abendstunden den Ruf des Waldkauzes zu schätzen. Außer Frage steht, daß diese Menschen in der Grabpflege, im Friedhofsbesuch, im Kontakt mit Menschen ähnlichen Schicksals Trost, Abwechslung und eine regelmäßig wiederkehrende Aufgabe finden. Eine Möglichkeit, die übrigen Mitmenschen wieder mit dem Tod zu konfrontieren, könnte darin bestehen, kleinere und zu Fuß für jedermann erreichbare Friedhofseinheiten verteilt über das Stadtgebiet zu konzipieren und dort die Bestattungsbereiche so zu konzentrieren, daß durch Verzicht auf übertriebenes, meist standortfremdes »Rahmengrün« und durch behutsames Zusammenfassen genügend Raum für naturnahe Strukturen — Park, Wald, Stillgewässer — gewonnen werden kann. Der individuelle Ausdruck durch das Grabmal könnte dabei durchaus erhalten bleiben, doch müßten flächenbeanspruchende strauchartige Pflanzungen um jedes Grab — für den Naturschutz sind diese »Dekorationen« meist wertlos — zugunsten des Flächengewinns für naturnahe Strukturen unterbleiben. Durch eine konzentrierte Anlage der Grabfelder können bis zu 30 % öffentliche Grünfläche für ruhige Freizeitfunktionen, wie z. B. Spazierengehen, Entspannung, Begegnung, Gespräch, Naturerlebnis »abfallen«. Bei den Wegen durch den Friedhof darf es sich nicht um bezugslose Spazierwege handeln, sondern es müssen Grünverbindungen zu den angrenzenden Stadtbereichen bestehen. Die Vorteile einer derartigen Konzeption sind durch folgende Aspekte gekennzeichnet:

- Eine große Fläche steht einer naturnahen Gestaltung zur Verfügung, die innerhalb einer Stadt Lebensraum für viele Tier- und Pflanzenarten ermöglicht und damit auch eine hohe Erholungseignung begründet.
- Der häufig übertriebene und auf kurze Zeiten verdrängte und anonymisierte Totenkult wird wieder versachlicht und in die Nähe der Form gerückt, wie sie früher auf dem Kirchhof inmitten der Stadt einmal allgemein üblich war. Der Friedhof wird wohnungsnah wieder auf die Lebenden bezogen.
- Innerhalb der Stadt kommen auch die wichtigen stadtklimatischen Funktionen des »grünen« Friedhofs für jeden Bürger besser zur Wirkung.

Naturschutz durch Gartenfreunde

Alle Hobby-Gärtner dokumentieren durch ihre manchmal recht zeit- und kostenaufwendige und zudem noch schweißtreibende Tätigkeit ihre Liebe zur Natur. So ist es nicht verwunderlich, daß der Wunsch nach einem Garten mit der Entwicklung der Industrie und dem Bau trostloser Mietskasernen stark zugenommen hat. Kein Abenteuerspielplatz, keine Spielstraße, keine Wochenend- oder Ferienlandschaft kann jene Summe von stimulierender Vielfalt geben, hat jenen Aufforderungscharakter an die erste ästhetische Welteroberung des Kleinkindes wie ein kleines Stück zusammenhängend gewachsener Natur nicht weit von der Haustür

(Jaedicke). Der Verband der Kleingärtner umfaßt im Bundesgebiet etwa 4.000 größere Kleingartenanlagen mit ca. 500.000 Mitgliedern. Hinzu kommen die nichtorganisierten Kleingartenbesitzer und die Haus- und Grundstücksbesitzer, so daß man von Millionen aktiver Gartenfreunde ausgehen kann, die verstreut in allen Stadtbereichen ein Privat-Gartenland von der halben Größe Schleswig-Holsteins betreuen. Potentiell bieten diese ausgezeichnete Möglichkeiten, ein großes Netz von Ökozellen zum Schutz von Pflanzen und Tieren und zur Kleinklimaregulierung der Städte aufzubauen. Es dürfte kaum eine andere Zielgruppe geben, die nach Zahl, Verteilung und privatem Hobby-Aufwand in den Stadtbereichen so viel dazu beitragen könnte. Davon sind wir allerdings sehr weit entfernt, weil ein großer Teil der Gartenfreunde in Unkenntnis der biologischen Zusammenhänge und Unterschätzung verschiedener Gefahren (z. B. bei der Giftausbringung) mehr den jeweiligen Modetrends folgt, die von geschickten Werbekampagnen »angeheizt« werden, psychologische Gesichtspunkte der Prestige-Demonstration ausnutzt und somit durch fortwährende Destabilisierung des biologischen Gleichgewichtes unverminderte Absatzchancen für die zum weiteren Einsatz empfohlenen Giftstoffe garantiert (vgl. Kap. 4).

Die bunten Prospekte der umsatzfreudigen Gartencenter gaukeln oft eine schillernde Scheinwelt vor, der nicht selten auch öffentliche Gartenämter folgen. Nicht in diesen Prospekten steht, daß z. B. fremdländische Gewächse hiesige Tierarten verdrängen und daß intensive Düngungen und vor allem jede Giftausbringung unzählige Organismen töten. Wo bleibt nur der Verstand, wenn viele Menschen im Winter die Vögel mit großem Eifer und erfüllter Freude an der Natur füttern und die gleichen Menschen mit noch größerem Eifer bei den ersten Frühjahrsanzeichen damit beginnen, all das zu vernichten, was diese Vögel zum Leben im Sommer benötigen, und sich dann nach getaner Arbeit bei der Zeitungslektüre im Sessel darüber aufregen, daß im Süden wieder Millionen von Zugvögeln gefangen worden sind? Was die Summe der Gartenfreunde und Gartenämter anrichtet, ist heute viel, viel schlimmer.

Aber sie wissen nicht, was sie tun. Die engagierten Aufklärungskampagnen verschiedener Verbände und Großstädte wie Bremen und Hamburg hinken noch zu weit hinter dem Effekt her, den millionenträchtige Werbekampagnen der Industrie erzielen können (Umsatz allein der chemischen Industrie auf diesem Sektor 1979 etwa 130 Mio DM, davon 48 % gegen Insekten, 20 % gegen Pilze und Schnecken, 23 % gegen Unkräuter und 9 % gegen Nager; inzwischen sind 1.700 unterschiedliche Mittel im Handel).

Positive Ansätze deuten sich zum Glück überall an. Auch die westdeutschen Friedhofsgärtner haben z. B. bei einem Verbandssymposium in Mainz die »ökologische Bedeutung« naturnaher Biotope erkannt: »Totensilo oder humaner Grünraum?« war Thema ihrer Tagung. »Mut zur Wildnis« empfiehlt Bayerns Umwelt-Staatssekretär den Schrebergärtnern, eine kleine Portion »natürlich-kreatives Chaos« mit Wildkräutern tue jedem Garten gut. In einer Gratis-Broschüre »Umweltschutz im Garten« fordert der Hamburger Umweltsenator dazu auf, »vordergründigen Ordnungssinn einmal zu unterdrücken«. Auch die Rechtsprechung tendiert heute dazu, die Verwilderung aus ökologischen Gründen zu tolerieren (Hutter, 1985).

Die häufigen Horror-Meldungen hinsichtlich der Schadstoffbelastung unserer Nahrungsmittel haben die Neigung vieler Gartenfreunde gefördert, selbstangebaute, schadstoffarme Nahrung zu ernten. Wenn das konsequent und richtig betrieben wird, kommt auch diese Entwicklung dem Naturschutz im Garten sehr entgegen. Innerhalb weniger Jahre finden sich von selbst wieder viele Pflanzenarten ein, die Lebensgrundlage für ein Vielfaches von Tierarten sind (einschl. Schmetterlinge und Vögel) und die aus einem stupiden artenarmen Katalog- und Prestigegarten eine reichhaltige erlebbare Ökozelle mit hohem Erholungswert werden lassen. Noch nie war es so leicht wie heute, sich bequem in den Liegestuhl zu legen, einen Garten verwildern zu lassen und dennoch an der Spitze des Fortschritts zu stehen... Dazu könnten auch die folgenden Anregungen motivieren:

Natürliche Artenvielfalt im Garten

Die natürliche Artenvielfalt im Garten (vgl. Kap. 4) ist Voraussetzung dafür, daß sich wieder ein vielfältiges Beziehungsgefüge aufbauen kann, in dem sich die Organismen gegenseitig kontrollieren und in dem somit auf Gifteinsatz verzichtet werden kann. Umgekehrt kann sich dieses Beziehungsgefüge nur wieder entwickeln, wenn auf den Einsatz aller Pflanzen-, Pilz- und Insektengifte konsequent verzichtet wird. Dazu bedarf es u. U. bei der Artenarmut der Ausgangssituation einiger Jahre Geduld, in denen man sich mit »alten« Hausmitteln biologisch angemessen weiterhelfen kann. Je größer die Vielfalt im Garten, desto größer ist auch die Chance, daß sich ein natürliches Gleichgewicht zwischen Pflanzen- und Tierwelt einstellt, ohne daß der Mensch ständig mit Schneiden, Jäten, Düngen und Spritzen nachhelfen muß. Mit jeder sich neu einstellenden Pflanze sind auch die Tiere wieder zu erwarten, deren Leben an diese gebunden ist und die wir schon lange vermissen:

— Mit dem Faulbaum kann der Zitronenfalter wieder leben.
— Wenn die Raupen auf Möhrenblättern und Klee im Zierrasen geduldet werden, kann der herrliche Großschmetterling »Schwalbenschwanz« wieder auftauchen.
— Eine Naturwiese ernährt rd. 20 Vogelarten, ein kurzgeschorener Zierrasen höchstens 4.
— Die beliebtesten Schmetterlingsarten — wie Landkärtchen, Kleiner Fuchs, Tagpfauenauge, Admiral, insgesamt rd. 25 Arten — ernähren sich in ihrer Raupenzeit von der Brennessel, während die ausgeschlüpften Falter vom Nektar der Distel leben. (Brennnesseln liefern übrigens ein wohlschmeckendes und vitaminreiches Gemüse und ihre getrockneten Blätter einen heilenden Tee).
— Der Wegerich ernährt die Raupen von 48 Schmetterlingsarten, und der Löwenzahn ist Wirtspflanze für 41 verschiedene Falter-Raupen.
— Die Ackerkratzdistel sichert 100 Insekten das Überleben, und andere Wiesenpflanzen wie Natterkopf, Dost, Weidenröschen und Klee sind während der blütenarmen Jahreszeit unverzichtbare Futterpflanzen der Bienen.
— Leere Samenkapseln dienen anderen nützlichen Tieren im Garten als Unterschlupf, z. B. nistet sich der im Garten unentbehrliche — weil läusefressende — Ohrwurm in leeren Lupinenschoten oder Mohnkapseln ein.
— Auch an größere Gartentiere sollten wir denken. Fledermäuse — wertvollste nächtliche Insektenjäger — lieben Dachböden als Winterquartiere: Wir sollten für sie einen Spalt zum Haus- oder Laubendach offenlassen. Der Igel verkriecht sich gern unter Laub-, Reisig- oder Holzhaufen, die nicht immer weggeräumt werden sollten. Für Vögel sollten wir die Samenstände der ausgeblühten Stauden als Nahrungsquelle für den Winter stehen lassen. Eidechsen benötigen größere Steinhaufen in sonniger Lage, überhaupt hat jeder große Stein in sonniger Lage seine eigene Bedeutung. Er ist z. B. für die Eidechse so etwas wie für uns ein Kachelofen. Er speichert die Sonnenwärme und gibt sie an die daraufliegende Eidechse wieder ab. Der Stein leitet die Wärme aber auch in den Boden, und hier baut die Eidechse ihre Höhle, hier legt sie ihre Eier und läßt sie von der weitergegebenen Sonnenwärme ausbrüten.
— Auch sinnvolle Artenkombinationen helfen, Schädlinge auf natürliche Weise in Schach zu halten (gute Gartenbücher enthalten dazu viele Empfehlungen): Z. B. helfen Dill, Rosmarin, Pfefferminze, Kapuzinerkresse und andere Kräuter gegen den Kohlweißling. Günstige Kombinationen sind Kohl und Tomaten oder Kohl mit Kräuter-Randbepflanzungen; z. B. wirkt Knoblauch allgemein gegen Bakterien und Pilze, so auch gegen Mehltau, und sollte deshalb überall als Zwischenpflanzung angebaut werden. Geeignet dafür ist auch Schnittlauch; z. B. wirken Thymian, Zwiebeln, Knoblauch und Kapuzinerkresse gegen Schnecken, z. B. pflanzt man Möhren neben Zwiebeln, Blumenkohl neben Sellerie, Tomaten neben Petersilie und Rettich bzw. Radieschen neben Salat.
— Allgemein sind mit Kräutern »mehrere Fliegen mit einer Klappe« zu schlagen. Mit ihnen können viele Schadorganismen abgehalten werden, sie liefern wertvolle Geschmacksstoffe und Vitamine zur menschlichen Ernährung und wirken in verschiedenen Formen auf natürliche Weise heilend (auch dazu gibt es wertvolle Spezialliteratur, die z. T. auf jahrhundertealtem Erfahrungsgut aufbaut).
— Die natürliche Artenvielfalt wird auch im Garten durch sinnvoll angelegte kleine Stillgewässer (vgl. Kap. 6) wesentlich gesteigert. Sie können das Gartenerlebnis bereichern und auch für Kinder eine Fülle von Anschauungsobjekten bieten.
— Wenn im Garten die natürliche Reliefbildung (Bildung von Mikroklimaten) zu langsam fortschreitet, dann kann diese durch Hinzufügung von Materialien (Steine, Baumstämme, Baumstümpfe usw.) bewußt stimuliert werden. Legt man Steine zwischen die abgefallenen Blätter und Pflanzenreste, dann wirkt sich das günstig auf den Umsetzungsprozeß aus (höhere Temperaturen, besserer Feuchtigkeitszustand, Unterschlupf für u. a. Schnecken, Tausendfüßler, Eidechsen und Käfer). Da sich auf all diesen hinzugefügten Materialien fast immer Moos bildet, wird die Zahl der Pflanzensorten im Garten auf natürliche Weise vergrößert. Dadurch suchen wiederum mehr Insekten den Garten auf. Die Natur »multipliziert« die Vielfalt von selbst.

Zugegeben, ein Naturgarten kostet zuerst etwas Mut gegenüber den Nachbarn, aber es geht um viel mehr als um diesen möglichen Ärger. Vielleicht macht ja der Nachbar nach einem Gespräch von vornherein mit! Ein naturnaher, artenreicher Garten kann ein kleines Naturschutzgebiet für sich sein!

Verzicht auf alle Gifte im Garten und Park

Auf Dauer hat der Gartenfreund, der mit Kopf und nicht mit Gift arbeitet, den größeren Erfolg und lebt in jedem Fall gesünder. Und wer meint, doch einmal gegen irgendwelche Schädlinge vorgehen zu müssen, kann sich auf alte bewährte und biologisch sinnvolle Hausmittel beschränken (gute Gartenbücher enthalten auch dazu viele Hinweise).

Gegen Blattläuse, Rote Spinnen und Ameisen hilft z. B. die Brennesseljauche: 500 g frische oder 100 g trockene Brennesseln in 5 l Wasser ansetzen, einige Tage stehen lassen, bis die Brühe gärt. Danach 1 l dieser Jauche mit 10 l Wasser verdünnen und damit den Wurzelbereich der Pflanzen oder die Blätter begießen.

Das Land Hamburg hat — um ein Beispiel von einigen zu nennen — inzwischen zur Sicherung der biologischen Vielfalt im öffentlichen Grün — d. h. in allen Parks und Grünanlagen — den Einsatz von »Unkrautvernichtungsmitteln« verboten und diese wichtige Maßnahme mit guten aufklärenden Gratisbroschüren den Bürgern zur Nachahmung empfohlen (Umweltschutz im Garten, Stadt Hamburg, 1982). Allen Stadtvätern auch kleinerer Orte sei dringend empfohlen, einmal in den Garten- und Friedhofsämtern den Umgang mit Giften gründlich zu überprüfen und möglichst sofort beenden zu lassen. Eine Befragungsaktion 1983 in vielen Gartenbau-Berufsschulen im Ruhrgebiet hat bei 259 angehenden Gärtnern ein Ergebnis erbracht, das nachdenklich stimmen muß und in ähnlicher Form sicher für viele Betriebe gilt (Schürmann, 1983):

— 52 % brachten Gifte aus ohne vollständige und funktionierende Schutzkleidung.
— 64 % hatten völlig unzureichende Informationen über den Pflanzenschutz erhalten.
— 74 % bestätigten die Verseuchung der Pflanzen und der Umwelt.
— 25 % mußten die übrigbleibenden Reste der angesetzen Spritzbrühe nochmals »drüberhalten«.
— 49 % kippten die Restmengen in den Gulli oder einfach ins Gelände.
— 37 % der leeren Packungen landeten in der Mülltonne.
— 48 % sprachen von einem überflüssigen und viel zu großzügigen Umgang mit Pflanzenschutzmitteln in ihrem Betrieb.
— 57 % hatten Angst (berechtigt!), mit Pflanzenschutzmitteln zu arbeiten.

Ebenso nachdenklich für alle Gartenfreunde muß eine Stellungnahme des Pflanzenschutzamtes Hamburg stimmen: »Des öfteren werden Pflanzenschutzmittel auch unkontrolliert eingesetzt und als Waffe gegen alles angesehen. Es gibt z. B. Leute, die auf Deubel komm raus gegen Mehltau mit E 605 und Metasystox spritzen.« Beide Stoffe sind hochgiftig und unwirksam gegen Mehltau!

Örtlich käme der Naturschutz einen großen Schritt weiter, wenn ein Kleingartenverein durch verständnisvolle Information die Satzung so ändern würde, daß die Mitglieder nicht mehr zum Spritzen von Chemikalien, sondern zur naturgemäßen Wirtschaftsweise verpflichtet werden.

Kompost statt Dünger oder Torf

Küchen- und Gartenabfälle gehören auf den Komposthaufen. Ein Sortieren der Abfälle zwischen Mülleimer und Komposthaufen lohnt sich. Wirkliche Gartenfreunde verzichten auch auf das Verbrennen von Gartenabfällen, weil damit nicht nur viele Bodenorganismen abgetötet, sondern auch wertvolle Aufbaustoffe (z. B. Mineralien) der Pflanzen sinnlos vernichtet werden. Durch Belassen der ausgeschnittenen Gehölze direkt im Garten oder über die »Zwischenlagerung« auf dem Komposthaufen kommen diese Aufbaustoffe wieder in den Kreislauf und damit den Gartenpflanzen zugute. Innerhalb von nur einem Jahr wird aus dem Kompost dunkler, wertvollster Humus. Gute Gartenbücher enthalten eine Menge praktische Ratschläge dazu. Wichtig ist, daß durch wechselnde Schichten (Baum- oder Heckenmaterial, organische Stoffe aus Garten und Küche — Gras, Laub, welke Blumen, Essensreste, Eierschalen, Kaffeesatz —, Erde, tierische Dünger wie Horn-, Blut- oder Knochenmehl sowie ggf. Mist von Haustieren) eine gute Luftzirkulation sichergestellt wird. Gegenüber anderen Möglichkeiten ist eigene Komposterde immer die beste Lösung. Auch gegenüber dem sterilen und äußerst nährstoffarmen Torf hat Kompost wesentlich bessere Nährqualitäten sowie eine größere Wasserhaltekraft, er ist billiger und der Verzicht auf Torf dient gleichzeitig dem Moorschutz (vgl. Kap. 8). Im Gegensatz zu Mineraldüngern enthält der Kompost auch alle Spurenelemente, die das Gemüse braucht, nicht nur für den gesunden Wuchs, sondern auch für die Ausbildung eines kräftigen Aromas. Wo es nur eben geht, läßt man auch fallendes Laub am besten unter Hecken und Gehölzpflanzungen liegen. Es bietet als natürliche Bodenbedeckung vielen Kleintieren Winterschutz, nach denen im übrigen viele Vögel suchen, und wird im kommenden Jahr bereits zerlegt und zu düngendem Humus verarbeitet.

Gartenumgraben? Es gibt sinnvollere Ausgleichsarbeiten

Manche Gartenfreunde schieben das anstrengende Umgraben längere Zeit vor sich her, ehe sie das vermeintlich Unvermeidliche tun. Der wesentliche Sinn dieser Maßnahme liegt in der körperlichen Ausgleichsarbeit, dem »Ökosystem Garten« schadet sie dagegen. Man darf nicht vergessen, daß der Boden ein höchstkompliziertes lebendes Wirkungsgefüge (vgl. Kap. 4) ist und aus verschiedenen Schichten besteht, denen unterschiedliche Arten von Kleinstlebewesen angehören, die nur in bestimmten Schichten leben können. Insgesamt leben z. B. in den obersten 15 cm auf 1 ha eines landwirtschaftlich genutzten Bodens mittlerer Qualität ca. 10 t Bakterien, 10 t Pilze, 4 t Regenwürmer, 370 kg Urtierchen, 140 kg Algen, 17 kg Insekten und 6 kg Springschwänze. Alle diese Organismen sind von größter Bedeutung für die Fruchtbarkeit unserer Böden. Das Graben zerstört die natürliche Schichtung, die verschiedenen Bakterienstämme werden in für sie lebensfeindliche Umweltbedingungen befördert. Der Boden braucht einige Zeit, bis er sich wieder auf natürliche Weise regeneriert. Ähnlich negative Wirkungen kann z. B. eine mineralische Stickstoff- oder Phosphatsäuredüngung haben, weil auch danach die Zahl der wichtigen Bakterien im Boden sinkt. Ebenso werden beim Graben die zersetzenden Organismen aus dem Oberboden in den Unterboden befördert und damit praktisch »begraben«. Besser als das Umgraben ist die Beschränkung auf ein Belüften. Dabei reicht es aus, z. B. mit einer Forke oder Grabegabel Löcher in den Boden zu stechen und das Gerät leicht hin- und herzubewegen. Ein sehr geeignetes Bodenlockerungsgerät ist der sog. »Sauzahn«, der durch den Oberboden gezogen wird. Auch dabei wird der Boden nur durchlüftet, die natürliche Schichtung bleibt erhalten. Grundprinzip der Bodenpflege ist ausschließlich die Belebung des Bodens. Eine Fingerspitze gesunder Gartenerde enthält mehr lebende Organismen als die Welt Menschen!

Keine fremdländischen Ziergehölze

Man sollte dem unterschwelligen Drang nach Exklusivität, dem Wunsch nach besonderen und exotischen Gehölzen im Garten widerstehen. Artenschwund, Sterilität und exotische Monotonie zeichnen heutige Grünflächen und Gärten in den Städten aus. Die starke Verbreitung fremder, vielfach sogar außereuropäischer Arten (Essigbaum, Blautanne, immergrüner Schneeball usw.) und deren häufige Verwendung in völlig denaturierten Monokulturen (Cotoneaster, immergrüne Lonicera, Feuerdorn usw.) führen unweigerlich zum Verlust der Vielfalt von wildlebenden Pflanzen und Tieren in den städtischen Freiräumen, zumal in solchen Anlagen aufgehende Wildarten (Ahorn, Esche, Holunder, Weißdorn usw.) und einheimische Kräuter (Unkräuter) rigoros vernichtet und damit mögliche Lebensgrundlagen von wildlebenden Tieren unterdrückt werden. Während z. B. an Eichen, Birken und Weiden über 200 und an Weißdorn und Schlehe über 100 Insektenarten leben, findet man z. B. an der Platane überhaupt kein Insekt. Sie stammt nämlich aus Nordamerika, und die heimische Natur ist auf sie nicht »programmiert« (Hutter, 1985).

Nur einheimische Gehölze gehören also in unser Ökosystem, und nur sie können mit anderen Organismen (Pflanzen, Moosen, Flechten, Pilzen, Insekten) in Gemeinschaft leben. Bei fremdländischen Ziergehölzen können sich derartige Lebensgemeinschaften nicht bilden. Einige Organismen können sich aber auf sie spezialisieren (z. B. Wolläuse), finden dort keine Widersacher und können sich demzufolge leicht unkontrollierbar vermehren. Der Griff zur Giftspritze erscheint dann verführerisch einfach, und schon werden weitere negative Kettenreaktionen ausgelöst. So pervertiert das auch klingen mag, aber so klar soll es einmal gesagt werden: Wenn der Anbau fremdländischer Ziergehölze im Garten zwangsläufig zur Giftspritze führt, dann ist das Aufstellen von Kunststoffbäumchen immer noch besser...!

Eine Hecke gehört in jeden Naturgarten

Hecken haben eine außerordentlich hohe Bedeutung im Haushalt der Natur (vgl. Kap. 11). Sie dienen der Klimaverbesserung, filtern Staub und giftige Aerosole ab, dämmen den Lärm, bieten Erosionsschutz an Böschungen und Sichtschutz an Rändern, sind Lebensraum für etwa 1.500 Tierarten, stabilisieren das ökologische Gleichgewicht auch in der Umgebung und können dort Schädlingsbefall gering halten und sind bei vielartiger Zusammensetzung — je mehr, desto besser! — auch eine ästhetische Bereicherung für jeden Naturgarten. Selbst Miniaturhecken lassen den Vogelbestand eines

Grundstücks schnell ansteigen. Auch bei der Pflege einer Hecke sollten wir uns an der Natur orientieren und nicht unnötig viel eingreifen. So gehört in eine Hecke durchaus auch stehendes Totholz. Es gibt eine ganze Reihe von Organismen (Flechten, Pilze, Insekten, Vögel, u. a.), die gerade auf stehendes Totholz spezialisiert sind. Und mit dem Rasenmäher sollten wir auf keinen Fall bis unter die Gehölze der Hecken fahren.

Englischer Rasen — eine Tiere tötende Torheit

Es ist schon paradox: Wir schwärmen von der entschwundenen Natur unserer Kindheit, spenden für die Erhaltung seltener Tiere in fernen Ländern, genießen die Ferien in ländlichen Gebieten im Süden, wo noch Wildwuchs den Weg säumt und Gemäuer überwuchert, und zu Hause stürzen wir uns mit schweißtreibendem Eifer, teuren Pflegegeräten, Mengen an Giften und Wasser zum Sprengen auf das vermeintliche Prunkstück unserer privaten oder öffentlichen Grünanlagen, den englischen Rasen, in dem ein Gänseblümchen zur Schande gereicht, ganz zu schweigen von einem Löwenzahn oder gar dem fast ehrenrührigen Sauerampfer. Ein englischer Rasen ist fast so tot wie eine Kunststoffmatte und bei informierten Bürgern kaum geeignet, als Prestigeobjekt und Zeichen erworbenen Wohlstandes Anerkennung zu finden. Im Gegenteil, genauso wie eine Persönlichkeit auf einen großen »Schlitten« als Statussymbol verzichten und sogar auf ein Fahrrad umsteigen kann, sollten wir es uns leisten können, wieder eine buntblühende Wiese zu genießen. Wenn man bedenkt, daß von normalerweise vielleicht 60 bis 80 Pflanzenarten einer Wiesengesellschaft (mit allein rd. 1.500 darauf angewiesenen Insektenarten, Hutter, 1985) nur wenige Grasarten den 15- bis 25maligen militärischen Messerhaarschnitt überleben und daß mit jeder verdrängten Pflanzenart mindestens 5 bis 25 Tierarten ihre Lebensgrundlage verlieren, dann kommt man rasch zu astronomischen Zahlen von Tieren, die man mit dem teuren und lärmenden Rasenmäher direkt oder indirekt tötet.

Abb. 67. Ein typisches Beispiel eines »totgepflegten« Kur- oder Stadtparks: Biologisch extrem verarmter Messerhaarschnitt-Rasen, der tunlichst nicht betreten werden sollte, und darüber viele exotische Gehölze, mit denen fast keine hiesigen Organismen (z. B. Insekten, Vögel) vergesellschaftet leben können. Eine bunte Wiese mit natürlich wechselnder und sogar riechbarer Farbenpracht und einige standortgerechte Sträucher und Bäume würden dieses Beispiel biologisch deutlich aufwerten und dazu die Artenvielfalt der Tiere (z. B. Schmetterlinge, Vögel), ihre Töne (z. B. Heuschrecken, Vögel) und insgesamt die Naturschönheit erlebbar werden lassen. Die Wirkung wäre wesentlich erholungsintensiver und infolge natürlicher, wohl mehr als tausendfacher Artenvielfalt auch gesünder. (Foto: Verfasser)

Ein beispielhafter Weg wird seit einigen Jahren von der Stadt Augsburg eingeschlagen. Hier wurden im Rahmen einer Biotopkartierung systematisch die wichtigsten Lebensräume wildwachsender Pflanzen erfaßt. Diese insgesamt 286 Flächen sollen, soweit irgend möglich, bei zukünftigen Planungen geschont und entsprechend gepflegt werden. Auch die dem Stadtgartenamt unterstehenden Grünflächen werden seit geraumer Zeit nicht mehr schematisch gepflegt: Neben intensiv gepflegten Teilbereichen gibt es Flächen, die jährlich nur zweimal gemäht werden oder ganz sich selbst überlassen bleiben. Die Bevölkerung zeigt Verständnis und Interesse für diese Maßnahme. Magerwiesen kommen dort heute wieder zur Blüte, die bislang durch häufigen Schnitt unterdrückt oder verdrängt wurden. Besonders augenfällig ist neben dem bunten Wiesenaspekt auch der Reichtum an Insekten wie Schmetterlingen und Bienen. Auch die bislang »besenrein« gehaltenen Gehölzbestände werden entsprechend gefördert, insbesondere die Entwicklung einer intakten Krautschicht. Auch hier kann eine Zunahme an Arten beobachtet werden, z. T. Pflanzenarten, die in der freien Landschaft selten geworden sind.

Zur weiteren Artenanreicherung der Flächen werden parallel dazu Initialexemplare der standortgemäßen Wildflora ausgebracht, um die zu großen Entfernungen zu Standorten mit vielseitigen Pflanzengesellschaften zu überbrücken (Info zur Raumentwicklung, 10/1982). Die sich einstellende Artenvielfalt dient allen (vgl. Kap. 4). Aber mehr noch, ganz andere Vorteile werden gegenüber dem Rasen gratis mitgeliefert:

— Wiese bindet besser Staub (Begünstigung der Sedimentation und Verhinderung der Wiederaufwirbelung) und trägt damit zur Luftreinigung bei.
— Wiese bildet reiche Farbkontraste zur bebauten Umgebung.
— Wiese erniedrigt an strahlungsreichen Sommernachmittagen und -abenden die überheizte Lufttemperatur durch eine im Vergleich zu den Gebäuden geringe Wärmespeicherung und thermische Zirkulation (Fleming, 1979).
— Die Pflegeextensierung kann in kommunalen Parkanlagen durchaus kostensparend wirken. Bei der zunehmenden Finanznot der Gemeinden erscheint es nicht einsichtig, daß die spontane Vegetation häufig immer noch überall bekämpft wird, anstatt sie bewußt in die Planungskonzepte einzubeziehen. Wo es nämlich ausreicht, größere Wiesenflächen lediglich durch Mulchen zu pflegen oder sogar zur Heugewinnung zu nutzen, lassen sich bis zu 3,50 DM/m^2 einsparen. Wenn dagegen das Mähgut ungenutzt abgefahren werden muß, sind bei der bisherigen Maschinenausstattung der Gartenämter keine Einsparungen möglich. Untermauert werden die Empfehlungen des Hessischen Umweltministeriums (1982) an die Gemeinden zur Umwandlung von Rasen in Wiesenflächen durch positive Erfahrungsberichte der Städte Wiesbaden und Kassel.

Man darf allerdings nicht vergessen, daß alle Blumenwiesen erst durch menschliche Waldrodung und Bodenkultivierung entstanden sind. Insofern sind sie natürliche Pflanzengemeinschaften unter menschengemachten Bedingungen. Jährliche Mahd oder Beweidung hält sie offen, so daß Gehölze diese Flächen nicht besiedeln können. Bis auf wenige Standorte stellen die heutigen Wiesen- und Weideflächen in unserem Klima potentielle Waldstandorte dar. Früher oder später würde der Wald diese Flächen also wieder erobern. Eine gewisse Pflege ist deshalb erforderlich. Sie sollte individuell erfolgen und kann meist auch unregelmäßig durchgeführt werden. Zuallererst sollte jede Düngung eingestellt werden, weil diese viele standorttypische, an Nährstoffarmut gebundene Pflanzenarten verdrängt und dafür andere, an Nährstoffreichtum gebundene Arten fördert (die deshalb auch nicht so gefährdet sind). In Glatthafer- und Goldhaferwiesen ist zur Erhaltung von artenreichen und buntblühenden Pflanzenbeständen zumindest ein jährlicher Mulchschnitt etwa im Juli nötig. In Halbtrockenrasen, Borstgrasrasen und Pfeifengraswiesen dagegen dürfte in der Regel Mulchen alle 2 bis 3 Jahre ausreichen, wobei der Mulchschnitt in den Halbtrockenrasen im Juli, in den Borstgrasrasen und Pfeifengraswiesen im August erfolgen sollte (Schiefer, 1983).

Um jeweils ein Überleben (Überwintern!) von möglichst vielen Tierarten zu gewährleisten, kann auch eine örtlich alternierende und nur teilweise erfolgende Pflege empfohlen werden, indem jeweils eine Teilfläche unbehandelt bleibt. Ein Mähen erfolgt in ähnlicher Folge wie das Mulchen, jedoch muß das Mähgut abgeführt werden (direktes Futter für Stallvieh, Heu, Kompost), damit sich der Nährstoffgehalt des Bodens allmählich verringert. Die artenreiche Magerwiese wird nur höchstens einmal im Jahr (Juli, im Bergland August) gemäht, während die nährstoffreiche Fettwiese auch zweimal geschnitten werden kann.

Es gibt zwei Möglichkeiten, einen artenarmen englischen Rasen wieder in eine reich blühende Dauerwiese zu überführen (nach Schwarz, 1980):

1. Man überläßt den Rasen einfach sich selbst und wartet mit Geduld, was dann passiert. Spätestens nach etwa 10 Jahren hat sich dann bei extensiver Pflege ein reichhaltiges Artenspektrum an Wiesenpflanzen weitgehend stabilisiert. Im ersten Jahr schon stellen sich einjährige Ackerkräuter ein und im zweiten Jahr folgen die ersten Wiesengräser (erst dann sollte der erste Schnitt erfolgen). Eine nährstoffmäßige Ausmagerung ist Voraussetzung für eine Belebung.
2. Bei weniger Geduld kauft man Saatgut von standortgemäßen Wiesenmischungen und sät dieses locker aus. Es entwickelt sich daraus eine Initialvegetation, die sich unter der richtigen Pflege allmählich verändert wie beim ersten Verfahren.

Bei beiden Verfahren kann man auch Kleinstflächen als Saatbeet bereitstellen und dort Samen und Früchte säen, die man in einer standörtlich entsprechenden Wiese in der Nähe gesammelt hat. Die neuen Arten breiten sich danach vom Saatbeet auf die Dauerwiese aus. Das funktioniert allerdings nur, wenn man die wirklich standortgemäßen Arten gesammelt hat, andere werden früher oder später wieder verdrängt.

Die Stadt Hamburg ist sogar schon dazu übergegangen, im Stadtrandbereich landwirtschaftliche Flächen anzupachten, um artenreichen Wildwuchs zu fördern, ein Beispiel, das Schule machen sollte.

Kletterpflanzen an Hauswänden — zu Unrecht vergessen!

»Mut zu grünen Wänden« heißt eine Broschüre, die der Berliner Senator für Stadtentwicklung und Umweltschutz 1982 herausgegeben hat. Es ist wohl kein Zufall, daß diese Arbeit in einer Stadt entstanden ist, die bemüht ist, mit ihrem Grün pfleglich umzugehen. Aber in allen Städten ist jeder Raum für Grün kostbar, und Schling- und Kletterpflanzen an Mauern und Hauswänden können preiswert aus heute noch trostlosen Häuserfassaden morgen schon lebende und blühende Flächen werden lassen, die viele Vorteile in sich vereinen.

Grün an Häuserwänden ist überall möglich, wo Menschen wohnen und arbeiten, an Wohnhäusern, Wohnblöcken, Bürosilos, Schulen, Krankenhäusern, Fabriken, Garagen oder Parkhäusern. Am meisten kommt Fassadengrün als Bereicherung der Wohnumgebung denen zugute, die das engere Wohnumfeld noch nicht oder nicht mehr ohne weiteres verlassen können: Kindern und älteren Menschen. Den Kindern bringen Pflanzen an Fassaden gerade in Großstädten oft das einzige Naturerlebnis in ihrem unmittelbaren Lebenskreis. Sie bieten das wichtige Mindestmaß an Stimulanz, das von klein an Interesse und Verständnis für Naturabläufe weckt und fördert. Die Natur neben und über der Haustür kann so als elementare Erfahrungserweiterung und als Gegenpol zur Beschäftigung mit technischer Stadtumwelt bedeutsam werden. Aber noch eine ganze Reihe weiterer handfester Vorteile kann abwechslungsreiches Fassadengrün in der Stadt bieten:

— Langweilige und häßliche Zweckbauten können kaschiert werden.

— Das Stadtklima (vgl. Kap. 9.2) wird verbessert.

— Bioklimatisch negativ wirkende Hausflächen werden in wohnklimaverbessernde Wände umgewandelt, von denen durch Temperatur- und Luftfeuchteausgleich sowie Luftaustausch und Luftfilterung behaglichkeitssteigernde Wirkungen ausgehen. Der Schatten der Blätter vermindert das negative sommerliche Aufheizen der Fassaden, durch Wasserverdunstung wird die Stadtluft gekühlt und die trockene Luft mit Feuchtigkeit spürbar angereichert, durch die große Blattoberfläche werden Luftverunreinigungen vermindert.

— Die großen Blätter mindern Lärmwirkungen sowohl im Haus als auch außerhalb durch verminderte Reflexion.

— Die Fassade wird vor Wind, Wetter und Schadstoffimmissionen geschützt. Wand und Putz bleiben gesund und trocken, ihre Lebensdauer wird erhöht, wie inzwischen in vielen Fällen nachgewiesen werden konnte. Es ist ja bekannt, daß die Immissionen inzwischen an Bauten Schäden in Milliardenhöhe (vgl. Kap. 2) verursachen. Hier können Kletter- und Schlingpflanzen sehr helfen, weil sie die Säurebildung auf der Wand verhindern. Zu gleicher Zeit in gleicher Lage in Berlin gebaute Wohnblocks aus den 30er Jahren zeigen, daß unbegrünte Häuser mittlerweile mehrmals ausgebessert oder neu verputzt werden mußten, während begrünte Häuser heute noch in ihrem ersten Putzüberzug stecken.

— Pflanzen an Fassaden senken den Energiebedarf. Im Sommer kühlen sie das Haus, im Winter helfen sie bei der Wärmedämmung. Man rechnet mit 3 bis 25 % Energieeinsparung, bei technisch gut isolierten Wänden tritt diese Bedeutung gegenüber den übrigen Vorteilen zurück.

— Mit einem alten Vorurteil muß aufgeräumt werden: Die Kletterpflanzen wurzeln nicht in, sondern haften nur an der Wand. Auf einen Berührungsreiz hin sondern die Haftorgane ein Schleimtröpfchen ab, das die Haftscheibe oder -wurzel mit der Mauer verklebt. Die Wand kann dadurch nicht beeinträchtigt werden. Die Wurzeln können auch die Hausmauern nicht feucht werden lassen. Die Haftorgane geben niemals Wasser in die Wand ab, das gesamte Wasser zur Versorgung des Laubwerks wird immer aus dem Boden aufgenommen. Die Blätter halten im Gegenteil den Regen von der Wand ab.
— Begrünte Fassaden sind Lebensraum und Nahrungsspeicher zahlreicher Tierarten, z. B. für Schmetterlinge und Vögel. Als Beispiele können empfohlen werden:
— *Wilder Wein* klettert selbst auf glatten Wänden bis 15 m Höhe; robust, raschwüchsig, bunte Laubfärbung im Herbst.
— *Efeu* klettert bis 30 m Höhe; robust, wächst langsamer, immergrün, bevorzugt schattige Plätze; kann auch Wände herunterwachsen.
— *Knöterich* klettert bis 15 m Höhe; als »Klettermaxe« bekannt; gehört zu den anspruchslosesten und schnellwüchsigsten Schlingpflanzen überhaupt.

Da Kletter- und Schlingpflanzen in jedem Fachhandel preiswert zu erhalten sind, wenig Raum benötigen und viele Vorteile in sich vereinen, bieten sie vielen Leuten eine gute Möglichkeit, morgen schon mit dem praktischen Naturschutz zu beginnen. Es ist lediglich wichtig, den Boden gut vorzubereiten (Mineralboden, höchstens 20 % Humuszuschlag, die Pflanzen lieben alkalische Böden), einen großen Durchwurzlungsbereich vorzusehen (nicht nur eine Bodenplatte beseitigen, damit die natürliche Nährstoff- und Wasserversorgung auch später gewährleistet ist) und ggf. eine Rankhilfe zu bauen (am besten aus Holz), die dauerhaften Halt sicherstellt.

Dachbegrünung

Als neue Form der kleinklimatischen Verbesserung und biologisch-ästhetischen Bereicherung haben sich inzwischen bei Flachbauten (Industrie, Gewerbe, Garagen, Schulen) verschiedene Verfahren von Dachbegrünungen bewährt. Je nach Flächenbelastung und Anlagekosten wird zwischen der extensiven Begrünung (Last ab ca. 40 kg/m^2) und der intensiven Begrünung (Last ab ca. 100 kg/m^2) unterschieden. Beiden Verfahren gemeinsam ist dachseitig die sichere Trennschicht und darüber die für Wasserdampf nach oben durchlässige Wurzelschicht. Darüber folgen in unterschiedlicher Stärke die Drainschicht (Kies) und die eigentliche Vegetationsschicht, die durch eine Filterschicht (Vlies) voneinander getrennt sind. Die extensive Variante, die auch bei normalen Dachneigungen noch möglich ist, entwickelt entsprechend ihrer relativ dünnen Schichten Trockenbiotope (Trockenrasen und Halbtrockenrasen), für die neutrales bis alkalisches Bodenmaterial zu empfehlen ist. Grundsätzlich sollten alle Begrünungsformen nicht gedüngt (Magerrasenarten!) und nicht bewässert werden. Es empfiehlt sich, ausschließlich natürliche Sukzessionen (etwa 150 Pflanzenarten kommen in Frage) anzunehmen, also der Natur »freie Hand« zu gewähren, da andernfalls auf diesem sehr speziellen Standort ein aussichtsloser permanenter »Kleinkrieg« gegen die Natur auf dem Dach geführt werden muß. Unter diesen Voraussetzungen können Dachbegrünungen ökologisch durchaus empfehlenswert sein. Die Temperaturhöchstwerte auf dem Dach verringern sich dadurch von ca. +80 °C auf ca. 38 °C.

Aktion »Unser Dorf soll schöner werden«

Der im Ansatz besonders sinnvolle Bundeswettbewerb »Unser Dorf soll schöner werden« ruft die Entscheidungsträger in Bund, Land, Bezirk, Kreis und Gemeinde dazu auf, den Geist der Mitverantwortung, die bürgerliche Identifikation mit dem Dorf, den Gemeinschaftssinn zu fördern und zweckmäßige Aktivitäten und Initiativen der Bürger zusammen mit ihrer Gemeinde zu entwickeln.

Die Ziele sind hoch gesteckt, setzen gute Kenntnisse der Akteure und Bewertungskommission hinsichtlich der individuellen »Dorfökologie« voraus und beinhalten damit eine außerordentlich hohe Verantwortung, die wohl nicht immer erkannt worden ist. Besonders wichtig erscheint mir, daß die Ziel- und Bewertungskriterien so flexibel sind, daß sie sich aktuellen ökologischen Erkenntnissen und diesen zuwiderlaufenden Entwicklungen anpassen können, die sich deutlich auf dem Sektor Naturschutz-Landschaftspflege abzeichnen. Schließlich sind davon auch Aspekte des Wohnwertes betroffen. Die Situation ist nicht mehr wie noch vor 15 Jahren, die »Roten Listen« haben Zusammenhänge aufgerollt, die schnell umgesetzt werden müssen. Die Basis der bürgerlichen Gemeinschaftsaktionen ist sicherlich in dem Bestreben nach Identifikation mit dem »eigenen Dorf« zu sehen. Womit will sich die Mehrzahl der

Bürger innerörtlich identifizieren? Neben der historischen Bausubstanz und den naturräumlichen Requisiten (alte Bäume, das naturnahe Fließgewässer, das vielgestaltige Stillgewässer, die blühende Wiese) wird der Bürger in erster Linie die Bereiche als »sein« annehmen, die naturnah abwechslungsreich und zugleich harmonisch gestaltet sind. Dazu gehört sicher nicht ein mit Asphalt versiegelter und mit Autos zugeparkter Dorfgemeinschaftsplatz — sei er auch noch so sehr mit Blumenkübeln und Bänken kaschiert — und auch nicht ein monotoner englischer Rasen mit fremdländischen Koniferen und noch so gut gemeintem unnatürlichen Dekorationsgrün. Der Bürger erwartet — bewußt oder unbewußt — mehr! Die natürliche Wildflora trägt wesentlich zur Identifikation des Bürgers mit seinem Wohnumfeld bei.

So erscheint mir die Aktion »Unser Dorf soll schöner werden« (1983 zum zwölften Mal unter Beteiligung von 5.700 Gemeinden durchgeführt, Olschowy, 1984) — möglichst ergänzt durch ähnliche Aktionen für kleinere Städte und auf der Ebene größerer Städte auch für Stadtteile — sehr gut geeignet, die heute besonders wichtigen Aspekte der natürlichen Bereicherung unserer Lebensumgebung voranzutreiben. Keinesfalls dürfen derartige Aktionen zur weiteren Verstädterung ländlich geprägter Dörfer beitragen. Das Gegenteil ist richtig, wie z. B.:

— Naturnahe Belebung aller Gewässer, Park- und Naherholungsanlagen.
— Entschärfung der Störfaktoren Verkehr und Industrie durch standortgemäße Begrünung, angemessenen »Rückbau« und Teilentsiegelungen von Straßen und Plätzen zugunsten einer wohnwertsteigernden Bepflanzung (Luft- und Klimaverbesserung, Lärmschutz, ästhetische und biologische Anreicherung).
— Naturnahe Bereicherung der Gartenanlagen.
— Einbindung der Dorf- und Stadtrandbereiche sowie der angrenzenden Feldmark, in der fast überall erhebliche ökologische Aufwertungen (Gewässer, Hecken, Baumalleen, Kleingehölze u. a.) möglich sind.
— Förderung der alten Obstgärten, konsequente Erhaltung der Obstbäume.

Da heute die Aufgaben »Umwelt- und Naturschutz« höchste Priorität genießen müssen, erscheint es angebracht, diese Aspekte bei allen Bewertungen stärker herauszustellen und für negative Entwicklungen bei der Bewertung hohe Abzüge vorzusehen. Es liegt auf der Hand, daß aus diesen Gründen Naturschutz- und Umweltschutzspezialisten wesentlich an der Bewertung beteiligt werden müssen. Dorf- und Städteplaner werden später nicht daran gemessen, wie extravagant und ökonomisch rentabel sie geplant und gehandelt haben, sondern letztendlich daran, wie menschlich.

Weitere Anregungen zum Naturschutz in Dörfern und Städten

Baumschutz

Je größer ein Baum ist, desto größer ist sein ökologischer Gesamtwert für einen Ort (Abb. 68). Die Summe der einzelnen Vorteile ist so groß, daß Bäume einen wertbildenden Faktor eines Grundstücks darstellen und im Falle von Schadenersatzprozessen erhebliche Kostenanrechnungen anerkannt werden. So hat z. B. das OLG Celle 1982 im Falle des Totalschadens einer 15- bis 20jährigen Stieleiche die zu ersetzenden Kosten mit 5.200 DM hergeleitet. Es kann nur dringend empfohlen werden, zusammen mit Aufklärungsaktionen, von der Möglichkeit, Baumschutzsatzungen zu erlassen, Gebrauch zu machen.

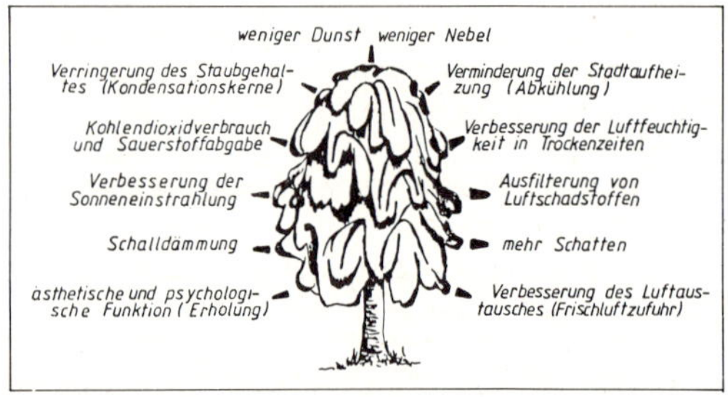

Abb. 68. Die Bedeutung unserer Bäume in der Stadt.

Viele Städte haben bereits gute Erfahrungen damit gemacht. Rechtfertigende Ausreden mit dem Hinweis darauf, daß die Baumschutzsatzung unbekannt ist, werden nicht anerkannt, wie ein Urteil des OLG Düsseldorf von 1981 zeigt (In einem überlieferten Gesetzestext von vor über 1.000 Jahren ist schon nachzulesen: »Wer einen Baum köpfet, soll derselbige wiederum geköpfet werden.«). Staatlicher Baumschutz hat nichts mit »Gängelei« zu tun, wenn es um hochrangige Interessen der Allgemeinheit geht!

Gerade bei der Anreicherung der Dörfer und Städte mit Bäumen sehe ich gute Gelegenheiten, die Bevölkerung aktiv an der Gestaltung des eigenen Wohn- und Lebensmilieus teilhaben zu lassen und nicht immer auf die Stadtverwaltungen zu warten. Auch das ist ein Stück Mitverwaltung, Mitverantwortung und tätiger Heimatliebe.

Abb. 68a. Grüngürtel zwischen Wohngebiet und Industriebreich.

Stadtgrün und alte Menschen
In den Großstädten leben heute bereits mehr als 20 % alte Menschen. Zählungen zeigen, daß diese Altersgruppe unter den Besuchern der vielen über das Stadtgebiet verteilten Grünanlagen prozentual den höchsten Anteil stellt. Die Suche nach Kontakten zu Mitmenschen, das Bedürfnis nach Bewegung in frischer Luft, das Unbehagen gegenüber verkehrsreichen Straßen, der Wunsch, Eindrücke zu empfangen, regt ältere Menschen zum Spaziergang in den Park an. Die Muße des arbeitsfreien Lebensabends gibt ihnen die Zeit dazu, und sie sind durch ihre Herkunft oft noch mit dem Lande und der Natur verbunden, sie haben eine innere Beziehung zum Rhythmus der Jahreszeiten, von denen sie körperlich, aber auch seelisch stärker als andere Altersgruppen berührt werden. Für sie bedeuten die optischen Erlebnisse blühender Kirschen und Kastanien, die Herbstfärbung der Blätter, denen sie jedes Jahr neu begegnen, auch Erinnerungen, gedankliche Beschäftigung mit Stationen ihres Lebens. Erlebnisse dieser Art können nur sinnvoll gepflegte Stadtbiotope, artenreiche ökologische Ausgleichsflächen und nicht mit viel Kosten- und Pflegeaufwand erstellte Einheitspflanzen vermitteln.

Gemeinden und Naturschutzgebiete
Es ist eigentlich ein »Armutszeugnis«, wenn von den 10.391 Gemeinden der Bundesrepublik Deutschland mit einer Gemarkungsfläche von 24 Mio ha im Schnitt 6 von 7 Gemeinden kein Naturschutzgebiet haben (Hutter, 1985). Die Gemeinden sollten sich nicht gegen Unterschutzstellungen sträuben, sondern die Anwendung des Bundesnaturschutzgesetzes im eigenen Interesse fördern. Eine bessere Vorsorge zur Erhaltung des Naturkapitals gibt es gegenwärtig nicht.

Beispiel »Monte Scherbelino«
Die Stadt Frankfurt hat in der Nachkriegszeit das Problem der Trümmerbeseitigung dadurch gelöst, daß sie die riesigen Mengen im näheren Einzugsbereich der Stadt zu einem recht stattlichen kleinen Berg zusammenkarren ließ, mit einer großen Erdmenge abdeckte und geschickt begrünte. Heute ist der so entstandene »Monte Scherbelino« ein vielfältiges und beliebtes Naherholungsgebiet der Frankfurter. Diese Idee sollte nicht in Vergessenheit geraten. Heute stehen viele Städte vor dem Problem, die großen Mengen Bauschutt von abgerissenen Häusern und den Bodenaushub von Neubauten sinnvoll zu bewältigen. In der Regel wird das Material zu einer mehr oder weniger weit entfernten und in der freien Landschaft liegenden Deponie gefahren, wo nicht selten ein interessanter Biotop zerstört wird. Wie wäre es, wenn man einmal die Idee aus Frankfurt nachahmen und im näheren Einzugsbereich einer relativ flachen Stadt auf einer »wertlosen« Fläche ebenfalls einen kleinen Berg entwickeln würde? Das Material bliebe in der Nähe, die Anfahrtswege wären geringer, die freie Landschaft könnte geschont werden, die Beeinträchtigung wäre auch in der Entstehungsphase durch schrittweise Bedeckung und Begrünung gering zu halten, und mit der Zeit könnte ein Gebilde entstehen, das für die Stadt, für ihr Klima, für die Naherholung und für die Pflanzen- und Tierwelt wertvoller wäre als die nur kurzfristigen Nachteile.

Übertriebene Haftungsansprüche
Die Erlanger Empfehlungen der Internationalen Föderation der Landschaftsarchitekten zur Landschaftsentwicklung in der Stadt (1980) weisen auf ein weitverbreitetes und dem Naturschutz für den Menschen abträgliches Problem hin, das Juristen zur Reaktion aufrufen müßte:

> »Aus übertriebenen Haftungsansprüchen wird in den Städten die Pflanzung von Bäumen oft unmöglich gemacht: Der Honigtau der Linden, das Fallen von Blättern, das Abbrechen morscher Äste läßt manche Städte vom Pflanzen von Bäumen leider völlig zurückschrecken. Um die hohe Qualität alter Bäume zu erhalten und die Neuanpflanzung von Bäumen zu ermöglichen, sollten die Städte umfassende Haftpflichtversicherungen abschließen. Durch Rechtsgutachten in Zusammenarbeit von Juristen, Verwaltungsfachleuten und Landschaftsarchitekten sollten diese Probleme in allen Städten gelöst werden.«

Dieser Empfehlung möchte ich hinzufügen, daß die Angst vor Haftungsansprüchen wichtige Naturschutzbestrebungen in vielen Bereichen unangemessen belastet. Das beruht häufig auf einer Rechtssprechung, die die Bedeutung der Natur für die Allgemeinheit noch nicht erfaßt hat.

Abb. 69. Traurige Zeugen der unverstandenen Bedeutung von Stadtbäumen für unsere Lebensqualität. Übertriebenes, ängstliches Sicherheitsdenken hat aus stattlichen Bäumen astarme Skelette werden lassen, die nur einen Bruchteil ihrer eigentlichen ökologischen Bedeutung für die Allgemeinheit erfüllen können: Die für unsere Gesundheit so wichtige Kleinklimaregulierung (Temperaturausgleich, Luftbefeuchtung, Luftzirkulation bei »stehender« Hitze), die wertvolle Luftreinigung von belastenden Schadstoffen und die nicht zu unterschätzende psychologische Wirkung sind auf ein Minimum reduziert. Die große Flächenversiegelung und extrem engen Baumscheiben ergänzen die negativen Kettenreaktionen, die alle Einwohner — unbewußt — belasten. (Foto: Tüxen, Archiv Norddeutsche Naturschutzakademie)

Ein ähnliches Problem stellt z. B. die Verkehrsgefährdung durch umfallende Bäume, herabfallende Äste und durch die Einengung des Lichtraumprofils in Waldgebieten dar. Der Risikofaktor ist auch durch peinlichste Sorgfalt von den Waldbesitzern nur gering zu vermindern. Straßenbauämter sind in jüngster Zeit — veranlaßt durch ein Urteil des Bundesgerichtshofes vom 8. Juni 1979 (VZR 46/78 — in Agrarrecht 1979, S. 279) und in konsequenter Anwendung des nachbarrechtlichen Anspruchs aus BGB § 1004 auf Beseitigung des sog. Überhangs dazu übergegangen, Forstbetriebe im Rheinland aufzufordern, unverzüglich die Lichtraumprofile an Straßenabschnitten im Wald freizumachen und alle abgestorbenen Äste im Bereich der Straße zu beseitigen. Eine Kostenkalkulation eines Forstamtes kommt zu dem Ergebnis, daß auf einem nur etwa 400 m langen Straßenteilstück alle 5 Jahre ca. 30.000 DM aufzuwenden wären, um diesen Anforderungen zu genügen, und schlägt daher vor, die stärksten Bäume am Straßenrand zu beseitigen. Das ist genau das, was angesichts der ökologischen Schäden der Straßen für die Allgemeinheit nicht passieren darf! Forstleute müssen heute regelmäßig die Waldränder an Straßen, Parkplätzen, stark begangenen Wegen, Stadträndern und Erholungsschwerpunkten auf mögliche von den Bäumen ausgehende Gefahren kontrollieren. Im Zweifel lassen sie dann unsicher erscheinende Bäume fällen und entfernen damit oft ökologisch wie ästhetisch besonders wertvolle Randbäume, reißen den schützenden Waldmantel auf und leiten dadurch u. U. erhebliche biologische Folgeschäden im angrenzenden Bestand ein, und das alles nur, weil vielleicht ein geringes Gefahrenmoment und damit ein Haftungsanspruch bestehen könnte.

Aber zurück zur Stadt. Dort gefährden Haftungsansprüche den Baumbestand aus verschiedenen Richtungen: Neben Laubfall und Schattenwurf sind die Probleme von möglicherweise abbrechenden Ästen schon größer. Sie führen nämlich auch in der Stadt häufig zur Baumfällung, zumindest aber nicht selten zu einer derart intensiven Astkappung — »damit man nicht gleich im nächsten Jahr wiederkommen muß« —, daß viele Bäume zu Peitschenstangen degradiert werden und damit die ökologische Funktion für die Allgemeinheit einbüßen. Ähnlich ist es bei der Salzausbringung. Die unterschiedliche Handhabung dieses Problems gegenüber Nachbarländern (z. B. Österreich, Schweden) ist in erster Linie Folge übertriebener Haftungsansprüche. Viele Stadtväter würden aus der Kenntnis um die Umwelt und den Wohn- und Erholungswert ihrer Städte lieber heute als morgen die gefährliche Salzausbringung einstellen lassen. Sie wagen dies nicht aus Haftungsgründen!

Diese Sorge wird inzwischen durch ein Urteil vom Oberlandesgericht Hamm (AZ: OLG Hamm, 9 U 259/84) entkräftet; danach wird eine durchgehende Streupflicht im Winter auf allen Straßen verneint. Eine Streupflicht gilt innerhalb von Städten und Gemeinden nur an gefährlichen Stellen (Kreuzungen, Einmündungen, Gefällestrecken) von verkehrswichtigen Straßen. Außerorts muß nach der Entscheidung nur an »besonders gefährlichen Stellen« gestreut werden, also an Straßenabschnitten, wo besonders oft Glatteis auftritt und wo die Autofahrer die Gefahr trotz erhöhter Vorsicht nicht rechtzeitig erkennen können. Keine Streupflicht besteht nach Auffassung des Gerichts dort, wo im allgemeinen mit Glätte gerechnet werden muß, z. B. auf Brücken oder auf Straßen durch Wälder.

Die Mauer — Kunstfelsen in der Stadt

Trockenmauern mit tiefen Fugen können als Sonderbiotope ein regelrechtes Sammelsurium von Flora und Fauna beherbergen. Je nach Art und Schichtung des Gesteinsmaterials, nach Umgebung, Lage und Besonnung haben sich ganz spezielle Klein-Ökosysteme entwickelt. Viele seltene Pflanzen- und Tierarten aus Felsregionen haben Trockenmauern als Ersatzbiotope besiedelt. Meist mußten für Neubau- und Sanierungsmaßnahmen diese interessanten Refugien weichen. Damit verschwanden oft in wenigen Stunden Elemente, die jahrhundertelang das Ortsbild geprägt hatten. Beton oder dichtverfugte Natursteinmauern stellen keinerlei Ersatz dar, und es nützt auch wenig, wenn diese monotonen Wände dann mit Cotoneastern verhängt werden. Verbliebene Trockenmauern sind unbedingt schützenswert und auch neue sollten wieder angelegt werden können. Bei unumgänglichen Betonsicherungen in Natursteinmauern sollte man sich auf einzelne, tief im Mauerwerk versteckte Bereiche beschränken. Wichtig ist die Erhaltung eines verbreiteten und möglichst durchgängigen Lückensystems. Bei neuen Stützmauern sind auch sog. Gabionen zu empfehlen, das sind Drahtschotterkörbe mit Natursteinpackungen. Ist Beton unvermeidlich und auch eine Verblendung mit Natursteinen nicht möglich, sollte die Oberfläche möglichst rauh strukturiert sein, damit sich wenigstens Algen, Moose und Flechten ansiedeln können.

Stellung der städtischen Grünplanung

Die Gemeinden haben als kleinstes demokratisches Glied im Staatsaufbau der Bundesrepublik Deutschland und als Träger der Planungshoheit auch im Bereich Umwelt- und Naturschutz eine sehr starke Stellung. Sie entscheiden maßgeblich über die künftige Entwicklung von Natur, Landschaft und Umwelt.

Die große Bedeutung der ökologischen Bereicherung unserer Städte im Hinblick auf die erforderliche Wohnwertverbesserung macht neben dem schrittweisen Abrücken von den Thesen einer autogerechten Stadt eine ganzheitliche Vorgehensweise erforderlich, die in der Verwaltung alle Fachressorts und daneben auch die Öffentlichkeit ständig einbeziehen muß.

Dabei wird einer fundierten Grünplanung innerhalb aller Städte und der Landschaftsplanung in angrenzenden Bereichen erhebliches Gewicht beizumessen sein. Die meist schwache Stellung der Grünplanung (finanziell, personell, rechtlich, fachlich) im Vergleich zu anderen Fachplanungen — das gilt besonders für kleine Städte, die sich kein fachkompetentes Personal leisten — und das Festhalten an traditionellen Aufgaben — wie gärtnerische Gestaltung und Pflege städtischer Grünanlagen — haben dazu beigetragen, daß die ökologischen Argumente noch nicht das Gewicht haben, das ihnen von der Sache her zusteht (Grohé, 1982). Im Gegensatz zu vielzitierten »Sachzwängen« sind ökologische Sachzwänge heute noch weit davon entfernt, in Politik und Verwaltung als naturgegebene objektive Rahmenbedingungen akzeptiert zu werden. Dies wird man sich nicht länger leisten können. Bei der Bedeutung des Stadtklimas für das Wohlbefinden des Stadtbewohners sind sowohl sichere Kenntnisse über die Wirkungszusammenhänge als auch die konsequente Umsetzung des Wissens in die Planungspraxis erforderlich (z. B. über rechtsverbindliche Festsetzungen in Bauleitplänen)!

Dabei ist die Ökologie nicht etwa Planziel, sondern Planwerkzeug; und Stadtökologie ist weder Ideologie noch »grünes Beiwerk«, sondern eines der wichtigsten Instrumente zur begründbaren Gestaltung menschlicher Lebensräume (Müller, 1984). Für die dringend erforderlichen Umweltverträglichkeitsprüfungen benötigen die Städte heute ein möglichst weitreichendes stadtökologisches Informationssystem, das nicht nur die noch naturnahen Elemente und deren Vernetzungsmöglichkeiten (Naturkataster) berücksichtigt, sondern z. B. auch die Belastungen der Böden (Bodenkataster) und der Luft (Luftkataster, Staubkataster), die Klimawerte (Stadtklimakataster), die Gewässer (Gewässerkataster), die Lärmbelastung (Lärmkataster), die Streusalzbelastung im Winterdienst und andere ortstypische Rahmenbedingungen einbezieht.

Es ist an der Zeit, daß Gemeinden, Bürger, Planer und Politiker neue Wege beschreiten, wenn es um die Natur in Stadt und Dorf geht!

10 Naturschutz beim Straßenbau

»Alle wollen zurück zur Natur, aber keiner zu Fuß.«
W. Mitsch

In immer stärkerem Maße beziehen wir heute in den Komplex »Straße und Umwelt« die ökologischen Komponenten mit ein. Ebenso wie wir Pflanzen und Tiere nicht mehr isoliert als Einzelwesen sehen, sondern sie als wichtige Teile von Lebensgemeinschaften (Biozönosen) verstehen, beginnen wir heute, den einzelnen Landschaftsfaktor — wie Oberflächengestalt, Grundgestein, Boden, Wasser, Klima, Vegetation und Tierwelt — nicht mehr für sich allein zu werten, sondern als Teil eines empfindlichen Wirkungsgefüges zu begreifen. Deshalb sehen wir heute Straßenneubau, Ausbau und Unterhaltung mit ganz anderen Augen als noch vor wenigen Jahren. Die Aufgabe besteht nun darin, diesen Bewußtseinswandel und alle ökologischen Erkenntnisse dem »Praktiker vor Ort« so deutlich zu machen, daß dieser auch danach handelt.

Allgemeine statistische Daten

Straßennetz

Das öffentliche bundesdeutsche Straßennetz bestand Anfang 1981 etwa aus

7.600 km	Autobahnen (nach den USA das längste Autobahnnetz der Welt),
32.600 km	Bundesstraßen,
65.700 km	Landstraßen,
66.700 km	Kreisstraßen,
317.000 km	Gemeindestraßen,
= 489.600 km	öffentliche Straßen.

Allein die Gemeindestraßenlänge ist von 1970 bis 1980 um rd. 40.000 km gewachsen (BMJ, 1982). Die Gesamtverkehrsfläche im Bundesgebiet wird 1985 mit rd. 511.000 ha (1970: 394.000 ha) angegeben, das sind dreimal so viel wie die Fläche aller stehenden und fließenden Gewässer zusammen (Hutter, 1985). Mit 1,84 Straßenkilometern je km^2 Fläche hat die Bundesrepublik Deutschland nach Belgien, Japan und den Niederlanden die vierthöchste Straßendichte der Welt. Zu diesen öffentlichen Straßen kommen mehrere 100.000 Kilometer versiegelter Feld- und Waldwege. Viele Bürger haben bereits erkannt, daß das Bundesgebiet mit Straßen übererschlossen ist und unangemessen hohe Kosten zu tragen sind. Beispielsweise wurden im Land Hessen 1980 pro Kopf der Bevölkerung 147 DM für Straßenbau, aber nur 68 Pfennige für den Naturschutz ausgegeben (Bölsche).

Mineralölverbrauch — Ölreserven

Der Mineralölverbrauch der Welt betrug 1983 rd. 2.770 Mio t (bisheriger Höchststand 1979 mit rd. 3.171 Mio t). 1983 gab es vier Länder auf der Welt, in denen jeweils mehr als 100 Mio t Öl verbraucht wurden: USA, UdSSR, Japan und die Bundesrepublik Deutschland. Die bestätigten Erdölreserven der Welt ohne das in Sänden und Schiefern enthaltene Mineralöl betragen — gemessen an der Förderung 1983 — nur 33 Jahre. Die Begrenztheit der Erdölreserven und die vollkommene Abhängigkeit unseres Individualverkehrs von diesen Vorräten erlaubt nicht nur den Hinweis auf die Notwendigkeit des sparsamsten Umgangs mit diesen Ressourcen, sondern auch die Frage, ob darauf basierend heute umfangreiche Neutrassierungen von großen Straßen im Hinblick auf die damit verbundene zunehmende Belastung von Mensch, Natur und Umwelt überhaupt noch zu verantworten sind. Gegen eine weitere Förderung des Individualverkehrs spricht auch, daß Pkw und Lkw für die gleiche Verkehrsleistung rd. viermal so viel Energie wie der Schienenverkehr verbrauchen.

Sauerstoffbedarf beim Verbrennungsvorgang

Das Verbrennen von 10 Litern Benzin im Motor verschlingt 20.000 Liter Sauerstoff. Erfolgt diese Verbrennung innerhalb einer Stunde, verbraucht unser Auto tausendmal so viel Sauerstoff wie der Fahrer. Da lohnt es sich schon, den Motor vor einer Bahnschranke einmal abzustellen, denn in nur 4 Sekunden spart der Autofahrer dadurch seinen Sauerstoffbedarf für eine Stunde ein.

Tierverlust durch Verkehrsunfälle

In der Bundesrepublik werden jährlich rd. 350.000 Wildtiere durch den Straßenverkehr getötet (rd. 70.000 Rehe, 1.500 Wildschweine, 150.000 Hasen, 120.000 andere Wildtiere wie Damwild, Rotwild, Fuchs, Dachs, Marder und Kaninchen). Dabei verlieren durchschnittlich auch 50 Menschen ihr Leben und 2.000 werden verletzt. Nach einer Erhebung des HUK-Verbandes im Jahre 1983 mußten zur Schadensregulierung von 97.000 gemeldeten Wildunfällen 167,7 Mio DM aufgewendet werden. Inzwischen gibt es an den Bundesautobahnen und Fernstraßen bereits über 2.000 km Wildschutzzäune, eine nicht unumstrittene Einrichtung, weil sie auch für das Schalenwild die Verinselungseffekte fördern und Wildunter- oder -überführungen kaum angenommen werden.

In England rechnet man mit einem jährlichen Verlust von 2,5 bis 3 Mio Vögeln an den Straßen. Eine ähnliche Höhe wird bei uns in der Bundesrepublik vermutet. Vierjährige Untersuchungen von Bergmann (1974) haben ergeben, daß an einer einzigen Straße bei Marburg immerhin 48 Vogelarten Einbußen durch den Straßentod erleiden. Bei Insekten gibt es nur grobe Anhalte. Man hat einmal die Zahl aller bei der Durchfahrt eines einzigen Autos auf einem Kilometer getöteten Insekten mit 100 bis 3.000 ermittelt (Erz, 1980).

10.1 Ökologische Randwirkungen der Straßen

»Wirtschaftliches Wachstum ist nicht nur unnötig, sondern ruinös.«
A. Solschenizyn

Straßen dürfen nicht nur nach ihrer Länge, sondern müssen vielmehr nach ihrer Fläche und insbesondere nach der Ausdehnung der Bereiche beurteilt werden, die negativ beeinflußt werden. Somit sind Flächenverbrauch, Landschafts- und Lebensraumverlust durchaus nicht identisch.

Trennungs- und Verinselungseffekt

Der Flächenverbrauch ist mit 5 % der gesamten Landesfläche schon sehr hoch und nimmt weiter exponentiell zu trotz sinkender Bevölkerungszahlen. Der tatsächliche Landschafts- und Lebensraumverlust ist um ein Vielfaches größer. Im klassischen waldreichen Erholungsgebiet des mittleren Schwarzwaldes sind rd. 60 % der unzerschnittenen Restflächen kleiner als 10 km^2, im landwirtschaftlich intensiv genutzten Raum um Donaueschingen herum sind sogar über 60 % der Restflächen kleiner als 5 km^2 und im Verdichtungsbereich Villingen-Schwenningen bleiben über 50 % der Restflächen schon unter 2 km^2 (Reichelt, 1979). Das hat außerordentliche ökologische Auswirkungen, weil die Straßen für die meisten bodenbewohnenden Arten, z. B. Gliedertiere und Insekten, die bedeutende Funktionen im Ökosystem haben, unüberwindbare Schranken darstellen. Erstaunlicherweise reicht dieser negative Trennungseffekt bis zu Säugetieren von Mausgröße. Mader (1979) hat dies z. B. für Gelbhals- und Waldwühlmäuse nachgewiesen, die eigentlich Aktionsräume von bis zu 200 m haben, aber eine 6 m breite Straße als 100 %ige Trennungslinie »respektieren«!

Keinesfalls entsprechen also die an sich schon bedenklich geringen Restflächen ökologisch intakten, unbelasteten »Nettoflächen«. Diese »Nettoflächen« ergeben sich erst aus der Größe der Maschenweite des Straßennetzes abzüglich der Reichweite aller Belastungen, die dem Straßenverkehr (bzw. auch den Siedlungen) entstammen. Inzwischen haben auch die Umweltminister aller Länder darauf hingewiesen, daß eine nicht mehr vertretbare Zerschneidung der Landschaft eingetreten ist. Sie wollen einen Maßnahmenkatalog erarbeiten, mit dessen Hilfe das Ausmaß des Landschaftsverbrauchs quantifiziert und der Bevölkerung und den Planungsträgern vor Augen gehalten werden kann. Nur (!) auf diesem Wege sei eine Umkehrung dieser noch anhaltenden Entwicklung möglich.

Unter dem Aspekt der zunehmenden Verinselung muß jeder weitere Ausbau des gesamten Straßennetzes — auch in noch einigermaßen intakten Forstökosystemen! — gesehen werden. Ganz automatisch führen diese Überlegungen zu Empfehlungen nach Bündelung der Verkehrswege. Sowohl beim allgemeinen Straßenbau als auch beim landwirtschaftlichen wie forstlichen Wegebau muß vor dem Anlegen neuer Trassen gründlich geprüft werden, ob nicht durch den Ausbau schon vorhandener Straßen bzw. Wege das Einbringen einer neuen Trennlinie in der Landschaft vermieden werden kann. Einseitige ökonomische Betrachtungen dienen nicht einer langfristigen ökologischen Verantwortung.

Verinselung und Restwaldfläche

Beim Wald nimmt mit dem Kleinerwerden der Inseln der Randeinfluß zu. Bei unter 80 m Durchmesser ist ein Wald aus mikroklimatischer Sicht schon gar nicht mehr als Biotop für Waldtiere anzusprechen (Abb. 70). In sechs zwischen 0,5 und 63 ha großen Eichenwäldern, die inselartig in der Ackerflur liegen, konnte Mader (1981) zeigen, daß in den kleinen Inseln seltene Waldarten bereits ganz fehlen und die Populationsgrößen gegenüber der großen Insel bei den Laufkäfern nur noch 1/180, bei bodenbewohnenden Spinnen nur 1/100 betragen. Zur Arterhaltung errechnete er Minimalareale für diese Spinnen von etwa 10 ha, für die Waldkäfer von 3 ha. Bei Tieren in der Spitze der Nahrungspyramide muß das Minimalareal entsprechend höher sein (vgl. Kap. 4).

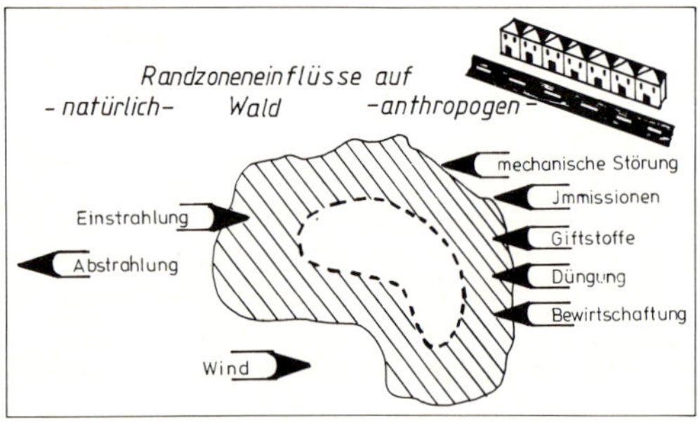

Abb. 70. Die Randzonen sind natürlichen und anthropogenen Einflüssen stärker ausgesetzt als die Kernzonen, so daß der Biotopwert für Waldtiere mit abnehmender Waldgröße überproportional sinkt. (Mader, 1980, verändert)

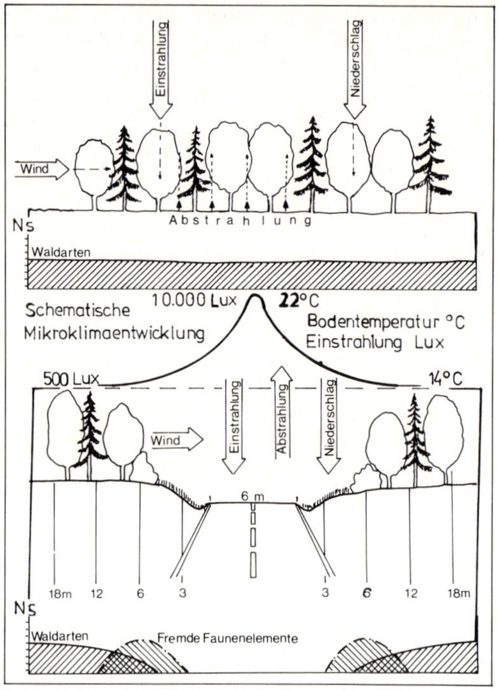

Abb. 71. Veränderungen des Mikroklimas im Straßeneinschnitt.
Oben: Gedämpfte Klimaamplituden durch schützende Wirkung des Waldes. Mitte: Über der Straße steigen z. B. die Einstrahlung, die Bodentemperatur, der Wind, die Verdunstung usw.
Unten: Die veränderten Standortbedingungen und Mikroklimawerte haben andere Pflanzen- und Faunenelemente zur Folge (Ns = Artenzahl, willkürlicher Maßstab); nach Mader, 1979, verändert.

Klimabeeinflussung

Ähnlich wie in der Stadt (vgl. Kap. 9) haben auch in der freien Landschaft alle versiegelten Flächen kleinklimatische Auswirkungen, deren ökologische Folgewirkungen gar nicht bis in alle Einzelheiten zu erfassen sind. Sie sind meßbar z. B. bei den Faktoren Einstrahlung, Bodentemperatur und Evaporation (Verdunstung). Diese Veränderungen bedingen zusammen mit der höheren Luftverschmutzung (Staubpartikel als Kondensationskerne) z. B. auch eine größere Nebelhäufigkeit und Niederschlagsmenge (Abb. 71).

Meist weisen die Straßenbereiche Mikroklimaverhältnisse von Extremstandorten auf. Die nachteiligsten Auswirkungen sind insbesondere durch Dammbauten zu erwarten, die durch Talniederungen und Geländeeinschnitte geführt werden. Hier kann es zu sehr schädlichen Kaltluftstauen kommen (Olschowy, 1981).

Immissionen in Straßennähe

Klocke (nach Reichelt, 1979) geht von einem Belastungsgürtel I mit erkennbaren Schäden an der Vegetation aus, der mit 50 m vom Straßenrand angesetzt werden muß. Der zweite Belastungsgürtel II mit deutlich erhöhten Immissionswerten, aber nicht unmittelbar erkennbaren Schäden liegt in 50 bis 100 m Entfernung. Das ergibt ein von einer Straße ausgehendes Schadstoffband von über 200 m Breite. Aber auch diese durchschnittlichen Näherungswerte liegen noch zu niedrig, wenn man bedenkt, daß je nach Boden, Bewuchs und Relief Streusalzschäden über 200 m beiderseits von Straßen nachgewiesen worden sind (Evers, 1974). Auch Bleibelastungen sind in 200 m Entfernung beiderseits von Straßen in Höhe des zulässigen Grenzwertes und darüber nachgewiesen worden. Odzuck (1978, nach Reichelt 1979) fand noch in 100 m Entfernung 25 ppm Blei im Boden (von einer stark befahrenen Straße — 20.000 KFZ/Tag — werden bis zu 80 kg Blei je km und Jahr emittiert, bis zu 75 % ist das emittierte Blei unter 5 µm groß, d. h. es wird gasartig verteilt!). Eine Anreicherung von Cadmium, das im Dieselkraftstoff enthalten ist, ist bei Regenwürmern bis 50 m vom Straßenrand belegt worden. Zwar ist die absolute Menge an Cadmium bedeutend geringer als der Bleigehalt (der im übrigen künftig zurückgehen wird), dafür aber ist Cadmium für die menschliche Gesundheit etwa 100 mal giftiger als Blei.

Ein Waldmantel filtert stark, daher ist hier eine stärkere Abnahme der Schadstoffe zu beobachten. Dennoch wurden auch im Wald in Entfernungen von 50 bis 100 m Bleibelastungen gemessen, die nach EG-Norm die Höchstgehalte (10 ppm) für Futtermittel (Wild!) überschritten (Abb. 72). In der Nahrungskette gelangt Blei als Zellgift in tierische Organismen: Gehäuseschnecken (Blattfresser) hatten den zweifachen Blei-Gehalt des Blattes. Streuzersetzer (Regenwürmer, Asseln, Tausendfüßler u. a.) hatten 20 bis 680 ppm. Spitzmäuse direkt an Straßen hatten 14 mal soviel Blei wie in 600 m Entfernung. Hasenlebern haben i. d. R. den größten Bleigehalt aller bisher untersuchten Haus- und Wildtiere. Er liegt doppelt so hoch wie die amtliche Toleranzgrenze für Rinder- und Schweineleber (Holm, 1980).

Flächenbelastung durch Verlärmung

Lärmbelastungen des Verkehrs vernichten die Erholungsfunktion des Waldes im Durchschnitt auf einem insgesamt 400 m breiten Band und beeinträchtigen die Erholungseignung auf einem weiteren Band von je 200 m Breite beiderseits anschließend. Man muß sich diese Größenordnungen durch Zahlen verdeutlichen. Eine im Durchschnitt 20 m breite zweispurige Bundesstraße verbraucht selbst je Kilometer etwa 2 ha Fläche, die Erholungsfunktionen der angrenzenden Waldbestände werden darüber hinaus aber auf 40 ha vernichtet und auf weiteren 40 ha beeinträchtigt, d. h. der Erholungsfunktionenverbrauch ist etwa 20- bis 30mal so hoch wie die direkte Flächenbeanspruchung. Es ist zu fragen, warum nicht auch in Erholungsgebieten — z. B. in Waldbereichen — begrünte Lärmschutzwälle angelegt werden dürfen.

Folgen der Salzausbringung

Grundwasser

Im Grundwasser wirkt sich besonders die Chlorbelastung als Folge der Salzausbringung aus. Nach Untersuchungen der TU München stieg der Chloridgehalt des Grundwassers im Großraum München innerhalb der letzten 15 Jahre von 25 mg/l auf 40 mg/l, in einzelnen Fällen maximal bis auf 300 mg/l. In der Nähe von Autobahnen, im Abstand von 150 m, stieg er stärker, z. B. in Quellfassungen zur Trinkwasserversorgung von normal 23 mg/l im Jahr 1955 auf 531 mg/l im Jahr 1970. Im Winter 1970/71 wurden auf dem entsprechenden Autobahnstück 40 t Salz pro Kilometer Straße ausgebracht. Nach medizinischen Erkenntnissen treten Nierenschäden bei 1.000 mg/l Chloridgehalt auf. Die amerikanische Herzgesellschaft hält Trinkwasser mit mehr als 59 mg/l Chloridgehalt für Personen, die auf Diätkost angewiesen sind, für nicht mehr tragbar.

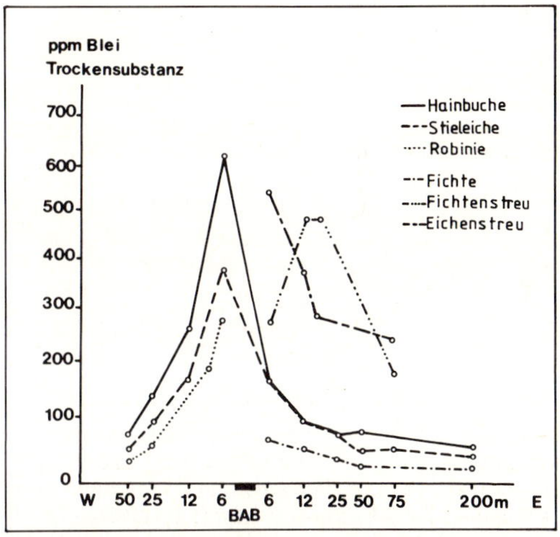

Abb. 72. Bleigehalte in Blättern und Bäumen und in der Bodenstreu bei unterschiedlicher Entfernung von der Fahrbahn. 50.000 KFZ/Tag. (Wasner, 1981)

Schäden an Brücken und anderen Bauwerken

Alle Eisenbetonbrücken rosten stark infolge der Salzausbringung. Nach Thul (Bundesministerium für Verkehr) haben wir über 21.000 Stahlbetonbrücken. Bereits 1970 wurden an 305 Brücken ein An- und Durchrosten von Bewehrungen in mindestens 37 % der Fälle festgestellt. Schäden werden erst nach Jahrzehnten sichtbar, nehmen von Jahr zu Jahr zu und verursachen Folgemaßnahmen in Milliardenhöhe. Die gegenwärtige jährliche salzbedingte Schadenssumme wird auf mehrere 100 Mio DM geschätzt (Deutscher Naturschutzring).

Schäden an Fahrzeugen

Die salzbedingten Korrosionsschäden an Kraftfahrzeugen werden auf 2,5 Mrd DM jährlich geschätzt (Deutscher Naturschutzring). Im Umfeld der deutschen Mittelgebirge, in denen witterungsbedingt die Salzbelastung der Fahrzeuge größer ist, wird der Wiederverkaufswert auf dem Gebrauchtwagenmarkt wesentlich auch davon geprägt, ob der Wagen überwiegend im Mittelgebirge oder im Vorland gefahren wurde. Da Einwohner der Mittelgebirge sich durch Reifenwahl, Kettenausrüstung und eigene Fahrerfahrung wesentlich besser auf Winterbedingungen einstellen, die Straßen für die unerfahrenen Touristen aus dem Flachland aber meist besonders stark gesalzt werden, ist der erheblich größere Korrosionsschaden gewissermaßen ein persönlicher Tribut, den jeder dortige Autofahrer zwangsläufig dem Fremdenverkehr zollt. Er dürfte vorsichtig geschätzt bei 500 bis 1.000 DM/Jahr liegen.

Autofahrer wähnen sich in falscher Sicherheit

Nachgewiesenermaßen wird auf mechanisch geräumten Straßen vorsichtiger gefahren. Im Winter 80/81 blieb ein Versuchsgebiet in Berlin mit 42 km Haupt- und Durchgangsstraßen und sieben Buslinien völlig salzfrei, gestreut wurde statt dessen ein Granulat aus Kraftwerksschlacke. Ergebnis:

— Die Zahl der leichten Blechschäden stieg,
— die Zahl der schweren Sachschäden und Unfälle mit Personenschäden blieb gegenüber nichtwinterlichen Tagen gleich,
— die Zahl der Unfälle mit Schwerverletzten nahm um ein Vielfaches ab. Es gab überhaupt nur einen Schwerverletztenunfall,
— die durchschnittliche Reisegeschwindigkeit sank gegenüber salzbehandelten Stadtgebieten nur unwesentlich.

Bäume und Stadtklima

Wenn heute in der Bundesrepublik jährlich etwa 75.000 Stadtbäume durch Streusalz eingehen und die Städte gewaltige Summen für den Ersatz abgestorbener Bäume aufwenden — Hamburg gab z. B. in einem Jahr 1 Mio DM aus, um 2.000 abgestorbene Bäume durch neue zu ersetzen —, dann darf nicht übersehen werden, daß die ökologische Wirkung eines alten Baumes erst nach etwa 100 Jahren wieder erreicht wird, in einer Zeit also, in der schon aufgrund der in 30 Jahren zur Neige gehenden Erdölreserven der Individualverkehr zumindest anders als heute erfolgen wird.

Salz im Boden und Folgewirkungen an Bäumen

Salz (NaCl) besteht aus Natrium-Chlorid-Molekülen, die sich im Boden bei andauerndem Salzstreuen anhäufen. In Amerika hat man festgestellt, daß nach einem Winter eine drei- bis fünffache, nach 17 Streuwintern eine 15-fache Erhöhung der Salzkonzentration im Boden festzustellen ist. Selbst im Abstand von neun Metern von der Straße lag bei diesen Untersuchungen noch die achtfache Konzentration der Normalwerte vor. Bei der Lösung im Wasser teilen sich die Natrium-Chlorid-Moleküle in negativ geladene Chlorid-Ionen und positiv geladene Natrium-Ionen. Die Ionenkonzentration (einschl. der Ionenaustauschvorgänge) wird dadurch im Boden größer und kann schließlich dazu führen, daß aus der Pflanzenwurzel — die eigentlich eine höhere Ionenkonzentration haben müßte und nur deshalb Wasser aus dem Boden aufnehmen kann — in gegenüber den natürlichen Vorgängen umgekehrter Folge Wasser entzogen wird, so daß die Pflanze Wassermangel bekommt. Damit kann der Fall eintreten, daß ein Baum verdurstet, obwohl er eigentlich in einem sehr nassen Boden steht. Die erhöhte Konzentration an Natrium-Ionen — sie kann von normal 0,1-1 % bis auf ca. 15 % steigen — kann dazu führen, daß durch sogenannten Ionenaustausch andere positiv geladene Nährstoffionen — besonders Calcium (Ca), Magnesium (Mg) und Kalium (K) —, die an die negativ geladenen Ionenteilchen gebunden sind, von Natrium-Ionen ausgetauscht werden. Sie bleiben nicht im Boden und werden ausgewaschen. Dadurch kann eine Mangelsituation an diesen wichtigen Nährstoffen eintreten. Das schlägt sich auch in einer Abnahme in den produzierenden Pflanzenteilen (Nadeln, Blätter) nieder (Abb. 73). Die Abbildung zeigt, daß besonders die Nährelemente Magnesium (Mg), Calcium (Ca) und Kalium (K) in Abhängigkeit von der Behandlung des Bodens mit Natriumchlorid (in g $NaCl/m^2$) stark abnehmen.

Eine andere schädliche Wirkung der Natrium-Ionen kann darin bestehen, daß sich bei viel Bodenwasser um die Natrium-Ionen Wassermoleküle lagern. Dabei bilden sich sog. Hydrathüllen, die beim Natrium wesentlich größer sind als bei anderen vorher gebundenen Ionen. Dadurch werden die Tonteilchen im Boden weiter als normal auseinandergedrängt und nehmen dabei den ganzen im Boden zur Verfügung stehenden Raum ein. Die mit Wasser oder Luft gefüllten Poren werden zusammengedrückt, der Boden verschlämmt und verdichtet sich. Bodendurchlüftung und Wasserdurchlässigkeit nehmen ab, wodurch sich die Lebensbedingungen für alle Bodenorganismen wie Regenwürmer oder wichtige Bakterien, aber auch für die Wurzeln entscheidend verschlechtern. Die Anreicherung mit giftigen Chlorid-Ionen wird durch die Bodenverdichtung noch zusätzlich verstärkt. Anhaltend hohe Chlorid-Ionenkonzentration führt zu übermäßiger Chloridaufnahme durch die Wurzeln. Das Chlorid wirkt giftig auf alle Zellen. Cl-Ionen schädigen vor allem im Frühjahr vor Knospenaustrieb die biochemisch aktivsten Teile, dazu gehören auch die Nadeln des letzten Jahrganges, die im Mai kupferrot werden und absterben. Die Chloridempfindlichkeit der Baumarten scheint nicht nur standortbedingt, sondern auch genetisch bedingt zu sein. Fichten und Douglasien leiden besonders. Tiefwurzler wie die Kiefer sind unempfindlicher. Ziemlich widerstandsfähig sind Eichen neben Esche, Bergulme und Robinie. Bäume an stark mit Auftausalzen behandelten Straßen treiben im Frühjahr später aus. Dabei sind die Blätter oft kleiner als bei vergleichsweise gesunden Bäumen. Bald bekommen die Blätter braune Ränder (sog. Blattrandnekrosen), die sich langsam bis zur Blattmitte hin ausdehnen. Daher werden diese Bäume schon im Frühjahr oder Sommer braun (»Herbstlaub im Sommer«) und verlieren eventuell ihre Blätter. Man hat festgestellt, daß die Chloridgehalte in den Blättern je nach Schädigung um das 10- bis 30fache, in besonders krassen Fällen um das 40fache erhöht waren. Auch die Natriumwerte waren auf das 20- bis 40fache, in Extremfällen

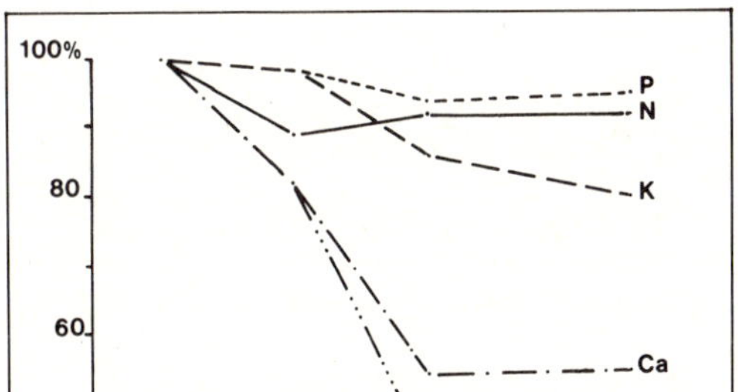

Abb. 73. Relative Abnahme der Nährelementkonzentration in halbjährigen Nadeln einer 9jährigen Fichtenpflanzung nach 2 Salzungsperioden auf versauerter Lößbraunerde (Kreutzer, 1977) (= Folge von Austauschvorgängen mit Natrium-Ionen des Streusalzes).

bis zum 100fachen der Normalwerte hochgeschnellt.

Die Gefahrenzone der Salzausbringung kann sich bei Gischt-Abdrift bis zu 100 m, bei Abschwemmung bis zu 400 m Distanz vom Fahrbahnrand erstrecken. Dabei sind die Auswirkungen auf kleinere Pflanzen und Kleinlebewesen sicher größer als auf Bäume. Zur Gefährdung von Bäumen und Beständen in größerer Entfernung vom Straßenrand kommt es in der Regel nur, wenn bestimmte Bedingungen des Geländes (Relief), der Bodenverhältnisse und der Baumarten vorliegen (die geschädigten Bäume sind jeweils schwarz, nach Evers, 1981):

— In abflußträgen, höhengleichen oder etwas vertieften Lagen neben der Fahrbahn (Abb. 74).

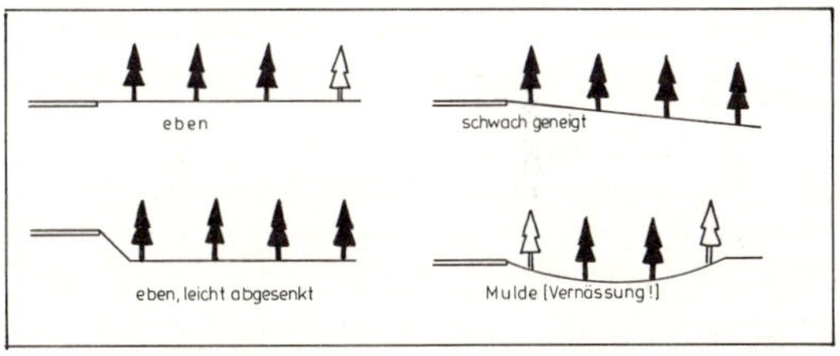

— In abflußträgen Hangfußlagen unterhalb der Fahrbahn (Abb. 75).

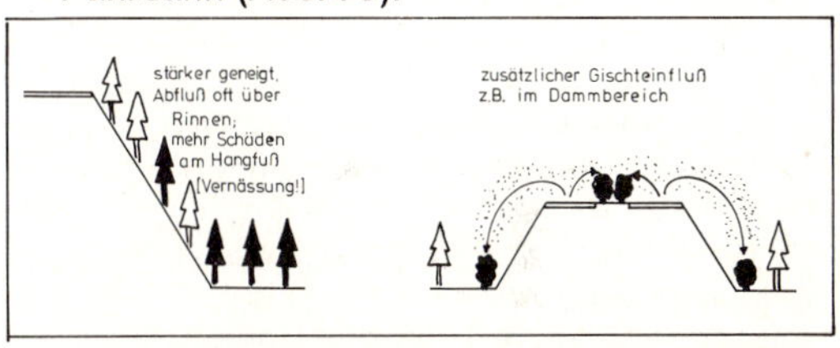

— Durch abgesickertes, salzhaltiges Schmelzwasser, das über wasserstauende Schichten weiterwandert, an entfernter Stelle wieder austritt und sich dort sammelt (Abb. 76).

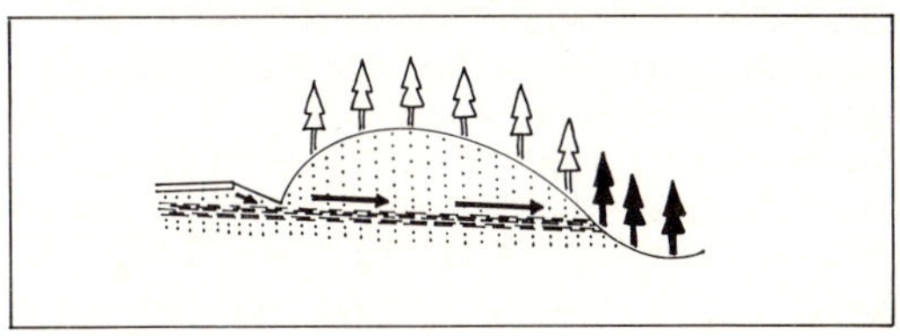

— Bei Gischtverfrachtung in windexponierten Lagen (Abb. 77).

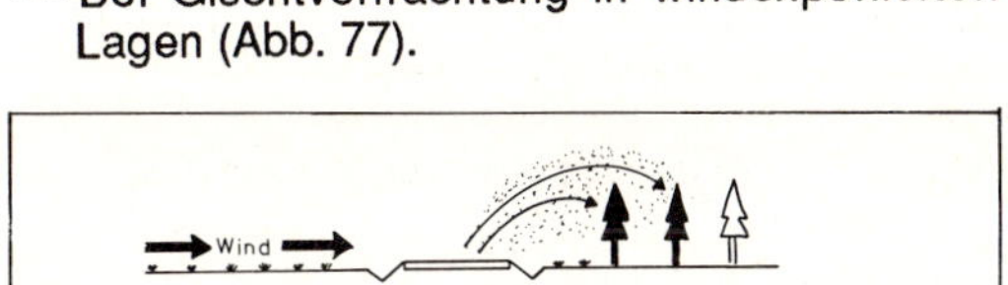

— Unterhalb von Brücken (empfindliche Gewässerbiotope!) (Abb. 78).

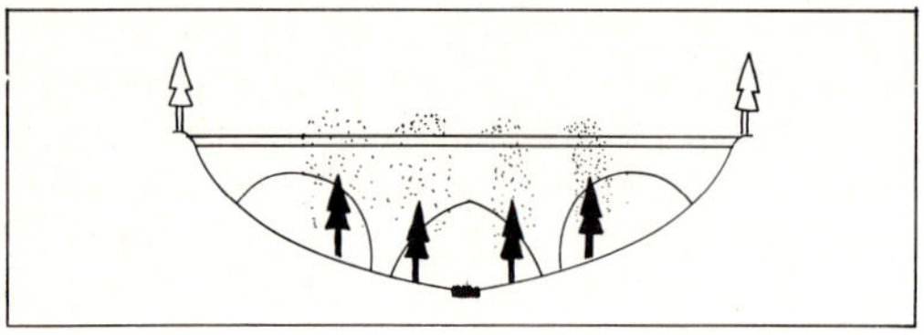

— Konzentration bei einseitiger Straßenneigung oder unterhalb von Gefällstrecken (Abb. 79).

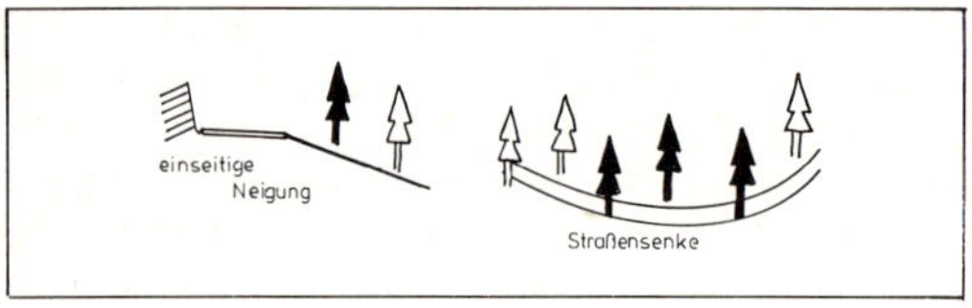

Alternative gegenüber der Salzausbringung?

Die Frage, welche Alternative die Verkehrssicherungspflichtigen anwenden, hängt letztlich von der Einsicht darüber ab, welche ökologischen Werte die Bäume, Sträucher, kleineren Pflanzen und Tiere für unser Dasein haben. Alternativen mit Alkohol, Glykolen, Harnstoffen, Fahrbahnbeheizung, Wahl resistenterer Baumarten u. dgl. scheiden aus hier nicht zu erörternden Gründen aus. Die Lösung kann auf Dauer nur in der Kombination von Schneeräumung — ggf. Abtransport aus den Städten — und der Verwendung abstumpfender Mittel — wie Sand, Asche, Kies, Schlackensplitt u. dgl. — gesehen werden. Die »Jury Umweltzeichen« hat schon 1981 dafür das »Umweltzeichen« vergeben (Umweltbundesamt). Unter ökologischen und volkswirtschaftlichen Gesichtspunkten kann es dazu keine realistische Alternative geben.

Maßnahmen zum Schutz, zur Sanierung, Ergänzung oder Neueinbringung von Straßenbäumen:

— Herstellung von größeren — mindestens 4 m^2, möglichst wesentlich größeren — Baumscheiben (unbedeckter Boden im Stammfußbereich) mit unbelasteter, nährstoffreicher und gut durchlüfteter Erde im Oberboden.
— Schutz dieser Baumscheiben durch Hochborde oder andere Vorrichtungen, die gleichzeitig die Bäume vor parkenden Autos schützen.
— Neuanpflanzung von Bäumen, möglichst mit geschlossenem Unterwuchs (Sträucher, kein Rasen).
— Vermeidung aller Kanal- und Erdarbeiten im Einflußbereich des Wurzelraumes (entspricht etwa der Kronen-Traufe), auf keinen Fall näher als 3 m vom Wurzelhals entfernt.
— Allgemeines Streusalzverbot auf Gehwegen und Aufstellung von Streukästen, aus denen sich der Bürger mit Sand, Splitt oder Granulat frei bedienen kann. Sein Streuen vor der Tür dient der Allgemeinheit, weniger ihm selbst.
— Aus- und Fortbildung der Fahrer von Streufahrzeugen.

Der Trend geht bereits in erfreulich vielen Städten in Richtung eines konsequenten Verzichts auf jede Salzausbringung. In gewisser Weise bahnbrechend war die Stadt Berlin. Nach den guten Erfahrungen eines Großversuchs im Winter 1981/82 wurden ab Winter 1982/83 die rd. 4.000 Berliner Straßenkilometer nach Haupt- und Nebenstraßen in zwei Einsatzstufen unterteilt. Danach werden die Hauptverkehrsstraßen bei Schnee und Eisglätte mit Granulat bestreut und die Nebenstraßen und Radfahrwege lediglich vom Schnee geräumt. Die Gehwege unterliegen dort schon seit 1976 einem strikten Salzverzicht. Ein Verzicht auf Salzausbringung auch auf Autobahnen dürfte eine gewisse Verkehrsverlagerung auf die Schiene bedeuten. So mancher Autofahrer würde aus Furcht vor einem schlechten Straßenzustand im Winter eher die Bequemlichkeit und Sicherheit der Bundesbahn in Anspruch nehmen.

Streusalz-Urteil: Zum Thema »Streusalz« hat das Oberlandesgericht Karlsruhe ein Urteil erlassen. Danach müssen Privatpersonen für Schäden an Bäumen entschädigt werden, die durch den Gebrauch von »städtischem« Streusalz entstanden sind (Aktenzeichen 12 U 80 80-20 248/79).

10.2 Böschungsgrün — eine Naturschutzaufgabe für Straßenmeistereien

»Es gibt keine Lage,
die man nicht veredeln könnte
durch Leisten oder Dulden!«
J. W. Goethe

Flächen für Naturschutzspezialisten?

An den Straßenrandflächen — also den Geländestreifen zwischen dem Fahrbahnrand und dem angrenzenden Wald, Acker oder Grünland — haben Flora und Fauna eine Lebenschance, die ihnen auf benachbarten Intensivnutzungsflächen oft nicht geboten wird (Krause, 1982). Hier kann sich u. U. spontan — d. h. ganz natürlich und ohne menschliches Zutun — ein Wildpflanzenbewuchs entwickeln, der ökologisch wertvoll und zudem auch noch ästhetisch schön ist. Mit ein wenig Fingerspitzengefühl und Zurückhaltung seitens der Straßenmeister und deren Mitarbeiter kann er besonders arbeitsextensiv gehalten werden. Kleinörtlich betrachtet, handelt es sich meist um bescheidene Randflächen von nur 2 oder 3 Metern Breite, an größeren Böschungen werden es auch mal 20 Meter und mehr. Zusammen bedecken sie aber viele tausend Hektar an Grund und Boden, die keiner Produktion dienen müssen und deshalb für die natürliche Flora und Fauna eine große Chance bieten.

Abb. 80. Ein häufiger, aber meist vermeidbarer Fehler bei der Böschungsgestaltung: Technisches Ordnungs-, Ausschreibungs- und Abrechnungsdenken (bewegte Bodenmasse) führt i. d. R. zu maßgerechten und geraden Böschungen. Da kleinste Standortunterschiede (Wechsel von Neigung, Beschattung, Temperatur, Wasserhaushalt u. a.) die Vielfalt ökologischer Nischen und damit die spätere natürliche Artenvielfalt bestimmen, programmieren diese geraden Böschungen Artenarmut geradezu vor. Das kann auch durch abwechslungsreiche Bepflanzung nur sehr begrenzt ausgeglichen werden. Die maschinelle Gestaltung (bzw. Sprengung) von später möglichst artenreich und naturnah zu entwickelnden Böschungen (auch Felsen!) kann im Prinzip nicht abwechslungsreich genug sein. (Foto: Verfasser)

Abb. 81. Betonausspritzungen zur Böschungssicherung sind auffallende Armutszeugnisse biologischer Phantasielosigkeit. Grundsätzlich sollten alle Böschungen so gesichert und begrünt werden, daß das biologisch maximal mögliche »herausgeholt« wird. Auch Drahtbespannungen sollten mit großer Zurückhaltung vorgesehen werden, weil ihre mechanische Wirkung einschließlich ihrer Wärmeleitfähigkeit vielen Arten der natürlichen Pflanzen- und Tiergesellschaft keine Überlebenschance bieten. Die Gabionen (oben rechts) — Drahtkörbe mit Schotter oder gesetzten Natursteinen ohne (!) Betonzusatz — sind an Steilböschungen ober- und unterhalb von Straßen oft geeignete, biologisch belebbare, technische Lösungen, die eine Schonung bestehender Substanz (z. B. ältere Bäume) beim Bau ermöglichen. (Foto: Verfasser)

Damit kommt dem Straßenmeister »vor Ort« eigentlich eine biologische Aufgabe und Verantwortung zu, für die er als Techniker und Verkehrsspezialist in der Regel nicht ausreichend vorbereitet ist. Das sollten auch die Straßenbauämter erkennen. Angesichts der erheblichen ökologischen Schäden, die von Straßen ausgehen und um deren Minderung sich viele Straßenbauämter deutlich bemühen, erscheint für mehrere Straßenmeistereien zusammen die Einstellung und damit die ständige Verfügbarkeit eines Biologen oder Landespflegers angemessen, der die Straßenmeister bei allen Grünarbeiten beraten, dem Personal praktische Anleitungen geben und vor allen Dingen wichtige Initiativen zur ökologischen Bereicherung entwickeln kann. Wenn der ökologische Trenn- und Verinselungseffekt der Straßen auch nicht beseitigt werden kann, dann muß doch betont werden, daß eine ökologisch sinnvolle und streng an der Natur orientierte Gestaltung und Unterhaltung aller Straßenrandbereiche zu einer dringend benötigten biologischen Vernetzung in der Längsrichtung der Straßen beitragen kann, die auch auf bewirtschaftete Nachbarflächen in der Land- und Forstwirtschaft positiv ausstrahlen kann.

Hier und da werden über den Ankauf von belasteten Randflächen zur Minderung der Immissionen, der Lärmdämmung, Klimabeeinträchtigungen, Windgefahren, Schneewehen und nicht zuletzt ästhetischen Verbesserung neue Bepflanzungen und Entwicklungen erforderlich werden, die heute noch nicht völlig überschaubar sind. Es steht jedoch sicher im Interesse der Sache, wenn derartige Neuerungen von vornherein von Spezialisten geplant, durchgeführt und betreut werden.

Böschungsanlage

Fehler hinsichtlich der Anlage künftigen Böschungsgrüns werden fast immer schon bei der Profilgestaltung gemacht, indem streng einheitliche Neigungswinkel vorgegeben werden, eine extrem unnatürliche Planungsentscheidung, die sowohl beim Straßenbau als auch beim Wasserbau verbreitet ist. Es bedarf großer Mühe, den Raupen- oder Baggerführern, den Sprengingenieuren und Bauverantwortlichen bei der Bauausführung klarzumachen, daß eine möglichst große Abwechslung in der Profilgestaltung — sie kann fast gar nicht abwechslungsreich genug sein — die Voraussetzung dafür ist, daß sich kleinörtlich viele verschiedene ökologische Nischen (vgl. Kap. 4) entwickeln. Alle Techniker sind über Jahrzehnte so erzogen worden, daß der Neigungswinkel »hinten und vorne stimmen« muß. Die Natur »antwortet« mit relativer Artenarmut, und nur wenige sehen die potentiellen Möglichkeiten. Deutlich wird dies häufig an gesprengten Felsböschungen, an denen stets auf eine Erstbegrünung und oft auch auf eine übertriebenen Sicherheitsbedenken entspringende Drahtsicherung verzichtet werden kann. Jeder Laie wird erkennen können, daß sich der »nackte« Fels dort am schnellsten und vielartigsten durch Algen, Flechten, Moose, Gräser, Kräuter und Kleingehölze besiedelt, wo seine Struktur möglichst abwechslungsreich — d. h. durch Wölbungen, Buchten, Vorsprünge, Überhänge, Flach- und Steilpartien von jeweils bis zu mehreren Metern Ausdehnung — gestaltet worden ist. Wo diese Strukturen allerdings in vermeidbarer Weise durch Spritzbeton gesichert worden sind, sollten sich die Straßenbauträger selbst veranlaßt sehen, derartige »Negativdenkmale« zu beseitigen (Abb. 81).

Bunte Böschungen beleben biologisch

Tragen einerseits Straßen besonders im Wald zur Isolierung vieler Waldtierpopulationen bei, so fördern die Straßenränder andererseits die Ausbreitung von Waldrand- und Freilandarten im Wald. In intensiv genutzten und ausgeräumten Ackerbaugebieten bilden sie sogar die einzige belebte Verbindungslinie zwischen naturnahen Restbiotopen, z. B. Feldgehölzen, das allerdings nur, wenn die Ränder standortgemäß und abwechslungsreich mit Kraut-, Strauch- und Baumflora begrünt sind und nicht durch Gifte beeinträchtigt werden (Abb. 82). Naturnah unterhaltene Böschungen können auf relativ kleinen Flächen mindestens ein Viertel, wenn nicht sogar ein Drittel des regionalen Gesamtarteninventars enthalten.

Abwechslungsreiche Fluren niederwüchsiger, einjähriger Kräuter und Bestände ausdauernder Hochstauden können sich nur dann optimal entwickeln, wenn sie wenig gestört werden. Sie sollten grundsätzlich erst frühestens ab Ende September und möglichst nicht jährlich, sondern im Abstand von 2 bis 3 Jahren gemäht werden. Am besten schneidet man diese Flächen abschnittsweise jährlich wechselnd. So reift wenigstens ein Teil der Samen aus, und den Tieren bleiben Nahrungsquellen, Rückzugsgebiete und Überwinterungsquartiere (z. B. auch in Stengeln) erhalten. Die rückwärts anschließenden Flächen (Böschungen, Feldraine, Grabenränder) sollten nur selten und auch dann nur abschnittsweise und nicht vor Ende September geschnitten werden. Ziel muß immer sein, ein vielseitiges, buntes Mosaik zu erhalten, das nach hinten wie auch in der Längsrichtung gestuft ist. Wenn direkt am Bankett wegen der Verkehrssicherheit gemäht werden muß, dann sollte dies nur so schmal wie gerade eben notwendig erfolgen. Möglicherweise reicht auch mal nur ein platzweises Ausmähen der Leitpfosten. Auf keinen Fall sollten Saugmäher eingesetzt werden. Sie zerstören wichtige Bodenfauna. Ebenso schädlich ist ein Schlagmäher, der die Grasnarbe verletzt und die Blattrosetten der Kräuter beschädigt. Der Einsatz von chemischen Pflanzenbekämpfungsmitteln ist bereits weitgehend gesetzlich verboten. Allein darauf hat die Natur schnell und dankbar mit vielfältiger Blüte einer immer üppiger werdenden Vegetation (teilweise Ruderalflora) reagiert.

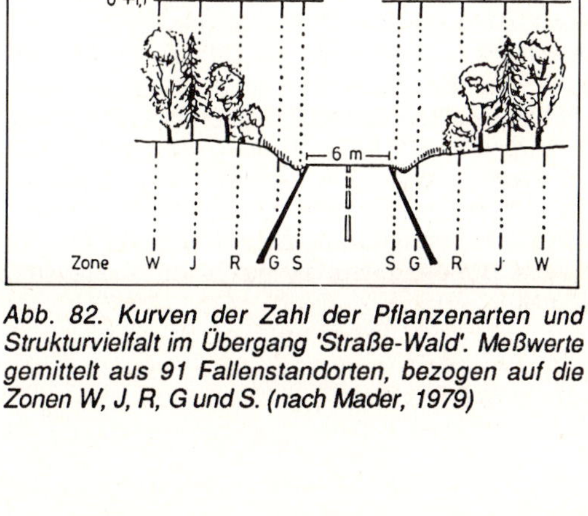

Abb. 82. Kurven der Zahl der Pflanzenarten und Strukturvielfalt im Übergang 'Straße-Wald'. Meßwerte gemittelt aus 91 Fallenstandorten, bezogen auf die Zonen W, J, R, G und S. (nach Mader, 1979)

So darf bei aufgeschlossener Hilfe der Straßenmeistereien für die Böschungen festgestellt werden:

— Sie sind wichtige Lebensstätten für viele, auch gefährdete, Pflanzen- und Tierarten (z. B. Schmetterlinge).
— Sie dienen vielen verdrängten Arten der intensiv genutzten Kulturflächen als Rückzugsgebiet.
— Sie fördern als Saumbiotope in der Längsrichtung die Vernetzung und Verbindung von sonst getrennten Pflanzen- und Tierarten.
— Sie bereichern wesentlich die Landschaft, steigern das Naturerlebnis für die Autofahrer und regen diese vielleicht an, zu Hause ebenfalls etwas Wildwuchs zu fördern.
— Auch die naturnahe artenreiche Anlage und Pflege der Gehölzpflanzungen dient wesentlich der Kleinklimaverbesserung, der Immissionsminderung, dem Artenreichtum und dem Landschaftsbild.
— Sofern bei Böschungsänderungen und Trassenverbreiterungen Sträucher entnommen werden müssen, bietet sich in vielen Fällen ein »Ausgraben« mit dem Bagger an, der auch ein Wiedereinpflanzen an anderer, geeigneter Stelle ermöglicht. Auch Sträucher benötigen oft viele Jahre bis zur ihrer vollen Entfaltung, so daß es bedenklich und im übrigen vermeidbar ist, sie nur nutzlos zu beseitigen.

Weitere Anregungen

Straßen in Gewässernähe

Gerade in der Nähe von Gewässern sind Straßen ökologisch besonders schädlich, weil sie hier mit ihren Emissionen auf empfindliche Ökosysteme einwirken. Überall dort, wo die Straßen bereits an Flüssen oder Seen entlangführen, sollte versucht werden, die schädlichen Einflüsse durch eine funktionsbezogene Randbepflanzung — d. h. Hecken und Bäume am Straßenrand und Ufergehölze am Gewässerrand — zu mildern. Die nachteiligen Erfahrungen lassen die Forderungen berechtigt erscheinen, das Bauverbot für Hochbauten in einer Tiefe von 50 m, das z. B. im Landschaftsgesetz von Nordrhein-Westfalen, im Wassergesetz von Schleswig-Holstein und im Naturschutzgesetz von Baden-Württemberg festgelegt ist, auch auf Verkehrsbauten auszudehnen und auf das ganze Bundesgebiet zu erweitern (Olschowy, 1981).

Flexibilität der Bauvorschriften und Umweltverträglichkeitsprüfung

Die Straßenbauvorschriften und technischen Regelwerke (z. B. Radien, Böschungen, Breiten, Sichtdreiecke, Zuständigkeiten in Randbereichen, Lärmschutzvorkehrungen u. a.) erschweren »vor Ort« oft unangemessen das Erarbeiten von ökologisch zuträglichen Lösungen oder schließen sie gar aus. Eine flexible und ortsangepaßte Handhabung sollte weitgehend in das Ermessen der Straßenbauämter gelegt werden. Die relativ neu eingeführte sog. Umweltverträglichkeitsprüfung kann diese gewünschte Flexibilität nicht ersetzen, sondern allenfalls ergänzen, da es in der Praxis meist nur begrenzt objektive Bewertungskriterien im Naturhaushalt gibt, die Gutachter meist von Folgeaufträgen abhängig sind und die Gefahr von sog. »Auftragsgutachten« mit »Feigenblattfunktion« trotz aller guten Absicht bestehenbleibt.

Das Fahrrad als Verkehrsmittel

Das Fahrrad spielt als umweltfreundlichstes, gesündestes und preisgünstigstes Verkehrsmittel eine zunehmend bedeutsamere Rolle für den Berufs-, Ausbildungs-, Einkaufs-, Zubringer- und Freizeitverkehr. Wir sind noch weit davon entfernt, dieses Verkehrsmittel angemessen in unser Verkehrssystem integriert zu haben. Es sollte in Verkehrsberuhigungszonen und weitläufigeren Fußgängerbereichen der Städte bewußt bevorzugt behandelt werden, um gerade auch ein Einkaufen mit dem Fahrrad zu fördern.

Schienenverkehr

Jede Verlagerung des Straßenverkehrs auf die Schiene dient nicht nur der Energieeinsparung (75 %), sondern auch der Umweltentlastung. Zu den Förderungen des Schienenverkehrs gehören deshalb auch alle Maßnahmen, die den »notorischen« Autofahrer verleiten, wenigstens teilweise auf die Bahn umzusteigen.

Verlagerung der Straßenbaumittel

Investitionen mit dem vorrangigen Ziel einer Wirtschaftsankurbelung erscheinen im Straßenbaubereich zumindest auf dem Sektor des Neu- und Ausbaues ungeeignet, da die Mechanisierung sehr weit fortgeschritten ist. Schon 1978 hat auf dem Straßenbautag in Hannover die niedersächsische Wirtschaftsministerin Birgit Breuel gemahnt, intakte Landschaften nicht durch weitere Verkehrswege zu zerstören. Sie forderte Verbesserungen der Straßen an Stelle des Neubaues. Diese Forderung hat nichts an Aktualität eingebüßt. Die weit überhöhte Planungskapazität der Straßenbauämter, die ein wichtiger Punkt für die überzogene Straßenbauplanung ist (Deutscher Naturschutzring, 1981) und noch aus Zeiten der »Straßenneubaueuphorie« stammt, sollte gezielt dafür eingesetzt werden, das gesamte Straßennetz ökologisch aufzuwerten und die Umweltbelastungen zu reduzieren. Dazu sollten in vielen Bereichen durch Ankauf auch Randgebiete herangezogen werden, um angemessene Schutzbereiche zu entwickeln. Die dazu erforderlichen Arbeiten sind lohnintensiv, schaffen Arbeitsplätze und können dem Lebenswert der Bevölkerung sehr dienlich sein. Auch die weitere Anlage von Park-and-Ride-Plätzen an Zubringerhaltestellen (Bus und Schiene), Verkehrswegekonzentrationen (z. B. neben Schienen), die Förderung von Fußgängerzonen und Verkehrsberuhigungsbereichen, die Entsiegelung von Großparkplätzen, die Förderung gemeinsamer PKW-Benutzung der Pendler (durchschnittliche Auslastung nur 1,2 Personen/PKW), die Einführung von wenigen autofreien Sonntagen im Jahr, die weitgehende Ausstattung der Straßen mit Bäumen (fast überall hatten wir früher Alleen), die vollständige Rekultivierung überflüssig gewordener Straßen (Beseitigung der gesamten Befestigung), die biologische Sanierung von Fließgewässerdurchlässen (vgl. Kap. 5), das Verbot jeglicher Giftausbringung an allen Straßen und Ersatz dieser Maßnahme durch Handarbeit... usw. gehören in einen Katalog von Möglichkeiten, die unsere Umwelt auf dem Straßenbausektor außerordentlich bereichern und dabei sogar den Arbeitsmarkt entlasten können.

11 Naturschutz in der Landwirtschaft — Ansätze zu lokalen Konfliktlösungen

»Arm ist ein Land, von Übeln ganz umstellt, wo Reichtum zunimmt, doch der Mensch verfällt.«
O. Goldsmith

Ein Umdenken erscheint möglich

Bis auf wenige Extremstandorte war unser Land ehemals von Natur aus mehr oder weniger dicht bewaldet. Der lieblich bunte und abwechslungsreiche Landschaftstyp aus Zeiten der Dreifelderwirtschaft hat durchweg seine Prägung vom Menschen erhalten. Der Berufsstand der Bauern war derjenige, der diese Kulturlandschaft geschaffen und damit die Voraussetzungen dafür entwickelt hat, daß diese Landschaft durch viele wärme- und sonnenhungrige Pflanzen- und Tierarten in üppiger Vielfalt besiedelt werden konnte. Das ging über ein Jahrtausend gut, von Generation zu Generation wurden Naturverbundenheit, Erfahrung und eine gesunde Landschaft weitergegeben, man war gewohnt und gezwungen, mit der Natur zu wirtschaften. Und heute ist es gerade dieser Berufsstand der Landwirte, der in eine schwierige Zwickmühle geraten ist. Geblieben sind die Verbindung zur Scholle, das Traditionsbewußtsein und bei vielen auch noch ein Gespür für die Verantwortung den Vorfahren, Nachkommen und der Allgemeinheit gegenüber. Eine Studie der Agrarsozialen Gesellschaft stellt fest, daß rd. 50 % der heutigen Landwirte »eine Gesellschaft, die bestrebt ist, die Natur so zu erhalten, wie sie ist« befürworten und grundsätzlich bereit sind, auf Intensivierungsmaßnahmen zugunsten des Naturschutzes zu verzichten, 14 % davon sogar ohne Entschädigung.

Aber die andere Seite dieser Zwickmühle ist durch Rahmenbedingungen gekennzeichnet, denen sich fast niemand entziehen kann: Preisdruck, Rationalisierung, Konzentration, Zwang zur Ertragssteigerung machen dem Landwirt das Leben schwer. Dazu kommt die erdrückende Suggestion der Industrie, die es versteht, mit allen Registern der Werbung einkommensträchtige Verbesserungen zu versprechen. Man braucht nur einmal die vielen Pflanzenschutzbroschüren zu studieren, um die zunehmenden Abhängigkeiten besser zu verstehen. Wie soll ein um seine Existenz ringender Landwirt reagieren, wenn er die ökologischen Zusammenhänge nicht genau kennt und ihm unter einer groß aufgemachten Überschrift »Obstbäume — Winterquartier für zahlreiche Schädlinge« (Pflanzenschutz-Kurier, Bayer, Nr. 1/82) die vielen vermeintlichen Schädlinge förmlich ins Gesicht springen? Vielleicht hat er gerade noch etwas Zeit, um mit der Motorsäge der fälligen Spritzung zuvorzukommen... Man muß diese Rahmenbedingungen kennen, wenn man den heutigen Landwirt davon überzeugen will, daß er mit ein wenig Einsicht und gutem Willen sehr viel für die Natur und damit letztlich auch für seine Existenz tun kann.

Allgemeine statistische Daten

Rund 50 % der Gesamtfläche der Bundesrepublik sind landwirtschaftliche Nutzfläche.

Landwirtschaftlich genutzte Fläche/Einwohner	1.967 m^2
Landwirtschaftlich genutzte Fläche/Betrieb (1975)	13,8 ha
Erwerbstätige in der Landwirtschaft 1983 (= weniger als 6 % aller Erwerbstätigen, weniger als im Bauhandwerk)	1.371.000
Wochenarbeitsstunden des Bauern	63,7
Zahl der Betriebe	743.700
davon 1—20 ha	536.000
davon 20—50 ha	173.000
davon über 50 ha	34.700
Vollerwerbsbetriebe	371.000
Nebenerwerbsbetriebe	297.000

Netto standen 1982 je Familienmitglied den Landwirten in der Bundesrepublik 10.900 DM zur Verfügung (zum Vergleich: Arbeitern 11.800 DM, Angestellten 17.100 DM, Selbständigen 34.300 DM). 1950 mußte eine Hausfrau für Nahrungsmittel 47 Pfennig von jeder ausgegebenen Mark zahlen, 1970 noch 25 und heute nur noch 18 Pfennig. Der Rationalisierungsgewinn ist also auch wesentlich den Verbrauchern zugute gekommen. Wollte man heute das Rad zurückdrehen und mit Methoden von 1950 die Nahrungsmittelmenge von 1980 produzieren, brauchten wir 7 Mio Arbeitskräfte, 2,2 Mio Pferde, 700.000 Zugkühe und Ochsen und doppelt so viel landwirtschaftliche Fläche. Statt dessen wird die Hauptarbeit mit 1,5 Mio Ackerschleppern erfüllt. Die Produktion (in Mio t Getreideeinheiten) stieg von 25,9 (1949) auf 63,4 (1978). Von 30 hochgezüchteten Pflanzenarten hängt heute international die Ernährung der Menschheit ab. Dabei liefern die ersten vier (Weizen, Reis, Mais, Kartoffel) mehr Nahrung als die folgenden 26 zusammen (Haaf, 1981). Während im Jahre 1800 4 Bauern sich und eine weitere Person ernährten, ernährte 1926 ein Bauer 7 Menschen und 50 Jahre später, im Jahr 1976, lebten bereits 40 Menschen von einem Bauern.

Der Fleischverbrauch pro Kopf und Jahr (87 kg, davon 9 kg Geflügel) hat sich seit Beginn des Jahrhunderts verdoppelt, während sich der Verbrauch an Brot und Kartoffeln halbierte.

Energieumsatz und Pestizidausbringung

Langfristig ist der steigende Energiebedarf zur Erzeugung der menschlichen Nahrung besonders kritisch zu beurteilen. Um heute eine Energieeinheit auf den Teller des Verbrauchers zu bringen, werden einschließlich Verarbeitung und Verpackung neun Energieeinheiten aus fossiler Energie (z. B. Erdöl) aufgewendet. Der größte Energieaufwand liegt weniger bei der Mechanisierung der Landwirtschaft als entscheidend bei den Agrochemikalien (Düngemittel, Pestizide). Die Zeit ist abzusehen, daß mit schwindenden Energievorräten auch die landwirtschaftlichen Methoden wieder modifiziert werden müssen. Einsparung von Energie in der Landwirtschaft ist gleichbedeutend mit der Ausnutzung naturnäherer Verfahren. Und diese wiederum können aus ökologischen Gründen nur mit »Naturrequisiten« (z. B. Hecken, Kleingehölze, Wildkrautflora u. a.) »funktionieren«. Langfristig wird sich das Energieproblem auch auf die Preisentwicklung der verschiedenen Veredelungsstufen der Nahrungsmittel und damit auch auf die Eßgewohnheiten auswirken. Sieben Kilogramm Getreide sind im Durchschnitt nötig, um auf dem Umweg über das Rind ein Kilogramm Fleisch zu erzeugen. Würden alle Menschen so viel Fleisch wie Nordamerikaner oder Westeuropäer essen, würde die Welternte nicht einmal für die Hälfte der Menschheit reichen. Einen Vergleich der verschiedenen Intensitätsstufen und Energiebilanzen ermöglicht die folgende Graphik, die auf Untersuchungen amerikanischer Wissenschaftler beruht (Abb. 83).

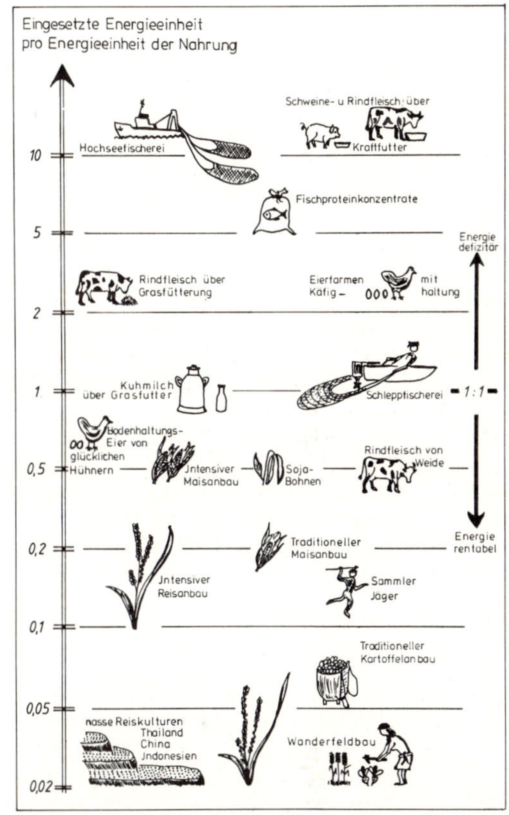

Abb. 83. Energieaufwand für die Produktion verschiedener Erzeugnisse. Von der Arbeits- bzw. Energieintensität der Wirtschaft wird bestimmt, ob die Produktion energierentabel (= es wird mehr Energie gewonnen, als zur Produktion benötigt wird) oder energiedefizitär ist. Bei Subventionen muß sich so etwas noch nicht im Preis auswirken, mit steigenden Energiekosten ist das jedoch auch eine Frage der Zeit. (nach Haaf, 1981, verändert)

Danach wandten steinzeitliche Bauern mit ihrem Wanderfeldbau oder indonesische Reisbauern z. B. nur 2/100 Energieeinheiten in Form von Muskelkraft auf, um eine »eßbare« Energieeinheit zu ernten. Fleisch von Weideland-Kühen und Eier von freilaufenden »glücklichen« Hühnern erfordern schon den Aufwand einer halben Energieeinheit für jede »verzehrbare« Energieeinheit Nahrung. Küstenfischerei und

Milch von grasgefütterten Kühen liefern Produkte, die so viel Energie enthalten, wie in sie hineingesteckt wurde. Bei Rindfleisch und Eiern aus »Eierfabriken« von »KZ-Hühnern« ist die Bilanz schon negativ: Für jede Nahrungsenergiemenge muß die doppelte Energiemenge in die Produktion gesteckt werden. Die Fänge der Hochseefischerei sowie die intensive Rindermast verschlingen zehnmal mehr Energie, als sie in Form von Lebensmitteln liefern. Wenn also zwischen 1960 und 1979 die Hektarerträge bei Weizen im Durchschnitt von etwa 30 auf 45 Doppelzentner stiegen, dann muß berücksichtigt werden, daß in der gleichen Zeit der Aufwand an Mineralstickstoffen um das Vierfache, der Aufwand an Pestiziden sogar um mehr als das Fünffache stieg und sich der Aufwand an Maschinen und Geräten verdoppelte. Allein zwischen 1971 und 1974 hat sich der Verbrauch an Pestiziden bei uns verdoppelt, während sich die landwirtschaftliche Produktion in der gleichen Zeit nur um 7 % erhöhte. Der Aufwand an Pestiziden stieg nach den »Grünen Berichten« der Bundesregierung zwischen 1951 und 1974 von 381 DM pro ha auf 1.463 DM pro ha — kaufkraftberichtigt. Allein der Energieaufwand zur Herstellung von Stickstoffdünger ist so groß wie derjenige zur Herstellung, Unterhaltung und zum Betrieb der Maschinen zusammen. Insgesamt macht der Energiebedarf der Landwirtschaft heute rd. 20 % des gesamten nationalen Bedarfs aus.

11.1 Ökologische Folgen der landwirtschaftlichen Intensivierung

»Wer rudert, sieht den Grund nicht.«
Wilhelm Busch

Verarmung der Vielfalt im Bodengefüge

Wie in Kap. 4 dargestellt, ist das biologische Bodenleben von Natur aus außerordentlich arten- und individuenreich. Das Gleichgewicht der Bodenorganismen stellt gewissermaßen das Fundament dessen dar, was wir in der Natur sehen und erleben. Es steht außer Frage, daß die hohe Produktivitätssteigerung der Landwirtschaft erhebliche Veränderungen im Bodengefüge verursacht hat, über deren Folgen wir uns in der Praxis oft zu wenig Gedanken machen.

Kein anderer Wirtschaftszweig breitet in solcher Menge und auf so großer Fläche Stoffe aus, welche Organismen töten *sollen*, zugleich aber Veränderungen des Standortes bewirken. Diese schleichenden Veränderungen spielen meist eine größere Rolle als direkte Eingriffe in die Vegetation. Dabei stehen die Änderungen der Nährstoff- und Wasserverhältnisse im Vordergrund. In beiden Fällen handelt es sich in ländlichen Gebieten um eine Nivellierung, hinsichtlich der Nährstoff-Eigenschaften in Richtung auf das Extrem hoher Nährstoffversorgung und hinsichtlich des Wasserfaktors auf einen mittelfeuchten Typ. Es resultiert ein gut gedüngter, mittelfeuchter Einheitsstandort. Das bedeutet Artenreduktion bei allen Bodenorganismen, die auf andere Verhältnisse — z. B. ärmere, trockenere oder feuchtere — »programmiert« sind.

Allgemein hat die Agrarchemie den Humus nur wenig beachtet. Man düngt mit Nährsalzen, die in Lösung gehen, wobei der Boden als »Stützkorsett für Pflanzen« praktisch nur Trägerfunktion hat. Die Mineralsubstanz des Bodens selbst (er besteht im Mittel aus 70 % anorganischer Masse) wird dadurch weitgehend inaktiviert und nicht genutzt. Das hat geradezu katastrophale Folgen für die Bodenbiozönose. Unter dem Mikroskop stellt man in einem mineralisch gedüngten Boden gegenüber einem organisch gedüngten ein stark reduziertes und spezialisiertes Bodenleben fest. Vor allem fehlen die humusaufbauenden Organismen, weil sie der hochkonzentrierten Nährlösung nicht gewachsen sind und weil ihnen selbst die organische Nährsubstanz fehlt. Mit ihrer Tätigkeit erfolgt der Aufschluß der Bodenmineralien in dem Maße, wie sie nach oben in die Pflanze abwandern. Wie groß der Humusschwund ist (man rechnet mit nur noch 1,5 % der Bodenmasse), zeigt jeder Acker nach einem Regen: Er verschlämmt und verkrustet. Was hat das nun mit der Agrarlandschaft zu tun? Zunächst geht die Wasserkapazität des Bodens parallel mit dem Humusverlust zurück. Mindestens ebenso gravierend ist die Reduzierung der Destruenten im Hinblick auf den Stoffkreislauf. Die Destruenten oder Abbauer bilden eigentlich die Nahtstelle des Kreislaufs, in dem sie schließlich wieder Kohlendioxid und Wasser liefern und Mineralstoffe freisetzen, die ohne diesen Prozeß dem Kreislauf entzogen werden (Quirbach, 1978). Allgemein ist der Humus durch die stabile lockere Krümelstruktur die Voraussetzung für eine leistungsfähige Luft- und Wasserführung des Bodens. Mit den bei Humusmangel vermehrt oberflächlich abfließenden Niederschlägen wird der Boden mangels Zusammenhalt zusammen mit Nährstoffen verstärkt abgeschwemmt. Die daraus resultierende Erosion kann zu einem ernsten Problem werden, wenn man bedenkt, daß allein in den USA seit 50 Jahren rd. 40 % des ackerfähigen Bodens durch Bodenerosion verlorengegangen sind. Man darf also über Liebigs Kunstdünger nicht Liebigs Minimumgesetz vergessen: Derjenige Faktor begrenzt die Bodenfruchtbarkeit, der im Minimum vorhanden ist. Das ist der Humus. Mit Ausnahme der klassischen Grünlandgebiete ist er überall im Schwinden begriffen. Damit zusammenhängend muß auch der Einsatz von schweren Großmaschinen gesehen werden (auch in der Forstwirtschaft!), der zur Verdichtung der Böden beiträgt. Das Niederschlagswasser staut sich dann an der Oberfläche, ohne eindringen zu können. Die Böden verlieren trotz guter Nährstoffversorgung ihre Leistungsfähigkeit wegen mangelnder Versorgung mit Wasser und Luft. Und selbst aufwendige Maßnahmen wie Untergrundlockerungen helfen nur vorübergehend. Infolge des Humusrückganges, der Bodenverdichtung bzw. Bodenumwälzung, der Mineraldüngung und Pestizideinbringung geht der übrige Organismenbestand im Boden drastisch zurück. Das wird allein schon bei den Regenwürmern deutlich. In Holland wurden z. B. in Obstkulturen bei Dauerrasen 434, bei ständig offengehaltenem Boden dagegen nur 32 Regenwürmer/m^2 Boden gezählt.

Abb. 84. Mit Subventionen von Schutzgehölzen entblößte und vergrößerte Schläge, infolge einseitiger Bewirtschaftung an Humus verarmend, werden zunehmend von Wind- und Wasser-Erosionen betroffen. Der Bodenabtrag ist gebietsweise alarmierend. In derart ausgeräumten Fluren kann kaum ein Tier überleben. Die Öffentlichkeit, die diese Entwicklung finanziell subventioniert, meidet derart unwirtliche Gebiete und strömt zur Naherholung in die letzten noch naturnahen Bereiche ... (Foto: Dahl)

Biotopverarmung

Die Gesamtheit der Elemente alter landwirtschaftlicher Kulturlandschaften ergab Landschaftsbilder von großer Vielfalt, ein Mosaik aus Feldern, Gründland, Waldresten, Obstbäumen, Hecken, Alleen, Feldrainen, Steinhaufen, Gräben, Tümpeln, Dornengebüschen und Brachland. Diese vielfältige Feldflur in enger Vernetzung mit den Naturlandresten bot eine heute fast unvorstellbare Mannigfaltigkeit von Lebensräumen für Wildtiere. Nie mehr danach gab es eine solche Fülle von Wildtieren wie in der tausend Jahre währenden Dreifelderwirtschaft. Eine ganze Reihe von Tieren wanderten aus ganz anderen Lebensräumen bei uns ein, weil sie ähnliche, durch Menschen »nachgeahmte« Biotope fanden: Die Großtrappe kam aus den Steppen des Ostens, das Kaninchen kam erst im 12. Jahrhundert aus Nordspanien. Ebenso wanderten Hamster, Feldlerche, Haussperling und Birkhuhn ein. Gerade die Vielfalt der Strukturen war für die Entwicklung einer artenreichen Pflanzen- und Tierwelt entscheidend, und die Landwirtschaft hat durch ihre kleinflächige Nutzung erst den Artenreichtum dieser Biozönosen ermöglicht.

Von Natur aus wachsen auf dem Acker nicht nur die erwünschten Feldfrüchte, sondern auch sog. »Unkräuter«, also Wildgräser und Wildkräuter. Über 300 davon gibt oder gab es in Deutschland. Sie sind lebenswichtig für Wildtiere. Das Rebhuhn z. B. frißt über 50 Arten davon. Wird das Nahrungsangebot zu einseitig, verschwinden die Rebhühner. Schuld daran sind also auf keinen Fall Raubtiere oder Greifvögel, sondern das Fehlen ausreichender Ernährungsmöglichkeiten. Die vielen, oft sehr kleinflächigen Feuchtstellen in den Wiesen beherbergen etwa 65 spezialisierte Pflanzen, viele davon sind heute auf der »Roten Liste« der gefährdeten Pflanzenarten. Mit diesen Pflanzen leben viele Tierarten (z. B. Insekten) vergesellschaftet, die wiederum Nahrungsgrundlage für Vögel sind.

Durch die Landwirtschaft wiederum wird oder wurde gerade diese von ihr einst geschaffene Vielfalt der Lebensräume grundlegend verändert, was zusammenfassend als »Ausräumung der Feldflur« bezeichnet wird:

— Hecken und Knicks und Baumgruppen wurden beseitigt. In der Landschaft Angeln im Norden Schleswig-Holsteins sind z. B. zwischen 1877 und 1979 die Knicks von 133,4 m je ha auf 29,1 m pro ha (= 22 %) zusammengeschrumpft. Mit den Rainen und Hecken verschwanden Dorngrasmücken und Goldammern, verloren Igel, Hase, Rebhuhn und Fasan Nahrung und Deckung, die sie vor allem benötigen, wenn der Wind über abge-

Abb. 85. Weit und breit nur eine Wirtschaftsfrucht, alle anderen Pflanzenarten sind durch Biozide und Düngemittel verdrängt worden. Nur weiter wandernde Tierarten können hier vorübergehend Nahrung und Deckung finden. Alle extrem einseitigen Systeme neigen zu Massenvermehrungen der auf diese Kulturpflanzen spezialisierten Insektenarten, die nur durch immer mehr Gift in »Schach« gehalten werden können, weil die an andere Pflanzenarten gebundenen »Regulator-Insekten« fehlen. Bei der Mahd bricht in dieser Monokultur schlagartig die einzige Nahrungs- und Deckungsgrundlage zusammen, so daß z. B. der nicht weit wandernde Hase Hunger leidet und schnell krankheitsanfällig wird. (Foto: Archiv Wild und Hund)

erntete Felder weht. Wo Grünland in Acker umgewandelt wird (seit 1950 über 1 Mio ha!), fallen auch die letzten Gebüsche, Hecken und Einzelbäume der Axt zum Opfer. Oft werden höhere Kräuter und Sträucher an den Feldrändern auch durch Flämmen und mit Hilfe von Herbiziden beseitigt. Von den mehr als 7.000 Tierarten der Feldgehölze und Knicks in Schleswig-Holstein verschwinden nach Erz 1.200 Arten schon »durch das Ausmähen der Ränder dieser Wallhecken oder durch deren Behandlung mit Pflanzenvernichtungsmitteln«.

— Trockenlegung von Mooren, Sümpfen, Rieden, Brüchen, Quellhorizonten. Die ehemals weit verbreiteten Feuchtwiesen und Feuchtweiden haben an Flächenumfang zwischen 70 und 90 % abgenommen.

— Rein äußerlich leidet die ausgeräumte Agrarlandschaft der Ackerbaugebiete an einem Zuviel an einseitiger saisonaler »Kunst-Krautschicht« und einem Zuwenig an vielartiger natürlicher Kraut-, Strauch- und Baumschicht. Automatisch verringert sich damit die Tierwelt ganz beträchtlich. Es kommt zu einer nicht nur vorübergehenden, sondern permanenten Gleichgewichtsstörung. Der geschaffene Lebensraum ist künstlich auf hohen und wirtschaftlichen Ertrag zugeschnitten. Mit Schädlingsexplosionen versucht die Natur, das Gleichgewicht wiederzugewinnen.

— Der Einsatz von Bioziden verdrängt neben den Organismen, auf die »gezielt« wird, eine Vielzahl von anderen Arten, die eigentlich nicht »gemeint« waren, und darüber hinaus alle Organismen, die mit den verdrängten Arten in Vergesellschaftung leben. Das gilt für alle Lebewesen im Boden wie darüber.

— Wiesen degenerieren immer mehr zu Grasplantagen. Kräuter aller Arten verschwinden. Das hat offensichtlich eine ungünstige Auswirkung auf die Gesundheit der davon lebenden Tiere. Selbst Wegränder werden mit Hilfe der »chemischen Sense« von Kräutern befreit. — Der starke Rückgang des Hasenbestandes z. B. und zunehmende Wilderkrankungen werden auch darauf zurückgeführt, daß bestimmte Kräuter fehlen, die für die Gesundheit der Tiere notwendig sind. Eine Analyse von 900 Hasenmägen hat ergeben, daß Hasen im Sommer zu 57 % Wildkräuter des Grünlandes und zu 31 % Wildkräuter der Kultursteppe zu sich nehmen, was bedeutet, daß 88 % der Sommeräsung des Hasen aus sogenannten »Unkräutern« besteht! (DJV 3/1983).
Seit den ältesten Zeiten werden Kräuter zur Heilung von Krankheiten verwendet. Der Aufwand zur Entwicklung neuer Medikamente wird immer größer, der Erfolg immer fragwürdiger. Jetzt besinnt man sich auf die überlieferte Volksmedizin mit Kräutern. Sie hat sich in vielen Fällen bestätigt. Man erkennt langsam, daß die Natur der Chemie weit überlegen ist.
Bei der intensiven Grünflächenpflege im Frühjahr verschwinden die ersten Gelege der Bodenbrüter unter den schweren Walzen, die über den Wiesenboden gezogen werden. Etwa schon geschlüpften Jungen geht es nicht anders. Kaum sind die Nachgelege, die Ersatz für den Verlust bringen sollen, gezeitigt, beginnt der Schnitt für Silage- und Heugewinnung. Dem tödlichen Rasierschnitt moderner Kreiselmäher kann keiner entrinnen. So wirkt sich die heutige Grünlandwirtschaft für die Vogelwelt ebenso katastrophal aus wie der moderne Ackerbau.

— Der Rückgang an Abwechslung in der Landschaft führt dazu, daß weniger verschiedene Lebensräume aneinanderstoßen. Damit geht der sog. Grenzlinieneffekt (»Edge-Effekt«) verloren, der besagt, daß gerade dort, wo verschiedene Biotope wie in der alten Feldmark zusammenstoßen, die Artenvielfalt besonders groß ist.

— Kulturpflanzenmonotonie ist lebensfeindlich, das kann man am Beispiel der Maisäcker recht gut verstehen, die inzwischen riesige Flächen einnehmen. Mais gehört zu den ertragreichsten und damit gewinnträchtigsten Futterpflanzen der Landwirtschaft. In Reihen gepflanzt, regelmäßig gespritzt und voll maschinell geerntet, ist er ein Paradebeispiel einer unkomplizierten Feldfrucht. Aus der Sicht des Feldhasen, des Rebhuhns oder anderer Feldtiere ist ein Maisacker ein zerstörter Lebensraum.

Artenverarmung

Wie aus der Zusammenstellung der »Roten Listen« (Kap. 2.8) und aus der Erläuterung der ökologischen Grundlagen (Kap. 4) hervorgeht, ist der alarmierende Rückgang der Artenvielfalt von größter ökologischer Bedeutung. Es ist nicht mehr zu leugnen, daß die moderne Landwirtschaft der Hauptverursacher des Artenrückganges ist. Etwa 70 % der in der »Roten Liste« als gefährdet ausgewiesenen Pflanzenarten und 99 % der Insekten (BUND, 1984) sind durch die Landwirtschaft bedroht. Dabei stellt der durch Herbizide gefährdete Komplex der Ackerwildkräuter den noch relativ kleinsten Teil dar.

Die weitere Entwicklung ist rasant. Noch 1975 waren in der Bundesrepublik rd. 50.000 Biotope als höchst schutzwürdig kartiert worden. Mindestens 20.000 dieser Lebensräume erwiesen sich bereits im Sommer 1982 als entweder ganz zerstört oder so sehr geschädigt, daß sie den auf diese Standorte angewiesenen Tier- und Pflanzenarten keine Lebensgrundlage mehr bieten konnten. In einem Bericht des britischen »Nature Conservancy Council« vom Mai des Jahres 1977 ist zu lesen: »Falls alle landwirtschaftlichen Betriebe vollkommen modernisiert wären, hätte dies das Verschwinden von 80 % aller Vogelarten und rund 95 % der Schmetterlingsarten zur Folge.« (Olschowy, 1977) Ein Heidelberger Biologiedoktorand hat die Zahl der Laufkäferarten auf einem noch naturnahen Areal mit der auf flurbereinigten Flächen verglichen — mit verblüffendem Resultat: Die Artenzahl nimmt umso stärker ab, je länger die Flurbereinigung zurückliegt. Im noch nicht umgemodelten Flurstück fand der Käferforscher 47 Arten. Lag das Verfahren zwei Jahre zurück, war die Zahl auf 32 gesunken. Auf einer seit 15 Jahren intensiv bewirtschafteten Fläche lebten nur mehr 10 Arten — ein Rückgang um 79 %. Verschwunden waren, wie üblich nach Flurbereinigungen, sogenannte Spezialisten, Tiere, die ganz bestimmte Lebensbedingungen benötigen. Die Flurbereinigung überlebt hatten die Allerweltsarten, die anpassungsfähigsten Kulturfolger.

Auch die Entwässerung hat sich besonders negativ ausgewirkt. Riesige Flächen wurden trockengelegt, entwässert oder leergepumpt. Viele Wiesen mußten Weizen- oder Maisäckern Platz machen. Uferschnepfe, Bekassine, Brachvogel, Rotschenkel, Kampfläufer, Alpenstrandläufer, Weißstorch, Graureiher, Wiesenweihe, Sumpfohreule, Löffelente, Knäkente, Neuntöter und Braunkehlchen sind nur einige Namen der Verlierer dieser landwirtschaftlichen Revolution. Wenn naturnahe Streuobstwiesen — in denen noch gefährdete Vögel wie Wiedehopf, Wendehals und Steinkauz brüten — in Obstplantagen (durchschnittlich 16 Spritzungen pro Jahr) verwandelt werden, schrumpft die Zahl der Vogelarten auf 7 %, die der Bienen auf 6 %.

Bilanzierend muß man feststellen, daß Verkehr, Siedlung und Industrie auf Tier- und Pflanzenwelt weniger schädlich eingewirkt haben als die Landwirtschaft (Erz, 1977). Insofern sind die erzielten Ertragssteigerungen der Landwirtschaft ökologisch zu teuer erkauft

— mit ständiger Erhöhung des Energie- und Rohstoffbedarfs,
— mit ständig steigendem Bedarf an Mineraldünger,
— mit der Zerstörung der Böden und mit Gewässerverschmutzung,
— mit ständig steigendem Einsatz von Bioziden,
— mit höherer Anfälligkeit von Pflanzen und Tieren,
— mit dem Verlust der Artenvielfalt, dem Rückgang freilebender Pflanzen und Tiere,
— mit der Anreicherung von Schadstoffen in den Lebensmitteln,
— mit dem Verlust an Erholungseignung der Landschaft,
— mit der Einbuße moralischer Werte gegenüber der Natur,
— mit steigendem Bedarf an Subventionen, die zur Sanierung des Naturhaushaltes dringend benötigt werden,
— mit der zunehmenden Gefahr, daß sich infolge der Artenverarmung Organismen (Bakterien, Viren, Insekten u. a.) unkontrollierbar vermehren können.

Es wurde vorgeschlagen, die 500 botanischen Gärten auf der Erde (55 in der BR Deutschland) mit der Erhaltung von Pflanzen zu beauftragen. — In den USA werden bereits 90.000 Arten Pflanzensamen tiefgekühlt aufbewahrt (Fort Collins, Colorado), in den UdSSR sogar 400.000 Samenarten (Kuban, Kaukasus).

Industrielle Tierproduktion und Tierhaltung

Es dürfte kaum einen Bundesbürger geben, den nicht zumindest ein schlechtes Gewissen, wenn nicht gar tiefgreifendes Entsetzen befällt, wenn er einmal von nahem den Tieren in die Augen sieht, die unter schlimmsten Bedingungen nach rein geldertragsorientierten industriellen Gesichtspunkten gehalten werden. Wer Herz hat und auch nur über einige Kenntnisse der Zusammenhänge psychisch-physischen Wohlbefindens und artgemäßer Haltung bei Tieren verfügt, ist von diesen Dingen ergriffen und erschüttert. Hier sind Grenzen überschritten worden, die nicht massiv genug kritisiert werden können. Nicht von ungefähr wurde Grzimek in einem Gerichtsurteil schon 1976 bescheinigt, daß er weiter von »KZ-Hühnern« und »KZ-Eiern« sprechen darf. Und der Verhaltensforscher und Nobelpreisträger Konrad Lorenz schreibt, »daß die mit der Batteriehaltung befaßten Eierfabrikanten von unleugbarer Gefühlsabstumpfung, ja Verrohung befallen werden: Derartige Grausamkeiten gegen Tiere sind nicht nur unmenschlich, sondern auf die Dauer auch entmenschend wirksam.« Die einheimische Eierproduktion erfolgt in Eier-Fabriken unter Bedingungen, die von unabhängigen Sachverständigen als »grobe Tierquälerei« gekennzeichnet werden. Das Tierschutzgesetz vom 24.7.1972 sagt: Ein Tierhalter »darf das artgemäße Bewegungsbedürfnis eines Tieres nicht dauernd und nicht so einschränken, daß dem Tier vermeidbare Schmerzen, Leiden oder Schäden zugefügt werden«. In der »Hühner-Batterie-Haltung« werden je 4 Legehennen in Käfigen von 40 x 43 cm untergebracht für ihre Lebenszeit von 12 bis 14 Monaten. Der Fußboden besteht aus einem 2 mm-Drahtrost. In der Enge zanken sich die Hühner, reißen sich die Federn aus. Es tritt Kannibalismus auf. Fast alle haben eine entartete Fettleber. Das DLG-Merkblatt 87: »Hygiene-Maßnahmen für die Aufzucht von Legehennen« enthält einen Impfplan gegen eine Reihe von Krankheiten, Zufuhr von Medikamenten über das Futter, Wurm- und Vitaminkuren, Ungeziefer und Desinfektionsmittel. — Durch Farbstoffe können 15 verschiedene Tönungen für das Eigelb erzielt werden. — 20 % der Hühner sterben jedes Jahr in den Käfigen oder müssen notgeschlachtet werden (Moll, 1980). In Dänemark ist die Käfighaltung übrigens seit 1952 verboten. Meist gehören die Großbetriebe der »Intensivst-Stallhaltung« nicht mehr den Landwirten, sondern völlig fachfremden Fabrikanten oder Abschreibungsgesellschaften. So könnte man auf den ersten Blick fragen, warum dieses »finstere« Thema überhaupt in diesem Buch aufgegriffen wird. Der Grund ist naheliegend: Gerade weil hier enge Verflechtungen zur Landwirtschaft bestehen (Futterlieferung, Verdrängung der Grünlandnutzung, Gülleabnahme), weil diese Betriebe die Landwirtschaft zu weiteren umweltschädigenden Rationalisierungsmaßnahmen durch Preis- und Konkurrenzdruck treiben und weil gerade hierbei das Verursacherprinzip zur Abgeltung der Umweltbelastungen (z. B. Trinkwasser) erforderlich erscheint. Grzimek schilderte den Besuch einer Intensiv-Kälbermästerei: »In einer Halle lebten 2.500 Kälber bei 37 °C in völliger Dunkelheit, von ihrer Geburt bis zu ihrer Schlachtung im Alter von drei Monaten. Sie standen in engen hölzernen Boxen, in denen sie sich nicht umdrehen und kratzen, nur aufstehen und sich niederlegen können. Durch die Hitze haben sie ständig Durst und werden gezwungen, übermäßig viel einer milchähnlichen Nährflüssigkeit mit 20 % Fettgehalt zu trinken. Diese ist eisenfrei, damit ihr Fleisch weiß bleibt. Sie sind daher blutarm und leiden unter Atemnot (Anämie). Eine Streu aus Stroh fehlt, Kot und Harn werden mit Wasser weggeschwemmt.« (nach Moll, 1980). Und produziert wird nicht unerheblich auf Kosten der Steuerzahler und der natürlichen Umwelt. Mit importiertem Futtergetreide und Sojaschrot werden in der EG große Überschüsse erzeugt.

M. Witt, früherer Direktor des Max-Planck-Instituts für Tierzucht und Tierernährung, erklärte: Dieser Überschuß »stammt nicht aus Futtermitteln der eigenen Bodenproduktion, sondern wird mit importierten Kraftfuttermitteln (Getreide, Soja-Eiweiß) erzeugt, die an sich weitgehend als Primärkalorien für den unmittelbaren menschlichen Konsum in den Entwicklungsländern geeignet wären... Unsere Landwirtschaft wandelt mit ihren Milchviehbeständen Soja-Eiweiß, das den Entwicklungsländern vorenthalten wird, weil sie es nicht bezahlen können, unter großen Verlusten in das biologisch wertvollere Milcheiweiß um. Den sich dabei in Form von Magermilchpulver ergebenden Überschuß aber läßt man nicht den eiweißhungrigen Menschen in den Entwicklungsländern zukommen, sondern verfüttert ihn, mit dem Ergebnis, daß dieser Eiweiß-Stickstoff in Form von Gülle oder Jauche über Boden, Pflanze und Tier seinen Kreislauf von neuem beginnt.« (Moll, 1980) Heute fällt ein großer Teil der jährlich 190 Mio t Exkremente von 12 Mio Stück Großvieh und vielleicht 100 Mio Stück Geflügel allein in der Bundesrepublik in Massentierhaltungen an. Um diese unvorstellbaren Güllemengen ausbringen zu können, sind die Mastbetriebe auf landwirtschaftliche Nutzflächen angewiesen. Zu diesem Zweck sind in waldarmen Gebieten zusätzlich sogar große Waldflächen gerodet und mit Mais bestellt worden. In der Folge der dann bald danach einsetzenden Überdüngung sind inzwischen bereits eine Reihe von Grundwasserbereichen so hoch mit Nitrat belastet, daß sie als Trinkwasserlieferant wegen erheblicher Gesundheitsgefährdung ausscheiden (vgl. Kap. 2.2). Die Kosten für die Erschließung weiterer Trinkwasservorkommen — ggf. sogar Talsperrenbau — trägt dann wieder die Allgemeinheit. Ebenso trägt die Allgemeinheit das zunehmende Risiko, das von dem steigenden Medikamentenaufwand ausgeht. Tierkrankheiten, für die »Industrie-Hühner, Industrie-Schweine und Industrie-Rinder« besonders anfällig sind, müssen mit wachsendem Medikamenteneinsatz ebenso bekämpft werden, wie man versucht, mit Hormonpräparaten den Fleischansatz (incl. Wasseranteil) zu erhöhen. Die Gefahr schädlicher Rückstände im Kotelett oder in der Hühnerkeule wird angesichts der schwierigen Kontrolle (Stichprobenanteil nur 1 %) weiter erhöht. Auch diese Entwicklung spitzt sich weiter zu, indem immer mehr resistente Krankheitserreger mit neuen Arzneien bekämpft und z. B. den Schweinen heute oft schon Mittel zur Beruhigung verabreicht werden müssen, damit sie den aufregenden Transport zum Schlachthaus überhaupt überleben. Der Schaden, der durch den jahrzehntelangen leichtfertigen Gebrauch von Antibiotika in der Tierhaltung für die Humanmedizin entstanden ist, kann kaum abgeschätzt werden, da schwer nachweisbare Restmengen im Fleisch auch beim Menschen Immunisierungserscheinungen bewirken können. In England starben 41 Kleinkinder an Magen- und Darmerkrankungen, da infolge von Resistenzbildungen die übliche Antibiotikatherapie wirkungslos geworden war (K. R. Späth). In den USA untersuchte das vom Verbraucheranwalt R. Nader gegründete »Center for Study of Responsive Law« zahlreiche Fleisch-, Milch- und Eiprodukte. 80 % enthielten Pflanzenschutzmittel, Bakterien, Antibiotika und Hormone.

Bisher ist die Wirtschaft nach dem Prinzip verfahren, den Menschen als teuersten Produktionsfaktor einzusparen und durch heute noch billige Energie und Maschinen zu ersetzen. Die Zeit ist abzusehen, daß man infolge Rationalisierung wieder eine umgekehrte Entwicklung erleben wird, nämlich die teurer werdende Energie und die Maschine, die ja ebenfalls aus Rohstoffen mittels Energie hergestellt wird, wieder durch die Arbeitskraft des Menschen zu ersetzen, also Energie und knapper werdende Rohstoffe einzusparen (Gruhl).

Verlust der Erholungseignung

Die Erholungseignung einer Landschaft ist abhängig von ihrer Strukturvielfalt bzw. von ihrer biologischen Belebung. Je vielfältiger und artenreicher eine Landschaft von natürlichen Pflanzen und Tieren besiedelt ist, desto mehr neigt der Mensch dazu, diese Bereiche zu seiner persönlichen Erholung und Entspannung aufzusuchen. So war es früher selbstverständlich, daß naturnahe Kulturlandschaften auch in reinen Landwirtschaftsbereichen zur Erholung von der Bevölkerung aufgesucht wurden. Zahlreiche Gemälde früherer Zeiten stellen die Feldflur mit Hecken, Feldgehölzen, bunten Feldern und weidendem Vieh dar. Reiches Kulturgut mit Volksliedern, Märchen, Gedichten, Trachten, Festen und Traditionen haben eine vielfältige gesunde Feldmark als Hintergrund.

Das hat sich grundlegend geändert. Rigorose Räumaktionen und Begradigungen haben eine Monotonisierung der Landschaft in kurzer Zeit zur Folge gehabt, die jeglichen Erholungswert zerstört hat. Mehr als die Hälfte der heutigen landwirtschaftlichen Flächen ist optisch so erlebnislos trist und abschreckend steril, daß sich dorthin kaum noch ein Mensch »verirrt«. Damit ist praktisch ein Gebiet von der Größe der Gesamtwaldfläche der Bundesrepublik Deutschland für die Erholung indirekt »gesperrt« worden. Der Erholungsbetrieb konzentriert sich heute weitgehend auf die Wälder und läßt dort bereits negative Auswirkungen von Massierungstendenzen erkennen. Was würde geschehen, wenn man umgekehrt einen entsprechend großen Teil, also die gesamte Waldfläche dem Erholungsbetrieb entziehen wollte? Wenn die Bundesrepublik Deutschland derzeit jährlich rd. 30 Mrd DM dafür aufbringen muß, die Überproduktion abzufangen und den Landwirten eine Absatzgarantie für ihre Produkte zu geben, dann sind das jährlich rd. 2.250 DM pro ha landwirtschaftlicher Nutzfläche, 30.000 DM pro Hof oder 500 DM pro Bundesbürger. Haben die Bürger für diesen Beitrag nicht auch das Recht auf eine Gegenleistung, nämlich die ausgeräumten Fluren wieder so vorzufinden, daß sich wenigstens ein Spaziergang lohnt?

Wichtige Teilziele der heutigen Agrarpolitik müssen sein:

— Sicherung der Leistungs- und Nutzungsfähigkeit des Bodens und des Wasserhaushalts,
— Vermeidung und Verminderung von Luft- und Lärmemissionen,
— Erhaltung und Verbesserung des örtlichen Klimas,
— Erhaltung von Pflanzen und Tierarten mit angemessenem Bestand,
— Schutz und Erhaltung bestimmter Flächen und Gebiete sowie Erhaltung von Landschaftselementen,
— Vermeidung von Beeinträchtigungen des Landschaftsbildes und Ausgleich von unvermeidbaren Beeinträchtigungen,
— ausgewogene Verteilung zwischen ökologisch belasteten Gebieten und ökologischen Ausgleichsräumen,
— Schaffung der Voraussetzungen für die Erholung in der Landschaft,
— Vermeidung und Verringerung von Kontaminationen in Produktion, Be- und Verarbeitung sowie Vermarktung.

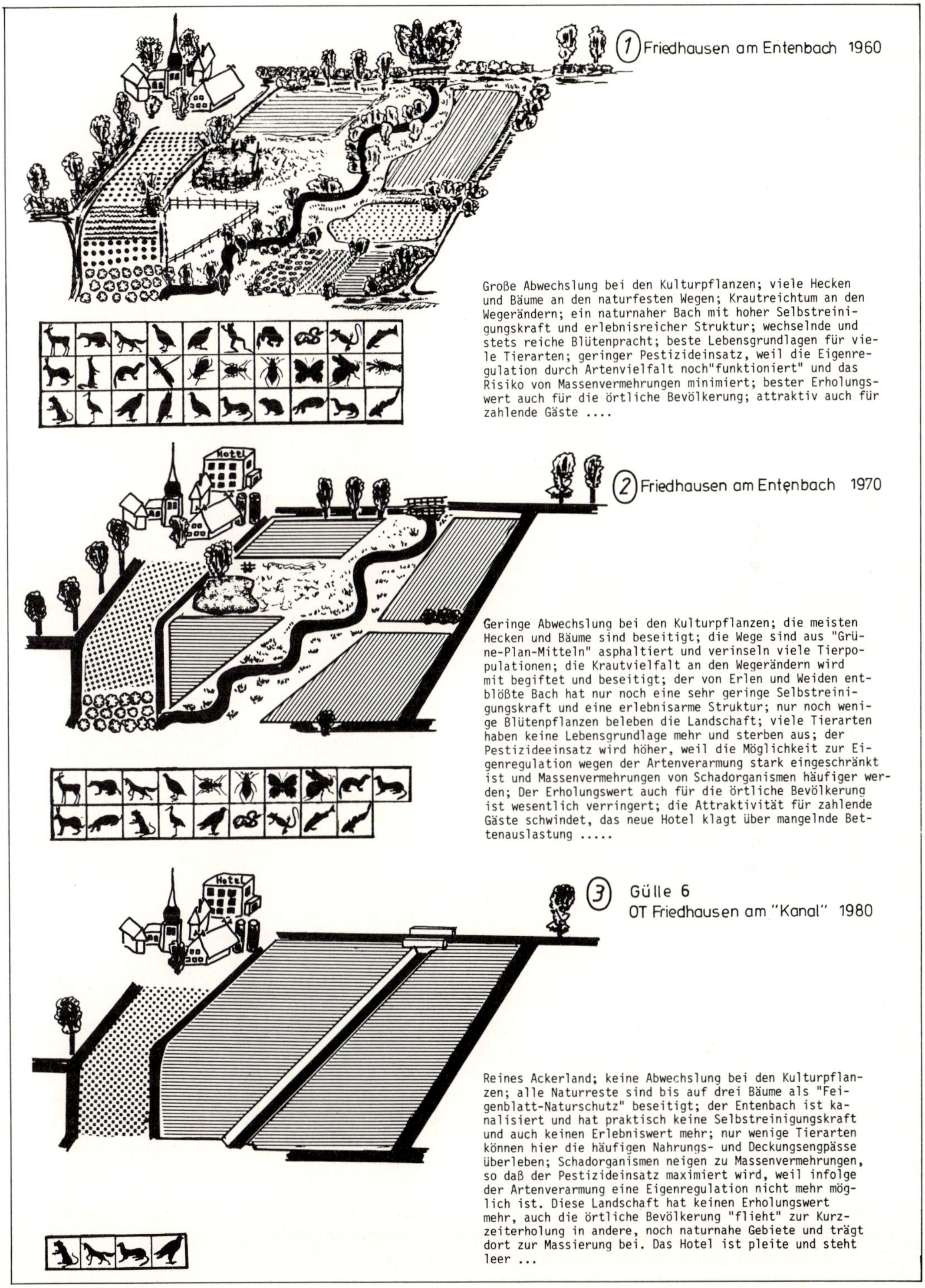

Abb. 86. Ein Dorf verliert seine strukturelle Vielfalt, seinen Lebensreichtum, seinen Erholungswert, seine Identität ...

11.2 Ökologische Stabilisierungsmaßnahmen

»Wer die Wahrheit liebt, will sie sehen. Wer sie fürchtet, hat sie gesehen.«
H. Kudszus

Der »integrierte Pflanzenschutz« — ein Verbesserungsansatz

Die Strategie der kleinen Schritte ist sicher psychologisch effektiv, da Höchstforderungen nur zu Abwehrhaltungen führen und kaum Raum für wirkliche Überzeugungsgewinne lassen. Das sollte jeder ebenso bedenken wie die Tatsache, daß etwa ein Drittel der Welternte Jahr für Jahr durch verschiedene Organismen und Pflanzenkrankheiten vernichtet werden (13 % durch Insekten, 12 % durch Krankheitskeime, 8 % durch Unkräuter). Andererseits muß die Resistenzentwicklung vieler Organismen ernst genommen werden. 1979 waren weltweit bereits 400 Insekten und Milbenarten gegen Insektizide immun geworden, mehr als doppelt so viele wie 1965 (Haaf, 1981).

Alle Überlegungen führen zwangsläufig zu den Prinzipien des sog. integrierten Pflanzenschutzes, dessen Hauptziel darin besteht, das »blinde« chemische Spritzen nach Kalender — hauptsächlich von der Industrie mit geschickter Werbung propagiert — durch eine gezielte, jeweils auf den Einzelfall abgestimmte und möglichst schonende Maßnahme zu ersetzen. Mit aller Deutlichkeit muß gesagt werden, daß eine auf Umsatz der chemischen Industrie ausgerichtete Praxis, unerwünschte Organismen einfach zu vergiften, auch wenn sie noch gar nicht schaden, ökologisch verwerflich und für einen von der Natur abhängigen Wirtschafter konzeptionell primitiv ist. Beim integrierten Pflanzenschutz, der von allen Spitzenvertretern der Landwirtschaft heute bereits propagiert wird, werden die Schädlinge bis zur sog. wirtschaftlichen Schadensschwelle geduldet, d. h., nach Ausnutzung aller natürlichen Bekämpfungsmethoden werden Chemikalien erst dann eingesetzt, wenn der zu erwartende wirtschaftliche Schaden auch tatsächlich mit gewisser Wahrscheinlichkeit größer ist als der Aufwand, der zur Bekämpfung eingesetzt werden muß. So selbstverständlich dies eigentlich klingt, so problematisch ist es doch in der Praxis. Das setzt nämlich eine fachkundige Kontrolle des Schädlingsbefalls voraus, die den voraussichtlichen Entwicklungsgang taxiert und einen gewissen Mut zum Risiko erfordert. Nach der FAO-Definition dieser neuen Strategie verwertet der integrierte Pflanzenschutz alle wirtschaftlich, ökologisch und toxikologisch vertretbaren Maßnahmen, um Schadorganismen unter der wirtschaftlichen Schadensschwelle zu halten, wobei die bewußte Ausnutzung natürlicher Begrenzungsfaktoren im Vordergrund steht. Dazu gehören z. B. folgende Grundsätze:

— Volle Ausschöpfung aller auch heute noch realisierbaren acker- und pflanzenbaulichen Möglichkeiten zur Herabsetzung der Schadenswahrscheinlichkeit, die teilweise in Vergessenheit geraten sind, z. B. Fruchtfolge, Bevorzugung widerstandsfähiger Sorten: Je vielseitiger die Fruchtfolge — neben- und hintereinander —, desto geringer die Gefahr der Massenvermehrung bestimmter Schadorganismen. Dabei muß man mit in Rechnung stellen, daß es beim Verstoß gegen schulmäßige Fruchtfolgeregeln heute zwar chemische Mittel gibt, die die Bestände schützen könnten, daß diese aber — zumindest z. B. bei der Nematodenabwehr — Kosten verursachen, die größer sein können als der Rationalisierungseffekt extremer Fruchtfolgevereinfachung. Die Sorte entscheidet nicht nur über Ertrag und Qualität, sondern auch über Anfälligkeit oder Empfindlichkeit gegen Krankheiten oder Schädlinge (Resistenz bzw. Toleranz).

— Anwendung bewährter Prognosemethoden auf der Basis wirtschaftlicher Schadensschwellen (Abb. 87). Nach diesem Verfahren ist eine Bekämpfung erst dann lohnend, wenn z. B. bei den Rüben 20 % der Pflanzen durch Moosknopfkäfer oder 6 bis 8 Eier/Larven der Rübenfliege je Pflanze im 4-Blattstadium gefunden werden. Oft werden diese Schwellenwerte im Feldinnern nicht erreicht, so daß auch eine termingerechte Randbehandlung genügt. Nach Aussage der Biologischen Bundesanstalt können z. B. 20 Acker-Fuchsschwanz-Pflanzen oder 40 zweikeimblättrige »Unkräuter« je m^2 im Wintergetreide geduldet werden, ohne daß es in der überwiegenden Zahl der Fälle zu einem wirtschaftlichen Schaden kommen wird (DJV-Nachrichten, 7/81). Die DLG-Merkblätter enthalten heute bereits viele dieser wichtigen

»Schwellenzahlen«. Voraussetzung für die Bewährung des Schadschwellenprinzips ist ein intensiver, von der chemischen Industrie unabhängiger Prognose- und Warndienst. Dennoch wird ein gewisses Restrisiko bestehenbleiben, das aber langfristig eher geringer ist als das Risiko, das aus der zunehmenden Verdrängung von Organismenarten zu erwarten ist.

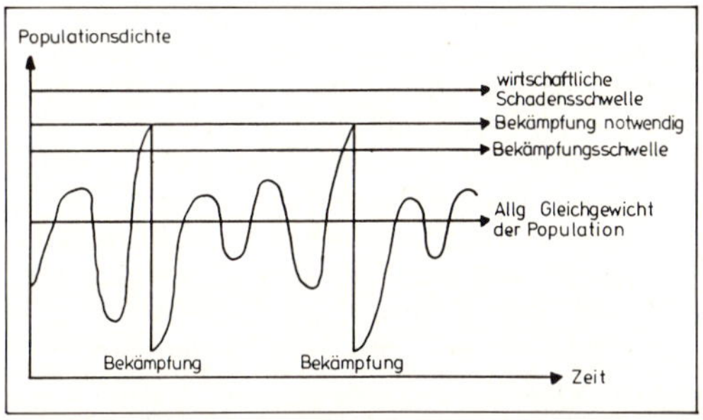

Abb. 87. Zeitliche Schwankung einer Schädlingspopulation (z. B. Rübenfliege). (nach Diercks, DLG-Merkblatt 1980)

— Verwendung ökologisch-selektiver Mittel und partieller bzw. punktueller Einsatz (wie Randbehandlung, Saatgutbehandlung, Bandspritzung), wodurch große Teile des Ökosystems geschont bleiben. Möglichst keine Mittel mit großer Breitenwirkung mehr verwenden, bewußt die Nützlinge bei Pflanzen und Tieren schonen.

— Anwendung — soweit praktisch schon möglich — direkter biologischer Bekämpfungsverfahren.

— Für die Wahl des Saat- oder Pflanztermins sind nicht nur der Zustand des Bodens und die Ansprüche der Pflanze an Temperatur und Vegetationsdauer, sondern auch das Ausmaß der Schadenswahrscheinlichkeit in bezug auf parasitäre und nichtparasitäre Schadfaktoren bzw. Belastungen maßgebend. Zeitige Frühjahrsbestellung z. B. mindert das Risiko von Verlusten durch Mehltau, Fritfliege und Nematoden im Getreide, Rübenvergilbung und Viruskrankheiten im Pflanzkartoffelbau. Im Herbst hingegen kann zu frühe Aussaat des Wintergetreides die Schadenswahrscheinlichkeit erhöhen, während spätere Saat vorbeugend wirkt z. B. gegen Schäden durch Fußkrankheiten, Mehltau, Gelbrost, Fritfliege, Zwergsteinbrand, Typhula-Fäule (Gerste) und Schneeschimmel (Roggen) (Dierks, 1980).

— Schutz der Nachbarkulturen und der nicht genutzten Randflächen (ökologische Ausgleichszellen) vor Abdriftschäden. Lieber einige Meter Randbreite zu wenig behandeln als nur einen Meter zuviel!

— Die richtige Bodenbearbeitung sowie eine ausgewogene Düngung wirken regulierend auf die Entwicklung von sich gegenseitig regulierenden Lebensgemeinschaften. Überdüngungen haben weitreichende, nicht kalkulierbare ökologische Folgen nicht nur im Boden, sondern auch im Oberflächen- und Grundwasser (vgl. Kap. 2.2). Auch bei der Ausbringung organischer Dungstoffe ist streng auf die Menge abzustellen, die von den Pflanzen benötigt wird. Die obere Grenze liegt im Durchschnitt bei 3 DGV pro ha und Jahr; 1 DGV ist der Dung von 7 Mastschweinen oder 1,5 Rindergroßvieheinheiten pro Jahr (v. Heimburg, AID, 1980). Möglichst kleine Düngergaben im Herbst; für die Ausbringung größerer Mengen Vegetationsperiode bevorzugen.

— Strenge Einhaltung der Verbote bei Tierarzneimitteln und Futterzusatzstoffen, da nicht auszuschließen ist, daß durch den Einsatz z. B. von Hormonen oder antihormonal wirkenden Stoffen in der tierischen Erzeugung der menschliche Organismus beeinflußt wird und von ihnen Erbschäden und krebserregende Wirkungen ausgehen.

— Strohverbrennen auf dem Feld ist der Humusbildung abträglich, weil organische Stoffe zerstört werden. Diese Unart sollte unbedingt unterlassen werden, da die Förderung der Humusbildung für die Nachhaltigkeit unserer Böden von außerordentlicher Bedeutung ist (vgl. Kap. 4). Wer flämmt, beeinträchtigt oder zerstört die Bodendecke, vernichtet die den Oberboden bewohnenden Kleinlebewesen. Diese stehen wiederum im Gleichgewicht mit Insekten, Igeln, Spitzmäusen, Eidechsen und anderen Lebewesen, die immer seltener werden, die jedoch eine große Rolle im Ökosystem spielen. Auch der Samen von Wildkräutern wird verbrannt, dadurch wird die artenarme Flora immer ärmer.

Inzwischen sind die Ziele des integrierten Pflanzenschutzes auch in Regierungsprogramme übernommen worden. Modellversuche der Biologischen Bundesanstalt haben den ökonomischen Wert des Schadschwellenprinzips bereits 1981 nachgewiesen. Bei den BBA-Versuchen in Südost-Niedersachsen wurden das im Betrieb in der Regel übliche Verfahren der chemischen Unkrautbekämpfung, also die konventionelle Behandlung, und die gezielte Bekämpfung nach dem Schadschwellenprinzip mit der Nichtbehandlung (= 100 %) verglichen. Das Ergebnis zeigt Tabelle 14.

Tabelle 14: Ertragssteigerung/-minderung gegenüber Nichtbehandlung in DM/ha

Getreideart	konventionelle Unkraut-bekämpfung	Behandlung nach Schad-schwellen
Wintergerste	+ 180	+ 325
Winterweizen	+ 100	+ 190
Sommergerste	- 70	- 2

Bei der Bekanntgabe der Versuchsergebnisse betonte damals Staatssekretär Gallus im Bundeslandwirtschaftsministerium, daß der integrierte Pflanzenschutz zugleich ökonomischen und ökologischen Zielen diene. Er appellierte an die praktische Landwirtschaft, zu ihrem eigenen betriebswirtschaftlichen Vorteil diese Erkenntnisse zu nutzen und damit zugleich auch einen Beitrag zum Umweltschutz zu leisten. Das Bundeslandwirtschaftsministerium werde alle Anstrengungen unternehmen, um den integrierten Pflanzenschutz weiterzuentwickeln und auf breiter Basis einzuführen. Das war 1981! Wie langwierig der Umdenkungsprozeß in der Praxis trotz auf der Hand liegender finanzieller Vorteile bei den Landwirten dauern wird, läßt sich aus einem lehrreichen Negativbeispiel eines Insektizideinsatzes in einem Bohnenfeld aus dem Jahre 1984 erahnen (Mader, 1984):

Auf einem 8 ha großen Bohnenfeld wurde im Juni 1984, als die ersten Bohnen zu blühen begannen, gegen das vereinzelte Auftreten der schwarzen Bohnenlaus ein verbreitetes Pflanzenbehandlungsmittel in einer Dosierung von 1,2 l/ha eingesetzt. Das Mittel enthält u. a. den Wirkstoff Endosulfan, einen chlorierten Kohlenwasserstoff mit hoher Fischtoxizität (Ursache für 40 Mio tote Fische im Rhein im Jahr 1967). Der Einsatz hatte zur Folge, daß auf dem behandelten Feld 121.000 Laufkäfer, 95.000 Kurzflügelkäfer, 51.000 Marienkäfer, etwa 4.000 Bienen und mehrere Tausend Florfliegen getötet wurden. Der Name des Mittels und die Frage, ob ggf. andere Mittel in Wechselwirkung das Ergebnis beeinflußt haben, ist hier zweitrangig. Wichtig ist dagegen die Dimension der Wirkung auf den Insektenbestand. Allgemein wies die Klassifizierung der durch diesen Insektizideinsatz getöteten Tiere nach Nützlings- und Schädlingskategorie einen Anteil von rd. 94 % Nützlingen aus! Wenn man diesem Ergebnis den Wortlaut einer Reklameschrift gegenüberstellt, wird die Verdrehung der Tatsachen und das Unterlaufen des integrierten Pflanzenschutzes deutlich:

»Das neue Insektizid bekämpft mehr als 400 Schädlingsarten und schont dabei die Honigbiene und andere Nutz-Insekten, so daß es auch bei blühenden Kulturen gespritzt werden kann. Es wird heute wegen seiner hervorragenden Eigenschaft weltweit in der Land- und Forstwirtschaft, im Obst-, Gemüse-, Reis-, Baumwoll- und Zierpflanzenanbau eingesetzt.«!

Von besonderer Bedeutung ist in diesem Beispiel die Auswirkung auf den Marienkäferbestand, da diese als nützliche Regulatoren pro Tag bis zu 30 Blattläuse verzehren: Mit einem Verhältnis von 1 : 18 zwischen Marienkäfern und Blattläusen bestand vor dem Insektizideinsatz keinerlei Anlaß, eine Blattlaus-Kalamität zu befürchten. Ohne Schadschwellenorientierung ist dennoch die Behandlung vorgenommen worden mit dem Ergebnis, daß sich 6 Wochen nach der Behandlung des .Feldes das Verhältnis Nützling:Schädling um den Faktor 5 verschlechtert hat, nämlich von 1 : 18 auf 1 : 91.

Angesichts der fortgeschrittenen Artenverarmung in der Kulturlandschaft und der vielfach zu beobachtenden Einbußen der Selbstregulationsfähigkeit müssen die vorgestellten Ergebnisse alarmieren. Die biologische Schädlingsbekämpfung ist langfristig der einzige Weg, um die Lebensgemeinschaften der Agrozönosen zu stabilisieren. Die integrierte Schädlingsbekämpfung wird als Übergangsstadium unvermeidbar sein (Tischler, 1980), vorausgesetzt, es findet eine echte Schadschwellenorientierung unter Berücksichtigung der »Nützlinge« statt. Mit fortschreitenden ökosystemaren Erkenntnissen wird man auch über das Schadschwellenprinzip hinaus die ökologischen Vorteile der Insekten wie der Wildkräuter qualitativ in eine Gesamtkalkulation einbeziehen.

Gradmesser der Gesundheit und Stabilität unserer Agrarlandschaft kann die Artenvielfalt der Tierwelt sein. Über den Umweg der Nahrungsketten läßt sie auf eine intakte Landschaft schließen. Ohne die verschiedenen vertikalen Habitate gibt es jedoch keine vielartige Tierwelt, die in der Landwirtschaft regulierend wirken kann. Kraut-, Strauch- und Baumschicht müssen sein, und zwar aus Pflanzen der örtlichen Vegetation mit genügend »Futterträgern«. Dabei wird man bestrebt sein, Standorte zu wählen, die den Landbau wenig beeinflussen: Wegebegleitung, Raine, unförmige Teilstücke, Nutzungsgrenzen (Acker/Grünland), Bachläufe, Vorfluter usw. Durch ihre intensive Nutzung können Obstplantagen naturnahe Flurgehölze auf keinen Fall ersetzen. Über das Regulationsvermögen der Tierwelt kommt man automatisch zu einer hohen Bewertung auch der kleineren Wildpflanzen, die in der Landwirtschaft der Verhinderung der Erosion und der Bodenverbesserung dienen. Es sind wichtige Bodenanzeiger, die weit genauer als Chemie und Physik zeigen können, wie es um den Boden steht.

Abb. 88. Finger weg von jedem Feldrand! Das mindeste, was die subventionierende Öffentlichkeit von den Landwirten sofort erwarten kann, ist, daß die ohnehin nicht nutzbaren Feldränder ihrer weitgehend natürlichen Entwicklung überlassen und nur von Zeit zu Zeit extensiv gepflegt (Mahd, Beweidung, Heckenschnitt) werden. Düngemittel- und Biozidausbringung sollte diese Bereiche streng aussparen. (Foto: Archiv Norddeutsche Naturschutzakademie)

Die heute zu beobachtende Vereinheitlichung der Unkrautarten ist eine Folge der Bewirtschaftung, praktisch eine Reaktion der Pflanzengesellschaft, die die Bewirtschaftungsfehler korrigieren will. Im Boden gelten z. B. 50 Volumenprozent als normaler Porenanteil, davon sollten 20 Volumenprozent Luft sein. Je stärker der Luftwert abfällt, umso höher steigt die Kohlendioxidkonzentration der Bodenluft. Auch in diesem Falle kapitulieren zuerst die Kulturpflanzen. Die Wildkräuter und Wildgräser können mit weniger Sauerstoff den aktiven Prozeß der Nährstoffionenaufnahme betreiben und damit den Kreislauf anreichern. Die Verunkrautung ist als Reaktion der Natur also durchaus sinnvoll, und als Korrektor der menschlichen und natürlichen Einflüsse wird sie das auch stets sein. Die Kulturpflanze braucht die Wildpflanze ebenso,wie der Boden sie braucht. Entsprochen werden kann der Forderung nach rd. 20 % Luftanteil im Boden nur mit Hilfe eines Humusgehaltes von mindestens 3 %, den in erster Linie nur die Wildkräuter und -gräser gewährleisten können! Bis zu einem gewissen Grade dienen diese Pflanzen also der Landwirtschaft.

Alternative Landwirtschaft — umstritten, aber lehrreich

Immer dann, wenn Lehrmeinungen zu Ideologien hochstilisiert werden, geht der Blick für Kompromisse, die Bereitschaft zur Annahme von Erkenntnissen dieser oder jener Richtung verloren. Das gilt besonders auch für das Verhältnis der »normalen« Landwirtschaft zur sog. »alternativen« Landwirtschaft, der bisher etwa 1.200 Betriebe mit einer Gesamtfläche von 26.000 ha angehören. Da wesentliche Ertragssteigerungen heute nur noch mit einem ständig ungünstiger werdenden Verhältnis zwischen Energieaufwand und Ertrag möglich sind, erscheint allein die Energiefrage ein hinreichender Grund dafür, die Tätigkeit der »Bio-Bauern« zu fördern. **Sie erhalten und pflegen altes bäuerliches Kultur- und Erfahrungsgut, aus dem künftige Landwirte werden lernen können und müssen.**

Eine Meldung der FAZ (Mai 1984) kennzeichnet die Situation: Von 400 Landwirtschaftsstudenten aus Bonn haben 84 % erklärt, die Lehre alternativer Verfahren werde im Studium entweder gar nicht oder nur unzureichend angeboten. 93 % haben sich dafür ausgesprochen, das Lehrangebot von Methoden des ökologischen Landbaus zu erweitern. Als Gründe wurden angegeben: Rückstände in Nahrungsmitteln, subventionierte Überproduktion, Grundwasserbelastung, Massentierhaltung (Legehennenbatterien) und das Verschwinden kleinbäuerlicher Betriebe als Folgen der Entwicklungsrichtung, wie sie nur durch die Forschungstätigkeit der Universitäten ermöglicht worden sind.

Eigentlich ist der Begriff »alternativ« — der hier alle verschiedenen, ökologisch ausgerichteten Methoden, also z. B. die »biologisch-dynamische« oder die »organisch-biologische« Methode umfassen soll — schon irreführend. Denn herkömmlich ist der landwirtschaftliche Betrieb, wie wir ihn heute kennen, keineswegs. Noch unsere Väter und besonders unsere Großväter wirtschafteten ganz anders, nämlich aus heutiger Sicht alternativ und aus damaliger Sicht konventionell. Das war harte Knochenarbeit und entsprechend lohnintensiv. Aber aus der Sicht des Natur- und Umweltschutzes waren damit folgende Vorteile verbunden:

— Die strukturelle und biologische Vielfalt der Landschaft blieb erhalten und wurde gepflegt (Feldhecken, naturnahe Waldränder, Feldraine usw.), da nur die sich dadurch ergebende Artenvielfalt in der Lage war, sich gegenseitig zu kontrollieren und damit Schädlinge in Schach zu halten.
— Die Erholungseignung der Landschaft für die Bevölkerung war groß.
— Die natürlichen Kreisläufe der Stoffe wurden beachtet, es wurde nur wenig Fremdenergie benötigt.
— Die Gewässer wurden nicht durch überhöhte Düngegaben belastet. Stalldünger und Gründüngung ergänzten den erntebedingten Nährstoffverlust (Leguminosenanbau wie Luzerne, Wicken, Klee lieferten bis zu 100 kg Stickstoff/ha).
— Die wildlebenden Pflanzen und Tiere wurden nicht durch Biozide gefährdet, Schädlinge wurden durch Vielfalt und Fruchtfolge angegangen.
— Die Dauerfruchtbarkeit des Bodens wurde durch gezielte Humuspflege erhalten.

Grundlage allen Wirtschaftens war im damaligen konventionellen und ist heute im alternativen Landbau ein gesunder Boden als lebendiges Ökosystem mit großem Humusanteil, stabiler Krümelung und reichem Bodenleben. Die besonders in den 60er Jahren fortschreitende Entwicklung zur Monokultur erreichte zwar ein Höchstmaß an Produktivität, aber gleichzeitig ein Minimum an Stabilität. Allein von 1960 bis 1972 nahm die Getreideanbaufläche von 55 % auf 70 % zu. Gleichzeitig stieg die Zahl der ohne Rindvieh und damit ohne Futterbau wirtschaftenden Betriebe von 20 % auf 37 %. Es fehlte also die Zufuhr von selbsterzeugtem Dünger und Humus auf dem Acker. Die Ernteertragssteigerung von 50 % wurde erkauft mit einem Mehraufwand von 350 % Dünger und 1.350 % für Biozide. Der Getreideanbau nahm stark zu, da er die höchsten wirtschaftlichen Erträge abwirft (Moll, 1980).

In dem Durchtrennen wichtiger innerbetrieblicher Zusammenhänge und in der damit verbundenen Spezialisierung der Betriebe liegt ein wesentlicher Unterschied moderner Betriebe zu heutigen Alternativ-Betrieben, da alles, was früher noch genutzt werden konnte, heute zu einer Last werden kann, z. B. Gülle.

Problematisch erscheint die Wertung verschiedener Vergleichsuntersuchungen von moderner Intensivlandwirtschaft und alternativer Landwirtschaft. Die Ergebnisse sind sehr standortabhängig, schon deshalb gebietsweise unterschiedlich, durch das unzureichende Vertriebssystem der alternativ hergestellten Bioprodukte beeinflußt und nicht zuletzt auch deshalb kompliziert, weil von der Industrie bezahlte Gutachten mit »Vorsicht zu genießen« sind. Inzwischen gibt es Vergleichsuntersuchungen aus den USA, den Niederlanden, Frankreich, der Schweiz und Deutschland, auch solche von Universitäten und staatlichen Kommissionen. Alle stimmen darin überein, daß die durchschnittlichen Hektarerträge — »modern« und »alternativ« — meist etwa gleich sind. Besonders gründlich wurden 32 Betriebe in einem Getreidegürtel der USA bilanziert, 16 ökologisch und 16 konventionell arbeitende. Die Universität Washington kommt dabei zu dem Ergebnis, daß die ökologische Gruppe fast den gleichen Ertrag und genau den gleichen Marktwert pro Hektar erzielt wie die konventionelle. Dabei ist jedoch wesentlich, daß die auf Monokulturen ausgerichtete Betriebsgruppe infolge des hohen Einsatzes von Bioziden, Industriedüngern und Maschinen den dreifachen Energieaufwand gegenüber der ökologischen Gruppe und um 50 % höhere Betriebskosten pro Hektar benötigt. Anders ausgedrückt: Der Energieverbrauch ließe sich bei Umstellung auf den ökologischen Ackerbau auf ein Drittel senken und die Betriebskosten auf die Hälfte, während die Erträge gleich blieben! (Arche Noah 2000)

Dabei darf man natürlich nicht außer acht lassen, daß die Arbeitsintensität auf »ökologischen« Höfen wesentlich größer ist als in modernen hochmechanisierten Intensivstbetrieben. Tatsache ist, daß aus ökologischer Sicht im Gegensatz zur Intensivlandwirtschaft bei der »alternativen« Landwirtschaft praktisch keine »Wünsche anzumelden« sind und daß die hohen Umsatzsteigerungen auf dem Bio-Markt (1981 waren es 8 %) ein Ausdruck der wachsenden Skepsis bei der Bevölkerung gegenüber Hormon-, Antibiotika-, Pestizid- und Mineraldüngergaben sind.

Die Bedeutung aller naturnahen Verfahren liegt langfristig in der Möglichkeit der Energieeinsparung und kurzfristig in der Möglichkeit, aufbauend auf alten Erfahrungen, immer wieder neu in der Natur zu lernen. Es wird klar, daß die These, die Vorteile lägen bei den Großbetrieben, falsch ist. Sie liegen auf lange Sicht bei dem mittleren Misch-Betrieb als einem lebendigen Organismus, der den ökologischen Belangen nachhaltig besser und vielseitiger entsprechen kann als ein Monobetrieb. Dieser Betrieb bleibt beweglicher und kann relativ kurzfristig mehr alternative Elemente einsetzen als bisher noch praktiziert.

Wildpflanzenschutz in Landwirtschaftsgebieten

Bei den Wildpflanzen in Landwirtschaftsgebieten ist ein konservierender, also im herkömmlichen Sinne »behütender« Naturschutz ohne menschliche Eingriffe falsch, weil diese Pflanzen in ihrer Existenz auf den mehr oder weniger regelmäßigen Eingriff des Menschen angewiesen sind. Das gilt insbesondere für die Segetal- und Ruderalflora, also die Pflanzenwelt der Äcker, Gärten, Weinberge, Raine, bäuerlichen Siedlungen, Schuttplätze, Brachflächen usw. Infolge der Intensivierung der Landwirtschaft und der fortschreitenden »Verstädterung« unserer Dörfer sind inzwischen 110 Arten der Segetal- und Ruderalpflanzen auf der »Roten Liste«. Das bedeutet eine kritische Verarmung unserer Umwelt, weil damit z. B. vielen Schmetterlingen, Raubinsekten, Käfern, Spinnen, Bienen und anderen Tieren die Lebensgrundlage entzogen, damit wiederum das landwirtschaftliche Ökosystem gravierend destabilisiert und ein steigender Biozideinsatz vorprogrammiert wird. **Die Erhaltung eines gewissen Teils an Ackerwildkräutern ist somit Voraussetzung für Fortschritte im Bereich des integrierten Pflanzenschutzes.**

Segetalflora

Der Begriff »Segetalflora« ist abgeleitet vom Lateinischen »sages« = Saat, Saatfeld und umfaßt alle Getreide und Hackfruchtwildkräuter und Wildgräser, die in der früheren giftfreien und düngerarmen Landwirtschaft typisch waren und häufig vorkamen. Durch den jährlichen Umbruch des Ackers kommen je nach Verzicht auf Biozidausbringung und Düngung und je nach Intensität der Saatgutreinigung immer wieder neue, z. T. jahrzehntelang keimfähige Samen an die Bodenoberfläche, wo sie dann als Lichtkeimer geeignete Lebensbedingungen vorfinden und bei ungestörter Entwicklung nicht selten in dichten Beständen auftreten. Zur Segetalflora gehören als bekannteste Arten z. B. Klatschmohn, Kornblume, Rittersporn, Kornrade und echte Kamille. Die Ackerwildkräuter haben meist eine hohe Samenproduktion. Im Oberboden von Äckern können bis zu 10.000 Wildkrautsamen pro qm vorhanden sein. Hört der Ackerbau auf, verschwinden die meisten Ackerwildkräuter innerhalb weniger Jahre. Ein großer Teil der rd. 260 Arten der Segetalflora ist gefährdet und — wenn überhaupt — meist nur noch in den Randzonen der Äcker zu finden, wo die Lichtverhältnisse günstig sind. Schutzmaßnahmen kommen für die Segetalflora nur in Kombination mit dem Anbau von Getreide oder Hackfrüchten (einschl. Weinreben) in Frage. Allein der Verzicht auf Herbizide hat in Versuchen von Schumacher (1980) auf Schutzflächen und Randzonen die Artenzahl in kurzer Zeit verdoppelt bis verdreifacht und die Individuendichte teilweise sogar verfünffacht. Die Einschränkung der Düngung ergibt eine weitere wesentliche Steigerung der Artenzahl. Auch begleitende Versuche zur Ansiedelung seltener, gebietsweise z. T. schon verschwundener Arten scheinen sich bewährt zu haben. Mit Ausnahme der Kornrade, die bekanntlich jedes Jahr wieder neu ausgesät werden muß, konnten sich alle Pflanzen nach einmal erfolgter Einsaat aus eigener Kraft erneuern und behaupten.

Ruderalflora

Der Begriff »Ruderalflora« ist abgeleitet vom Lateinischen »rudus« = Schutt, Ruinen, Mörtelmassen. Er umfaßt alle Wildkräuter und Wildgräser, die auf Ödlandflächen im weitesten Sinne vorkommen, also auf Acker- und trockenem Grünland, Wegrainen, Müll- und Schuttflächen, wenig genutzten Flächen in Siedlungen, Industriebereichen, Steinbrüchen, Sand- und Kiesgruben, Bahndämmen usw. Oft handelt es sich um sehr stickstoffreiche Standorte. Ruderalpflanzen sind z. B. Brennessel, breitblättriger Ampfer, weißer Gänsefuß, Kleb-Labkraut, Hecken-Knöterich, Königskerze, Beifuß, Rainfarn, Acker-Kratzdistel, Steinklee, Gänsemalve, Eisenkraut, Kompaßlattich, Nachtkerze, strahllose Kamille, glänzende Melde u. a. Die kulturhistorische Komponente der Ruderalpflanzen, die z. T. erst in Begleitung des Menschen nach Mitteleuropa gekommen sind sowie ihr Zusammenschluß zu eigenen Gesellschaften in Abhängigkeit von der Siedlungstätigkeit des Menschen machen sie z. B. interessant für den Bereich der Denkmalpflege. Sie gehören in die Umgebung denkmalwürdiger Bauten in dörflichen Strukturen ebenso wie in den Bereich von alten Burgen oder deren Ruinen, im Gegensatz zu »englischem Rasen«. Auch bei diesen Pflanzen ist der Verzicht auf Herbizidanwendung und Düngung Voraussetzung für ihr Wiedererscheinen. Hier ist »Nichtstun« im Interesse des Naturschutzes zugleich billig und fortschrittlich. Auch künstlich angelegte — meist sehr bunte — Ruderalfloren bedürfen nur einer geringen Pflege: Gelegentliche Beseitigung des Gehölzanflugs und hin und wieder eine Verwundung der Bodenoberfläche für die einjährigen und wenig beständigen Ruderalfloren.

Bei aufgegebenen Steinbrüchen z. B. wird heute im Rahmen der »Rekultivierung« in guter Absicht oft zuviel geplant, beeinflußt und gepflanzt. Allgemein setzt von Natur aus eine »Renaturierung« mit Ruderalfloren ein, die im Hinblick auf den Naturhaushalt den geplanten und durchgeführten Maßnahmen meist bei weitem überlegen ist. Häufig erliegt man der Versuchung einer Bepflanzung mit standortfremden bzw. sogar exotischen Pflanzenarten. Die Planung sollte zumindest Bereiche einbeziehen, die konsequent einer natürlichen Entwicklung überlassen werden können. Die spätere Pflege kann man darauf abstellen, diesen oder jenen Sukzessionszustand zu erhalten.

Trockenrasen

Als Trockenrasen oder Magerrasen werden gras- und krautreiche Pflanzenformationen auf trockenen, oft sandigen oder kalkhaltigen Standorten — besonders in Südlage — bezeichnet. Meist sind diese Gesellschaften auf nährstoffarmen Böden durch extensive Schafweide oder einmalige jährliche Mahd ohne Düngung entstanden. Die Flora der Trockenrasen ist außerordentlich vielartig. Sie umfaßt rd. 585 Pflanzenarten, das sind über 20 % der Gesamtartenzahl (2.667) der Bundesrepublik Deutschland. Mit 164 gefährdeten Arten liegen Trockenrasen sogar an der Spitze der gefährdeten Pflanzenformationen. Dazu gehören viele attraktive Liebhaberpflanzen, z. B. eine Vielzahl von Orchideen. Als Lebensgemeinschaften beherbergen die Trockenrasen eine sehr große Zahl von Tierarten — besonders Tagfalter und Wildbienen — die oft sehr streng an diese Standorte gebunden und deshalb gefährdet sind. Akustisch auffälligste Insektenarten sind die verschiedenen Heuschreckenarten, die hier in großer Zahl vorkommen. Die beste Möglichkeit der Pflege besteht unter Erhaltung der Nährstoffarmut in einer extensiven Beweidung oder Mahd im Spätsommer im ein- oder zweijährigen Rhythmus. Dann erübrigt sich auch meist das Herausschlagen überhandnehmender Gehölze bzw. die »Kurzhaltung« der größeren Arten, die die typischen Trockenrasenarten »erdrücken« können. Gerade die bunten Trockenrasen in Sonnenlage können vielen erholungssuchenden Menschen zur Freude und Entspannung dienen. Für ihre Pflege sollten sich deshalb nicht nur Naturfreunde, sondern z. B. auch Fremdenverkehrsträger engagieren.

Sonstige Dauer-Brachflächen

Immer noch haftet dem Wort »Brachland« häufig ein unverdient negativer Beigeschmack an, der eine naturschutzfeindliche Ungeduld unnötig schürt und zu gutgemeinten, aber nicht selten ökologisch bedenklichen Reaktionen führt. Grundsätzlich sind Brachflächen ökologisch hinsichtlich der potentiellen Pflanzen- und Tierartenzahl und der sich aus der Vielfalt ergebenden Erholungseignung höherrangig einzustufen als »moderne« Acker- und Gründlandbereiche oder forstliche Monokulturen mit standortfremden Baumarten. Bei einem Lebensraum-Vergleich »Kulturland und Brache« nach dem Kriterium der potentiellen Artenzahl und Vielfalt wird die »gehölzfreie Brache« lediglich übertroffen von der »Brache mit Gehölzen«, diese wiederum von standortgemäßen »Feldgehölzen und Feldhecken« und diese nur noch vom »standortgemäßen Mischwald«. Es scheint geboten, die Nutzungsumwandlung von Brachland in forstliche Kulturen nach dem Bundesnaturschutzgesetz genehmigungspflichtig zu machen und eine praktische Handhabe dafür zu geben, geeignete Brachflächen aus ökologischen Gründen verstreut und vernetzt zu erhalten.

Im »Umweltgutachten 1978« heißt es: **»Sich selbst überlassene oder nach entsprechenden Erfordernissen gepflegte Brachflächen, auf denen Düngemaßnahmen und Pestizidanwendung entfallen, können wertvolle Refugien für bedrohte Tier- und Pflanzenarten darstellen. Insofern bieten Brachflächen eine große Chance für den Naturschutz... Erstrebenswert wäre ein kleinräumiger Wechsel zwischen landwirtschaftlicher Nutzfläche, Wald und Brache, um deren Arten bestmögliche Lebensbedingungen zu bieten.«**

Rund 70 % der Schmetterlingsnährpflanzen sind z. B. häufige Brachpflanzen, so daß Brachen in der Regel auch ein bedeutender Gewinn für die Vielfalt der Schmetterlingsfauna darstellen.

Auch für die Vogelfauna wirken sich Brachflächen positiv aus. Von den etwa 220 Vogelarten, die in der Bundesrepublik brüten, profitieren rd. 100 Arten von den verschiedenen Formen der Brache, davon werden rd. 35 in den »Roten Listen« geführt. Die am stärksten durch Beerenpflanzen der Brache geförderten Vögel sind die Drosselarten (Wacholder-, Mistel-, Singdrossel und Amsel), die Rauhfußhühner (Auer-, Birk- und Haselhuhn) sowie der Fasan. Daneben sind die Brachen für die Finkenvögel — d. h. die Körnerfresser — von großer Bedeutung. Die meisten Arten (Grünlinge, Hänflinge, Buchfinken, Girlitze, Bergfinken, Zeisige, Goldammern, Stieglitze) nehmen jedoch im Frühling und Frühsommer oft mehr als die Hälfte ihres täglichen Nahrungsbedarfs in tierischer Form zu sich (Insekten, Spinnen, Schnecken usw.), was offensichtlich für den Stoffwechsel zur Brutzeit und in der Jugendphase wichtig ist. Das erforderliche Kleintierleben ist in der Brachfläche im allgemeinen sehr reichhaltig und im Jahresablauf im Gegensatz zu Kulturflächen wesentlich ausgeglichener. Rund 80 % der von Finkenvögeln aufgesuchten Pflanzen sind Arten der Brachvegetation. Ähnliches gilt für das Rebhuhn, das auch von dem Verzicht auf Biozidausbringung und Maschineneinsatz profitiert. Für Rehwild und Hasen sind kraut- und deckungsreiche Brachen sehr günstig.

Bei der Vegetationsentwicklung auf Brachflächen findet man zumindest bei im weitesten Sinne mittleren Standortbedingungen die normalen Merkmale sekundärer Sukzessionen: Hohe Anfangsgeschwindigkeit der Entwicklung und rascher Aufbau geschlossener Bestände; ruderale und artenreiche Anfangsstadien mit relativ raschem Artenwechsel und raschen Verschiebungen im Mengenanteil der einzelnen Arten, frühes Nachlassen der anfänglichen Entwicklungsgeschwindigkeit — oft schon im 2. Jahrfünft — und in vielen Fällen ein typisches »Abstoppen« der Vegetationsentwicklung in relativ langlebigen, fast stabilen Zwischenstadien, die durchaus als solche nicht nur jahrzehntelang, sondern sogar jahrhundertelang halten können, wenn nicht ständig massenhaft Verbreitungseinheiten von nahen Holzpflanzen anfallen. Die Entwicklung der Gesamt-Artenzahl im Verlauf einer typischen Sukzession wird als stark idealisierende und vereinfachende Modellvorstellung aus Abb. 89 deutlich (nach Hard, 1976, verändert).

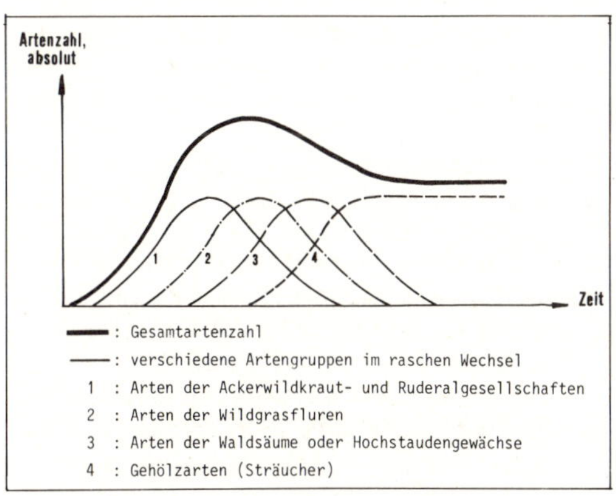

Abb. 89. Sukzession einer Ackerbrache.

Je nachdem welches Sukzessionsstadium erhalten werden soll, muß die Pflege extensiv (z. B. Mahd alle 5 bis 10 Jahre) oder intensiver in kürzeren Zeitabständen erfolgen. Auch hier gilt, die Mahd (mit Abräumen des Mähgutes) möglichst spät im Jahr und dann nicht geschlossen auf ganzer Fläche vorzunehmen, um z. B. ein Überwintern verschiedener Tierarten in den oberirdischen Pflanzenteilen zu gewährleisten. Das gilt analog auch für verschiedene Formen einer Pflege durch Beweidung, z. B. durch Kühe oder Schafe. Beim Mulchen muß die Pflege dagegen oft etwas früher im Jahr einsetzen — in Halbtrockenrasen z. B. nach der Orchideenblüte Ende Juni bis Mitte August — damit das Mulchgut schneller mineralisiert werden kann. Bei zu spätem Mulchen im Herbst bleibt das Mulchgut bis weit ins Frühjahr hinein unverrottet als dichte, geschlossene Decke liegen und hat das Absterben vieler Arten zur Folge. Zu spätes Mulchen schadet in vielen Fällen mehr, als es nützt. Glatthaferwiesen können durch einen jährlichen frühen Mulchschnitt (Mitte Juni) im wesentlichen erhalten werden, während sich größere Mulchintervalle — z. B. jedes 2. Jahr — als unwirksam erwiesen haben. In Halbtrockenrasen, wo die Bestandsumschichtungen langsamer verlaufen, reicht ein Mulchschnitt im 2- oder 3-Jahresturnus zur Erhaltung des typischen Artenspektrums aus. Für einige Jahre kann Mulchen durchaus eine angemessene Pflege sein, langfristig ist jedoch in Halb- und Trockenrasen ein gelegentliches Mähen mit Abräumen des Mähgutes nicht zu umgehen (Schiefer, 1981).

Je nach Zeitpunkt im Jahresablauf, Art und Intensität eines Pflegeeingriffs wird also die Pflanzengesellschaft einer Brache »gesteuert«. Frühzeitiger Schnitt fördert allgemein die mahdverträglichen Wiesenpflanzen, während ein herbstlicher Schnitt mehr den ausdauernden, hochwüchsigen Ruderalpflanzen, die häufig Speicherrhizome besitzen, zugute kommt. **Biozideinsatz und Düngung sind grundsätzlich zu unterlassen, lediglich die Intensität der Pflege bestimmt die Artenvielfalt, Farbenpracht und den ökologischen Wert brachfallender Flächen.** Die höchsten Artenzahlen besitzen die sich selbst überlassenen und nur gezielt im Artenschutzinteresse genutzten Flächen. Mit steigender Intensität des menschlichen Eingriffs nimmt die mittlere Artenzahl ab. Es hat Beispieluntersuchungen gegeben, bei denen im 5. Jahr die sich selbst überlassenen Flächen auf 650 m^2 mit 101 Pflanzenarten rd. 1/3 des gesamten Artenbestandes im 1-km-Umkreis und auf 3.500 m^2 mit 181 Arten rd. die Hälfte der gesamten Umgebungsflora im 1-km-Umkreis aufwiesen.

11.3 Mehr Hecken — Gewinn für alle

»Die meisten Menschen haben zwei Arten von Moral: Eine für sich, die andere für die anderen.«
Curt Goetz

Mit jeder verschwindenden Hecke wird unsere Heimat ärmer und enger! Die Hecken gehören kulturhistorisch in das Mosaik der deutschen Kulturlandschaft. Schon im 12. Jahrhundert verwendeten die Franken das Wort »Haga«, aus dem sich später das deutsche Wort »Hag« oder »Hecke« entwickelte.

Die »Knicks« in Schleswig-Holstein, das sind die ökologisch besonders wertvollen Wallhekken, stammen zum größten Teil aus dem 18. Jahrhundert. Sie wurden im Zusammenhang mit einer im Jahre 1766 von König Christian VII erlassenen Verordnung als Umgrenzung der Fluren errichtet, damit der Raubbau in den Wäldern, um Holz für Zäune und Brennmaterial zu gewinnen, unterbleiben konnte. Gleichzeitig wollte man damals dauerhafte Einfriedungen schaffen, um das Vieh auf den Koppeln zu halten. Überall in Europa, wo Hecken von Menschen künstlich geschaffen wurden, gab es einen Zusammenhang mit der Viehwirtschaft. Und dort, wo heute das Vieh noch auf den Weiden stehen kann, besteht dieser Zusammenhang im Grunde fort.

Aber die Bilanz in der Landschaft sieht erschreckend aus. Ein gigantischer Feldzug gegen die Hecken hat in den letzten drei Jahrzehnten in vielen Gebieten »tabula rasa« gemacht und »ganze Arbeit« geleistet. Dieser Feldzug ist zwar merklich gebremst, geht aber leider immer noch weiter. Gegen Hecken in der Landschaft wird immer noch eingewendet, daß sie bei der Bewirtschaftung großer Flächen stören und den Einsatz moderner Maschinen behindern. Man befürchtet Ertragsminderung durch Schattenwurf und Wurzelkonkurrenz, Behinderungen bei der Grabenräumung, Nachteile durch Zulauf von Menschen oder Anlocken von Wild und hält Gehölze für Brutstätten von Schadinsekten und Herde für Unkrautflug. Derartige Befürchtungen sind nach heutigen Erkenntnissen nicht mehr zu halten. Die großen ökologischen und auch ertragssteigernden Vorteile hat man leider nicht rechtzeitig erkannt, so daß wir eine traurige Gesamtbilanz feststellen müssen: Allein in Schleswig-Holstein sind von den rd. 75.000 km Wallhecken im Jahre 1950 heute nur noch rd. 46.000 km vorhanden (Landesamt für Naturschutz und Landschaftspflege, Kiel, 1984). Man hat errechnet, daß allein dadurch pro Jahr mehr als 3 Mio Vögel weniger ausgebrütet werden, ein Verlust, der bald die Dimension der wandernden Singvögel erreicht, die italienische Vogelfänger jährlich töten!

Artenvielfalt der Hecken (einschl. kleiner Feldgehölze)

Zu den unterschiedlichen Stockwerken der Pflanzengesellschaften in einer natürlichen Hecke gehört stets die entsprechend spezialisierte Tierwelt. Dies wird besonders sichtbar an den vielen Vogelarten, die hoch in den Bäumen, niedrig in den Sträuchern oder gar direkt am Boden brüten. Von den angrenzenden Feldern kommen z. B. die Rebhühner zur Hecke, wo sie einen wesentlich besseren Schutz und die wichtige Insektennahrung für die Küken finden. Gerade die Vielfalt der Strukturen in den Hecken, die unterschiedlichen Licht-, Temperatur- und Feuchtigkeitsverhältnisse begründen die so wertvolle Pflanzen- und Tiervielfalt. Über 7.000 Tierarten leben in naturnahen Hecken, und in einer einzigen Wallhecke in Schleswig-Holstein zählt man allein 1.600 bis 1.800 verschiedene Tierarten. Die Vielseitigkeit der Randeffekte ergibt die Vielartigkeit der Lebensgemeinschaft und letztlich den Wert der durch sie geprägten Landschaft. Auffällig ist insbesondere die reiche Singvogelwelt. Im Durchschnitt brüten 30 Vogelpaare in einem Kilometer Knick, in einem Doppelknick kann die Brutdichte sogar bis auf das Sechsfache steigen. Die Bestandsdichte der Vögel ist in Hecken und Kleingehölzen durchschnittlich 3,5 mal größer als in zusammenhängenden Wäldern. Es gibt sogar Untersuchungen, die einen Durchschnittsbesatz von 10 bis 15 Vogelnestern je 100 m Hecke belegen (Costa, 1978).

Die landwirtschaftsbedingte Verdrängung von Pflanzen- und Tierarten und die damit verbundene ökologische Destabilisierung kann in starkem Maße durch Hecken gemildert werden, die von Natur aus wieder viele Regulatoren stellen können. So sind z. B. in der abwechslungsreichen Heckenlandschaft Schleswig-Holsteins Massenvermehrungen von Mäusen weitgehend unbekannt, während in anderen Gebieten die kleinen Nager regelmäßig zur Plage werden. Zauneidechsen können, wenn sie in einer

Häufigkeit von 50 bis 60 Tieren pro km in einer Hecke vorkommen, die anliegenden Felder in einer Tiefe von 20 m weitgehend von Schadinsekten freihalten. Unscheinbar, in ihrer Bedeutung aber noch wichtiger, sind vor allem die Insekten selbst, die die wenigen schädlichen Arten allein in »Schach« halten können. Die wichtigsten, von naturnahen Kleinstrukturen in Hecken abhängigen nützlichen Tiergruppen werden hier aufgezählt (nach Schemel, 1982):

Die Raubfliegen, Tanzfliegen und die Schwebfliegen sind räuberische Fliegenarten, die sich von Blattläusen ernähren. Die häufig vorkommenden Florfliegen vertilgen hauptsächlich Blattläuse und andere weichhäutige Insekten. Als Räuber sind weiterhin viele Wanzenarten, Spinnen und Hundertfüßler zu nennen. Mehrere Laufkäferarten dringen als räuberische Insekten vom Gehölzbiotop aus 30 bis 50 m in die Feldflur vor. Schädlingsregulierend und daher nützlich wirken auch die parasitisch lebenden Arten der Schlupfwespen und Schmarotzerfliegen. In Hecken leben 110 verschiedene Arten der Schlupfwespen und 20 Arten der Schmarotzerfliegen. Das erklärt sich aus den hier besonders günstigen Lebensbedingungen für diese Arten: Zahlreiche Wirte zur Eiablage, nektarspendende Blütenpflanzen sowie Wärme und Windschutz. Ihre Wirkung beruht darauf, daß sie ihre Eier in den Körpern von Schädlingen ablegen und sich daraus Larven entwickeln, die den Schädling von innen her auffressen. Die Wirte der Schlupfwespen sind Insektenlarven und Spinnen, die der Schmarotzerfliegen sind Schmetterlingslarven, Käfer- und Blattwespenlarven, Käfer und Wanzen. Da sich die beiden Parasiten stark vermehren und sich damit den Populationsschwankungen ihrer Wirte schnell anpassen können, spielen sie als Regulativ der genannten Schädlinge eine große Rolle.

Schließlich ist noch auf die Biotope als Lebensraum für Wildbienen und Hummeln hinzuweisen. Als Blütenbesucher haben die etwa 600 für die Bundesrepublik Deutschland bekannten Wildbienenarten eine große Bedeutung für die Bestäubung zahlreicher Pflanzen und nicht zuletzt auch der Kulturpflanzen (besonders: Raps, Klee, Luzerne und andere Pflanzen zur Saatgutgewinnung). Die bei uns vertretenen Grabwespenarten sind darüber hinaus insofern von besonderem Interesse, als sie Beutetiere u. a. aus folgenden Gruppen vertilgen: Heuschrecken, Zikaden, Wanzen, Rüsselkäfer, Blattwespenlarven, Blattläuse. Auch die Faltenwespen erbeuten Larven aus verschiedenen Insektengruppen. Von jeder Art werden jeweils nur ganz bestimmte Beutetiere in die Nester eingetragen. In dem Bau einer Art der Grabwespengattung Psen werden z. B. in der Regel 50 bis 60 Zikaden gefunden. Lediglich eine Wespenart, der Bienenwolf, ist als Schädling einzuordnen, weil zu seiner Beute Honigbienen gehören. Nur am Rande sei in diesem Zusammenhang betont, daß die Hecken und Feldgehölze selbst heute für diese Insekten schon Rückzugsräume darstellen, obwohl viele Kulturpflanzen von ihrer Bestäubung abhängig sind. Mancherorts sind diese wichtigen Insekten schon zum Mangelfaktor geworden.

Auch Kleinsäuger suchen ihre Nahrung auf angrenzenden Feldern und Wiesen und wirken so der Massenvermehrung von Schädlingen entgegen. Das Mauswiesel jagt z. B. in erster Linie Feldmäuse, und die Spitzmäuse vertilgen Insekten. Der Igel als heckenbewohnender Insektenfresser und die Erdkröte als Vertilger von Nacktschnecken sind in diesem Zusammenhang ebenfalls zu nennen.

Fasane und Rebhühner nähren sich zum großen Teil von Kleintieren. Im Kropf eines im November erlegten Fasanenhahns wurden 1.365 Drahtwürmer (Larven von Schnellkäfern) gefunden, in dem eines anderen 3.914 Larven der sehr schädlichen Gartenhaarmücke und im Kropf eines Dritten 250 Ackerschnecken. Andere Untersuchungen ergaben große Mengen von Engerlingen, Maikäfern, Kartoffelkäfern. Der Aktionsradius der in Hecken brütenden Feldsperlinge beträgt etwa 300 m, bei den anderen Hecken-Singvögeln liegt er zwischen 100 und 200 m. Die Nahrung der in Hecken nistenden Vögel umfaßt ein breites Beutespektrum. Bei Magenuntersuchungen an Feldsperlingen wurden neben Körnern 11 verschiedene Wanzenarten und andere Insekten festgestellt.

Die folgende Darstellung kann nur ein kleiner optischer Hinweis dafür sein, wie weit sich bestimmte Tierarten normal von einer Hecke entfernen und dadurch auf Lebewesen der angrenzenden Lebensräume einwirken können (Abb. 90). Hecken sind also gewissermaßen eine Voraussetzung für Fortschritte beim integrierten Pflanzenschutz. Da die Wechselbeziehungen zwischen der Fauna von Feldfluren und Biotopen, speziell zwischen Nützlingen und Schädlingen, im wesentlichen von den Randzonen ausgehen, sind viele kleine Feldgehölze und ein Netz von Hecken bzw. Windschutzstreifen für die biologische Bereicherung der Kulturlandschaft günstiger als wenige große Wälder entsprechender Gesamtfläche.

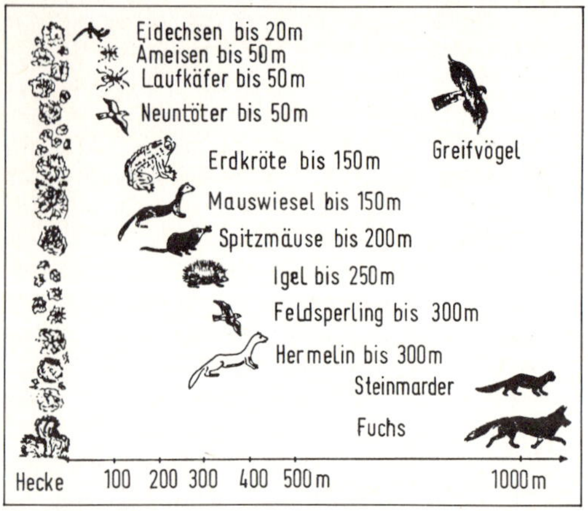

Abb. 90. Wechselbeziehungen einiger Heckenbewohner zur benachbarten Feldflur. Die Zahlenangaben bezeichnen grob die größten Entfernungen, die diese fleischfressenden Arten auf der Nahrungssuche in den Feldern unternehmen, wo sie demnach regulierend wirken. (nach Wildermuth, 1978, verändert)

Natürlich können Angaben über Aktionsradien der größeren Tiere hierbei nur einen Anhalt vermitteln, da Regulationsmechanismen z. B. allein innerhalb der Insekten die Wirkungen der größeren Tiere vollkommen überdecken. **Z. B. sind in Heckengebieten 30—40% der Schädlinge von Schmarotzern befallen, in heckenlosen Gegenden nur 1%!**

Auch die ökologischen Zusammenhänge bei Pflanzenfressern muß man möglichst umfassend betrachten. Für Rebhühner sind z. B. die Unkrautsämereien der Feldkräuter, die Insekten sowohl der Kräuter als auch der Hecken (Schlehen, auch Schwarzdorn genannt, sind z. B. sehr reich an Insekten), das Kleinklima und die Deckung ausschließlich der Hecken und Feldgehölze von Bedeutung. Dort finden sie genügend offenen Boden zum Hudern und haben andererseits im bodenberührenden Zweigwerk so viele Lücken, daß sie blitzschnell und ungehindert flüchten oder abstreichen können, wenn ein Beutegreifer auftauchen sollte. Wenn Habichte heute in der Feldflur mit besonders großem Erfolg jagen, dann nutzen sie die Bedingungen eines Geländes aus, das wir zerstört haben. Das gilt nicht nur für Rebhühner, sondern z. B. auch für Hasen. Untersuchungen in Österreich zeigen, daß in Monokulturen der Landwirtschaft nicht, wie zu erwarten, im Winter die größte Hasensterblichkeit auftritt, sondern im Hochsommer, wenn die Ernte der Getreidefelder die Nahrung knapp, schlecht und einseitig werden läßt. Auch hier können Hecken vieles ausgleichen. Das gilt auch für ein reich strukturiertes Feldgehölz (Abb. 91).

Hecken und Wasserhaushalt

Wir müssen mit allen Mitteln versuchen, die natürlichen Wasserspeicherkräfte des Bodens zu nutzen. Dabei spielen Hecken eine wichtige Rolle. Der tägliche Wasserabfluß in einer heckenlosen, offenen Agrarlandschaft ist doppelt so hoch wie in einer Heckenlandschaft. Alle Flur- und Feldgehölze halten Bodenwasser zurück und geben es durch Verdunstung langsam an die Luft ab. Wenn das Niederschlagswasser im Boden versickert, wird es teilweise von den Wurzeln aufgenommen und steigt dann mit dem Transpirationsstrom in die Blätter, an deren Oberfläche es verdunstet. Infolge der erhöhten Luftfeuchtigkeit kann sich während der nächtlichen Abkühlung Tau bilden, der wieder verfügbar ist. Die lockere Humusschicht im Bereich des weitverzweigten Wurzelwerkes von Bäumen und Sträuchern hält das Wasser wie ein Schwamm zurück. Dabei sind übrigens Laubhölzer sechsmal wirksamer als Nadelbäume. Im Schutz der Hecken nimmt unter dem Einfluß der geringeren Windstärke (bis 60 %) die Niederschlagsmenge zu, was besonders bei Schneefall sichtbar wird. Taubildung (extrem bis 200 %) und Bodenfeuchtigkeit steigen im Windschatten ebenfalls an. Gleichzeitig wird die Verdunstungsgeschwindigkeit des Bodenwassers herabgesetzt (extrem bis zu 50 %). Die relative Luftfeuchtigkeit erhöht sich um 5 bis 10 %. Hecken regulieren also den Wasserhaushalt in vielfältiger Weise sehr positiv (Abb. 92).

Windschutz und Ertragssteigerung durch Hecken

Eine Hecke bietet optimalen Windschutz, wenn sie nur zu etwa 50 bis 70 % geschlossen ist. Auf diese Weise entstehen keine störenden Luftwirbel bzw. Windbeschleunigungen infolge von Düsenwirkungen an den Randbereichen, wie wir es an starren massiven Hindernissen bemerken. Die Windgeschwindigkeit wird durch Hecken um bis zu 60 % vermindert. Der Windschutzbereich hinter einer Hecke entspricht in seiner Breite dem 10- bis 25fachen der Heckenhöhe, kann also durchaus 100 m übersteigen. Die Hecke muß am Boden möglichst geschlossen sein (Grundsatz: unten dicht, oben licht), damit auch dort keine Düsenwirkung entstehen kann. Auch vor der Hecke kann der Wind gebremst werden bis zu einer Entfernung, die etwa dem Fünffachen der Heckenhöhe ent-

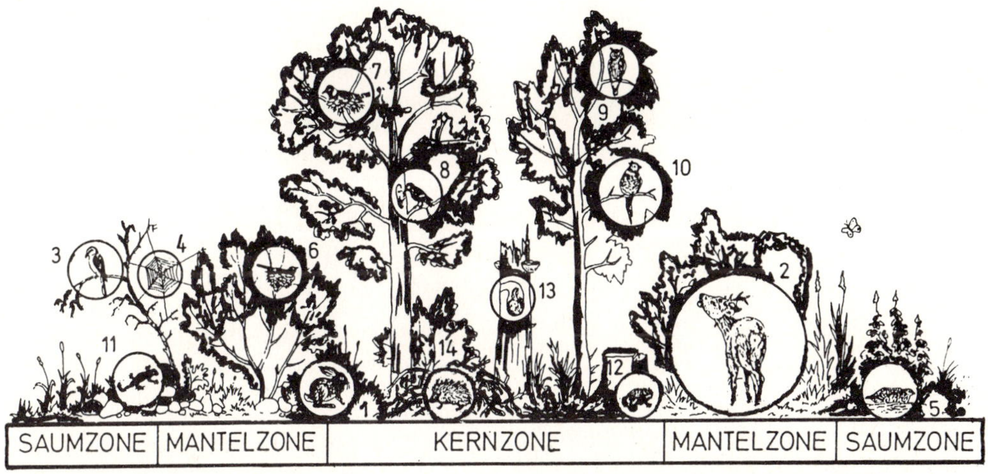

1 Deckung für Niederwild (z. B. Hase)
2 Äsung für Niederwild (z. B. Reh)
3 Sitzplätze für Lauerjäger (z. B. Raubwürger)
4 Dickicht für Fallensteller (z. B. Kreuzspinne)
5 Nistplätze für Bodenbrüter (z. B. Rebhuhn)
6 Nistplätze für Buschbrüter (z. B. Dorngrasmücke)
7 Nistplätze für Baumbrüter (z. B. Ringeltaube)
8 Baumhöhlen für Höhlenbrüter (z. B. Star)
9 Schlafplätze für Nachtaktive (z. B. Waldohreule)
10 Schlafplätze für Tagaktive (z. B. Fasan)
11 Sonnige Plätze für Reptilien (z. B. Zauneidechse)
12 Schattige Verstecke für Amphibien (z. B. Erdkröte)
13 Winterquartiere für Bilche u. a. (z. B. Haselmaus)
14 Kinderstuben für Kleinsäuger (z. B. Igel)

Abb. 91. Profil eines Feldgehölzes und Beispiele für die ökologische Einnischung tierischer Bewohner. (nach Müller, 1978)

spricht (vgl. Abb. 92). Eine Windschutzbedürftigkeit ist natürlich mehr bei stärkerem Wind gegeben, und zwar in Abhängigkeit von

— den physikalischen Eigenschaften des Bodens, insbesondere von seiner wasserhaltenden Kraft (u. a. Humusanteil),
— den Niederschlagsverhältnissen und dem Grundwasserstand,
— der zu schützenden Kultur (Anbauplanung).

Besonders gefährdet sind leichte, trockene Ackerböden, insbesondere sandige Böden und kultivierte Moorflächen, aber auch manche Lößböden. Je nach Bodenart setzt die Winderosion schon bei einer Windgeschwindigkeit von 5 m/s (in 2 m Höhe gemessen) ein. Windschutz bedeutet in der Landwirtschaft Ertragssteigerung. Das scheint nur wenig bekannt zu sein, ist aber unbestritten, sogar mit Zahlen belegbar und biochemisch leicht zu erklären: Die Kulturpflanzen der Landwirtschaft nehmen, wie alle anderen Pflanzen auch, für ihr Wachstum das Kohlendioxid über die Spaltöffnungen aus der Luft auf. Dabei verdunsten sie aber auch gleichzeitig Wasser und schweben somit stets in der Gefahr auszutrocknen. Je windiger es ist, desto mehr Spaltöffnungen muß die Pflanze schließen (um nicht zu vertrocknen), desto weniger lebens- und produktionswichtiges Kohlendioxid kann aufgenommen werden und desto schlechter wächst die Pflanze. Diese Zusammenhänge werden durch die Abb. 93 mit Zahlen belegt.

Derartige Ertragssteigerungszahlen sind bereits in den 60er Jahren durch verschiedene Versuche belegt worden, sie gelten sowohl im Getreide- wie auch im Hackfruchtanbau. Über etwa 100 m Hecke je ha sind weitere Ertragssteigerungen nicht mehr feststellbar. Windschutz bedeutet in der Landwirtschaft übrigens nicht nur Ertragssteigerung, sondern auch Hemmung bei der Verbreitung von Pilzkrankheiten. Ein sechsjähriger Windschutzversuch der Bodenkulturstelle Ingolstadt in Zusammenarbeit mit dem Wetterdienst ergab auf humosen Sandböden des Donautals einen durchschnittlichen Mehrertrag von 15 bis 20 % im Schutz einer erst 15jährigen Pflanzung (Costa, 1978). Auch mechanische Schädigungen der Pflanzen durch Sturm und Windböen entfallen bei

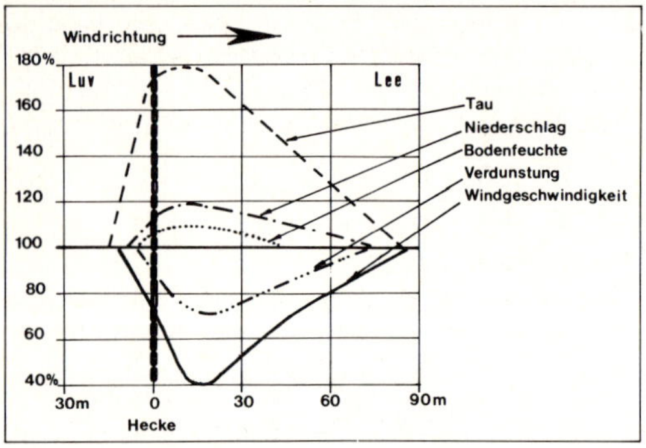

Abb. 92. Wirkung einer nur 3 m hohen Windschutzhecke auf wichtige Klimawerte unserer landwirtschaftlichen Flächen. (nach Wildermuth, 1978, verändert)

Abb. 93. Ertragssteigerungen bei Feldfrüchten im Schutz einer Hecke. In direkter Heckennähe ist zunächst durch Schatten, Wurzelkonkurrenz und Luftwirbel der Ertrag geringer. Spätestens in einer Entfernung, die der zweifachen Heckenhöhe entspricht, werden diese Verluste schon ausgeglichen. Bis in eine Entfernung, die dem 12- bis 15fachen der Heckenhöhe entspricht, gibt es stellenweise einen Mehrertrag bis zu 60 %. Insgesamt beträgt die Ertragssteigerung 5 bis 20 % gegenüber einer ungeschützten Fläche. (nach DNR, verändert)

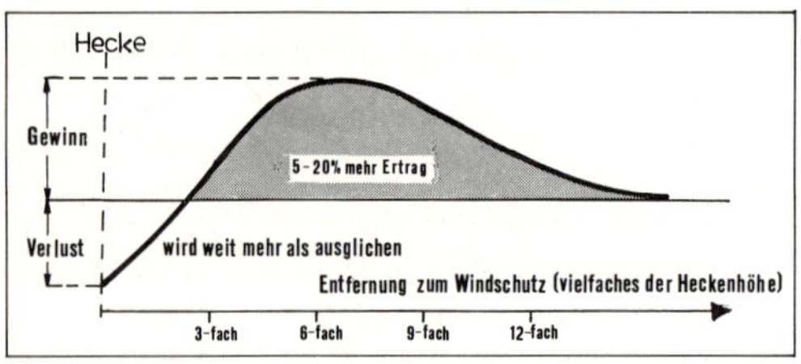

Heckenschutz. Schäden durch Lagerfrucht, Ernteverzögerungen in Schutzanlagennähe oder Pilzbefall der Kulturpflanzen und Mindererträge in der Randzone treten bei ausreichender Winddurchlässigkeit des Schutzstreifens nicht auf. Maxhofer und Schuch haben in einer sechsjährigen Versuchsreihe für bayerische Verhältnisse die Auswirkungen von Windschutzpflanzungen auf die Ertragslage von Dauergrünland, Getreide, Kartoffeln und Futterrüben ermittelt. Der ertragssteigernde Einfluß im Bereich der Schutzpflanzungen liegt demnach zwischen 20 und 40 %. Während die Ergebnisse auf Dauergrünland, Getreide und Kartoffeln für einen Einfluß der Hecke auch noch in einem größeren Abstand als 100 m sprechen, scheint die Schutzpflanzung auf die Erträge der Futterrübe in größeren Abständen als 100 m nur mehr gering zu wirken. Mazek-Fialla hat die Untersuchungsergebnisse zusammengestellt, die in verschiedenen Ländern zu den einzelnen Wirkungen des Windschutzes und zu den Ertragseffekten vorliegen. Sie werden in Tab. 15 auszugsweise wiedergegeben (Durchschnittswerte im Schutzbereich; nach Schemel, 1982).

In waldarmen Landstrichen anderer Länder geht man derartigen Erkenntnissen durch Aktionen in der Praxis systematisch nach, zum Beispiel in der russischen Steppe, im Rhônetal oder auch in Dänemark. Man nimmt die Gefahren des Windes ernst. Windschutzpflanzungen wurden und werden systematisch angelegt zum Zweck der Bodenbindung, zur Verhütung von Flugerdebildung, zur Verzögerung der Schneeschmelze, zur Erhaltung der Feuchtigkeit und Herabsetzung der Verdunstung und damit ins-

Tabelle 15: Wirkung von Windschutzstreifen

	Niederösterreich	BR Deutschland
Reichweite der Schutzwirkung im Lee je nach Windstärke und Bestandsdichte (H = Höhe des Schutzstreifens)	6 H bis 14 H	10 H bis 15 H
Abstand der Schutzanlagen	180—350 m	250—500 m
Breite der Schutzanlagen	5—7 m	5—14 m
Anteil an der Gesamtfläche	1,5—2%	2—3%
Ertragssteigerung:		
Sommergerteide	5% (8%)*	25%
Wintergetreide	8% (14%)	25%
Mais	9% (16%)	
Hackfrüchte	12% (21%)	19%
Klee, Gemüse, Obst	30% (60%)	57%

* gemessen in feuchten Jahren; 1. Zahl = Schutzbereichsmittelwert, 2. Zahl (in Klammern) = Höchstwert

gesamt zur Ertragssteigerung. In Rußland hat man durch acht bis zehn Meter hohe und etwa dreihundert Meter voneinander entfernt stehende Windschutzstreifen eine durchschnittliche Erhöhung der Ernteerträge um fünfundzwanzig Prozent erzielt, in Trockenjahren sogar um mehr als einhundert Prozent (Bibelriether).

Hecken als Luftfilter
Bäume und Sträucher verändern durch ihre Verdunstungskälte die umgebenden Temperaturabläufe, lassen dadurch stets neu schadstoffbelastete Luft an der großen Blattoberfläche vorbeistreichen und reinigen diese dadurch von Staub und giftigen Aerosolen. Ein sechs Meter breites Laubgehölz am Straßenrand »schluckt« z. B. über 80 % des giftigen Bleis, das mit den Autogasen frei wird. Im übrigen schützen Hecken Haus und Hof gegen Sonne, Wind und Wetter und kaschieren störende Schadbereiche und Bauwerke.

Hecken und Erosionsschutz
Böschungssicherung wird am besten durch »undurchdringliche« und tiefwurzelnde Hecken betrieben. Mit den Wurzeln sichern die Hecken den Boden und verhindern dadurch, daß Wind und Wasser die Böschung mehr und mehr abtragen kann. Das Problem der Winderosionen in der Landwirtschaft ist nicht neu. In den USA mußten aus dem Gebiet der Great Plains 1935—39 etwa 350.000 Farmerfamilien vor der Winderosion abwandern. Schon 1939 wurde berechnet, daß 13 % der Gesamtfläche der USA durch Bodenerosion zerstört waren; die durchschnittliche fruchtbare Bodenschicht wurde für 1740 auf 22,5 cm, für 1940 nur noch auf 15 cm Tiefe angenommen. Müssen wir wirklich erst noch weitere bittere Erfahrungen machen? Bei einer Windstärke von zehn Metern pro Sekunde werden mineralische Körner von einem Millimeter Durchmesser mitgerissen, bei einer doppelt so hohen Windgeschwindigkeit schon solche von drei Millimetern Durchmesser. Ein Zentimeter fruchtbaren Bodens kann unter günstigen Bedingungen erst im Laufe von 100 bis 400 Jahren entstehen (Kurt, 1982). Wenn Hecken die Windgeschwindigkeiten um bis zu 60 % senken, dann dürfte es keine Frage sein, wie man Winderosionsproblemen auch bei uns begegnen kann. Erinnern wir uns an den sog. »Jahrhundertwinter« mit seiner Schneekatastrophe in Norddeutschland 1978/79: Viele Dörfer waren abgeschnitten, Straßen für Tage verstopft. Weniger die Gesamtschneemenge als die Tatsache, daß der Schnee ungehindert weit über das Land geblasen wurde, hat die verheerenden Folgen hervorgerufen. Deutlich war, daß die Straßen besonders in »bereinigten« Fluren ohne jeden Heckenschutz zugeweht wurden. Insofern war auch diese Katastrophe — ähnlich wie die zunehmenden Hochwässer — in erster Linie hausgemacht.

Hecken und Erlebniswert der Landschaft
Gerade bei der Wertung unserer Hecken kommen wir zu der Erkenntnis, daß die natürliche Ausstattung eines Landschaftsraumes verschiedene Wirkungen bei uns initiiert, die letztlich unsere individuellen Beurteilungskriterien begründen:

1. Sinnliche Wirkungen, vor allem optische Eindrücke als Träger des Landschaftserlebnisses, der Formen, Linien, Maße, Licht- und Schatteneffekte, Farben, Bewegungen, Faunenvielfalt.
2. Physische Einflüsse auf den menschlichen Organismus, vor allem Klimaeinwirkungen, wobei besonders kleinklimatische Wirkungen in Heckennähe von großer Bedeutung sind,
3. Benutzbarkeit für den Menschen und damit Voraussetzung für das Landschaftserlebnis und für die Umsetzung des Erholungswertes.

In diesem Zusammenhang hat die Vielfältigkeit (= V-Wert nach Kiemstedt) einer Landschaft wichtige Weiserfunktion. Mit zunehmender extensiver Bewirtschaftung wächst der sog. V-Wert und je höher der V-Wert ist, desto größer ist die natürliche Erholungseignung. **Nachgewiesen ist z. B. auch, daß mit zunehmendem V-Wert auch die mittlere Aufenthaltsdauer in einem Erholungsgebiet steigt, ob es sich nun um Nah-, Wochenend- oder Ferienerholungsgebiete handelt. Bei zu hoher landwirtschaftlicher Nutzungsintensität sinkt der V-Wert, unterschreitet schnell eine Attraktivitätsschwelle und unterbindet damit eine Erholungseignung völlig. Ohne Hecken wird also unsere Landschaft nicht nur ärmer, sondern auch enger.** Versöhnlich mag in diesem Zusammenhang klingen, was in einer halbamtlichen Bonner Aufklärungsbroschüre für Bauern steht: »Die Teilnehmer (des Flurbereinigungsverfahrens) sind gut beraten, wenn sie die in ihrem Besitz befindlichen Bäume und Sträucher nicht abholzen, sondern stehenlassen. Unnötige Eingriffe stören den Naturhaushalt und schädigen den Ruf der Landwirtschaft in der Öffentlichkeit.«

Praktische Hinweise zur Neueinbringung von Hecken

Die vielen positiven Wirkungen von Hecken (und kleinen Feldgehölzen) machen eines klar: Der bisherige Raubbau war aus ökologischer Sicht unverantwortlich und kurzsichtig. Wir — d. h. Landwirte und die Bevölkerung gemeinsam — müssen versuchen, diese Fehler durch Neueinbringung von Hecken — wo es nur eben geht — wieder auszugleichen. Dazu können stichwortartig einige Anregungen gegeben werden:

— Am schnellsten realisierbare Möglichkeiten bestehen meist in Randbereichen, d. h. an Eigentumsgrenzen, Wegerändern, Gräben, Bächen u. a.

— Ökologische Vernetzung aller naturnahen Elemente anstreben. Hecken verbinden wichtige Lebensräume wie Wälder, Trockenrasen, Tümpel, Feldgehölze. Ein Anteil von 80 lfdm/ha an »Bunten Knicks« wird in Schleswig-Holstein als Leitzahl genannt. Eine Hecke sollte selbst auch möglichst keine Insel sein, sondern sich an andere anschließen, damit auch weniger bewegliche Heckenbewohner nicht von ihrer Umwelt abgeschnitten werden.

— Bei der Pflanzenwahl die Abstufung der Baum- und Strauchschichten (»3 Etagen«), die Standortbedingungen, das Konkurrenzverhalten, die Pflegeleichtigkeit, den besonderen Wert für gewünschte Tierarten (Bienenweide, Früchte, Vogelfutter, Farbvielfalt, Brennholz u. a.) beachten. Eine gute Krautschicht entwickelt sich von selbst, wenn die Felder nicht zu dicht an die Hecke heranreichen.

— Stets gruppenweise die Straucharten mischen, da nur auf diese Weise gewährleistet ist, daß sich auch schwächere Arten längerfristig durchsetzen können.

— Durch Einbringen vieler Dornengewächse in geeigneten Bereichen sicherstellen, daß auch Menschen diese Abschnitte nicht betreten können. Viele Tierarten benötigen die so entstehenden kleinen Ruhebereiche dringend.

— Sofern der Gefahr von Bodenverwehungen vorgebeugt werden soll, stehen die Hauptschutzpflanzungen senkrecht zur Hauptwindrichtung. Diese werden mit Nebenschutzpflanzungen von doppeltem Abstand untereinander verbunden. Die so entstehenden eingekammerten Bereiche (Kleinklimaräume) sollten 10 ha Größe nicht überschreiten (Kaltluftabfluß und Winddüsenwirkung an Feldzufahrten beachten).

— Da die Hauptausstrahlung der artenreichen Heckenlebensgemeinschaften in die Felder nur wenig über 200 Meter beträgt, sollten möglichst entsprechend geringe Abstände angestrebt werden. Für Heckenvögel, Kleinsäuger, Insekten sind 400 bis 800 m das Äußerste an überwindbarer Entfernung zu benachbarten Hecken. Das ergibt ca. 2 bis 5 % Fläche für Flurgehölze bei Einhaltung dieser Abstandskriterien (Kaule, 1978).

Pflanzenschema als Beispiel für eine dreireihige Hecke (Abb. 94).

— Weber (1975) hat das expositionsbedingte Verhalten von Gehölzen in Hecken untersucht und daraus wertvolle Hinweise für eine standort- und kleinklimagerechte Artenwahl abgeleitet:

In jeder Exposition geeignet:
Feldahorn, Blutroter Hartriegel, Hainbuche, Eingriffeliger und Zweigriffeliger Weißdorn, Pfaffenhütchen, Zitterpappel, Schwarzdorn (Schlehe), Schwarzer Holunder, Salweide, Roterle, Faulbaum, Esche, Vogelbeere, Stieleiche.

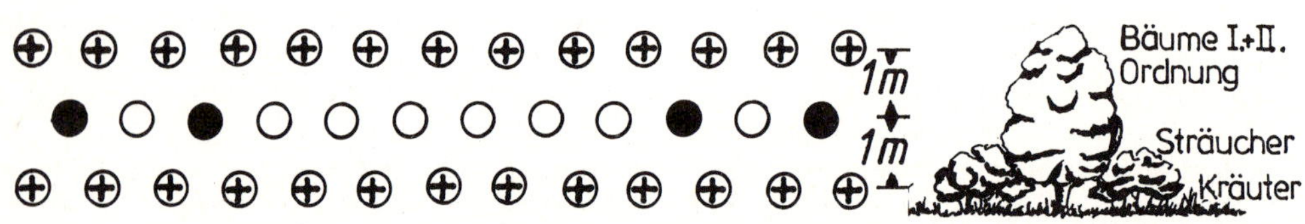

● Baumarten I. Ordnung: Bergahorn, Spitzahorn, Stieleiche, Traubeneiche, Rotbuche, Roterle, Aspe, Winterlinde, Sommerlinde, Bergulme, Pappeln + Baumweiden.

○ Baumarten II. Ordnung: Feldahorn, Hainbuche, Sandbirke, Vogelkirsche, Traubenkirsche, Salweide, Eberesche, N. Vogelbeere.

⊕ Straucharten: Kornelkirsche, Hartriegel, Haselnuß, Weißdorn, Pfaffenhütchen, Liguster, Wildrose, Holunder, wolliger + gemeiner Schneeball (nach Friemar verändert).

Abb. 94. Verband 1x1 m (jeweils auf Lücke gepflanzt). Pflanzenarten je nach Standort und Zweck.

Nicht auf W-Seiten in stark windexponierten Lagen:
Hasel, Wald-Geißblatt, Sandbirke, Brombeere, Himbeere.
Besonders geeignet für W-Seiten:
Ein- und Zweigriffeliger Weißdorn, Rotbuche, Schwarzdorn (Schlehe), Stieleiche, Hundsrose, Schneeball, Blaugrüne Rose, Feldahorn, Hainbuche, Blutroter Hartriegel.
Besonders geeignet für O-Seiten:
Hasel, Esche, Wald-Geißblatt, Brombeere.
Nicht auf N-Seiten:
Stieleiche, Wildrose, Brombeere, langblättrige Weidenarten.
Besonders geeignet für N-Seiten, nicht geeignet für S-Seiten:
Hasel, Zweigriffeliger Weißdorn, Rotbuche, Faulbaum, Stechpalme, Wald-Geißblatt, Himbeere, Öhrchenweide, Grauweide.
Besonders geeignet für S-Seiten:
Sandbirke, Stieleiche, Wildrosen, Brombeere, langblättrige Weiden, Schneeball.

— Krause und Lohmeyer (1980) haben die Rechtsverordnung des BML vom 10.5.1973, wonach die zuständigen Behörden Beschränkungen beim Weißdorn oder Schwarzdorn anordnen können, näher untersucht und kommen zu dem Schluß, daß es keinen triftigen Grund gibt, generell auf einzelne Wildsträucher zu verzichten, die sich bis jetzt gut bewährt haben, da angesichts der bereits vorhandenen Vorkommen dieser beiden Dornensträucher zusätzliche Pflanzungen so gut wie nicht mehr ins Gewicht fallen und Obstbäume und Ziersträucher, darunter Cotoneaster, ebenfalls als Wirtspflanzen von möglichen Krankheitserregern gelten. Gerade Weißdorn und Schwarzdorn bieten eine Lebensgrundlage für Hunderte von Insekten, so daß auf sie in einer vielartigen Hecke nicht verzichtet werden sollte.

Praktische Hinweise zur Versetzung von Hecken

Wenn die Entfernung einer Hecke wirklich unumgänglich ist, sollte man sie nach Möglichkeit umsetzen. Neuanpflanzungen benötigen einen sehr langen Zeitraum, um die gleichen biologischen und optischen Wirkungen von alten, entwickelten Hecken oder Rainen zu erreichen. Insofern ist eine Heckenversetzung stets einer Neuanpflanzung vorzuziehen. Das kommt auch ökonomischen Vorgaben zugute, da Neuanpflanzungen mit Zaunschutz in der Regel wesentlich teurer als Versetzungen im Umkreis von 500 m sind. Dazu können nach Unger (1981) einige Hinweise gegeben werden:

— Der Anteil von großen Bäumen sollte nicht zu hoch sein. Reine Baumhecken sind zur Verpflanzung ungeeignet. Wertvolle Baumbestände sollen besser am alten Standort belassen werden.
— Versetzung nur im unbelaubten Zustand.
— Am neuen Standort mit Bagger, Radlader oder Laderaupe einen etwa 60 bis 80 cm tiefen Pflanzgraben ausheben, der so bemessen ist, wie auch die künftige Hecke im Fußbereich sein soll. Als Maß empfiehlt sich die Schaufelbreite der Maschine oder ein Vielfaches davon.
— Die Maschine soll frontal in den ausgehobenen Graben fahren, muß in dieser Richtung also auch die Hecke entnehmen. Auf diese Weise ist der Wurzelballen besser abzusetzen, und die Ballen zerfallen nicht so leicht. Außerdem stehen die Gehölze fester und gerader. Der Heckenbestand läßt sich auf diese Weise geschlossener wieder zusammenfügen.
— Beschädigte Gehölze zurechtschneiden, größere Wunden mit Wundschutzmitteln behandeln.
— Je nach Witterung ist ein kräftiges Gießen nach dem Umsetzen und während der ersten Vegetationsperiode angebracht.

Praktische Hinweise zur Heckenpflege

Die Heckenpflege muß sichergestellt und organisiert werden, da andernfalls ein Durchwachsen aller Bäume und Verdrängen der Sträucher zu befürchten ist. Auch an mangelnder Pflege kranken heute viele Hecken, da diese Art von Brennholzwerbung relativ zeitaufwendig ist.

— Stets nur wenige Bäume fällen, damit sich über 30 bis 40 Jahre die Hecke erneuern kann und ständig Ausweichräume für Kleinsäuger, Vögel, Reptilien und andere Tiere erhalten bleiben. Radikalkuren beim Zurückschneiden verdrängen die faunistischen Lebensgemeinschaften. Pflegeaktionen sollten alle 5 bis 15 Jahre vorgesehen werden. Nutzungsmerkmal einer Hecke ist das regelmäßige Zurücksetzen auf den Stock.
— Als Geräte sind Freischneidegeräte mit Kreissägezusatz, hydraulisch durch Schlepper betriebene Kreissägen, Motorsägen und auch die Axt geeignet.
— Bei Knickgehölzen den Stamm eine Handbreit über dem Boden so dicht wie möglich am Stockausschlag-Stubben abtrennen.
— Zäune mindestens 1 m von der Hecke entfernt halten (möglichst mehr), um der wichtigen Krautflora Entwicklungsraum zu lassen. Keine Drähte an der Hecke befestigen. Dennoch Schutzfunktion für das Weidevieh berücksichtigen.

— Einzelne Bäume als »Überhälter« im Abstand von 10 bis 15 m erhalten und durchwachsen lassen.
— Keine Heckenpflege in der Brutzeit (15. März bis 15. September).
— Totes Holz beseitigen, wenn dadurch der Neuaustrieb behindert wird oder reine Brennesselstandorte erzeugt werden. Meist kann das Holz — schonend niedergelegt — an Ort und Stelle bleiben.
— Kein Anpflügen der Heckenfüße, die seitliche Krautflora ist wichtiger Bestandteil der Lebensgemeinschaft einer Hecke.
— Kein Ausbringen von Bioziden oder Düngemitteln in Hecken- oder Knicknähe.
— Kein Abbrennen von Holz oder Abfällen in Heckennähe.
— Nachpflanzung nur mit heimischen Gehölzen.

11.4 Flurbereinigung — Wirklichkeit heute, aber Chance zur Flurbereicherung

»Bitter ist es, das heute zu müssen, was man gestern noch wollen konnte.«
K. Gutzkow

Die Flurbereinigung »alten Stils« (teilweise besteht dieser Stil noch) hat schwerwiegende Schäden in rd. 50 % der Landwirtschaftsbereiche verursacht, also auf einer Fläche, die fast unserer Gesamtwaldfläche entspricht. Diese Gebiete sind meist extrem ausgeräumt worden, biologisch verarmt und stellen sich heute als denkbar schlechtes Aushängeschild der deutschen Kulturlandschaft dar. Diese Fehler werden heute von den Spitzenvertretern der Landwirtschaftsministerien wie der Landwirtschaftsorganisationen durchaus erkannt. Mehr noch, man ist deutlich bemüht, aufgrund der bereits 1976 erfolgten Novellierung des Flurbereinigungsrechtes die Landwirtschaft wie die Öffentlichkeit, die Naturschutzorganisationen wie die Jagdverbände, die Gemeinden wie die Kreise zu ermuntern, von den neuen ökologischen Vorgaben und Möglichkeiten der Flurbereicherung im Rahmen von Flurbereinigungsverfahren Gebrauch zu machen. Aber dennoch gerät die Flurbereinigung immer wieder ins Kreuzfeuer der Kritik durch ökologisch engagierte Bürger einerseits und Verfechter der Intensivstlandwirtschaft andererseits. Dieses Spannungsfeld wird so lange bestehen bleiben, wie beide Seiten nicht die wechselseitigen Abhängigkeiten erkennen und die Gefahr besteht, daß infolge der Verflechtungen der Auftragnehmer und Auftraggeber, der Beiräte und der Flurbereinigungsgerichte die Gleichwertigkeit der gesetzlich vorgegebenen Ziele in der Praxis unterlaufen wird.

Wenn alles in allem die 1980 für landespflegerische Zwecke — also Naturschutz im weitesten Sinne — bereitgestellten Areale lediglich 0,32 % der gesamten Flurbereinigungsfläche ausmachten, winzige Inseln inmitten riesiger intensiv bewirtschafteter Flächen, dann erinnert das daran, daß es unserer Landschaft häufig immer noch nicht besser ergeht als dem blaugedünsteten Karpfen, der zu festlichen Zwecken mit schmückender Petersilie dekoriert wird: Der Karpfen ist tot und wird verspeist!

Noch 1985 sind Flurbereinigungsverfahren in die Endphase gekommen, die eine völlig ausgeräumte Landschaft zurücklassen und als »Feigenblattnaturschutz« an einigen Stellen kleinste 10-m-Dreiecke mit frischangepflanzten Bäumen und Sträuchern vorweisen. Das ist nicht das, was der Gesetzgeber gewollt und die Allgemeinheit verdient hat! Da aus der Bundesrepublik Deutschland keine zusammenfassenden Daten über die Verluste von Landschaftsbestandteilen bekannt geworden sind, werden einige Daten vom EG-Partner Großbritannien zitiert, die in der Tendenz auch für uns zutreffen. Sie sind 1978 von der Countryside Commission veröffentlicht worden (Mrass, 1979):

> Es wird geschätzt, daß die durchschnittliche jährliche Verlustrate an Bäumen und Feldgehölzen mit weniger als 1 ha für die Nachkriegszeit im Flachland die Größenordnung von 1,2 bis 2 % pro Jahr betragen hat. Das bedeutet einen Totalverlust von 30 % dieses Vegetationstypus innerhalb der Jahre 1947 bis 1972.

Das Nature Conservancy Council vertrat 1977 in einem Bericht »Naturschutz und Landwirtschaft« u. a. die Auffassung: »Falls alle landwirtschaftlichen Betriebe vollkommen modernisiert wären, hätte dies das Verschwinden von rund 80 % der Vogelarten und 95 % der Schmetterlingsarten aus der bewirtschafteten Landschaft zur Folge.« Man mag sich über die Höhe der Prozentzahlen streiten; beunruhigend wären aber auch geringere Anteile, und die bei uns veröffentlichten »Roten Listen« sind dafür eine Bestätigung. Eine Untersuchung von Krüll von der Forschungsgesellschaft für Agrarpolitik und Agrarsoziologie, Bonn, über »räumliche Schwerpunktbildung in der Gemeinschaftsaufgabe Verbesserungen der Agrarstruktur und des Küstenschutzes« zeigt, daß noch 2 Mio ha als entwässerungsbedürftig gelten und daß für Dränungen 50 % Zuschüsse gewährt werden, ohne daß ein Nachweis des Erfolges erbracht werden muß. Hier wird ungeprüft in den Landschaftshaushalt eingegriffen, um die Produktion zu fördern, die später mit weiteren Mitteln wieder aus dem Markt genommen werden muß, wobei Anliegen des Naturschutzes völlig unberücksichtigt bleiben (Mrass, 1979). Durch Flurbereinigungsmaßnahmen fallen auch zahlreiche Kleingewässer als Lebensstätten für Pflanzen und Tiere aus. Kartographische Erhebungen ergaben, daß im Bereich mancher Meßtischblätter in Westfalen nur noch etwa 25 % der noch vor 20 Jahren vorhandenen Kleingewässer nachzuweisen sind. Für die niedere Tierwelt hat dies katastrophale Folgen.

Wenn heute — 10 Jahre nach der gesetzlichen Einführung des Umweltschutzes, des Naturschutzes und der Landschaftspflege in die Flurbereinigung — noch deutliche Kritik an verschiedenen Verfahren geübt werden muß, dann sollte das die Verantwortlichen dazu ermuntern, den Ursachen konsequent nachzugehen. Hier steht sehr viel mehr auf dem Spiel, als es die »Roten Listen« auszudrücken vermögen!

Häufig, so kritisiert Max Amberg in seinem Buch »Naturschutz — Die große Lüge«, gingen Flurbereiniger mit dem Grünbestand um »wie mit einem Dekorelement der Innenarchitektur«: Hier ein grüner Längsriegel, dort ein Querriegel, zwischendurch, in den Zwikkeln von Feldwegkreuzungen, die anders ohnehin nicht zu nutzen sind, die »obligatorischen kleinen Baumgruppen, deren Artenmischung sich nach bewährtem Rezept in gleicher Form x-mal wiederholt«. Wo die Flur-Ingenieure früher Flora und Fauna brutal ausräumten, da gestalten sie nun vielfach in unbekümmertem Planungshochmut die Landschaft neu — und zerschlagen oft erst einmal gewachsene Strukturen, um dann, bar ökologischer Kenntnisse, am Reißbrett konzipierte Biotope anzulegen. Die bessern dann zwar die Statistik auf, sind aber kaum mehr als grüne Alibis. Noch immer seien, klagt Amberg, die Zeiten nicht vorbei, in denen nach Bachbegradigungen Buschpflanzungen als Ersatz angeboten werden. Offeriert würden absurderweise auch »Vogelschutzgehölze« als Surrogat für eine trockengelegte Feuchtwiese, Ruhebänke am neu gebauten Wanderweg als Ersatz für die Zerstörung einer Flußaue oder eine schön grün rekultivierte Naßbaggerung, in der man unter dem Zeichen Landschaftspflege die Brutplätze für Flußregenpfeifer und Steinschmätzer zerstörte. Und selbst noch »das EG-Einheitsgrün von flurbereinigten Feuchtwiesen« werde bisweilen »als erstrebenswerte Naturschutztat« hingestellt. Eine Wiese, betont Amberg, »ist bunt, nicht grün«.

Da die positiven gesetzlichen Vorgaben und ebenso positiven Absichtserklärungen aller Spitzenvertreter der Landwirtschaft noch nicht identisch sind mit dem, was immer noch häufig in der Praxis geschieht, ständig etwa 5.000 Verfahren laufen, die insgesamt rd. 4,5 Mio ha betreffen und jährlich jeweils etwa 300 Verfahren neu eingeleitet bzw. abgeschlossen werden — zu rd. 80 % aus Steuermitteln finanziert —, scheint der Hinweis auf die Rasanz dieser Entwicklung geboten. In den nächsten 20 Jahren wird sich entscheiden, ob auch die zweite Hälfte der Landwirtschaftsfläche, also ein weiteres Viertel der Gesamtfläche der Bundesrepublik Deutschland, ökologisch verarmt und ausgeräumt oder aber positiv belebt und aufgewertet wird.

Dabei darf die Hauptfrage nicht darin bestehen, wieviel »Natur« die Landwirtschaft abtreten muß, sondern wieviel Landwirtschaft die Natur erträgt. Nach übereinstimmenden Aussagen der deutschen Ökologen sind 8 bis 12 % naturnahe Flächen in angemessener Vernetzung nötig, um den Fortbestand der Arten einigermaßen zu sichern. Diese Zahl klingt zunächst utopisch. Sie ist jedoch nicht identisch mit der landwirtschaftlichen Nutzfläche, die dafür benötigt wird, sondern resultiert aus der Summe aller nicht unbedingt und notwendigerweise zu bewirtschaftenden Sonderstandorte, zu denen z. B. auch die Gewässer, Hecken, Moore, Naßwiesen, Trocken- und Magerrasen gehören. Daran wird man sich auch in der Flurbereinigung zu orientieren haben.

Ökologische Schulung muß vorangehen

Wenn den Landwirten — deren Mehrheit durchaus naturverbunden ist — deutlich gemacht werden kann, daß bestimmte Naturschutzmaßnahmen zugleich im betriebswirtschaftlichen Interesse liegen und Voraussetzung z. B. für die Funktion des kostensparenden »integrierten Pflanzenschutzes« und des »Schadschwellenprinzips« sein können, wodurch auch der finanzielle Ertrag zu steigern ist, dann kann man sicher sein, daß gerade sie sich gern an einer Flurbereicherung beteiligen. Eine Synthese aller wirtschaftlich, ökologisch und toxikologisch angestrebten Methoden unter gezielter Ausnutzung natürlicher Regelungsmechanismen ist natürlich nur dann realisierbar, wenn die Naturrequisiten dafür erhalten bleiben oder neu geschaffen werden. In Lehrbüchern des modernen Landbaus findet man dafür bereits hilfreiche Anmerkungen, wie z. B.

»Chemische Mittel können Schädlinge fördern, indem sie direkt oder auf dem Umweg über die Nährpflanze (indirekt) ihre Fruchtbarkeit erhöhen sowie dadurch, daß sie ihre Vertilger und Konkurrenten vermindern. Stets muß man damit rechnen, daß eine Bekämpfung noch weitere auslöst.« (Franz/Krieg, 1976) Und das bedeutet schließlich stets Geldaufwand.

Die positiven Auswirkungen naturnaher Kleinstrukturen überwiegen bei weitem gegenüber irgendwelchen negativen Effekten, und dies nicht nur durch ihre Begünstigung der Nützlinge als Regelfaktoren, sondern auch in ihrer Funktion: Erosionshemmung, Klimaregulierung, Windschutz, Wasserhaushalt, Humus usw. Mehrere Untersuchungen belegen, daß, nachdem die Regenwurmpopulation infolge Ackerbearbeitung nahezu total ausgerottet oder stark dezimiert wurde, von Rainen, Gehölzen und ähnlichen Biotopen eine Einwanderung neuer Individuen erfolgte (Schemel, 1982).

Flächengröße

Die biologischen Auswirkungen der Randgesellschaften auf die landwirtschaftlichen Nutzflächen und die existenziellen Fragen der Erosion müssen bei der Flurbereinigung in eine Begrenzung der Schlaggrößen münden. In besonders hohem Maße wird das Erosionsgeschehen durch die Länge und Neigung der Hänge beeinflußt, wobei Kleinstrukturen je nach ihrer Lage diese Faktoren stark herabsetzen können. Die Bayerische Landesanstalt für Bodenkultur und Pflanzenbau hat mit einer Beregnungsanlage an der Hallertau Starkregen simuliert und festgestellt, daß bei einem starken Gewitter in herkömmlich bearbeiteten Hopfengärten ein Bodenabtrag von 7 t je ha anfällt, was einer Bodenprofilkürzung von 0,5 mm entspricht. Unter den Niederschlagsverhältnissen in der Hallertau muß in hängigen Hopfengärten bereits in wenigen Jahren mit einem Verlust von mehreren Zentimetern wertvollen Bodens gerechnet werden. Mit diesem Boden werden erhebliche Nährstoffmengen abgeschwemmt. Die Versuche erbrachten Werte von etwa 10 kg N, 7 kg P_2O_5, 5 kg K_2O und 300 kg Humus je ha und Niederschlagsereignis (Schemel, 1982). Im Unterbayerischen Hügelland ist nach Mitteilung der Regierung von Niederbayern auf dem wertvollen Lößboden ein Bodenabtrag von 45—70 t/ha und Jahr keine Seltenheit, er kann sogar bis zu 150 t Boden je ha und Jahr betragen. Das bedeutet eine Bodenprofilverkürzung von mehr als 10 mm pro Jahr (Schemel, 1982).

Bodenabtrag in dieser Größenordnung ist nicht mehr mit dem Prinzip der Nachhaltigkeit vereinbar. Diese Einschätzung vertreten Ökologen und Agrarwissenschaftler gleichermaßen. So etwa betont Hepting (1980) aus der Perspektive der Landwirtschaft die mittelfristig gravierenden Auswirkungen des intensiven Maisanbaus und fordert gegenüber der Erosion die kompromißloseste Haltung. Dabei geht es darum, die Ertragsfähigkeit unserer Böden auf lange Sicht zu erhalten (Schemel, 1982).

Schwertmann (1980) weist darauf hin, daß die Flurbereinigung vielfach zu längeren Schlägen geführt hat. Andererseits sinkt für den Landwirt der Arbeitsbedarf im Hinblick auf die Schlaggröße nur bis zu einer Größenordnung von ca. 20 ha. Da bei einer durchschnittlichen Betriebsgröße von 14 ha im Bundesgebiet und bei einer normalen Vielfalt der Betriebszweige und Fruchtfolge jeder Betrieb mindestens etwa 4 bis 5 Teilstücke benötigt, dürften auch die 30-ha-Betriebe nur maximale Schlaggrößen von 6 bis 8 ha entstehen lassen. Diese Größenordnung entspricht etwa den Biotopschutzerfordernissen, die noch eine sinnvolle Vernetzung ermöglichen, da hier der durchschnittlich mögliche Heckenabstand bei etwa 250 m liegt. Größer sollten in der Regel die Schläge nicht sein. Allerdings gibt es Landschaften, die wesentlich kleinteiliger strukturiert sein müssen, um die dort wirksamen ökologischen Funktionen nicht nachhaltig zu stören, wie z. B. in Hanglagen (Schemel, 1982). Bei einer quadratischen Fläche von 250 m Kantenlänge und einer Heckenbreite von rd. 10 m einschließlich der wichtigen Krautflora im Randbereich ergibt sich ein »ökologischer Ausgleichsanteil« von 4 %. Zusammen mit einer rechnerischen Umlegung der anderen Bereiche (Gewässer, Feldraine, Feldgehölze) können also rd. 10 % Flächenanteil durchaus zusammenkommen.

Landschaftspflegerischer Begleitplan

Kernstück in jedem Flurbereinigungsverfahren ist in Sachen Naturschutz der nach dem Flurbereinigungsgesetz vom 16.3.1976 rechtsverbindlich vorgeschriebene landschaftspflegerische Begleitplan. Dieses Planungsinstrument für Landschaftspflege und Naturschutz gliedert sich bei der Flurbereinigung in drei Aufgabenbereiche:

1. Mitwirkung bei der räumlichen Gesamtplanung durch die Beurteilung der Nutzungsverträglichkeiten in bezug auf den Landschaftshaushalt und das Landschaftsbild.
2. Fachplanung für freiraumbezogene Erholung.
3. Fachplanung für Naturschutz.

Dabei ist die frühzeitige und gleichwertige Integration von Bedeutung, da sonst immer wieder die Gefahr einer nur nachträglichen »Gründekoration« besteht. Dabei könnte eine übergeordnete »Naturschutzrahmenplanung« ebenso hilfreich sein wie eine großzügig bemessene Mindestvorgabe der für den ökologischen Ausgleich erforderlichen Flächenbilanz. Unbedingt erforderlich ist eine genaue Kartierung der vorhandenen »Öko-Zellen«, die als Bestand gesichert und planerisch mit geeigneten Linien-, Rand- und Kleinflächenstrukturen zu einem System vernetzt werden müssen. Dabei darf es nicht weiter Praxis bleiben, daß fast ausschließlich land- und forstwirtschaftlich uninteressante Flächen dafür zur Verfügung stehen. Das ist zwar bequemer, erfüllt aber nicht die ökologischen Mindestanforderungen einer erforderlichen Vernetzung.

Entscheidend sind ökologische Kriterien. Sie sind lebensnotwendig und von so großer Bedeutung, daß Argumente der weitverbreiteten und aus Unwissenheit resultierenden »Saubermann-Mentalität« zurückstehen müssen. **Eine großräumige Funktionstrennung — hier Intensivlandwirtschaft, dort Naturschutz — ist in diesem Sinne negativ, das Ökosystem muß überall »funktionieren«. Deshalb ist eine Vernetzung unumgänglich.** Zur Beachtung innerhalb der landschaftspflegerischen Begleitplanung können für die Praxis ergänzend einige Anregungen gegeben werden:

Beteiligung von Ökologie-Spezialisten

Zur Aufklärung benötigen die Verantwortlichen eines Flurbereinigungsverfahrens eine vollständige und differenzierte Information über alle örtlichen Besonderheiten. Unabhängig davon, wie in den einzelnen Ländern die Beteiligung der Öffentlichkeit und der Verbände geregelt ist, sollte man in keinem Verfahren die örtlichen Spezialisten übergehen. Es ist oft erstaunlich, welches Fachwissen auf der Ortsebene vorhanden ist und nicht selten in bescheidener Zurückhaltung »schlummert«. Von einer umfassenden Beteiligung profitiert nicht nur das Verfahren, sondern bei geschickter Förderung auch die spätere Annahme durch die Bevölkerung. Konfrontation schadet nachhaltig genauso stark, wie Zusammenarbeit nutzen kann!

Beteiligung von Jägern

Landwirte und Jäger sollten bei einer Flurbereinigung im Sinne einer Flurbereicherung eng zusammenarbeiten, denn im Grunde sind Landwirtschaft und Jagd von einem gemeinsamen Bemühen um Natur und Landschaft getragen. Die Flurbereinigung kann dabei in vielfältiger Weise Mittler sein, und das nicht nur im Interesse des Wildes und der Jagd, sondern auch z. B. zur Vermeidung von Wildschäden im Interesse der Land- und Forstwirtschaft (Bundeslandwirtschaftsminister Kiechle, 1983, in »Flurbereinigung und Wild«).

Alle Jäger haben ein fundamentales persönliches Interesse an der Erhaltung bzw. Anreicherung der artgemäßen Biotope der von ihnen betreuten Wildarten (z. B. Rebhuhn, Fasan, Hase, Kaninchen, Wildente, Schnepfe, Rehwild). Da die Jungvögel der meisten Arten — also auch besonders von Rebhuhn und Fasan — in den ersten Lebenswochen fast ausschließlich auf Insekten als Proteinquelle zum Aufbau ihres Körpers angewiesen sind, mußte sich der Einsatz der Biozide sehr negativ auf die Überlebensrate der Küken und damit auf die Bestandsentwicklung auswirken. Die Ursachen liegen bei allen Bioziden, z. B. bei den Insektiziden in der direkten Vergiftung aller Insekten und bei den Herbiziden in der Vergiftung der

Abb. 95. Ein artgemäßter Biotop führt automatisch zur natürlichen Vermehrung unserer Wildtiere! Rebhühner benötigen viele Kräuter als »Samen- und Insektenträger«, gute und ganzjährige Deckung gegen Beutegreifer, Regen und Wind, insgesamt also eine reich strukturierte Feldlandschaft mit naturbelassenen Ödlandbereichen, Kleingehölzen und vielartiger, ausgedehnter Krautschicht. (Foto: B. Winsmann)

Nahrungspflanzen, auf die die Insekten spezialisiert und angewiesen sind. Die Verarmung der Wildflora wirkt sich auch negativ auf das eigentlich von Natur aus vielfältige Nahrungsangebot des Hasen aus. Hohe Räuberpopulationen können insofern auch deutliche Einflüsse haben, als durch verarmtes Nahrungsangebot die Konstitution und durch Mangel an Deckung die Fluchtmöglichkeiten beeinträchtigt werden. Jäger können also ihren Sachverstand und ihr persönliches Engagement einbringen. Dabei hat die Erhaltung des vorhandenen ökologischen Potentials und seiner Vielfalt grundsätzlich Vorrang vor Ausgleichsmaßnahmen. Jede neu geschaffene Anlage weist erst nach mehreren Jahren den biologischen Wert bereits vorhandener und dem Wild vertrauter Anlagen auf (BML, 1983).

Große wildbiologische Bedeutung besitzen die dornentragenden Gehölze und Sträucher, weil sie gleichzeitig Äsung und Schutz bieten, wie Mirabelle, Schlehe, Sanddorn, Brombeere und alle heimischen Arten von Wildrosen. Nicht im Frühjahr und Sommer mangelt es in unseren Revieren an Äsung, sondern im Herbst und Winter. Deshalb geht es bei den Pflanzungen auch um die Schaffung von Frucht-, Blatt- und Knospenäsung (BML, 1983).

Fließgewässer
Alle Fließgewässer — vom ständig wasserführenden Vorfluter angefangen — sollten in einer Breite von mindestens 5 m, möglichst aber 10 m nach beiden Seiten der Ufer — bei biologischer Eignung u. U. auch erheblich mehr — in öffentliches Eigentum übergehen und nach ökologischen Erkenntnissen renaturiert und bereichert werden. Sie sollten wieder das ökologische Rückgrat unserer Landwirtschaftsbereiche werden (vgl. Kap. 5).

Stillgewässer
Stillgewässer sind meist zentrale Bereiche der Naturschutzwünsche innerhalb eines Flurbereinigungsverfahrens. Die Interessenabwägung ist hier durch den »Verzicht« der Landwirte nicht leichter, da verschiedenste Belange der Erholung oft eine gravierende Rolle spielen. Je nach Bedeutung erscheinen verschiedene Kompromisse denkbar (vgl. Kap. 6).

Waldränder
Waldränder sind infolge des Grenzlinieneffektes von Natur aus biologisch besonders belebt. Sie leiden sehr häufig darunter, daß die Felder unmittelbar an die Ränder heranreichen und damit die Entwicklung eines besonders vielgestaltigen Saumes mit Sträuchern und Bäumen zweiter und dritter Ordnung unterbinden. Anzustreben ist ein etwa 20—30 m breiter schräg abgestufter Saum, der dauerwaldartig zu pflegen und damit vom nachgelagerten Waldbestand weitgehend unabhängig ist (vgl. Kap. 12).

Wildpflanzen und Pflegepläne
Für Hochstauden, Ruderalflora und Ackerunkrautbereiche sollten von Botanikern Pflegepläne zur Erhaltung der Artenvielfalt erarbeitet werden. Die Durchführung der geplanten Maßnahmen muß im Flurbereinigungsverfahren langfristig sichergestellt werden.

Streuobstflächen
Alle alten Streuobstflächen sollten erhalten werden. Sie sind Lebensraum für eine außerordentlich hohe Zahl z. B. von Insekten und für zahlreiche bedrohte Vogelarten, z. B. Steinkauz, Würgerarten, Turteltaube. Allein an Apfelbäumen der alten Obstbaumwiesen waren — und sind stellenweise heute noch — ca. 1.000 Arten von Insekten, Spinnen und verwandten Tiergruppen festzustellen. Den 300 Arten, die direkt vom Apfelbaum leben, standen über 400 natürliche Feindarten gegenüber: 200 als direkte Vertilger und 200 Arten als Parasiten (Hutter, 1985). In einer Vergleichsuntersuchung zwischen einer extensiv genutzten Obstwiese und einer intensiv genutzten Obstplantage wurde nachgewiesen, daß die Obstwiese die Plantage extrem übertrifft (nach Mader, 1982):

- In der Ressourcennutzung durch Vögel um das 13fache.
- In der Artenzahl der Spinnen um 85 %.
- In der Artenzahl der Laufkäfer um 50 %.
- In der Individuenzahl der Spinnen um das 3fache.
- In der Gesamtzahl der gefangenen Fluginsekten um das 6fache.
- In der Zahl der Bienen um das 16fache.

Soweit die Gegebenheiten dies zulassen, sollten im Rahmen von Flurbereinigungsverfahren auch neue Streuobstflächen und Obstbaumreihen angelegt werden. (Ortsübliche harte Sorten verwenden, die wenig Pflegeaufwand erfordern und widerstandsfähig gegen Krankheiten sind.)

Materialentnahmestellen
Materialentnahmestellen, also Abbaugebiete von Kies, Sand, Ton, Mergel, Stein etc. im Trocken- oder Naßabbau können sehr große Bedeutung für die Pflanzen- und Tierwelt erlangen. Deshalb ist zu empfehlen, daß für mindestens 30 % jeder Materialentnahmestelle als Folgenutzung Naturschutz festgelegt wird.

Wegebau
Eine weiterhin großzügig durchgeführte Befestigung von landwirtschaftlichen Wegen in Form von Asphalt- oder Betonversiegelungen ist nach heutigen ökologischen Erkenntnissen (vgl. Kap. 10) nicht mehr vertretbar. Wenn hier Befestigungen wirklich unumgänglich sind und die Förderung naturharter Wege oder kornabgestufter Decken wie im forstlichen Wegebau nicht in Frage kommen, dann sollte zumindest die Möglichkeit einer Teilbefestigung der Fahrspuren geprüft werden, zwischen denen Ruderalflora existieren kann, so daß der Verinselungseffekt vermindert wird.

Geldbereitstellung für den Naturschutz
Die Flächenbereitstellung für Naturschutzzwecke ist bei Flurbereinigungsverfahren häufig ein entscheidendes Problem. Bei der heutigen Bedeutung des Naturschutzes und der Landschaftspflege für die Allgemeinheit kann die öffentliche Hand durch die Bereitstellung der finanziellen Mittel für den Flächenankauf der ökologischen Ausgleichsflächen zeigen, ob sie es ernst meint mit der Flurbereicherung oder ob sie weiterhin doch in erster Linie der Intensivierung der Landwirtschaft dient (Peltzer, 1979). Möglich erscheint z. B. auch die Bildung von gemeinnützigen Vereinen, die Spendenquittungen ausstellen und sogar Bußgelder über Gerichte empfangen können. Man sollte derartige Privatinitiativen aber nicht überstrapazieren und schon gar nicht zur Korrektur von mit öffentlichen Mitteln verursachten Fehlern mißbrauchen. An Geld darf der Naturschutz in der Flurbereinigung nicht scheitern, wenn die Flurbereinigungsmaßnahmen zu 80 %, in manchen Fällen sogar bis zu 100 % aus Steuermitteln bezahlt werden. Nach Knauer (1979) finanziert z. B. Bayern die Kosten von Flurbereinigungen mit einem hohen Anteil von Natur-, Landschafts- und Erholungsbelangen bis zu 100 % mit öffentlichen Mitteln. Nach Deixler (1979) hat Bayern den wohl interessantesten Vorschlag gemacht, den Zielkonflikt zwischen Produktivitätssteigerung (im Mittel 20 %) und der Erhaltung der Arten- und Landschaftsvielfalt nach den Naturschutzgesetzen zu lösen. Im Zuge der Novellierung des bayerischen Ausführungsgesetzes zum Flurbereinigungsgesetz heißt es dort nämlich, daß Flächen für Zwecke des Naturschutzes und der Landschaftspflege insbesondere durch Ausscheidung von Grenzertragsböden aus der intensiven landwirtschaftlichen Nutzung im Umfang der Produktionssteigerung bereitzustellen sind, die durch die Flurbereinigungsmaßnahmen eintritt. Das korrespondiert mit dem Bundesnaturschutzgesetz § 3 Abs. 2, nach dem die Flurbereinigungsbehörden nicht nur den Erfordernissen des Naturschutzes und der Landschaftspflege Rechnung zu tragen, sondern diese Ziele auch aktiv zu unterstützen haben.

Nachträgliche Sanierung
Bei unvermeidbaren, schwerwiegenden Eingriffen in den Naturhaushalt müssen nach dem Bundesnaturschutzgesetz in Verbindung mit dem Flurbereinigungsgesetz vom Verursacher gleichwertige Ersatzmaßnahmen (oder Ausgleichsmaßnahmen) durchgeführt werden. Diese Ersatzmaßnahmen fallen unter die Ausführungskosten der Flurbereinigung. Das ist in »alten« Flurbereinigungsverfahren mangels gesetzlicher Vorgaben noch nicht üblich gewesen. Angesichts der negativen Ergebnisse, die unsere Landschaft heute in vielen Bereichen in krasser Form dokumentiert und angesichts der Überschußproduktion erscheint eine nachträgliche ökologische Sanierung in Form von Flurbereicherungen auf Kosten der einstigen Verursacher angemessen.

11.5 Weitere Anregungen zum Naturschutz in der Landwirtschaft

»Wenn genug zu wenig ist,
dann ist nichts genug.«
Epikur v. Salmos

Einzelbäume als landschaftliche Gestaltungselemente
Einzeln und frei stehende alte Bäume — auch Solitäre genannt —, die sich ungestört durch andere Bäume und menschliche Beschädigungen oder Beschneidungen entwickelt haben, gehören zu den auffallendsten und attraktivsten lebenden Gestaltungselementen unserer Kulturlandschaften. Viele von ihnen sind vor etlichen Generationen für uns extra gepflanzt, gehegt und gepflegt worden. Sie waren gedacht als Schattenspender, als Windbrecher in Rand-

bereichen menschlicher Siedlungen, als Orientierungspunkte und Markierungszeichen für Wegekreuzungen, Rastplätze, Grenzverläufe, Bildstöcke und Betkapellen. Sie sind typisch für unsere Landschaften und kulturhistorische Denkmale, die zu erhalten und zu ergänzen uns eine zwingende Verpflichtung im Wechsel der Generationen sein sollte. Was ist schon eine neue Straßentrasse, eine Wegeverbreiterung oder Feldbegradigung gegen einen mehrhundertjährigen Baumveteranen, der den Dreißigjährigen Krieg schon überstanden hat und weit und breit seinesgleichen sucht? Er ist unersetzbar!

Uneigennütziges Vorausdenken und Voraushandeln ist vielen von uns abhanden gekommen, denn die Bilanz im Bestand dieser Bäume ist weiterhin negativ. Es ist an der Zeit, systematisch neue Bäume — Eichen, Buchen, Bergahorn, Birken, Baumweiden, Ulmen, Linden, Hainbuchen, Feldahorn, Erlen u. a., je nach Standort auch einzeln stehende Nadelbäume — zu pflanzen, nicht nur in den Dörfern, sondern gerade in den ländlichen Kulturlandschaften. Eine entsprechende Namensgebung kann gleichzeitig dem Erhalt alter Flurnamen dienen. Es versteht sich von selbst, daß ein stabiler Kleinzaun während der ersten Jahrzehnte dem Baum helfen muß, sich gegen Vieh- und Wildverbiß und gegen menschliche Einwirkungen zu behaupten. Ein konsequenter Schutz der alten Bäume — z. B. als Naturdenkmale — ist zu empfehlen. Baumschutzsatzungen könnten auch auf Bäume in der freien Landschaft ausgedehnt werden. Vielleicht ist es sogar an der Zeit, sie einschließlich der uralten Hutebäume in den Forsten grundsätzlich in der ganzen Bundesrepublik unter Schutz zu stellen.

Erhaltung von Kopfbäumen, dankbare Aufgabe für Naturschutzaktionen

Ein relativ einfaches, aber wirksames Beispiel für die Teilnahme auch fachfremder Gruppen und Institutionen kann die Erhaltung alter Kopfbäume sein, die ohne Pflege relativ schnell aus unserer Landschaft verschwinden. Die im Laufe der Jahrhunderte infolge der Nutzungsart der Schneitelwirtschaft entstandenen Kopfbaumbestände bestehen vor allem aus Weiden (Salix viminalis, Salix fragilis und Bastarde). Aber auch Pappeln, Eschen, Eichen und sogar Buchen wurden je nach Gegend als Kopfbäume beschnitten und zeigen nach dem alle 5 bis 7 Jahre vorgenommenen Abschneiden der Äste die typische »Kopfform« (Loske, 1978). Bei mangelnder Pflege in Form eines sachgerechten Kopfschnittes wachsen die Äste zu hoch und zu breit in den Himmel, die Bäume brechen unter der Kopflast infolge der großen Hebelkräfte auseinander oder behindern mit ihrem Schattenwurf die landwirtschaftlichen Nutzflächen. In letzter Konsequenz greift dann der Landwirt zur Selbsthilfe und beseitigt die Baumreihen endgültig. Da Kopfbäume in der Regel sehr alt und ausgehöhlt sind, haben sie eine wichtige nistökologische Funktion für zahlreiche Vogelarten, sind Lebensraum für sehr viele Insekten und Tag- und Überwinterungsquartiere für unsere so wertvollen und gefährdeten Fledermäuse. Zu der regelmäßig erforderlichen arbeitsaufwendigen Pflege der Kopfbäume kommt auch die Neuanlage. Diese ist oft erforderlich, weil viele Kopfbaumbestände biologisch überaltert sind. Die Junganpflanzungen lassen sich meist mühelos schaffen, da die bei der Schneitelung anfallenden Äste der Weiden hierzu problemlos verwendet werden können. Die Erhaltung, Pflege und Neuanlage von für unsere Landschaft typischen Kopfbaumbeständen sollte uns allen eine landschaftsökologische, für den Artenschutz wertvolle und kulturhistorische Notwendigkeit sein.

Ein Gedanke beim Zaunbau

Der Drang nach Ausnutzung auch der kleinsten Randflächen bestimmt meist die Trassierung landwirtschaftlicher Zäune für das Weidevieh. Hier wäre viel erreicht, wenn Landwirtschaft und Naturschutz gemeinsam auf der Ortsebene Aktionen zur Umsetzung von Zäunen durchführen würden. Einige Meter zurück vom Ufer eines Gewässers oder Grabens, wenige Meter zurück von einer Hecke, einer Böschung oder eines Wegerandes wäre schon sehr viel und zöge bereits im ersten Jahr sichtbare Erfolge nach sich.

Vielfalt auf ganzer Fläche — kein Segmentnaturschutz

Bei der Landwirtschaft, ihren Zielen des integrierten Pflanzenschutzes, den Aufgaben der Hecken und den Chancen der Brachbereiche wird besonders deutlich, daß eine flächenhafte Trennung von Naturschutz und Kulturbereich keine Lösung sein kann. Strenger Schutz von wertvollen Naturbereichen muß auf allen übrigen Flächen begleitet werden von flankierenden und vernetzenden Maßnahmen, sonst wird sich die Aussterberate von Pflanzen- und Tierarten nicht abbremsen lassen. Das sieht auch § 1 des Bundesnaturschutzgesetzes vor, wonach sich Naturschutz auf die gesamte Landschaft — sogar einschließlich der Siedlungen — erstreckt. Es erscheint dringend geboten, diese wichtige Zielsetzung des Naturschutzgesetzes auf die landwirtschaftlichen Flächen auszudehnen. Der Biotopschutz und die Biotopanreicherung muß überall erfolgen, wo dies nur eben möglich ist. Insofern kann eine greifende Verbesserung nur im gemeinsamen Handeln von Landwirtschaft und Naturschutz bestehen. Das schließt eine einseitige gesetzliche Bevorteilung (Landwirtschaftsklausel) ebenso aus wie eine einseitige steuerliche Begünstigung.

Bei Experten geht es heute schon um Artenschutz auf der ganzen Fläche — so weitgehend wie nur möglich — und um Biotopschutz auf 8 bis 12 % der Fläche (Heydemann) mit einer engen Vernetzung über alle Gebiete. Diese Prozentwerte sind Leitzahlen, die wir im Auge haben müssen. Ziel der landwirtschaftlichen Ausbildung und Beratung durch von der Industrie unabhängige Spezialisten wird sein müssen, den Landwirt davon zu überzeugen, daß produktive und protektive — ökologisch schützende — Funktionen gleichrangige Aufgaben der Landwirtschaft von morgen sein werden. **Für Verzicht im Interesse der Allgemeinheit muß der Landwirt entschädigt werden.** Dies sollte die Landwirtschaft ebenso im Rahmen ihrer eigenen Möglichkeiten selbst anstreben wie die praktische Lösung der ökologischen Probleme »vor Ort«. **Nehmen die Landwirte die ökologischen Aufgaben in eigenen Organisationen selbst in Angriff, sichern sie sich ein Maximum an Mitsprache. Wenn sich jedoch das Umweltproblem immer weiter verschärfen wird, werden sich früher oder später Forderungen durchsetzen, daß, um wenigstens das Schlimmste zu verhüten, auch ohne Rücksicht auf die Interessen der unmittelbar Betroffenen einzugreifen ist. Die rasante Aussterberate der Tier- und Pflanzenarten und die damit verbundenen Gefahren für die Allgemeinheit werden — wenn es so weitergeht — eines Tages keine Alternative mehr zulassen.**

— Staatssekretär Gallus vom Bundeslandwirtschaftsministerium (Wild und Hund, 3/1984) auszugsweise:

»... Biotopschutz und Biotoppflege sind eine sehr wichtige Zukunftsaufgabe! Naturschutzorganisationen könnten gewisse Biotope übernehmen, sei es durch Ankauf, oder sie werden ihnen zur Pflege zur Verfügung gestellt... Hier ergibt sich aber die Frage: Wer stellt das Geld zur Verfügung, um diese Flächen zu pachten oder zu kaufen? Ich bin der Auffassung, das Ganze muß eine große Gemeinschaftsaktion werden von Bund, Ländern, Landkreisen, Gemeinden und Organisationen. So viele Biotope wie möglich anzukaufen, ist der einzig richtige Weg... Das Problem jeglichen Biotopschutzes, überhaupt des Umweltschutzes, ist letztendlich nicht nur eine Frage des Redens, sondern eine Frage des Verstandes und des Geldes. Das muß man auch auf unterer Ebene wissen! Es gefällt mir sehr gut, wenn Landräte, Bürgermeister usw. sich zu großen Reden hinreißen lassen. Aber auf diesem Gebiet kann jeder jetzt einmal praktisch etwas tun, unter Beweis stellen, was er für die Sache übrig hat... Mit Gesetzen, Verordnungen und Broschüren allein kann man nur wenig erreichen. Dabei darf es nicht bleiben! Dies ist ein Auftrag an alle, wenn für unsere Kinder die Natur erhalten bleiben soll...«

— Bauernverbandspräsident v. Heeremann (DJV-Nachrichten, 4/1984) anläßlich der Vorstellung der Broschüre »Flurbereinigung und Wild«:

»Ich weise meine Berufskollegen seit Jahren immer wieder darauf hin, daß u. a.
— Dünge- und Pflanzenschutzmittel verantwortungsbewußt und bedarfsgerecht eingesetzt werden müssen,
— Feldraine und Wegränder nicht gemäht oder mit Herbiziden behandelt werden sollen,
— Eingriffe in Moore, Heiden, Gebirgsweiden und Trockenrasen zu unterlassen seien,
— der Uferbewuchs von Wasserflächen großzügig erhalten bleiben soll,
— Kleingewässer, Feucht- und Naßwiesen belassen werden sollen,
— Hecken, Einzelbäume und Feldgehölze erhalten bleiben oder neu angelegt werden sollten,
— die durch die agrarstrukturelle Entwicklung aus der landwirtschaftlichen Nutzung ausscheidenden und nur extensiv nutzbaren Flächen vielen Tierarten Lebensraum bieten...«

Bei einer Projektion des bisherigen Entwicklungstrends auf weitere 20 Jahre könnte nach einigen Untersuchungen entweder das Produktionsvolumen der Landwirtschaft um 75 % steigen oder das heutige Produktionsvolumen auf gut der Hälfte der bisherigen Nutzfläche erzeugt werden. Beides wären auch aus ökologischer Sicht beunruhigende Alternativen: Der volkswirtschaftliche Verlust einer weiteren Überschußbildung wäre finanziell ebensowenig tragbar wie die sozialen Verluste der Strukturentwicklung in ländlichen Regionen. Die Lösung kann nur in einer Synthese ökologischer und ökonomischer Erfordernisse auf ganzer Fläche bestehen!

12 Naturschutz in der Forstwirtschaft

»Glaube mir, du wirst mehr in Wäldern finden als in Büchern. Bäume und Sträucher werden dich lehren, was kein Lehrmeister dir zu hören gibt.«
Bernhard von Clairvaux

Allgemeine statistische Daten

Die rd. 7,3 Mio ha Wald in der Bundesrepublik (Waldanteil 29,4 %) teilen sich wie in Tab. 16 gezeigt auf.

Tabelle 16

rd. 28 %	Staatswald der Länder mit über 800 Forstämtern
rd. 23 %	Gemeindewald
rd. 3 %	sonstiger Körperschaftswald (Zweckverbände, Stiftungen und Anstalten des öffentl. Rechts)
rd. 2 %	Staatswald des Bundes (Truppenübungsplätze)
= 56 %	öffentliches Eigentum
rd. 31 %	Kleinprivatwald (unter 200 ha)
rd. 4 %	Mittlerer Privatwald (200—500 ha)
rd. 6 %	Großer Privatwald (über 500 ha)
rd. 3 %	Gemeinschaftswald
= 44 %	Privatwald mit über 700.000 bäuerlichen Waldbesitzern

Seit Mitte der siebziger Jahre ist unsere Waldflächenbilanz negativ, d. h., wir roden mehr für neue Siedlungen, Straßen, Leitungstrassen, Flugplätze, Kanäle, Maisfelder u. a., als wir aufforsten.
— Wegen der sich heute schon abzeichnenden und bereits Anfang des kommenden Jahrhunderts sicher deutlicher werdenden Probleme der Holzrohstoffversorgung und der langen Anlaufzeit der Holzproduktion ist es schon heute dringend geboten, die Waldfläche zu vergrößern. Das ist auch wegen der landwirtschaftlichen Überschußproduktion teilweise agrarpolitisch wie ökologisch wünschenswert.

1980: Holzeinschlag 30,3 Mio m^3 — Holzeinfuhr 26,4 Mio m^3. — 1973 betrug der Wert der forstwirtschaftlichen Erzeugung 2,2 Mrd DM. Der Wert des Holzes steigt in den industriellen und handwerklichen Verarbeitungsstufen bis auf das 30fache des Wertes der forstlichen Produktion. Der Umsatz der Holzwirtschaft beträgt etwa 90 Mrd DM, wodurch sie mit rd. 5 % zum Bruttosozialprodukt beiträgt und mit anderen großen Bereichen unserer Volkswirtschaft, z. B. der Eisen- und Metallindustrie, zu vergleichen ist.

— Baumartenverteilung:

Buche mit Edellaubholz und sonstigem Laubholz	23 %
Eiche	9 %
Fichte, Tanne, Douglasie	42 %
Kiefer, Lärche	26 %

— Im Jahr 1878 entfielen auf 100 Einwohner Deutschlands noch 32 ha Wald, heute nur noch 12 ha.

— Die Fichte und Douglasie werden mit 80 bis 120 Jahren hiebsreif, die Buche und Kiefer mit rd. 120 bis 160 Jahren, eine Eiche mit 150 bis 300 Jahren, d. h. zur Gewährleistung der nachhaltigen Kontinuität müssen mindestens 5 bis 15 Generationen von Waldbauern das gleiche wollen!

— Ein Fichtenbestand hat rd. 4 Mrd Nadeln pro ha, das entspricht etwa der Gesamtzahl aller Menschen der Welt. Eine einzige Hochwaldfichte trägt rd. 10 Mio Nadeln (Filterwirkung!).

— Der Wald bildet eine großflächige Grenzschicht zur Atmosphäre aus, die im aerodynamischen Sinne außerordentlich rauh ist. Die Rauhigkeit ist nicht direkt meßbar, sondern muß aus dem Strömungsverhalten der Luft über einer gegebenen Oberfläche hergeleitet werden. Sie wird dann durch den Rauhigkeitsparameter ausgedrückt (Burschel).

Diese Rauhigkeit verursacht schon bei geringstem Wind Turbulenzen, dadurch kommt es dann über dem Wald zu tiefer Durchmischung der strömenden Luftmassen, Voraussetzung für die Abgabe der Verdunstungskälte an die umgebende Landschaft, für die Klimaregulierung, für die Luftreinigung. Bei Sturm wird diese Rauhigkeit allerdings zu einem Problem für die Bäume, auf die dann große Hebelkräfte einwirken (Tab. 17).

Tabelle 17

Art der Oberfläche	Rauhigkeitsparameter in Zentimetern
Wasser	0,01
Sand	0,2
Grünland	5
Getreide	10
Wald	300

— Trockengewichte von Waldökosystemen im Vergleich zu einer Wiese in Zahlen (nach Burschel) zeigt Tab. 18.

Tabelle 18

	Fichte	Buche	Buche	Gras
Alter (Jahre)	87	122	80	
Baumzahl/ha	595	243	1200	
Baumhöhe (m)	25	27	20	
Blätter*	18	3	3	
Äste*	28	32	26	
Stämme*	198	239	130	
Bodenvegetation*	0	0,1	0	3
Auflagehumus*	49	30	39	-
Wurzeln*	72	37	22	12
Bodenhumus*	190	190	212	-
durchwurzelter Mineralboden*	10000	10000	10000	10000
gesamte lebende org. Substanz*	312	311	181	15
oberirdischer Zuwachs/Jahr*	9	11	10	3
gesamte lebende und tote organ. Substanz*	555	531	432	-

* in t/ha

Wald ist nicht nur flächenmäßig das Hauptökosystem der Erde, sondern auch hinsichtlich der Biomasse. Bei Wald beträgt der Biomassenvorrat durchschnittlich etwa das 30fache der jährlichen Produktion. Der Nutzeffekt des Strahlungsstromes der Sonne für die photosynthetische Produktion beträgt weltweit 0,13 %. Für die Wälder der Erde liegt er bei 0,5 %, für die Ozeane bei 0,07 % und für Landökosysteme bei 0,3 %. Er erreicht in bewirtschafteten Wäldern örtlich im optimalen Zuwachsalter 3 % und mehr (Baumgartner, 1982).

— Der Wald gibt in erheblichem Umfang gasförmige Duftstoffe in die Atmosphäre ab. Schon bei normalen Temperaturen verflüchtigen sich bestimmte Bestandteile der Harze, nämlich Terpene, ätherische Öle. In verschiedenen Verbindungen werden sie gasförmig und gelangen durch die Spaltöffnungen der Blätter in die umgebende Luft. Diese Duftstoffe fördern die »Riechatmung« als gesündeste Form der Einatmung. Sie enthalten sog. Phytonzide, keimtötende Stoffe, die ähnlich wie Antibiotika wirken und die Entwicklung von Pilzen hemmen oder diese gar abtöten. Der Wald schafft sich damit gewissermaßen selbst eine schützende Atmosphäre, die die Wahrscheinlichkeit von Pilzkrankheiten an Bäumen erheblich verringert. Daraus ergeben sich sehr wahrscheinlich ökologische Nah- und Fernwirkungen, die auch für den Menschen von großer positiver Bedeutung sind (Schütt, nach Burschel). Auf jeden Fall sind es diese Duftstoffe, die der Waldluft ihre Würze verleihen. Terpene der Wälder sind für den Menschen anregend und therapeutisch nutzbar (Baumgartner, 1982). Es sollen etwa 175 Mio t Terpene sein, die die Vegetation an die Luft abgibt, also das 6fache der gasförmigen Schadstoffe, die unsere Zivilisation in die Atmosphäre entläßt. Um den Nutzen für die hygienischen und bioklimatischen Funktionen der Waldraumatmosphäre erfüllen zu können, müssen die Wälder geschlossen gehalten werden. Eigenes Waldraumklima beginnt nicht am Waldrand, sondern erst in Distanzen von zwei bis drei Baumlängen im Waldinnern. Jede Öffnung der Bestände, z. B. durch Straßen, Trassen oder Kahlschlag, löst das Waldinnenraumklima bis zum Fünffachen der Störungsfläche auf (Baumgartner, 1982).

— Holz als erneuerbarer Rohstoff und Energielieferant wird künftig verstärkt für die Erzeugung von Chemikalien, Hefen, Proteinen und Zucker Verwendung finden. Aus zellulosehaltigen Rohstoffen lassen sich Alkoholausbeuten z. B. von 250 bis 280 l Ethanol bzw. 500 l Methanol pro t Holz erzielen (Bernhardt, 1981). Insofern schädigt der Kraftfahrzeugverkehr durch seine heutigen Schadstoffemissionen den Wald als seinen möglichen Treibstofflieferanten im kommenden Jahrhundert.

12.1 Forstwirtschaft und Naturschutz — eigentlich beste Voraussetzungen

»Er mußte erst mit dem Kopf gegen die Bäume rennen, ehe er merkte, daß er auf dem Holzwege war.«
Wilhelm Busch

Grundlage allen forstlichen Handelns ist der Grundsatz der Nachhaltigkeit. Nachhaltige Forstwirtschaft ist auf zeitlich unbegrenzte Erhaltung der Wälder, die langlebigsten und höchst entwickelten Ökosysteme der Erde, gerichtet. Das schließt alle ökologischen Grundlagen und damit auch den Naturschutz ein. Es gibt überhaupt nur ökologische Mittel, das ökonomische Ziel »Nachhaltigkeit« zu erreichen. Das wichtigste dabei ist die ununterbrochene Erhaltung einer dem Boden angepaßten Waldvegetation. Wer das für eine waldbauliche Marotte hält, hat vom Forstwesen noch keinen Hauch verspürt (Kremser, 1982). Das bedeutet, daß ein Forstmann ständig Rücksicht auf die Natur nehmen und damit zwangsläufig kurz- und langfristig ökologisch denken muß. Darin ist die entscheidende Grundlage des nachhaltig wirtschaftlichen Erfolges zu sehen. Insofern sind Ökonomie und Ökologie auch im Wald sich ständig ergänzende Wertmaßstäbe. Wenn dies heute einigen Forstleuten infolge

Abb. 96. Wenn die sog. Preiskostenschere (hohe Kosten für die Aufarbeitung schwacher Holzsortimente und geringe Verkaufserlöse) heute auch öffentlichen Waldbesitz dazu verleitet, durch Einsatz von zu schweren und »ruppigen« Großmaschinen hier und dort den Wald über Gebühr zu verwüsten und durch nicht standortgemäße Monokulturen — basierend auf heutiger Ertragskalkulation — extrem an Arten zu verarmen, dann wird der »nachhaltig größtmögliche Nutzen für die Allgemeinheit« als gesetzlicher Auftrag gefährdet. Dann wird es aus der heutigen ökologischen Krise heraus Zeit, daß der öffentliche Waldbesitz — koste es, was es wolle — in der Finanz- und Personalausstattung so aufgestockt wird, daß der »ökologische Generationenvertrag« mit allen Waldfunktionen wieder besser erfüllt werden kann. (Foto: Archiv Forstamt Oderhaus)

einseitiger Erziehung etwas »aus dem Ruder gelaufen« ist, dann ändert das an dem — auch gesetzlich — vorgegebenen Auftrag nichts und darf auch nicht zu einseitiger Pauschalverurteilung führen: »Kein Handwerk kann man an seinen Pfuschern messen« (Kremser, 1982). Allerdings ist es letztlich auch die Gesellschaft, die manchen Forstmann in ein ihm fremdes Korsett zwingt. Liefert man den Forstmann dem völlig naturwidrigen Leistungsdruck der Industriegesellschaft und dem kurzsichtigen Fetischismus der schwarzen Bilanzzahlen aus und nimmt ihm auch noch die Möglichkeit, überhöhte Wildbestände wirksam regulieren zu können, dann entsteht eben ein Holzacker, der andere Funktionen nur bedingt und unzureichend erfüllen kann.

In keinem Landesforstgesetz steht, daß der Wald vorrangig Gelderträge zu erzielen hat! Insofern gilt besonders für die Staatswälder (Bundes-, Landes- und Kommunalforsten), daß sie nicht der Erzielung des höchsten Reingewinns, sondern dem allgemeinen Nutzen zu dienen haben. Das ist gesetzlich fixiert, darauf wies auch Volquardts (1985) hin, als er die Grundsätze der Preußischen Staatsforstverwaltung (nach v. Hagen-Donner, 1883) von vor über 100 Jahren zitierte:

> »Die Preußische Staatsforstverwaltung bekennt sich nicht zu den Grundsätzen des nachhaltig höchsten Bodenreinertrags unter Anlehnung an eine Zinseszinsrechnung, sondern sie glaubt, im Gegensatz zur Privatforstwirtschaft, sich der Verpflichtung nicht entheben zu dürfen, bei der Bewirtschaftung der Staatsforsten das Gesamtwohl der Einwohner des Staates ins Auge zu fassen und dabei sowohl die dauernde Bedürfnisbefriedigung in Beziehung auf Holz und andere Waldprodukte als auch die Zwecke berücksichtigen zu müssen, denen der Wald nach so vielen anderen Richtungen hin dienstbar ist. Sie hält sich nicht für befugt, eine einseitige Finanzwirtschaft, am wenigsten eine auf Kapital- und Zinsgewinn berechnete reine Geldwirtschaft mit den Forsten zu treiben, sondern für verpflichtet, die Staatsforsten als ein der Gesamtheit der Nation gehörendes Fideikommiß so zu behandeln, daß der Gegenwart ein möglichst hoher Fruchtgenuß zur Befriedigung ihres Bedürfnisses an Waldprodukten und an Schutz durch den Wald zugute kommt, der Zukunft aber ein mindestens gleich hoher Fruchtgenuß von gleicher Art gesichert wird.«

Besser sind die umfassenden Ziele der Staatsforsten auch nach den heutigen Gesetzen kaum zu kennzeichnen. Es bedarf gar keiner Frage, daß zu diesen Grundsätzen auch das Wild in angemessener Zahl gehört.

Nachhaltiger Waldbau ist Respektierung ökologischer Gesetze, Beachtung ethischer Grundwerte in der Natur, ein Zusammenwirken von Wissenschaft und Technologie und immer auch ein wenig Herz des Forstmannes. Von keinem Teilaspekt dürfen wir uns so faszinieren lassen, daß wir verlernen, mit Menschen, Pflanzen und Tieren, mit höchst komplizierten Lebensgemeinschaften und mit Wetter, Wind, Wolken, Boden und Bestand nach wechselnder Bedeutung in einem mehrhundertjährigen Generationsablauf umzugehen. In einer Epoche der Kulturlosigkeit wird die Überbetonung des Materiellen immer fragwürdiger, wenn das Geistig-Sittliche und das Natürliche des Lebens auf der Strecke bleiben (Köstler, 1954). Die erlebte genossene Wald-Vielfalt mag die ästhetische Bildung bzw. Kultivierung des Schönheitsempfindens begünstigen. Die »feierliche« Stille wirkt positiv auf das seelisch-emotionale Gleichgewicht. Wer waldliche Stille zu erleben und zu schätzen weiß, wird umso empfindlicher und verantwortlicher z. B. auf die akustische Umweltbelastung Lärm zu reagieren vermögen. Wer mit Wald als fundamentalem ökologischen Faktor »umzugehen« versteht, der gewinnt auch innere Fähigkeiten zur mitmenschlichen Kommunikation. Nur als Ganzes hat der Wald anthropologische individual- und sozialethische Relevanz. Man wird ihm nicht gerecht, wenn man ihn in nur technisch-industrielle »Zwecke« seziert.

Waldsterben bedeutet Versiegen von Quellen des Menschseins; wenn Bäume sterben, dann erleiden die Menschen Schaden an der Seele. Waldtod zeitigt Absterben ästhetischer Sensibilität; Waldsterben ist ein Fanal der in die Krise geratenen Ethik. So trifft denn der Biologe und Anthropologe Illies den Kern der Sache, wenn er formuliert: Die sterbenden Wälder um uns herum sind ein letztes Notsignal und halten uns einen Spiegel vor für das, was in uns an Wäldern zu sterben droht (Rock, 1982). Eigentlich bestehen im Bereich der Forstwirtschaft allerbeste Voraussetzungen, im Rahmen eines ökologisch ausgerichteten und somit standortgemäßen Waldbaues wertvolle Naturschutzarbeit zu leisten. Der gesetzliche Auftrag, die Langfristigkeit der Entwicklung, die Seltenheit störender Eingriffe prädestinieren dazu. **Ökologie und Naturschutz sind tragende Säulen überkommener wie moderner Waldbaulehre. Die Öffentlichkeit kann und muß von jedem**

Forstmann erwarten, daß er auch Naturschützer ist.

Allerdings erscheint es erforderlich, die Gefahren zu erwähnen, denen heute ein streßgeplagter Forstmann leicht erliegen kann, aber eben nicht erliegen darf (u. a. nach Mayer, 1982):

— Überbetonung technischer, kurzfristig ökonomischer, jagdlicher oder sonstiger Teilaspekte,
— waldbauliche Inaktivität durch weniger mühsame und kurzfristig erfolgreiche ökonomisch-technische Anstrengungen,
— Tendenzen zum großflächigen Holzackerbau mit chemischer Unkraut- und Schädlingsbekämpfung und anderen von der Öffentlichkeit unerwünschten Begleiterscheinungen (Leibundgut, 1973),
— unzureichende nachhaltige Ausnützung der standörtlichen Ertragsfähigkeit durch ungünstige Mischung oder durch standortwidrige Fichten-Reinbestände mit Schnee-, Sturm- oder Insektenkatastrophen (teilweise erreicht der schadensbedingte Zwangsanfall beim Holzeinschlag heute Werte von über 40 %),
— ungenügendes bestandesindividuelles Entwicklungsvermögen durch mangelnde Pflege, schlechte Ausformung, Verlichtung infolge von zu großem Betriebsrisiko, falsche Herkunft der Baumarten, Wildschäden (Schälschäden), Rotfäule,
— Mangel an ausreichenden, qualitativ gut ausgebildeten und ständig ökologisch fortgebildeten Arbeitskräften in allen Bereichen, vom Waldarbeiter bis zum Forstbeamten in Aufsichtsbehörden,
— landeskulturell nicht tragbare Wildschäden infolge zu hoher Schalenwilddichten,
— zu niedrige Holzpreise, die kaum Waldbau-Investitionen erlauben,
— kurzfristig kalkulierter Waldmaschinen-Einsatz mit nicht tragbaren mittel- und langfristigen Folgeschäden am Waldboden und in den Pflegebeständen. Dazu gehört auch der teilweise zu intensive Wege- und Rückewegebau,
— industriekonforme ökonomische Kurzzeit-Beurteilung einer langfristigen Produktion mit lebenden Waldbeständen. Hauptursache dafür ist die Preisschere. Während z. B. der Durchschnittserlös für einen Kubikmeter Rohholz 1955 noch ausreichte, um in Bayern einem staatlichen Waldarbeiter für 43,5 Stunden den Lohn zu bezahlen, reichte es 1975 nur mehr zum Entgelt von 3,4 Lohnstunden,
— teilweise unnötige Arbeiten (z. B. Herbizideinsatz, Grasfreischneiden in Fichtenkulturen u. a.),
— Reviervergrößerungen und kurzfristige Rationalisierungszwänge, die dem Forstmann kaum noch Zeit zum Überlegen lassen. Beim alltäglichen waldbaulichen Handwerk werden ihm viel zu wenig die sich summierenden positiven oder negativen landeskulturellen Auswirkungen bewußt. Kulturelle Schöpfungen und landeskulturelle Leistungen erfordern auch Zeit für konzentrierte geistige Arbeit.

Demgegenüber steht der Auftrag an die Forstwirtschaft, durch Waldbau für die Zukunft viele Funktionen zugleich zu erfüllen. Die Weichen dazu werden heute gestellt:

— Zunahme der Mehrzweckwälder, wobei mit wechselndem Schwerpunkt wirtschaftliche und überwirtschaftliche Funktionen erfüllt werden müssen: Wasserspeicherung, Ausgleich der Hochwasserspitzen, Verhinderung von Erosion, Wasserfiltrierung, Kontrastreichtum der Landschaft, Schonklima im Wald, Produktion von Duftstoffen, Klimastabilisierung (Wärme- und Wasserhaushalt, Wälder sind Kühlflächen im Sommer und Warmflächen im Winter), Filter für Gase, Stäube, Nebel, Geräusche und Strahlen infolge der Oberflächenvergrößerung, die bei einem Buchenbestand im Sommer etwa das 14fache, bei einem Fichtenbestand ganzjährig bis zum 26fachen der Bodenfläche ausmachen kann (als Filterkapazität für Staub werden bis zu 60 t/ha beobachtet), Entfernung und »Neutralisierung« karzinogener Aromate in belasteten Gebieten.
— Zunahme der Rohstoffunktion durch Rückgang der Holzimportmöglichkeiten (Steinlin, 1976), steigender Holzverbrauch in Europa, das bis zum Jahre 2000 autark in der Holzversorgung sein muß, überdurchschnittliche Nachfrage nach Qualitätsholz und stärkeren Spezialsortimenten. Dem Rohstoff Holz wird eine große Zukunft vorausgesagt.
— Zunahme aller Sozialfunktionen des Waldes als Erholungsraum, als landschaftsökologisches Stabilisierungselement. Dabei wird der standortgemäßen Vielfalt eine wesentliche Bedeutung zukommen. Für die Praxis ist es richtig, sich an den Grundsatz »Stabilität durch Diversität« zu halten.

Kein Kritiker darf allerdings außer acht lassen, daß die heutigen Waldbilder in erster Linie auch Ergebnisse von Rahmenbedingungen sind, die noch im vergangenen Jahrhundert die Forstwirtschaft bestimmt haben. Man denke z. B. daran,

— daß der gleichaltrige Bestand ein Ergebnis der Waldweide ist. Ein Achtel, erst ab Mitte des 19. Jh. ein Fünftel der potentiellen Waldweidefläche, durfte zur Nachzucht des Waldes eingefriedet werden. Erst mit dem Fernbleiben des Viehs konnte der Wald wachsen — und es wuchs ein gleichaltriger Wald, während man ja früher geplentert hatte (Einzelstammentnahme), sofern nicht bereits eine Stufe der Waldvernichtung erreicht war, die auch dies nicht mehr zuließ,
— daß die einförmigen, reinen Buchenbestände ohne Mischbaumarten auch ein Ergebnis der Brennholzberechtigung sind. Alle nichtmasttragenden Bäume, also alle außer Eiche und Buche, konnten bis in die zweite Hälfte des 19. Jh. von der Bevölkerung entnommen werden. Das brachte eine Verarmung der Baumartenpalette mit sich,
— daß Fichte und Kiefer häufig die Baumarten blieben, die den durch Viehweide, übermäßige Holznutzung, Streurechen und Plaggenhieb angerichteten Schaden überhaupt noch heilen konnten (Wegener, 1981).

Immer deutlicher zeichnet sich heute ab, daß die Produktionsprinzipien eines Naturwaldes Leitschnur für den Waldbau schlechthin werden müssen. Das natürliche Ökosystem ist im Gegensatz zu künstlichen Holzackern relativ stabil gegen abiotische und biotische »Katastrophen«. Der naturnahe Wirtschaftswald soll aufgebaut sein aus soviel ökologisch-biologisch stabilisierenden Baumarten wie nötig zur Aufrechterhaltung der standörtlichen Produktionskraft und soviel wirtschaftlich-überwirtschaftlich erwünschten Baumarten wie möglich zur langfristig optimalen Ausschöpfung der standörtlichen Ertragsfähigkeit und zur Erzielung einer möglichst hohen Wertleistung als Grundlage für einen betriebswirtschaftlich rentablen Forstbetrieb. Diese Mehrleistung setzt eine »Ökologisierung« des Waldaufbaus voraus (Mayer, 1982). Dazu gehört eine schnelle Lösung der immer noch zunehmenden Wildprobleme im Wald. Untätiges Warten in der Wildfrage gefährdet nicht nur die Natur, sondern auch die Sicherheit und Stabilität aller Wälder. Nur eine naturnahe Jagdwirtschaft, die auf ökologisch angepaßten Wilddichten basiert und gesunde Wildtierpopulationen sowie waldbaulich tragbare Wildschäden anstrebt, kann einen zukunftsorientierten naturnahen Waldbau gewährleisten.

Angemessene Reh-, Rot- und Damwildbestände sind im Interesse einer artenreichen Gehölz- und Bodenflora eine Naturschutzforderung höchsten Ranges. Die »tragbare Wilddichte« liegt für den Naturschutz noch niedriger als für die Forstwirtschaft. Wie verheerend sich überhöhte Wildbestände auswirken, hat Förster (1975) für ein wildreiches Revier eindrucksvoll dargestellt. 80 % der Gras- und Krautarten fehlten dort gegenüber den unbelasteten Vergleichsflächen, die Vegetationsdecke in den Beständen war fast vernichtet.

Einseitiger Trophäenkult, Freizeitjagd als Prestige- oder Geschäftsobjekt, Verantwortung der Wildregulation bei ökologischen Laien und kurzfristige ökonomische Beurteilung der Jagdwirtschaft gefährden die Aufgaben des Waldbaues. Bei langfristig angelegten betriebswirtschaftlichen Kalkulationen unter Einbeziehung auch der Langzeitschäden, der Schutzmaßnahmen, der Zuwachsverluste, der Wertminderung, der Schadensverluste durch Baumartenverarmung ergab sich für den Jagdbetrieb in Bayern (Rösner, 1972) das alarmierende Ergebnis, daß die Schäden fünffach höher sind als die Einnahmen. Jagden mit hohen Wilddichten sind nicht nachhaltig rentabel zu führen, also unökonomisch und noch mehr unökologisch (Mayer, 1982). Dabei sind die Verarmung der Flora und Kleintierfauna, die potentielle biologische Vielfalt und ökologische Standortstabilität noch ebensowenig berücksichtigt wie die Beeinträchtigung der Erholungseignung. **Man wird in Zukunft immer weniger Verständnis dafür aufbringen, daß die jagdliche Leidenschaft durch einen ökologischen Aderlaß auf Kosten aller bezahlt werden muß. Je eher die Jäger diese wichtigen Zusammenhänge erkennen und in der Praxis befolgen, desto besser für das Wild, für den Wald, für die Allgemeinheit und letztlich für die Jagd.**

Dabei darf allerdings nicht außer acht gelassen werden, daß auch die Rückeschäden infolge des Großmaschineneinsatzes heute besorgniserregende Ausmaße angenommen haben. Nach der österreichischen Forstinventur sind im Wirtschaftswald rd. 30 Mio Festmeter geschädigter Vorrat registriert (Mayer, 1982). Aus ökologisch waldbaulicher Sicht ergeben sich beim Einsatz von Großmaschinen vielfach direkte Schäden am Bestand, am Boden und an den Wurzeln durch Nährstoffentzug und Bodenverdichtung.

Nachteile von Monokulturen

Die Wirkung von Nadelholzreinbeständen auf den Boden ist weniger nachteilig als oft befürchtet. Die Nadeln sind zwar schwerer zersetzbar als Blätter, so daß eine gewisse Versauerung der Humusformen auf und im Boden eintreten kann, aber meist haben die Böden ein ausreichendes Puffervermögen, so daß diese zusätzliche Versauerung abgefangen werden kann. Wesentlich kritischer ist das bei Böden, die von sich aus arm und sauer sind und durch die Immissionen noch zusätzlich schwer geschädigt werden. Hier kann der Abbau der Bestandsabfälle gerade unter Nadelholzreinbeständen ganz erheblich ins Stocken kommen. Die ohnehin schon schlechten Lebensbedingungen werden für viele Mikroorganismen immer unwirtlicher. Die Detritus-Nahrungskette des Wald-Ökosystems erleidet dann schwere Störungen. Die Folgen zeigen sich z. B. in Nährstoffauswaschung, Stickstoffmangel und nachlassender Fruchtbarkeit.

Besonders bedenklich ist die Empfindlichkeit der Nadelholzmonokulturen gegen Störungen (z. B. Sturm, Schnee, Feuer und Insektenkalamitäten), wie Tab. 19 an einigen Beispielen verdeutlicht (nach Burschel).

Es bedarf keiner Frage, daß standortgemäße, in nicht zu großen Einheiten aufgebaute, naturnahe Mischbestände gegen alle genannten Katastrophenursachen wesentlich widerstandsfähiger sind. Das gilt insbesondere auch gegenüber Massenvermehrungen von Schadinsekten. Alle Arten haben ihre natürlichen Feinde, die aber nur dann wirksam werden können, wenn ihre speziellen Lebensbedingungen erfüllt werden. Zu den Regulatoren gehören zwar auch Vögel, Fledermäuse und Wildschweine, entscheidend aber sind Viren, Bakterien, Pilze und Parasiten. Besonders wirksam sind Parasiten — ebenfalls Insekten —, die ihre Eier in die Schadinsekten selbst legen. Unter naturnahen Verhältnissen sind diese Parasiten fast immer in genügender Häufigkeit vorhanden. Dazu finden sie genügend andere Insektenarten auf den beigemischten Baumarten oder in der Bodenvegetation. Dadurch bleibt die Population der Parasiten immer groß genug, sie steht praktisch »Gewehr bei Fuß«, um sich bei Anfängen von Massenvermehrungen von Schadinsekten, also bei besserer Nahrungsgrundlage, selbst schnell zu vermehren und damit eine »Explosion« der Schadinsekten wirksam zu verhindern. Der Forstmann muß in Monokulturen ständig reagieren, und dies gegenwärtig besonders in immissionsgeschädigten Beständen, die eine ausgesprochen gefährliche Disposition für Käferkalamitäten haben. Die vielen Lockstoffallen in den Wäldern sind für alle Waldbesucher sichtbare Zeichen dafür. Dennoch kommt es hier und da zu Massenvermehrungen mit der Folge, daß der Forstmann vor der ihm verhaßten Notwendigkeit steht, mit großem Aufwand Insektizide auszubringen. Dabei werden meist alle Insekten getroffen, die Destabilisierung nimmt weiter zu, nur das Symptom kann kuriert werden, eine Heilung gibt es nicht. In der Praxis hat das viele Folgen. In den großen Nadelholzreinbeständen der jungen Altersklassen, deren Pflege sehr viel mehr kostet, als das Holz einbringt, kann es sich der Forstmann nicht leisten, schwache Sortimente bei Pflegeeingriffen wegen der Käfergefahr liegenzulassen. Statt dessen müssen hohe Kosten in Kauf genommen und die Schwachhölzer herausgeschafft werden. Damit verbunden sind hohe Rückeschäden. Bei einem ausgeglichenen Grundbestand von Nutz- und Schadinsekten in einem naturnahen Wald könnte sicher eher das Risiko eingegangen werden, sogenannte »Defizitsortimente« an Ort und Stelle zu belassen.

Eine große Artenfülle in einer Mischbestands-Lebensgemeinschaft, ein hohes Maß an zwischenartlichen Vernetzungen und Abhängigkeiten, an Feind- und Konkurrenzwirkung, macht insgesamt Massenvermehrungen einzelner Arten weniger wahrscheinlich und wirkt stabilisierend auf die Gemeinschaft (Altenkirch, 1982). Verlust an Vielfalt — z. B. durch Verringerung an horizontaler oder vertikaler Strukturierung und Verarmung der gesamten Vegetation — bringt also stets auch Stabilitätsverlust mit sich.

Hinweise zur Förderung der naturnahen Vielfalt

Die vielfältigste Fauna des Waldes führt im Schutz der Streuschicht aus Laub, Nadeln und Zweigen ein verstecktes Leben, ist aber für den Wald von entscheidender Bedeutung. Es ist die Schicht der Zersetzer (Detritophagen), die sich im Boden von toter pflanzlicher und tierischer Substanz ernähren. Sie sind die mit Abstand wichtigste Tiergruppe des Waldes. In Streu und Humus eines Buchenwaldes hat man auf 1 m^2 über 150 Mio Einzeller, Nematoden, Milben, Springschwänze, Kleinkrebse, Insektenlarven und andere Detritophagen gefunden, die zusammen 5 kg Trockengewicht ergaben. Das ist etwa das 200.000fache der Biomasse, die alle Wirbeltiere auf 1 m^2 produzieren, und das 2,5fache der Insektenbiomasse oberhalb des Bodens (Winter, 1982). Mit Pilzen und Bakterien zusammen arbeiten sie alle am großen ökologischen Werk der Zersetzung. Die Pflanzen und höheren Tiere würden schon nach wenigen

Tabelle 19

Jahr	Ort	Ursache	Umfang des Schadens
1944—1951	Mitteleuropa	Fichtenborkenkäfer	30 Mio Festmeter Holz mußten eingeschlagen werden
1959—1960	Mittel- und Oberfranken	Kiefernbusch-hornblattwespe	Befall auf 60.000 ha
1972	Niedersachsen	Sturm	Wald auf 75.000 ha zerstört, 15 Mio Festmeter Sturmholzanfall
1975	Niedersachsen	Feuer	10.000 ha durch Großfeuer zerstört
1984	Hessen, Rheinland-Pfalz	Sturm	10 Mio Festmeter Sturmholzanfall

Jahren in ihren eigenen Abfällen ersticken und verhungern, wenn es das riesige Heer der Zersetzer nicht gäbe, das aus den Abfällen in vielerlei Stufen zuletzt wieder die Nährstoffe freisetzt, die von den Pflanzen benötigt werden. Da diese Bodenorganismen von den auf dem Boden stehenden Pflanzen »ernährt« und die Lebensbedingungen daneben auch von abiotischen Faktoren beeinflußt werden (z. B. Wärme- und Wasserhaushalt), sollte man bei allen Maßnahmen bedenken, welche Auswirkungen damit in der Bodenfauna verbunden sein können:

— Weitgehender Verzicht auf Biozidausbringung, Entwässerungsmaßnahmen und Unterlassen zweifelhafter Grabenräumungen.

— Bodenschonende Hieb- und Rückemaßnahmen, Vermeidung von Bodenverdichtungen, die nach neuen Untersuchungen auch langfristig sehr schädliche Auswirkungen haben können (Hildebrand, 1982).

— Verzicht auf Bewirtschaftung forstlich wertloser Flächen wie Quellhorizonte, Moore, chronische Schadgebiete, extrem nährstoff- und wasserarme Standorte.

— Verzicht auf großflächige Kahlschläge, wo immer es vertretbar ist. Kleinflächige Bewirtschaftung ist für die Bodenorganismen natürlicher und erhöht durch stufigen Altersaufbau der Bestände ganz automatisch auch die ober- und unterirdische Vielfalt.

— Liegenlassen von Reisig, Stubben und dgl., wo immer dies vertretbar ist.

— Schonung und Förderung der Krautflora: In einem Waldbrandgebiet in der Lüneburger Heide wurden 1978 z. B. in einer zweijährigen Kiefernkultur mit spärlicher Krautschicht insgesamt 388 Insekten pro m^2 gefangen, in einer forstlich nicht beeinflußten, der natürlichen Sukzession überlassenen Fläche auf gleichem Standort 2.930 Individuen/m^2, also mehr als die 7fache Menge. Ähnliche Unterschiede ergaben sich bei der Artendichte z. B. bei Laufkäfern: In der Kultur 19 Arten, auf der Sukzessionsfläche 28 Arten und in einem dichten Kiefernstangenholz nur 7 Arten/m^2 (Winter, 1982).

— Kleine Blößen, die den geschlossenen Bestand durchbrechen, können auch als Bereicherung des Biotops gelten. Sie zuzupflanzen, entspringt oft weniger einer wirtschaftlichen Überlegung als einem anerzogenen Ordnungsdenken. Für jeden Forstmann sind Kulturen, in denen die Pflanzen stehen wie die Soldaten, sichtbarer Beweis gelungener Arbeit, eine Visitenkarte des Reviers. Wenn die Pflanzen dagegen im Unkraut verschwinden, so ist dies, ob es ihnen nun schadet oder nicht, nach herkömmlichen Maßstäben allemal ein ungünstiges Bild. Hiervon müssen wir uns zunächst lösen, um nüchtern darüber zu urteilen, ob z. B. eine Nachbesserung, die ja relativ teuer ist, wirklich notwendig ist, oder ob nicht die fehlenden Pflanzen durch selbstangesamte Nebenbaumarten wie Weiden, Vogelbeere oder Birke vorübergehend ersetzt werden können — dem Artenreichtum zum Nutzen, dem künftigen Bestand nicht zum Schaden (Hanstein, 1982).

— Selbstbeschränkung beim Wegebau (Fahr- und Rückwege), der eine sehr weitreichende ökologische Kettenreaktion auslösen kann.

Natürlich ist es bei allem Bemühen, seine naturkundlichen Kenntnisse zu vertiefen, dem praktischen Forstmann unmöglich, alles zu kennen, was in seinem Revier wächst, kreucht und fleucht und vor allem, was darüber hinaus bei naturnaheren Verhältnissen noch wachsen, kreuchen und fleuchen könnte! Genauso unmöglich ist es auch, allen Arten, die Hilfe nötig haben, bewußt und gezielt durch Schaffung der ihnen gemäßen ökologischen Bedingungen zu helfen. Läßt man der Natur Freiräume, so schafft sie dort aus sich selbst die mannigfachsten ökologischen Nischen, wie sie unsere Phantasie sich gar nicht alle ausdenken kann (Hanstein, 1982). Die Sicherung der Waldlebensgemeinschaften ist weniger eine Sache des Geldbeutels oder der geheimen Wissenschaften, als eine Sache des Köpfchens und des Herzens, des Wollens, des Hinsehens und des Darandenkens.

Je mehr Baumarten und Altersklassen ein Bestand enthält, desto vielfältiger ist in der Regel die Tierwelt. Eine reiche Krautschicht und gut ausgebildete Waldränder fördern zahlreiche Insektenarten und ihre Parasiten. Für viele Insektenarten sind nektarproduzierende Blütenpflanzen notwendige Voraussetzung zum Überleben der Art (Verzicht auf Biozide!), Hautflügler wie Bienen, Hummeln, Wespen, Schlupfwespen gehören dazu. Letztere spielen bei der Regulation von Schadinsekten eine wichtige Rolle. So wurde bei Untersuchungen über den Kiefernspanner in verschiedenen Kiefernforsttypen festgestellt, daß im reinen Kiefernbestand nur 18 % der Eier und 29 % der Puppen parasitiert waren, im Kiefern-Buchen-Bestand mit gut ausgebildeter Krautschicht ein Parasitierungsanteil von 49 bzw. 43 %. Viele der Blattlausvertilger (z. B. Schwebfliegen) sind auf die Nahrungsspende (Nektar und Pollen) der blühenden Pflanzen angewiesen. Auch die Lebensdauer und Eierproduktion von Schlupfwespen sind unmittelbar vom Blütenbesuch abhängig. Ein wichtiger Parasit des Kiefernknospentriebwicklers, die Brackwespe, besucht bestimmte blühende Pflanzen, darunter die Wilde Möhre. Die Lebensdauer eines Parasiten-Weibchens betrug ohne Möglichkeit zum Blütenbesuch im Durchschnitt 4 Tage, bei Blütenbesuch aber 20 Tage. Eine Lebensdauer von 4 Tagen reichte nicht aus zur Ablage aller Eier, über die das Parasiten-Weibchen verfügt. So werden nur die zuerst schlüpfenden Larven des Triebwicklers parasitiert, die späteren nicht mehr. Lebensdauer der Parasiten und damit die Parasitierung des Triebwicklers stiegen dort an, wo die Wilde Möhre eingeführt wurde. Daneben sind Blütenpflanzen — und nicht nur die blühenden — ein Reservoir für Neben- und Zwischenwirte von Parasiten. Ein Beispiel mag eine Raupenfliege (Tachine) sein, ein extrem vielseitiger Parasit mit einer Wirtsliste, die mindestens 76 Arten von Schmetterlingen und Blattwespen umfaßt. Unter ihren Wirten sind zahlreiche bekannte Forstschädlinge, z. B. Kiefernspinner, Schwammspinner, Großer Frostspanner, Tannentriebwickler, Grüner Eichenwickler, Grauer Lärchenwickler u. a. Zu ihren Wirten zählen aber auch Tagfalter wie Baumweißling, Schwalbenschwanz und Kleiner Fuchs, die ihrerseits an bestimmte Pflanzen (»Unkräuter«) gebunden sind, nämlich Schlehe, Weißdorn, Doldenblütler, Brennesseln u. a. Die Bedeutung solcher Neben- und Zwischenwirte für die Erhaltung der Parasiten-Bevölkerung in den mehr oder weniger langen Latenzphasen der Schädlingsarten liegt auf der Hand. Von der Birke sind z. B. 87, vom Faulbaum 7 Schmetterlingsarten bekannt, die als potentielle Wirte in Frage kommen, dazu noch für zahlreiche Käfer, Blattwespen usw. (Altenkirch, 1982).

Hierbei wird die Bedeutung der Nebenbaumarten deutlich, die von Natur aus in die Waldgesellschaften gehören und wesentlich stärker als bisher gefördert werden müssen. Einen Eindruck vermittelt die Zusammenstellung der sich aus Weichhölzern entwickelnden Schmetterlingsarten: An der Salweide fressen Raupen von mindestens 27 Arten, darunter die gefährdeten Arten Großer Schillerfalter, Trauermantel und Großer Fuchs; an der Aspe 34 Arten mit der gefährdeten Art Großer Eisvogel; an der Birke sogar 87 Arten. Ökologisch besonders wertvoll als Nektarpflanze und Futterpflanze sind außerdem der Faulbaum (7 Arten, u. a. Zitronenfalter und zahlreiche Arten als Blütenbesucher), Brennessel, Distel, Schlehdorn u. a. (Winter, 1982). Die Zahl der Insekten in den Kronen alter Laubbäume ist oft gewaltig und übersteigt nicht selten unser Vorstellungsvermögen über die daraus resultierenden Abhängigkeiten. Allein in einer einzigen Eiche hat man schon nicht weniger als 1.000 verschiedene Insektenarten gezählt. Die Kronenfauna nimmt z. B. auch bei der Kiefer insgesamt nach Arten und Individuen vom gleich alten über den ungleich alten Kiefernbestand zum Kiefern-Eichen-Mischbestand hin zu. Einen besonders großen Anteil an der Kronenfauna haben die Spinnentiere. Sie bilden — zusammen mit einigen Käfern und Wanzen — eine starke Gruppe räuberisch lebender Tiere, die als potentielle Gegenspieler auch der Schädlinge zu beachten sind (Altenkirch, 1982).

Nach Heydemann leben von den auf bestimmte Gehölze spezialisierten Insekten des Waldes an den Hauptbaumarten Eiche, Buche, Fichte und Kiefer rund die Hälfte, nämlich etwa 700 von knapp 1.400 erfaßten Arten. Die andere Hälfte ist auf die übrigen Baum- und Straucharten angewiesen und hat dementsprechend z. T. sehr geringe Überlebenschancen. Wenn der »Saure Regen« noch auf absehbare Zeit die Vitalität, die Lebenskraft und Abwehrkraft unserer Wirtschaftsbaumarten und Bestände schwächt, steigt damit das

Risiko der Massenvermehrung von Schädlingen — nicht nur der üblichen, sondern auch der bisher als harmlos geltenden Arten. **Steigerung der Artenvielfalt an Pflanzen, damit an Insekten, damit Stärkung des Bestandes an räuberischen oder parasitären Arten wie Schlupfwespen ist deshalb ein dringendes Gebot vorbeugenden biologischen Forstschutzes!**

Von großer Bedeutung für die forstliche Reaktion auf derartige Erkenntnisse ist die Tatsache, daß viele Tierarten — und das gilt besonders für die Insekten — nicht nur auf bestimmte Pflanzen- bzw. Baum- und Straucharten, sondern auch auf bestimmte »Etagen« im Wald spezialisiert sind. Wenn wir großflächig gleich alte Wälder haben, werden diese »Etagen« räumlich voneinander getrennt. Naturnahe Wälder weisen innig ineinander verschachtelte Lebensräume auf. Im Altersklassenwald werden die einzelnen Altersphasen der Bäume und damit die Lebensräume entzerrt und flächenmäßig voneinander getrennt. Manche Arten, die im naturnahen Wald miteinander vorkommen, können im Altersklassenwald dann auch nur noch flächenweise getrennt nebeneinander existieren. Insgesamt bedeutet dies eine Biotopverkleinerung für die einzelne Art. Für empfindliche Arten sind solche Lebensraumverkleinerungen unter Umständen lebensgefährlich, nämlich dann, wenn diese zur Unterschreitung der Mindestzahl an Individuen — die kritische Grenze der Population — führt. Die Art ist dann zum Verschwinden verurteilt. Das soll nicht heißen, daß wir nun allgemein vom Wirtschaftswald abkehren und auf gesamten Flächen zum artenreichen und vielstrukturierten Naturwald zurückkehren müssen. An der großen Aufgabe, Holz für die Gesellschaft in bedarfsangepaßter Menge und Qualität zu liefern, wird sich auch in Zukunft nichts ändern. Es wäre unverantwortlich, etwas anderes zu fordern. Dennoch muß versucht werden, unter Beachtung auch der wirtschaftlichen Ziele ein möglichst hohes Maß an Biotop- und Artenschutzmaßnahmen zusätzlich zu verwirklichen:

— Weitgehende Orientierung der Baumartenwahl und ihrer Bewirtschaftung an den natürlichen Waldgesellschaften. Das gilt insbesondere auch für die standortgemäßen Nebenbaum- und Straucharten, die, wo immer möglich, sowohl im Bestand als auch besonders im Waldmantel zu fördern sind. Die in den meisten sog. »Betriebszieltypen« vorgegebenen Anteile in Reinbeständen mit 10 % Gesamtanteil sollten grundsätzlich voll ausgeschöpft werden.

— Fremdländische Baumarten — wie z. B. Douglasie oder Roteiche — können übrigens nur mit wenigen heimischen Pilzen Mykorrhiza bilden. Während z. B. an den einheimischen Straucharten Weißdorn und Schlehe über 100 Insektenarten leben, sind es an den »Einwanderern« Eßkastanie (aus Südeuropa) nur 5 und Platane (aus Nordamerika) überhaupt keine (Hutter, 1985).

— Der Naturwald hat relativ kleinflächig nebeneinander die verschiedenen Altersphasen, die eine reiche Strukturvielfalt in seinen »Etagen« bewirken: Die Jungwaldphase geht in eine u. U. mehrhundertjährige Optimalphase über, der sich dann eine Altersphase und in fließendem Übergang die lichter werdende Zerfallsphase anschließt. Mit zunehmendem Zerfallsgrad kann sich dann wieder die Jungwaldphase entwickeln. Rücksichtnahme auf diese Rahmenbedingungen — wo es immer wirtschaftlich vertretbar erscheint — bedeutet:

— Angesichts der sehr unterschiedlichen und vielfach begrenzten Fähigkeiten von Tieren, räumliche Distanzen zu überwinden, muß grundsätzlich eine möglichst kleinräumige Strukturierung des Waldes angestrebt werden.

— Ausnutzung der Ungleichaltrigkeit durch geeignete Maßnahmen auf natürlich entstandenen Blößen (sofern man sie nicht unbeachtet lassen kann).

— Ungleichaltrige und vielartige Dauerbestockung an möglichst vielen Waldaußen- und -innenrändern.

— Erhöhung der Umtriebszeit in ökologisch besonders wertvollen und wirtschaftlich nicht so bedeutenden Altbeständen (besonders im Laubholz).

— Stehenlassen von kränkelnden, absterbenden oder toten Altbäumen (mindestens 2 pro ha).

— Förderung von blütenreichen Wildkräutern durch Beachtung des Licht- und Temperaturfaktors.

— Naturbelassene Restflächen hier und da sich selbst überlassen. Förderung von »Naturwaldzellen« in genügender Zahl.

— Belassung von Freiflächen, die sich z. B. zu blumen- und insektenreichen Borstgraswiesen weiterentwickeln können. Unterlassung von Aufforstungen kann die natürliche Vielfalt erheblich steigern.

Auch durch diese Anregungen geht wie ein roter Faden der Hinweis, daß Nichtstun sehr viel bedeuten kann.

— Im Gegensatz dazu empfiehlt sich eine konsequente naturnahe Behandlung aller forstwirtschaftlich unbedeutenden, ökologisch aber sehr wichtigen Bereiche:

— Bestockung an den Fließgewässern vorrangig nach Naturschutzgesichtspunkten. Erhaltung oder Wiederherstellung naturnaher Quer- und Längsprofile, Sicherstellung der Wanderung von Kleinstlebewesen und Fischen entgegen der Fließrichtung (vgl. Kap. 5).

— Erhaltung und Neuanlage von Feuchtgebieten ausschließlich nach Naturschutzgesichtspunkten (vgl. Kap. 6).

— Die nähere Umgebung von Felsen und dgl. sollte von standortfremden Baumarten freigestellt werden, die weitere Entwicklung sollte unbeeinträchtigt bleiben.

— Moorbereiche sollten ausschließlich nach Naturschutzgesichtspunkten behandelt werden. Kunstdünger und andere Chemikalien sollten auch in ihrer Nachbarschaft nicht ausgebracht werden (vgl. Kap. 8).

— Unterlassung übertriebener Jungwuchspflege, die durch Beseitigung der Krautflora oder Weichhölzer oft gerade das beseitigt, was für die ökologische Aufwertung und Stabilisierung der Wälder dringend benötigt wird.

— Schließlich ist auch hier und dort der Verlust an Holzertrag zu verschmerzen, wenn ein kleines Waldstück, das vielleicht seltene Orchideen oder andere Raritäten beherbergt, bei der Durchforstung ausgespart bleibt oder aber gerade dann und gezielt durchforstet wird, wenn die Gefahr besteht, daß diese Pflanzen aus Lichtmangel verschwinden würden.

— Allzu rasch wiederkehrende Eingriffe in ältere Waldbestände gefährden viele Pflanzen- und Tierarten. Die biologische Belebung ist stets auch in Abhängigkeit von der Zeit zu sehen.

Vielfalt ist forstlicher Vogelschutz

Insgesamt gibt es in der Bundesrepublik Deutschland rd. 110 Vogelarten, die mehr oder weniger zwingend auf den Wald angewiesen sind. Die Anregungen zur Steigerung der forstlichen Vielfalt schlagen bis zur Vogelfauna durch, so daß umgekehrt die Bestandesdichte und Artenvielfalt der Vögel auch als Gradmesser oder Bioindikator für die Ökosystemqualität dienen können. **Man kann allgemein sagen, daß die Zahl der Vogelarten mit Zunahme der Baumarten, des Unterholzes und der Krautschicht, mit dem unterschiedlichen Altersaufbau eines Bestandes und mit der Länge an Waldrändern (Grenzlinieneffekt der Innen- und Außenränder) steigt.** Dies läßt sich an einigen Einzeluntersuchungsergebnissen verdeutlichen:

— In einem Fichten-Tannen-Buchen-Urwaldrest im Bayerischen Wald leben 55 verschiedene Vogelarten, in einem benachbarten 40jährigen Buchenstangenholz dagegen nur 5 Arten.

— In einem kraut- und unterholzarmen 90jährigen Kiefernbaumholz in Nordniedersachsen werden nur 6 Vogelarten mit einer Brutpaardichte von 1,1/ha festgestellt. Bereits der Unterstand mit Fichte bei ebenfalls spärlicher Krautschicht hat bewirkt, daß 12 Vogelarten mit einer Brutdichte von 1,7 Paaren/ha gezählt werden konnten. In einem Kiefernbestand von 70 Jahren, in dem Birken, Eichen und Fichten beigemischt, Strauch- und Krautschicht gut ausgebildet waren, brüteten sogar 19 Arten mit einer Brutdichte von 5,8 Paaren/ha (Winter, 1982). Reine Fichtenbestände werden nur von 5 bis 10 Vogelarten besiedelt.

— Auch in Laubwäldern konnte Winter (1982) ähnliche Unterschiede ermitteln: Buchenwald 120jährig mit ausgeprägter Strauch- und Krautschicht: 23 Vogelarten, 6 bis 7 Brutpaare/ha. Buchenwald ohne Strauchschicht, mit spärlicher Krautschicht: 17 Arten, 2 Brutpaare/ha.

— Der Anteil der Höhlenbrüter nimmt mit zunehmendem Bestandsalter zu. Winter (1982) ermittelte ihren Anteil in einem 50jährigen Bestand mit 27 %, einem 70jährigen Bestand mit 35 %, einem 90jährigen Bestand mit 50 %, einem 130jährigen Bestand mit 73 %.

— Biebelriether belegt den Wert alter Bestände für die Vogelfauna und stellt sie im Vergleich zum reich strukturierten Urwald dar (Tab. 20).

Tabelle 20

Bestandsalter in Jahren	Zahl der Arten	davon seltene Kulturflüchter
Urwald		
1—400	55	14
Wirtschaftswald (Altersklassenwald)		
1— 5	25	2
5— 10	20	0
10— 30	25	1
30— 60	40	8
60—100	45	11
100—150	50	13

Deutlich wird dabei, daß die geschlossene Dickungsphase relativ am artenärmsten — also ärmer als die Kulturfläche — ist und die Artenzahl stetig in Abhängigkeit vom Bestandsalter steigt. Das Maximum der Artenzahl mit 55

Vogelarten lebt im Urwald, der nicht nur reich strukturiert, sondern auch reich an Totholz ist. Es wird deutlich, daß eine auf naturnahe Arten- und Strukturvielfalt bedachte Forstwirtschaft ganz automatisch auch beste Lebensraumbedingungen für die Vogelfauna bietet, die ihrerseits nicht zuletzt auch für den Menschen eine Steigerung des Erholungswertes und der Erlebnisvielfalt bewirkt. Allgemein lassen sich neben der Förderung der Vielfalt noch folgende Empfehlungen zum forstlichen Vogelschutz geben:

— Jeder Verzicht auf Biozideinsatz hilft, die Nahrungsbasis der Vögel zu erhalten.

— Eichelhäher sind oft zu Unrecht verfolgt worden. Es besteht in der Regel keinerlei Anlaß, auf ihren Bestand regulierend einzuwirken. Untersuchungen haben ergeben, daß 35 Eichelhäher in 10 Tagen 200.000 Eicheln forttrugen und im Boden vergruben. So ist es wohl kaum übertrieben, wenn man diesem emsigen Waldgärtner den Fortbestand vieler Eichenbestände und Eichenbeimischungen zuschreibt. Über die Verbreitung schwersamiger Baumarten fördert er die Kleinvogelwelt mehr, als daß er sie durch Nesträuberung schädigt. Er hat damit im Waldökosystem sogar eine Art Schlüsselposition inne. Er ist neben der Ringeltaube das wichtigste Beutetier des Habichts. Abgesehen davon, daß dieser Vogel heute auch nach dem Naturschutzrecht mehr als früher geschützt ist, sollte kein Jäger mehr in diesem wichtigen »Baumartenverteiler« eine jagdliche Beute sehen, es sei denn, er übernimmt selbst dessen fleißige Aufgabe...

— In der Nähe von Horsten und anderen wichtigen Lebensstätten von seltenen Vogelarten sollten zur Brutzeit — März bis August (je nach Art) — keine forstlichen Arbeiten durchgeführt werden.

— Eine Bejagung von Rabenkrähen und Elstern sollte unterlassen werden, da nur über diese Nestbauer unsere Eulen und Falken zu ihren Nestern kommen, da sie selbst keine bauen können.

— Einseitige Förderung von »Allerweltsarten«, z. B. Nisthilfen und Anfütterung von Stockenten, hat allein schon durch den einsetzenden unnatürlichen Populationsdruck stets die Verdrängung von seltenen und meist empfindlichen Arten zur Folge.

Natürliche Waldgesellschaften und einige ihrer Nebenbaum- und Straucharten

Nach Feststellungen in den Roten Listen Niedersachsens sind z. B. in diesem Bundesland rd. 3/4 der natürlichen Waldgesellschaften und 100 der 500 in den niedersächsischen Wäldern vorkommenden Pflanzenarten in ihrem Bestand gefährdet. Das dürfte kennzeichnend für die Situation im Bundesgebiet sein. Für den Schutz noch vorhandener und die Förderung künftiger naturnaher Waldgesellschaften ist die Kenntnis ihrer Zusammensetzung Voraussetzung: Ohne menschlichen Einfluß entwickeln sich in Abhängigkeit von den Standortbedingungen (z. B. Höhenlage, Wasser- und Nährstoffversorgung, Kleinklima usw.) bestimmte Waldgesellschaften, die sich aus den Baum- und Straucharten zusammensetzen, die auf dem jeweiligen Standort am konkurrenzstärksten sind. Der Forstmann nennt diese Endgesellschaft, die im Prinzip durch Sukzession keinem wesentlichen Artenwechsel mehr unterliegt, auch Klimax-Gesellschaft. In der Bezeichnung dieser Klimax-Gesellschaft wird oft auch noch ein bestimmtes Kraut oder eine Grasart mit benannt, die als Leitart besonders typisch ist und die Zuordnung einer Waldgesellschaft zu einem Standort meist auch dann zuläßt, wenn der vorhandene Wald aus ganz anderen Wirtschaftsbaumarten zusammengesetzt ist.

Zwar handelt es sich bei diesen pflanzensoziologischen Waldbau-Grundlagen um eine sehr differenzierte Wissenschaft, mit der sich ein angehender Forstmann einige Semester lang gründlich beschäftigen muß, dennoch kann eine grob vereinfachende Übersicht auch dem Laien einige Erkenntnisse vermitteln, die ihm Einblicke in die potentiellen Möglichkeiten einer biologischen Belebung oder in die Schutzwürdigkeit des vorhandenen Waldes erleichtern. Die Tabelle 21 vermittelt zunächst einen Eindruck, welche Bereicherung durch verschiedene standortgemäße Baumarten allein die Insektenarten erfahren können und welche ökologische Stabilisierung dadurch zu erwarten ist.

Speziell zur Birke schreibt z. B. Heydemann: »Gerade die Pionierphase der Birke, also Birkenbestände von etwa 1 bis 5 m Höhe, haben einen besonders reichen Tierbesatz. Die Birkenarten gehören generell zu den für die pflanzenverzehrende Fauna bevorzugten Baumarten mit weit über 150 auf sie spezialisierten Tierarten. Schon eine leichte Beimischung von Birken in Kiefer- und Eichenwäldern erhöht die Artenzahl der Fauna um 80 bis 100 Arten.« Dem Faulbaum kommt wegen seiner ausgedehnten Blütezeit von Juni bis Oktober und freien Nektarzugänglichkeit auch für Arten mit kurzen Mundwerkzeugen (z. B. Stechimmen) als Nahrungsbasis eine große Bedeutung zu (Haeseler, 1979). Ähnliches gilt

Tabelle 21: Spezialisierte pflanzenverzehrende Insektenarten auf wichtigen Baum- und Straucharten Mitteleuropas (n. Heydemann) — Auszug

Bäume und Sträucher	Insekten Gesamtzahl	davon Tiergruppe Gallwespen	Rüsselkäfer	Bockkäfer	Borkenkäfer	Spannerfalter	Eulenfalter
Aspe	67	-	17	-	9	-	12
Weiden (Gatt.)	218	-	16	38	6	23	25
Roterle	54	-	10	-	-	14	-
Birken	164	-	11	27	10	30	9
Hainbuche	59	-	3	23	14	-	-
Buche	96	-	6	38	19	7	4
Eichen	298	75	16	70	15	22	24
Vogelbeere	26	-	-	2	6	5	1
Fichte	150	-	10	44	44	11	2
Kiefer	162	-	16	42	54	6	1
Him-/Brombeere	32	1	2	2	-	5	10
Heidelbeere	40	-	-	-	-	18	16

bei anderen Insektenarten für Brombeere und Himbeere, die wegen ihrer langen Blütezeit einen wesentlichen Beitrag zur Überbrückung des Blütenengpasses im Hochsommer leisten können. Gleichzeitig stellen trockene Zweige von Brombeere, Himbeere und Holunder für etliche Hautflügler- und Heuschreckenarten Bruthabitate dar (z. B. Röber, 1951; Ingrisch, 1979; Preuss, 1980).

Traubenkirsche, Schwarzer Holunder (beides Arten mit dichtem Kronendach) und Dornsträucher wie Weißdorn, Schlehe, Rosen, Brombeere und Himbeere werden von den Heckenvögeln zur Anlage der Nester bevorzugt (Riess, 1973). Zwölfer (1981) bezeichnet Weißdorn, Schlehe und Wildrosen wegen ihrer reichhaltigen Insektenfauna und der vielfältigen Nutzungsmöglichkeiten durch Tiere als »Hauptarten«. Allein an diesen drei Arten wurden in Franken Schlupfwespen und andere parasitierende Arten nachgewiesen, die für 40 verschiedene Arten von Schadinsekten in der Land- und Forstwirtschaft als natürlicher Vertilger bekannt sind (Hutter, 1985). Gisela Jahn vom Institut für Waldbau der Universität Göttingen hat 1982 für den norddeutschen Raum eine Übersicht der wichtigsten Waldgesellschaften erstellt, die auch auf den süddeutschen Raum übertragen werden können, wenn man dabei berücksichtigt, daß im Süden wegen der günstigen Klimabedingungen noch weitere hier nicht genannte Baum- (z. B. Tanne) und Straucharten hinzukommen (Tab. 22).

Je weiter man in Deutschland nach Süden kommt und je günstiger damit die temperaturbedingten Klimawerte werden, desto höher »rutscht« z. B. die »hochmontane« Lage, die sog. Fichtenzwangsstandorte darstellt und auch von Natur aus Fichtenwälder (Ziff. 19 in der Tabelle) bildet. Während diese hochmontane Lage z. B. im Harz schon ab etwa 700 m Höhenlage beginnt (je nach Exposition und Wärmehaushalt etwas schwankend), finden wir sie in den Alpen erst etwa 1.000 m höher. In tieferen Lagen sind wesentlich bessere Möglichkeiten durch die »Palette« der entsprechenden Waldgesellschaft und ggf. durch die Arten der höheren Lagen gegeben. So wie die Arten der höheren — klimatisch also rauheren — Lagen in günstigere tiefere Lagen gebracht werden können, sind auch Arten der ärmeren Standorte auf reichere Böden einzubringen. Auf den jeweils günstigeren Standorten finden die Baumarten meist auch ihr Optimum, auch wenn sie in einem Naturwald kaum vorhanden wären, weil sie durch konkurrenzstärkere Baumarten verdrängt, z. B. von der Buche »herausgedunkelt« werden.

Zu den in der Übersicht dargestellten Waldgesellschaften werden nach Jahn (1982, auszugsweise) ergänzende Hinweise u. a. auch darüber gegeben, welche Nebenbaum- und Straucharten zur Beimischung bzw. Randbereicherung jeweils geeignet sind; die Wertung erfolgt jeweils nur aus Sicht des Biotop- und Artenschutzes und nicht aus Sicht der forstwirtschaftlichen Möglichkeiten:

Ebene und Hügelland

1. Hainbuchen- und Stieleichenwälder

Hohe Vielfalt in allen Schichten, reiche Baumartengarnitur, viele Straucharten, Frühjahrsblüher in Krautschicht. Reiche Tierwelt. Schutzbedürftig. Entwässerungsmaßnahmen unterlassen. Nadelbäume fallen hier infolge von Kalamitäten frühzeitig aus. Waldmäntel und Gebüsche sind edelholzreich. Neben den Baumarten Stieleiche, Esche, Bergahorn, Feldahorn, Kirsche und im subkontinentalen Bereich auch Winterlinde, kommen die Straucharten Hasel, Pfaffenhütchen, Roter Hartriegel, Gemeiner Schneeball, Rosen, Traubenkirsche, Salweide, Schwarzer Holunder im Naturwald vor.

2. Perlgras-Buchenwälder

Die Vielfalt ist in der Baumschicht gering, da die Buche sehr vital ist, in der Strauch- und Krautschicht ist sie dagegen hoch. Diese Waldgesellschaft ist durch landwirtschaftliche Nutzung sowie durch Nadelbaumarten gefährdet. In diese Waldgesellschaft gehören — besonders im Waldmantel — auch Brombeer-Schlehengebüsche mit Hainbuche, Weißdorn, Traubeneiche und Aspe.

Tabelle 22

Grobschematische Übersicht über die wichtigsten Waldgesellschaften im nordwestdeutschen Raum (nach Jahn, 1982)					
Vegetationsstufe (Höhenlage)	Klimabedingte Waldgesellschaften auf ökologisch mittleren Standorten			Waldgesellschaften auf Sonderstandorten	
	karbonathaltigem Substrat	Standorte auf ± basenreichem silikatischem Substrat	basenarmem	Blockreiche Steilhänge basenreicher Gesteine u. a.	Bach- bzw. Flußtäler. Mulden
1	2	3	4	5	6
hochmontan (hohes Bergland)	–	–	19 Natürliche Fichtenwälder *(Calamagrostio villosae-Piceetum)*	23 Block-Fichtenwälder *(Betulo carp.-Piceetum)*	25 Rauschbeeren-Fichten-Bruchwald *(Vacc. uliginosae-Piceetum)*
ober montan (oberes Bergland)	–	18 Bergahorn-Buchenwälder *(Aceri-Fagetum)*	18 Buchen-Fichtenwälder *(Fago-Piceetum)*	22 Auf humiden reichen Standorten: Ahorn/Eschenwälder *(Acer.-Fraxinetum)*	24 Bacheschenwälder je nach Standort Untereinheiten der Spalte 2, 3 oder 4 u. a.
montan (Bergland)	13 Mesophile Kalkbuchenwälder *(Lathyro-Fagetum)*	16 Zahnwurz-Buchenwälder *(Dentario bulbiferae-Fagetum)*	17 Hainsimsen-Buchenwälder *(Luzulo-Fagetum)*	*21 Auf trockenen Kalk-Standorten: Thermophile Kalkbuchenwälder (Carici-Fagetum)*	
submontan (unteres Bergland)		14 Perlgras-Buchenwälder *(Melico-Fagetum)*	15 Hainsimsen-Traubeneichen-Buchenwälder *(Luzulo-Querco-Fagetum)*		10 Bacheschenwälder *(Carici remotae-Fraxinetum)* Bach-Erlen/Eschenwälder *(Alno-Fraxinetum)*
Kollin[1]) *(Hügelland)*	Starke Aufgliederung nach dem Geländewasserhaushalt: *Grund- und stauwasserbeeinflußte Standorte*	*1 Hainbuchen/Stieleichenwälder (Stellario-Querco-Carpinetum)*	4 Buchen- bzw. Birken/Stieleichenwälder *(Fago-Quercetum, Betulo-Querc.)*	20 Ahorn/Lindenwälder *(Aceri-Tilietum)*	8 Weichholzauen *(Salicetum)*
planar[1]) (Ebene)	*Nachhaltig frische Standorte*	2 Perlgras-Buchenwälder[2]) *(Melico-Fagetum)*	5 Flattergras-Buchenwälder *(Desch.-Fag. milietosum)*		9 Hartholzauen *(Querco-Ulmetum)* 11 Erlenbrücher *(Alnetum glutinosae)*
	Mäßig frische bis trockene Standorte	3 Hainbuchen/Traubeneichenwälder *(Galio-Querco-Carpinetum)*	6 Buchen/Traubeneichenwälder 7 Drahtschmielen-Buchenwälder *(Fago-Quercetum)*		12 Birkenbrücher und Sumpfporst-Kiefern-Bruchwälder *(Betuletum pub. Ledo-Pinetum)*

[1]) Im planaren Bereich und bei subkontinentalem Klimaeinfluß setzen sich eichenreiche Wälder stärker durch, im kollinen Bereich und bei subatlantischem Klimaeinfluß nimmt die Konkurrenzkraft der Buche zu. Bei subkontinentalem Einfluß tritt oft die Winterlinde als Mischbaumart an die Stelle der Buche, und auf anmoorigen sauren Standorten werden Kiefer und Fichte häufiger.

[2]) Diese Buchenwälder sind infolge Mittel- oder Niederwaldwirtschaft häufig in Eichenmischwälder umgewandelt worden.

3. Hainbuchen-Traubeneichenwälder
Mittlere bis hohe Vielfalt. Schutzbedürftig. Heute sehr selten, oft in Nadelbaumbestände umgewandelt; stufiger Aufbau — besonders im Waldmantel — mit Beimischungen von Brombeer-Schlehen-Hainbuchen-Gebüsch und Eberesche, Sandbirke und Salweide.

4. Buchen- bzw. Birken-Stieleichenwälder
Mittlere Vielfalt in allen Schichten. Hochgradig schutzwürdig. Durch Entwässerung fast immer stark gestört. Starke Minderung der Vielfalt durch Fichtenanbau. Stufiger Aufbau — besonders im Waldmantel — mit Beimischungen von Eberesche, Birke, Stieleiche, Ohr- und Grauweiden, nach Schafweide auch Holunder.

5. Flattergras-Buchenwälder
Geringe Vielfalt in allen Schichten wegen starker Beschattung durch die herrschende Buche. Durch Nadelbaumanbau Erhöhung der Vielfalt, aber Destabilisierung (Windwurf), da fast ausschließlich auf Zweischichtenböden. Beimischungen — besonders im Waldmantel — von Brombeer-Gebüschen mit Aspe, Eberesche und Birke. Für Schlehen mutmaßlich schon zu arm. Wegen großer Seltenheit möglichst durch Naturverjüngung erhalten (Gatter!).

6. Buchen- und Traubeneichenwälder
Etwas höhere Vielfalt als in reinen Buchenwäldern. Schutzbedürftig. Nur noch in ehemaligen »Königlichen Holzungen« erhalten. Beimischungen — besonders im Waldmantel — mit Birke, Eberesche, Traubeneichen, Ohrweiden. Nach Schafweide auch Wacholder.

7. Drahtschmielen-Buchenwälder
Geringe Vielfalt in allen Schichten. Erhöhung der Vielfalt durch Beimischungen jeglicher Art, da von Natur extrem artenarm. Besonders im Waldmantel Beimischungen mit Brombeere, Faulbaum, Geißblatt, Birke, Eberesche, Eiche, im Westen auch Ginster, nach Schafweide Wacholder.

Sonderstandorte in der Ebene und im Hügelland

8. Weichholzauen — Silberweiden-/Flußuferwälder
Hohe Vielfalt. Akut vom Aussterben bedroht, hochgradig schutzbedürftig. Bedroht durch Wiesennutzung, Ackerbau und Baumartenverfälschung, z. B. durch Pappelanbau. Natürliche Biotope erhalten und Gewässerregulierungen vermeiden (vgl. Kap. 5).

9. Stieleichen-(Ulmen-)Hartholzauen
Hohe Vielfalt mit den Baumarten Stieleiche, allen Ulmenarten, Bergahorn, Feldahorn, Esche, Wildobst. Daneben artenreiche Strauch- und Krautschicht. Hochgradig schutzwürdig. Gefährdet durch Wiesennutzung, Ackerbau, Pappelanbau und Deichbau. Im Waldmantel zusätzlich Beimischung von Hainbuche, Weißdorn, Eberesche, Faulbaum, Ohr- und Grauweiden. Wiederherstellung des natürlichen Biotops mit periodischer Überflutung anstreben.

10. Bacheschenwälder
Hohe Vielfalt. Mischungen mit Stieleiche, häufiger auch Grau- und Schwarzerle. Gefährdet durch Bachregulierung. Im Waldmantel zusätzlich Beimischung von Hainbuche, Weißdorn, Eberesche, Faulbaum, sowie Ohr- und Grauweiden u. a.

11. Walzenseggen-Schwarzerlenbrücher
Hohe Vielfalt, besonders in Strauch- und Krautschicht. Gefährdet durch Entwässerung, Pappelanbau und andere nicht standortgemäße Baumarten. Im Waldmantel Beimischung von Schwarzer Johannisbeere, Grauweidengebüschen mit Lorbeerweide, Ohrweide, Salweide u. a.

12. Moor-Birkenbrücher und Sumpfporst-Kiefern-Bruchwälder
Mittlere bis hohe Vielfalt im Moor-Birkenbruch mit Moorpflanzen. Schutzbedürftig. Minderung der Vielfalt bei Entwässerung und bei reinem Nadelbaumanbau. Im Waldmantel Beimischung von Grauweidengebüschen, Gagelstrauch, Faulbaum, Ohrweiden.

Bergland

In der submontanen und montanen Stufe herrscht die Buche von Natur aus in nahezu allen klimabedingten Waldgesellschaften vor infolge ihrer Vielfalt und ihres starken Schattenwurfs. Naturbedingt nimmt die Vielfalt von den karbonathaltigen bis zu den basenarmen Standorten ab. Am höchsten ist die Vielfalt in den Kalkbuchenwäldern mit der Frühlingsplatterbse als Leitpflanze.

13. Platterbsen-Buchenwälder
Große Vielfalt, besonders in ehemaligen Mittelwäldern, in Baumschichten und in Krautschicht. Durch Entartung gefährdet (Nadelbaumanbau), in Einzelbeständen schutzbedürftig. Im Waldmantel reiche Beimischungen möglich durch Berberitzen-Dornstrauchgebüsch mit Weißdorn,

Schlehe, Kreuzdorn, Roter Heckenkirsche, Rotem Hartriegel, Wolligem und Gewöhnlichem Schneeball, Liguster, Waldrebe und Lichtbaumarten, die im Walde durch die Buche verdrängt werden, wie Feldahorn, Feld- und Bergulme, Esche, Elsbeere, Hainbuche, Stiel- und Traubeneiche. Erhöhung der Vielfalt durch Förderung von Edellaubbäumen im Bestand möglich.

14. Perlgras-Buchenwälder mit Traubeneiche
Hohe bis mittlere Vielfalt. Durch Entartung (z. B. Fichtenreinbestände) gefährdet, schutzbedürftig. Reines Nadelholz vermindert, Beimischung dagegen erhöht die Vielfalt. Im Waldmantel Beimischung mit Hainbuchen-Schlehengebüsch, mit Aspe, Hasel, Brombeere, Himbeere und Weißdorn und lichtliebenden Baumarten wie Eiche und Bergahorn.

15. Hainsimsen-Traubeneichen-Buchenwälder
Geringe bis sehr geringe Vielfalt. Akut vom Aussterben bedroht infolge Umwandlung in Fichte. Vielfalt bei Nadelbaumbeimischung größer als in der naturnahen Waldgesellschaft. Im Waldmantel Beimischung von Traubeneiche, Eberesche, Birke, Waldgeißblatt, Hirschholunder. Dem natürlichen Randbewuchs genügend Freiraum geben.

16. Zwiebelzahnwurz-Buchenwälder
Hohe bis mittlere Vielfalt in Baum- und Krautschicht je nach Untereinheit. Durch Entartung infolge hoher Fichtenleistung gefährdet, schutzbedürftig. Im Waldmantel Beimischung von Sträuchern, wie Roter und seltener Schwarzer Holunder, Salweide, Himbeere. Einzige von Natur aus großflächig vorhandene Buchen-Waldgesellschaft in der montanen Stufe mit Möglichkeit der Edellaubbaumbeimischung bei wirksamem Schutz vor Wild. Reste unbedingt erhalten.

17. Hainsimsen-Buchenwälder
Geringe bis sehr geringe Vielfalt in allen Schichten. Gefährdet infolge Fichtenanbau bzw. Fichtenauspflanzung von wegen Wildschadens nicht gelungenen Buchennaturverjüngungen. Im Waldmantel Beimischung von Rotem Holunder, Faulbaum und Salweide. Erhalten der wenigen Reste durch Naturverjüngung mit wirksamem Wildschutz.

18. (Bergahorn)-Buchen-Fichtenwälder
Umso höhere Vielfalt, je mehr der sehr seltene Bergahorn beteiligt ist. Akut vom Aussterben bedroht, da Buche mit Bergahorn stark vom Wild gefährdet sind. Hochgradig schutzbedürftig. Aufkommen der Verjüngung problematisch, da meist an Steilhängen in schneereichen Lagen, wo Gatterbau technisch schwierig oder kostspielig ist. Minderung der Vielfalt durch reinen Fichtenanbau. Im Waldmantel Beimischung von Eberesche, Birke, Weiden — z. B. Ohrweide —, Roter Holunder. Mit allen Mitteln, wo es nur geht, standortgemäße Laubbaumarten erhalten und fördern.

19. Natürliche Fichtenwälder
Geringe Vielfalt in allen Schichten. Einzige nicht gefährdete Waldgesellschaft, da es hier keine Alternativbaumart gibt. Beimischung der Eberesche auf ganzer Fläche als einzige noch gedeihende Laubbaumart.

Sonderstandorte im Bergland

20. Ahorn-Linden-Wälder
Hohe Vielfalt. Auf blockreichen Steilhängen mit basenreichem Gestein, sehr selten und unbedingt schutzbedürftig. Im Waldmantel Beimischung einer reichen Strauchschicht mit Weißdorn, Berberitzen, Schlehen, Liguster, Rosen, Kreuzdorn, Schneeball, Rotem Hartriegel u. a.

21. Wärmeliebende Kalkbuchenwälder
Vielfalt vergleichsweise am höchsten. Reich an Baum- und Straucharten sowie seltenen Arten in der Krautschicht, z. B. Orchideen. Stark gefährdet u. a. durch Nadelbaumanbau (z. B. Schwarzkiefer) und dadurch Minderung der Vielfalt. Hochgradig schutzwürdig. Meist sehr reichhaltige Strauchschicht auch im Bestand wegen der Durchlässigkeit des Kronendaches und des oft lichten Standes, besonders aber im Waldmantel: wärmeliebendes Berberitzen-Dornstrauchgebüsch mit Weißdorn, Schlehen, Liguster, Rosen, Wolligem Schneeball, Rotem Hartriegel, Pfaffenhütchen, Kreuzdorn, Roter Heckenkirsche, Elsbeere, Feldahorn, Feldulme, Hainbuche. Dichtschluß vermeiden, um Orchideen und andere seltene wärme- und lichtliebende Arten zu erhalten.

22. Ahorn-Eschen-Wälder
Schlucht- und Gesteinsblock-Wälder. Hohe Vielfalt, besonders in der Baumschicht aus Esche, Bergahorn, Bergulme, Sommerlinde, Buche sowie in der hochstaudenreichen Krautschicht. Potentiell gefährdet und schutzbedürftig. Starke Minderung der Vielfalt durch Nadelbaumanbau. Im Waldmantel hoher natürlicher Strauchartenanteil: Schwarzer Holunder, Rote Heckenkirsche, Hasel.

23. Karpatenbirken-Blockfichtenwälder
Für Norddeutschland nicht beschrieben.

24. Bacheschenwälder
Meist in U-förmigen Tallagen und edellaubbaumreiche Ausbildungen der Perlgras-, Zahnwurz- und Bergahorn/Buchen/Fichtenwälder in V-förmigen Tallagen. Vergleichsweise hohe Vielfalt, oft sich stark abhebend von den angrenzenden, mehr oder weniger eintönigen Hängen. Gefährdet durch »Verfichtung«. Einzelne Fichten erhöhen die Vielfalt, Fichten in Reinbeständen vermindern sie drastisch. Im Waldmantel Beimischung auch von Schwarz- und Grauerle, Weide, beiden Holunderarten. Pflege der natürlichen Baumartenkombination erforderlich.

25. Rauschbeeren-Fichten-Moorwald und Torfmoos-Fichtenwald
Vergleichsweise hohe Vielfalt innerhalb der Fichtenwälder. Potentiell gefährdet durch Entwässerung und Erholungsverkehr (z. B. Skilanglauf).

Die empfohlene Vielfalt standortgemäßer Baum- und Straucharten gilt auch innerhalb der Arten hinsichtlich ihrer Genvielfalt. Sie ist wichtig als Voraussetzung für eine natürliche Anpassungsfähigkeit von Waldbaumpopulationen (Hattemer, 1985). Hier kommt es also nicht darauf an, hochgezüchtete Sorten oder »Einheitsherkünfte« aus Baumschulen zu verwenden, sondern möglichst heterogenes Material aus dem gleichen Raum zu vermehren.

12.2 Waldränder — dankbare Bereiche für Naturschutzarbeit

»Ihr karrt in ewig gleicher Spur
und narrt euch vor, dies sei Kultur!«
Christian Morgenstern

Nach grober Schätzung sind sicherlich über 90% unserer Waldränder ökologisch nicht befriedigend aufgebaut. Da nicht zuletzt die schlechte Ertragslage der Forstwirtschaft (u. a. hohe Kulturkosten und großer Pflegeaufwand) sowie die Wildfrage (ggf. vorübergehender Zaunschutz) dafür gewichtige Ursachen darstellen, andererseits aber standortgerechte und artenreiche Waldränder sowohl den Naturhaushalt als auch die Erholungseignung der Landschaft ganz wesentlich bereichern können, ergeben sich gerade in diesen Zonen vielfältigste Möglichkeiten für eine wertvolle Naturschutzarbeit.

Waldränder unterscheiden sich strukturell und funktional deutlich vom geschlossenen Wald:

— Schutz und Sicherung des dahinter liegenden Waldes im Interesse aller Waldfunktionen.

— Bildung eines besonders artenreichen Lebensraumes, der viele eigens darauf spezialisierte Pflanzen- und Tierarten neben vielen der angrenzenden Ökosysteme (z. B. Feld und Wald) enthält (= Grenzlinieneffekt).

— Bereicherung der Landschaft durch erlebbare ästhetische Vielfalt, die den Erholungswert kennzeichnet. Die Länge der Grenzlinie, bezogen auf eine Fläche, ihre strukturelle und farbliche Vielfalt und der Wechsel der optischen Reize im Jahresablauf sind dafür wesentliche Kriterien.

Je nach Lage unterscheidet man
— Waldaußenränder als Grenzbereiche gegenüber anderen Vegetations- oder Nutzungsformen (z. B. Feldflur, Siedlungen, öffentliche Straßen, größere Freiflächen im Wald),
— Waldinnenränder als Grenzbereiche zwischen verschiedenen Waldbeständen, an kleineren Gewässern, Forstwegen u. dgl. Diese Einteilung schließt nicht aus, daß nicht auch einige Waldinnenränder an breiteren Forstwegen z. B. quer zur Hauptwindrichtung als »Sturmfanglinie« oder zur Steigerung der natürlichen Vielfalt und Förderung der Erholungseignung an stark begangenen Spazier- und Wanderwegen ähnlich wie Waldaußenränder gestaltet werden.

Waldaußenränder

Jeder Waldaußenrand — und im besonderen Maße der Wind und Sonne ausgesetzte Waldmantel — bedarf einer vorrangigen Beachtung. Jeder Waldbestand verschafft sich über den

Waldmantel gewissermaßen von selbst ein eigenes Binnenklima mit ausgleichenden Extremen der Temperatur, einer höheren Feuchtigkeit, geringeren Verdunstung und Windruhe. Diese Faktoren wirken sich positiv auf den Zuwachs der nachgelagerten Bestände aus. Alle Maßnahmen der Zuwachssteigerung (z. B. Durchforstung) oder der Erschließung zur Holzbringung (z. B. Wegebau) werden weitgehend nichtig, wenn die Einzelbestände nicht gegen den Angriff der atmosphärischen Einflüsse (z. B. Sturm) geschützt sind. Ein Problem dieser Schutzfunktion liegt darin, daß die wichtigsten Pflegemaßnahmen bereits in sehr jungem Bestandesalter getroffen werden müssen — also viel Geld kosten und keine Erträge bringen —, später nicht nachholbar sind und ihre Hauptwirkung erst 2 bis 3 »menschliche Forstgenerationen« später erzielen, d. h., Unterlassung der sog. Traufpflege straft stets — z. B. durch Windwurf — andere Menschen.

Kurzsichtige Unterlassung spart also heute Geld, gefährdet aber im höheren Alter die Bestandessicherheit und entspricht somit nicht dem Nachhaltsprinzip der Forstwirtschaft. Das gilt ebenso für alle forstfremden Eingriffe, wie Leitungstrassen, Straßenaufhiebe u. dgl., die bei älteren Beständen die Bildung eines wirksamen Schutzmantels nicht mehr zulassen und damit die Bestände für immer labilisieren. Der ideale Waldrand steht dem Wind nicht als hohes und dichtes Hindernis im Weg. Recht offen — besonders in der Jugendphase des Bestandes — sollte er vielmehr sein, aus weit auseinanderstehenden Bäumen zusammengesetzt — jeder einzelne fast ein Solitär — und nur allmählich in den dichten Innenbestand übergehend. In einen solchen Rand können die Luftmassen teilweise eindringen und werden nur langsam abgebremst. Der waldlebensgefährliche Luftstau mit seinen Turbulenzen wird dann vermieden (Abb. 97 und 98).

Im Idealfall ist ein Waldaußenrand etwa eine Baumlänge, also rd. 30 m — bei besonderer Windexposition sogar 40 m — breit und wird mit besonderen Baumarten als getrennte waldbauliche Einheit behandelt und in Form einer Dauerbestockung behutsam gepflegt, die niemals kahlgeschlagen wird. Für die Strauchzone und weitgehend auch die Bäume II. Ordnung sollte gelten, daß sie nicht nur standortgerecht, sondern bodenständig im engsten Sinne sind. Sie müssen es sein, wenn der Saum seinen Naturschutzzweck als Refugium für Flora und Fauna erfüllen soll. Da eine unmittelbare Nutzung dieser Gehölze nicht stattfindet, kann — im Gegensatz zu Feld und Wirtschaftswald — eine Florenfälschung streng vermieden werden. Insofern wird empfohlen, Saumgehölze nicht anzupflanzen, sondern ihnen nur Raum zu geben und sie sich selbst anfinden und entwickeln zu lassen. Das gilt leider heute nur noch eingeschränkt, weil die dazu erforderlichen »Muttersträucher oder Mutterbäume II. Ord-

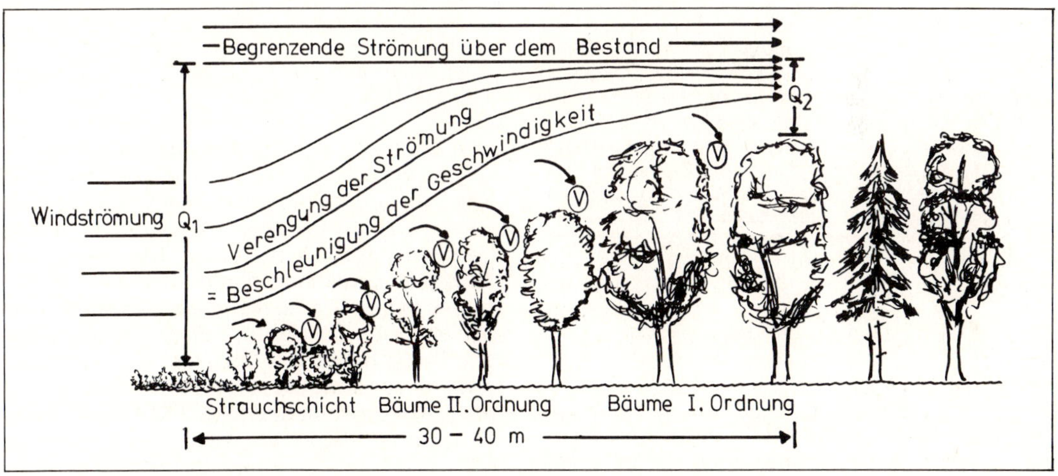

Abb. 97. Wirkung eines Waldaußenrandes mit guter Abstufung gegen den Wind.
Von Q1 bis Q2 wird der Querschnitt kleiner, so daß die Luftströme beschleunigt werden. Der lockere Aufbau fängt bei V die dadurch entstehenden Verwirbelungen ab, die in den Bestand eindringen können. Durch frühzeitige Freistellung sind die Randbäume tief beastet geblieben, haben ein festeres Wurzelsystem entwickelt und sich durch eine spezielle Verteilung von Druck- und Zugholz im Stammbereich insgesamt statisch besonders stabil entwickelt. Ein derartiger Außenrand erlaubt ein relativ gleichmäßiges Überströmen und sichert damit den nachgelagerten Bestand am besten.

nung« nicht ausreichend oder gar nicht mehr vorhanden sind, das Wild sie nicht aufkommen läßt und sich die in Überzahl vorhandenen meist standortfremden Wirtschaftsbaumarten — z. B. Fichten — auch einfinden. Überall, wo diese Probleme beherrschend sind, kann nur ein künstliches Nachhelfen durch Pflanzung mit abschnittsweisem Zaunschutz in der empfindlichen Jungwuchsphase befriedigende Entwicklungen ergeben.

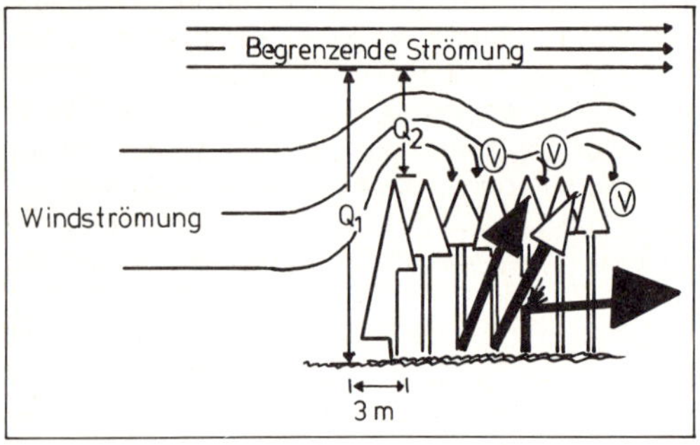

Abb. 98. Wirkung eines zu steilen und zu geschlossenen Waldaußenrandes gegen den Wind.
Die Querschnittsverengung von Q1 zu Q2 erfolgt auf sehr kurzer Strecke. Beschleunigung und Verwirbelungen V sind stärker. Damit verbunden ist auch ein starker Sog, der beim Flugzeug den Auftrieb als Voraussetzung für das Fliegen, bei den Bäumen aber stärkere Turbulenzen erzeugt. Die nachgelagerten Bäume haben nur noch eine hochangesetzte Krone (= wertvolles Bestandesholz), dadurch entwickeln sich stärkere Hebelkräfte, Verwurzelung und Druck- und Zugholzverteilung sind ungünstiger, so daß diese Bäume statisch wesentlich weniger stabil sind und leicht geworfen werden oder sogar brechen. Bei derartig geschlossenen Steilrändern ist es oft — namentlich besonders bei der Fichte — nur eine Frage der Zeit, bis einmal Sturm und Düsenwirkung ausreichen, um den nachgelagerten Bestand zu zerstören. Ähnlich wie in Windschutzstreifen wird man auch am Beginn der Waldinnenränder frühzeitig eine »geometrische Durchlässigkeit« von 30 bis 50 % anstreben müssen.

Waldinnenränder

Für die Innenränder, also die Bestandesränder an Hauptwegen und kleinen offenen Flächen im Wald, gilt das bisher Gesagte nur mit Einschränkungen. Man wird sie in geringerer Breite ansetzen müssen und Gebüsche im allgemeinen nur vereinzelt fördern können. Sie sind auch keine gesonderte Einheit, sondern werden durch die besondere Art der frühen Durchforstung aus dem jeweiligen Bestand entwickelt. Einige Holzarten der natürlichen Waldgesellschaft, also in der Regel Laubhölzer, sollten auch im Innenrand stets vertreten sein. Vielfältig sind die Möglichkeiten, am Innenrand besondere Einzelbäume herauszuarbeiten, Überhältergruppen alt werden zu lassen oder auf ähnliche Weise für Bereicherung zu sorgen. Gerade hier gilt, die Ränder früh zu pflegen und Einzelbäume so herauszuarbeiten, daß sich ein lockerer Bestandesrand mit tief beasteten Bäumen in ausreichender Tiefe (etwa 10 bis 30 m) ergibt, der auch Raum für einige Krautpflanzen, Sträucher und Mischbaumarten läßt.

Ein bißchen Herz, ein bißchen Ruhe zum Nachdenken und genügend Zeit und Geld zum Handeln öffnen dem verantwortungsbewußten Forstmann hier eine Fülle von Möglichkeiten, seinen Wald ökologisch erheblich aufzuwerten.

Artenreichtum der Waldränder

Die Umweltbedingungen sind im Waldrand meist wesentlich verändert gegenüber denen der Wälder oder Felder:

— Andere kleinklimatische Verhältnisse (Licht, Temperatur, Wind, Feuchtigkeit),
— andere Bodenverhältnisse in Wechselwirkung mit den besonderen Klimabedingungen und verstärkt durch andere Vegetation und deren Abfälle,
— starke Geländestufe als Orientierungsziel oder Ausbreitungshindernis für Tiere; spezielle Raumstruktur,
— ausgeprägte Vegetation, insbesondere Blütensäume.

Diese Diversität der Umweltbedingungen bedeutet ein großes Angebot an ökologischen Nischen, das wiederum zu einer hohen Artendiversität bei Pflanzen und Tieren führt. Die Randgemeinschaft wird durch Überlappen der tierischen Gemeinschaften der angrenzenden Areale gebildet. Hinzu kommen Arten mit weiten ökologischen Toleranzen, die in beiden Bereichen vorkommen, im Grenzgebiet aber möglicherweise Vorzugsbedingungen finden. So entsteht eine charakteristische Artenkombination. Vielfach ist auch die Zahl der Arten und der Individuen im Grenzbereich besonders groß: Randeffekt (edge-effect) oder Grenzlinienwirkung.

— *Pflanzenwelt:* Die Vielfalt der auf die Diversität reagierenden Pflanzenwelt geht aus zwei Einzeluntersuchungen hervor, die Dierschke 1974 bei Göttingen angestellt hat (Abb. 99).

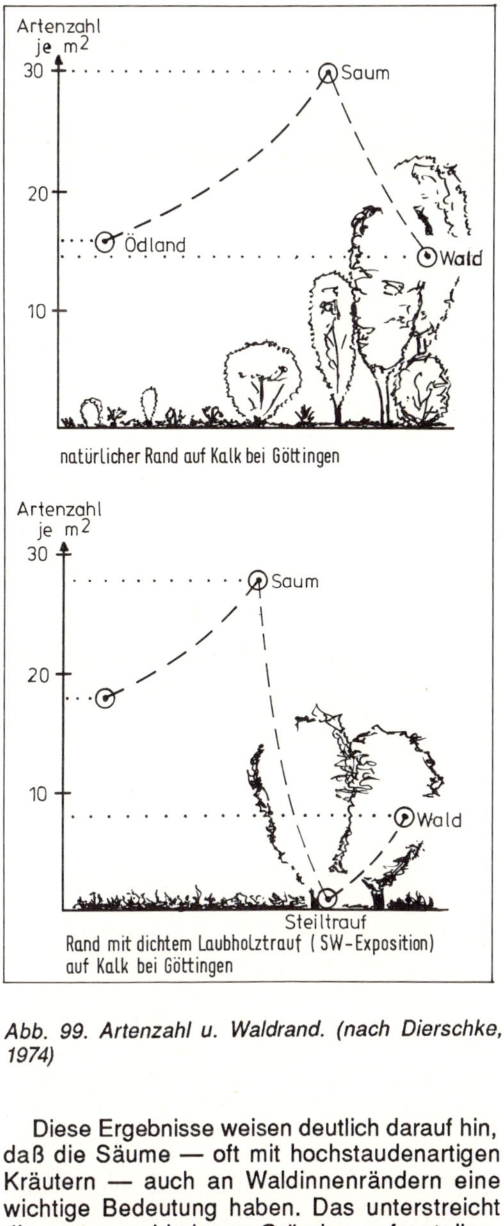

Abb. 99. Artenzahl u. Waldrand. (nach Dierschke, 1974)

Diese Ergebnisse weisen deutlich darauf hin, daß die Säume — oft mit hochstaudenartigen Kräutern — auch an Waldinnenrändern eine wichtige Bedeutung haben. Das unterstreicht die aus verschiedenen Gründen aufzustellende, oft aber nicht eingehaltene Empfehlung, Waldinnenränder der Wirtschaftsbaumarten grundsätzlich mindestens 5 m vor Wegekanten enden zu lassen, da die Saumpflanzen Lebensraum für eine große Zahl von nützlichen Insekten, damit Voraussetzung für einen integrierten Forstschutz und Grundlage für eine reiche Vogelfauna sind.

— *Tierwelt:* Die Insekten, z. B. die Schlupfwespen, die als Insektenparasiten und damit als Feinde auch vieler forstlich bedeutsamer Schadinsekten eine wichtige Rolle spielen, sind auf blühende Pflanzen als Nahrungsspender angewiesen, die sie vor allem am lichten Waldrand finden. In der Artenfülle dort finden sie auch die notwendigen Neben- oder Zwischenwirte. Hügelbauende Waldameisen (Gattung *Formica*) siedeln gern in der Nähe von — vor allem südexponierten — Waldrändern. Künstliche Ansiedlungen gelingen daher meist in Randnähe, während im Bestandesinneren die Ameisenvölker eingehen oder abwandern. Im Interesse des natürlichen Widerstandes gegen Schädlinge, im Interesse der Vielfalt unserer Insekten im Wald sollte man, wo immer möglich, alle Ränder — mit Betonung auch der Innenränder — vielartig und lichtreich gestalten.

Besonders wichtig für das Artenschutzanliegen bei den meisten Insekten sind die Lagen in Süd-, Südost- und Südwestexposition (während Nordränder insgesamt eine vergleichsweise geringe Rolle spielen), da die überwiegende Mehrzahl der Tierarten (Wirbeltiere wie Wirbellose) dieses Habitattyps gut durchsonnte Bereiche in windgeschützter Lage bevorzugt. Von den Gehölzpflanzen sind insbesondere die aus der Sicht des Faunenschutzes besonders wichtigen Weiden und Aspen (an denen z. B. mindestens 27 bzw. 34 Arten von Schmetterlingen leben; Winter, 1982) sowie Himbeeren und Brombeeren (hohle Stengel z. B. als Brutversteck für die Rubusbrüter unter den Hautflüglerarten, reiche Nahrungsquelle für Blütenbesucher) längs der Waldränder und -wege zu fördern, von den Stauden und Kräutern besonders Witwenblumen, Flokkenblumen, Disteln und Pflanzen mit ähnlichem Blütentypus sowie Doldenblütler (Umbelliferen). Die ersteren haben vor allem für Falter und blütenbesuchende Fliegen, die letzteren für Schlupfwespen, viele Bockkäferarten sowie für Fliegen eine große Bedeutung (Blab, 1984). Die Individuendichte — d. h. Brutpaare pro Flächeneinheit — ist bei Vögeln stets am Rand deutlich höher als im Inneren der Bestände. Eine enge Verwandtschaft der Waldrandfauna zu der der Hecken (vgl. Kap. 11) ist unübersehbar.

Besondere Eigenschaften der Randgehölze

Da die Randgehölze ökologisch eine wichtige Funktion haben, ist die Kenntnis ihrer Eigenschaften, wie sie Tab. 23 zeigt, von Bedeutung (nach Merkblatt Nr. 3 der Nds. Landesforstverwaltung, 1977).

Pflanzenname	Licht		bes. Verjüngungsmöglichkeiten			Natürliche Widerstandskraft gegen							bes. gestalterische Wirkung durch			sonst. besondere Bedeutung für		
	Lichtbedarf	Schattenerträgnis	Stockausschlag	Wurzelbrut	Vermehrung durch Stecklinge	Feuer (hemmend)	Rauch und andere Immissionen	Salz (Schmelz-Spritzwasser)	Trockenheit	Überschwemmung	Spät- bzw. Winterfrost	Wildschäden	Blüten	Früchte	Herbstfärbung	Vogelnahrung	Vogeldeckung u. -brut	Bienenweide (Ziffer = im Monat)
Feldahorn		(+)	+			+			+	+		–			+		+	+ 4–5
Spitzahorn		(+)				+	+		(+)	+	+ W	–	+		+			+ 4
Bergahorn		+	+			+	+	(+)		+		– !			+			+ 5
Roterle		(+)	+ !			+	+			+	+ S	+				+		+ 4
Weißerle	(+)		+ !	+ !		+	+			+	– S	+				+		+ 4
Berberitze	(+)						+		+					+	+	+		
Sandbirke	+		+			(–)		+	+		+ W		+		+	+		
Moorbirke	+		+			(–)		+			+ W	+	+		+	+		
Hainbuche		(+)	+ !			+	+				+ S!	–			+	+		
Kornelkirsche	(+)		+				+		+			+	+	(+)		+		+ 3
Hartriegel				+			+	(+)	+	+					+	+		+ 5
Hasel		(+)	+	+		+	+	(+)	+	+		–	+		+			+ 3
Weißdorn (beide Arten)	(+)						+	(+)	+			–	+	+		+	+	+ 5
Seidelbast		+									+ W		+	+				
Pfaffenhütchen		(+)	+	+			+			+		–		+ !	+	+		
Buche		+	(+)			+	+				– S	–			+			
Esche	(+)		(+)				+	+		+		–						
Sanddorn	+ !		+	+		+	+ !	+	+		+ W		+	+ !		+		
Hülse (Ilex)		+					+				– W			+				
Wacholder	+					–					+SW	–				+	+	
Europ. Lärche	+					+	(+)				– S	–						
Jap. Lärche	+					+ !	+				– S							
Liguster	(+)		+	+	+		+	(+)	+			+		+		+	+	
Heckenkirsche		(+)			+		+		+			–		(+)		+		
Wildapfel	+									+		–	+			+		+ 5
Schwarzkiefer	+					+ !	+ !		+									
Kiefer	+					+ !												
Wildbirne		(+)								+		–	+			+		+ 5
Aspe	(+)			+		(+)	+			+	+SW	–			+			+ 4
Vogelkirsche	(+)		+			+	+				+ W		+			+		+ 5
Traubenkirsche		(+)				+	+	(+)		+		+	+			+	+	
Späte Traubenkirsche	(+)					+	+	(+)	+	+	+ S		+			+		
Schlehdorn (Schwarzd.)	+			+		–			+				+ !	(+)		+	+	+ 4
Traubeneiche	(+)		+			+	+	+	(+)		+ W	–			+	+		
Stieleiche	+		+			+	+	+		+	+ W	–			+	+		
Roteiche	+		+			+	+		+			–			+ !			
Kreuzdorn	(+)			+					+	+		+						
Faulbaum	(+)			+ !		–	+	+		+		+				+		+ 5–6
Rote Johannisbeere		+								+				+		+		+ 5
Robinie	(+)		+	+		–	+		+			–	+ !				+	+ 4 !
Hundsrose	+		+	+ !		–	+	(+)	+				+ !			+	+	+ 6
Weinrose	+			+			+		+				+ !	+ !		+	+	+ 6
Kratzbeere	+			+		–				+								+ 6
Himbeere	(+)			+ !		–						+		+ !		+	+	+ 6
Brombeere	+			+ !		–	+							+ !		+	+	+ 6
Ohrweide	+				+			(+)				–	+				+	
Salweide	+		+				+	(+)	+	+							+	+ 3–4
Grauweide	+				+		+			+		–	+				+	
Reifweide	(+)				+					+							+	+ 3–4
Bruchweide		(+)			+					+	+ S	–	(+)				+	
Purpurweide	+				+		+			+ !		–	+				+	+ 3–4
Kriechweide	+				+				+ !				(+)					
Korbweide	+				+					+ !	– W	–	+				+	
Schwarzer Holunder	(+)		+ !		+	(+)	+	+ !			+ W		+	+		+		
Traubenholunder	(+)		+		+		+					–		+ !		+		
Besenginster	+			+		–		(+)			– W		+ !					+ 6–7
Elsbeere		(+)							+						+	+		
Eberesche	(+)			+	+	(+)	+	(+)	+				+	+ !	+	+ !		+4–5
Eibe		+ !	+								+ S	+		+		+	+	
Winterlinde		+	+			+	+	(+)										+ 7
Sommerlinde		+	+			+	+											+ 7
Ulme (Feld- u. Flatter-)		(+)	+	+			+			+		–						
Wolliger Schneeball	+				+	+	+	(+)	+		+ W		+	+	+		+	
Gemeiner Schneeball	(+)		+		+		+						+	+ !	+	+		

+ = hoch; – = gering; ( ) = weniger ausgeprägt; ! = besonders ausgeprägte Eigenschaft
Mit Ausnahme der Spalten Widerstandskraft gegen Feuer, Frost und Wildschäden sind die Eigenschaften nur positiv bezeichnet.

Anregungen für »Waldrandaktionen« mit Hilfe der Öffentlichkeit

Besser als jedes Lippenbekenntnis gegen das Waldsterben, besser als jeder »Waldpfennig« ist die praktische Arbeit am Wald selbst und an dem Ort, an dem sich die Bevölkerung engagiert. Auch jährliche Waldsäuberungsaktionen — so sehr sie auch zu begrüßen sind — können kaum den Wert erlangen, den fachlich begleitete, ökologisch aufwertende Aktionen gerade am Waldrand erzielen können. Um jedes Dorf, um jede Stadt und in jedem Fremdenverkehrsgebiet gibt es gerade dafür hervorragende Möglichkeiten. Über viele Jahre könnten umfangreiche Programme (auch ABM-Programme) initiiert werden, die ausschließlich die Waldrandgestaltung und deren ökologische Aufwertung zum Inhalt haben, ob es nun Waldaußenränder an Wiesen, Feldern oder Siedlungen oder auch Waldinnenränder an Fließgewässern, Stehendgewässern oder sogar »nur« an Wanderwegen sind. Die Arbeit ist das teuerste daran, wenn auch Kosten z. B. für vorübergehenden Zaunschutz gegen Wildschäden nicht übersehen werden dürfen. Auch an Ersatzmaßnahmen nach dem Naturschutzgesetz ist zu denken. Bei meiner täglichen Praxis fällt mir immer wieder auf, daß sich viele nichtforstliche Stellen schwertun, die Möglichkeit der Ersatzvornahme nach dem Naturschutzgesetz bei nicht ausgleichbaren Eingriffen zu realisieren, weil ihnen die Phantasie dafür fehlt, wie unsere Landschaft eigentlich aussehen und wieder zu Leben erweckt werden könnte. Die Waldränder sind dabei ebenso dankbare Objekte wie die Wiedereinbringung von Hecken in ausgeräumten Feldfluren.

12.3 Stehendes Totholz begründet viel neues Leben im Wald

»Heute ist die beste Zeit!«
Altdeutsches Sprichwort

Die Nutzung des Holzes vor der Alterungs- und Zerfallsphase hat dazu geführt, daß alle an und vom Alt- und Totholz lebenden Pflanzen- und Tierarten selten geworden und teilweise im Bestand gefährdet sind. Insbesondere dickstämmiges Faul- und Totholz stellt in Wirtschaftswäldern zumeist einen empfindlichen Mangelfaktor dar. Da andererseits aber auch diese Lebensgemeinschaften auf die der übrigen Wirtschaftswälder erheblich ausstrahlen und mit ihnen in vielfältiger Weise vernetzt sind, muß sich jeder Forstmann veranlaßt sehen, durch bestimmte Maßnahmen bzw. deren Unterlassung auch diese ökologischen Anforderungen wieder stärker zu beachten und stehendes Totholz in angemessener Menge im Wald zu erhalten. Darauf hat Pfeil (1834), einer der forstlichen Klassiker, Direktor der preußischen Forstakademie in Eberswalde von 1829 bis 1859, bereits vor über 150 Jahren hingewiesen:

»Unsere jetzige rechnende deutsche Forstwirtschaft nivelliert den Wald in einer Art, daß man in kurzer Zeit nichts mehr sehen wird als geschlossene, gleichmäßige Stangenhölzer oder schwache Baumhölzer höchstens, wenn man nach den haubaren Beständen fragt... Mögen allenfalls die alten Bestände geopfert werden, aber die Aufopferung einzelner schöner und merkwürdiger Bäume an viel besuchten Wegen in schönen Landschaften, an Punkten, welche von menschlichen Wohnungen aus sehr in das Auge fallen, zu verhindern, sollte nicht möglich sein... Das materielle Bedürfnis gestattet immer weniger, dem Sinn für das Schöne in der Waldwirtschaft Raum zu geben. Erst verschwinden die herrlichen großen alten Bäume, dann die malerischen einzelnen Baumgruppen, zuletzt verdrängt die einförmige graue tote Kiefer das freundliche lebendige Laubholz. Man kann das beklagen, aber nicht ändern.« Und 1841 beklagt er sich wieder: »Nichts hat die Poesie des Waldes mehr getötet, als das Umherspähen nach jedem Spechtloch und jedem dürren Ast, jedem mit Flechten bedeckten Wipfel, um den Baum, der ihn trägt, als zurückgehend zu benutzen. Damit treiben wir das ganze Vogelheer, das hier seinen Aufenthalt hat, und was so manche Dienste leistet, aus dem Wald und machen ihn still, stumm und öde, während sonst jeder Baumwipfel belebt war. Ist es nicht ein romantischer Ton, der zum Herzen spricht, wenn tief im einsamen stillen Forst der Specht am dürren Zacken die neugierigen Insekten durch sein Knarren hervorlockt, die Taube ruft und girrt und der Star schnarrt? Wem die Natur nicht in diesen Tönen verständlich ist, verliert fürwahr viel, und der hätte eigentlich nicht Forstmann werden sollen!«

Heute, 150 Jahre später, hat sich daran im Prinzip nur die wesentlich akuter gewordene Aussterberate sehr vieler spezialisierter Pflanzen- und Tierarten geändert, die eine stärkere Einstellung auf die Natur unerläßlich macht. Auch für das Totholz im Wald gilt allgemein, daß unterschiedliche kleinstandörtliche Bedingungen — z. B. Baumhöhe, Himmelsrichtung, Beschattung, Windexposition, Wärmehaushalt, Zerfallsgrad, Konkurrenzverhältnisse — an und in den absterbenden bzw. toten Bäumen differenzierte ökologische Nischen ergeben, die in vielfältiger Weise von Algen, Pilzen, Flechten, Moosen, Insekten, Vögeln und Kleinsäugern besiedelt werden.

Flechten

Flechten sind als Symbiosegemeinschaft aus Pilz und Alge(n) nicht mit anderen Organismen zu vergleichen. Infolge spezieller Eigenschaften (z. B. Widerstandskraft bestimmter Arten gegenüber Temperaturextremen von -196 °C bis zu +80 °C, generative und vegetative Vermehrungsmöglichkeit, Fixierung auf ganz bestimmte Standortansprüche, Empfindlichkeit gegenüber verschiedensten Umweltbelastungen, lange Entwicklungszeit), wird den Flechten eine hohe ökologische Funktion beigemessen. Rd. 50 % der Flechten gelten heute als ausgestorben oder gefährdet. Wichtige Ursachen werden neben den Umweltbelastungen (Luftverschmutzung) besonders auch in den Folgen intensiver Forstwirtschaft gesehen. So sind z. B. all die Flechtenarten hochgradig gefährdet, die ausschließlich die Rinde alter, freistehender bzw. absterbender Bäume (meist artspezifisch!) bewohnen. Wirth (1976) nennt allein 70 einheimische Flechtenarten, die auf alte Birken angewiesen sind. Der Schutz gefährdeter Flechtenarten ist in der Forstwirtschaft praktisch ausschließlich Biotopschutz durch Nutzungsunterlassung. Eine Wiedereinbringung einmal verschwundener Arten ist nicht möglich. Andererseits dient der Flechtenschutz einer riesigen Zahl höherer Organismen, die in und von diesen Flechten leben.

Pilze

Im Bundesgebiet sind etwa 4.000 sogenannte Großpilze (Makromyzeten) bekannt, die größere, für das Auge gut sichtbare Fruchtkörper bilden. Etwa fünfmal so groß ist die Zahl der weniger geläufigen, oft nur mikroskopisch erkennbaren Formen aus den Gruppen der Schimmel-, Hefe-, Rost-, Brandpilze und der völlig eigenen Gruppe der Schleimpilze, über deren Gefährdung man nur wenig weiß. Etwa ein Viertel der Großpilze sind in den Roten Listen als in ihrem Bestand gefährdet eingestuft. Der überwiegende Teil davon kommt im Wald vor. Ein einzelner Baum kann gleichzeitig mit bis zu hundert höheren und niederen Pilzarten in Wurzelsymbiose leben. Da Pilze, neben der Ernährung der Bäume, auch beim Abbau organischer Substanzen im Wald eine Schlüsselstellung haben, ist die Förderung naturnaher Bedingungen in der Forstwirtschaft auch kleinflächig und punktuell für die Artenvielfalt von großer Bedeutung. Dazu gehört auch die Erhaltung möglichst vieler und gleichmäßig verteilter alter, abgestorbener Bäume aller einheimischen Arten und die Verhinderung des Sammelns von Fruchtkörpern am Stamm von Totholz, da z. B. viele Insekten diese Fruchtkörper als Lebensraum und Nahrung benötigen.

Moose

Bei uns siedeln an älteren lebenden und toten Bäumen regelmäßig rd. 40 Laub- und 5 Lebermoosarten und auf morschem und faulendem Holz etwa 20 Laub- und 30 Lebermoosarten. Auch davon ist ein großer Teil gefährdet. Schon diese summarische Übersicht zeigt, daß die Belassung gleichmäßig verteilter alter Tothölzer — im Bestand wie freistehend an Rändern — Existenzgrundlage für viele spezialisierte Moosarten bedeutet. In und von diesen Moosen lebt dann ein vielfaches Artenspektrum weiterer Organismen (z. B. Insekten, Moderkäfer u. a. haben sich auf Moose spezialisiert).

Insekten

Totholz besiedelnde Insekten leben vom Holz, von Pilzhyphen im Holz, als Räuber von den beiden ersten Gruppen oder als Parasiten von den drei vorgenannten Gruppen. Verschiedene Hautflügler — z. B. Mauerbienen, Blattschneiderbienen und Fliegengrabwespen-Arten — ziehen ihre Larven in den Fraßgängen der holzbewohnenden Käfer und Riesenholzwespen, aber auch in weißfaulen Ästen, z. B. von Linden, Eichen und Buchen auf. Etliche Insekten ernähren sich ausschließlich von Flechten und Moosen auf alten Bäumen (hinzu kommen z. B. die baumbewohnenden Schnecken, die nur auf sehr alten Baumstämmen vorkommen). Forstleute müssen sich immer wieder klarmachen, daß vor dem Einsetzen geregelter Forstwirtschaft kranke Bäume, Tot- und Faulholz, Mulm, rissige Borke u. a. m. ein Massenhabitat darstellte, auf das sich allein rd. 1.000 einheimische Käferarten spezialisiert haben. Dazu kommen zahlreiche Vertreter anderer Gruppen, etwa von Hautflüglern, Fliegen, Tausendfüßlern, Asseln usw. Einige an alte morsche Laubhölzer gebundene Käferarten aus den Familien der Schnell-, Pracht-, Schwarz-, Bockkäfer und aus anderen Familien gelten bereits als »Urwaldrelikte«, da ihnen nur dort Entwicklung und Verbreitung möglich ist.

Nadelbäume werden im ersten Sukzessionsstadium während des Absterbens zunächst von Borkenkäfern, Rüsselkäfern und Bockkäfern besiedelt. 1 bis 2 Jahre nach dem Absterben des Baumes wird die Rinde zusehends abgelöst durch Spechthiebe, durch Bockkäfer, durch sekundäre Käferarten und Holzwespen. Der Ameisenkäfer stellt als Larve und als Käfer den Borkenkäfern nach, Larven in Rinde oder Holz werden je nach ihrer Größe von Schlupfwespen oder Brackwespen mit Eiern belegt. Die unter der Rinde lebenden Insekten bieten wiederum Meisen und Spechten Nahrung (Winter, 1980).

Buchen und Eichen entwickeln in der Absterbe- und Zerfallsphase meist die vielfältigsten Lebensgemeinschaften. Die abgestorbenen Teile werden von einer besonders großen Anzahl rinden-, holz- oder moderfressenden Wirbelloser genutzt. Allgemein kann man sagen, daß alte Laubbäume und deren Totholz — besonders Eichen und Buchen, daneben Weiden, Obstbäume, Linden u. a. — für Insekten besonders wichtig sind.

Von nach Zufallsprinzip ausgewählten 28 altholzbewohnenden und überwiegend bestandsgefährdeten Käferarten siedeln 21 Arten ausschließlich in Laubhölzern, 6 Arten in Laub- und Nadelholz, und nur eine Art ist mehr oder weniger eng an Nadelholz gebunden (Blab, 1984). Meist stärker bestandsbedroht von diesen 28 Beispielsarten sind die Stammbewohner. Für diese besitzen vor allem stehende Stämme, Starkäste und Wipfel mit Verletzungen oder mit Mulm gefüllte Hohlräume eine große Bedeutung. Mulm ist für die Larvenentwicklung der untersuchten Artengruppe der Käfer das bei weitem wichtigste Substrat. Heimisch sind bei uns z. B. rd. 175 Bockkäferarten, die vorzugsweise im Wald vorkommen. 38 % davon sind bestandsgefährdet (Blab, 1984). Von den einheimischen Arten leben rd. 50 % an Laubhölzern, 25 % an Nadelhölzern, 10 % an Laub- und Nadelhölzern und 15 % an krautigen Pflanzen.

Die Hautflügler (Hymenoptera) bilden die zweitgrößte Insektengruppe der Weltfauna. In der Bundesrepublik Deutschland sind sie mit ca. 11.000 bis 12.000 Arten die artenreichste Insektenordnung. Als Unterordnung gehören dazu die Blatt-, Halm- und Holzwespen, von denen rd. 32 % bestandsgefährdet sind (Blab, 1984). Charakteristisch ist die Unterbringung der Eier im Pflanzengewebe durch eine »Legesäge« bzw. einen »Legebohrer« bei den Holzwespen. Die raupenförmigen Larven der Holzwespen leben im Trockenholz. Die meisten Arten sind auf bestimmte Futterpflanzen, wie Weichhölzer, bestimmte Straucharten oder Wildkräuter spezialisiert und in ihrem Vorkommen an den Erhalt dieser Pflanzen gebunden. So wurden an Weide über 70, an Pappel, Erle, Birke, Eiche je ca. 20 und an Kirsche und Hasel je ca. 10 Blattwespenarten gezählt. Gefährdet sind vor allem einige im Nadelholz lebende Holzwespenlarven, z. B. Braungelbe Holzwespe, Schwarze Nadelholzwespe, Riesenholzwespe. Die weitgehende Ernte des Stammholzes entzieht diesen Arten einen Teil der Lebensgrundlage. Als recht hochgradig gefährdete Insektenart der Hautflügler sei auf die Hornisse hingewiesen, die als Großhöhlennisterin ebenfalls zur Lebensgemeinschaft absterbender oder abgestorbener Altbäume in Laubmischwaldbeständen gehört. Durch die Entnahme alter und hohler Bäume ist diese Insektenart ebenso in ihrer Existenz gefährdet wie durch die weitgehend auf Fehlinformation beruhende Verfolgung durch den Menschen (das Gift ist eher geringer toxisch als das von Bienen und Wespen; Nester werden im Herbst für immer verlassen, Verteidigung und Stiche erfolgen nur bis ca. 4 m vom Nest entfernt). Die Hornisse hat eine wichtige ökologische Funktion z. B. als Insektenjäger. Durch die Erhaltung von Altholzinseln und stehendem Totholz alter Laubbäume in nicht zu großem Abstand muß der starke Rückgang der Hornissenpopulation rechtzeitig aufgehalten und der hohen Inzuchtanfälligkeit vorgebeugt werden.

Vögel

Von den bei uns heimischen Vogelarten gibt es nur wenige, die in der Lage sind, in Bäumen Höhlen anzulegen. In erster Linie betrifft das unsere Spechtarten. Dadurch, daß sie oft jährlich eine neue Höhle zimmern, schaffen sie für andere Höhlenbrüter Nistmöglichkeiten und für weitere Tierarten (bis zu Kleinsäugern) Lebensraum, so daß sie von größter biozönotischer Bedeutung sind. Gerade wegen dieser »Wegbereiterrolle« wurde der Schwarzspecht zum Vogel des Jahres 1981 erklärt. Auch in den EG-Richtlinien über die Erhaltung der Vögel wird der Schwarzspecht unter den 74 Brutvögeln im Anhang I geführt, für die vorrangig besondere Biotopschutzmaßnahmen zu treffen sind. Der mit Abstand größte Teil (meist um 90 %) der Schwarzspechthöhlen wird in kranken Altbuchen ab Alter 120 mit hohen astfreien Stämmen angelegt. Der Grund dafür dürfte in erster Linie in dem Mindestbrusthöhendurchmesser von etwa 40 cm liegen, den der Baum zur Sicherstellung der Maße und Innenklimawerte haben muß. Schwächere Bäume nutzt der Schwarzspecht nicht zum Höhlenbau. Sofern die Höhlen nicht durch Wasser oder andere Beeinträchtigungen unbrauchbar geworden sind, werden sie von Hohltaube, Rauhfußkauz, Sperlingskauz, Dohle, Star, Kleinvögeln, Baummarder, Eichhörnchen, Fledermäusen, Bilchen und Bienen belegt. Bedingt durch die geringere Größe der Höhlen gilt dies für die anderen Spechtarten nur modifiziert, d. h. vom Buntspecht sind z. B. Blau-, Kohl- und Tannenmeisen, Trauerschnäpper, Gartenrotschwanz, Star und Wendehals — also durchweg kleinere Vogelarten — abhängig. Besonders Hohltaube und Rauhfußkauz brauchen den »Vorbohrer« Schwarzspecht und nehmen dann auch kleine Altholzbestände ab 0,1 ha Größe an, wobei die Hohltaube fast ausschließlich Buchenalthölzer besiedelt.

Die Feststellung der Höhlenbäume und ggf. deren Kennzeichnung »SP« ist oft nicht einfach und bietet gute Möglichkeiten einer wirksamen Zusammenarbeit zwischen Ornithologen und Forstleuten. Höhlenbäume können durchaus in Wegnähe stehen. Somit ergibt der Überhalt von Altbäumen gleichzeitig die Möglichkeit, die Erholungseignung einer Landschaft zu steigern. Nach einer niederländischen Studie wiesen die Bäume an Verkehrswegen mehr Höhlen auf, was mit dem Unterschied der Kondition der Bäume erklärt werden kann. Die gleiche Untersuchung hat eindeutig belegt, daß die Artenzusammensetzung der Bewohner natürlicher Spechthöhlen viel variabler ist als in Gebieten mit Nistkästen. Bei Höhlen im Schaftbereich ist der Stamm manchmal schon so stark entwertet, daß der Verzicht auf seine Nutzung kein großes Opfer mehr darstellt und die sich dann einstellende Sukzession beim Totholz ökologisch höherwertig einzuschätzen ist.

Fledermäuse

Alle heimischen Arten sind Winterschläfer. Sie sind nachtaktiv und ernähren sich von fliegenden Insekten, können aber auch kriechende Insekten erbeuten. Sie benötigen große Nahrungsmengen und haben somit wichtige ökologische Funktionen. Die Vermehrungsrate der Tiere ist gering — 1 bis 2 Junge pro Jahr — und die Lebenserwartung von bis zu 20 Jahren entsprechend groß. Folgende heimische Fledermausarten benutzen ausschließlich oder zu einem Teil Baumhöhlen als Sommerquartiere (Knolle, 1982): Kleine Bartfledermaus, Große Bartfledermaus, Fransenfledermaus, Bechsteinfledermaus, Wasserfledermaus, Abendsegler, Kleiner Abendsegler, Rauhhautfledermaus, Mopsfledermaus, Braunes Langohr. Der Bestand aller bei uns heimischen Fledermausarten ist hochgradig gefährdet. Quartiermangel ist eine wesentliche Ursache dafür. Baumhöhlen müssen Wandstärken von über 10 cm aufweisen, um den erforderlichen Frostschutz zu gewährleisten.

Praktische Folgerungen zur Förderung des Totholzanteils im Wald

— Voraussetzung für die natürliche Entstehung starker Totholzbäume ist die Erhaltung von Altbäumen weit über das Nutzungsalter hinaus. Der Schutz reicht vom Einzelbaum über Gruppen bis zu Altholzinseln. Ihr Überhalt prägt für lange Zeit das Waldbild, belebt die Landschaft und steigert deutlich den Erholungswert. Der Zeitfaktor spielt insofern eine große Rolle, als z. B. viele Flechten für ihre Entwicklung Jahrhunderte benötigen und während dieser Zeit eben nicht beeinträchtigt werden dürfen. Das gilt für Bäume ebenso wie z. B. für die unbeeinträchtigte Belassung von Felswänden. Praktisch in allen Beständen fallen immer wieder Bäume aus, auf deren Nutzung beim sog. Sammelhieb je nach Situation bewußt verzichtet werden kann, ohne daß dadurch wesentliche finanzielle Einbußen zu befürchten sind.

— Dickstämmiges Tot- und Faulholz oder dickstämmige kränkelnde Bäume sind wegen ihrer Seltenheit in Wirtschaftswäldern in allen Ausprägungen schutzwürdig, da sie einen empfindlichen Überlebensengpaß für einige hundert darauf spezialisierte Organismen darstellen.

— Der Totholzanteil in unbeeinflußten Naturwäldern beträgt 5 bis 25 % des Holzvorrates. Ein Mindestanteil von 2 % der Masse oder 2 abgestorbenen Bäumen je ha sollte auch in Wirtschaftswäldern gesichert werden können.

Abb. 100. Ein Naturwald enthält insgesamt etwa 20 % der Gesamtmasse Totholz, auf das eine Vielzahl von Organismen (Flechten, Algen, Pilze, Moose, Insekten, Vögel, Kleinsäuger u. a.) spezialisiert und angewiesen ist. Um diesen Arten das Überleben zu sichern, sollten wir mindestens etwa 2 alte Bäume pro Hektar überhalten, auch später nicht nutzen (Brennholzbedarf!) und bis zur völligen Zersetzung sich selbst überlassen. Besonders dicke Laubbäume entwickeln in der Zerfallsphase schnell eine außerordentliche biologische Vielfalt, die auch ästhetisch schön ist. (Foto: Markmann)

Wichtig ist eine ausreichende Zahl und eine relativ gleichmäßige Verteilung, damit die Vernetzung erhalten bleibt und einer Verinselung vorgebeugt wird.

— Alle Zerfallsstadien, vom kränkelnden Holz über Totholz bis zum Mulm, sind wichtig. Stehendes Tot- und Faulholz ist wertvoller als liegendes, da Stubben einschließlich liegender Baumleichen in Wirtschaftswäldern häufiger sind.

— Sonnenexponierte Lagen sind wertvoller als beschattete Lagen, da ein wesentlicher Teil der holzbewohnenden Insektenarten sehr wärmeliebend ist (Randbäume). Auch in Hecken sollten einige Stämme stehend zerfallen.

— Für den Faunenschutz sind Eichen, Buchen, Linden, Ulmen, Obstbäume und Weiden besonders wichtig. Das bedeutet nicht, daß nicht auch abgestorbene alte Nadelbäume wertvoll sind. Abgestorbene Ulmen können, wenn der Ulmensplintkäfer als Pilzsporenüberträger ausgeflogen ist, bedenkenlos stehenbleiben.

— Wenn in Sonderfällen wirklich berechtigte Sicherheitsbedenken gegen die Erhaltung alter Bäume sprechen, ist diesen nur so weit nachzukommen, wie die Gefahrenmomente bestehen. Oft reicht die Entnahme bruchgefährdeter Äste. Auch ein »Baumstumpf« von mehreren Metern Höhe stellt noch eine wertvolle ökologische Zelle dar.

— Alle Waldarbeiter und sonstigen Brennholzinteressenten (heute wieder besonders aktuell) sind darauf hinzuweisen, daß stehendes Totholz von Altbäumen nicht entnommen werden darf. Ggf. müssen zu erhaltende Altbäume ebenso wie Spechtbäume gekennzeichnet werden.

12.4 Biozideinsatz in der Forstwirtschaft — noch weiter reduzierbar

»Gott kennt den Frevler. Gott bestraft seine Verfehlungen bis aufs Blut.«
Altägyptische Weisheit (3. Jahrh. v. Chr.)

Biozide haben im wesentlichen in den 1950er und 60er Jahren Eingang in die Forstwirtschaft gefunden, dort im Vertrauen auf die amtlichen Prüfungsergebnisse bei einigen kurzfristig ökonomisch denkenden Forstleuten die ursprünglich als »Notbremse« gedachten Einsatzkriterien schnell übersprungen und zu Verfahren geführt, die — weil erheblich billiger — herkömmliche Methoden verdrängt haben. Das gilt insbesondere für Pflanzenbehandlungsmittel (Herbizide), weit weniger für Insektengifte (Insektizide) und sehr wenig für andere spezielle Gifte. Insgesamt blieb jedoch die Biozidausbringung in der Forstwirtschaft dank der Aversion der meisten Forstleute gegen Chemikalien in der Natur im Vergleich zur Landwirtschaft völlig unbedeutend, hat den Anteil von ca. 1 % an der Gesamtfläche nie überschritten und ist heute infolge der »Entlarvung« einiger einst als harmlos gekennzeichneter, dann sich jedoch als nicht ungefährlich »entpuppender« Mittel und infolge des wachsenden Umweltbewußtseins erfreulich rückläufig.

Nach Untersuchungen von Huss (1982) lagen die Kulturkosten 1977 in den Ländern zwischen rd. 6.000 und 8.000 DM pro ha. Anteilmäßig lagen dabei die Unkrautbekämpfungskosten bei rd. 25 bis 35 %, also etwa bei 2.000 DM/ha. Mit nur 10 bis 20 % Anteil daran war die chemische Unkrautbekämpfung nur noch wenig vertreten. Ihre Anteile sind seit Anfang der siebziger Jahre generell drastisch zurückgegangen. In der Bundesrepublik Deutschland wurden nach Huss (1982) zur Kulturvorbereitung und Unkrautbekämpfung in der Kultur folgende Mengen lt. Tab. 24 ausgebracht.

Dazu hat Huss interessante Untersuchungen angestellt mit dem für viele Forstleute »erleichternden« Ergebnis, daß viele Bekämpfungsmaßnahmen überflüssig sind, weil die Konkurrenzkraft der Bodenvegetation oft überschätzt wird. Besonders für die Fichte empfiehlt er die Einschränkung oder gar Unterlassung der Pflegemaßnahmen. Bemerkenswert sind die Zusammenhänge zwischen Rehwildverbiß bzw. Fegeschäden und Unkrautbekämpfung: Bereits am Ende der zweiten Vegetationszeit nach der Pflanzung und verstärkt dann in den Folgejahren zeigten sich bei den ungeschützten, aber durch Freischnitt oder Herbizide freigestellten Fichten mehr und stärkere Verbiß- und z. T. auch Fegeschäden als in den Versuchsparzellen ohne Unkrautbekämpfung. Die Einzelschutzmaßnahmen (durch Schmieren oder Teeren gegen Verbiß) hatten keine Schadensminderung bewirkt. Auch dort waren die Fichten nach Unkrautbekämpfungen stärker angenommen worden. Die Rehe schienen also bevorzugt jene Bäumchen aufzusuchen, die nicht nur von der Konkurrenzvegetation, sondern auch für sie »freigestellt« und somit besser erreichbar waren. Huss leitet aus seinen Untersuchungen ökologisch bedeutsame Folgerungen für die Praxis ab:

»Unkrautbekämpfungen können zwar, bei Ausschaltung von Wildeinfluß, bestenfalls zu Wachstumsverbesserungen führen. Nachweisbar und praxisrelevant werden sie jedoch nur bei intensiver Freistellung. Dann verursachen sie jedoch hohe Kosten und sind ökologisch nicht unbedenklich. Praxisübliche Freischnitte und Herbizidanwendungen dürften danach nur bei extrem stark entwickeltem Bodenbewuchs in Frage kommen, etwa bei mannshohen Adlerfarn-, Himbeer- oder Reitgrasdschungeln. Wenn die Kulturpflanzen nun zum einen freigestellt werden von der Konkurrenz der Bodenvegetation und zum anderen frei zugänglich sind für das Wild, dann verkehrt sich die Förderung durch die Bekämpfungsmaßnahmen ins Gegenteil: Die vermeintliche Förderung der jungen Fichten führt durch verstärkte Verbiß- und Fegeschäden zu geringeren Höhenzuwächsen und erheblich mehr Stammdeformationen. Man kann mit Sicherheit unterstellen, daß das eigentliche Ziel der Unkrautbekämpfung, nämlich die Jungpflanzen zu fördern, nicht erreicht wird, wenn das Wild freien Zutritt zu den Flächen hat. Auch bei stärker verunkrauteten Fichtenkulturen sollte also versucht werden, von der Unkrautbekämpfung abzukommen. Dazu bietet sich die Verwendung besonders vitaler und großer Pflanzen an.«

Selbstverständlich sind diese Ergebnisse nicht auf alle Laub- und Edellaubholzkulturen zu übertragen, doch auch dort dürften in vielen Fällen Herbizidausbringungen entbehrlich und wieder durch herkömmliche mechanische Pflegeverfahren zu ersetzen sein. Diese Entscheidung dürfte umso leichter fallen, je mehr man die ökologische Bedeutung der Flora, der von ihr abhängigen Insekten (99 %) und die

Tabelle 24

Wirkstoff	Wirkstoffmenge kg oder l	Behandelte Fläche ha	Anteil der jährlich behandelten Fläche an der gesamten Holzbodenfläche (rd. 3 Mio ha) %
Dalapon	37000	8500	0,28
2,4,5-T (Tormona)	12000	6300	0,21
Dichlobenil (Casoron)	5600	2700	0,09
16 weitere Wirkstoffe	2500	500	0,02

Gesamtverantwortung der Forstwirtschaft in dem letzten naturnahen Ökosystem »Wald« für die Allgemeinheit begreift. Wir können uns drehen und wenden wie wir wollen, und noch so viel über die Biozide lernen, in der forstlichen Praxis wissen wir nichts über deren Auswirkungen auf die nachhaltig bedeutendsten Lebewesen im Wald, die Mikroorganismen im Boden, ohne die unsere Wälder nicht leben können. Der Waldarbeiter vor Ort, der die Mittel ausbringen muß, weiß um die Gefahren überhaupt nichts, und der Pflanzenschutzsachverständige — wenn er ehrlich ist — ebenfalls viel zu wenig. Angesichts der Immissionsschäden steht gerade uns Forstleuten eine besondere Zurückhaltung gegenüber allen zusätzlichen ökologischen Gefahren im Wald zu.

Vor einigen Jahren hat eine große Gruppe von namhaften Universitätsprofessoren (Forstwissenschaftler, Zoologen, Umwelttoxikologen, Ökologen, Limnologen, medizinische Pathologen, Entomologen, Botaniker u. a.) eine gemeinsame Erklärung unterzeichnet, die die forstliche Praxis nicht übersehen darf und die deshalb hier auszugsweise (nur einige Beispiele werden genannt, alle Mittel waren für die Ausbringung in der Praxis geprüft und anerkannt worden!) wiedergegeben werden:

»Die unterzeichneten Universitäts- und Hochschulprofessoren bringen hiermit ihre schweren Bedenken zum Ausdruck gegen die zunehmende Verwendung chemischer Unkrautbekämpfungsmittel, insbesondere in der Forstwirtschaft. Diese Herbizide sind in toxikologischer Hinsicht zu wenig erforscht, um ihre breite Anwendung ohne Widerspruch hinzunehmen. Die toxische Bedenklichkeit einiger herbizider Verbindungen, zum Beispiel von Aminotriazol, Paraquat, 2,4,5-Trichlorphenoxyessigsäure, steht außer Frage; sie ist an Labortieren einwandfrei nachgewiesen. Auch die Erfahrungen beim Einsatz von 2,4,5-T im Vietnamkrieg sprechen hierfür. Die Reduzierung des hochtoxischen Nebenbestandteils »Dioxin« im 2,4,5-T durch die Hersteller scheint nach neueren Untersuchungen die großen Bedenken gegen dieses Mittel nicht ausräumen zu können. Unter bestimmten Umständen wurde bei Anwendung von Chlorphenoxyessigsäure-Verbindungen die Nachkommenschaft geschädigt (Totgeburten und Mißbildungen). In der freien Natur kam es zu einem Massensterben von Rentieren (Vistträsk in Nordschweden, 1970) und zu einer tödlichen Spontanerkrankung von Davidshirschen (Karlsruher Zoo, 1971) nach Futteraufnahme von Pflanzen, die mit Wuchsstoff-Herbiziden behandelt worden waren. In beiden Fällen wurden Reste des 2,4,5-T-Mittels im Körper der verendeten Tiere gefunden. Mehrfach traten auch Bienenverluste nach Sprühaktionen mit Herbiziden ein.

Ganz unabhängig von diesen toxikologischen Bedenken ist die steigende Herbizid-Anwendung in den Wäldern mit den Forderungen der Landschaftshygiene und Forstästhetik unvereinbar. Die vielfältigen Lebensgemeinschaften der Wälder werden durch solche chemischen Eingriffe empfindlich gestört. Es ist erwiesen, daß diese Mittel sogar in der näheren Umgebung von Naturschutz- und Wasserschutzgebieten sowie bekannter Kurbäder eingesetzt wurden.

Entgegen der Auffassung der Pflanzenschutz-Behörden und der Herstellerfirma halten die Unterzeichneten die Ausbringung der Herbizide in der bisherigen Form (Spritzpersonal ohne Mund- und Augenschutz, Hubschraubereinsätze auf größeren Flächen) für fahrlässig und nicht vertretbar. In den Wäldern, die bisher noch am wenigsten mit Pestiziden belastet sind und als Erholungsraum sowie natürlicher Wasserspeicher zunehmend an Bedeutung gewinnen, sollten chemische Präparate zur Abtötung natürlicher Pflanzengesellschaften (forstlicher Ausdruck: »Kulturvorbereitungs- und -pflegemaßnahmen«) nicht verwendet werden, bis die Auswirkungen dieser Verbindungen und ihrer Abbauprodukte auf die Ökosysteme mit überzeugenden Prüfungsmethoden geklärt sind.

In den Vereinigten Staaten, Kanada und Schweden sind Wuchsstoff-Herbizide nur noch mit Einschränkungen zugelassen. In der Schweiz hat die Konferenz der Kantonsoberförster kürzlich beschlossen, im Wald grunsätzlich auf die Verwendung von chemischen Mitteln zur Unkrautbekämpfung zu verzichten. Dies scheint uns in ganz Mitteleuropa notwendig und auch erreichbar zu sein, zumal die waldbaulichen und organisatorischen Möglichkeiten zur Entschärfung des Unkrautproblems vielerorts nicht ausgeschöpft werden.« (aus Moll, 1982)

13 Naturschutz durch Jäger

»Die Suche nach Sündenböcken ist von allen Jagdarten die einfachste.«
Dwight D. Eisenhower

Allgemeine statistische Daten

Jagdflächen und Anzahl der Jäger

Die Gesamtjagdfläche der Bundesrepublik Deutschland beträgt rd. 24 Mio ha (73,5 % gemeinschaftliche Jagdbezirke, 17 % Eigenjagden, 0,5 % Staatsjagd Bund, 9 % Staatsjagd Länder). An staatlichen Jagdflächen sind 520.000 ha verpachtet. Im Jagdjahr 1982/83 wurden 264.413 Jahresjagdscheine gelöst, 1957/58 waren es noch 143.561. Die Zahl der aktiven Jäger hat sich damit innerhalb von nur 25 Jahren um rd. 120.000 (= 84 %) erhöht. Diese Zunahme erfolgte lokal unterschiedlich und führte u. a. zu einem pachtpreisbestimmenden und über die persönlich verfügbare Zeit der Pächter auch zu einem »jagdqualitätsbestimmenden« Druck auf die erreichbaren Jagdreviere.

»Finanz«-Daten

Die Einnahmen aus der Verpachtung von gemeinschaftlichen Jagdbezirken werden allein auf 380 Mio DM, die Jagdsteuer auf 38 Mio DM, die Jagdscheingebühren auf 20 Mio DM, die Jagdhaftpflichtversicherung auf 17 Mio DM und Sachaufwendungen für Pacht, Reviereinrichtung, Hege, Fütterung, Wildschutz und Ausrüstung auf rd. 700 Mio DM geschätzt (WuH-Kalender, 1985). Im Jagdjahr 1981/82 betrug das Gesamtgewicht der Strecke an Schalen-, Haar- und Federwild rd. 18.577.126 kg, das ergibt bei einem Durchschnittswert von 7 DM/kg insgesamt einen Streckenwert von rd. 115 Mio DM.

Entwicklung der Wild-Jahresstrecken

(Tab. 25) (Handbuch des Deutschen Jagdschutzverbandes, 1985)

Tabelle 25

		Vergleichsjahr (=100%) 1936/1939 (Stück)	1983/1984 (Stück)	1983 zum Vergleichsjahr %
Schalenwild				
Rotwild		21112	29576	140
Damwild		3498	11458	328
Muffelwild	1958/59	234	1961	838
Schwarzwild		10121	66435	656
Gamswild	1958/59	1382	2739	198
Rehwild		376520	686714	182
Haarniederwild				
Hasen		936744	803985	86
Kaninchen		857680	692007	81
Füchse	1958/59	103634	186277	180
Dachse	1958/59	12953	8272	64
Federniederwild				
Fasanen		341646	499909	146
Rebhühner		584651	34167	6
Enten		134793	677299	502
Waldschnepfen	1959/60	19621	8279	42
Ringeltauben	1959/60	150895	640393	424

Einer »explosiven« Vermehrung aller Schalenwildarten, die besonders beim Reh- und Schwarzwild und lokal beim Rot- und Damwild teilweise bedenkliche, örtlich sogar völlig unverantwortliche Formen angenommen hat, steht beim Haarniederwild mit Ausnahme des Fuchses eine sehr deutliche Abnahme gegenüber. Beim Federwild fällt besonders der extreme Rückgang der Rebhühner auf, deren Strecke heute nur noch rd. 6 % der Vorkriegsstrecke beträgt. Dagegen haben sich die Strecken der Enten (überwiegend Stockenten) verfünffacht und die der Ringeltauben mehr als vervierfacht. Hinter diesen nüchternen Zahlen verbergen sich teilweise gravierende ökologische Probleme.

13.1 Zur Natur- und Tierschutzaufgabe der Jäger

»Das gute Beispiel ist nicht nur eine Möglichkeit, andere Menschen zu beeinflussen. Es ist die einzige!«
Albert Schweitzer

Die Erkenntnis, daß die artgemäße Erhaltung und Förderung von Wildarten auf der Sicherung und Wiederherstellung ebenso artgemäßer und intakter Lebensräume basiert, hat die Jagdverbände in erfreulichem Umfang zu einigen Förderungen notwendiger Biotophegemaßnahmen veranlaßt. Sie haben damit auch finanziell dokumentiert, daß eine übertriebene Unterstützung jagdlicher Randbereiche — z. B. Jagdhunde»sport«, jagdlicher Schieß»sport«, jagdlicher Bläser»sport«, nicht zu verwechseln mit der notwendigen Schulung, Übung und Erhaltung des praxisorientierten Jagdhundewesens, jagdlichen Schießens und jagdlichen Brauchtums durch Jagdhornblasen — heute anders gesehen werden muß als noch vor 20 Jahren. Praktisch alle Landesjagdverbände haben z. T. recht umfangreiche Aktionen gestartet, z. B.: Naturlandstiftungen zum Ankauf oder zur Anpachtung von gefährdeten Lebensräumen, Renaturierungsprogramme nach dem Motto »Deckung rettet Leben«, Feldholzinsel- und Heckenprogramme, Anlage von Feuchtbiotopen, Wiedervernässungen von Mooren, Artenschutzprogramme für Rebhühner, Birk- und Auerwild, Graureiher, Seeadler, Uhu, Fischotter, Seehunde usw. Diese Entwicklung ist außerordentlich begrüßenswert und geeignet, im Interesse der Allgemeinheit bundesweit eine »Lawine« der Naturbelebung in Gang zu bringen. Dennoch sollte nicht übersehen werden, daß die allgemeine Umweltbelastung, der tägliche Naturflächenabgang von rd. 165 ha und der alarmierende Artenschwund bei Pflanzen- und Tierarten ganz andere Dimensionen haben (vgl. Kap. 2), denen gegenüber die genannten Aktivitäten kaum mehr als den »Tropfen auf dem heißen Stein« darstellen.

Die rd. 265.000 Jäger der Bundesrepublik Deutschland sind aus verschiedenen Gründen prädestiniert für die Erfüllung weitreichender Naturschutzanliegen in der Praxis:

— Sie sind außerhalb der Städte auf der gesamten Fläche der Bundesrepublik präsent, weil praktisch alle Bereiche zu einem bestimmten Jagdbezirk gehören.

— Sie sind besonders stark motiviert, weil die Erlangung irgendeines Gewinns — in diesem Fall die Beute oder das Naturerlebnis — immer noch die stärkste Triebfeder für menschliches Tun ist.

— Sie haben passionierte Vertreter in allen Berufen, Schichten und Vereinigungen der Bevölkerung und bilden damit eine sehr starke Lobby, die auch zu den Grundeigentümern, politischen Spitzenvertretern und Industriellen ebenso Zugang hat wie zu den bescheidenen Helfern vor Ort, die bereit sind, auch viel Zeit und praktische Arbeit in die Bewältigung anstehender Probleme zu investieren.

Dennoch darf im Interesse der Erhaltung unseres traditionsreichen Jagdwesens nicht verschwiegen werden, daß wir innerhalb unserer eigenen Jägerreihen gewisse — mit der wachsendenZahl wenig berufener Neujäger zunehmende — Probleme haben, die aufgrund demokratischen Kräftespiels und abnehmender ökologischer Kenntnisse das »Schiff« in eine Richtung driften lassen könnten, die irgendwann zum Stranden führen muß. Insofern halte ich nichts davon, diese Probleme beschämt zu verschweigen und das ausufernde Treiben mancher »schwarzer Schafe« mit dem »Mäntelchen der Nächstenliebe« zu umhüllen. Selbstkritisch müssen wir erkennen, daß wir zunehmend von Jagdscheininhabern unterwandert und in der Öffentlichkeit repräsentiert werden, deren Handeln in der Natur fragwürdig ist. Die Sachkenntnisse vieler »Neu- und Wochenendjäger« über heimische Tiere und Pflanzen reichen oft kaum über besseres Grundschulwissen hinaus. In Sachen »Artenkenntnis« und »Ökologie« werden sich die Jägerprüfungen noch erheblich erweitern müssen. Erfreuliche Ansätze dafür gibt es zunehmend. Doch ebenso leicht, wie Jägerprüflinge infolge mangelnder Kenntnisse auch in diesen Fachbereichen »durchrasseln« müssen, sollten Jäger ihren Jagdschein für entsprechende Fehlgriffe so lange einbüßen, bis sie ihren Wissensstand »auf Vordermann« gebracht haben.

Aus täglicher Berufspraxis und häufigen Begegnungen mit Jägern »aus altem Schrot und Korn« weiß ich, daß die heute noch überwiegende Mehrzahl der Jäger das Ziel hat, auch künftig in unserem dicht besiedelten Land nach »alter Väter Sitte« auf echte Wildtiere jagen zu können. Das bedeutet waidgerechte Nutzung und Regulation von natürlicher Überschußproduktion einer möglichst naturnahen Landschaft, nicht aber Schießen auf gehegegezüchtete, gemästete oder angekirrte Tiere! Wenn feinfühlige und nicht so kapitalkräftige Jäger »richtiger Herkunft« schon hier und dort dazu neigen, die Flinte ins Korn zu werfen und die Jagd aufzugeben, dann ist das bezeichnend, aber der falsche Weg. Die Öffentlichkeit, und insbesondere die erfreulich stark im Aufwind befindliche, von vielen Jägern unterstützte ökologische Bewegung mit heute schon etwa 20 mal so vielen Mitgliedern wie bei uns Jägern, steht durchaus zu den Zielen der Jägerschaft, erwartet aber auch mit Recht klare Reaktionen von uns selbst. Einige bekannte und offensichtliche Fehlentwicklungen müssen korrigiert und dürfen nicht weiter vertuscht werden, wie z. B.:

Trophäenkult

Der übertriebene Trophäenkult — nicht etwa die Freude an einer Trophäe mit biologischem Aussagewert und persönlichem Erinnerungscharakter — scheint mir die »Wurzel fast allen Übels« bei uns Jägern zu sein. Zu den stellenweise un-

Abb. 101. Eine ausgeräumte Landschaft ohne Möglichkeit für die natürliche Reproduktion von jagdbaren Wildtierarten als trostlose Kulisse für eine Jagd auf große Mengen ausgesetzter Fasanen. Ein unverantwortlicher Widerspruch, den wir Jäger selbst generell unterbinden sollten. Wie so oft im Leben machen ausufernde Extreme wegen mangelnder Kontrollmöglichkeit generelle Lösungen unumgänglich. (Foto: B. Winsmann)

verantwortlichen Schalenwilddichten hat er entscheidend beigetragen. Was soll der Drang nach immer stärkeren und mehr Trophäen mit immer mehr Punkten, wenn dadurch die Hauptaufgabe der gesetzlich vorgeschriebenen Schalenwildregulierung vernachlässigt und der ökologische Schaden der Allgemeinheit überlassen wird? Was soll die hier und dort zunehmend betriebene Kraftfuttermästerei nach Haustierregeln anderes bewirken, als einen Drang nach Selbstdarstellung zu befriedigen?

Wahrscheinlich machen sich die meisten nicht klar, welche psychologische Gesetzmäßigkeit dahintersteckt und vor allem welche neuen Möglichkeiten der Befriedigung von Geltungsbedürfnissen Außenstehende darin sehen können, die bisher keine Jäger waren (und es meist nach Erlangung des Jagdscheines auch nicht werden). Damit müssen wir — psychologisch bedingt — Zuwachsraten von Jägern geradezu schüren! Die Durchleuchtung der menschlichen Bedürfnisstruktur deckt einiges auf. Dabei wird man erkennen, daß die Jagd — wenn wir nicht bremsen — zunehmend in einen kritischen Sog geraten muß: Grundsätzlich haben befriedigte Bedürfnisse für den Menschen keine oder nur noch geringe motivierende Wirkung. Wenn man etwas hat, beginnt man gleich anschließend etwas Neues zu wollen, was man noch nicht hat. Das ist im ganzen Leben so, Zuwachs und die gesamte Werbung in der Wirtschaft leben davon. Aus der Vielzahl stets verbleibender Bedürfnisse wirken die besonders reizvoll, die als nächste für dringlich und wichtig empfunden werden. Aufgrund eingehender Untersuchungen hat z. B. Maslow eine entsprechende »Bedürfnispyramide« mit 5 Bedürfniskategorien aufgestellt, die hierarchisch geordnet sind. Diese hierarchische Ordnung besagt, daß der Mensch immer in erster Linie nur für die nächsthöhere Kategorie ansprechbar und motiviert ist, wenn die Kategorie darunter wenigstens zum Teil befriedigt ist. Andererseits bedeutet diese hierarchische Ordnung auch, daß in dem Augenblick, in dem ein bisher befriedigtes Bedürfnis plötzlich nicht mehr befriedigt ist, alle »höheren« Motive in ihrer Ansprechbarkeit blockiert sind (Abb. 101a).

Das sollten wir durchschauen, weil unser menschliches Handeln in der Natur allgemein damit zu tun hat, der übertriebene Trophäenkult aber ein geradezu klassisches Beispiel (ähnlich dem Auto als Statussymbol) für die 4. Ebene ist. Der Hang zur »Erjagung« von Plaketten, Ehrenzeichen, Urkunden (z. B. bei Volksmärschen, Crossläufen, Sternwanderungen u. a.) ist inzwischen jedermann offensichtlich, wohl noch nie war er bei uns so verbreitet wie heute.

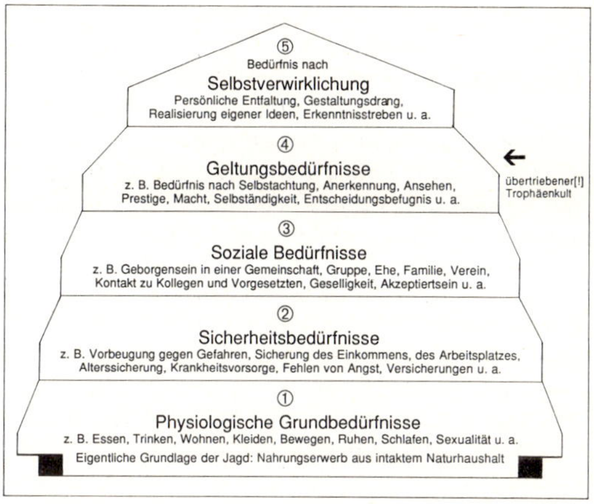

Abb. 101a. Menschliche Bedürfnispyramide nach Maslow.

Für die Jagd sind Geltungsbedürfnisse insofern kritisch, weil viele Menschen zunächst als Nichtjäger gar nicht wissen, wie sie diesen Drang befriedigen können. »Naturfreund« ist fast jeder, eine gewisse Neigung zur Jagd verspürt man schnell, völlig unbewußt sieht man in der Jagd eine Möglichkeit zum Streben nach Prestige und Geltung, und schon ist die Entscheidung zur Anmeldung zum nächsten Jägerkurs gefallen. Ein neuer Jäger als »Seiteneinsteiger« in diese Bedürfnisse wird geboren. Innerhalb der Jagd und der 4. Ebene wird er dann nach immer weiteren Steigerungen — insbesondere nach immer mehr und stärkeren Trophäen — streben. Nur wenige »verlassen« diese Ebene nach oben in die 5. Ebene und steigen — bildlich gesprochen — vom »Cadillac« (dem »Frack aus Blech«) auf ein Fahrrad um! Die eigene Jagd dient dann nicht mehr so sehr dem Prestige als vielmehr dem Drang nach der Realisierung eigener Ideen. Bei Kenntnis ökologischer Zusammenhänge könnten biotopanreichernde und wertvolle Maßnahmen dabei herauskommen, oft sind es aber eher »Mästideen« beim Schalenwild, riesige Volieren beim Federwild oder eine unnatürliche Wasserfläche für den »geliebten Landeanflug« der Enten... Auf der Strecke bleibt die Natur und die Sorge um das Wild, das keine Trophäen »liefert«. Und damit wird der übertriebene Trophäenkult gefährlich für unser gesamtes Jagdwesen, abgesehen von dem kritischer werdenden Empfinden der nichtjagenden Bevölkerung, die derartige Entwicklungen aus Kenntnis der ökologischen Zusammenhänge bzw. aus dem Tierschutzgedanken heraus ablehnt.

Machen wir uns nichts vor, durch »protzige« Trophäenschauen mit Punkten und Namen laufen wir längst Gefahr, den beabsichtigten Lehrcharakter zu untergraben. Für nicht wenige ist die Trophäe schon zu einer Art »Phallussymbol« geworden, von der ein magischer Drang ausgeht. Beispiele, daß sich jagende Spitzenvertreter ohne jede Hegearbeit die nach Punkten stärkste Trophäe vorbehalten, sind ebenso Folgen dieser Entwicklung wie die, daß sich gewisse »Jäger« ihre Trophäen — wenn es denn gar zu anstrengend oder gefährlich wird — durch einen Führer schießen lassen. Wenn der Markt dann hier nichts mehr hergibt, geht man eben ins Ausland und initiiert dort mittels »hochkarätiger« Devisen »haustiergerechte« Mäst- und Jagdmethoden, die es hier zum Glück noch (!) nicht gibt. Sehr plastisch schildert Kalchreuter (1984) entsprechende Auswüchse aus Amerika, die natürlich bei uns »überhaupt nicht« denkbar sind, psychologisch aber genau der menschlichen Prestigesucht entsprechen:

> »Es begann mit der Veröffentlichung der zehn stärksten Trophäen aller nordamerikanischen Wildarten durch die Waffenfirma Remington um 1932. Vorläufer des "Record Books". Vorher hatte der Hunter gejagt aus Freude an der Jagd in unberührter Wildnis mit ihren goldgelben herbstlichen Wäldern, ihren klaren Flüssen und Seen, bizarren Felsgebirgen und schwermütiger Tundra...
>
> Aber nun wurde die Großwildjagd zur Prestigesache, die Trophäe zum Statussymbol. Es wurde "in", ins Buch zu kommen, und dazu war jedes Mittel recht. Umso mehr, als "Rekord-Trophäen" recht selten vorkommen, in Alaska im Schnitt aus 5.000 Schneewiddern nur 17. Die Wilderei in Nationalparks nahm zu, da dort bei fehlendem Jagddruck noch wirklich altes und damit starkes Wild heranwachsen konnte. Gefundene oder gekaufte Hörner wurden als selbsterlegte Trophäen angemeldet, Horn und Geweih wurden eingefroren oder in Wasser gelagert, um das Schrumpfen zu verhindern, bis die aus diesem Grunde erforderliche Wartezeit von 60 Tagen bis zur offiziellen Vermessung verstrichen war. Und selbst namhafte Präparationsfirmen bieten sich an, das zu kurze Widderhorn durch Kunstharz-Prothesen zu verlängern und damit "buchfähig" zu machen.
>
> Der Höhepunkt des jagdlichen Snobismus war dann Anfang der 50er Jahre durch die Idee des "Grand Slam Caper on Sheep" erreicht, der die Erlegung aller vier amerikanischen Wildschafe als höchstes jagdliches Prestige pries. Nur derart erfolgreiche Leute fanden Aufnahme in entsprechenden Clubs, was dem Exklusivstreben vieler Kreise sehr entgegenkam. Plaketten, Medaillen und Schulterstücke zeichnen die wegen der Seltenheit einiger Schafarten nur ca. 250 "Grand Slamer" aus, die z. T. stolz waren, wenn sie die vier Schafe in möglichst kurzer Zeit "machten". Der Rekord liegt bei 30 Tagen, unter Einsatz von Hubschraubern, Sprechfunk, zahlreichen Guides und Out-fittern und natürlich einer Menge Geld. Empört berichtet der erfahrene Schafjäger Jack O'Connor über den Schafrummel seit über 20 Jahren, der so viel Lüge, Betrügereien, Geschäftemacherei und Wilderei verursacht hat...
>
> Zwar gibt es in Europa kein Rekordbuch, und damit ist der Erleger nicht so sehr in den Vordergrund gerückt, doch neigt man auch hier dazu, ein Stück Knochen, genannt Trophäe, wesentlich mehr zu verehren, als das Wild und das jagdliche Erlebnis. Spezialfütterung, besser gesagt Mästung, soll dem Hirsch zum Medaillengeweih verhelfen, und die chemische Industrie baut den Trophäenfetischismus erfolgreich in die Wurmmittelreklame ein: Das Kapitalgehörn erst nach Entwurmung mit Thibenzole!«

Während gegen die Freude an einer verdienten (!) Trophäe und gegen die Aussagekraft der Trophäe über den Zustand des Wildes im Prinzip nichts einzuwenden ist, muß sehr eindringlich vor den Gefahren einer aus dem Trophäenkult resultierenden Entwicklung gewarnt werden, in die wir durch wechselnde Mehrheiten in unseren eigenen Reihen immer mehr »abdriften« können. Nicht erfüllte Regulation z. B. beim weiblichen Schalenwild, das ja im nächsten Jahr wieder Trophäenträger »liefern« könnte, setzt

Abb. 102. Die Zucht großer Zahlen von Fasanen, Rebhühnern, Enten und Truthühnern ist nur noch eine Frage des Geldes und verleitet dazu, die nachlassende Reproduktionsrate der Natur durch Volierenzucht auszugleichen und z. T. sogar gegenüber dem auch bei intakter Natur möglichen Zuwachs zu vervielfachen. Es geht dabei bereits um Größenordnungen, die — zumindest beim Fasan — die Jahresstrecken übertreffen dürften. (Foto: J. Vogeltanz)

Abb. 103. Ob Fasanen, Rebhühner, Enten oder Truthühner: In Brutschränken ausgebrütet, unter Wärmestrahlern aufgepäppelt, in überbesetzten Volieren aufgezogen und dann in eine unwirtliche Natur mit Nahrungs- und Deckungsmangel ausgesetzt, in der viele Gefahren lauern ...; welches Schicksal erwartet sie? Werden sie verhungern, schnelle Beute ihrer natürlichen Feinde, zu deren unnatürlicher Vermehrung sie beitragen, oder sollen sie »Kanonenfutter« für die Flinten kapitalkräftiger »Neujäger« sein, denen das Tontaubenschießen nicht mehr reicht? Bei letzteren kann man ihnen nur wünschen, daß sie als lebende »Sportscheibe« nicht auch noch krankgeschossen werden und dann unnötig leiden müssen ...! Mit den altüberlieferten Grundsätzen der deutschen Waidgerechtigkeit sowie den Zielen des Natur- und Tierschutzes ist diese »Sportentwicklung« bei der Vogeljagd unvereinbar! (Foto: Archiv Wild und Hund)

unverantwortliche Kettenreaktionen bei Flora und Fauna in Gang, die das gesamte ökologische Gefüge »aus den Angeln heben« können! So gesehen wirkt sich einseitiger Trophäenkult heute schon vielerorts extrem naturschutzfeindlich aus.

Wildaussetzen zur Jagd

Das Aussetzen von Niederwild (in der Bundesrepublik Deutschland vor allem Fasanen) zur Anreicherung der sonst nicht möglichen Jagdstrecke aus Prestige-, »Sport«- oder Geschäftsgründen hat inzwischen in einigen Gebieten Formen angenommen, die mit dem Selbstverständnis eines Jägers und seinem gesetzlichen Auftrag nichts mehr zu tun haben. Niemand wird die genauen Aussetzungszahlen je ermitteln können, da nicht nur die vielen großen, nach Geschäftsprinzipien geführten Fasanerien, sondern auch die verbreiteten »Hinterhofvolieren« eher zu einer Verschleierung als zu einer Offenlegung neigen. Die Zahl der »ausgesetzten Beute« dürfte bei Fasanen bereits die Jahresstrecke übertreffen. Man kann sich inzwischen schon zu entsprechenden Gesellschaftsjagden »einkaufen« oder ganze Gruppenjagden buchen. Den Trend macht uns das Ausland vor, wenn z. B. »Sport«-Jäger zu einer Gesellschaftsjagd reisen und in Plastikkäfigen die Fasanen gleich mitbringen. Im Ostblock steckt dahinter ein devisenhungriges System, wenn große Gesellschaftsjagden mit garantiert mehreren tausend Fasanen gebucht werden können, die — für die Schützen unsichtbar — in die Luft »geworfen« werden. Neuerdings hat man dort sogar das Problem der Enten gelöst, die, frisch aus den Transportkisten kommend, nicht fliegen wollen. Sie werden eine abgedeckte, sprungschanzenähnliche Rampe hochgeschickt, die sie erklettern müssen, weil von hinten die nachgeschobenen Enten nachrücken, und oben bleibt dann nur die Wahl, entweder hinunterzufallen oder zum ersten Mal im Leben zu fliegen... Sie fliegen dann direkt zu den nahen Seen, wo die

»ahnungslosen« Jagdgäste gegen hohes Entgelt auf den »reichen Entenstrich« einer naturnahen Jagdlandschaft warten. Auch dies hat mit dem deutschen Jagdwesen nichts zu tun, ist aber schon deshalb besonders verwerflich, weil mit diesem »Sport« auch noch Tierquälerei (viele Tiere werden natürlich nur krankgeschossen) betrieben wird. Durch die unnatürliche Anreicherung der Lebensräume werden andere Tiere mit gleicher Nahrungsgrundlage verdrängt und den Beutegreifern ein überaus reichlich gedeckter Tisch geboten, so daß über deren dann folgende starke Vermehrung das System weiter durcheinandergerät. Wenn uns auch einige Länder mit derartig negativen Beispielen weit voraus sind, dann gibt es doch ähnliche Tendenzen bereits bei uns. Was soll man als ökologisch orientierter Jäger dazu sagen, wenn auf einer einzigen Insel der Nordsee über 4.000 Fasane ausgesetzt werden, eine Zeitlang als »Verhaltenskrüppel« ohne Feinde sogar in den Hausgärten herumlaufen, um dann prominenten Jägern des Festlandes »reiche Naturbeute« zu bieten? Das hat ökologische Rückwirkungen, zumal auf diesen Inseln in sorgfältig gehegten Naturschutzgebieten hochgradig gefährdete Limikolenarten (Watvögel) leben, die z. B. im Frühjahr gerade bei der Jungenaufzucht einen Engpaß an tierischer Eiweißnahrung haben, auf die sich auch die künstliche Überpopulation der Fasanen stürzt.

Himmelsjagd auf dem Futterhaufen

Aus Gründen der Waidgerechtigkeit ist bei uns die Nachtjagd und das Schießen an der Fütterung verboten und entsprechend verpönt. Was soll man aber davon halten, wenn sich gewisse Jagdpächter ein eigenes Verfahren entwickeln und im Flachland in versteckter Revierecke zur herbstlichen Jagdzeit mit Hängerladungen voll Rüben, Getreide und Mastfutter so hohe Futterberge auftürmen, daß sie aus dem Erdsitz gegen den helleren Himmel — nur auf Trophäenträger versteht sich — schießen können? Dem disziplinierten Nachbarjäger locken sie auf diese Weise das Wild weg, behindern ihn in der Erfüllung seiner Wildregulationsaufgaben und bescheren ihm dann auch noch Wildschaden, indem sie die Fütterung gerade zum Ende der Jagdzeit wieder einstellen. Sind das wirklich nur extreme Einzelbeispiele? Es scheint, als unternähme niemand etwas dagegen, weil das nur »böses Blut« gibt, dem »schwarzen Schaf« aber doch nicht die Jagd nimmt. Doch die Schäden sind wesentlich größer. Nicht nur die erforderliche Wildregulierung wird dadurch verhindert, nicht nur der Neid von Nachbarn wird geschürt, nicht nur die Wildschäden werden konzentriert, nicht nur viele Pflanzen- und damit auch Tierarten werden verdrängt, nicht nur die natürliche Lebensgemeinschaft des Waldes gerät »aus den Fugen«, nicht nur die ganze »jagdliche Innung« gerät in ein Licht, das sie keinesfalls verdient. Hundert gute Jäger haben es schwer, das wieder wettzumachen, was ein extremer Vertreter unserer »Innung« verdirbt.

Nein, alle diese Dinge haben mit dem deutschen Jagdwesen und seinen Zielen nichts zu tun, und wenn Kritiker »schwarze Schafe« aufs Korn nehmen, dann sollten sie bedenken, daß sich die große Mehrheit der deutschen Jäger schon lange vor dem Einsetzen der Ökologie-Bewegung der Natur- und Tierschutzaufgabe der Jagd gestellt hat und auch weiterhin stellen will. Wer von den Kritikern dies mißachtet, unterschätzt den Beitrag, den die deutschen Jäger in Sachen Naturschutz bundesweit erbringen können. Bereits 1971 hat die Internationale Jagdkonferenz versucht, den bei deutschen Jägern tief verwurzelten Begriff der Waidgerechtigkeit zu definieren. Unter anderem definierte diese Konferenz (Englaender, 1984) als Waidgerechtigkeit

— das Gebot, im Wild ein Geschöpf der Natur zu achten,

— das Gebot, dem Wild unnötige Qualen zu ersparen.

Die Erkenntnis, daß das Tier ein Teil der lebendigen Schöpfung und entsprechend zu achten ist, basiert auf ökologischen wie ethischen Vorstellungen. Bemerkenswert ist, daß man das Tier in der Rechtsprechung immer noch als eine Sache ansieht und die Verletzung von Tieren lediglich als Sachbeschädigung ahndet. In ihrer tatsächlichen Wertung und inneren Einstellung sind die Jäger darin schon früher wesentlich weiter gegangen. Wenn heute im geltenden Tierschutzrecht steht, daß niemand einem Tier ohne vernünftigen Grund Schmerzen, Leiden oder Schäden zufügen oder ein Tier an einem anderen auf Schärfe abrichten und prüfen darf, dann entspricht das ebenso den Grundsätzen der Waidgerechtigkeit wie die Verbote nach dem Jagdrecht, z. B. mit Schrot oder zu schwachen Waffen auf Schalenwild zu schießen, tierquälerische Fanggeräte, elektronische Zielgeräte, künstliche Lichtquellen anzuwenden oder die Jagd vom Auto oder Motor-Wasserfahrzeug aus auszuüben usw. **Jeder verantwortungsbewußte Jäger wird**

sich mit Leib und Seele den Forderungen des Schutzes gefährdeter Arten stellen und bereit sein, auch Konsequenzen für die Jagd in Kauf zu nehmen, wenn er die ökologischen Zusammenhänge kennt.

Das schwerfällige Angehen bedrohlicher Umweltprobleme hat in einer Demokratie letztlich eine wichtige Ursache im Verbandsgerangel und dem daraus resultierenden Zögern der gesetzgebenden Organe.

»Wenn es jemals eine Zeit gegeben hat, in der die Bildung einer gemeinsamen Front von vernünftigen Bauern, Förstern, Jägern, Fischern, Natur- und Tierschützern notwendig war, dann ist diese Zeit jetzt angebrochen.« (Frank, Präsident des Deutschen Jagdschutzverbandes, anläßlich der DJV-Hauptversammlung 1984 in Sonthofen) Dieser eindeutigen Aussage der »Spitze« des Deutschen Jagdschutzverbandes ist eine Resolution der Spitzenvereinigung des Vogelschutzes in der Bundesrepublik Deutschland und gleichzeitig der »Deutschen Sektion des Internationalen Rates für Vogelschutz« aus dem Jahre 1974 (Natur und Landschaft, 12/1974) auszugsweise anzufügen:

»— Die Jagd ist mit dem Naturschutz vereinbar; der Fortbestand der Jagd wird durch den Naturschutz nicht in Frage gestellt.

— Kriterien für die Jagdausübung sind: Die ökologische Unbedenklichkeit (»Umweltverträglichkeit«) aus der Sicht wildbiologischer Erkenntnisse und der Kapazität der Lebensräume; die ökonomische Notwendigkeit (Vereinbarkeit mit der Landeskultur) und das jagdliche Interesse innerhalb dieses Rahmens.

— Grundlage der Jagd aus Sicht des Naturschutzes und der ganzen Gesellschaft ist ein umweltorientiertes Jagdrecht, dessen tragende Säulen ein nach den obigen Kriterien abgestimmter Katalog jagdbarer Arten, das Reviersystem, die Verankerung der Jägerprüfung und das integrierte System örtlicher, zeitlicher und rechtlicher Beschränkungen der Jagdausübung sind. Die Ziele des Naturschutzes und der Jagd müssen im Hinblick auf die jagdbaren Arten und den Biotopschutz miteinander abgestimmt sein.

— Wild ist (wie Wasser, Luft, Pflanzenwelt und übrige Tierwelt) ein Naturgut, auf das die Allgemeinheit einen Anspruch hat. Anders als dem Landwirt oder Forstmann, die für die Existenzsicherung des Menschen diese Naturgüter nutzen, ist dem Jäger ein von der Natur hervorgebrachtes Allgemeingut als »delegiertes Privileg« zur pfleglichen Bewirtschaftung anvertraut, über das er nicht uneingeschränkt verfügen kann. Wie mit den vorrangigen Nutzungsansprüchen muß die Jagd auch mit den Zielen des ökologischen Umweltschutzes vereinbar sein.

— Wie zwischen verschiedenen Interessengruppen in einer vielschichtigen Gesellschaft notwendig, hält die Deutsche Sektion des Internationalen Rates für Vogelschutz einen permanenten Dialog zwischen Naturschutz und Jagd für erforderlich sowie eine weitgefächerte Kooperation für erstrebenswert und bekennt sich zu dem Prinzip, daß auftauchende Differenzen durch sachliche Gespräche gegenseitiger Toleranz lösbar sind.«

Hauptaufgaben der Jagd

Jeder Jäger, der sich unter den heutigen Umweltbedingungen um Natur- und Tierschutzbelange bemüht, wird sich selbstkritisch einmal die Frage stellen, warum er überhaupt jagt und woher er das Recht nimmt, eine Kreatur zu töten. Wenn er in der Lage ist, emotional getönte Argumente einmal beiseite zu lassen, wird er auf drei wichtige Gründe und zugleich Aufgaben kommen müssen, denen sich alle anderen Argumente unterzuordnen haben:

1. Bestandsregulierung

Wenn in einem Revier z. B. das Schalenwild entgegen der gesetzlichen Verpflichtung unangemessen zunimmt und der Naturhaushalt über Gebühr geschädigt wird, weil über die Verdrängung vieler Pflanzenarten etwa die 5- bis 25fache Zahl von Tierarten verschwindet, dann muß der Jäger konsequent handeln. Dann geht eben auch Zahl vor Wahl. Und wenn ein Jäger diese oberste Aufgabe nicht erfüllen kann, dann fehlt ihm entweder die Rechtfertigung, die Passion oder die Zeit. »Was ist das für ein Jäger, der lieber einfach den hohen Wildschaden bezahlt, statt dafür zu sorgen, daß der Schalenwildbestand nicht ausufert? Vordringliche Aufgaben der Bestandsregulierung bestehen heute in erster Linie beim Schalenwild, bei Kaninchen, Tauben, einigen Möwenarten, bei Bisam- und Wanderratten.« (Vauk, 1976)

2. Vermeidung von Seuchen

Wir wollen es weiterhin mit Wildtieren zu tun haben, bei denen keine Haustiermaßstäbe anzusetzen sind. Wald und Feld sind kein Kuh- oder Hühnerstall (Vauk, 1976). Medikamente haben grundsätzlich in der Natur nichts zu suchen. Jäger haben »ihr« Wild gesund zu erhalten, indem sie kranke Stücke erkennen und schießen (auch dazu gehört viel Zeit im Revier!) und den Wildbestand nicht überhandnehmen lassen. Wenn der Wildbestand zu groß wird, dann müssen eben natürliche Regelmechanismen der Natur durch Tollwut und Schweinepest, Eingeweidewürmer, Kokzidiose und andere Krankheiten dafür sorgen, daß sich der Bestand wieder senkt. In jagdlich gut geführten Revieren sollte es dazu nicht kommen.

3. Nutzung der Wildbestände

Das Motiv der »Topfjagd« ist ein sehr gesundes und natürliches Motiv. Schließlich ist eine Rehkeule ein gesünderer Braten als ein unter fragwürdigen Mitteln im Dunkelstall »erzeugtes« Stück Kalbfleisch oder ein »hochgepulvertes Brathähnchen« aus der »Gedrängemastanlage«. Viele Wildarten vertragen eine solche vernünftige Nutzung. Allerdings sollte auch wirklich Nennenswertes im »Topf« landen und nicht »teelöffelweise« durch viele Kreaturen (z. B. Schnepfen) herangeschafft werden müssen.

Nach meiner Meinung ist heute — die alten Zeiten sind leider vorbei! — keine Jagd mehr möglich ohne die Beachtung dieser drei Prinzipien. Dabei brauchen die anderen Motive, wie Freude an der Jagd, Beutetrieb, Zufriedenheit mit der Trophäe, Naturerleben, Freude am Jagen mit Gleichgesinnten oder an der Arbeit mit Hunden nicht zu kurz zu kommen. Sie gehören dazu, sie sind eine berechtigte Triebfeder, wenn sie sich den genannten Gründen unterordnen und nicht zu einem Selbstzweck werden.

Je eher jeder Jäger erkennt, daß er sich mit seinem Tun und Lassen (!) in eine übergeordnete Konzeption einzuordnen hat, desto besser für die Natur, aber auch für die Sicherung unseres Jagdwesens.

Biotopschutz geht vor Artenschutz

Neben den drei ureigensten Aufgaben der Jäger ist heute die Lebensraumgestaltung zu einer vordringlichen Aufgabe geworden. All unsere Bestrebungen in Sachen Natur- und Umweltschutz nutzen nichts, wenn sie nur einem oder einigen wenigen Bestandteilen in unserer vielfältigen Umwelt gelten; im Gegenteil, sie schaden nur. Die Quittung haben wir in den Roten Listen der gefährdeten Tier- und Pflanzenarten. Man muß sich einmal vor Augen halten, was es bedeutet, wenn dem gefährdetsten Säugetier unseres Landes, dem Fischotter, dessen Verschwinden sehr wahrscheinlich ist, im Bayerischen Wald von »Fischfreunden« der Schaden an Bachforellen in Geld vorgerechnet wird — einem wilden Tier! Immer sucht man nach einem, der den Schaden vergütet. In vielen Bereichen geht es heute so mit dem Graureiher. Wenn eine neue Fischzuchtanlage den Graureiher nicht dulden oder sich nicht mit angemessenen technischen Mitteln schützen kann, dann sollte der Unternehmer eben in der Stadt bleiben und seine Portionsforellen in Kunststoffbehältern heranfüttern. In der Natur müssen wir uns alle dem Biotopschutzgedanken unterwerfen lernen. Verursacher haben zu zahlen, und Verursacher sind stets wir Menschen, nicht aber freilebende Tiere nicht regulationsbedürftiger Arten!

Für alle Tier- und Pflanzenarten ist begrenzender Faktor stets in erster Linie die Qualität des Lebensraumes, durch sie sind die gravierenden Sterblichkeitsfaktoren wie Nahrungs- und Deckungsmangel, Krankheiten usw. vorgegeben (Kalchreuther, 1984). Selbst eine Vollschonung vor Störungen, vor Jagddruck und Beutegreifern kann eine Tierart nicht retten, wenn der Biotop zerstört ist.

13.2 Wiedereinbürgerungen und Aussetzungen von Tieren als Methode des Artenschutzes

***»Du hast die Macht,
so üb' auch Tugend!«***
Euripides

Alle Ansiedlungen von Tierarten sind und bleiben immer nur eine letzte Hilfsmethode des Artenschutzes. Vorrangige Bedeutung kommt stets dem Biotopschutz zu. Prophylaktische Maßnahmen gegen das Aussterben der Restbestände noch vorhandener Tiere haben viel mehr Chancen auf Erfolg als die Wiedereinbürgerung von Arten, nachdem diese großräumig erloschen sind (Nowak, 1981). Grundsätzlich kann der Artenschutz durch Wiedereinbürgerungen nur Erfolg haben, wenn der Lebensraum geeignet, bzw. entsprechend hergerichtet worden ist und die Gründe für das Verschwinden der Art nicht mehr bestehen. Das erfordert große biologische Kenntnisse der Tierart, ihrer Lebensraumansprüche und historischen Entwicklung ebenso wie das Vermögen, die ökologischen Gesamtauswirkungen, also die Folgen für die vorhandenen Tier- und Pflanzenarten, abschätzen zu können. Die Gefahr negativer Kettenreaktionen, der Floren- und Faunenverfälschung, der genetischen Destabilisierung und der Tierquälerei ist so groß, daß man sie Laien keinesfalls überlassen kann. Tieraussetzungen können für unsere Ökosysteme gefährlicher sein, als örtlich begrenzte Giftausbringungen, weil ihre Fernwirkungen nicht eingrenzbar sind.

Sofern strenge fachliche und wissenschaftliche Voraussetzungen erfüllt sind und die Lebensraumgestaltung allein nicht ausreicht, sind Wiedereinbürgerungsaktionen legitime und begrüßenswerte Maßnahmen zur angemessenen Wiederherstellung der natürlichen Vielfalt. Inzwischen sind durch Initiativen, bzw. Förderungen der Jäger — bezeichnend, daß auch hier Jäger-Engagement Früchte trägt — auf dem Gebiet der Bundesrepublik Deutschland drei vor geraumer Zeit ausgerottete Säugetierarten wieder eingebürgert worden: Der Biber (erloschen ca. 1877, erste Wiedereinbürgerung 1966), der Luchs (erloschen 1846, wiedereingebürgert 1970) und der Steinbock (erloschen ca. 1700, wiedereingebürgert 1936 und später) (Nowak, 1981).

Wiedereinbürgerung des Uhus

Außerhalb Bayerns waren die ursprünglichen Vorkommen des Uhus Ende der 60er Jahre erloschen. Die komplexen Ursachen des Rückganges haben früher im Abschuß und Fang der Brutvögel, im Eiersammeln, im Aushorsten der Jungvögel für die Hüttenjagd und später im KFZ- und Bahnverkehr, in der Verdrahtung der Landschaft, im Tourismus (Bergerhausen, 1981) und möglicherweise auch in den Bioziden, den Schwankungen im Nahrungsangebot und der Isolation bestanden. Der initiierende und bis 1986 ständig weiter fördernde »Motor« war v. Frankenberg, der bereits 1950 die Arbeitsgemeinschaft gegründet und deren Arbeit generalstabsmäßig vorangetrieben hat. Bei den weitverstreuten Aussetzungskriterien hat sich immer wieder gezeigt, daß nur regional massiertes Aussetzen über mehrere Jahre hinweg Erfolg verspricht. Von 1972 bis 1981 wuchs die Zuchtpopulation von 90 auf 250 Tiere an, die von rd. 85 Mitarbeitern der privaten »Aktion zur Wiedereinbürgerung von Uhus« in Tiergärten und privaten Volieren betreut werden. Die zentrale EDV-Kartei hatte 1981 bereits die Daten von über 1.000 Tieren gespeichert. Die verschiedenen Aussetzungsbereiche umfaßten allein 1981 im Bundesgebiet 19 Freilandbruten mit 33 Jungen und weiteren 14 zugesetzten Jungen. Bei 11 mehrjährig brütenden Paaren war in 9 Fällen ein ausgefallener Partner (häufig Verkehrs- oder Drahtopfer) zu ersetzen. Nahrungsanalysen haben ergeben, daß die Hauptbeute 54 % Kleinsäuger (Wanderratte), 6 % Kaninchen, 16 % Hühnervögel, 9 % Tauben, 3 % Rabenvögel und 12 % andere Vögel umfaßt hat. Reich gegliederte Kulturlandschaft mit Steinbrüchen oder Felspartien als eigentlichem Brutplatz charakterisieren den Lebensraum. Es hat sich gezeigt, daß der Uhu auch in der heutigen Zeit noch seine ökologische Nische findet, in der er überleben kann. In Uhugebieten haben die Jäger die Möglichkeit, durch Schutz bzw. Gestaltung von Felsformationen und aufgegebenen Steinbrüchen, durch Kanalisierung von Störungen (bis zur Umleitung von Wanderwegen) und durch Einwirkung auf die Verantwortlichen zur Umrüstung von Freileitungsmasten zur Verminderung von Stromschlagverlusten der Aktion zu helfen.

Wiedereinbürgerung des Wanderfalken

Der Wanderfalke ist eine der am meisten gefährdeten Greifvogelarten. Weltweit war in den letzten 30 Jahren ein bedrohlicher Rückgang zu beobachten. In den USA, Kanada und England wurde als Ursache die großflächige Anwendung von Insektiziden — besonders DDT und PCB's — erkannt. In der Bundesrepublik kamen zu diesen Belastungen, die z. B. über die nachlassende Stabilität der Eierschalen zum Ausbleiben der Reproduktion führen, auch noch Horstplünderungen hinzu. Inzwischen ist es seit Anfang der 1970er Jahre gelungen, den Wanderfalken in Gefangenschaft beliebig zu vermehren (Saar, 1981). Dennoch werden Wiedereinbürgerungen von Vertretern der Arbeitsgemeinschaft »Wanderfalkenschutz« kritisch gesehen, mit dem Hinweis darauf, daß der Wanderfalke aus süddeutschen Restpopulationen auch die nördlichen wanderfalkenleeren Gebiete besiedeln könne. Außerdem werden Gefahren durch Einführung von Seuchen und Parasiten aus den Zuchtvolieren in die Wildpopulation gesehen. Bisherige Ansiedlungsversuche im Bereich der Bundesrepublik sind entweder über die Methode der Adoption (Einbringung von Jungtieren in besetzte Wildhorste), über Kunsthorste an früheren Brutfelsen bzw. auf Horstbäumen mit ständiger Bewachung und komplizierter Fernfütterung oder über die Gebäudeauswilderung in Großstädten (Berlin: Reiches Beuteangebot an Tauben, Lachmöwen, Staren) erfolgt. Erstmals sind z. B. 1980 in Berlin 4 junge Wanderfalken aus einem künstlichen Baumhorst ausgeflogen und selbständig geworden. In der Natur überlebten etwa 60 % der jungen Wanderfalken das erste Lebensjahr nicht, so daß die Aktion in Hessen bis zu einem abschließenden Erfolg noch eine Zeit weiterlaufen muß (Saar, 1981). Die Arbeitsgemeinschaft Wanderfalkenschutz konnte in Baden-Württemberg in der Brut- und Aufzuchtzeit 1984 mit einem Rekordergebnis aufwarten, indem dort über 100 Jungfalken ausgeflogen sind. In Baden-Württemberg beringte Jungfalken wurden bereits als Brutpaare in Rheinland-Pfalz, Bayern, der Schweiz, Frankreich, Österreich und Liechtenstein nachgewiesen. Als Störfaktor wird inzwischen der Uhu bezeichnet, der zunehmend als Horstplatzkonkurrent und natürlicher Feind der Falken auftritt (Jagd und Hege, 1/1985).

Wiedereinbürgerung von Waldhühnern

Alle Waldhühner gehören traditionell in den Kreis des jagdbaren Wildes, so daß das gegenwärtige Engagement zur Wiedereinbürgerung von seiten der Jäger, Förster und Jagdverbände — zusammen mit Naturschutzorganisationen — naheliegend ist. Dabei erscheint das Risiko der Aussiedelung außerordentlich hoch, auch wenn inzwischen bereits die ersten Freilandbruten bestätigt werden konnten. Die Waldhühner sind nämlich ausgesprochene Biotopspezialisten. Die Strukturierung des Lebensraumes, des Klimas, des Nahrungsangebotes, des Feinddruckes (Fuchs, Waschbär, Marder, Habicht u. a.) sowie menschliche Störungen spielen die entscheidende Rolle. Über das Nahrungsangebot (z. B. tierisches Eiweiß zur Jungenaufzucht durch Insektenvielfalt) dürften auch die Immissionsschäden — Bodenversauerung durch »sauren Regen« — und die damit verbundenen ökosystemaren Destabilisierungen eine große Rolle spielen, da sich bereits geringfügig erscheinende Änderungen des Lebensraumgefüges auf die Reproduktionsrate, die Vitalität, die Lebenserwartung bzw. Bestandsdynamik auswirken können (Scherzinger, 1981). Die folgenden Biotopansprüche (auszugsweise nach Scherzinger, 1981) verdeutlichen nicht nur die Problematik der laufenden Wiedereinbürgerungsaktionen, sondern vermitteln auch einen Überblick über die Maßnahmen, die zur Lebensraumanreicherung erforderlich erscheinen:

— **Birkhuhn:** Weite übersichtliche Flächen mit niedriger Vegetation am Rande von Gebüschgruppen oder kleinen Waldkomplexen, z. B. Alpenmatten über der Baumgrenze, Hochmoore, katastrophenbedingte Kahlflächen im Wald, Heide- und Heckenlandschaft, Streuwiesen. Jede Veränderung der Struktur kann schädlich sein, z. B. Auflassung der Almen, Moortrockenlegung, Düngung der Heide, Rodung der Hecken, Wiederaufforstung, Intensivierung der Grünlandnutzung (Abb. 104).

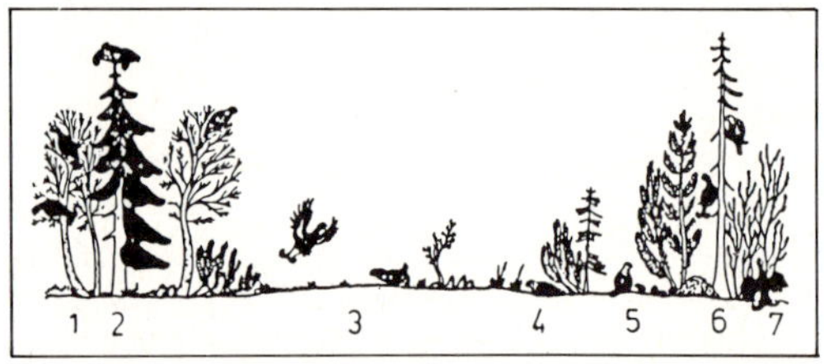

Abb. 104. Schema eines Birkhuhnbiotops; dargestellt am Beispiel eines Spirkenmoores.
1) Birkenknospen als Winternahrung, 2) Balzbaum, 3) Freifläche für Gesellschaftsbalz, 4) Gedeckter Brutplatz, 5) Trockenes Randgebiet zur Kükenaufzucht, 6) Schlafbäume, 7) Weidenlaub als Sommernahrung. (Scherzinger, 1976)

— **Haselhuhn:** Meidet große offene Flächen, nutzt als Gebüschbewohner die Deckung im Wald. Bevorzugt als vorsichtiger Vogel kurze Distanzen zwischen Nahrung und Deckung. Laubbaumknospen stellen die Winternahrung, als Deckung bevorzugt es die Fichte. Pionierwald mit Weichlaubhölzern und Verjüngungshorste im reifen Wald erfüllen seine Ansprüche, großflächige Wirtschaft verdrängt sie (Abb. 105).

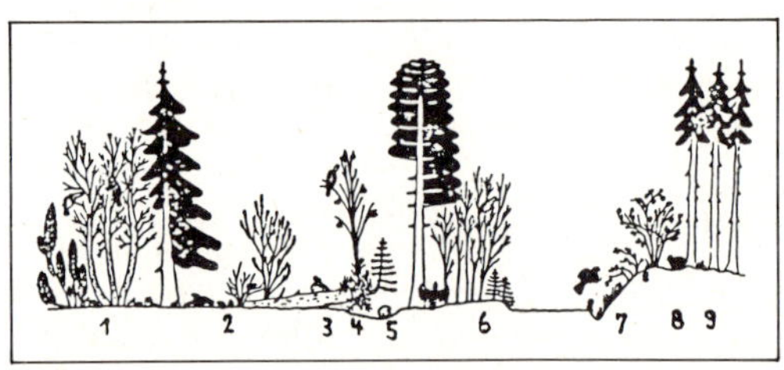

Abb. 105. Schema eines Haselhuhnbiotops. Im linken Abbildungsteil ist die Vielfalt kleiner Lebensraumausschnitte im »Naturwald« dargestellt, die den Biotop zusammensetzen. Rechts stehen die Sekundärstrukturen des Wirtschaftswaldes.
1) Birkenknospen als Winternahrung, 2) Lichtung mit Holunder und Weide zur Kükenaufzucht, 3) Balken und Strünke als Singwarten zur Balz, 4) Vogelbeerbaum auf Windwurffläche, 5) verdeckter Brutplatz, 6) Buchenstangengehölz als Wintereinstand, 7) Beerensträucher an der Straßenböschung, 8) Huderpfannen im trockenen Sand, 9) Schlaf- und Zufluchtsort im Fichtenstangenholz. (Scherzinger, 1976)

— **Auerhuhn:** Empfindlichste Art der Waldhühner, angepaßt an zerfallende Urwälder im rauhen Klimabereich, Strukturvielfalt ist entscheidend (großer Baumbestand, einzelne Verjüngungshorste, gestufter Aufbau, bunter Wechsel der Bodenvegetation). Veränderung der Struktur- und Artenvielfalt bedeutet Biotopverlust, großflächige Nutzung verdrängt das Auerhuhn, deshalb ist es zunächst aus den Hügelbereichen verschwunden und auf höhere Bergregionen ausgewichen (Abb. 106).

Man schätzt heute einen Mindestbestand an 50 Waldhühnern und in rauhen Klimabereichen gut doppelt soviel als Mindestausgangsbestand für eine erhaltungsfähige Population. Anreicherungen der Baumartenvielfalt und Kanalisierung der touristischen Störungen sind unerläßlich. Unter natürlichen Bedingungen liegt die Sterblichkeit der Waldhühner im ersten Lebensjahr bereits bei 50 bis 70 %, bei der Wiederaussiedlung muß mit noch höheren Ausfällen gerechnet werden.

Abb. 106. Schema eines Auerhuhnbiotops; dargestellt am Beispiel des naturnahen Bergmischwaldes. 1) Jungfichte als Winternahrung des Hahnes, 2) Balzbaum, 3) Heidelbeere, 4) Bodenbalzplatz, 5) Steinchenaufnahme von Wurzeltellern, 6) gedeckter Schlafplatz, 7) geschützter Brutplatz, 8) Fichtenzweige als Winternahrung der Henne, 9) Huderpfanne, 10) freier Schlafplatz, 11) Ameisenhaufen, 12) Buchenlaub als Sommer- und Herbstnahrung. (Scherzinger, 1976)

13.3 Das Schalenwildproblem

»Wer das erste Knopfloch verfehlt, kommt mit dem Zuknöpfen nicht zu Rande.«
J. W. Goethe

Die angemessene Schalenwildregulierung ist eine Naturschutzforderung ersten Ranges. Es ist schwer, dieses Problem angemessen anzusprechen, ohne Emotionen zu wecken, da durchaus nicht überall in der Bundesrepublik Deutschland dank vernünftig betriebener Jagd von einem Schalenwildproblem gesprochen werden kann. In einigen Gebieten hat sich jedoch die Problematik so bedenklich zugespitzt, daß viele namhafte Wissenschaftler, Forstleute, Wildbiologen und auch Grundeigentümer in Erkennung ihrer Verantwortung gegenüber der Natur und der Allgemeinheit gegensteuernde Initiativen ergriffen haben. Ein Blick in die Geschichte lehrt, daß viele Bauernaufstände zu Zeiten Martin Luthers nicht zuletzt durch unerträgliche Wildschäden ausgelöst worden sind ... In vielen Gebieten hat der Jagdpachtmarkt viel dazu beigetragen, die örtlichen Jäger, die fast täglich im Revier sein konnten, aus den Jagden zu verdrängen, so daß die vorrangigen Aufgaben der Jagd in der Schalenwildregulierung häufig nicht mehr erfüllt werden können, ja oft auch nicht mehr erfüllt werden wollen, weil eben der Wochenendjäger bei knapper Zeit viel Wild sehen und ggf. auch vorführen will.

Der Trugschluß beginnt schon bei der Wildzählung, die beim Jagdpächter als Grundlage für den Abschußplan herangezogen wird. Da Rehe und Hirsche üblicherweise nicht auf Zuruf aus der Deckung treten, um sich zählen zu lassen, ist der so ermittelte Bestand und die daraus errechnete Abschußquote nach allen Erfahrungen zu niedrig. So konnten Wildbiologen in dem dänischen Revier Kalö mit 70 gezählten Rehen insgesamt 231 Tiere erlegen. Selbst nach diesem »Totalabschuß« liefen noch einige Rehe munter durch den Wald. Ausgewiesene Spezialisten hatten den Bestand einfach unterschätzt (Kurt, 1977). Kann oder will ein Jäger seine Abschußquote nicht erfüllen, dann werden sog. »Postkartenabschüsse« gemeldet, also frei erfundene Strecken, die in Wirklichkeit weiter für Nachwuchs sorgen. Das dürften teilweise bis zu 50 % sein, und gegen Ende der Jagdsaison kommen dann fast nur noch weibliche Rehe bei Verkehrsunfällen um... Die Natur würde darauf durch erhöhte Sterblichkeit des Nachwuchses reagieren, wären ihr nicht wichtige Regulationsmechanismen durch Wildtier-Mast genommen. Mit Kraftfutter, Sojaschrot, Vitaminen, Spurenelementen und Medikamenten-Prophylaxe päppeln viele Jäger ihr »Wild« auf. Sie nennen das Wildhege — Konrad Lorenz spricht von einer »Verhausschweinung« der Wildtiere. Das Bundesjagdgesetz schreibt vor, daß in Notzeiten »zum Schutz des Wildes vor Futternot« Ersatznahrung geboten werden muß. Wann »Notzeit« ist, überläßt der Gesetzgeber den einzelnen Ländern. Die Folge: Fast überall wird Schalenwild sechs bis sieben Monate im Jahr gefüttert. Der Ruf nach einem Fütterungsverbot wirkt auf den ersten Blick paradox. Bei konsequenter Zufütterung müßten die Tiere eigentlich vom Wald ablassen. Dieses von Jägern immer wieder vorgebrachte Argument ist ökologisch falsch. Dem Wild fehlt — nach Ausrottung der Raubfeinde Luchs und Wolf — ohne eine winterliche Notzeit der letzte natürliche Regulationsfaktor. So überleben immer mehr Tiere. Schottisches Rotwild, schreibt die Münchener Wildbiologische Gesellschaft, habe höchstens halb soviel Nachwuchs wie hierzulande. Die Folge: Noch intensivere Jagd auf Tiere, deren Bestand in »Notzeiten« künstlich hochgehalten wird (Klingholz, 1981). Die Probleme sind inzwischen in einigen Gebieten so ernst, daß die Projektgruppe »Aktionsprogramm Ökologie« — ein kopfstarker und fachkundiger Gutachterausschuß — in seinem 1983 dem Bundesinnenminister übergebenen Abschlußbericht fordert:

> »In allen Fällen, in denen es nicht gelingt, das Ziel der ökologischen Bestandsregulierung zu erreichen, ist ohne Rücksicht auf private jadliche Interessen von der Möglichkeit der Jagdgesetze Gebrauch zu machen, die Abschußerfordernisse im Wege der Polizeijagd zu erfüllen.« Als Begründung wird in diesem Gutachten angefügt: »Die Regulierung von Artenbeständen gehört in den hoheitlichen Bereich des Staates insoweit, als er für eine ökologische Ausgewogenheit der Abschußplanungen zu sorgen und deren strikte Einhaltung zu gewährleisten hat. Es gibt vielfältige Beweise dafür, daß nicht nur die den Abschußplanungen zugrundeliegende Zählung besonders des Rehwildes weit unter den wirklichen Bestandszahlen bleibt, sondern daß auch häufig die deshalb zu niedrig angesetzten Abschußquoten nicht erreicht werden. Beides hat nicht zuletzt seinen Grund darin, daß die Jagd, die nicht der Erbeutung von Trophäen, sondern der ökologischen Bestandsregulierung dient, die zeitlichen Möglichkeiten der meisten Privatjäger bei weitem übersteigt. Daraus leiten sich die Forderungen ab, den ökologischen Sachverstand in den Jagdbeiräten bei den Jagdbehörden durch Zuwahl geeigneter, der Ökologie verpflichteter Mitglieder zu verstärken und Berufsjäger heranzubilden, die die Jagd als rein ökologische Aufgabe begreifen und konsequent ausführen.«

»Es ist unerträglich«, bemerkt der Münchner Forstpolitik-Professor Plochmann, »oben stirbt uns der Wald durch Immissionen weg, unten raubt eine Überzahl von Rehen und Hirschen den jungen Bäumen jede Überlebensmöglichkeit.« (Klingholz, 1985) Dabei müssen wir erkennen, wollen wir waldbaulich etwas Wichtiges für den »Wald nach den Immissionen« tun, daß wir heute unter dem Schutzschirm der kranken Bäume artenreiche, d. h. laubholzreiche und verbißgefährdete Kulturen begründen müssen. Die Mischwälder der Zukunft hängen davon ab, wie wir es verstehen, die Wildbestände auf das ökologisch vertretbare Maß zu regulieren. Niemand fordert eine Ausrottung, sondern lediglich eine Anpassung durch stellenweise drastische Verringerung!

> »Es ist keine große Kunst, Forstwirtschaft zu betreiben, wenn man den Faktor Wild ausschalten würde, und es ist nicht schwer, Jagdwirtschaft zu betreiben, wenn man auf den Wald keine Rücksicht zu nehmen bräuchte. Eine Kunst ist es aber, beide so zu betreiben, daß Wald und Wild zu ihrem Recht kommen. Diese Kunst zu üben wird vom Gesetzgeber gefordert und ist zudem reizvoll.« (Nüßlein).

Und so gibt denn auch der Wald über seinen eigenen und den Zustand der Krautflora, den Bestand der Insektenfauna und die Brutvogeldichte die besten Hinweise dafür, ob zu viel Schalenwild vorhanden ist oder nicht. Wenn man die Grundgedanken der Beute-Räuber-Beziehung und die Tatsache, daß die Beute im wesentlichen den Räuber (Konsumenten nächsthöherer Ordnung) reguliert, auf das Schalenwild überträgt, dann wird klar, daß dieses wesentlich größeren Einfluß etwa auf die Vogelpopulation im Wald hat als z. B. die Beutegreifer Sperber oder Marder.

Ein Zuviel an Schalenwild verhindert nämlich durch den intensiven Verbiß nicht nur das Aufkommen wichtiger Bäume und Sträucher für die Vögel — wie z. B. Esche, Eiche oder Ahorn —, sondern es hält auch noch den Unterwuchs in der Krautschicht zurück. Und diese Pflanzen sind Lebensgrundlage (»Beute«) z. B. für Insekten, die ihrerseits Beute für Vögel sind, diese also regulieren (vgl. Tab. 26).

Tabelle 26: Verarmung der Bodenflora durch Rotwildverbiß

Anzahl der Pflanzen außerhalb des Gatters derjenigen im Gatter (Meister, 1969)	in %
Holunder, Aspe, Ulme	0
Himbeere	4
Brombeere	6
Tanne	8
Calluna	20
Vogelbeere	26
Heidelbeere	27
Schneeball	42
Sanikel	45
Weide	47
Bergahorn	76
Buche	99

Durch verschiedene Arbeiten ist belegt worden, daß **Winterfütterungen — in wirklichen Notgebieten ohne Zweifel erforderlich** — wenig oder keinen Einfluß auf das Schadensbild des Schalenwildes haben. Manchmal eher im Gegenteil: Wurde Weichfutter verabreicht, so erhöhte sich der Verbiß an Holzpflanzen, welche Rehe zur Gewinnung von Ballast unbedingt aufnehmen müssen. Baum- und Strauchäsung fördert die Bewegung und Verdauung der Nahrung im Magen und Darmkanal und regelt somit die Verdauungstätigkeit. Man weiß z. B., daß viele für Haustiere leicht verdauliche Futtersorten, etwa Luzerne, vom Rehwild ohne schwer- oder sogar unverdauliche, ligninreiche Rohfasern kaum verarbeitet werden können. Ein plötzliches Ausbleiben grobfaseriger Äsung hat Verdauungsstörungen und unter Umständen einen lebensbedrohlichen Gewichtsverlust zur Folge. Besonders im Winter kommt der Baum- und Strauchäsung eine große Bedeutung zu (Kurt, 1977). Damit verbunden sind erhebliche Wünsche an die Forstwirtschaft, durch gezielte Veränderung der Vegetation zugunsten des Wildes in Form von Weichhölzern zur Biotopanreicherung beizutragen. Eine erfolgreiche Verbesserung der Äsung ist andererseits nur dann wirklich durchzuführen, wenn ihr eine erhebliche Senkung des Wildbestandes vorausgegangen ist, damit die Weichhölzer überhaupt aufwachsen können. Ein Teufelskreis! Der Jäger kann davon ausgehen, daß bei abnehmender Wilddichte in Richtung standortangepaßter Dichte die Geweih- und Gehörnqualität, das Körpergewicht und die Kondition zunehmen werden, Ziele also, denen er sich im Prinzip ohnehin verschrieben hat. Besonders beim Rehwild sind damit Fragen der räumlichen Organisation verbunden. Bei geringer Rehwilddichte gelingt es bereits Jährlingen, Reviere zu besetzen und damit gute Äsungs- und Lebensbedingungen zu verteidigen. Mit zunehmender Dichte verschiebt sich das Alter territorialer Böcke immer weiter nach oben, so daß es durchaus vorkommen kann, daß erst mindestens 4 Jahre alte Böcke Territorialität erreichen können. Mit zunehmender Bockdichte verkleinert sich nicht nur der Anteil revierbesitzender Böcke an der gesamten Bockpopulation, sondern auch die Größe der einzelnen Reviere, was wiederum über Äsungszusammensetzung, innerartliche Konkurrenz und streßbedingte Unruhe nachweislich die Qualität der Gehörne bestimmt. Eine größere Anzahl von Böcken mit geringen Gehörnen ist immer ein deutlicher Hinweis für eine zu hohe Dichte. Insofern hat die Trophäe durchaus einen Aussagewert für den Zustand des Wildes und die Beurteilung der Dichte. Wegen dieser Zusammenhänge können gerade beim Rehwild keine Rückschlüsse auf eine genetische Veranlagung gezogen werden. Über die Jagd eine genetische Aufwertung erreichen zu wollen, ist unsinnig. Es erscheint bemerkenswert, daß sich über die Frage der Wilddichte gerade beim Schalenwild forstwirtschaftliche, ökologische (Biotopvielfalt) und jagdliche Ziele (gesundes Wild und starke Trophäen) im Prinzip vollkommen dekken. In einem durch Struktur- und Pflanzenvielfalt gekennzeichneten, dem Äsungs- und Lebensbedarf (Ruhe!) entsprechenden und die natürlichen Wanderungsbewegungen sicherstellenden Biotop ist jegliche Fütterung widersinnig. Sofern in derartigen Optimalbiotopen die Jäger die Schalenwildregulation nicht sicherstellen können, müßten in dem Fall die kompensatorischen Sterblichkeitsfaktoren greifen können, bei denen der Winter eine große Rolle spielt. Da der Mensch durch seine gravierenden unnatürlichen Eingriffe (z. B. Biotopverarmung, Störungen, Unterbrechung der Wanderungsmöglichkeiten durch Zersiedelung u. a.) die meisten Reviere weitgehend beeinträchtigt hat, ist — streng beschränkt auf ausgesprochene Notzeiten — die Winterfütterung eine ausgleichende ethische Verpflichtung. Allerdings halte ich sowohl aus ernährungsphysiologischen als auch aus jagdpraktischen Gründen nur die Fütterung von artgemäßem Erhaltungsfutter für vertretbar. Falsche Winterfütterung verhindert die winterbedingten Veränderungen im Verdauungstrakt, »gaukelt« einen nichtgegebenen Sommerzustand vor, kann — zumindest bei Verdrängung von der Fütterung — die Notsituation nur vergrößern und dadurch letztlich auch die Schäden im Wald erhöhen. Außerdem »lockt«, im Gegensatz zum Erhaltungsfutter, das »Nasch-« und Kraftfutter nur zu diesen Fütterungen an, mit der Folge der unnatürlichen Massierung und Verteilung des Wildes im Raum. Mit Haustier- und Mastmentalität ist dem ökologisch ausgerichteten Jagdwesen nicht gedient. Da sich Wildzählungen als Grundlage zur Abschußfestsetzung als ungeeignet erwiesen haben, wird man künftig mehr auf Verfahren abstellen müssen, die den Zustand der Vegetation und die Möglichkeit der Begründung standortgemäßer Mischwälder aus den vorhandenen Hauptbaumarten ohne Zaunschutz als Hauptkriterium berücksichtigen.

Das Schadensausmaß beim Rotwild

Das Rotwild — von Natur aus an weite Steppen angepaßt — besiedelte als Großraumtier in unserer früheren Naturlandschaft im Sommer und Winter ganz verschiedene Lebensräume. Im Sommer wurden kühlere, insektenarme und störungsarme Hochlagen und Nadelwälder bevorzugt, im Herbst zog das Wild oft über viele Kilometer in wärmere, weniger schneereiche Tallagen, wo in strauch- und laubholzreichen Wäldern und landwirtschaftlichen Bereichen genügend Äsung zur Verfügung stand. Derartige Wanderungsbewegungen sind heute durch Besiedelung, Straßen u. dgl. unterbrochen. Infolge teilweise überhöhter Wilddichten, zunehmender Beunruhigung, forstwirtschaftlicher Einseitigkeit in der Lebensraumgestaltung und der selektiven Bevorzugung beliebter Standorte ist es heute bereits in vielen Rotwildgebieten zu unverantwortlichen Schäden gekommen, die insofern aktueller denn je sind, als sie sich zusammen mit den zunehmenden immissionsbedingten Waldschäden — ähnlich wie beim Rehwild — hochschaukeln und eine auf Zukunftssicherung ausgerichtete stabilisierende Einbringung von Mischbaumarten fast unmöglich machen. Aus Alpenbereichen werden bereits Zerstörungen von Lawinen- und Bodenschutzwäldern mitgeteilt, die existentielle Bedrohungen für Talortschaften bedeuten. Es ist unbedingt erforderlich, daß jeder Rotwildjäger etwas über die Rotwildschäden und deren ökologische, finanzielle und auch waldästhetische Auswirkungen im Bereich der Waldwirtschaft weiß:

— *Verdrängung von Pflanzen und Tieren:* Der tägliche Nahrungsbedarf eines Stückes liegt im Sommer bei einem Viertelzentner Grünfutter. Dabei werden verschiedene Kräuter, Sträucher und Nebenbaumarten — von den wirtschaftlich wichtigen Mischbaumarten einmal abgesehen — bevorzugt aufgenommen und dadurch sogar häufig vollkommen verdrängt. Das hat Auswirkungen bis zur Zersetzerkette im Boden. Die Schäden sind finanziell nicht zu beziffern.

— *Verbißschäden der Kulturpflanzen:* Verbissen werden die Kulturpflanzen in der gesamten Kulturphase bis zum Dickungsschluß mit der Folge, daß Edellaubbäume und sogar die Buche ohne Zaunschutz oft überhaupt nicht aufwachsen können. Auf den nicht gegatterten Flächen treten folgende Verbißschäden ein:
— Verzögertes und lückenhaftes Aufwachsen der Kultur, z. B. »Sitzenbleiben« von Nadelholzkulturen.
— Verzögerte Bodenbedeckung und Schließen der Jungwüchse.
— Verwilderung durch »weniger schmackhafte« Bodenvegetation, die ggf. sogar bekämpft werden muß.
— Erhöhte Spätfrost- und Mäusegefahr bei stärkerer Vergrasung (weil Zeitverzögerung) in Buchenkulturen.
— Stammzahlverminderungen in Buchenkulturen, die auf Selbstreinigung angewiesen sind mit der Folge der Qualitätsminderung im Endbestand.
— Verzwieselungen und Verbuschungen.
— Verlängerte Waldbrandgefahr infolge stärkerer Vergrasung.

Allein der Produktionsausfall durch die Wuchsverzögerung kostet im Mittel rd. 1.000 bis 2.000 DM/ha. Die übrigen Schäden sind ebenfalls finanziell nicht zu beziffern.

— *Schälschäden:* Die gravierendsten Schäden erfolgen durch das Rindenschälen. Auch wenn im Jahr nur 3 bis 5 % der herrschenden jungen Bäumchen geschält werden, führt das in 20 bis 30 Jahren praktisch zu einer Vollschälung der Jungbestände. Viele Bäume werden in ihrem Leben mehrfach geschält, so daß es durchaus vorkommen kann, daß in Rotwildmassierungsbereichen ganze Bestände ausfallen und im Alter von z. B. 35 Jahren Vermögensschäden in Höhe von rd. 10.000 DM/ha entstehen. Wenn dies auch Extremfälle sind, so muß für die von Schälschäden betroffenen Fichtenbestände regelmäßig mit folgenden Schäden gerechnet werden:
— Insgesamt erhöhtes Bewirtschaftungsrisiko durch Schädigung der Bestandsstruktur (wenn einzelne Zukunftsbäume ausfallen, Löcher und damit Angriffsschwachpunkte für den Wind geschaffen werden).
— Schnee- und Sturmbruch an der Schälstelle (»Schälbruch«).

— Verkürzung der Umtriebszeit durch vorzeitige Verlichtung der Bestände und damit Produktionsausfall.

— Erhöhter Anfall von minderwertigen Schwachholzsortimenten mit so geringen Holzerlösen, daß die Aufarbeitungskosten höher sind.

— Holzentwertung im wertvollsten und massenreichsten unteren Stammstück infolge Wundpilzbefalls, der die Bäume über die Schälwunden bereits im jungen Alter befällt und dann mit dem Älterwerden das Holz zunehmend entwertet. Normal ist, daß bei allen Stämmen mindestens die untersten 3 Meter, oft aber auch 6 m abgeschnitten werden müssen. Im Durchschnitt müssen auf diese Weise rd. 25 bis 30 % des Stammholzes zu einem um 80 bis 100 DM pro Festmeter geringeren Preis vermarktet werden.

— Insgesamt ist für eine rotwildschälgeschädigte Fichtenbetriebsklasse mit einer Minderung des Reinertrages pro Jahr und Hektar in Höhe von 145 DM (III. Ertragsklasse), 195 DM (II. Ertragsklasse), 250 DM (I. Ertragsklasse) zu rechnen. In diesem Zusammenhang wird auch auf das Urteil des OLG Rheinland-Pfalz verwiesen, wonach Rotwildschäden von sogar rd. 280 DM/ha zu erstatten sind (nach Chwalczyk, 1983; Klingholz, 1985). Die Kosten trägt in der Regel der Waldeigentümer, nicht zuletzt aber auch die Allgemeinheit, die auf die potentielle Vielfalt und Schönheit der Bestände verzichten muß. Wenn der Abschuß eines guten Hirsches hierzulande etwa 4.000 DM kostet, der angerichtete Schaden bei zu hoher Wilddichte aber leicht den zehnfachen Betrag übersteigen kann, dann stimmt einfach die Relation nicht mehr. Wir Jäger selbst müssen die Probleme schnellstens lösen und den Rotwildbestand auf eine vertretbare Dichte und tolerierbare Schadenshöhe reduzieren, wenn wir etwas **für** (!) das Rotwild und unser Jagdwesen tun wollen. Es könnte die Zeit kommen, in der man uns Jägern die Rotwildjagd in bisheriger Form nehmen müßte, darunter zu leiden hätte am meisten das Rotwild!

Abb. 107. Schälschäden von Rotwild in jungen Fichtenbeständen, die bis zur Hiebsreife noch hundert Jahre halten müssen, in Äserhöhe aber alle faul sind. Ein gewisses Schadensausmaß an Verbiß- und Schälschäden ist natürlich und kann und muß der Wald verkraften. Bei ausreichendem Anteil an Weichhölzern (Sträucher und Nebenbaumarten) ist der wirtschaftliche Schaden bei angemessenen Wildständen auch gering zu halten. Wenn jedoch die Schalenwildregulierung vernachlässigt und z. B. die Trophäenjagd zum Selbstzweck wird, dann sind derartige Waldbilder vorprogrammiert. Die ökologischen (Pflanzen- u. Kleintierverarmung) und forstwirtschaftlichen Schäden steigen dann exponentiell und unverantwortlich und stehen in keiner Relation zur Jagdpachtsumme. Über die ökologische Destabilisierung gehen sie dazu noch auf Kosten der Allgemeinheit. (Foto: Archiv Forstamt Oderhaus)

Weitere Anregungen zur Problemminderung beim Schalenwild

Bei angemessener Bejagung kann konditionsstarkes Wild in vielartigen und reichstrukturierten Wäldern mit Naturverjüngung durchaus gehalten werden. Voraussetzung ist eine Jagd nach ökologischen Gesichtspunkten und nicht nach dem Bedarf des Freizeitjägers.

— Damit kommt der Eignung des Jägers eine wesentlich größere Bedeutung zu als seiner Fähigkeit, große Pachtsummen bezahlen zu können. Gemeinden oder andere Grundeigentümer sind gut beraten, diese Kriterien vorrangig zu beachten, da sonst die Waldschäden das Mehrfache der Pachteinnahmen betragen können, die spätestens bei den nächsten Generationen kräftig zu Buche schlagen werden.

— In der Natur (ohne Fütterung) scheiden jährlich über 60 %, in extremen Jahren auch 80 % der Kitze und etwa die Hälfte der Jährlinge/Schmalrehe aus. Auch hier gilt es, durch entsprechende jagdliche Maßnahmen zur Nutzung des Wildes den natürlichen Sterblichkeitsfaktoren zuvorzukommen.

— Künstliche Fütterung außerhalb der Notzeiten hat stets höhere Wilddichten und höhere Schäden zur Folge, die dem Waidgerechtigkeits- und Tierschutzgrundsatz der Jagd nicht dienen.

— Auch Schalenwild reagiert auf abnehmende Dichte mit erhöhtem Zuwachs. Starke Eingriffe in die Männchen zugunsten der Weibchen bedingen höhere Fortpflanzungsraten (Kalchreuther, 1984).

— Da unser Schalenwild polygam lebt, ist eine Wildstandsreduktion ausschließlich über den Abschuß des weiblichen Wildes zu erreichen. Damit muß früh begonnen werden, da die Bejagung des weiblichen Wildes im Herbst mit abnehmender Tageslänge und witterungsbedingt immer schwieriger wird. Beim Rotwild ist es ein weit verbreitetes Übel, daß viele Revierinhaber vor der Brunft praktisch kein oder nur sehr wenig Kahlwild schießen, da meist das Kahlwild die Hirsche »anlockt«, bzw. suchende Hirsche »bindet« und dadurch die Chance der Trophäenerbeutung wesentlich steigt. Nach der Brunft schafft man dann den Kahlwildabschuß nicht mehr, ein höherer Kahlwildbestand geht ins nächste Jahr über, die Ausgangsbasis für die Erlegung der Hirsche wird noch besser, während der gutwillige und früh beim Kahlwild eingreifende Nachbar bei den Hirschen immer mehr das Nachsehen hat.

Da nur eine drastische Ankurbelung des Kahlwildabschusses bei zeitigem Beginn in überbesetzten Rotwildrevieren Erfolge bringen kann, können auch nur dort entsprechende Vorgaben und wirksame Kontrollen in der Praxis greifen. Denkbar sind z. B., den Hirschabschuß jeweils an bestimmte Erfolge beim Kahlwildabschuß zu binden, entsprechende »Hirschprämien« anzusetzen, wenn nötig, den körperlichen Nachweis zur Unterbindung der »Postkartenabschüsse« konsequent durchzuorganisieren, Medaillen von den Hirschen auf das Kahlwild zu verlagern und neben den manchmal üblichen Bußgeldern für grobe Fehlabschüsse bei Hirschen empfindliche Bußgelder bei Nichterfüllung des Kahlwildabschusses zu verhängen. Da bereits abschußfestsetzende Behörden infolge der Wildschäden wegen Amtspflichtverletzung verklagt worden sind, wird man bei weiterhin uneinsichtigen Jägern um derart drakonische Maßnahmen kaum noch herumkommen.

— Es ist selten üblich, Wildschäden im Wald von den Verantwortlichen bezahlen zu lassen, weil die Berechnung schwierig ist. Rechtlich ist das jedoch vorgesehen und sollte, wenn anderes nicht fruchtet, auch konsequent betrieben werden. Hohe Schadenssummen können »heilend« wirken!

— Trophäenschauen gehen auf das Reichsjagdgesetz von 1934 zurück und wurden damals als »Kontrolle der rassischen Aufartung des Wildes« zur waidmännischen Pflicht erklärt. Der damalige Oberstjägermeister Ulrich Scherping, einer der Autoren des Gesetzes, schrieb nach dem Krieg über sich und seine Jagdkameraden: »Wir litten in jener Zeit unter einer Erkrankung von Seele und Gemüt, dem Trophäenfimmel« (Klingholz, 1985). Sicher ist, daß ohne die Trophäenschauen die Prestigejagd eine wichtige Etikette verlieren, zugleich aber auch den Lehr- und Informationsgehalt einbüßen würde. Auf der anderen Seite darf auch die Angriffsfläche für Kritiker — »Jahrmarkt der Eitelkeiten, der Angeberei und des Jagdneides«; »Knochenolympiade« nennt Hubert Weinzierl, Vorsitzender des Bayerischen Bundes für Umwelt- und Naturschutz (BUND), den »Tanz um das Goldene Kalb« (Klingholz, 1985) — ebensowenig unterschätzt werden, wie die dadurch geförderte Gefahr, den Trophäenkult immer weiter zu steigern oder ungeeignete Personen als »Neujäger« zu motivieren.

— Hier und da geäußerten Anregungen, Überpopulationen an Schalenwild einfach durch das Aussetzen von Luchsen zu »lösen«, muß entgegengehalten werden, daß das gerade bei Überpopulationen nicht mehr funktionieren kann. Treffen nämlich Luchse auf Beutepopulationen, in denen konditionsschwache und kranke Stücke vorherrschen, ja sogar Kadaver von

Fallwild vorliegen, dann halten sie sich eben an diese leichte Beute. Hier wirkt dann ihr Einfluß nicht vermindernd, sondern eher noch beschleunigend auf das Wachstum der Beutepopulationen (Kurt, 1982).

13.4 Einige Angaben zur Populationsentwicklung von (jagdbaren) Wildtieren

»Die Flöhe und die Wanzen gehören auch zum Ganzen.«
J. W. Goethe

Alle Lebewesen, also auch alle Wildtierarten, neigen von Natur aus zu einer exponentiellen Vermehrung, wenn nicht natürliche Begrenzungsfaktoren wirksam werden. Je kleiner die Art, desto schneller ist in der Regel die Vermehrungsmöglichkeit. Ein Schnepfenbrutpaar würde theoretisch nach 6 Jahren bereits auf rd. 1.500 Stück (Kalchreuther, 1984) anwachsen; 10 Rotalttiere (einmal den Kahlwildabschuß nicht erfüllt!) würden bereits nach 10 Jahren einen Rotwildbestand von rd. 385 Stück mit einem täglichen Grünfutterbedarf von fast 100 Zentnern ergeben.

— Gegen derartige Übervermehrungen hat die Natur durch verschiedene eigene Regelmechanismen vorgesorgt. Im Schnitt aller Wildtierarten wird die Hälfte der Jungtiere nicht einmal ein Jahr alt. Bei naturnaher Artenvielfalt, die bis in die höchsten Glieder der Nahrungspyramide (d. h. bis zum Großraubwild) reicht, funktioniert die Selbstregulation so, daß die Zahl der Individuen — abgestimmt auf den Biotop — stets etwa konstant bleibt. Die daraus resultierenden natürlichen Wildtierdichten liegen — besonders beim Schalenwild — weit unter den bei uns gewohnten Dichten.

— Arten mit hoher Nachkommenschaftsrate haben in der Natur eine entsprechend hohe Sterblichkeitsrate, die stets zu erwarten ist, wenn ihr der Jäger nicht zuvorkommt.

— Wichtige Sterblichkeitsfaktoren werden in Abhängigkeit vom Biotop und seinen — jahreszeitlich unterschiedlichen — Minimumfaktoren gesteuert (Flaschenhalseffekt), z. B.: Nahrungsmenge und Nahrungsart, Deckung, Schutz vor Klimaextremen (Hitze, Frost, Feuchtigkeit, Wind, Schnee) (Spittler, 1980) und Konstanz der Witterung.

— In Abhängigkeit von den biotopbedingten Minimumfaktoren, die bereits allein begrenzend wirken und zum Tode vieler Tiere führen, können körperliche Dispositionen eintreten, die über Beute-Räuber-Beziehungen (Parasiten, Seuchen, Räuber) zu weiteren Sterblichkeitsursachen führen. Auslösende Ursachen bleiben dennoch die Biotop- und sonstigen Umweltbedingungen.

— Neben der Witterung sind Nahrungsmenge und Nahrungsart gerade für Jungtiere oft entscheidende Minimumfaktoren. Das ist z. B. bei Rebhuhnküken experimentell anschaulich belegt worden: Bei rein pflanzlicher Nahrung nehmen die Küken in jeweils 6 Tagen nur 1,5 % an Gewicht zu, bei Zugabe von Insekten dagegen 43 % und bei proteinreicher künstlicher Kükennahrung gar 86 % (Kalchreuther, 1984).

Tierische Eiweißnahrung von Insekten ist also für die Rebhuhnküken — wie für sehr viele andere Vogelarten auch, z. B. Waldhühner, Fasan, Limikolenarten — von ausschlaggebender Bedeutung. Da die Insektenvielfalt nicht nur von der Witterung, sondern entscheidend von der Vielfalt der Pflanzenarten abhängt (je Pflanzenart im groben Durchschnitt 5 bis 25 Tierarten!), wird auch daraus die Biotopbedeutung ersichtlich. Wenn durch einseitige Kulturmaßnahmen oder durch Herbizidausbringung viele Pflanzen als Lebensgrundlage für Insekten direkt zurückgedrängt werden oder Witterungsbedingungen das Insektenleben einschränken, dann ist die Auswirkung besonders auf die Küken und Jungvögel vieler Arten vorprogrammiert.

— Auch die Deckung ist eine Frage des Biotops. Ist sie unnatürlich eingeschränkt, kann auch sie allein zum Minimumfaktor und zu einem eine erhöhte Sterblichkeit auslösenden Moment werden, der die Beute-Räuber-Beziehungen früher einsetzen läßt, weil die Tiere ohne ausreichende Deckung bereits eine unnatürliche Disposition im Feindverhalten haben oder der Räuber durch ihm besonders zusagende Naturrequisiten bevorteilt wird.

— Einseitige Bevorzugungen einer Wildart

(z. B. reiches Futterangebot durch Haustauben und ausgesetzte Fasanen, Rebhühner und Enten) bedeuten immer einen massiven Eingriff in das Regulationsgefüge und eine Förderung der Räuber. Diese »kranken« — weil feindverhaltensgestörten — Tiere lösen den Regulationsmechanismus aus und fördern die Vermehrung z. B. des Habichts. Da derartige Mechanismen im Sterblichkeitsniveau aller Beutetiere sicher in der Regel vor dem Wirksamwerden vieler anderer Sterblichkeitsfaktoren (z. B. Seuchen, Parasiten) greifen, sind Kettenreaktionen möglich, die den Schutzbestrebungen der Jäger bei seltenen Vogelarten (z. B. Birkhuhn) diametral entgegenlaufen und bei mangelnder Deckung und Biotopqualität für manche Rest- oder Startpopulation, z. B. des Birkwildes, das »Aus« bedeuten können, da der Habicht diese Art gerne schlägt. Ursache ist in diesem Fall jedoch die einseitige Bevorzugung der »Haustierarten«.

— Eine angemessene Jagd als Nutzung der Wildbestände kompensiert bis zu einer bestimmten Schwelle lediglich die anderen Sterblichkeitsfaktoren (Kalchreuther, 1984), indem sie die Populationsdichte herabsetzt. Wildtiere, die nicht reguliert werden müssen, können durchaus im Bereich der Überschußproduktion jagdlich »geerntet« werden, sofern auf unnatürliche Maßnahmen (z. B. starkes Anfüttern der Enten) verzichtet wird und negative Auswirkungen auf gefährdete Tierarten vermieden werden. Es muß nur sichergestellt sein, daß die Erlegungsrate stets deutlich unterhalb der natürlichen Sterblichkeitsrate liegt.

Der Fuchs — ein ökologisches und jagdliches Sonderproblem

Der Fuchs gehört zu den Wildtieren, deren natürliche Regulatoren (z. B. Wolf, Luchs) heute ausgeschaltet sind. Infolge seines großen Nahrungsspektrums profitiert er von der heutigen Kulturlandschaft und den sonstigen Umweltbedingungen besonders stark, reagiert mit hoher Fortpflanzungsrate und entsprechend hoher Populationsdichte. Da die Bejagung als »Ersatzräuber« im Populationsniveau heute nicht mehr früh genug ansetzt, greifen erwartungsgemäß die nächsten Sterblichkeitsfaktoren, hauptsächlich in Form der Tollwutseuche. Wollte man diesen kompensatorischen Mechanismen zuvorkommen, müßte man aufgrund von Erfahrungswerten aus Amerika jährlich über 50 % der Population erbeuten (Kalchreuther, 1984). Die dazu notwendige Zeit und Mühe bringen heute nur wenige Jäger auf. Hohe Prämien könnten hier sicher abhelfen, sind aber finanziell kaum denkbar. Auch der Wert des Balgs reicht offenbar nicht aus, zumal viele Jäger wegen der Tollwutgefahr eine verständliche Scheu vor dem Abbalgen haben. Also wird die Tollwutseuche als von Natur aus erforderlicher Sterblichkeitsfaktor immer wieder aufflackern und werden bei höherer Dichte besonders in den »Körperkontaktzeiten«, also zur Zeit der Fortpflanzung, ständig erneute Seuchenschübe beginnen. Ökologisch recht bedenklich erscheint mir, diese Seuche nun auch noch durch Medikamente per Schluckimpfung verhindern zu wollen. Und mit Recht fragt Kalchreuther (1984):

> »Hat nicht die Tollwut die Funktion, die infolge menschlicher Veränderungen des Ökosystems unnatürlich hohen Fuchsdichten abzubauen? Hat nicht die Artenvielfalt der Fauna von jeder Tollwutwelle profitiert? Würde der Jäger nicht seinem Niederwild vollends das Grab schaufeln, gelänge es ihm, auch diesen Regulationsfaktor der Fuchsbestände noch auszuschalten?«

Wenn die Schluckimpfung funktioniert, kann die Folge doch nur sein, daß die Fuchsbestände noch weiter mit einer Reihe von Kettenreaktionen anwachsen, die wir noch gar nicht überblicken können. Da die Seuche bestenfalls nur für eine gewisse Zeit »abreißt« und irgendwann sicher wieder — z. B. aus den Nachbarländern — »importiert« wird, sind nicht zuletzt wesentlich schlimmere Seuchenzüge mit größeren Gefahren für Menschen die zu erwartende Folge. Ökologisch ist diese Methode ebenso abzulehnen wie z. B. die Bekämpfung des Wurmbefalls durch Medikamente in Schalenwildbeständen bei überhöhter Dichte. Angesichts der Gefährlichkeit der Tollwut für Mensch und Vieh und angesichts der Tatsache, daß wir Jäger bei diesem Beutegreifer die normale Sterblichkeitsfunktion nicht mehr vorhandenen Großraubwildes übernehmen müssen, halte ich eine durchgreifende Intensivierung der jagdlichen Eingriffe nach waidgerechten Gesichtspunkten für erforderlich.

Biotop-Beute-Räuber-Beziehungen

Beute-Räuber-Beziehungen sind in der Natur außerordentlich kompliziert, weil sich häufig verschiedene Abhängigkeiten überdecken, ihre Einzelwirkungen wechseln oder sich summieren können. Dennoch erscheint es gerade für den Jäger, der ja in Naturabläufe eingreift und regulieren oder ernten will, äußerst wichtig, einige Grundregeln zu kennen. Sie haben Bedeutung in der Beziehung »Pflanze-Pflanzenfresser«, »Beute-Räuber« und »Wirt-Parasit«. Früher hat man immer geglaubt — und dieser Irrtum ist auch heute noch weit verbreitet —, daß Raubtiere ihre Beute regulieren, indem sie den Bestand kleinhalten und kranke Tiere fangen. Moderne Untersuchungen haben jedoch belegt, daß der Räuber im besten Fall nur einer der möglichen Faktoren ist, die regulierend auf den Bestand wirken und daß es im Gegenteil die Beute ist, die regulierend auf den Bestand der Räuber einwirkt. Umfangreiche Untersuchungen von Pavlov in der Sowjetunion haben belegt, daß z. B. Füchse keine Bedrohung der Hasenbestände darstellen, sondern ganz im Gegenteil die Gesundheit der Hasen sichern. An Stellen mit wenigen Füchsen vernichtete regelmäßig die Hasenpest fast den gesamten Bestand, und die Erholung erfolgte äußerst langsam, während in Gebieten mit zahlreichen Füchsen bedeutend weniger Verluste durch Krankheit eintraten und der Bestand sich auch rascher erholte (Kurt, 1977). Die Zahl des räumlichen Überschusses reguliert in Form der kümmernden, schwachen und kranken Tiere die Zahl der Füchse, weil sie diese am leichtesten erwischen können, wodurch bei den Hasen der Besatz gesund und dadurch auf einem höheren Niveau gehalten wird. Allein in diesem einfachen Beispiel wirken aber bereits mindestens drei Begrenzungsfaktoren zusammen:

- Die Stärke der Fuchspopulation.
- Die Krankheitserreger und deren Lebensbedingungen.
- Das Verhältnis zwischen Hasenbesatz und seiner Umwelt, das die Krankheitsanfälligkeit erst möglich macht (Dichte, Altersaufbau, Lebensraumqualität, Witterung u. a.).

Dennoch lassen sich vereinfachend drei Gesetzmäßigkeiten darstellen, die nach dem italienischen Biomathematiker als »Volterra'sche Gesetze« bekannt sind. Unter der Voraussetzung einer unveränderten Beziehung zwischen beiden Partnern wird der Räuber bei guter Entwicklung der Beutetiere ebenfalls zahlenmäßig zunehmen, wobei er aber je nach Schnelligkeit seiner Vermehrung stets etwas hinter der Häufigkeitskurve seiner Beute nachhinkt. Irgendwann wird er dann so zahlreich, daß die Zahl der Beutetiere wieder abnimmt. Bei weniger Beute unterliegt nun der Räuber einer höheren Sterblichkeit, so daß wiederum mit zeitlicher Verzögerung auch der Bestand der Räuber abnimmt. Durch den Rückgang des Räubers erholt sich die Beute wieder, und das Spiel beginnt von vorn (Abb. 108).

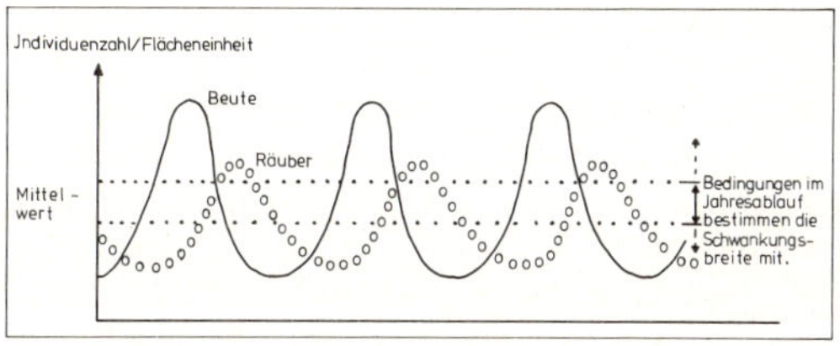

Abb. 108. Das 1. und 2. Volterra'sche Gesetz.

1. Volterra'sches Gesetz: Ernährt sich eine Art von der anderen, so ergeben sich für Beute und Räuber zwei phasisch gegeneinander verschobene Häufigkeitskurven.

2. Volterra'sches Gesetz: Die Häufigkeit sowohl der Beute als auch des Räubers schwankt jeweils um einen Mittelwert (der wesentlich von den Lebensraumbedingungen bestimmt wird).

3. Volterra'sches Gesetz: Vermehrter Schutz nur der Beute läßt die Häufigkeit beider Arten zunehmen, da der Räuber immer davon profitiert. Nach einer gleichstarken Verminderung beider Arten nimmt die Individuenzahl der Beute schneller als die des Räubers wieder zu, da der Räuber selbst und zugleich auch seine Beute geschädigt worden sind. Seine Entwicklung kann in Abhängigkeit von der Beuteentwicklung wiederum erst »hinterherhinken«.

Diese Gesetzmäßigkeiten haben bei der heutigen Kultivierung von Nutzpflanzen und -tieren in Monokulturen für uns allgemein große Bedeutung, weil diese Mechanismen z. B. auch für Parasiten gelten. Kultivierung bedeutet in den Wachstumsphasen extremer Schutz der »Beute« vor den Räubern, was zu einer Vermehrung z. B. der Pflanzenschädlinge in Monokulturen (z. B. Getreidefelder) führt. Ohne Gegenmaßnahme kann das zu einer Kalamität führen, lange bevor sich die »hinterherhinkenden« Räuber etablieren können. Bei der Bekämpfung der Schadinsekten durch Chemikalien werden aber auch die natürlichen Feinde der Schädlinge in gleicher Weise getroffen, so daß nach der zweiten Aussage des 3. Volterra'schen Gesetzes der Schädling wieder schneller zunehmen kann. Deshalb muß man auch in Obstplantagen durch dicht aufeinanderfolgende Spritzungen den sich schneller erholenden Schädlingen dauernd wieder »nachlaufen«.

Ähnliches spielt sich bei unserem Niederwild ab, da diese Gesetze auch auf das Aussetzen von Tieren — z. B. Fasan, Rebhuhn, Ente — übertragen werden können. Da es sich dabei durchweg um »Verhaltenskrüppel« handelt, die einem in freier Natur aufgewachsenen und geprägten Tier immer zumindest im Verhalten unterlegen sein müssen, greifen die Volterra'schen Gesetze besonders »zielsicher«, da jeder Beutegreifer — ob z. B. Fuchs oder Habicht — naturgemäß immer die Beute bevorzugt, die er am leichtesten erwischen kann. Die phasenverschobene Zunahme der Räuber ist also vorprogrammiert, ja unter Umständen sogar noch zusätzlich dadurch beschleunigt, daß Räuber aus weniger nahrungsreichen Gebieten zuwandern und hier am »reichen Tisch« geduldet werden, weil eine Reviergröße des »einheimischen« Räubers auch von der Nahrungsmenge mitbestimmt wird. Deshalb kann ich in Gebieten ohne besonders gefährdete Tierarten (z. B. Auer- oder Birkhuhn) jedenfalls solange keine Regulierung z. B. beim Habicht gutheißen, wie derartige Aussetzungen oder/und Biotopzerstörungen die Beutetiere immer wieder für den Räuber disponieren und damit seine Zunahme stimulieren. Für alle Räuber gilt, daß sie sich ihrer Beute funktionell anpassen. Diese Anpassung erfolgt aber nicht nur, weil sich Räuber und Beute häufiger begegnen, sondern weil bei hoher Beutedichte das einzelne Beutetier auch konditionell geschwächt, von Krankheitserregern befallen und demzufolge auch leichter zu erlegen ist.

Wie bereits erwähnt, betreffen derartige Mechanismen nicht nur die Beziehung »Beute-Räuber«, sondern auch »Wirt-Parasit«. Das führt dazu, daß bei unseren Wildtieren die eine Abhängigkeit die andere ablösen kann. Wenn also der Fuchs ausfällt, dann werden die Parasiten die Reduktion beim Hasen auf das ökologisch zuträgliche Maß (die natürliche Wilddichte) übernehmen. Im gesamten bleibt die Sterblichkeit des Bestandes dann doch mehr oder weniger gleich. Man nennt diese Erscheinung die **»kompensatorische Sterblichkeit«**, die auch besonders von Witterungsbedingungen und der Umwelt beeinflußt wird. Dadurch kann es in der Praxis durchaus der Fall sein, daß eine starke Reduktion des Fuchsbesatzes zu einer Einpendelung des Hasenbesatzes auf einem höheren Niveau führt. Um die Ursache dafür zu erahnen, muß man sich einmal den Jahresablauf einer Hasenpopulation auf einer intensiv genutzten landwirtschaftlichen Fläche vorstellen. Bis zur Ernte mögen sehr gute, jedenfalls aber überdurchschnittliche Bedingungen geherrscht haben. Der Tisch war relativ reich gedeckt, die Hasen waren gut geschützt und konnten sich entsprechend vermehren. Dadurch hat sich eine große, für die im Jahresablauf der durchschnittlichen Umweltbedingungen aber übergroße Population entwickeln können. Zur Zeit der Ernte auf großen Flächen werden diese Bedingungen aber schlagartig schlechter. Nun verlieren die Hasen, unabhängig ob alt und stark oder jung und schwach, ihre Reviere. Die Zahl der besitzlosen Todeskandidaten steigt schlagartig. Greifen in diese »Flaschenhalssituation« nun viele Füchse rasch genug ein, könnten sie tatsächlich auf die Anzahl der nun so benachteiligten Hasen einwirken. Wenn dann aber die neue Vegetation relativ rasch nachwächst oder wenn es den Hasen gelingt, Ersatzlebensräume zu besiedeln, bevor die »kompensatorische Sterblichkeit« infolge Hunger, Parasitenbefall oder Streß voll durchgreifen kann, oder wenn die Witterung infolge der günstigen Bodenbedingungen nicht so negativ wirken konnte, dann kann in diesem Beispiel der Hasenbesatz auch relativ hoch bleiben, wenn der Fuchs infolge starker Bejagung oder Tollwutreduktion keine wesentliche Auswirkung auf den Bestand der kranken und geschwächten Hasen in dieser kritischen Periode haben konnte. Der wesentliche Faktor ist dann aber nicht so sehr der Fuchs als die »Wirtlichkeit« der Umwelt, die relativ schnell wieder eintritt. Man wird allgemein bei der Feststellung bleiben müssen, daß der Biotop insgesamt und der davon abhängige »Flaschenhalseffekt in Notzeiten« in Wechselwirkung mit der Witterung weitgehend die Hasenpopulation bestimmt und Überschüsse durch die kompensatorische Sterblichkeit (Parasiten, Räuber) abgeschöpft werden. Wer viele Hasen ernten will, muß sich in erster Linie um den Biotop, um die ganzjährige Lebensraumanreicherung mit abwechslungsreicher Dekkung und Nahrung (Kräuter) kümmern und jagen, bevor die Mechanismen der kompensatorischen Sterblichkeit greifen können. Dann ist die Regulierung der Räuber von mindestens untergeordneter Bedeutung. Man darf eben in dieser Betrachtung nicht außer acht lassen, daß jeder Lebensraum stets nur eine maximale Bestandsdichte an Tieren verträgt und daß diese Besatzdichte von der Vielfalt und Nahrungsmenge, also von der biologischen Belebtheit abhängig ist. Da diese wiederum im Jahr schwankt, muß sich auch die Maximalbesetzung unterschiedlich und stets auf den Minimumfaktor gerichtet einpendeln. Räuberbejagung und Fütterung bleiben weitgehend untaugliche Hilfskrücken, wenn der Lebensraum verarmt ist.

Es liegt auf der Hand, daß das Konkurrenzverhalten verschiedener Tierarten gegeneinander oder gleicher Tierarten untereinander von wesentlicher Bedeutung ist, weil davon die Tragfähigkeit des Biotops für eine Art beeinflußt wird. Durch das Territorialverhalten vieler Tierarten hat die Natur gut vorgesorgt und sichergestellt, daß die kompensatorische Sterblichkeit ebenso funktioniert wie der erforderliche Genaustausch über große Entfernungen hinweg, vorausgesetzt, der Lebensraum ist nicht isoliert und durch irgendwelche Grenzen (unüberwindbare Straßen, Zäune, Städte, große Felder, völlig artfremde Vegetation u. a.) beeinträchtigt. Ein gestörtes Konkurrenzgefüge — z. B. bei Faunenverfälschung durch Aussetzen! — stellt das Bestehen einer Art oder einer Lebensgemeinschaft mehr in Frage als eine gestörte Sozialstruktur oder eine gestörte Räuber-Beute-Beziehung. Das liegt daran, daß sich die Konkurrenz auf die absolute Steuergröße, auf die ökologische Nische der Art, auf die Tragfähigkeit des Biotops — zur jeweiligen Zeit! — auswirkt, also auf die alles entscheidenden Lebensgrundlagen, während sich die Steuergrößen der Räuber (Beutegreifer, Parasiten) lediglich auf ihre Beute und deren überschüssige Vertreter, also auf Konsumenten und nicht auf den Biotop auswirken können. Wenn wir einseitig Räuber bejagen und dezimieren, Parasiten mit Medikamenten im Kunstfutter zu Leibe rücken oder die Sozialstruktur innerhalb einer Wildart (einschl. Geschlechterverhältnis) beeinflussen, dann kurieren wir immer an Symptomen herum und werden die Krankheit so lange nicht heilen, wie wir uns nicht um den Biotop bemühen!

— **Der Biotop bestimmt das Niveau der natürlichen Wilddichte über seinen — jahresweise und jahreszeitlich verschiedenen — Minimumfaktor (Nahrungsmangel, Deckungsmangel, Wassermangel oder Wasserüberschuß, Schutz vor Witterungseinflüssen u. a.).**

— Die Jagd sollte den Sterblichkeitsfaktoren bei der Nutzung zuvorkommen und zeitlich vor dem Wirksamwerden der Minimumfaktoren einsetzen. Da die Beute den Räuber reguliert, stellt sich dann — sofern nicht auf Ersatzbeute ausgewichen werden kann — auch eine Reduktion der Räuber (z. B. Habicht) ganz von selbst ein.

Ergänzende Hinweise zur Biotopbedeutung bei Hase und Rebhuhn

Aus der vergleichenden Streckenstatistik der Vorkriegsstrecken und der Strecken im Jagdjahr 1981/82 wird mit Ausnahme des dramatischen Rückgangs beim Rebhuhn die Situation sowohl beim Hasen als auch beim Fasan noch nicht ausreichend deutlich, da sich bei diesen Wildarten zwischen den 1960er Jahren und der Gegenwart ebenfalls sehr bedenkliche Veränderungen zeigen.

Als Beispiel werden die Ergebnisse aus Hessen zitiert (nach Graulich, 1984):

— **Hase:** 1959/60 wurden in Hessen noch fast 200.000 Hasen erlegt, Anfang der siebziger Jahre nur noch rd. 100.000 Hasen jährlich, und gegenwärtig bewegt sich die Strecke nur noch um 50.000 Stück, also nur noch 1/4 der Strecke von 1959/60.

— **Rebhuhn:** 1959/60 sind in Hessen noch rd. 100.000 Rebhühner erlegt worden, zu Beginn der siebziger Jahre schließlich nur noch rd. 30.000 Stück und im Jagdjahr 1979 schließlich nur noch 5.000 Hühner. Danach haben die Jäger in Hessen freiwillig weitgehend auf eine Bejagung verzichtet.

— **Fasan:** Anfang der sechziger Jahre wurden rd. 20.000 Fasanen in Hessen erlegt, Anfang der siebziger Jahre waren es 60—70.000 und gegenwärtig werden nur noch etwa 15.000 Fasanen jährlich erlegt.

Alle Erklärungsversuche für diese Entwicklung müssen bei kritischer Betrachtung weitgehend in den Biotopveränderungen als Hauptrückgangsursache zu suchen sein, zu denen auch die Wirkung der Witterungseinflüsse (kalte und nasse Aufzuchtperioden), der Pestizidanwendung in der Landwirtschaft, der Großraumwirtschaft und der Übermechanisierung in der Landwirtschaft, der veränderten und einseitigen Fruchtfolge usw. gehören. Jeder Verbesserungsansatz bei den vielen Einzelfaktoren kann gewisse, örtlich sehr unterschiedliche Erfolge bewirken — sofern die anderen Faktoren die Negativwirkung dann nicht übernehmen, wenn sie dem Niederwild helfen, die »Flaschenhalszeiten« zu überbrücken. Wir müssen erkennen, daß die Wirkungen dieser »Flaschenhalszeiten« in Form von wesentlich größeren Extremen als früher weitgehend biotopbedingt sind. Nur mit angemessener Biotopgestaltung kann es gelingen, über derartige sektorale Erfolge hinauszukommen und eine Verbesserung der Gesamtsituation zu erreichen. Und diese Biotopgestaltung dient dann allen, nicht nur dem Wild und nicht nur uns Jägern, sondern allen in diese Lebensräume gehörenden Pflanzen- und Tierarten und über diese biologische Belebung auch dem Erholungswert des Menschen (vgl. Kap. 14). Insofern sollten wir hier durchaus übergeordnete Zusammenhänge erkennen, die zu einer Beteiligung der gesamten Öffentlichkeit und der örtlichen Behörden und Verbände ermuntern. So erscheint bemerkenswert, daß die Stadt Reutlingen als wohl erste Kommune der Bundesrepublik die Jagdpächter bei ihren Bemühungen um die Verbesserung der Lebensgrundlagen des Wildes finanziell unterstützt (Jagd und Hege, Nr. 1/1982).

Zum Hasenbiotop

Der Hase ist ursprünglich ein Steppentier, angepaßt an eine abwechslungsreiche Landschaft mit vielen verschiedenen Gräsern, Kräutern, Zwergsträuchern und Gebüsch, bzw. Hecken. Nach Schneider (1984) ist ein besonders günstiger Hasenbiotop wie folgt zu kennzeichnen:

— Niederschlagsarmut (bis etwa 500 mm im Jahresmittel)
— hohe Wärme (über + 8 °C im Jahresmittel)
— geringe Höhenlage und ebenes bis welliges Gelände
— hohe Bodengüte (Löß-Schwarzerdeböden mit wasserdurchlässigem Untergrund; geringer Feuchtigkeitsfaktor!)
— geringer Anteil geschlossener Wälder
— Ackerland mit 40 bis 50 % Flächenanteil; viel Wintergetreide und Grünfutterarten
— großer Milcheiweißanteil (30 bis 40 %)
— Grenzlinienreichtum durch mosaikartige Verteilung von Feldgehölzen, Hecken, Knicks, Ackerrainen
— Vielfalt an Ackerkräutern, Ruderal- und Segetalflora (vgl. Kap. 11).

Auch hier ist der Faktor »Vielfalt« ein entscheidendes Kriterium. Der Hase äst ganz überwiegend Kräuter. Analysen von 900 Hasenmägen haben ergeben, daß Hasen im Sommer zu 57 % Wildkräuter des Grünlandes und zu 31 % Wildkräuter der Kultursteppe zu sich nehmen, so daß also 88 % der Sommeräsung des Hasen aus Wildkräutern besteht (DJV-Nachrichten, 3/1983). Allen Kulturpflanzen (z. B. Getreide, Rüben usw.) kommt eine weitaus geringere Bedeutung zu, als es ihrer tatsächlichen Häufigkeit entspricht. Insbesondere bevorzugt der Hase in heutigen landwirtschaftlichen Bereichen die Kräuter der weniger nährstoffhaltigen, aber lichtreichen Wege- und Ackerränder, ein Hinweis darauf, daß man durch Unterlassung von Düngung und vor allem Biozidausbringung zur Förderung der Segetalflora im Randbereich (vgl. Kap. 11) sehr viel für den Hasen, aber auch für viele andere Tierarten (Rebhuhn u. a.) tun kann. Allein dieser Biotopfaktor »Ackerkräuter« kann die winterliche Biotopkapazität und damit die mögliche Bestandsdichte weitgehend bestimmen, auch wenn sonst die übrigen Umweltelemente im Überfluß vorhanden sind (Schneider, 1984).

Der Hase ist insofern von der kleinörtigen Vielfalt und Erfüllung seiner Biotopansprüche abhängig, weil ihm von Natur aus die Mobilität zur Suche nach weiter entfernten Ersatzgründen fehlt. Er ist zwangsläufig standorttreu und benötigt deshalb stets relativ dicht nebeneinander Deckung, Futter und Aufzuchtstätten. Um mit diesen Ansprüchen überleben zu können, muß er gegen Ende der sommerlichen Überflußzeit bereits sehr territorial werden, um sich ausreichenden Lebensraum für den »Flaschenhals« Winter zu sichern. Die Junghasen werden also vertrieben, haben aber das Wandern nicht wie z. B. das Rotwild gelernt, und geraten deshalb durch Abdrängung in ungünstige Zonen auch in eine körperliche Disposition, die schnell zum Tode führen kann: 40 bis 90 % der Junghasen sterben, bevor sie halbjährig sind. Die mittlere Lebenserwartung beträgt etwa 8 1/2 Monate, und mehr als 90 % aller Hasen sind jünger als 4 Jahre (Kurt, 1977).

In der herbstlichen Dispositionszeit kann der Fuchs unter Umständen bis zu einem Fünftel die Mortalität der Hasen bestimmen, wobei er aber gewöhnlich nur den anderen Sterblichkeitsfaktoren zuvorkommt. Hasen sind äußerst empfindlich gegen Seuchenkrankheiten. Es ist erwiesen, daß eine stattliche Anzahl von Krankheitserregern in und an eigentlich gesunden Hasen lebt und zunächst dort nur latent vorhanden ist, plötzlich aber wirksam wird, wenn Konditionsverfall und hohe Dichte zusammenwirken. Aus diesen Gründen mußten sich bisher auch alle Hasenaussetzungsaktionen als »ökologischer Unfug« erweisen. In Frankreich hat man — übrigens auch eine typische Folge eines »Überbestandes« von über 2 Mio Jägern — entsprechend negative Erfahrungen gemacht; z. B. haben die Franzosen 1974 bereits 190.000 Hasen ausgesetzt und bei den danach folgenden Jagden schließlich von 100 ausgesetzten Hasen nur 2 bis 20 erbeutet (Kurt, 1977). Ein deutlicher Hinweis darauf, wie schnell und sicher die natürlichen Sterblichkeitsfaktoren in Form von Seuchen und Parasiten wirken, ehe sich die Beutegreiferpopulation mit ihrer stärker »nachhinkenden« Entwicklungskurve darauf einstellen konnte.

Die Sterblichkeitsfaktoren setzen mit der Haupterntezeit schlagartig ein, und Blutuntersuchungen von Hasen haben gezeigt, daß zu diesen Zeiten mitten im Sommer der Hase Hunger leiden kann. Das war früher anders, da hoppelte der Hase bei der Ernte des kleinen Feldes nur ein paar Meter weiter zur anderen Frucht. Heutige riesige Einheitsfelder (z. B. Maiswüsten) mit hohem Biozideinsatz (nach polnischen Untersuchungen werden rd. 1/8 der neugeborenen Hasen direkt durch Biozide getötet), entsprechend geringer Kräuteräsung, zeitweilig großer Deckungsnot (Spittler, 1983) als notwendiger Schutz gegen Beutegreifer, Regen, Wind und mit extremer Strukturarmut sind also für den Hasen sehr lebensfeindlich.

Zum Rebhuhnbiotop
Wissenschaftler konnten feststellen, daß der Anteil der tierischen Nahrung (Insekten, Würmer, Schnecken) beim Rebhuhn seit den 50er Jahren von 45 % auf 3 % zurückgegangen ist (Strate, 1982). Die Ursachen dafür liegen im Lebensraum, der pflanzlichen Basis der Insekten, in der Witterung, in der Biozidausbringung und sicherlich auch zu einem gewissen Teil in der Wirkung der Immissionen aus der Luft auf die Pflanzen und Insekten direkt oder in der Wirkungskette über den Boden. In einem Untersuchungsgebiet im Südosten von Bayern ging nach Reichholf der Rebhuhnbestand seit 1962 um 40 bis 80 % zurück, nachdem im Zuge von Flurbereinigungen Feldgehölze und Hecken, unkrautreiche, von Insekten bevölkerte Wegränder und Feldraine verschwanden. Beim Rebhuhn kann eine Biotopgestaltung besonders dann Erfolg haben, wenn drei Kriterien erfüllt werden:

- Förderung der Nahrungsvielfalt durch viele Kräuter als »Samen- und Insektenträger«.
- Förderung der Deckung gegen Beutegreifer, Regen und Wind, wobei die Schutzbereiche nicht zu klein sein dürfen, da sonst z. B. die Beutegreifer bevorzugt werden und sich auf einige wenige Hecken und dgl. regelrecht spezialisieren können (Spittler, 1983). Deckungsflächen müssen mosaikartig über das ganze Revier verteilt sein und z. B. in Form von Zwischenfruchtflächen auch über den Winter erhalten bleiben (z. B. Ölrettich, Ackersenf, Lupine).
- Förderung der Flächenstrukturierung in Form von Hochstaudenfloren, naturbelassenen Ödlandbereichen, Kleingehölzen und ausgedehnter Krautschicht.

Abb. 109. Wenn in einer ausgeräumten Feldflur ein einsamer Baum oder Pfahl mit Stacheldraht und einigen Grashalmen schon als Deckung für unsere Rebhühner in winterlicher Notzeit herhalten muß, erscheint jede Diskussion über die Gründe des rapiden Rückgangs dieser Art überflüssig. Da nutzt kein Lamentieren oder die aufschiebende Vergabe immer neuer Gutachten, der Biotop muß schleunigst wieder naturnah angereichert werden! (Foto: W. Henkel)

Sollen wir uns an der Schnepfenfrage zerreden?

Nach meiner Meinung ist der Streit um die Schnepfenjagd, der seit über 10 Jahren durch die Fachpresse des Naturschutzes und der Jagd geistert und durch Wecken von Emotionen immer wieder Gräben aufschaufelt, wo längst schon keine mehr sein dürften, höchst überflüssig und angesichts der großen Umweltprobleme in unserem Werben um Zusammenarbeit mit Naturschutzverbänden sogar kleinkariert kurzsichtig. Nach Berndt und Winkel (1977) hält die Deutsche Sektion des Internationalen Rates für Vogelschutz eine ganzjährige Verschonung der Waldschnepfe von der Jagd für notwendig, zumal diese Vogelart bereits in der Roten Liste als bestandsgefährdete Art enthalten ist. Für den Rückgang der Waldschnepfe werden u. a. die Verdrahtung der Landschaft, die Störung der Brut- und Nahrungsplätze durch Erholungsverkehr und Forstbetrieb sowie die Verkleinerung des Lebensraumes mit Schmälerung des Nahrungsangebotes durch die fortschreitende Entwässerung von Bruchwäldern verantwortlich gemacht. Durch die Jagd werden nach diesen Autoren insofern auch besondere Gefahren initiiert, weil es in einem Revier oft nur noch eine winzige Stelle gibt, welche der Waldschnepfe die erforderlichen Lebensbedingungen (z. B. hohe Bodenfeuchtigkeit) bietet, und diese Stelle dann konzentriert bejagt wird. Auch wird der geschlechtsselektive Abschuß — möglich z. B. auf dem Schnepfenstrich, weil dort in erster Linie (80 bis 100 %?) die Männchen erlegt werden — abgelehnt, weil das für die Arterhaltung optimale Geschlechterverhältnis gestört und die Fortpflanzungsrate herabgesetzt wird. Bei geringer Brutdichte könnte es nach Berndt und Winkel dann vorkommen, daß überhaupt keine verschiedengeschlechtlichen Partner mehr zusammentreffen. Außerdem wird darauf hingewiesen, daß wir nicht das moralische Recht haben, mögliche Durchzügler zu bejagen. Bei der Herbstjagd lassen beide Autoren durchaus gelten, daß diese nicht immer die Verminderung eines Brutbestandes nach sich zu ziehen braucht, daß sie es aber stets dann zur Folge haben muß, wenn in einer intakten Population die existierende Reserve übermäßig genutzt wird oder gar keine Vermehrungsüberschüsse vorhanden sind. Wer sollte von uns Jägern in der Praxis dies beurteilen können? Eine recht wesentliche Rückgangsursache dürfte übrigens bei der Schnepfe in der Immissionsbelastung ihrer Lebensräume liegen, da insbesondere die Wurmfauna im Boden (Regenwürmer) durch Versauerung drastisch zurückgeht. Kalchreuther (1984) kommt in seinem sehr interessanten und lehrreichen Buch »Die Sache mit der Jagd« (4. Auflage) zu dem Schluß, daß jeder balzende Schnepfenhahn mehrere »stand-by-Hähne« in der Nähe hat, die erst dann in Aktion treten dürfen, wenn die territorialen Hähne ausgefallen sind. Mit telemetrischen Untersuchungen konnte festgestellt werden, daß die Zahl beobachteter abendlicher Balzflüge über die tatsächliche Zahl balzender Hähne wenig aussagt. Es können eben Hähne vorhanden sein, die gar nicht balzen (dürfen), die nur am Rande der Balzareale auftauchen, oder eben die, die das Zentrum des Balzgebietes beherrschen und dann auch mehrere Hennen treten. Er folgert daraus, daß eine jagdliche Nutzung in Höhe der männlichen Populationsreserve keine negativen Auswirkungen auf die Bestandsentwicklung haben kann und unter Umständen sogar höhere Fortpflanzungsraten bewirken könnte, weil dadurch mehr jüngere Hähne »zum Zuge« kommen.

Auch diese Feststellungen dürften sicher bei intakten und reichen Populationen zutreffen. Insofern soll hier weder die eine noch die andere Argumentation gewertet werden. Eine Wiedergabe erfolgt deshalb, weil sie wildbiologisch interessant und für ein gewisses trennendes »Hickhack« zwischen verschiedenen Verbandsinteressen symptomatisch sind. Wenn wir die übergeordnete Umweltproblematik insgesamt beurteilen, müssen wir feststellen, daß das Problem der Schnepfen dahinter verschwindet. Die Art ist deutlich zurückgegangen, ist heute bei uns selten, und es besteht überhaupt kein Grund für eine Regulierung, geschweige denn für eine Wildpretnutzung. Wer das »Drum und Dran« der Schnepfenjagd liebt — und welcher Jäger kann sich diesen Reizen entziehen? — kann die romantische Seite der Jagd ohne Flinte genauso erleben.

Greifvögel nüchtern verstehen, auch den Habicht

Ähnlich wie das Problem der Jagd auf Schnepfen kann die Frage der Jagd auf Greifvögel beurteilt werden: Auch hier werden unnötigerweise trennende Gräben ausgeschaufelt, die im Interesse des gemeinsamen Angehens übergeordneter Ziele zwischen Naturschutz, Ornithologie und Jagd schnellstmöglich geschlossen werden sollten. Könnte man sich nicht bei all diesen Vögeln — also auch beim Habicht — zu der Leitlinie bekennen, daß die ökologischen Regelmechanismen allein entscheiden, welche Population sich wie entwickeln kann? Auch die

Probleme des Niederwildes müssen insofern kein Thema sein, weil sie in erster Linie biotopbedingt sind und wir uns durch nichts davon abbringen lassen sollten, durch andere »Ventile« diese vorrangige Aufgabe der Biotopanreicherung zu vernachlässigen. Wer anders denkt, wird konsequenterweise auch die Regulation z. B. der Graureiher an naturfernen Fischhälteranlagen in der freien Landschaft befürworten und damit weiterhin einer Vorstellung nachhängen, die der Natur keinen ausreichenden Stellenwert beimißt. Zur Klarstellung der ursächlichen Zusammenhänge bei der Populationsentwicklung unserer Greifvögel sei betont, daß praktisch alle Arten einheitlich und großflächig in Mitteleuropa etwa zu Anfang der 1950er Jahre rapide zurückgegangen sind und daß dieser negative Trend auch nach jagdlicher Vollschonung anhielt. Dagegen erbrachte das Verbot einiger Biozide eine Erholung vieler Greifvogelpopulationen.

In Holland waren z. B. vor dem Verbot der gefährlichen Pestizide nur noch wenige Habichtpaare vorhanden. Nach Verbot von DDT, HCB, Dieldrin, Chlordan und Quecksilberpräparaten gingen deren Rückstände in den untersuchten Greifvögeln deutlich zurück, und innerhalb weniger Jahre kletterte die Habichtpopulation auf über 400 Paare an (Dietzen, 1982). Auch in der Bundesrepublik Deutschland stiegen die Habichtbestände nach dem Verbot dieser Gifte an. Kalchreuther (1984) zitiert zur Erläuterung der unterschiedlichen Wirkungsweisen der einzelnen Biozide den Spezialisten Newton:

> »DDT und dessen Derivat DDE wirken sich nur auf die Fortpflanzungsfähigkeit aus, nämlich durch geringere Eierzahl, taube Eier und dünnere Schalen, die beim Bebrüten zerbrechen. Die damit belasteten Greifvogelbestände gingen langsam zurück und erholten sich auch nicht so rasch nach Verbot der Anwendung. Aldrin, Dieldrin und ähnliche Pestizide, die als Saatgutbeizmittel verwandt wurden, in Schweden z. B. das Methylquecksilber, wirken dagegen tödlich auch für Altvögel, was einen raschen Zusammenbruch der Bestände zur Folge hat. Aber ebenso rasch können sie nach Verbot der Ausbringung wieder ansteigen, da die Fortpflanzungsfähigkeit kaum beeinträchtigt ist.«

Somit bleibt festzustellen, daß die Greifvögel — und hier insbesondere die vielseitigen Habichte — infolge ihrer hohen Stellung in der Nahrungskette für die chemische Umweltverschmutzung eine ausgesprochene Indikatorfunktion haben. Das macht sie für uns neben ihrer grundsätzlich wertfrei zu sehenden Funktion im Ökosystem noch zusätzlich besonders wertvoll. Besonders betroffen von der Pestizidanreicherung und der sich daraus ergebenden verringerten Fortpflanzungsmöglichkeit, der erhöhten Jugendsterblichkeit, der Mißbildungshäufungen, der Verhaltensstörungen und akuten Vergiftungen mit Todesfolge waren die Arten, die sich überwiegend von Vögeln ernähren, wie Habicht, Sperber, Rohrweihe, Baum- und Wanderfalke und die fischfressenden Fisch- und Seeadler. Da diese Gifte durchaus noch nicht in allen Ländern verboten sind, haben auch heute noch die ziehenden Arten, wie Wander- und Baumfalke, und die teilweise von Zugvögeln lebenden Greife, wie Sperber, unter dieser Belastung zu leiden (Dietzen, 1982).

Auch die Folgen der Biotopveränderungen wirken sich unterschiedlich auf die einzelnen Greifvogelarten aus, weil die differenzierten Biotop-Beute-Räuber-Beziehungen entsprechend verschiedene Wirkungsmechanismen auslösen. Turmfalke und Mäusebussard können z. B. ähnlich wie Fuchs und Marder vom reichen Mäuseangebot der landwirtschaftlichen Monokulturen profitieren, während der Habicht durch Überpopulationen von Hausgeflügel — dazu zähle ich neben den Haus- und Brieftauben auch die ausgesetzten Fasanen, Rebhühner und Enten — besonders gefördert wird. Dagegen sind Arten mit speziellen, naturnahen Biotopansprüchen benachteiligt, wie z. B. der Adler oder die bodenbrütenden Weihen. Wo findet die Rohrweihe noch die erforderlichen großen Schilfbestände, und wo finden die Korn- und Wiesenweihen noch ihre offene und weitgehend ungestörte Landschaft? An erster Stelle steht also auch bei den Greifvögeln der Biotop, von dem im weiteren Sinne neben der Nahrungsmenge und Nahrungsart auch das Nistplatzangebot, die Schadstoffbelastung und der Feinddruck abhängig sind. Im Grundsatz sollten wir auch für alle Greifvögel diese Rang- und Reihenfolge der Biotop-Beute-Räuber-Beziehung anerkennen und sich jede Art naturnah »einpendeln« lassen. Kein Jäger sollte übersehen, daß 1982 die Arbeitsgemeinschaft Deutscher Tierschutz, der BUND, der Bund Naturschutz in Bayern, die Deutsche Ornithologen-Gesellschaft, der Dachverband Deutscher Avifaunisten, der Deutsche Bund für Vogelschutz, der Deutsche Tierschutzbund, die Deutsche Sektion des Internationalen Rates für Vogelschutz, das Komitee gegen den Vogelmord, der Landesverband für Vogelschutz und die Zoologische Gesellschaft von 1858 ein Memorandum veröffentlicht haben, das den uneingeschränkten Schutz aller Greifvögel fordert (Natur und Landschaft, 1/1982). Auch die »Projektgruppe Ökologie« (BMJ, 3/1983) stellt in ihrem Abschlußbericht an den Bundesinnenminister 1983 fest: »Alle Greifvögel müssen unter ein Abschußverbot fallen.« Papst Johannes Paul II. hat einmal gesagt: »Tierschutz ist christliche Ethik.« Gilt das nicht auch für unsere Einstellung gegenüber vermeintlichen Nahrungskonkurrenten?

Zum Habicht

Niemand wird heute mehr behaupten können, der Habicht sei selten und in irgendeiner Weise gefährdet, nein, das Gegenteil ist der Fall. Der Habicht ist vielseitig und jagt »opportunistisch«, d. h. er schlägt bevorzugt Tiere, die er leicht erbeuten kann, wozu besonders die unnatürlich häufig vorhandenen Haus- und Brieftauben sowie alle aus Gefangenschaftszuchten stammenden Federwildarten gehören. Dazu kommt der in der Natur — infolge von Biotopverarmung z. T. recht ungeschützt dargebotene — »gedeckte Tisch« in Form einer langen Beuteliste von der Maus bis zum Auerhahn, von anderen Greifvögeln bis zu eigenen Artgenossen. Der Schwerpunkt liegt bei mittelgroßen Arten wie Tauben, Hühnervögeln und Kaninchen (Dietzen, 1982). In diese Palette gehören auch Eichhörnchen, Hasen, Eichelhäher, Krähen, Elstern, Drosseln, Spechte, Stare, Enten und andere mehr oder weniger verbreitete Arten, aber eben auch hochgradig gefährdete und »gern« geschlagene Arten wie Rauhfußhühner und der Brachvogel, wobei er gerade das Birkwild äußerst bedrängen kann. Der Habicht trifft keine Selektion nach der Kondition der Beutetiere, bevorzugt aber immer die Arten, die er besonders leicht erwischt. Dazu gehören besonders Fasanen und Rebhühner, die in unseren verarmten Biotopen nicht mehr genügend Deckung finden, bzw. verhaltensgestört sind. Das muß nach meiner Einstellung »geduldet« werden, weil diese Disposition der Beutetiere und »Nutztiere« der Jagd durch menschliche Eingriffe weitgehend verursacht worden ist und deshalb auch in erster Linie durch geeignete Biotopgestaltungsmaßnahmen auszugleichen ist. Ich sehe keine Rechtfertigung, den Nutznießer unserer Fehler, der diese Natursünden nur »schonungslos« offenlegt, zu regulieren, auch wenn er irgendwo gehäuft auftritt. Schließlich ist die Biotopgestaltung durchaus auch so durchzuführen, daß der Habicht nicht in gleicher Weise davon profitiert wie seine Beute.

Bei allen vordergründigen »Eigennutz-Schadüberlegungen« — die meist von der vorrangigen Aufgabe der Biotopgestaltung ablenken — dürfen wir nicht vergessen, daß gerade dem Habicht im sonstigen Regulationsgefüge eine große Bedeutung zukommt, z. B. bei den Eichelhähern, Rabenkrähen und Elstern, die ihrerseits auch Eier- und Jungvogelräuber z. B. bei Fasan und Rebhuhn sind (Ellenberg, 1984). Auch bei diesen Vögeln sehe ich nach heutigen populationsökologischen Untersuchungen (z. B. Wittenberg, 1984) keinen Sinn darin, daß der Mensch in irgendeiner Form als Regulator auftritt. Die Natur reguliert Rabenkrähen, Elstern und Eichelhäher »zielsicherer«, als es der Jäger kann. Beim Beispiel des Eichelhähers sei in diesem Zusammenhang auf seine »waldbauliche« Funktion und Leistung (vgl. Kap. 12) in der Verbreitung schwersamiger Baumarten (Eichen, Buchen) hingewiesen, die im Zeitalter des Waldsterbens aktueller denn je sind. Ausnahmesituationen sind jene Fälle, da eine andere Tierart — z. B. Birkhuhn oder Brachvogel — örtlich anders wirklich nicht mehr zu halten ist. Sofern die wichtigere Zusammenarbeit mit der ökologischen Bewegung nicht gefährdet wird, halte ich in diesen Fällen begrenzte Eingriffe beim Habicht für vertretbar. Sofern sich eine Zusammenarbeit auf örtlicher Ebene gefestigt hat, dürften auch derartige Entscheidungen einvernehmlich zu erzielen sein. Das Fangen und Transportieren in ein anderes Gebiet in Form einer »Kinderlandverschickung« ist ökologisch allerdings nicht die richtige Methode.

13.5 Jäger in der Öffentlichkeit

»Diejenigen, die immer davon reden, daß wir alle in einem Boot sitzen, sind meistens diejenigen, die sich rudern lassen.«
Helmut Ruge

Die Öffentlichkeit ist sehr deutlich und zunehmend an allen Themen des Naturschutzes interessiert, und immer mehr Leute sind bereit, sich praktisch oder finanziell an Aktivitäten zu beteiligen. Die in der »ökologischen Bewegung« bereits organisierten Naturfreunde (auch Jäger sind dabei!) umfassen etwa das Zwanzigfache der Jäger, ständig werden es mehr. Eine Emnid-Umfrage 1983 hat ergeben, daß sich 2/3 der Bevölkerung nicht ausreichend informiert fühlt, um die Situation des heimischen Wildes und das Handeln der Jäger hierzulande beurteilen zu können. Das Informationsbedürfnis ist groß, und wir Jäger haben bisher Glück gehabt, daß unsere »schwarzen Schafe« noch nicht gar zu sehr durch die Medien hochgespielt und damit der Blick für das positive Ganze noch nicht vernebelt worden ist. Hilfreich waren sicher Fernsehfilme z. B. von Kubiak, die uns Jäger stets in ein recht positives Licht gestellt haben. Das könnte durchaus einmal ganz anders kommen, wenn wir nicht rechtzeitig unsere Schwachstellen erkennen und nicht selbst für Abhilfe sorgen. Vorrangig erscheint so zunächst noch die interne Aufgabe der umfassenden ökologischen Aufklärung und dann die gezielt entwickelte und von uns betriebene Zusammenarbeit mit allen anderen Naturschutzverbänden. Diese ist Voraussetzung dafür, daß wir langfristig überhaupt bestehen und für die Natur etwas bewegen können. Infolge unserer Motivation sind wir dazu meine ich auch aufgerufen.

Wir werden ein Gespür dafür entwickeln müssen, wie die Bevölkerung auf unser Tun überhaupt anspringt. Wenn pompös aufgemachte Trophäenschauen bei der Bevölkerung den schon lange gehegten Verdacht weiter schüren, daß es uns weniger um die Knochen im Topf — dafür ist Verständnis durchaus zu erwarten — als um die Knochen auf dem Kopf geht, dann sollten wir erkennen, daß wir etwas falsch machen. Wir brauchen keine »Knochenolympiade«, sondern eine Bilanz darüber, wie es mit der Natur, mit den Lebensräumen und mit dem Wild darin aussieht. Wenn wir also mit Schauen in die Öffentlichkeit gehen, sollte gerade diese Rang- und Reihenfolge immer wieder deutlich werden.

Die Bevölkerung ist in erster Linie nur über die Fragen des Naturschutzes, der Biotoppflege, des Tierschutzes und der menschlichen Daseinsvorsorge zu motivieren. Hüten wir uns davor, diese Aufgaben irgendwie nebenbei zu behandeln, sie gehören in unserer Öffentlichkeitsarbeit in den Vordergrund. Und hüten wir uns davor, irgendwelche Keile zwischen den übrigen Naturschutz und uns oder zwischen die Forst- und Landwirtschaft und uns treiben zu lassen. Die eingeleiteten Schadensersatzprozesse einiger Waldbesitzer und Klagen auf Amtspflichtverletzung bei Aufsichtsbehörden könnten schnell zur Nagelprobe unseres Jagdwesens ausufern. Wo es nur geht, sollten wir uns über geeignete Vertreter aus unseren eigenen Reihen als Jäger um die Belange der Natur kümmern und in der Öffentlichkeit auch so dokumentieren, daß wir die »Reservenaturfreunde« der Bevölkerung mitziehen. Denkbar sind u. a. folgende Beispiele:

— Aufklärung der Bevölkerung, Förderung der örtlichen Biotopgestaltungs- und Naturschutzprogramme tun not. Es ist ein geradezu mitreißender Erfolg, wenn allein die Kreisgruppe Bielefeld-Herford des Jagdverbandes Nordrhein-Westfalen innerhalb von 15 Jahren über 100 ha Hegeflächen in Einzelparzellen von 0,2 bis 0,5 ha Größe angelegt hat. Gerade diese örtlichen Initiativen sind entscheidend, Landesprogramme reißen eine örtliche Bevölkerung — solange es nicht über das Fernsehen geht — kaum »vom Hocker«, aber auf der Ortsebene kennt jeder Angesprochene die Gebiete, kann sich damit identifizieren und merkt, daß für die Natur und die Bevölkerung etwas dabei herauskommt. Dem Ideenreichtum sind keine Grenzen gesetzt. Eine Gemeinschaftsaktion der Jäger z. B. zusammen mit einem Naturschutzverein schmiedet die Gruppen unter sich zusammen! Man muß nur wollen. Wenn Jägervertreter etwas für das Grün in der Stadt (vgl. Kap. 9), für eine naturnahe Entwicklung sogar der innerörtlichen Gewässer (vgl. Kap. 5 und 6) tun können, dann sollten sie dies auch als Jäger tun. Unsere Liebe zur Natur, zum Tier kann sich darin dokumentieren, und wir zeigen, daß dies letztlich auch Liebe zum Mitmenschen ist.

— Es gibt bei uns Regeln, die nicht gesetzlich fixiert sind, die aber in unserem Ehrenkodex, unserem Traditionsbewußtsein, unserer Jagdkultur tief verwurzelt sind. Für diese Dinge hat die Öffentlichkeit ein Gespür und Verständnis. Diese Regeln der Waidgerechtigkeit zu verletzen, sollte innerhalb der gesamten Jägerschaft mißbilligt werden. Waidgerechtes Verhalten und die Bewahrung des Brauchtums als unser jagdlicher Ehrenkodex bedingen sich gegenseitig. Diesen Teil unseres Jagdwesens (nicht so sehr schaumäßig überzogene Hubertusmessen!) sollten wir genauso nach außen der Öffentlichkeit gegenüber dokumentieren, bzw. vorleben, wie die klare Distanzierung von groben Fehlern, die niemand mit unserem Jagdwesen verwechseln darf. Die Öffentlichkeit muß darauf vertrauen können, daß wir die uns übertragene Verantwortung um die Erhaltung von Wildlebensräumen und Wildtieren sehr ernst nehmen und unsere Jagdgebiete nicht als Platz zum Austoben selbstherrlicher oder eigennütziger Allüren mißbrauchen.

13.6 Weitere Anregungen zum Naturschutz durch Jäger

»Es gibt auf der Welt nichts Gutes, es sei denn, man tut es!«
Erich Kästner

Bleivergiftung durch Schrotkugeln

Die zunehmende Bleivergiftung der Umwelt fordert auch bei den Vögeln immer mehr Opfer. Darauf weist der Deutsche Bund für Vogelschutz hin. Besonders bedroht sind dabei die Entenvögel, die bei der Futtersuche häufig Schrotkugeln aufnehmen. Fünf Schrotkugeln im Magen einer Ente bedeuten den sicheren Tod des Tieres innerhalb von vier Wochen. Mit drei Bleischrotstücken sterben 90 % der Tiere, ein einziges Küglein ist zu 60 % tödlich. Ähnliche Werte gelten für Schwäne. Doch wurden auch schon Bleikugeln in den Mägen von Weidevieh, also von Rindern und Schafen gefunden. Dort besteht die Gefahr, daß Bleischädigungen über Milch und Fleisch auch beim Menschen auftreten. Besonders gefährlich ist außerdem, daß Hackfrüchte und Getreide Blei, das bei der Jagd verschossen wurde, in solcher Menge aufnehmen, daß die gegenwärtig gültigen Höchstwerte überschritten werden. Der Deutsche Bund für Vogelschutz fordert deshalb, die Jagd mit Bleischrot in der Bundesrepublik Deutschland unverzüglich zu verbieten. Dänemark hat die Gefahr erkannt und Bleischrot ab 1.8.1984 in Feuchtgebieten, ab 1.1.1985 überall verboten. In Deutschland werden jährlich rund 9.000 t Bleischrot verschossen, die auf verschiedenen Wegen in den Nahrungskreislauf eindringen (Natur und Landschaft, 59. Jg., 1984). Zu diesem Thema hat auch Majewski aus Polen (1982) ausführlich Stellung genommen:

»Während des Gründelns schlucken die Enten entweder unbeabsichtigt Schrotkörner mit der Äsung, oder sie nehmen sie als Feinkies (Magensteine) auf, der die Verdauung im Muskelmagen fördert. Ein Teil der verschluckten Schrotkörner wird ausgeschieden, aber der Rest bleibt im Magen. Die von der Ente allmählich verdauten Schrotkörner vergiften ihren Organismus, was eine Erkrankung und schließlich den Tod des Vogels herbeiführt. Diese Vorfälle spielen sich meistens an den für die äsenden Enten besonders attraktiven Stellen ab, die gleichzeitig oft von Jägern aufgesucht werden. Zahlreiche Schüsse haben im Laufe der Zeit zur Folge, daß sich an solchen Stellen eine beträchtliche Menge von Schrotkörnern ansammelt«. Die in Dänemark durchgeführten Forschungen haben ergeben, daß auf einem ha 141.000 bis 1.837.000 Schrotkörner zu finden sind. In ganz Dänemark wird die Landschaft gewichtsmäßig durch Bleischrot mehr belastet als durch Blei aus Autoabgasen, so daß gesetzlich eine Umstellung auf Stahlkugeln betrieben wird. (NDR-Nachrichten, 19. Mai 1985) Entsprechende amerikanische Untersuchungen ergaben eine Schrotkörnerdichte pro ha von 641 bis 43.500 Stück. Eine so hohe Dichte von Schrotkörnern wirkt sich ungünstig auf die Population der Wildenten aus. In Frankreich hat man verschluckte Schrotkörner bei 17,7 % der Stockenten, 4,7 % der Krickenten, 56,1 % der Spießenten, 9,6 % der Knäkenten, 14,9 % der Löffelenten, 22,0 % der Tafelenten und bei 10,6 % der Reiherenten festgestellt. In Großbritannien betrugen die entsprechenden Prozentsätze: Stockenten 9 %, Krickenten 32 %, Löffelenten 2,0 %.

Im allgemeinen wird die Ansicht vertreten, daß der Vergiftungsgefahr in Europa Stockenten, Spießenten, Tafelenten und Reiherenten am meisten ausgesetzt sind. Allerdings führen nicht alle Schrotkörner den Tod des Vogels herbei, denn ein Teil der Körner wird auf dem natürlichen Wege ausgeschieden. Die zitierten Angaben weisen auf die Tragweite des Problems hin, während eine genaue Berechnung der Verluste sehr schwierig ist. Man kann jedoch annehmen, daß ein bedeutender Teil der Population von den besonders durch Bleivergiftung bedrohten Entenarten in jedem Jahr aus diesem Grund eingeht. Solange wir mit Bleischrot zur Entenjagd gehen, sollten diese Hinweise dazu auffordern, gewisse Kleinbereiche durch entsprechende Modifizierung der Jagdart von der weiteren Belastung durch Schrotkugeln auszusparen.

Jäger und Katzen

Hand aufs Herz, wir Jäger sind durch unsere jagdliche Ausbildung mit ziemlicher »Tiefenwirkung« dazu erzogen worden, im Revier streunende Katzen mit allen Mitteln zu reduzieren. So gibt es regelrechte »Katzenhasser«, die manchmal auch die Tierschutzgesetze übersehen. Nun soll zwar nicht dafür plädiert werden, Katzen im Revier zu dulden, aber der Hinweis sei doch erlaubt, daß die ökologischen Erkenntnisse hinsichtlich der Biotop-Beute-Räuber-Beziehungen diese Problematik relativieren und keine Rechtfertigung dafür hergeben, bei der Katzenbejagung die Vermeidung von Tierquälerei auf die »leichtere Schulter« zu nehmen. Kurt (1977) berichtet von umfangreichen Untersuchungen verschiedener Wissenschaftler in ganz unterschiedlichen Gebieten. Danach machen z. B. Hasen in der Nahrung von streunenden Hauskatzen allenfalls 3 bis 4 % aus, während Mäuse 74 % im Nahrungsspektrum bilden. Katzen beeinträchtigen also in keiner Weise einen gesunden Hasenbestand. Kurt geht in seiner Wertung der Untersuchungsergebnisse sogar so weit, daß »überhaupt kein Grund besteht, das Feuer auf diese Raubtiere zu eröffnen. Im Gegenteil, als Mäusejäger verdienen sie den Schutz des Hegers«.

Als lebensraumfremde, teilweise recht massiert auftretende »Eindringlinge« und Jungvogelräuber müssen verwilderte Hauskatzen nach meiner Meinung erlegt werden, aber nach ebenso strengen Grundsätzen der Waidgerechtigkeit, wie sie allen Tierarten selbstverständlich zukommen!

Das »Solinger Modell« der erfolgreichen Zusammenarbeit

Seinen Ursprung hatte das »Solinger Modell« in den persönlichen Beziehungen zwischen Landwirten, Forstwirten, Grundeigentümern und Jägern Anfang der 70er Jahre. Danach gab es so manchen Streit in der Tagespresse zwischen Jägern und Tierschützern. Fehlauffassungen auf beiden Seiten schienen festgeschrieben. Sah doch der eine nur seine Katze, seinen Hund, der andere nur seine Rehe, Hasen, Fasanen und Kaninchen. Den ersten Schritt zur Zusammenarbeit — und das wird wohl fast überall so sein ! — taten die Jäger. Der Vorsitzende der Jägerschaft suchte erste Gespräche mit dem Vorsitzenden des Tierschutzvereins. Es wurde schnell vereinbart, Tierschutz gemeinsam zu betreiben. Alle Tiere, Haustiere und wildlebende Tiere zu schützen, war das erklärte Ziel. Trotz unterschiedlicher Auffassungen wurde eine bis heute andauernde fruchtbare Zusammenarbeit sichergestellt. Die Beteiligten merkten aber sehr bald, daß dies nicht ausreichen konnte, die wirklichen Probleme zu lösen. Und so kam es zur Gründung des »Arbeitskreises zum Schutz von Tier und Natur« mit den Mitgliedern

— Kreisgruppe Solingen e. V. im Landesjagdverband Nordrhein-Westfalen e. V.
— Tierschutzverein Bergisches Land e. V.
— Vertretung der Ornithologen
— Schutzgemeinschaft Deutscher Wald
— Rheinisch-Bergischer Naturschutzverein
— Ortsbauernschaft Solingen

Gemeinsame Ziele und Aufgaben waren Tier- und Naturschutz, Jagd, Ornithologie, Landwirtschaft und Schutz des Waldes. Gemeinsame praktische Arbeit, Aufklärung und Öffentlichkeitsarbeit, Sicherung der Lebensräume, Schutz der Haustiere, Natur- und Umweltschutz standen und stehen auch heute noch im Vordergrund. So ist es selbstverständlich, daß gemeinsame Aktionen sowohl dem Fledermausschutz, dem Greifvogelschutz, der Anlage von Schutzpflanzungen und Feldgehölzen, der Ödlandherrichtung, der naturnahen Ufergestaltung, der Anlage von Feuchtgebieten, dem Haustierschutz, der Beratung der Verwaltung bei Landschaftsplanungen und allen Entscheidungen und umfangreichen Aufklärungsvorhaben der Bevölkerung dienen. Die Aktivitäten reichen auch bis in die Solinger Schulen, um auch dort junge Menschen für die Mitarbeit zu gewinnen. Die weiteren Ziele richten sich auch auf die Gruppen, die in hohem Maß als Naturnutzer in Erscheinung treten, wobei u. a. auch an die Sportler und Reiter gedacht wird (Jagd und Hege, 2/1985). Sicherlich hat es in der Entwicklung dieses Modells viele Detailprobleme gegeben, und sicherlich mußten viele Teilhaber mehr als einmal über ihren eigenen Schatten springen. Aber man hat erkannt, daß nach dem Motto **»nicht einzelne Ideologien, sondern gemeinsame Strategien«** (Lambracht) Wesentliches für die Natur und ihre Artenvielfalt, für den Tierschutz, für die Schönheit der Landschaft, für den Erholungs- und Wohnwert des Gebietes, für die Heimat und damit letztlich für alle Menschen dieses Raumes zu erreichen ist.

14 Kein Fremdenverkehr ohne Naturschutz

»... Weil die Zeit zum Denken und Ruhe zum Denken fehlt, so erwägt man abweichende Ansichten nicht mehr; man begnügt sich, sie zu hassen. Bei der ungeheuren Beschleunigung des Lebens wird Geist und Auge an ein halbes oder falsches Sehen und Urteilen gewöhnt, und jedermann gleicht den Reisenden, welche Land und Volk von der Eisenbahn aus kennenlernen...«

Friedrich Nietzsche

Landschaftliche Schönheit, Artenvielfalt und Erholungseignung

Viele Bürger, viele Politiker, viele Fremdenverkehrsträger, manche zuständigen Genehmigungsbehörden und einige Naturfreunde, die es nach ihrem Engagement eigentlich besser wissen sollten, kennen die Auswirkungen von menschlichen Belastungen in der Natur leider recht wenig. Sie neigen zu großzügigen Handhabungen und ahnen nicht, daß schon einzelne den Naturhaushalt erheblich beeinträchtigen und damit auch der Allgemeinheit großen Schaden zufügen können. Muß es nicht alle Verantwortlichen aufhorchen lassen, wenn auf der Internationalen Tourismus-Börse 1985 in Berlin der Leiter des Berner Forschungsinstitutes für Fremdenverkehr alle Fremdenverkehrsvereine in Europa zu einer rigorosen Eindämmung des Massentourismus und einem stärkeren Engagement für den Umweltschutz zur Rettung von bedrohten Landstrichen aufgefordert hat? Dies ist leider immer noch die Ausnahme und auf gut informierte Spitzenvertreter beschränkt. Nur wenige Vertreter der örtlichen »Fremdenverkehrsrichtung« haben die Gefahr durchschaut und weisen darauf hin, daß eine Intensivierung des Erholungsverkehrs allmählich auch die Grundlagen des Tourismus gefährdet. Örtlich ist es eher die Regel, daß Kommunalpolitiker und Fremdenverkehrsorganisationen in Eintracht jeder Möglichkeit einer vermeintlichen Attraktionssteigerung auf Kosten der Landschaft nachlaufen und dabei übersehen, daß infolge damit verbundener Verarmung des Naturpotentials leicht andere Gäste verdrängt werden können. Ähnlich wie reißende Flüsse, die über das Ufer treten, wirken sich bereits heute in manchen Fremdenverkehrsregionen Kurzzeit-Besuchermassen aus, die aus städtischen Ballungsgebieten die Natur überfluten, um dann eine Landschaft zurückzulassen, deren ökologisches Gleichgewicht ins Wanken geraten ist.

Wissenschaftliche Arbeiten stellen als wesentliche Kriterien der Erholungseignung einer Landschaft heraus:

1. **Relief:** Reliefenergie, Hangneigungen, Formenreichtum, Höhenlage.
2. **Boden:** Vielfalt der Bodeneigenschaften und der daraus resultierenden Bodendeckenzusammensetzung in naturnaher Farbabwechslung.
3. **Klima:** Bioklima, Geländeklima, Höhenlage (Strahlungsintensität).
4. **Immissionen:** Freiheit von Immissionsbelastungen, besonders bei Luft und Lärm.
5. **Randeffekte:** Vielfalt naturnaher Ränder, wie Waldränder, Hecken, Knicks, Baumgruppen, Gewässerränder, kleinstrukturierter Wechsel der Flächennutzung u. a.
6. **Wald:** Waldanteil und Waldstruktur, Bioklima im Wald.
7. **Gewässer:** Vielfalt der Gewässerarten (See, Teich, Fluß, Bach usw.), Strukturenreichtum der Randbereiche, Nutzungsreichtum ohne Verdrängungseffekte.
8. **Landwirtschaftliche Flächen:** Abwechslungsreichtum verschiedener Nutzungsformen wie Grünland, Viehbestand ohne Übernutzung, Acker mit Randflora, Gärten, Wein- und Obstbau, Almen
9. **Sonstige Flächen:** Heide, Moor, Ödland, Dünen, Sandstrand, Felsen, Gletscher in naturnaher Schönheit.
10. **Naturschutz und Tierwelt:** Ästhetische Werte, erlebbare Vielfalt.

Wenn man diese Kriterien zusammenfaßt und ihre Rahmenbedingungen für die Natur erkennt, die auf jeden kleinsten Unterschied mit anderen natürlichen Pflanzen- und Tierarten reagiert — wenn man ihr nur Raum und Zeit läßt und sie nicht ständig durch Manipulation (z. B. Bearbeitung, Biozideinsatz, Düngung u. a.) beeinträchtigt — dann wird jedem Verantwortlichen folgende wesentliche Gesetzmäßigkeit klar, die eine Fülle von Aufgaben und Möglichkeiten beinhaltet:

Die Erholungseignung einer Landschaft steigt mit dem Grad ihrer biologischen Belebtheit!

Je vielfältiger die landschaftlichen Voraussetzungen (z. B. Berge, Flüsse, Seen, Wiesen, Hecken) und je natürlicher die Nutzungen sind (nicht nur Ackerwüste oder Fichtenmonotonie), desto grenzlinienreicher sind auch Lebensräume und desto reicher ist das Artenspektrum von Flora und Fauna. Artenvielfalt ist gewissermaßen ein Bioindikator der aus diesen Zusammenhängen resultierenden Erholungseignung. Diese Zusammenhänge sind wichtig und bedeuten im Umkehrschluß, daß Störungen und Beeinträchtigungen, die zu einer Verarmung der Flora und Fauna führen, auch die Erholungseignung eines Gebietes mindern und damit zu Lasten der Allgemeinheit gehen. Interessanterweise decken sich bei Kenntnis der Abhängigkeiten die Belange des Naturschutzes, der Forstwirtschaft, der Jäger und des Fremdenverkehrs.

Ungezügelter Tourismus neigt zu Selbstzerstörung

Der Tourismus wird zur Jahrtausendwende eine der größten Industrien der Welt sein. Er folgt Prinzipien der Großindustrie: Normierung, Rationalisierung, Produktionssteigerung, schneller Umsatz, Monopolisierung der Kundenbedürfnisse und der wirtschaftlichen Macht. Werden dabei jedoch die Grenzen der Belastbarkeit der Landschaft, der Natur überschritten, bleiben die Gäste aus, der Markt verlagert sich, und die ursprünglichen Anbietergemeinden können ihre Schulden kaum noch bezahlen. Nachlassende Bettenauslastung, zunehmende Pleiten und rote Bilanzzahlen, z. B. bei Kurbetriebsgesellschaften, führen dann schnell zur kurzsichtigen Bereitschaft, jeden »Strohhalm« neuer Investoren zu ergreifen und — koste es, was es wolle — zum Nachteil der Landschaft durchzusetzen. Sofern die landschaftliche Eigenart und biologische Vielfalt falsch interpretierten Kundeninteressen geopfert wurden und städtische Strukturen unweigerlich alle Nachteile der Urbanisierung in die Feriengebiete gebracht haben, sind heute bereits starke Rückschläge spürbar.

Die Gemeinden, deren Grundkapital die schöne, ökologisch intakte und biologisch reiche Erholungslandschaft ist, müssen erkennen, daß ihre Zukunftschancen von der Bewahrung dieser Qualitäten abhängen. Man muß diese Entwicklung langfristig und überregional betrachten. Die anhaltende Entgrünung der Städte forciert den Drang der Städter ins jeweils nächsterreichbare Grün und produziert damit auch dort Überbelastung, Zersiedelung, Zerstörung. Gegenwärtig wird die jährliche Zahl der Waldbesucher in der Bundesrepublik Deutschland auf 1,2 Mrd geschätzt, das sind im Schnitt 168 Besucher pro ha Wald (DJV-Nachrichten, 1984). Die Erkenntnis, daß der Tourismus nach der Landschaft und Natur auch sich selbst zerstört, muß eine wesentliche Hilfe bei der Abwehr von Störungen Einzelner sein! Die Übertragung der Planungshoheit auf kleine Gemeinden, die kein Fachpersonal haben, war in diesem Sinne problematisch. Die Einheimischen wissen es oft nicht anders. Man hat sie lange allein drauflosplanen, organisieren, investieren lassen. Niemand hat ihnen gesagt, daß es Grenzen der Belastbarkeit gibt. Das ist weniger Kritik an örtlichen »Eigennutzverflechtungen« als vielmehr Anregung dafür, auch in relativ kleinen Fremdenverkehrsgemeinden einen ökologisch geschulten Fachmann (z. B. der »Landespflege«) einzustellen. Er wird im positiven Sinne das Mehrfache dessen für den Ort bewirken können, was dieser oder jener Mitarbeiter umgekehrt nach herkömmlichem »Pflegemuster« — in guter Absicht — in der Natur ständig wiederkehrend zerstört.

14.1 Beispiele menschlicher Störungen in der Natur

»Die Pferde der Hoffnung galoppieren, doch die Esel der Erfahrung schreiten langsam.«
Russisches Sprichwort

Echte Natur wird immer wichtiger

Mit zunehmender Wohnortgröße steigt die Ausflugshäufigkeit. Neben dem Hinweis, doch lieber gleich die innerstädtischen Erholungsbereiche naturnaher, vielfältiger und erlebnisreicher zu gestalten, steckt darin die Erfahrung, daß der größte Teil der Touristen (über 90%) aus städtischen Verdichtungsgebieten kommt und oft ein entsprechend »naturfremdes Verhaltensmuster« zeigt. Andererseits ist festzustellen, daß gerade die Stadtbevölkerung, bedingt durch häufigen Aufenthalt in geschlossenen Räumen, Mangel an Bewegung, Sauerstoff und Sonnenlicht, durch dauernde Lärmbelästigung, Atmung schadstoffhaltiger Luft und Verzehr denaturierter Lebensmittel von einer besonders starken Zunahme chronischer Leiden — Erkältungs-, Herz- und Kreislaufkrankheiten, Fuß- und Beinleiden, Stoffwechselkrankheiten und Krebs — betroffen ist. Ihre bewußte oder unbewußte »Natursehnsucht« ist verständlich und schon aus volksgesundheitlichem Interesse förderungswürdig. Da die Bilanz naturnaher Ausstattungen in den Verdichtungsgebieten leider für fernere Zukunft immer noch eine negative Tendenz aufweisen wird, steigt damit die Bedeutung einer intakten und vielfältigen Naturlandschaft. Diejenigen Fremdenverkehrsgemeinschaften werden gewinnen, die es heute schon verstehen, ihren Reichtum an echter Natur zu mehren! Unsere Umweltentwicklung (vgl. Kap. 2) unterstreicht diese Prognose schon fast dramatisch.

Allein 112 Arten sind infolge des Erholungs- und Ferienreiseverkehrs in Gefahr. Ursachen sind in erster Linie: Zerstörung durch Tritt, Lagern, Zelten, Wassersport, Wintersport, Reiten. 12 Arten der »Roten Liste« sind durch Sammeln bedroht. Je eher die Gemeinden die Gefahr der Entwicklung im ganzen und die Belastung durch Einzelinteressen erkennen, desto besser für die Allgemeinheit.

Gefahren durch Sammler

Sammler sind besonders skrupellos, wenn mit ihrer Leidenschaft auch noch ein Geschäft verbunden ist. Es gibt z. B. in Deutschland illegal eine regelrechte Eier-Börse: Je seltener eine Vogelart, desto höher wird das Ei bezahlt. Je hochgradiger eine Tierart gefährdet ist, desto höhere Preise werden für ein präpariertes Exemplar gezahlt. Das gilt auch für Sammler von seltenen Insekten, bei denen »Seriensammler«, »Raritätenjäger« und »Massenfänger« durchaus zum Verschwinden seltener Restpopulationen entscheidend beitragen können. Hohe Preise heizen das Geschäft mit der Natur immer mehr an (Pretscher, Schult, 1978). Diese Vorgänge sind angesichts der bedrohlichen Entwicklung unserer Umwelt beschämend. Wenige und extreme Sammler, Fotografen (im Jahre 1980 haben deutsche Fotofreunde über 130 Mio Tierfotos gemacht, DJV-Nachrichten 5/1981), Präparatoren, Tonbandspezialisten, »Terrarianer«, Herbarienfreunde, Pilzsucher, Kräutersammler usw. beeinträchtigen nicht nur den Ruf ihrer in der Überzahl vernünftigen Gesinnungsfreunde, sondern zerstören auch noch letzte Kleinodien unserer Natur, während der »anderen Seite« die Hände weitgehend gebunden sind. Nicht wenige Pflanzenarten — z. B. Enziane, Frauenschuh, Edelweiß — sind allein durch Ausgraben oder Abpflücken zur bedrohten Seltenheit geworden. Zu den Sammlern gehören auch die sog. Zackelsucher, die die Abwurfstangen z. B. des Rotwildes sammeln, dazu in der schlimmsten Notzeit, nämlich gegen Ende des Winters, die Ruheräume des Wildes ständig »durchkämmen« und damit dort alle verborgenen und auf Energiesparung angewiesenen Tierarten empfindlich stören. Auch hier haben Aufsichtspersonen in der Praxis kaum eine Chance, weil die Gesetzesübertretung erst mit dem Aufnehmen einer Stange beginnt und sich der Stangensucher vorher wie jeder andere Sammler auch auf das freie Betretungsrecht im Wald berufen kann. Dabei muß betont werden, daß kein normal üblicher Erholungssuchender diese meist schwer begehbaren Bereiche betritt und die erhebliche Störung durch Sammler, Fotografen und dgl. praktisch immer auf einzelne Personen beschränkt bleibt, die allerdings für die Allgemeinheit und für den Naturschutz unverantwortliche Kettenreaktionen bewirken.

Randzonen — besondere Gefährdungsbereiche

Wo verschiedene Landschaftsstrukturen, Biotopelemente oder sonstige ökologische Bedingungen mit reichem Kleinrelief aneinanderstoßen, ist die Pflanzen- und Tierwelt besonders reichhaltig ausgeprägt. Dies stellt einen wichtigen stabilisierenden Faktor für den Landschaftshaushalt dar. Grenzlinienreiche Landschaften sind oft Refugien und letzte Rückzugsgebiete für bedrohte Tierarten. Nicht zufällig weisen diese ökologisch besonders wertvollen Bereiche andererseits auch einen hohen Erholungswert für den Menschen auf. Wanderer folgen instinktiv gerade diesen Naturreizen. Will man sowohl den biologischen wie auch den Erholungswert erhalten — letzterer ist ohne den ersteren stark eingeschränkt! — ist gerade in diesen Randsituationen besondere Sorgfalt bei der Erschließung und Vorsicht bei der Nutzung geboten, auch wenn nicht jede Störung infolge sichtbar flüchtender Tiere oder feststellbar zerstörter Pflanzen offenkundig wird.

»Wegwerf-Mentalität« im Wald

Wohl allen Waldbesuchern sind die an Wegen, im Wald oder an Gewässern wild verstreuten Abfälle — Dosen, Papier, Plastiktüten, Flaschen usw. — ein besonderes Ärgernis. Der gute Wille wird dann immer wieder durch begrüßenswerte Aufräumaktionen dokumentiert. Nur an der Situation ändert das offenbar nichts. Das war vor 20 Jahren schon genauso. Wieder ist zu bemerken, daß einzelne Bürger die Allgemeinheit schädigen. Allein im Nationalpark Bayerischer Wald mußten 1978 rd. 100.000 DM aus Steuermitteln für die Beseitigung des Abfalls von 1,3 Mio Besuchern aufgewendet werden. Man kann sich leicht vorstellen, welche Kosten bei rd. 1,2 Mrd Waldbesuchern pro Jahr in der Bundesrepublik Deutschland bei verschiedenen »Kostenträgern« zusammenkommen. Nicht erwähnt werden die vielen Tiertragödien, die sich Jahr für Jahr als Folge dieser Wegwerf-Mentalität in der freien Landschaft »abspielen«: Verletzungen durch Scherben oder Blechdosen, Vergiftungen, Stoffwechselstörungen durch Aufnahme von Plastik. Immer handelt es sich um leichtfertige, vermeidbare Schäden, über deren Tragweite der einzelne nur wenig nachdenkt und leider auch nur wenig nachdenken muß. Zum Vergleich sei auf das Beispiel Alaska hingewiesen, ein extrem dünn besiedeltes Land, in dem der Gesetzgeber in Sachen »Umweltschutz — saubere Landschaft« spürbar durchgegriffen hat. Wer ertappt oder ermittelt wird, wenn er Abfälle — schon eine einzige Blechdose genügt — auf Straßen, Parkplätze oder gar in den Wald wirft oder geworfen hat, erhält eine sofort zahlbare oder abzusitzende saftige Geldbuße in Höhe von 1.000 US $. Mahntafeln zeigen z. B. entlang des Alaska-Highway diese Geldbußenpraxis für jedermann sicht- und lesbar an. Und, was das wichtigste ist, die Sache funktioniert, Sauberkeit ist eingekehrt!

Zu dieser Wegwerf-Mentalität gehört auch das unbedachte Wegwerfen von Zigarettenkippen: Rd. 40 % der Waldbrände sind bei uns ausschließlich auf Fahrlässigkeit und meist auf diese Art der Kippenbeseitigung zurückzuführen. Allein von 1977 bis 1983 sind in der Bundesrepublik Deutschland 6.801 Waldbrände verzeichnet worden, die eine Waldfläche von 4.643 ha vernichtet haben. Leidtragende ist immer die Allgemeinheit.

Schwindende Vielfalt der Pflanzenarten

Seit Anfang der 70er Jahre gibt es eine regelrechte Trittforschung. Erstes Ergebnis: Einzelne Tritte belasten kaum, das Problem liegt in der Summenwirkung. Die Pflanzendecke wird sowohl direkt beschädigt als auch indirekt durch Änderung ihrer Lebensbedingungen beeinflußt. Direkte Schäden, geknickte Stiele, zerrissene Blätter, geköpfte Blüten oder freigelegte Wurzeln, fallen am ehesten auf. Indirekte Auswirkungen, wie Verdichtung des Oberbodens, sind ungleich schwerer erkennbar. In der Folge können Luft und Wasser den Boden nur schwer durchdringen. Artenvielfalt und Dichte der Bodenlebewesen ändern sich und damit der Abbau toter Pflanzenreste. Mit zunehmender Siedlungsnähe bzw. wachsender Belastung durch Begehen, Lagern, Spielen sind bei der Vegetation erhebliche Artenverluste zu verzeichnen, während die wenigen »Allerweltsarten« der Trittgesellschaften zunehmen. Seibert (1974) hat dabei die inTab. 27 zusammengestellten Beispielsergebnisse ermittelt.

Mit der Zerstörung der schützenden Vegetation setzt die Erosion ein, Fußpfade an Hängen werden steiniger, die Besucher verlassen die alten Wege und treten neue Pfade aus. So setzt sich das Zerstörungswerk bis zu tief eingeschnittenen Rinnen immer weiter fort. An beliebten Wanderzielen — z. B. auf Bergkuppen — haben seltene Pflanzenvorkommen, hochspezialisierte Flechtengesellschaften oder fau-

Tabelle 27

1. Änderung der Bodenvegetation eines Schneeheide-Kiefernwaldes durch Lagern und Spielen in verschiedener Entfernung einer Siedlung (Pupplinger Au bei Waldram):

Entfernung von der Siedlung m	*150*	*100*	*75*	*50*	*25*
Gesamtartenzahl	61	39	33	39	29
Straucharten	7	1	-	-	-
Arten der Schneeheide-Kiefernwälder	5	2	-	1	-
Arten der Trockenrasen	28	20	9	10	4
Arten der Wirtschaftswiesen und -weiden	-	2	8	12	15
Arten der Trittgesellschaften	-	-	3	4	5

2. Zeitliche Veränderung eines Trockenrasens im Laufe von zwei Jahren durch zunehmende Belastung mit Lagern und Spielen in der Nähe eines Badestrandes (Osterseen):

Zeit der Aufnahme	*Juli 1971*	*Juli 1973*
Anzahl der Erholungsuchenden an Wochenenden	*25—30*	*250—300*
Gesamtartenzahl	39	30
Arten der Trockenrasen	27	7
Arten der Wirtschaftswiesen und -weiden	3	7
Arten der Trittgesellschaften	-	4

nistische Besonderheiten exponierter Hochlagen ohne Lenkung — z. B. durch die Sperrung von Teilbereichen — kaum Überlebenschancen. So wurde z. B. das Feldberggebiet mit einem Kostenaufwand von über einer halben Million DM saniert. Besondere Schäden werden in Moorgebieten verursacht, die extrem trittempfindlich sind. Eine einzige Gruppe von Naturfreunden kann hier bei einer Wanderung querbeet die Vegetation auf Jahre hinaus schädigen (vgl. auch Kap. 8). Der Ski-Boom führt in Kulturen im Bergland zunehmend zu erheblichen mechanischen Schäden, indem die Spitzen von aus der Schneedecke herausragenden kleinen Bäumen »abgefahren« werden. In Einzugsbereichen von Skipisten kommen Bäume aus diesem Grund ohne Zaunschutz nicht mehr hoch.

Störungen bei Tieren allgemein

Zu den Grundbedürfnissen der Tiere gehört ein von Art zu Art sehr unterschiedliches Maß an Ungestörtheit. Alle Tiere können nur ein begrenztes, weitgehend artspezifisches Maß an Störung verkraften. Diese Grenzen sind sozusagen materiell gegeben, etwa durch das zeitliche Verhältnis von ungestörter Nahrungsaufnahme zu Fluchtbewegungen. Wer dauernd weglaufen oder wegfliegen muß, kann nicht mehr genügend Nahrung aufnehmen. Eine andere Grenze ist die Zeit, in der die Jungtiere ohne Eltern auskommen können: Viele sterben sehr schnell an Unterkühlung oder Hunger, wenn ihre Eltern wiederholt verscheucht werden. Es gibt aber auch eine biologisch schwer erklärbare Empfindlichkeit, die manche Tierarten dazu veranlaßt, schon bei geringsten Beunruhigungen ein Gebiet zu verlassen. Dabei gibt es besonders sensible Phasen, z. B. vor der Anlage von Nestern oder Bauen. Manche Tierarten können sich an wiederholte ungefährliche Störungen erstaunlich gut anpassen, wie jeder von Stadtvögeln, Bläßhühnern, Stockenten oder Schwänen weiß. Diese Tierarten werden dann unter Störbedingungen schnell so konkurrenzstark, daß sie ihrerseits zur Verdrängung empfindlicher Arten beitragen können. Da somit menschliche Störauswirkungen je nach Art, Biotop und sonstigen Streßfaktoren differenziert zu beurteilen sind, können nur einige Beispiele genannt werden, die besonders gut erforscht sind und ausreichen sollten, menschliches Verhalten in unseren letzten Naturräumen zu überdenken.

Störungen bei Vögeln

Ein großer Teil der bedrohten Vogelarten kann aus sicherer Distanz z. B. einen vereinzelten Wanderbetrieb durchaus ertragen. Wird der Lebensraum jedoch in der Fläche gestört, sterben sie aus. Untersuchungen am Auerwild haben dies eindeutig bestätigt. Alle Wildhühner — sie sind alle gefährdet! — verunfallen besonders häufig, wenn sie aufgescheucht werden, und zwar auch an natürlichen Hindernissen, wie z. B. Ästen usw. Sind die Störungen zu häufig, leidet durch Streß und verhinderte Nahrungsaufnahme die Konstitution. Dies führt vor allem in der kalten Jahreszeit zum Tode. Aufgescheuchte, brütende Hennen verlassen meistens in der ersten Hälfte der Brutzeit ihr Nest für immer, und die Brut ist verloren. Wird die führende Henne aufgescheucht, so gehen bei feuchter, kühler Witterung die in Deckung verharrenden Küken schon nach sehr kurzer Zeit an Kältestarre ein. Man vergegenwärtige sich dies einmal an kleinen Küken von Haushühnern. Auch diese sind außerordentlich empfindlich, weshalb der Hühnerfreund meist mit Infrarotlampen nachhilft. Wie viel schlimmer geht es dann den Küken in der freien Natur, die mit vielerlei Problemen fertig werden müssen, deshalb aber nicht weniger empfindlich sind (z. B. Auer-, Birk-, Hasel- und Schneehühner). Ein einziger Massengeländelauf kann deshalb zum Aussterben eines gefährdeten kleinen Bestandes, z. B. des Auerhuhns, führen. Solche kleinen Bestände sind aber wichtige Bindeglieder zu der größeren Population, die dadurch vor einer Verinselung geschützt wird. Einmal aufgescheuchte Auerhühner verharren übrigens oft über eine halbe Stunde lang in Beobachtungsstellung und verlieren dadurch an den ohnehin nur kurzen Wintertagen kostbare Zeit für die Nahrungsaufnahme. Allgemein ist das winterliche Überlebensprinzip der Vögel auch, sich möglichst wenig zu bewegen, dadurch wenig Wärme zu verlieren und mit knappster Nahrung auszukommen. Schon einige wenige Skiwanderer an einem Tag, die in der Nähe eines Verstecks vorbeikommen, scheuchen die Hühner zu oft auf. Die Vögel können den mit dem Wegfliegen verbundenen Energieverlust nicht durch Nahrungsaufnahme ausgleichen und sterben in darauffolgenden kalten Nächten an Unterkühlung, wenn sie nicht vorher schon auf ihrer Flucht in die Fänge eines ihrer natürlichen Feinde geraten sind. Auch die bedrohten Greifvogelarten (z. B. Korn- und Wiesenweihe, Sperber, Baumfalke u. a.) reagieren sehr empfindlich auf Störungen in ihrem Lebensraum. Es ist daher nicht zufällig, daß sich störempfindliche Vögel auf der »Roten Liste« der gefährdeten Arten befinden. Sogar bei häufiger zu beobachtenden Vögeln werden die Störungsauswirkungen leicht unterschätzt: Spaziergänger erkunden eine Reiherkolonie im Walde, erfreuen sich an den majestätisch abstreichenden Vögeln, bemerken jedoch nicht, daß ihr Erscheinen Krähen und Elstern Gelegenheit gibt, sich an den schutzlosen Eiern und Jungreihern zu vergreifen (Bähr, 1980).

Wassersport und Enten

Wassersportler freuen sich an stolzen Höckerschwänen dicht neben ihren Booten, Stockenten und Bläßhühnern, die dreist um hingestreutes Futter wetteifern. In Wirklichkeit täuscht die Anwesenheit dieser robusten, oft an den Menschen gewöhnten Arten darüber hinweg, daß die empfindlicheren, selteneren und z. T. bestandsgefährdeten Entenarten — mindestens ein Dutzend treten hierzulande regelmäßig auf — geflüchtet sind, ehe sie bemerkt wurden. In großen Überwinterungsgebieten wird beobachtet, daß allein ein Boot auf 100 m — so erfahrungsgemäß etwa die »Fluchtdistanz« — nach rechts, links, vorne und hinten die Schwärme der empfindlichen Entenarten vertreibt. Und da ein solches Boot sich bewegt, erfolgt die Störung in einem Band von 200 m Breite. Addiert man dazu den Sicherheitsabstand, den die Tiere zum Ufer halten, u. U. zu beiden Ufern, so wird im ungünstigsten Falle ein Streifen von 400 m Breite für die Tiere unbenutzbar.

Surfer, Angler oder Fußgänger, die gewiß nichts Böses im Schilde geführt haben, bewirken Störungen ähnlichen Ausmaßes. Auch hier muß man die erheblichen Zuwachsraten rechtzeitig berücksichtigen. Es werden demnächst über 1 Mio Surfer zu erwarten sein, die dank geeigneter Schutzkleidung ab Frühjahr bis in den Spätherbst größere Wasserflächen »erobern«. Man wird dies nicht überall dulden können. Es gibt bereits eine ganze Reihe von Hinweisen, nach denen aufgrund des Störfaktors »Surfen« erfolgreiche Bruten von seltenen Vogelarten der »Roten Liste« verhindert und Wintergastvögel und Durchzügler von ihren angestammten Ruhe- und Rastplätzen vertrieben worden sind. Während der Mauser, d. h. der Erneuerung des Gefieders, benötigen die flugunfähigen Vögel in jeder Hinsicht ökologisch optimale Gebiete. Dazu zählt ein ausreichendes Nahrungsangebot und Ungestörtheit. Der Nahrungsreichtum z. B. des Wattenmeeres erlaubt den meisten Watvogel- und Entenarten hier, die energieaufwendige Neuproduktion des gesamten Großgefieders durchzuführen. Während der Zeit der stärksten touristischen Frequentierung des Wattenmeeres (Juli bis September) mausern hier in sehr großen Zahlen z. B. Brandgans und Eiderente, Austernfischer, Pfuhlschnepfe, Großer Brachvogel und andere Watvögel.

Für die Innstaustufen wurde berechnet, daß die Wasservögel normalerweise die pflanzliche Biomasse bis auf 10 % des sommerlichen Höchststandes vertilgen. Wenn durch zu viele Störungen (z. B. Touristenrummel, Bootsverkehr, übertriebene Bejagung) die Wasservogelgemeinschaft häufig vertrieben wird, stirbt mehr pflanzliche Biomasse ab, wird am Boden angereichert und geht in sauerstoffzehrenden Faulschlamm über. Bei bestimmten Witterungsverhältnissen kann dieser abgesetzte Schlamm in der Stauhaltung auftreiben. Wenn dann noch hohe Wassertemperaturen herrschen, kann der Sauerstoff schlagartig knapp werden. Kettenreaktionen bis mindestens zur Fischfauna sind die Folge.

Angler und Feuchtgebietsvögel

Angler integrieren sich bei geringer Zahl und entsprechend geringer Störfrequenz in eine Naturlandschaft ein, werden aber bei größerer Zahl und entsprechend steigender Benutzerfrequenz zu einem dominierenden Störfaktor, der durch die Ausgabe von Angelkarten meist wirtschaftliche Bedeutung hat. Es gibt rd. 1,2 Mio Angler in der Bundesrepublik Deutschland (fünfmal soviel wie Jäger). Die ausufernde Angeleuphorie ist mitschuldig an der Problematik der Feuchtgebietsfauna. Fast überall werden unvorstellbare Mengen von Zuchtfischen ausgesetzt, die den Lebensraum von Lurchen und heimischen Fischen zunehmend einengen. »Wenn der Ausverkauf der Gewässer an die Angler so weitergeht«, prophezeit der Bund für Umwelt und Naturschutz, »sind in wenigen Jahren die Wasservogelbestände vernichtet.« (Vgl. Kap. 7) Dabei muß man berücksichtigen, daß eifrige Angler häufig auch nachts angeln und somit rund um die Uhr mit wechselnden Störungsintensitäten ungewollt bei den Vögeln Streß, unbewachte Gelege, Brutverweigerung und Nahrungsmangel verursachen. Untersuchungen haben ergeben, daß Angler einen ursprünglichen Brutvogelbestand (= 100 %) an Angelgewässern auf unter 8 %, teilweise sogar auf unter 3 % und bei seltenen Vogelarten (meist sehr scheu) auf 0 % zurückdrängen. Bei mehr als 10 Anglern pro km Ufer ging der Brutbestand von 30 Paaren auf 2 Paare zurück. Nach einer Untersuchung ließen schon 2 Angler pro Kontrolle an einem 2,8 km langen Uferbereich den Brutvogelbestand auf ein Drittel sinken. Diese Untersuchungsergebnisse gelten natürlich nicht nur für Angler, sondern für alle Besucher wertvoller Uferbereiche zu »empfindlichen« Jahreszeiten in Brut-, Rast-, Mauser- oder Überwinterungsbereichen. Verantwortliche Grundeigentümer müssen derartige Störungen kanalisieren.

Störungen beim Rotwild

Rotwild ist eine besonders störempfindliche Wildart, deren normale Fluchtdistanz bei ca. 300 bis 500 m liegt. Eigentlich der offenen Landschaft angepaßt, zählt bei der Flucht nur die Schnelligkeit und die Entfernung, die ein so großes Fluchttier zwischen sich und seinen vermeintlichen Feind legt. Deshalb ist gerade beim Rotwild die Fluchtstrecke meist auch besonders groß. Ähnlich wie beim Rehwild, bei dem sich in Sekundenschnelle durch Störungen der Puls und der Stoffwechsel vervielfachen können, dauert die Beruhigungsphase sehr lange. Pulsfrequenzmessungen mit Sendern haben bei Rehen ergeben, daß »optische Stressoren« (z. B. auftauchende Menschen oder Hunde) die Pulszahl innerhalb von Sekunden von 70 auf 240 pro Minute erhöhten. Die beiden wichtigsten Handlungen des Feindverhaltens beim Rotwild sind das Sichern und das Flüchten. Beides verbraucht in Abhängigkeit von der Störfrequenz und Störintensität viel Zeit, die für die Nahrungsaufnahme verloren geht (rd. 70 % der Äsungsflächen und rd. 50 % der Fütterungseinrichtungen sind erheblich durch Störungen von Erholungssuchenden belastet). Die Flucht verbraucht darüber hinaus sehr viel Energie, die besonders in der winterlichen Notzeit nicht ausgeglichen werden kann. Ein junger, 90 kg schwerer Hirsch, der nur 10 Minuten fliehen muß, verbraucht mehr Energie, als er an einem Wintertag aufnehmen kann. Reimoser (1983) berichtet von Untersuchungen des Institutes für Wildtierkunde in Wien, nach denen Rotwild in Lebensräumen mit hoher Beunruhigung durch die stark erhöhte Bewegungsleistung der Tiere einen etwa 50 bis 100 % höheren Energiebedarf aufweisen kann als in ungestörten Biotopen. Dieser erhöhte Energiebedarf muß aus dem lokalen Äsungsangebot gedeckt werden.

Sowohl optische wie akustische als auch geruchsmäßige Wahrnehmungen können Flucht auslösen. Die geruchliche Wahrnehmung kann noch Stunden nach der Störung — z. B. eines Pilzsuchers — zur Flucht führen. Es ist anzunehmen, daß die in den Erholungsgebieten häufig vorhandene menschliche Witterung schon allein ausreicht, das Rotwild täglich stundenlang sichern zu lassen. Aus der Sicht biologischer Stoffwechsel ist das eine gewaltige Energieverschwendung. Mindestens 99 % aller Fluchten des Rotwildes dürften ohne wirkliche

Gefährdung ausgelöst werden. Dieser »unechte Feinddruck« durch den Menschen führt beim Rotwild zu einer an Überforderung grenzenden Belastung:

1. Ständiges Sichern, verstärkte Fluchtbereitschaft, häufige Flucht, Streßmaximierung; Folge: Konditionsverschlechterung.
2. Verlagerung der artspezifischen Tagesaktivitäten, z. B. Äsung, Wanderung und Brunft, auf störungsarme Nachtstunden.
3. Beschränkung des Aktionsraumes auf weniger gestörte Gebiete und dort Schadensmaximierung.
4. Beschränkung der optischen Kontakte zu sozial wichtigen Rudelgliedern in artfremden Dickungen; Folge: rein motorische Ersatz- oder Ausweichhandlungen in Form des Schälens (Wölfl).

Die Unterdrückung der Aktivität am Tage hat zwei gravierende Auswirkungen:

a) Der Tageszyklus wird gestört, der beim Rotwild als Wiederkäuer im Wechsel von etwa 6 Äsungs- und Wiederkauperioden im 24-Stunden-Rhythmus abläuft. Kritisch ist der Ausfall der Äsungszyklen des Tages, wobei der Pansen nicht gefüllt werden kann. Der Pansen arbeitet im Verein mit symbiontischen Mikroorganismen (Protozoen und Bakterien) nach dem Prinzip einer Gärkammer, deren Milieu durch periodische Äsungsaufnahme stabil bleiben muß. Der ständige Nachschub an Äsung ist Voraussetzung für ein optimales Bakterienwachstum. Bleibt der Nachschub z. B. infolge von Störungen aus, stagniert dieses Wachstum, schließlich kommt es sogar zum Absterben der notwendigen Mikroorganismen. Da mit dem Ausbleiben der Äsung auch das Wiederkauen aussetzt, fehlt dem Pansen die beim zweiten Mal gründlich zerkaute und eingespeichelte Nahrung. Der Speichel wirkt aufgrund seines pH-Wertes von 8 bis 9 alkalisch und neutralisiert den Panseninhalt. In diesem entstehen nämlich die zunächst aus der Äsung gebildeten fruchtigen Säuren, z. B. Buttersäure, Propionsäure, Essigsäure u. a., die den pH-Wert absenken. Bleibt das Wiederkauen aus, so kommt es zu einer Übersäuerung des Pansens, die zu einem empfindlichen Rückgang der Mikroorganismen führen kann. Stoffwechselstörungen sind die Folge.

b) Die zweite Auswirkung der Aktivitätsverringerung am Tage besteht in der Vermeidung der Äsungsplätze mit »Sonnenflora«. Um wenigstens notdürftig den Äsungsrhythmus einzuhalten, nimmt das Rotwild im dichten Bestand die dort nur vorhandenen Baumtriebe oder Baumrinde auf. Diese hat bei einem leeren Pansen den Wert weniger als Nahrungsmittel, sondern vielmehr als mechanischer Auslöser für das Wiederkauen und für das damit verbundene Einspeicheln. Rauhe Äsung mit ausreichendem Faseranteil ist eine lebenswichtige Voraussetzung für den natürlichen Pansenrhythmus. Fehlt diese Voraussetzung, so vergärt die weichere, leicht verdauliche Nahrung zu schnell (Bützler). Ein gewisser Schälumfang ist deshalb für das Rotwild typisch. Problematisch ist diese Eigenschaft, wenn infolge von Tagesstörungen z. B. 3 von 6 Äsungsperioden durch Rindenaufnahme ausgefüllt und somit ein großer Teil der eigentlichen Grünnahrung durch Rinde ersetzt wird. Konditionsmängel beim Wild und Schäden im Wirtschaftswald maximieren sich dann. Damit geht einher die Erschwerung der jagdlichen Wildstandsregulierung mit der dadurch bedingten Erhöhung der Wildbestände. Die daraus resultierenden enormen ökologischen Folgen (Verarmung der Flora und Fauna) sind in Kap. 13 dargestellt. Sie haben erhebliche Rückwirkungen auf den Erholungswert der Landschaft.

Im Winter ist diese Problematik noch differenzierter zu beurteilen, da dann insbesondere in schneereicher Notzeit menschliche Störungen ungewollt sehr schnell die Schwelle der Tierquälerei überschreiten. Die gesamte Verdauungsphysiologie (Änderung der inneren Pansenoberfläche, der Bakterienflora u. a.) ist in dieser Zeit auf arme und mengenmäßig geringe Äsung umgestellt. Auch das Verhalten ist ganz auf Energieschonung »spezialisiert«. Der Aktionsradius umfaßt nur noch einen Bruchteil des sonst üblichen, etwa 2/3 der Zeit liegt das Wild (während sonst das Verhältnis von Ruhe- und Aktivitätszeiten gerade umgekehrt ist). Liegende Tiere verbrauchen am wenigsten Energie durch Muskelarbeit, und die Abstrahlung von Wärme an die Umgebung ist geringer, weil weniger Körperoberfläche den kühlenden Luftschichten ausgesetzt ist. Dabei schlagen die Tiere ihre Läufe unter den Körper ein und verstecken die Nase in der Flanke. Auf diese Weise kann auch die Wärmemenge, die bei der Atmung über die Nasengänge verloren wird, reduziert bzw. in der Flanke ausgenutzt werden. Bei der Wahl des Liegeplatzes spielt vor allem die Ungestörtheit des Platzes eine große Rolle. Da der Geruchssinn höher entwickelt ist als das Sehvermögen, liegen die Tiere gerne dort, wo ihnen der Wind Witterung von irgendwelchen Störungen rasch zuträgt. Dies ist zwar zu jeder Jahreszeit von Bedeutung, doch fliehen müssen ist im Winter je nach Schneelage, Dauer des Winters und Gelände wesentlich energieaufwendiger als ein langsamer Rückzug (Mosler-Berger, 1982). Bei der Wahl des Liegeplatzes spielen darüber hinaus Witterungsschutzgründe eine besondere Rolle: Das Wild sucht Schutz vor Feuchtigkeit, da durch nasse Haare die Wärmeisolation der Decke stark reduziert wird. Außerdem ist die Winddämmung von großer Bedeutung, da der Wärmeverlust enorm ansteigt, wenn die den Tierkörper umgebenden Luftschichten ständig erneuert werden. Störungen können diese Wärmeschutz- und Energiesparstrategien des Wildes zunichte machen. **Bei allen Wildtieren ist das vorsätzliche oder leichtfertige Beunruhigen in winterlichen Ruheräumen unnatürlich und mit Tierquälerei gleichzusetzen (z. B. Abwurfstangensucher).**

Skitourismus

Allgemein muß auf eine Wintersparstrategie verschiedener Tierarten hingewiesen werden, die darin besteht, den Energiehaushalt unbewußt zu »kalkulieren«. Dazu bemerkt Scherzinger (in Georgii, 1985): »Wenn z. B. ein Birkhuhn für das Verlassen der schützenden Schneehöhle und die Nahrungssuche mehr Kalorien verbraucht, als es durch Fressen wieder aufnehmen kann, bleibt es lieber hungrig und verbringt den ganzen Tag am Schlafplatz.« Die Energiebilanz eines sich so verhaltenden Birkhuhns ist am Existenzminimum ausgeglichen. Unter Zuhilfenahme letzter Reserven kann es Schlechtwetterperioden gerade noch überleben. **Jede Flucht läßt bei einem Tier den Energiebedarf schlagartig auf das 10- bis 12fache steigen.** (Georgii, 1985) Und das Maximum der Störungen liegt beim Wintersport genau in der Zeit des maximalen Ruhebedarfs vieler Wildtiere (z. B. Rotwild) oder aber in Zeiten der Nahrungsaufnahme (z. B. Auerwild).

Die immer noch exponentiell zunehmenden Störungen durch den Wintersport sind kritisch zu sehen, allerdings mit dem »versöhnlichen« Hinweis, daß die meisten Skiläufer die durch sie verursachten Folgen nicht kennen, nicht beabsichtigen und angemessene Lenkungsmaßnahmen bei entsprechender Aufklärung beachten. Nach Untersuchungen in Baden-Württemberg liegt dort das Potential der alpinen Skiläufer und Skilangläufer bei jeweils etwa 24 % der Bevölkerung. Die Hauptbelastung der Langlaufloipen erreicht an den Wochenenden etwa den bis zu 10fachen Wert der Werktage. An Spitzentagen werden 2.000 bis 4.000 Läufer je Loipenzentrum gezählt, 700 bis 1.300 Läufer sind dann gleichzeitig auf einer Loipe von 15 bis 35 km Länge. Neben dieser »Linienbelastung« sind die ungleichmäßigen Störungen der Langlaufindividualisten besonders kritisch zu beurteilen, die den durchdachten Kurs der gespurten Loipen verlassen und querfeldein wandern. Die Zahl dieser Gruppe nimmt zu, liegt in Baden-Württemberg dennoch unter 5 %, während sie im Harz auf über 40 % geschätzt werden muß. Dabei sei auch auf den »Rattenfängereffekt« hingewiesen: Querfeldeinläufer hinterlassen im Schnee eine Spur, die regelmäßig Hunderte, ja möglicherweise sogar Tausende Nachahmer hinter sich herzieht. Ähnlich wie im Schwarzwald decken sich auch im Harz z. B. die Auerwildvorkommen weitgehend mit den schneesicheren Hochlagen, die als Wintersportgebiete geeignet sind. So besteht Anlaß, aus der Sicht des Tierartenschutzes und der Wildhege Bedenken gegen die Skilangläufer anzumelden, die abseits der Loipen ihre Bahn ziehen und dabei in die engen Ruhe- und Aktivitätszonen der Wildtiere eindringen. Die daraus folgenden Störungen »durchkreuzen« die Energiesparstrategien aller Wildtiere. Die Gefahr, daß viele Tiere verhungern, ist groß. **Loipengebote in stark belasteten Gebieten oder Flächensperrungen besonders empfindlicher Gebiete würden allen Wildtieren sehr helfen.**

Massenveranstaltungen im Wald

Noch vor etwa 15 Jahren wurden Anstrengungen unternommen, die Bevölkerung mit allen denkbaren Einrichtungen in den Wald zu locken. Der dann einsetzende, damals nicht erwartete Strom (wachsende Freizeit und verbesserte Eigenmobilität) muß heute jedoch kritisch gesehen werden. Weitere »Lockmittel« sind kaum zu verantworten. Bei allem Verständnis für Aktivitäten in der Natur sind Großveranstaltungen — wie z. B. Orientierungsläufe mit Spezialkarten in den letzten urtümlichen Landschaften — aus ökologischen Gründen unbedingt zu unterbinden. Solche Veranstaltungen laufen den Schutzzielen diametral entgegen. Nach bayerischem Naturschutzrecht ist z. B. das Betretensrecht für Sportveranstaltungen wie Volksmärsche, Volksläufe, Gelände- und Querfeldeinrennen, Fuchsjagden usw. eingeschränkt bzw. ausgeschlossen (Thorwart, 1982). Auch der Deutsche Wanderverband hat vor einer weiteren Ausdehnung der Volksmärsche gewarnt. Die Vehemenz, mit der manche Vereine oder sonstige »Unternehmer« allerdings solche Massenveranstaltungen betreiben, ist verständlich. Bei einem Nenngeld von z. B. 20 DM/Person und 5.000 Teilnehmern läßt sich mit relativ wenig Aufwand eine beachtliche Reineinnahme erzielen — letztlich auf Kosten der Allgemeinheit. Man muß sich vergegenwärtigen, daß die Störungen für die Tierwelt durch eine Massenwanderung mindestens auf 200 m nach beiden Seiten (Geruch, Lärm, Sicht) neben der Route über einen ganzen Tag und erhebliche Zeit danach wirksam bleiben. Bei einem Marsch von 50 km sind dann mindestens 2.000 ha u. U. für mehrere Tage stark gestört.

Störungen wirken auch bei Seehunden existenzgefährdend

Die größte Fluchtdistanz weisen Alttiere und Junge führende Muttertiere auf, die bei häufigen Störungen auf 1.000 m, in Extremfällen bis auf 1.500 m anwachsen kann. Zumindest solange, wie von der Sandbank aus das Schiff in Sicht ist, kehren die Muttertiere mit ihren Jungen nicht auf den Liegeplatz zurück (Wesemüller, 1980). Die große Fluchtdistanz einzelner Tiere wird vom ungeübten Beobachter nicht erkannt. Die (bis in Sichtweite) verbleibenden, weniger störempfindlichen, z. T. kranken Tiere verleiten zu der Annahme, daß eigentich keine Störung verursacht wird (z. B. bei Ausflugsfahrten zu Seehundsbänken). Jungtiere kehren meist nach Beendigung der Störung zurück, Alttiere dagegen seltener. Bei häufigen Störungen wird der Liegeplatz während der gleichen Tide nicht mehr aufgesucht. Die Dauer der Störung umfaßt also einen erheblich größeren Zeitraum als das eigentliche Vorbeifahren eines Schiffes.

Im Sommerhalbjahr ist die »biologische Streßsituation« der Seehunde noch aus einem anderen Grund sehr kritisch zu beurteilen: Da das Säugen der Jungtiere nur auf dem trockengefallenen Sandwatt erfolgen kann, kommt es über die Abkürzung des Säugevorganges zu einem schlechten Ernährungszustand der Jungtiere, der ihre Überlebenschancen mindern kann. Ein schlechter Ernährungszustand setzt die Vitalität herab und führt zu einer höheren Anfälligkeit gegenüber Parasiten und Krankheiten, was wiederum die Überlebenschancen über den Winter mindert. Eine hohe Jungsterblichkeit gerade im ersten Winter ist daher die direkte Folge. Nur wenn die Jungtiere bei jedem Niedrigwasser gesäugt werden können, erreichen sie das Körpergewicht, das eine gute Konstitution gewährleistet. Auch zum Haarwechsel benötigen Seehunde einen ruhigen Liegeplatz. Für den physiologischen Ablauf des Haarwechsels, der den Organismus stark belastet, ist die Einwirkung von UV-Licht zur Bildung des notwendigen Vitamins D erforderlich. So wird gerade beim Seehund deutlich, wie Störungen an nur einem, wenn auch — biologisch gesehen — lebensnotwendigen Faktor, dem Liegeplatz, zu einer gravierenden Belastung für die Gesamtpopulation werden können (Wesemüller, 1980).

Anregungen zur Minderung von Störungen

Im Verhältnis zwischen Mensch und Natur gibt es viele »unbequeme« Wechselbeziehungen, die, wenn sie vom Menschen nicht beachtet werden, in äußerst schädigender Weise auf ihn zurückfallen können. Immer mehr Menschen erkennen diese Gesetzmäßigkeiten und fordern Änderungen bisheriger Rechte. Nach einer Meinungsumfrage des Emnid-Instituts sind 71 % der Bevölkerung für eine Einschränkung des Waldbetretungsrechts. Bemerkenswert ist, daß die Zahl der Befürworter einer Einschränkung unter den jungen Leuten überdurchschnittlich hoch war. In der Gruppe der bis 19jährigen sprachen sich z. B. 81 %, in jener der 20- bis 29jährigen 78 % für eine Einschränkung aus (DJV-Nachrichten, 5/1984). Es ist an der Zeit, dieser Entwicklung Rechnung zu tragen durch eine angemessene zeitliche oder flächenmäßige Trennung zwischen Gebieten für die Erholung und solchen für die Natur. Seltene Tier- und Pflanzengesellschaften haben nur noch dann eine Zukunft, wenn wir diese Erkenntnis respektieren. Komplette Sperrungen besonders wertvoller und störempfindlicher Biotope können die letzte wirksame Maßnahme darstellen. **Eskalierende Wahrnehmungen privater Interessen in der Natur auf Kosten der Allgemeinheit müssen kanalisiert werden.** Folgende Empfehlungen erscheinen angemessen:

Vereinheitlichung der Betretungsregelungen

Bei der heutigen Mobilität der Bevölkerung ist eine Verschiedenartigkeit zwischen den Ländern ohne »Schilderwald« nicht praktikabel. Es bedarf intensiver Aufklärungsarbeit, um einen befriedigenden Bekanntheitsgrad auch nur einer Regelung bei der Bevölkerung zu erreichen. Insofern sollten Betretungsverbote im Bundesgebiet nicht nur allgemein gültig definiert, sondern auch für jedermann klar verständlich erläutert werden. Dadurch kann auf die meisten Einzelbeschilderungen verzichtet und auch Mißbrauchwillkür verhindert werden (Zundel, 1984).

Generelles Betretungsverbot für Dickungen bis 15 m Oberhöhe

Der unschätzbare Erlebniswert der Wälder für die naturfern lebenden Menschen begründet die Verpflichtung, die Waldgebiete zur körperlichen wie seelischen Regeneration der Bevölkerung zu öffnen. Durch diese Waldöffnung darf die Lebensgemeinschaft Wald natürlich nicht aus dem Gleichgewicht gebracht werden. Das Betreten von Forstkulturen ist in allen Bundesländern gesetzlich verboten. Bei den Dickungen ist dies nur in Nordrhein-Westfalen und in Schleswig-Holstein (im Erholungswald) der Fall. Das ist unzureichend, weil gerade die Dickungen ab Weihnachtsbaumgröße bis etwa 15 m Höhe (Stangenhölzer) die entscheidenden Ruhe- und Rückzugsräume für viele größere störempfindliche Tierarten der Wälder darstellen. Diese Dickungen sind i. d. R. so dicht und dunkel, daß auf dem Boden fast keine Vegetation zu finden ist. Sie werden von Erholungssuchenden meist ohnehin nicht betreten, weil sie schwer begehbar sind und innen keinen Erholungswert aufweisen. Der erholungssuchenden Bevölkerung würde man damit nach meiner Erfahrung keinen Raum nehmen, wohl aber den Individualisten, die dort z. B. mit Fotoapparat oder Tonband den Tieren in ihren wichtigsten Ruhebereichen nachstellen. Nur auf diese Weise ist auch den Suchern von Abwurfstangen in der Notzeit wirksam beizukommen. Bislang scheitern die jagdgesetzlichen Bestimmungen gegen derartige besonders empfindliche Störungen an der Beweislast, da die strafbare Handlung mit dem Betreten der Dickung noch nicht beginnt. Man versetze sich einmal in die Lage eines verantwortungsbewußten Ordnungshüters in der Natur, der um die notwendige Ruhe für alle Wildtiere im späten Winter — wenn die Energiereserven schon weitgehend verbraucht sind — bei 1 m Schneehöhe bemüht ist und der tatenlos beobachten muß, daß einige Stangensucher das Wild aus einer Dickung in die andere treiben, z. T. auch vor nächtlichen Störungen nicht zurückschrecken und sich dann stets auf das freie Betretungsrecht des Waldes berufen. Einschreiten kann der Ordnungshüter als Sachwalter der Interessen der Allgemeinheit erst dann, wenn der Stangensucher eine Stange aufgenommen hat. Dieser Nachweis gelingt ihm naturgemäß fast nie. Mit einer einheitlichen Ausdehnung des Betretungsverbotes von Kulturen auf Dickungen wäre auch dieses Problem relativ leicht zu lösen, ohne daß der Allgemeinheit wirklich Raum verlorengeht. Eine geringere Höhe erscheint mir nicht ausreichend, weil die Dickungen bis mindestens 15 m Höhe vom Wild als Ruhebereiche angenomen werden und die Deckungsfunktion meist erst etwa bei einer Höhe von 5 m einsetzt. Die Wildtiere gewöhnen sich an diese Ruhebereiche und kehren dahin über viele Jahre zurück. Daher darf auch die Zeitspanne für den Schutz dieser Ruhebereiche nicht zu kurz sein, da die meisten Bäume ab einer Höhe von etwa 3 m einen jährlichen Höhenzuwachs von über 50 cm haben. Da niemand die Baumhöhe genau einschätzen kann, wird bei ca. 12 m in der Praxis sicherlich die »Toleranzhöhe« beginnen, die als »Entschuldigungshöhe« anerkannt wird. Eine »Toleranzhöhe« wird man bei allen Höhenangaben für die Praxis von vornherein einzukalkulieren haben.

Generelles Wegegebot für alle Dämmerungs- und Nachtzeiten

Zumindest die Dämmerungs- und Nachtzeiten sind für viele Wildtiere heute zu entscheidenden Aktivitätszeiten geworden. Zu diesen Zeiten besteht für die Allgemeinheit praktisch kein Bedarf, die festen Wege (mit PKW befahrbare Forststraßen, markierte Reit-, Rad- und Wanderwege und dgl.) zu verlassen. Nach meiner Erfahrung halten sich über 99 % der Waldbesucher schon heute ganz von selbst an diese Regelung. Von dem geringen restlichen Teil geht zweifelsohne eine gravierende Störung aus, die das vernünftige Verhalten der übrigen Besucher weitgehend zunichte machen kann. Auch hier gilt, daß den wenigen Individualisten, die nicht selten verbotene Aktivitäten entwikkeln, wie z. B. Fotografieren seltener Vogelarten am Nest, in der Praxis nicht anders als durch ein generelles Wegegebot in diesen begrenzten Zeiten »beizukommen« ist. Die Zeiten des Wegegebotes könnten »ab eine Stunde vor Sonnenuntergang bis eine Stunde nach Sonnenaufgang« eindeutig und für jede Jahreszeit angemessen definiert werden. Der für die Allgemeinheit zu erwartende Erfolg wäre sicherlich darin zu erwarten, daß von den Wegen aus häufiger Wild gesehen werden kann, weil viele Wildtiere den »Gefahrenkomplex Weg« durchaus einzuschätzen lernen.

Generelles Betretungsverbot besonders empfindlicher Kleinbereiche

Wertvolle Kleinbiotope, begrenzte Fließ- und Stehendwasserabschnitte, Wildfütterungsräume (in »empfindlichen« Jahreszeiten) und dgl. stellen oft kleine Bereiche dar, die im Interesse der Natur entweder zu bestimmten Jahreszeiten (z. B. Brut-, Zug- oder Überwinterungszeit) oder auch ganzjährig mit Sonderbeschilderung ohne langwierigen Genehmigungsgang zu sperren sein müßten. Es sollte zumutbar sein, diese wertvollen und störungsempfindlichen Bereiche aus angemessener Entfernung zu beobachten. Die von diesen ruhiggestellten Bereichen ausgehenden Belebungen strahlen in aller Regel auf die Nachbarbereiche aus und kommen somit direkt dem Erholungswert der Landschaft für die Allgemeinheit zugute. In vorbildlicher Weise wirken heute von sich aus schon viele Wander-, Segel- oder Kanuvereine in dieser Richtung auf ihre Mitglieder ein, weil sie die Zusammenhänge zwischen Naturschutz, Erholungswert und Attraktionsgrundlage für ihr Hobby erkannt haben. Diese einsichtigen Bestrebungen werden zunichte gemacht, wenn einzelne Bürger und »Nichtorganisierte« aus kurzsichtigem Eigennutzdenken jede Reglementierung unterlaufen.

Zeitlich und räumlich begrenzte Angelbeschränkungen

Ein zeitlich begrenztes Angelverbot für bis zu 30 % der Uferbereiche in wertvolleren Biotopzonen (Fließ- und Stehendgewässer), je nach Schutzziel (Brut- oder Überwinterungszeit, Durchzugsrast, Mausergebiet), erscheint zumutbar und dient dem Erholungswert sowohl für die Allgemeinheit als auch für die Angler selbst. Die vielen Naturkenner unter den Anglern selbst würden derartige Regelungen sicher begrüßen.

Loipengebot in Belastungsgebieten des Wintersports

In allen Naturbereichen, wo der »Skilanglaufrummel« gewisse Belastungsgrenzen überschreitet, erscheint ein Loipengebot mit der Maßgabe, daß z. B. von Fremdenverkehrsorganisationen — ggf. gegen Gebühr — ein ausreichendes und attraktives Loipennetz angemessen gepflegt wird, unbedingt geboten. Wenn die Attraktion dieses schönen Sports und gleichzeitig die Natur als »wertbestimmende Kulisse« erhalten werden sollen, sind gewisse Kanalisierungen in verschiedenen Gebieten heute bereits unumgänglich.

Übernachtungsverbot in Wohnmobilen auf allen Waldparkplätzen

Nach gegenwärtiger Rechtslage können »Wohnmobilisten« praktisch auf allen öffentlichen Parkplätzen eine Nacht übernachten. Die damit verbundene Problematik wird aus einigen Daten der deutschen Campingentwicklung deutlich: 1960 gab es bei uns 14.000 Wohnanhänger, heute beziffert Ganser (1985) den Bestand an Wohnwagen bereits auf 640.000 (und ca. 6 Mio Zelte, 250.000 Reisemobile). Bis zu 90 % — im Durchschnitt 30 % — sind die Stellplätze der 2.340 bundesdeutschen Campingplätze an Dauergäste vermietet, für Jahresmieten bis zu 4.000 DM. Nach Berechnungen des Deutschen Camping Clubs verbringen heute jene Familien, die ihren Wohnwagen fest abstellen, 40 Wochenenden pro Jahr in ihrem Haus auf Rädern. Daraus ergaben sich in der Saison 1984 immerhin 45 Mio Übernachtungen. Camper suchen Plätze in möglichst naturnahem Zustand (70 % am Wasser, 20 % in Bergen) mit Sand- und Kieswegen. 47 % der deutschen »Schneckenhäusler« unternehmen bereits 2 Haupturlaubsreisen (länger als eine Woche) pro Jahr.

Es hat sehr große Mühe gekostet, bis die »Campingwelle« einigermaßen geregelt war und beispielhafte Campingplätze entwickelt werden konnten. Es ist unverkennbar, daß dabei die Landschaft und der Naturschutz erhebliche Einbußen erlitten haben. Genauso unverkennbar ist, daß die meisten Campingplatzbetreiber von Dauercampern leben. Insofern haben sich meist Ferienhausgebiete entwickelt, die einem begrenzten Publikum zugute kommen, so daß der Allgemeinheit viele schöne Gebiete weitgehend vorenthalten werden. Besser wäre da sicher in vielen Fällen der Ersatz einiger Dauerstellplätze durch rustikale Ferienhütten, die wechselnd vermietet werden könnten. Festzustellen bleibt, daß viele Fremdenverkehrsgebiete mit der Campingentwicklung infolge lange Zeit nicht bestehender Gesetze sehr große Probleme gehabt haben und teilweise auch heute noch haben. Insofern muß eindringlich darauf hingewiesen werden, daß dieses nun endlich einigermaßen »geordnete Campingwesen« inzwischen lawinenartig durch Wohnmobile unterlaufen wird und erhebliche neue Probleme in den bevorzugten Fremdenverkehrsgebieten entstehen. Die Möglichkeit der einmaligen Übernachtung auf jedem öffentlichen Parkplatz bindet den Ordnungsbehörden die Hände. Man wechselt eben täglich den Parkplatz, umgeht damit die Campingplatzgebühren und überläßt alle damit verbundenen Nachteile (nächtliche Störungen, Abfall) getrost der Allgemeinheit. In Fremdenverkehrsgebieten gehen damit dem örtlichen Gewerbe (einschließlich Campingplätzen) bereits viele Millionen Übernachtungen und Einnahmen verloren, die zur Unterhaltung der vorgehaltenen und selbstverständlich von den »Wohnmobilisten« mit in Anspruch genommenen Einrichtungen erforderlich sind.

So attraktiv und interessant ein Urlaub mit dem Wohnmobil auch ist und so selbstverständlich man dies in einem wenig besiedelten Land auch tolerieren kann, so groß sind doch die Probleme in der dicht bevölkerten Bundesrepublik. Ein generelles Übernachtungsverbot auf Waldparkplätzen erscheint gerechtfertigt.

Nur auf den ersten Blick wirken diese Anregungen streng. Den »Normalbürger« treffen sie praktisch überhaupt nicht, wenn man bedenkt, daß jeweils deutlich unter 5 % der Waldbesucher störende Sondernutzungen auf Kosten der Allgemeinheit in Anspruch nehmen. Lediglich die Naturschutzinteressen gar zu sehr störende Bürger (u. a. Eiersammler, Stangensucher, nächtliche Querwaldeinwanderer) werden in die Schranken verwiesen, die im Interesse der Allgemeinheit in der Natur zu gelten haben. Zu dem oft vorgebrachten Einwand, alle vorgeschlagenen Regelungen nützen nichts, da deren Einhaltung nicht überwacht werden könnten, ist zu sagen, daß dieses Problem für viele andere Lebensbereiche gilt. Man kann z. B. nicht die Straßenverkehrsordnung aufheben, nur weil nicht jeder Verkehrssünder erwischt wird! **Wer Naturschutz mit Freiheitsbeschränkung verwechselt, muß bei einiger Überlegung (vgl. Kap. 2) eigentlich zu dem Ergebnis kommen, daß Naturstörung eine schlimme Form von Freiheitsmißbrauch auf Kosten der Allgemeinheit ist.**

14.2 Entflechtung der Waldbesucher fördert die Natur und ihren Erholungswert

»Schlechte Angewohnheiten kann man nicht aus dem Fenster hinauswerfen. Man muß sie Stufe um Stufe über die Treppe geleiten.«
E. M. Remarque

Mit den angeregten Regelungen können nur die extremen Störquellen wirksam begrenzt werden. Der Wald steht damit weiterhin in den für die Erholung wichtigen Bereichen frei für jedermann zur Verfügung. Da auch die Erholungsräume möglichst vielfältig und selbst durch störempfindliche Tierarten belebt sein sollten, muß gewissermaßen eine Synthese zwischen Fremdenverkehr und Naturschutz in jedem Gebiet angestrebt werden. Dafür erscheint es unumgänglich, je nach Art und Stärke der Besucherbelastung lenkende Maßnahmen vorzusehen. In vielen Fällen lassen sich durch meist unmerkliche, psychologisch durchdachte Vorkehrungen Lenkungs- und Entflechtungserfolge erzielen, die der Natur so viel Entwicklungsmöglichkeit lassen, daß diese auch direkt wieder dem Erholungswert der Landschaft zugute kommen.

Verhaltensgrundlagen für eine Entflechtung

Wenn man Touristen nach psychologischen Gesichtspunkten lenken möchte, muß man örtlich typische Verhaltensnormen beobachten und daraus zweckentsprechende Reaktionen ableiten. Dazu können einige Anregungen gegeben werden:

Kurzzeittouristen

Die zunehmende Anspannung im Arbeitsprozeß mit ihren physischen und psychischen Belastungen und die »Unwirtlichkeit« der Städte (Mitscherlich) erfordern als Ausgleich kurzfristige Erholung im Freien. Wegen ihrer besonderen Ansprüche an die Landschaft, an die Besitzer von Feld und Wald, an die Verwaltungen von Erholungsgebieten bedarf diese Kurzzeit- und Wochenenderholung vor allem planerischer Vorsorge. Ohne in ein Klischeedenken zu verfallen, ist der Großteil des Kurzzeittouristenstromes u. a. durch folgende problembelastete Kriterien zu kennzeichnen: überlastete Straßen und Parkplätze, Lärm, Hektik, Streß, »Wegwerf-Mentalität«, Bewegung in relativ engen Bereichen, Spaziergänge kaum länger als 2 Stunden, Lagerflächen, insgesamt stärkere Flächenbeanspruchung, Bedarf an konzentrierten Verpflegungs- und Sanitärbereichen, Drang zu Attraktionsgebieten, häufige Zerstörungen: im Ergebnis oft leider nicht das, was man sich zunächst unter Erholungsfunktion vorstellt. Eine Entflechtung ist kaum möglich, da diese nicht dem typischen Verhalten entspricht.

Langzeiterholung

Ein großer Teil des Reisepublikums hat im Urlaub — auch bei wenigen Tagen Dauer — ein ausgeprägtes Ruhebedürfnis und wünscht im besonderen Maße Erholung in der Stille einer harmonischen Landschaft mit deutlicher Bevorzugung einer reichen, weitgehend intakten Natur (Wandern, Spiel, Bildung, Hobby, Anregung)! Deutlich sind landschaftsgebundene Saisonspitzen und die Abhängigkeit von Ferienzeiten. Für die Langzeiterholung sind andere Kriterien kennzeichnend: Ruhe, Muße, Abgeschiedenheit, geistige Zerstreuung, keine Straßen, Natur, Landschaftsabwechslung ist attraktionsbestimmend, weitere Wanderwege, oft zielortorientiertes Wandern, nur an beliebten Zielpunkten deshalb manchmal Massierungsprobleme.

In vielen überregionalen Erholungsgebieten überdecken sich meist Kurz- und Langzeiterholung. Deutlich sind Tendenzen festzustellen, daß sich Langzeiterholungssuchende durch Kurzzeiterholungssuchende verdrängen lassen! Fremdenverkehrsgebiete, die ungezielt jedem Gast »nachlaufen«, also z. B. in Kurorten viele Attraktionseinrichtungen für Kurzzeittouristen schaffen, sind heute erstaunt, daß die Gästekategorie, von der sie im wesentlichen leben, nämlich die Langzeiterholungssuchenden, in andere Gebiete abwandern. Zu viele »Kurzweilinvestitionen« ziehen Massenrummel an und gefährden gleichzeitig den Erholungswert eines Gebietes. Als Folge der hohen Investitionen werden zur Begleichung des Unterhaltaufwandes z. B. die Kurbeiträge erhöht und damit wiederum die Gäste getroffen, die diese Entwicklung gar nicht wollen. Für die Landschaftsgestaltung und Bereicherung der Natur und damit für die Steigerung des Erholungswertes wird fast nichts von seiten der Fremdenverkehrsförderer ausgegeben, obwohl fast ausschließlich die Landschaft urlaubsortbestimmend ist. Es bleibt also den Planungsbehörden. Forstleuten und Grundstückseigentümern überlassen, die Synthese »Fremdenverkehr-Naturschutz« zu finden.

Der »gregarische« Effekt (»Herdentrieb«)

Die Grundlage für die Synthese »Fremdenverkehr-Naturschutz« bietet das unterschiedliche Verhalten der Touristen selbst: Überall kann man feststellen, daß die Menschen auch in der Freizeit einem deutlichen »Herdentrieb« unterliegen, dem sog. »gregarischen Effekt«. Etwa 85 bis 95 % der Bevölkerung (je nach Herkunft) neigen in der Kurz-Freizeit dazu, die Bereiche aufzusuchen, die wiederum von vielen Menschen aufgesucht werden. An allen Attraktionsbereichen kann bestätigt werden, daß sie besonders viele Kurzzeittouristen anziehen und über längere Zeit binden. Am deutlichsten zeigen dies sog. »Freizeitparks«, in denen sich Menschen oft so massieren, daß »niemand mehr umfallen« kann. Man mag den Wert und Sinn der Freizeit anders beurteilen, der Vorteil bleibt, daß angesichts der hohen Gefährdungsrate im Bereich Flora und Fauna dieser Effekt eine Chance bietet, örtliche Regelungen zu entwickeln, die sowohl Fremdenverkehr als auch Naturschutz nebeneinander zulassen. Für die Praxis bedeutet dies, daß man in bestimmten Gebieten besondere Attraktionsbereiche intensiv ausstattet und damit andere Zonen weitgehend »ruhigstellt«; man nutzt also gewissermaßen die »Sogwirkung« geeigneter Massierungsräume bewußt aus. Der Lenkungseffekt beginnt schon mit der gezielten Anlage eines Parkplatzes. Solange Parkplätze z. B. in der Nähe von Hochmooren existieren, werden diese mit Sicherheit zertrampelt. Ein wirksames Lenkungsmoment — eines von vielen! — ist schon allein die Entfernung, da eben Fußgänger nur einen begrenzten Radius haben. Anders ist dies schon bei Skilangläufern, die wesentlich größere Entfernungen überbrücken können. Noch mehr »aus dem Rahmen« fallen in dieser Hinsicht die Reiter, deren Zahl bereits auf 2 Mio geschätzt wird (davon 350.000 organisiert). Allerdings sind nur 2 % der Waldbesucher Reiter. Die Gefahr bei Reitern ist, daß schnell große Strecken zurückgelegt werden.

Stets setzt eine angemessene Reaktion eine Beobachtung der Gewohnheiten voraus!

Lenkungs- und Entflechtungsmodell einer Erholungslandschaft

Jede Erholungslandschaft — von einem Erholungswald bis zu einer Region — ist in Form einer »Zonierung« gezielt entflechtbar. Je stärker der Fremdenverkehr entwickelt ist, desto wichtiger wird ein derartiges Konzept, aber je weniger ein Gebiet bisher noch berührt ist, desto besser! Massentourismus und Naturschutz sind als zwei »Extreme« in wichtigen Bereichen nicht vereinbar und zwei möglichst weit entfernten Zonen zuzuordnen. Dazwischen liegt im Idealfall ein Pufferbereich, der zum massentouristischen Bereich hin noch eine »geförderte Erholungszone« darstellt und in der Nähe des Naturschutzbereiches bereits eine »ungestörte Naturzone« ergibt. Dieses Zonierungskonzept bietet gute Möglichkeiten, allen Interessen mit gezielten Investitionen angemessen zu dienen:

Zone I: Touristische »Rummelzone« mit Flächenerschließung
Großparkplätze, alle denkbaren Erholungsarten im massierten Bereich, intensive Ausstattung und Erschließung. Erholungsnutzung hat Vorrang. Für die forstliche Behandlung ist die **Flächenerschließung** für den Erholungsverkehr von Bedeutung, d. h., die gesamte Fläche wird mit Schwerpunkt Erholung behandelt. Das kann im Einzelfall bis zu einer parkartigen Bewirtschaftung führen. Diese Gebiete sollen als Attraktionsbereiche Massentouristenströme »ansaugen«. Wenn sie überhaupt erforderlich sind, sollten sie etwa 5 % Flächenanteil keinesfalls überschreiten.

Zone II: »Spaziergängerzone« mit Linienerschließung
Als »Verdünnungszone« neben Zone I oder auch als Schwerpunkt innerhalb der Zone III oder ohne weiteren Bezug anschließend an einen größeren Parkplatz. Für den öffentlichen Fahrverkehr sonst nicht erschlossen. Die meisten Erholungsarten sind noch möglich, Camping und Zelten allerdings nicht mehr. Der Schwerpunkt liegt bei allen Erholungsnutzungen, die mit dem Titel dieser Zone vereinbar sind. Entscheidendes Kriterium für die forstliche Behandlung ist die **Linienerschließung** für den Erholungsverkehr, d. h. nur die Wegeränder (Waldrandgestaltung, Einzelbäume, Gruppen, Freiflächen, Sichtsektoren, Ästhetik) werden für den Erholungsbetrieb gestaltet, da die Spaziergänger die Wege praktisch nicht verlassen (sollten). In der Fläche selbst kann die normale Nutzung unverändert erfolgen. Die Wege sollten größtenteils als Rundwanderwege — bis maximal ca. 2 Std. Dauer — mit Abkürzungsmöglichkeiten ausgelegt werden. Flächenanteil in einem überregionalen Erholungsgebiet bis maximal etwa 25 %. Eine wichtige Lenkungsgrundlage ist die Zuordnung der Parkraumkapazität nur zu den Zonen I und II. Ggf. in Verbindung mit Halte- oder Parkverboten an größeren Straßen und Forstwegeeinfahrten ergibt sich für die Zonierung ein wirksames Hilfskonzept. Noch vor 15 bis 20 Jahren hat man die Parkplätze dort angelegt, wo man häufig parkende PKWs sah. Heute möchte man eher wieder einige Parkplätze schließen bzw. verlagern. Man wird auch um derartige unpopuläre Maßnahmen in Einzelfällen nicht herumkommen.

Zone III: »Rucksackwandererzone« mit Punkterschließung
Entlegenere Gebiete zur weiteren »Abfilterung«, z. B. als wenig begehbare Steilhänge oder Dickungen auch neben Zone I denkbar. Für öffentlichen Fahrverkehr gesperrt, bei Durchgangsstraßen keine Parkmöglichkeit. Nur noch Wandern wird gefördert, Reitwege vereinzelt, Erholungseinrichtungen sehr selten. Die Wanderer haben hier fast immer ein Ziel, und an dem wollen sie sich länger aufhalten. Deshalb nur **»Punkterschließung (= Zielpunkt)«** für den Erholungsverkehr, unterwegs außer dezenter Beschilderung keine Investitionen für den Fremdenverkehr. Flächenanteil ca. 30 bis 50 %.

Zone IV: »Naturschutzzone« ohne Erholungserschließung
Die Schutzfunktion hat hier Vorrang. Badeverbot. **Keine Erholungseinrichtungen**. Nur durchgehende Fernwanderwege werden markiert. Allgemein besteht kein Betretungsverbot, es wird nur versucht, alle Maßnahmen zu unterlassen, die eine »Inbesitznahme« durch den Erholungsverkehr fördern. Diese Zone sollte auch in überregionalen Erholungsgebieten einen Flächenanteil von 20 % nicht unterschreiten. Hier sollte sehr behutsam jede Maßnahme bedacht werden, die eine Förderung des Erholungsverkehrs bedeuten könnte, z. B. Forstwegebau. Es ist schwer — wenn auch nicht unmöglich! — einen einmal begonnenen »Erholungsdruck« wieder zu reduzieren. Mehr Touristen werden es sehr schnell, weniger sehr langsam!

Entscheidend ist die Wichtung »Fremdenverkehr und Naturschutz«. Die Gefährdungssituation unserer Flora und Fauna muß zwingend dazu führen, eine Gleichrangigkeit der Ziele festzustellen. **Wenn wir in der Landschaft ebensoviel für den Naturschutz wie an Erholungseinrichtungen für den Fremdenverkehr investieren, dann kommt nicht nur der Naturschutz einen großen Schritt vorwärts, sondern gewinnt auch der Erholungswert der Landschaft.** Naturschutz ist seh- und erlebbar für Erholungssuchende. Diese Art von »Rückkopplungsmechanismen« ist sowohl für den Naturschutz als auch für den Fremdenverkehr von großer Bedeutung. Im Prinzip können alle Formen der Erholungsnutzung diesen Zonen zugeordnet werden, z. B.: Grilleinrichtung mit Parkplatznähe zur Zone I und II; Schutzhütte hat mehr Lenkungs- als Schutzfunktion und gehört deshalb mehr zur Zone I oder II, in der Zone III allenfalls an den Wanderzielpunkt (Wanderer sind meist gut ausgerüstet und nehmen eine Schutzhütte kaum an!); Skiloipen gehören in die Zonen II und III, während Skipisten (**Flächenbelastung**) ausschließlich der Zone I vorbehalten bleiben; Trimmpfade gehören zur Zone II ... usw.

14.3 Anregungen zur kleinörtigen Lenkung von Waldbesuchern

»Wer seinen Willen durchsetzen will, muß leise sprechen.«
J. Giraudoux

Es ist möglich, kleinörtig den »Hauptstrom« der Erholungssuchenden so zu lenken, daß auch in den stärker vom Tourismus heimgesuchten Bereichen wertvolle Naturschutzarbeit geleistet werden kann. Das gilt z. B. auch für innerörtliche Parkanlagen. Für kleinörtige Lenkungsüberlegungen, die zu unterschiedlichen Maßnahmen führen können, muß man den o. g. »gregarischen Effekt« etwas genauer beobachten: Die meisten Menschen folgen unbewußt optischen Reizen. Der Weg stellt gewissermaßen eine »optische Leitlinie« dar, die kaum verlassen wird. Diese Beobachtungen können zur »Lenkung ohne Ver- und Gebot« ausgenutzt werden. Eine Lenkung findet z. B. an einer Wegegabelung statt. Sofern hier die Ausbauintensität eines Weges oder ein Schild nicht von sich aus schon lenken, können optische Reize unbewußt zu der Seite »ziehen«, die aus übergeordneten Gründen — z. B. des Naturschutzes — gewünscht wird und entsprechend aufbereitet worden ist. Die folgenden Skizzen in Abb. 110, 111 und 112 mögen den Gedankengang verdeutlichen; es handelt sich um theoretische Denkmodelle, die zum »Weiterdenken« anregen sollen.

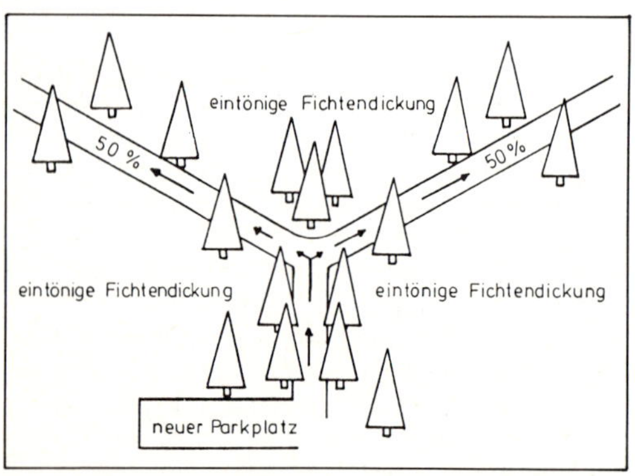

Abb. 110. Ausgangslage für Lenkungsbeispiele (Abb. 111 und 112): Neuer Parkplatz — keine Beschilderung — keine bekannten Spazier- und Wanderziele.
Ergebnis: Bei Vernachlässigung des von »Kaufhauspsychologen« genutzten »Rechtsdralls« wird theoretisch davon ausgegangen, daß 50 % der Spaziergänger nach rechts und 50 % nach links gehen.

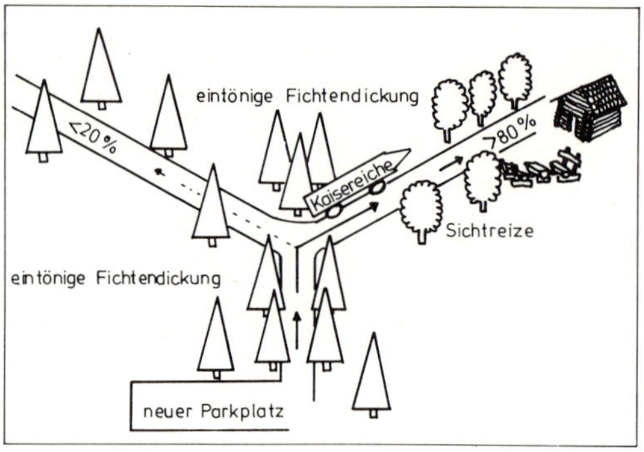

Abb. 111. Lenkung durch Sichtreize, d. h. Abwechslung in Sichtnähe der Abzweigung z. B. durch interessantes Schild, belebende Baumgruppe (Baumartenwechsel), kleine Blöße (Licht/Schatten), Sitzgruppe, Schutzhütte, Lehrpfad o. dgl.
Ergebnis: Mindestens 80 % der Besucher gehen nach rechts.

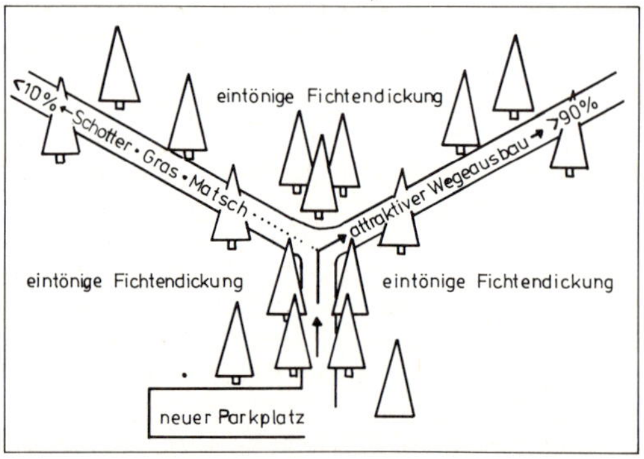

Abb. 112. Lenkung durch unterschiedliche Ausbauintensität beim Wegebau
Fußfreundliche Feinabsiebung zieht an, auch die Farbe kann anziehen, z. B. »sympathische« rötlich-gelbe Farbe von Granit-Grus gegenüber »tristem« Grau von Diabas.
Saubere Decke — auch Asphalt und Beton — zieht an. Grober Schotter, Matschbereiche oder Vergrasung stoßen ab.
Ergebnis: Mindestens 90 % folgen der Wegeleitung nach rechts.

Die Skala der Lenkungsmöglichkeiten ist sehr lang und für jedes Gebiet individuell recht verschieden. Die folgenden Hinweise können nur Anregungen darstellen:

Licht- und Schatten- oder Farbwechsel
Allein ein Baumartenwechsel in Sichtnähe bewirkt einen optischen Reiz, der attraktiv ist, z. B. Nadelbäume zu Laubbäumen oder Lärchen. Anziehend ist jeweils das Licht, also auch z. B. eine Blöße, während Schatten — z. B. dichte Randbestockung — eher abweisend wirkt.

Attraktionsbereiche
Wasserfläche, Bach, Waldrand, Fernsicht, Sonnenplatz, Schutzhütte (ein uriger Schutzhütten-Name auf Schildern lenkt auch!), Grillplatz, Gedenkstein, Abwechslung im Relief, Hecke, Wechsel in der Flächennutzung, Wiese, Moor, Felsen, »zerfallende Baumleiche mit Namen«; von allen diesen Landschaftsbestandteilen geht ein optischer oder bei entsprechender Ausschilderung ein »Neugiereffekt« aus, der meist eine hohe Steuerungswirkung hat.

Abwehrende Steuerungsmaßnahmen
Naturschutz, Forst und Jagd haben gleichermaßen ein Interesse daran, daß Ruhebereiche — z. B. Dickungen — nicht betreten werden. Wenn man z. B. breite Schneisen, Abteilungslinien oder gut ausgebaute Rückewege bis an einen Hauptwanderweg münden läßt und damit Sichtreize schafft, ist die anziehende Wirkung vorprogrammiert. Auch ein Hochsitz frei sichtbar in Wegesnähe reizt natürlich. Es ist also unbedingt wichtig, derartige Reize zu »verstecken«. Die Schneisen werden im Kulturstadium ebenso wie Rückewege, Abteilungslinien zum Hauptwanderweg hin auf mindestens 10 m Breite vorübergehend zugepflanzt. Wenigstens bis zur ersten Holznutzung — d. h. etwa 40 Jahre — kann diese Kulisse erhalten bleiben, danach hat der Bestand die Ruhefunktion meist ohnehin verloren. Entsprechendes gilt natürlich für den Hochsitz, der oft in einem Bestandesrand so integriert werden kann, daß Spaziergänger auf wenige Meter vorbeigehen, ohne ihn zu sehen. Auch nachträglich lassen sich oft abweisende Maßnahmen treffen, z. B. durch Dornengewächse, Wälle aus Schlagabraum und Baumkronen, Ringgräben, Sumpfpartien, Blendgatter (die nur ein versperrendes Gatter vortäuschen) usw. (Abb. 113).

Wegebau
Nur selten wird bedacht, daß Wegebau im Wald oder in der Landschaft auch leicht zunehmende Erholungsnutzung nach sich ziehen

Abb. 113. Nachträglich eingebrachte Sichtblende mit versteckter Fahrmöglichkeit für Schlepper und Mähgerät. Sichtblende und Hindernis gegen Betreten als Erd- oder Reisigwall, Strauchgürtel (ggf. Zaunschutz), Baumkronen u. dgl. Ein bis zwei Hindernisse reichen meist aus. Sehr lange Schneisen (z. B. Leitungstrassen) lassen sich auf diese Weise untergliedern.

kann. Meist wird nur rein betriebswirtschaftlich und sehr kurzfristig kalkuliert und damit vielleicht ein letztes Vorkommen irgendeiner seltenen Pflanzen- oder Tierart gefährdet. Es ist an der Zeit, daß uns allen bewußt wird, daß jeder Weg neben seiner Holzbringungsfunktion ökologisch ein erheblicher Eingriff ist und langfristig Entwicklungen initiieren kann, die schwer zu stoppen sind. Die forstlichen LKW-Wege stellen die wichtigsten Wege für den Fremdenverkehr dar, dessen Negativwirkung z. B. bis zur Erhöhung der Schälschäden hinter den Randbäumen reichen kann. Im Bergland wird oft oberhalb der Wege eine deutliche Verminderung der Wuchsleistung der Bestände festgestellt, eine Folge der Beeinträchtigung des Wasserhaushaltes, die z. B. nicht in die Rentabilitätsberechnung eines Weges eingeht.

Viele Naturschutzgebiete in der Bundesrepublik Deutschland haben ihren Wert weitgehend dadurch eingebüßt, daß Wege, Straßen, Parkplätze, Beschilderungen u. dgl. angelegt worden sind, ohne daß eine Koordination zwischen den Zuständigen stattgefunden hätte. Bezeichnend und vorbildlich ist in diesem Zusammenhang, daß laut einer Pressemitteilung (1985) der Verein »Naturpark Nordeifel« sein beschildertes und auf Karten verzeichnetes Wanderwegenetz um fast 40 % kürzt, um wieder mehr Ruheräume zu schaffen. In Sumpf- und Moorgebieten ist die Anlage von Knüppelpfaden o. ähnl. übrigens sehr steuerungswirksam. Allerdings muß der Weg durchgehend angelegt sein. Sind die Schuhe erst einmal schmutzig, ist der Besucher wesentlich weniger lenkbar. Es ist selbstverständlich, daß durch all diese »taktischen« Lenkungsmaßnahmen die Touristen nicht 100 %ig gesteuert werden können. Aber reicht es nicht meist aus, wenn wir ca. 95 % erfassen? Für die wenigen vorsätzlichen Störer innerhalb der Wildruhe- und Biotopschutzbereiche ist allerdings eine praktikable gesetzliche Handhabe erforderlich.

Begrenzter Naturschutz in einem Fremdenverkehrszentrum

Beobachtung und Kenntnis der Besuchergewohnheiten ermöglichen durchaus gewisse aktive Naturschutzmaßnahmen in einem Fremdenverkehrszentrum. Im Beispiel der Abb. 114 haben wenige Überlegungen und ein Maschineneinsatz von wenigen Stunden zur Feuchtgebietsgestaltung ausgereicht, die Grundlagen für eine wesentlich bereicherte, auch für jedermann aus der Ferne sichtbare Flora und damit die biologische Basis für eine vielfältige Insekten- und Vogelfauna zu schaffen. Es ist dort möglich, an schönen Sommerabenden vor der Waldgaststätte zu sitzen und dem Froschkonzert zu lauschen. Ein Naturerlebnis, das übrigens mehr Menschen anspricht, als man zunächst glaubt.

Derartige Beispiele lassen sich auch auf innerstädtische Bereiche übertragen. Geschnittener Rasen lädt zum Betreten ein, aber auch ein Distelstreifen oder ein »Brennesseldschungel«? Muß ein Uferweg immer direkt am Ufer eines Baches oder eines Tümpels entlangführen? 10 m Abstand (wechselnd) werden durchaus akzeptiert und können hier und dort wieder eine ökologische Nische ermöglichen, die ein reicheres Leben begründet.

Lenkung an einem See

Wasserflächen stellen grundsätzlich das größte Attraktionspotential dar. Sie sind von extrem magnetischer Wirkung auf alle Erholungssuchenden. Grundlage für eine sinnvolle Lenkung sind zwei wichtige Beobachtungen:

1. Sofern der See nicht zu groß ist, versuchen viele Erholungssuchende, den See direkt am Ufer einmal zu umwandern. Unbeabsichtigt folgen sie dabei dem einfachsten Weg, unterschreiten ständig Fluchtdistanzen scheuer Vogelarten und zertreten die empfindliche Uferflora, die entscheidende Lebensgrundlage für lange »Nahrungsketten«, die bis hin zur Vogelfauna reichen.

2. Das »Hauptleben« spielt sich bei Wasserflächen im Uferbereich und dort ganz besonders im Stauwurzelbereich, d. h. im Zuflußbereich ab. Gerade dort ist das Leben im und am Wasser besonders reich. Das wissen auch die Angler, die nicht ohne Grund gerade dort die größte Beute erhoffen und »ihren Wurm baden«.

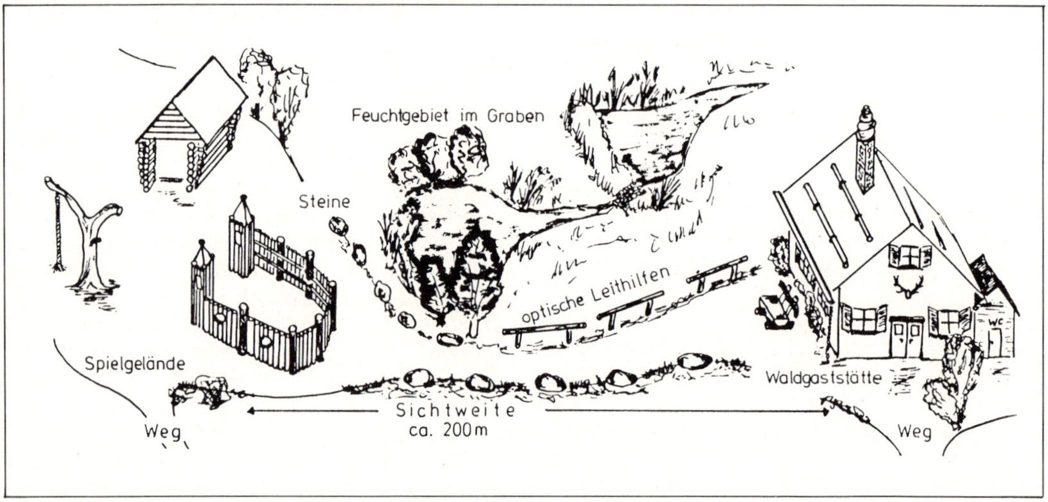

Abb. 114. Steuerung in einem Wanderzielgebiet mit Hilfe von Attraktionen.
Ergebnis: Auch bei über 500 Besuchern bleibt das nahgelegene Feuchtgebiet unbetreten, obwohl es bereits dicht neben dem Weg beginnt. Zwei in Sichtweite gelegene Attraktionsbereiche steuern die Touristen praktisch vollständig und ermöglichen dadurch unmittelbar daneben wertsteigernde Biotopgestaltungsmaßnahmen.

Auf der Grundlage dieser Beobachtungen ist mit Hilfe abwehrender Maßnahmen eine Lenkung meist sehr gut möglich und fast immer nötig... Besonders abwehrend wirken breite Ringgräben um den Schutzbereich, breite Sumpfpartien, Dornengebüsche, Weidendickichte, Schlagabraumwälle o. dgl., die am Beginn des Schutzbereiches angelegt werden, während ein bequemer Weg oder Trampelpfad vom Ufer wegführt und erst am Ende des Schutzbereiches zum Ufer zurückführt. Auch die Angler werden — am besten vertraglich — aus diesen Schutzbereichen herausgehalten. Etwa 30 % der Wasserfläche sollte man auf diese Weise »ruhigstellen« und streng der Natur überlassen, während andere Bereiche — z. B. Lager-, Picknick- und Schwimmbereiche — je nach Seegröße ebenfalls gefördert werden können. **Diese Ruhezonen bereichern den Natur- und Erlebniswert der Wasserfläche nicht nur, sondern sie bestimmen ihn fast ausschließlich** (Abb. 115).

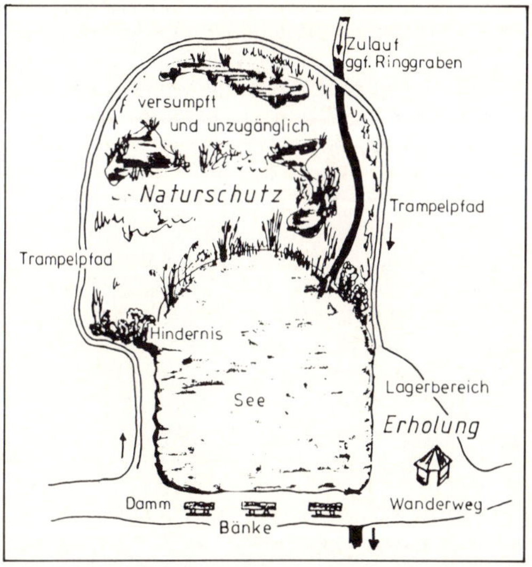

Abb. 115. Steuerung und Schwerpunktbildung für Naturschutz und Erholung an einem Badesee.

Die in den Schutzzonen meist »explodierende« Flora ergänzt die Wirkung der Lenkung. Bootfahren, Flößen u. dgl. sollten auf Naturseen im Wald möglichst unterlassen werden, da damit die Wirkung der Steuerung am Ufer von der Wasserseite her oft wieder erheblich eingeschränkt werden kann. Wenn es gar nicht anders geht, sollte man im Wasser gegen Bootfahrer oder Surfer wirksame Barrieren (Baumkronen, Bojenketten, Korkschnüre o. dgl.) vorsehen, die ggf. im Winter einzuholen sind. Bei mehreren Wasserflächen ist auch eine Funktionstrennung denkbar, bei der ein Teil mehr oder ausschließlich dem Naturschutz und der andere Teil mehr oder ausschließlich der Erholung dient.

Lenkung durch maschinell gespurte Loipen

Im Winter ist die durchdachte Anlage und Pflege von Loipen für den Skilanglauf ein Beispiel dafür, wie das Spannungsfeld »Forstwirtschaft-Erholungsnutzung-Wildtier-Moorschutz« zweckmäßig gelöst werden kann. In verschiedenen Loipenzentren des Schwarzwaldes haben sich die Besucherzahlen von 1974 bis 1984 in den bewußt als Konzentrationsbereiche angelegten Zentren ungefähr verdreifacht. Am Zentrum »Notschrei« stieg z. B. die Besucherzahl auf ca. 140.000 im Winter 1983/84 (Volk, 1984). Man hat dort die Erfahrung gemacht, daß das Angebot hervorragend gespurter Loipen die beste Voraussetzung ist, die Läufer in der Spur und damit die Auswirkungen des Skilanglaufs in Grenzen zu halten. Die erforderlichen Maßnahmen müssen sich auch auf den Sommer ausdehnen, indem Schneisen, Rückelinien u. dgl. sinnvoll versperrt werden (Baumkronen, Hordengatterfelder usw.). Daneben ist eine verstärkte Öffentlichkeitsarbeit nötig. Zweckmäßig sind große Übersichtstafeln z. B. an Parkplätzen, die über die Zusammenhänge menschlicher Störungen, die Empfindlichkeit vieler Tierarten und ihre Strategien zur winterlichen Energiesparung aufklären. In Loipenzentren erscheint allerdings zusätzlich eine wirksame Kontrolle unerläßlich.

14.4 Naturparks und Fremdenverkehrsregionen müssen umschalten

»Der Erfinder und Einführer des ersten Privilegiums ist gewiß ein Zwitterding zwischen Schurke und Dummkopf gewesen.«
J. G. Seume

Freizeitprognosen und Reaktionsziele

Der Freizeitmarkt ist weiterhin Wachstumsmarkt. Arbeitnehmerhaushalte z. B. mit mittleren Einkommen gaben 1983 12,6 % ihres Einkommens für Freizeit aus. 1965 waren es erst 9,5 %. Die durchschnittliche Jahresarbeitszeit der beschäftigten Arbeitnehmer hat sich von 2.154 Stunden im Jahre 1960 auf 1.799 Stunden im Jahre 1978, d. h. um rd. 17 % verringert. Im Jahr 2000 wird mit einer effektiven jährlichen Arbeitszeit von durchschnittlich rd. 1.512 Stunden gerechnet. Die Freizeit wird sich bis zum Jahre 2000 in verschiedenen Formen erhöhen: die tägliche Freizeit durch einen verlängerten Feierabend, die wöchentliche durch ein weiter verlängertes Wochenende (4,5-Tage-Woche als wahrscheinliche Variante), längerer Urlaub und schließlich verkürzte Lebensarbeitszeit. Die »Nebenjobs«, die »Dienstleistung für sich selbst« und sicherlich auch die »3 F's: Fernsehen, Flaschenbier und Filzpantoffel« werden zunehmen. Dennoch bedeuten die Freizeitgewinne, daß heute schon die Sicherung der Freizeitqualität zum Gegenstand einer systematischen Freizeitpolitik gemacht werden muß. Ein großer Teil der Bevölkerung klagt über Lärm und Deprivatisationserscheinungen im Wohnbereich. Trotz einiger Verbesserungsansätze (vgl. Kap. 9) wird auch in den nächsten Jahrzehnten die überwiegende Mehrheit der Bewohner wegen der Unattraktivität der Städte in die Erholungsgebiete streben. Die Folgen bekommen weiter zunehmend diejenigen zu spüren, die in den Freizeitgebieten unter dem massenhaften Ausflugs- und Urlaubsverkehr zu leiden haben, ohne dabei entsprechenden wirtschaftlichen Nutzen daraus ziehen zu können. In der Bundesrepublik Deutschland werden an jedem Wochenende ca. 12 Mio Ausflüge und Kurzreisen in die Naherholungsgebiete unternommen. Aus den Großstädten fahren im Durchschnitt 35 % aller Einwohner, an schönen Wochenenden sogar bis zu 70 % »raus ins Grüne« (über 80 % mit Pkw). Weitere Probleme durch zu hohen Besucherandrang mit allen Gefahren einer Zerstörung der Erholungslandschaft sind vorprogrammiert. Das gilt ganz besonders für die Gebiete, in denen sich Kurz- und Langzeiterholung »ungeordnet« überschneiden. Deutlich wird aus allen Prognosen, daß gerade die Urlauber hinsichtlich der Ursprünglichkeit der Zielorte und der natürlichen Vielfalt der Landschaft höhere Ansprüche stellen werden. Urlaubsziele, die das natürliche Erholungspotential mit Massenquartieren zubetoniert haben und ohne Rücksicht auf Belastungsgrenzen der Umwelt, der Infrastruktur und der einheimischen Bevölkerung den Massentourismus der 60er und 70er Jahre ausgenutzt haben, werden diese Sensibilisierung spüren. Dadurch entstehen neue Marktchancen für die heute noch weniger zerstörten Urlaubsregionen. Leider ist zu erwarten, daß nicht alle neuen Gebiete aus den Fehlern ihrer Konkurrenten lernen werden. Die Tourismusindustrie, wenn sie weiterhin nur kurzsichtig handelt, läuft Gefahr, auch weiterhin ihre eigene Basis durch Raubbau an touristisch nutzbarer Umwelt zu unterhöhlen (ADAC, 1980).

Der österreichische Tourismus-Kritiker Achleitner bringt das auf den Nenner: »Der Tourismus verschleißt sich fortwährend, immer neue Orte werden von der modischen Avantgarde aufgesucht, vom großen Troß der Mitläufer überschwemmt und schließlich wieder dem wirtschaftlichen Absinken anheimgegeben.« Die touristischen Exzesse wurden auch in einer Erklärung der Europaratskonferenz der Alpenregionen im September 1978 angeprangert: »Rechtsmittel zur Unterbindung der Bodenspekulation« und eine »Entzerrung der auf einzelne Alpenregionen mit hoher Konzentration zukommenden (touristischen) Nachfrage seien nötig, denn sobald der Fremdenverkehr eine bestimmte Dichte überschreitet, trägt er bereits die Selbstzerstörung in sich.« Bezeichnenderweise verstärkt heute auch der ADAC seine Aktivitäten auf verschiedenste Formen der Verkehrsberuhigung zur Verbesserung der Lebensqualität für Fußgänger, Radfahrer, Kinder und alte Menschen sowohl innerörtlich als auch in Erholungsgebieten. Eine gezielte Rücknahme bzw. Verlagerung der Möblierung anhand eines Zonierungskonzeptes wird in Fremdenverkehrsregionen ebenso erforderlich sein, wie eine deutlich verstärkte Förderung aller Naturschutzbelange.

Im Kampf gegen bodenfremdes Spekulantentum sind Naturschutz und Tourismus natürliche Verbündete. Es ist an der Zeit, daß die im Bund Deutscher Verkehrsverbände zusammengeschlossenen 19 Landesverkehrsverbände mit rd. 3.500 Fremdenverkehrsgemeinden mit den Naturschutzorganisationen gemeinsam die gleichen Ziele in Angriff nehmen. Über Willensbekundungen ist man in der Praxis bisher noch nicht hinausgekommen. Bereits seit Jahren bekennt sich das Fremdenverkehrsgewerbe zu einer qualitativen Tourismusentwicklung, sowohl innerörtlich als auch in der Landschaft, als Lebensnerv des Fremdenverkehrs. Man sagt, man wolle in erster Linie das Bestehende konsolidieren, die Qualität verbessern, in die Tiefe wachsen. Aber in Wahrheit gehen der Bauboom und die Expansion der Angebotskapazitäten in fast allen Tourismusgebieten ungebremst weiter. Wunsch und Wirklichkeit klaffen immer weiter auseinander (Fritz, 1985). Das Anliegen des Naturschutzes, in den Naturparks naturnahe Kernzonen auszuweisen, konsequent zu erhalten und naturnahe Vorbildlandschaften für die Erholung zu gestalten, ist seit Beginn der größeren »Naturparkwelle« in den 50er Jahren nur in Ausnahmefällen gelungen. Das dringend erforderliche Bündnis »Fremdenverkehr und Naturschutz« hat die gesteckten Ziele zu beidseitigem Schaden nicht nur nicht erreicht, sondern in der Praxis meist überhaupt nicht in Angriff genommen. Egal, ob es um neue Hotelbauten oder um »Attraktionsinvestitionen« zur Auslastung der Bettenkapazität geht, egal, ob es um neue Pisten, Angelseen, Surfgewässer, Sommerrodelbahnen oder Golfanlagen geht, egal, ob es um einen neuen Campingplatz, eine Tennisanlage, eine Flutlichtloipe oder um Großveranstaltungen im Walde geht, immer wieder steht der Naturschutz in einer Verteidigungsposition gegenüber den Fremdenverkehrsträgern und deren Lobby (u. a. Kommunalpolitiker), die über die Bedeutung des Bündnisses zwischen Fremdenverkehr und Naturschutz offenbar immer noch wenig gelernt haben. Mir ist bisher noch kein nennenswertes Beispiel bekannt geworden, in dem ein Fremdenverkehrsträger irgendein Naturschutz- oder Landschaftsbelebungsprojekt durchgeführt hat, das allein den Erholungswert steigern könnte. Wohl kenne ich Beispiele, in denen Naturschutzidealisten mit mühsam »zusammengekratzten« Mitteln Feuchtbiotope gestaltet haben, die dann umgehend in die örtliche Fremdenverkehrswerbung aufgenommen worden sind. Dabei könnte man mit nur einem Groschen von der täglichen Kurtaxe schon unendlich viel für den Naturschutz und damit nachhaltig für den Erholungswert der Landschaft tun.

Es gibt heute rd. 60 Naturparks mit 19 % Anteil an der Gesamtfläche der Bundesrepublik Deutschland. Umfang und Zahl stehen jedoch in krassem Mißverhältnis zu ihrem Wert, wenn man ihn danach bemißt, wie wirkungsvoll letzte Reste ursprünglicher Natur geschützt werden. Ausnahmegenehmigungen für größere Projekte werden fast durchweg erteilt (Verkehrswege, Touristikeinrichtungen, Kraftwerke u. dgl.). 53 % unserer Waldflächen liegen in Naturparks. Daraus wird zwar die Bedeutung des Waldes für die Naturparks sichtbar, nicht aber die der Naturparks für den Wald. Die einseitige Abhängigkeit und damit die einseitige Finanzierung sind erhalten geblieben. Die Erschließungs- und Möblierungswelle ist denn auch an den Folgekosten aufgelaufen, und es fehlen die Gelder für moderne Landschaftsbelebungs- und touristische Steuerungskonzepte. Nach dem Agrarbericht der Bundesregierung 1984 beliefen sich die Mehraufwendungen bzw. Mindererträge, die sich für die Forstwirtschaft zur Gewährleistung der Schutz- und Erholungsfunktion ergeben haben, für das Jahr 1981 auf 316 Mio DM, das sind im Schnitt 42 DM pro Jahr und Hektar allein für die Erholungsfunktion.

Immer noch führt die Landschaftsplanung ein »Stiefmütterchendasein«: Die Mehrzahl der größeren Fremdenverkehrsgemeinden — mit mehr als 500.000 Übernachtungen im Jahr — hat keinen aktuellen Landschaftsplan. Zonierungskonzepte müssen gemeinsam und gleichrangig zwischen Fremdenverkehr und Naturschutz erarbeitet und realisiert werden. Die Wichtungen müssen sich damit heute zwangsläufig anders stellen als noch vor 15 Jahren und sich schwerpunktmäßig in Richtung **Naturbelebung** verschieben.

Belastungsgrenzen in der Natur erkennen und gegensteuern

Wenn ein Theater, Kino oder Fußballstadion ausverkauft ist, wird im Interesse aller niemand mehr hereingelassen; da gibt es dann auch keine Sonderplätze mehr — z. B. auf den Gängen —, die Einrichtungen dürfen nicht beschädigt werden, die nächsten Besucher haben schließlich auch einen Anspruch auf gepflegte Plätze, Sauberkeit, Sicherheit und auf die Atmosphäre, die sie erwarten können. Ganz anders ist das in der Natur. Hier wird bisher noch so getan, als ob ein Erholungsgebiet grenzenlos belastbar wäre. Wenn in Spitzenzeiten die Parkplätze nicht ausreichen, dann werden eben neue gebaut oder ein Parken auf Flächen geduldet, die sonst gesperrt sind. So hilft man sich über die Runden. Dies kann auf Dauer nicht gutgehen! In überlasteten und gefährdeten Naturbereichen müssen angemessene Ordnungsmaßnahmen eingeleitet werden. Der Hebel ist am besten — neben einer intensiven Aufklärungsarbeit (Presse, Rundfunk, Fernsehen, öffentliche Hinweise) — an der durchdachten Reglementierung des Parkgeschehens anzusetzen. Gewisse Schwerpunkte für den Individualverkehr vollkommen zu sperren, kann durchaus auch wertsteigernd für das örtliche Fremdenverkehrsgewerbe sein, wie Beispiele auf Nordseeinseln, das Zentrum der Lüneburger Heide, Ortschaften in der Schweiz und die gerade für Touristen interessanten Fußgängerzonen beweisen. Eine Abstimmung der örtlichen Parkplatzkapazität auf die Belastbarkeit des Erholungszieles erscheint durchaus praktikabel, wenn sich Ordnungsbehörden darauf einstellen. Bis heute werden die örtlichen Polizeidienststellen personell nach der Anzahl der ständigen Einwohner besetzt mit der Folge, daß in den meist weniger bewohnten Fremdenverkehrsgebieten die Polizei an Wochenenden und in den Ferienzeiten hoffnungslos unterbesetzt ist, während sie in den Großstädten (35—70 % der Einwohner sind dann »ausgeflogen«), relativ gesehen, Ruhe hat. Die Polizei vieler Fremdenverkehrsgebiete kann sich in Spitzenzeiten oft kaum noch um die »kleineren« Verstöße (Parken in Verbotszonen, Verstellen von Forstwegeinfahrten, wildes Zelten, Grillen, Lagerfeuer, Verschmutzung der Landschaft, Schlägereien u. dgl.) kümmern. Sie ist damit ausgelastet, den normalen Verkehr in Fluß zu halten.

Bei der immer noch zunehmenden Mobilität, der wachsenden Freizeit und dem weiterhin steigenden Eindringen in die letzten Naturgebiete sind konsequente Gegensteuerungen in vielen Gebieten kaum noch zu umgehen.

Eine andere Regulationsmöglichkeit besteht z. B. auch über die Preisgestaltung. Dies wird an Lift- und Seilbahnpreisen in überlasteten Ski-Pistenbereichen deutlich. Sofern Gemeinden oder Fremdenverkehrsträger darauf Einfluß nehmen konnten und die Überlastung sowie die beginnende Verdrängung der Langzeitgäste erkannt haben, sind bereits erste Abfahrtszentren dazu übergegangen, die Tagesliftkarten im Preis sehr deutlich anzuheben und Wochenkarten eher zu verbilligen. Das ist insofern auch nicht unsozial, weil das Aufsteigen zu Fuß »nach alter Väter Sitte« allemal gesünder ist. Derartige Reglementierungen in Verbindung mit strenger Begrenzung der Parkmöglichkeiten (praktiziert z. B. in Lech, Österreich) sind durchaus geeignet, touristische Überbelastungen abzumildern. Gesicherte und allgemein gültige Belastbarkeitsgrenzen kann es grundsätzlich niemals geben. Hier sind örtliche Fremdenverkehrsvertreter und Naturschutzspezialisten gemeinsam — weniger nach der Stärke der Lobby — gefordert. Die standörtlich bedingte Belastungsgrenze von empfindlicheren Landschaftsteilen, z. B. flachgründige Bergkuppen mit mangelndem Bewuchs, wird oft erheblich früher erreicht als z. B. jene der stabileren Anmarschwege. Die folgenden Werte können nur grobe Orientierungsdaten darstellen:

- Wasserflächen: 1 Segelboot oder 10 Kanus (Ruder-, Tret- und Paddelboote) oder 10 Surfer je ha Wasserfläche. Bei kleineren Flächen keine Motorboote.
- Landschaft: Freie Landschaft — 10 Besucher/ha; Konzentrationsbereiche — 100 Besucher/ha; besondere Anziehungspunkte — 400 Besucher/ha; Waldrand 50 m tief — 50 bis 100 Besucher/ha; Liegewiese vor Waldrand — 200 bis 500 Besucher/ha; Liege- und Spielwiese — 50 Besucher/ha; Lagerplatz am Wasser — 300 bis 1.000 Besucher/ha.
- Erschließungseinrichtungen: Picknickplatz — 150 m^2/PKW; Parkplatz — 15 bis 20 m^2 /PKW (3 Personen/PKW); Spazierweg — 50 Spaziergänger/km; Wanderweg — 10 Wanderer/km; Maximalerschließung in intensiver Erholungszone — 10 km Wege/km^2 = 100 m/ha.
- Campingplätze: Umsatzwirkung je Standplatz 5.700 DM/Jahr, Belegung je Standplatz ca. 2,8 Personen mit 78 Übernachtungen.

Allgemein sollte man, um den Ausbau der Fremdenverkehrsgebiete auf ein Optimum zu beschränken, z. T. weit unterhalb kritischer Belastungsschwellen bleiben.

Steigerung des Naturpotentials in Naturparks

Wichtige Adressaten der Naturparks sind eigentlich schon die Kinder, die Gäste von morgen, wenn man berücksichtigt, daß die Prägung der Identifikation mit einem Raum, der Entwicklung des Heimatgefühls, des Geborgenseins in der Umgebung, ganz wesentlich von den natürlichen Bausteinen der Natur abhängig ist und daß viele Gästekinder aus Großstädten zu Hause infolge des Mangels an Natur diese Prägung nur wenig erfahren. Vor allem die Verdrängung der lebensspendenden Wohltaten einer unverfälschten Natur bewegt heute viele empfindsame Menschen. Natur als sekundäre, technisch und wirtschaftlich zugerichtete und verwaltete Kulisse kann nicht die tiefen Bedürfnisse des Menschen nach ihren gefühlsansprechenden, ästhetischen, ja seelischen Reichtümern befriedigen. Es kommt zur Entfremdung des Menschen von der Natur; darin aber wird der Mensch sich selbst fremd, heimatlos, und »Heimatlosigkeit ist Sinnlosigkeit« (Rock, 1979). Es wird darauf ankommen, und darin sehe ich auch eine Aufgabe der Naturparks, die Natur wieder in ihrem Eigenwert und in ihrer Förderlichkeit für den Menschen neu zu entdecken. Und wenn Konrad Lorenz (1973) anklagend fragt: **»Woher soll dem heranwachsenden Menschen Ehrfurcht vor irgendwas kommen, wenn alles, was er um sich herum sieht, Menschenwerk, und zwar sehr billiges und häßliches Menschenwerk ist!?«**, dann ist immerhin noch versöhnend festzustellen, daß der Mensch — meist unbewußt und instinktiv — gerade den Reizen der Natur folgt, je vielfältiger, desto mehr! »Eins zu sein mit allem, was lebt, das ist der Himmel des Menschen!« (Hölderlin)

In der freien, bunten, abwechslungsreichen Natur kann der Mensch die innere Ruhe vermittelnden Formen und Weisen organischen Wachstums und seiner natürlichen Vielfalt und Schönheit erfahren, die von den künstlichen Apparaten der Technik nicht ausgehen. Die aus nicht konstruierten Naturerlebnissen herrührenden friedvollen Eindrücke und Genüsse sind ihrem Wesen nach völlig anders als die seichten Vergnügungsmanipulationen, die heute in »unflätiger« Hülle und Fülle angeboten werden.

Ist eine Identifikation mit der Landschaft nicht mehr möglich, kommt es zur Abkehr von der Umwelt. Dem Verlust der Bindung an den Ort folgt der Verlust der Bindung an den Mitmenschen. Im schlimmsten Fall sind nicht nur Vereinsamung, sondern asoziales Verhalten und Aggression die Folge. Konrad Lorenz folgert denn auch, daß eine Jugend, die ausschließlich zwischen Beton und Blech in häßlicher Umgebung aufwächst, ästhetisch und ethisch verrohen muß. In diesem Zusammenhang fällt ein eigenartiges Phänomen auf, das zugleich eine Aufgabe für Naturparks — aber auch eine Chance — bedeutet: Wenn immer Menschen zum Zwecke ihrer Lebensgestaltung stark in die Natur eingreifen, sie aus ihrem Umfeld verdrängen oder gar zerstören (man denke an die Städte, Industriegebiete, ausgeräumte Feldfluren, Wasserkanäle, Fichtenmonokulturen u. a.), entwickeln sie ein emotional getöntes Verhältnis zu ihr. Je weniger sie Natur erleben können, desto stärker sehnen sie sich nach ihr. Insbesondere die einer starken Verstädterung unterliegenden Menschen entwickeln ein starkes ästhetisches Verhältnis zur abhanden gekommenen Natur (Nohl, 1984). **So ist denn auch Ökologie in den Naturparks kein Luxus für romantische Schwärmer, sondern dringend notwendige langfristige Ökonomie im Sinne einer Erhaltung der knappen Natur für künftige Generationen. Auch in Naturparks ist kein Geld so gut angelegt, wie das, das für die Bereicherung der Natur ausgegeben wird.** Dazu gehören u. a.

- — Förderung bzw. Renaturierung naturnaher Fließgewässer (vgl. Kap. 5)
- — Herstellung naturnaher Stillgewässerränder (vgl. Kap. 6)
- — Gestaltung und biologische Belebung der Waldaußen- und -innenränder (vgl. Kap. 12)
- — Einbringung von Hecken, Kleingehölzen und Baumgruppen in großen monotonen Freiräumen (vgl. Kap. 11)
- — Pflege und Erhaltung einer vielfältigen und naturnahen Wiesenflora (vgl. Kap. 11)
- — Belebung der Straßenränder (vgl. Kap. 10)
- — Förderung naturnaher innerstädtischer Grünanlagen (vgl. Kap. 9)
- — aktive Beteiligung der Bevölkerung an Naturschutzaktionen und entsprechende ökologische Schulung (Rucksack-Schule im Naturpark)
- — Fernhaltung des Kraftverkehrs von untergeordneten Straßen und Fahrwegen (Waldwandergaststätten müssen Wandergaststätten bleiben und dürfen nicht durch den Individualverkehr erreichbar sein)
- — Fernhaltung des Kraftverkehrs von Erholungschwerpunkten wie Stränden, Badestellen, Gipfeln
- — Vermeidung aller überflüssigen Störquellen, die nur wenigen auf Kosten der Allgemeinheit dienen (z. B. Hubschrauberrundflüge oder Hubschrauber als Skiliftersatz)
- — Vermeidung übermäßiger Zersiedlung, vor allem am Stadtrand bzw. im Außenbereich.

Alle diese Dinge können nur gemeinsam durch Fremdenverkehrsträger und Naturschutzorganisationen realisiert werden. Das setzt auch großes finanzielles Engagement voraus. Eine Bank oder eine Schutzhütte steigert nicht den Erholungswert einer Landschaft, sie steuert oder bindet allerdings. Eine Förderung des Erholungswertes einer Landschaft ist nur durch eine Erhöhung des Artenreichtums bei Pflanze und Tier möglich.

Zu dem Wortgebilde »Naturpark« ist nach heutigen Erkenntnissen zu sagen, daß der »Park« nur von der »Natur« leben kann. Gerade in einem Naturpark müssen im Grunde Artenschutz und Flächensicherung für den Artenschutz auf 100 % der Fläche — so weit es eben geht — betrieben werden. So sollte es schon fast eine Selbstverständlichkeit sein, die Forderung der führenden Ökologen der Bundesrepublik Deutschland nach 10 % Vorrangflächen für den Naturschutz zuerst in Naturparks konsequent zu erfüllen. Gerade in diesen naturräumlichen Vorzugsgebieten sollte man allerdings bei folgenden Zahlen aufhorchen (Fritz, 1977):

— Über 50 % aller Naturschutzgebiete sind von Erholungsnutzung und Freizeitaktivitäten betroffen und beeinträchtigt.

— Über 75 % aller Naturschutzgebiete sind durch Parkplätze erschlossen, die entweder im Schutzgebiet selbst oder nur bis zu 500 m entfernt liegen.

— Durch Zerstörung der Ufervegetation, durch Wasserverschmutzung und durch Beunruhigung der Vogelfauna sind 78 % von 111 untersuchten Naturschutzgebieten mit Wasserflächen mehr oder weniger gestört.

— 57 % der direkt durch Parkplätze erschlossenen Naturschutzgebiete sind nachhaltig gestört (liegen die Parkplätze bis 500 m entfernt, sind es nur noch 30 %, und bei Abständen bis 1.000 m sind es nur noch 23 %).

Die Fremdenverkehrsregionen sollten gewissermaßen einen ehrgeizigen Wettlauf entwickeln, die Natur so zu beleben, daß viele neue Naturreservate und auch förmlich ausgeschiedene Naturschutzgebiete entwickelt werden können. Alle Kriterien zusammen sind geeignet, derartige überregionale Fremdenverkehrsregionen nachhaltig als attraktive Regenerationsbereiche für die Menschen zu entwickeln. Darin liegt die Zukunft des Fremdenverkehrsgewerbes.

15 Beispiele: Wer kann sonst noch etwas tun?

»Kannst Du nicht allen gefallen durch Deine Tat und Dein Kunstwerk, mach' wenigen recht — vielen gefallen ist schlimm!«
Friedrich Schiller

Der bekannte amerikanische Umweltforscher Barry Commoner hat einmal festgestellt: **»Die Welt wird nicht durch einen einzigen Fehler, den irgendein cleverer Plan korrigieren kann, an den Rand der ökologischen Katastrophe gedrängt, sondern durch eine Phalanx einflußreicher wirtschaftlicher, politischer und gesellschaftlicher Kräfte, die den Lauf der Geschichte bestimmen. Jeder, der sich vornimmt, die Umweltkrise zu beheben, versucht damit, den Lauf der Geschichte zu ändern.«** Die Zeit dafür ist günstig. Das beweisen nicht nur verschiedene Meinungsumfragen, sondern als deutliches Symptom z. B. auch die vielen Haustiere in der Bundesrepublik Deutschland:

3,6 Mio Hunde, 3,6 Mio Katzen, 7,3 Mio Kleinvögel, 1,8 Mio Nagetiere, 15,7 Mio Zierfische, 1,0 Mio Reptilien.

Mittlerweile werden in 49 % aller bundesdeutschen Haushaltungen Haustiere gehalten. Als Hauptmotive sind in diesem Zusammenhang von Bedeutung:

1. Ersatzhandlung infolge von Kontaktverarmung gegenüber Mitmenschen.
2. Ersatzhandlung infolge einer zunehmenden Natursehnsucht.

Erwartungsgemäß sind diese Motive ausgeprägt in Ballungsgebieten, letztlich eine Folge der dortigen Lebensbedingungen. Auch bei Tierhaltern ist eine »schlummernde Reserve« zu finden, wenn es um Hilfsaktionen für die bedrohte Natur, um unseren Lebensraum geht. War es nicht ermutigend, mitzuerleben, daß gerade aus dieser Richtung die Öffentlichkeit schnell zu mobilisieren war, als sie erfuhr, daß man mehrere Millionen Tiere jährlich opfert, nur um an ihnen z. B. die Folgen menschlicher Untugenden (Rauchen, Alkohol, Drogen) zu testen oder um mit grausamen Methoden die Grenzen der Schmerzerträglichkeit zu untersuchen (Probst, 1984)? Wurde die Öffentlichkeit nicht mit Recht mißtrauisch durch die Nachricht, daß nach einer Bundesgesundheitsamtsstudie 36 % von 800 befragten Wissenschaftlern den gesetzlich vorgeschriebenen sog. LD-50-Test als »wenig oder überhaupt nicht bedeutsam« einstufen? (Der LD-50-Test wird ohne Betäubung durchgeführt und ist einer der qualvollsten Tierversuche überhaupt. Er gibt an, bei welcher Dosis einer Chemikalie nach einmaliger Gabe 50 % der Versuchstiere sterben. Auch unter den Pharmakologen und Toxikologen hielten 43 % diesen weit verbreiteten Test für »wenig oder gar nicht relevant«.)

Muß die Öffentlichkeit nicht hellhörig werden, wenn ein großer Teil der Forscher in Wissenschaftszentren und Pharmakonzernen den Einsatz von unabhängigen Tierschutzbeauftragten oder Ethikkommissionen ablehnt, die nicht mehr, aber auch nicht weniger sicherstellen sollen, daß nur die wirklich erforderlichen Versuche angestellt werden (Schuster, 1984)?

Ich möchte diese Entwicklung hier mehr als ein Indiz für die Bereitschaft zu einem Engagement werten, denn genauso ist die Öffentlichkeit zu mobilisieren, wenn das Gespür in ihr dafür geweckt wird, daß wir mit unserer Umwelt, mit unseren Lebensräumen und mit den darin lebenden Tieren im Prinzip genauso barbarisch verfahren, wie in den unnötigen Tierversuchen, und nur die unnötigen werden hier ebenso kritisiert wie die unnötigen Naturzerstörungen. Umwelt-, Natur- und Tierschutz gehören zusammen und ergeben gemeinsam die bisher noch »stille Mehrheit« der Bevölkerung. Sie aus der »Reserve« zu locken und zum Handeln — oder auch Unterlassen — zu animieren, ist Hauptanliegen dieses Buches. Jeder kann etwas tun. Jeder an seinem Platz, in seiner persönlichen, privaten wie beruflichen Sphäre. Jeder wird an irgendeiner Stelle angesprochen. Weil aber dieses Handeln jedes einzelnen so wichtig ist, sollen zusätzlich einige Gruppen genannt werden, die zunächst meinen, daß sie kaum etwas für den Naturschutz tun können.

Arbeitsamt

Viele der in diesem Buch vorgeschlagenen Naturschutzmaßnahmen erfüllen — sowohl innerörtlich als auch in der freien Landschaft — die Voraussetzungen für Arbeitsbeschaffungsmaßnahmen. Sie sind vorrangig für umfangreiche

ABM-Programme geeignet. Wenn örtlich Verantwortliche dies noch nicht erkannt haben, wären »anbietende« Initiativen der Arbeitsämter zu empfehlen. Aufgabenbeispiele gibt es quasi »vor der Haustür« jedes Arbeitsamtes in Hülle und Fülle, von der biologischen Belebung der Fließ- und Stillgewässer, der Gestaltung der Waldränder bis zur naturnahen Anreicherung der gesamten Landschaft. Jedes Arbeitsamt kann so viele Anregungen finden, daß das Weitere nur eine Frage des Wollens, allerdings auch eine Frage der Verwaltungsvorschriften ist. Wenn die Arbeitsämter in die Lage versetzt werden könnten, die möglichen Träger der Maßnahmen von der »Verwaltungs- und Verlohnungsbürokratie« zu entlasten, würde sich ein sehr viel größerer Teil der potentiellen Interessengruppen an ABM-Programme »heranwagen«, und die Arbeitsverwaltung hätte zusätzlich eine gute Möglichkeit, die »schwarzen Schafe« zu erkennen, die gar nicht arbeiten wollen. Viele Arbeitslose finden Spaß und Erfüllung an der Naturschutzarbeit (vgl. Kap. 2 bis 14).

Bauämter — Bauhandwerkerschaft

Unsere Städte sind voll von Tierfallen verschiedenster Art. Würden sich deren Folgen nicht meist im Verborgenen abspielen, hätten die Bürger längst von sich aus reagiert. So bedarf es gewisser Aufklärungskampagnen, die sicher auf fruchtbaren Boden treffen, z. B.: Auf Fallrohre von Dachrinnen und Lüftungsrohren, aus denen hineingefallene Vögel und Fledermäuse nicht mehr herauskommen, gehört ein Drahtschutz, der in Fachgeschäften erhältlich ist. Helle Fenster in Dachgiebeln sind Todesfallen für Vögel und Schmetterlinge, die durch irgendein Schlupfloch auf den Boden gelangen und dann zum Licht streben. Eine Verdunkelung des Fensters und Öffnung eines 20 x 20 cm großen Ein- und Ausschlupfloches löst das Problem. Große Scheiben und ganz besonders doppelseitig verglaste Gänge sind schlimme Fallen für Vögel, die gegen diese Scheiben fliegen. Auf diese Scheiben geklebte Figuren, Glasmattierungen o. dgl. können diese Fallen entschärfen. Kellereingänge, Lichtschächte, hohe Bordsteine, weite Gullyabdeckungen stellen sehr oft böse Todesfallen für Kröten, Spitzmäuse, Eidechsen u. dgl. dar. In wenigen Gullys können Hunderte von Fröschen, Kröten, Salamandern umkommen. Engmaschigere Abdeckungen, Überhangplatten nach außen an Lichtschächten, Ausstiegshilfen oder Bordsteinabflachungen in regelmäßigem Abstand sind geeignete Abwehrmaßnahmen. In freier Landschaft sollten überhaupt keine höheren Bordsteine vorgesehen werden (vgl. Kap. 2, 9 und 10).

Berufsschulen

Die Umwelterziehung an den deutschen Berufsschulen ist nach einhelliger Überzeugung der Kritiker »unterentwickelt«. Dabei wäre es nach Meinung aller Umwelt-Sachverständigen wegen der großen Bedeutung eines umweltbewußten Handelns im Berufsleben besonders wichtig, in der beruflichen Bildung Umweltschutz zu fördern. Mitte der 70er Jahre wurden bei einer Untersuchung 66 »umweltrelevante Ausbildungsberufe« aus Industrie, Landwirtschaft und Handwerk gezählt — vom Schornsteinfeger bis zur Biologielaborantin. »Auch hier muß festgestellt werden«, kritisierte das Umweltgutachten 1978, »daß die beruflichen Anforderungen, die sich aus den Zielen des Umweltschutzes herleiten, nicht ausdrücklich in den Ausbildungsordnungen berücksichtigt werden.« (Haaf, 1981) Im Umweltsektor liegen auch viele zukünftige Berufschancen (vgl. Kap. 2 bis 14).

Bürgermeister — Stadtdirektoren

Naturschutzpraxis ist an politische Rahmenstrukturen gebunden. Wenn von dort zu stark gebremst wird, läuft relativ wenig, die Quittung der Wähler ist dann aufgrund der negativen Entwicklung unseres Lebensraumes allerdings nur noch eine Frage der Zeit. Die Impulse gehen meist von engagierten Einzelpersonen und Gruppen aus, warum nicht direkt vom Bürgermeister oder Stadtdirektor? Den Gemeinden fallen als kleinste Zellen der Verwaltungsorganisation entscheidende ökologische Aufgaben zu. Ein landesweiter Schutz des ökologischen Gleichgewichtes ergibt sich letztlich aus der Summe der örtlichen Einzelmaßnahmen. Hier könnte ein Bürgermeister oder Stadtdirektor Format und Engagement zeigen, das ihm die Öffentlichkeit sicher honoriert. Ich kenne überhaupt keine Maßnahme des Naturschutzes, die bei entsprechender Aufklärung nicht von der überwiegenden Mehrheit der Bürger getragen würde. Wie wäre es mit der Errichtung eines »Grünen Telefons«, das Bürger bei allen Beobachtungen von Umweltproblemen (vgl. Kap. 2) vertrauensvoll und in der Erwartung anrufen können, daß auch wirklich reagiert wird? (Vgl. Kap. 2 bis 14) Wie wäre es mit dem Beginn einer neuen Tradition in Form einer jährlichen Ortsratsbereisung in Sachen Naturschutz im Gemeindegebiet? Vieles könnte man damit erreichen: von der Information bis zur ökologischen Fortbildung, von der Identifikation der Beteiligten mit der örtlichen Umwelt bis zur »interfraktionellen« Zusammenarbeit bei parallel laufenden Umweltschutzberichten. Es gibt viel zu sehen und viel zu tun!

Bundeswehr

Vielfach werden Klagen von Wehrpflichtigen über ihren Wehrdienst (»Zu viele Leerzeiten, wenig Abwechslung«) geführt. Demgegenüber steht der überall große Bedarf nach biologischer Wiederbelebung. Das ist innerhalb des Kasernengeländes so, auf dem Truppenübungsplatz, aber auch innerhalb der Garnisonsstadt. Sollte man das nicht neben dem Dienst hin und wieder zusammenbringen können? Beim praktischen Umwelt- und Naturschutz — von den Medien entsprechend begleitet — hätte die Bundeswehr allerbeste Voraussetzungen, mit Renaturierungsmaßnahmen beispielgebend zu wirken. Dabei denke ich weniger an Müllsammelaktionen — dafür sind Behörden zuständig! — als vielmehr an wirklich wertvolle biologische Maßnahmen, z. B. Renaturierung eines Fließgewässerabschnittes, eines Parkteiches, Anlage einer Hecke oder eines Kleingehölzes:

— Die Natur würde belebt, ihr Erholungswert würde steigen
— Der Öffentlichkeitseffekt wäre günstig, die Identifikation der Bevölkerung mit der Bundeswehr würde durch das Beispiel »Leben schaffen und Leben sichern« gefördert.
— Die Wehrpflichtigen würden zusätzlich etwas für ihr künftiges Leben lernen (Leerzeiten wären sinnvoll ausgefüllt)
— Der Vorbild- und Nachahmungseffekt könnte groß sein.

Die Notwendigkeit zum Handeln ist mehr denn je gegeben. Gefahren etwa einer wirtschaftlichen Konkurrenz zu Privatunternehmen bestehen nicht, da meist kein Geld zur Verfügung steht. Es geht um begrenzten ehrenamtlichen Einsatz für die Allgemeinheit, der sonst nicht geholfen werden könnte. Ein praktisches Problem erscheint allerdings denkbar: Wenn der Standortkommandeur zum Bürgermeister geht und eine derartige Hilfe anbietet, könnte es sein, daß der Bürgermeister achselzuckend bedauert und nicht weiß, wo geholfen werden kann. Die örtlichen Naturschutzvereine springen sicher mit Anregungen hilfreich ein, so daß sich schnell die Gemeinsamkeiten ergeben, an denen unserer Bundeswehr gelegen ist (vgl. Kap. 2—14).

Ein Tip für den normalen Übungsbetrieb: offene Schützenlöcher sind für viele Kleintiere (z. B. Amphibien) tödliche Fallen!

Energieversorgungsunternehmen

Geringerer Energieverbrauch heißt auch weniger Umweltverschmutzung. Viele Hausbewohner kennen an ihren Häusern bzw. Wohnungen nicht die »Wärmelöcher« oder »Kältebrücken«, die unnötig viel Energie verschwenden. Mit Infrarotkameras können diese Problembereiche sichtbar gemacht werden. Wie wäre es mit einer preiswerten Service-Leistung seitens der Energieversorgungsunternehmen? Ein fairer Ausgleich für die Monopolstellung gegenüber dem Verbraucher und eine vertrauenschaffende Maßnahme zugleich, die dem Umweltschutz dient.

Erholungsheime, Krankenhäuser, Sanatorien

Wildpflanzen an Weg- und Straßenrändern, auf Grünflächen, unter Bäumen und an den Säumen von Buschwerk gelten nach landläufiger Meinung als »Unkraut« und werden entsprechend bekämpft. Das trifft besonders auf die Randbereiche zu, die der Rasenmäher nicht erreicht, dort ist der Einsatz von Pflanzengiften besonders intensiv. Es entstehen die berüchtigten »Todesstreifen«, ein vergifteter Lebensraum, von dessen Zerstörung auch Tiere betroffen sind, beispielsweise unzählige Schmetterlinge und Käfer. Diese Bekämpfung der Wildpflanzen erfolgt aus Vorstellungen von Sauberkeit, die vom innerhäuslichen Bereich auf die Natur übertragen werden: Gestaltungsideen, die im makellosen Rasen ihr Ideal finden. Doch solche Ordnungsvorstellungen passen nicht mehr in eine Zeit, in der Naturschutz zum Überlebensprinzip geworden ist. Monokulturen aus ästhetischen Gründen verbieten sich eigentlich von selbst, ebenso Herbizide zu ihrer »Pflege«. In Parks und Gärten, an Weg- und Straßenrändern sind sie ganz und gar fehl am Platze. Erholung wird von einer lebensreichen, bunten und »zwitschernden« Natur wesentlich gefördert. Warum sollten Erholungsheime, Krankenhäuser, Sanatorien dann noch weiter auf ihrer tiertötenden Tradition bestehen? Sie sind prädestiniert dafür, den Einsatz des Rasenmähers, der Gifte und des Laubsaugers allenfalls nur noch auf kleinen Flächen zu dulden (vgl. Kap. 9).

Erwachsenenbildung

Der gesamte Bereich der Erwachsenenbildung muß sich der umfangreichen Ökologie-Frage in allen Lebensbereichen wesentlich mehr als bisher annehmen. Es geht darum, allen ein kritisches Naturbewußtsein zu vermitteln, das auf ein Erfassen der ökologischen Zusammenhänge abstellt.

Exkursionen, die lediglich darauf abzielen, die Natur unter ästhetischen Aspekten zu besichtigen, die Landschaft als Schauobjekt und »Verbrauchsartikel« zu konsumieren, sind heute nicht mehr zeitgemäß. Erwachsenenbildung im Gelände sollte Strategien für Pflege und Schutz der Natur und ihrer Abhängigkeiten vermitteln (Pöggeler, 1981). Man sollte die Motivation zunächst über ein Erleben der Natur fördern. Das bedeutet Sensibilisierung von Sehen, Hören, Tasten und Riechen zur Erlangung eines emotionalen Verhältnisses zur Natur, das von Vertrauen und Verantwortungsbewußtsein geprägt ist. Gefragt ist die Freude am Selbstentdecken. Dazu gehört nicht nur eine Wissensvermittlung, sondern gleichzeitig auch eine Verhaltens-Schulung für den Umgang mit der Natur — nicht nur im Gelände, sondern auch zu Hause.

Kursangebote können in nahezu allen Fachbereichen ihren Platz finden. Stark vernachlässigt ist bisher der Zusammenhang von Arbeit und Umwelt, nicht nur in der beruflichen Ausbildung, sondern auch in der Fort- und Weiterbildung. Viele Berufsgruppen weisen sehr starke Bezüge zu Fragen der Umweltgestaltung auf, für die keine oder nur sehr unzureichende Weiterbildungsmöglichkeiten existieren. Dabei bestehen fast für jedermann Wechselwirkungen zwischen beruflichem Handeln und Umwelt (z. B. Verwaltungen, Kaufleute, Architekten, Lehrer, usw.). Diese Art von Erwachsenenbildung muß nicht ein Monopol von Umweltschützern, Freizeitpädagogen oder Biologielehrern sein, sondern ist eigentlich Aufgabe all derer, die Natur als Lebensraum von Menschen, Tieren und Pflanzen im Wert wieder steigern wollen und erkannt haben, daß darin neben der Erhaltung des Friedens unsere entscheidende Aufgabe liegt. Insofern sind als Träger dieser wichtigen Bildungsarbeit nicht nur Volkshochschulen, Stadt- oder Kreisverwaltungen, sondern auch Fremdenverkehrsorganisationen, Vereine oder Forstverwaltungen — um nur einige Beispiele zu nennen — denkbar. Sie können auch in Form einer »Rucksackschule« ihre Bildungsarbeit je nach Zielgruppe individuell im Gelände gestalten. (vgl. Kap. 2—14).

Fabrikanten, Konzerne, Einzelhandel

Erfreulich ist, daß zunehmend auch Firmen gewisse Umwelt- und Naturschutzaktionen starten, neben der legitimen Werbung durchaus erhebliche Finanzsummen bereitstellen und die Öffentlichkeit »wachrütteln«. Ob es eine große Brauerei ist, die sich für den Naturschutz im Wattenmeer einsetzt, ob es eine große Unternehmensgruppe ist, die mit beträchtlichem Werbeeinsatz demonstrativ alle Schildkrötenprodukte aus ihrem Angebot streicht, oder eine Baufirma, die einen umfangreichen Auftrag mit dem öffentlichen Hinweis auf den millionenfachen Vogelmord in Italien nicht an eine Firma dieses Landes vergibt — immer handelt es sich um wertvolle Hilfen für den Naturschutz, die in der Bevölkerung positiv aufgenommen werden. Es ist zu wünschen, daß derartige Beispiele noch viel mehr Schule machen (vgl. Kap. 2).

Feinschmecker

Allein 1983 wurden für den Verzehr von Froschschenkeln über 9 Mio Frösche in die Bundesrepublik eingeführt, die überwiegend aus der Türkei, Bangladesch, Indien, Griechenland und Jugoslawien stammen. In den Herkunftsländern können die Tiere ihre ökologische Funktion — wie z. B. Insektenfang — nicht mehr erfüllen, weshalb dort zunehmend Insektizide eingesetzt werden (Hutter, 1985). Der nordrhein-westfälische Umweltminister hat 1985 zu Recht an die Restaurants appelliert, ihren Kunden keine Froschschenkel mehr anzubieten. Der Verzehr von Froschschenkeln habe inzwischen ein Ausmaß angenommen, das eine »ökologische Katastrophe in Asien befürchten lasse«. In Indien und Bangladesch sei der Bestand des Ochsen- und Tigerfrosches dramatisch geschrumpft. Als Folge hätten Kulturschädlinge große Ernteschäden verursacht. Sollte es uns nicht möglich sein, auf diese Feinschmeckerspezialitäten zu verzichten, wenn wir über derartige ökologische Folgen informiert werden?

Fernsehen

Das Fernsehen hat eine unbestrittene Machtposition erlangt, deren Auswirkungen den Kreis der Familie zu einem Halbkreis um die Röhre schrumpfen ließen. Das Fernsehen ist quasi eine »elektrische Großmutter«, die uns vermittelt, wie wir zu leben haben, was wir essen und wie wir uns kleiden sollen, wie das mit der Liebe ist und wie man wieder auseinanderläuft. Kinder lernen durch Nachahmung, das Fernsehen hat großen Einfluß auf ihr Leben! Insofern verfügt das Fernsehen über die größten Chancen, aber auch über die größte Verantwortung, der Zerstörung der Umwelt, dem Raubbau an der Natur vorzubeugen. Es kann die Öffentlichkeit wachrütteln und das allgemeine Bewußtsein ändern, nicht so sehr am Beispiel von großen Projekten und Skandalen — wie fast täglich — sondern viel mehr am Beispiel der kleinen Alltagssünden, die jedermann angehen.

Die enorme Verantwortung in dieser Richtung ist als permanente Aufgabe noch nicht erkannt worden, auch wenn der Intendant des ZDF — Prof. Dr. Stolte — in einem Vorwort von Wentzel/Zundel 1984, »Hilfe für den Wald«, folgerichtig feststellt: »Aufgabe einer öffentlichrechtlichen Fernsehanstalt wie des ZDF ist es, im Dienst der Gesellschaft die komplexen Zusammenhänge zwischen Mensch und Umwelt zu verdeutlichen und somit dazu beizutragen, unsere Lebensgrundlage zu erhalten.«

Solange aber Naturschutz nicht als selbstverständlicher und sachlich korrekter Beitrag seinen Platz in der aktuellen Berichterstattung gefunden hat, müssen Fernsehredaktionen einen wesentlichen Teil am Vollzugsdefizit des Naturschutzes mitverantworten. Im Unterschied zu den Naturschutzbehörden ist bei ihnen wohl weniger eine Vergrößerung des Apparates notwendig, sondern eine entscheidende Verbesserung der fachlichen Qualität. Ich könnte mir vorstellen, daß im Vergleich zu den Produktionskosten mancher »Naturschinken« von Expeditionen in ferne Länder ein Mehr an örtlicher Aktualität der Naturschutzberichterstattung das Budget sogar entlasten würde. Am geringen Stellenwert des Naturschutzes in der Bürokratie, in der Öffentlichkeit, in der Politik hat das Fernsehen einen guten Teil Schuld (Amberg, 1980).

Die großen Natur- und Tiersendungen haben mit unseren Naturschutzproblemen so gut wie nichts zu tun und sind nicht geeignet, den einzelnen Zuschauer zu irgendwelchen persönlichen Reaktionen zu bewegen. Eher im Gegenteil, wenn sie nämlich einen »Jung-Sielmann« oder »Möchtegern-Grzimek« dazu verleiten, selbst mit der Kamera den seltensten Pflanzen und Tieren nachzustöbern. Hier gehören dringend Fachleute ans Werk, die jedem Zuschauer in täglichen Spots und regelmäßigen gründlichen Sendungen klarmachen, was in unserer Umwelt kaputt ist und was wir in unserer Wohnung, vor der Haustür, im Garten, auf der Straße, im Park, am Bach, am Teich, auf den Wiesen, Äckern oder im Wald ändern können, um die Natur wieder zu flicken und neu zu beleben (vgl. Kap. 1—14). Nur das Fernsehen dürfte z. B. in der Lage sein, dem Bürger nahezubringen, welche tieretötende Torheit mit dem Zwang der »englischen-Rasen-Mentalität« (vgl. Kap. 9) verbunden ist ... usw.

Der Bürger muß ein schlechtes Gewissen bekommen, wenn er an dem Ast sägt, auf dem er mit der Allgemeinheit sitzt. Bisher weiß er nicht einmal, daß er überhaupt sägt. Es liegt auf der Hand, daß eine regelmäßige Serie von Kurzfilmen auch häufig über erfolgreiche Initiativen von Bürgern berichten sollte, um den gewünschten Effekt der Nachahmung psychologisch ständig zu fördern.

Gartenbauämter

Es ist schon ein armseliger und tieretötender Trend, in den sich viele Gartenbauer und folglich auch Gartenbauämter nach dem Kriege begeben haben. Mit viel technischem Geschick, aber geringen ökologischen Kenntnissen über die Bedeutung natürlicher Biotopkomplexe und ihrer Ausstrahlung auf die menschlichen Lebensgrundlagen wurden seit dem Kriege die Parkanlagen als öffentliches Leitbild der Natur mit Messerhaarschnittrasen, abgesaugtem Laub und regelmäßigen Vergiftungsaktionen gestaltet. Störende Kräuter, die eigentlich Leben für viele Tierarten spenden sollen, wurden vernichtet. Und diese Vorbilder werden von den Bürgern nachempfunden. Der Trend hat funktioniert, die Werbung ist ein Selbstläufer geworden, nur der gilt etwas, der genauso handelt. Sind wir noch zu retten, daß wir mit öffentlichen Mitteln heute noch, wo es vielen Pflanzen und Tieren endgültig an den Kragen des Überlebens geht, auf diese Weise unseren Lebensraum verhunzen und vernichten? Ist es denn noch zu fassen, wenn dies ungebremst so weitergeht, obwohl inzwischen bekannt ist, daß unsere Gesundheit von reichen naturnahen Parkanlagen wesentlich gefördert werden kann und daß das Gefühl der Identifikation, des Geborgenseins als Heimatbegriff deutlich von den Naturrequisiten in unserem unmittelbaren Lebensumfeld geprägt wird? Gartenbauämter werden lernen müssen. Und je schneller sie das tun, desto eher kommen sie ihrer Verantwortung für die Allgemeinheit nach (vgl. Kap. 2—6 und 9—11).

Gemeinden — Gemeindeverbände

Alle Gemeinden sollten sich veranlaßt fühlen, Aktionen zur biologischen Belebung der Landschaft durchzuführen. Bemerkenswert ist z. B. bereits die Aktion »Eichen für landwirtschaftliche Betriebe«, die der Kommunalverband Ruhrgebiet im Kreis Recklinghausen gestartet hat (Natur und Landschaft, Heft 7/8, 1982). Kostenlos stellt er jedem interessierten Bauernhof bis zu sieben Eichen zur Verfügung. Die Bäume sind bereits bis zu 2,5 m hoch. Nach der

Startphase im Kreis Recklinghausen soll die Aktion auf das gesamte Verbandsgebiet ausgedehnt werden. Eine von tausend Möglichkeiten, die jede Gemeinde hat, um den Lebenswert für den Menschen zu fördern (vgl. Kap. 1—14).

Gewerkschaften

Grundsätzlich haben die Gewerkschaften national wie international eine deutliche Machtposition, die es ihr nicht nur erlauben müßte, sondern ihr sogar eine weitreichende Mitverantwortung dafür überträgt, die Natur- und Umweltschutzprobleme forciert zu lösen. Offensichtlich tut sich jedoch der Deutsche Gewerkschaftsbund (DGB) noch schwer, in dieser Thematik zu einer wirksamen Strategie zu kommen. Letztlich liegt dafür die Ursache auch in der fehlenden Aufklärung der Mitglieder. Umweltbelastungen und Veränderungen der natürlichen Umwelt — nicht nur am Arbeitsplatz, sondern im gesamten Lebensbereich der Wohnung, der Straße, der Stadt oder der freien Landschaft — haben unmittelbar entscheidenden Einfluß auf die Arbeits- und Lebensbedingungen der Arbeitnehmer. Es scheint mir höchste Zeit, daß die Gewerkschaften die Umweltgefahren überhaupt erst einmal jedem Mitglied begreiflich machen und sich vorrangig für Investitionen im Natur- und Umweltschutzbereich einsetzen. Um hier schnell innerhalb der Organisationen voranzukommen, erscheint der Ersatz von hauptamtlichen Ökologen unumgänglich. Schließlich ist längst bewiesen, daß Umweltschutz per Saldo positive beschäftigungsfördernde und -sichernde Wirkungen von erheblichem Ausmaß hat. Legt man die Schätzungen des Ifo-Institutes für Wirtschaftsforschung 1980 zugrunde, so wurden durch den Umweltschutz immerhin rd. 380.000 Arbeitnehmer direkt oder indirekt beschäftigt. Wichtiger als utopisches Wirtschaftswachstum mit »strangulierenden Lohn-Preis-Spiralen« erscheint mir gegenwärtig die ökologische Sanierung unserer Umwelt. Es wird höchste Zeit, daß die naheliegende Aufgabe, ökologische Notwendigkeiten mit beschäftigungspolitischen Möglichkeiten zu verknüpfen, mit Hilfe der Gewerkschaften besser vorankommt (vgl. Kap. 1 bis 14).

Hausfrau/Hausmann

Jedermann muß bewußt werden, daß er auch im Haushalt den Grad der Umweltbelastung mitbestimmt:

— Wasser ist kostbar. Tropft ein Wasserhahn nur 20 mal in der Minute, gehen im Jahr 4.000 Liter verloren. Ein 6-Minuten-Duschbad braucht 3 mal weniger Energie als ein Vollbad.

— 1 Millimeter Kalk im Warmwasserzubereiter vergeudet 10 % mehr Energie.

— Halbleere Waschmaschinen verbrauchen genauso viel Strom wie volle! Statt einer Halbfüllung können drei 60 Watt-Birnen 111 Stunden lang brennen. Mit dem Sparprogramm guter Waschautomaten verbraucht man 25 bis 35 % weniger Energie.

— Sparsamer Umgang mit Wasch- und Reinigungsmitteln stützt unsere Gewässersysteme. Phosphatarme Waschmittel verwenden (Phosphatbelastungen können bis zum »Kippen« der Gewässer führen). Nur in dringendsten Fällen Abflußreiniger benutzen. Im Verbrauch von Waschmitteln sind wir ein ziemlich unrühmlicher Weltmeister: Mehr als 10 kg pro Person schütten bundesdeutsche Hausfrauen und -männer Jahr für Jahr in ihre Waschmaschine: 442.000 t Vollwaschmittel, 122.000 t 60°-Waschmittel, 62.000 t Spezialwaschmittel, 335.000 t Weichspülmittel, 185.000 t Geschirrspülmittel usw., insgesamt 1,3 Mio t Wasch- und Reinigungsmittel. In den Jahren 1979 bis 1982 stieg der Einsatz scharfer Putzmittel um das 20fache. Inzwischen werden 50.000 t Allzweckreiniger, 20.000 t Glasreiniger, 40.000 t WC-Reiniger, 25.000 t Sanitärreiniger und viele andere Mittel eingesetzt, die nicht nur eine Belastung für die Umwelt sind. 1982 führten sie in 27.000 Fällen zu Vergiftungen bei Kindern. Besondere Gefahren gehen von einer kombinierten Anwendung von WC-Reinigern und Sanitärreinigern aus, weil dann das hochgiftige Chlorgas entsteht. In Giftzentralen häufen sich Meldungen über solche Kombinationswirkungen (ML-NRW, 1984).

— Chemische Abfälle gehören weder in den Abfluß noch in den Mülleimer.

— Alle Plastikverpackungsmaterialien (bei der Plastiktüte angefangen) weitestgehend vermeiden, da sie nicht abbaubar sind und sowohl bei der Herstellung als auch beim Abfall die Umwelt belasten. Beim Einkauf alle Artikel boykottieren, die in Einwegverpackungen angeboten werden (Getränke, Konserven etc.).

— Auf Schädlingsbekämpfungsmittel in Haus und Garten konsequent verzichten. Wir »schwingen« eine Keule, von der wir nicht wissen, wie sehr sie uns selbst trifft. Rd. 3.500 t Schädlingsbekämpfungsmittel werden jährlich für Haus- und Gartenbedarf hergestellt, das sind pro Haushalt 140 g Gift (ML, NRW, 1984);

— Verzicht auf Spraydosen, die nicht mit dem blauen Engel des Umweltbundesamtes ausgezeichnet wurden. 1981 wurden in der Bundesrepublik 493 Mio Spraydosen hergestellt, davon

273 Mio Dosen für Haar- und Körperpflegemittel. Das bedeutet 8 Spraydosen pro Einwohner im Jahr.
— Immer noch werden für die meisten Spraydosen 100.000 t Fluorkohlenwasserstoffe eingesetzt, die in 20 bis 40 km Höhe die Ozonschicht zerstören, die eine Art Sonnenschutzfilter darstellt. Deshalb nimmt mit zunehmender Zerstörung dieser Schutzschicht die ultraviolette Strahlung der Sonne zu, die Mitverursacher für eine Vielzahl von Hautkrebserkrankungen ist. In der Bundesrepublik erkranken derzeit rd. 80.000 Menschen. Eine Abnahme der Ozonkonzentrationen in der Schutzschicht von jährlich bis zu 0,5 % bewirkt nach Expertenmeinung eine Zunahme der Hautkrebsrate von ca. 2 % (ML-NRW, 1984).
— Einschränkung des zu häufigen Badens und Duschens tut Haut und Haaren gut. Manchmal reicht für die Erfrischung ein seifenloses Duschbad völlig aus (ML-NRW, 1984).
— Altöl kann pro Liter bis zu einer Mio Liter Waser verseuchen. Deshalb sorgfältig sammeln und an Tankstellen oder Altölsammelstellen zurückgeben.
— Batterien enthalten Quecksilber, Blei, Zink, Mangan, Nickel und Cadmium, also schwere Umweltgifte. Unbedingt nur bei der örtlichen Sammelstelle abgeben (ML-NRW, 1984). Das gleiche gilt für Farben, Lacke, Lösungsmittel, Pflanzenbehandlungsmittel u. a.; alte Medikamente nimmt jede Apotheke entgegen.
— Naturstoffe geben eine elektrische Aufladung sehr rasch ab, Kunststoffasern und Kunststoffe bleiben jedoch oft über Stunden oder sogar Tage aufgeladen. Solche Aufladungen, die sich durch »kleine elektrische Schläge« nach dem Berühren von Metallteilen bemerkbar machen, führen zu Nervosität, können Schlaf- und Stoffwechselstörungen, Asthma und Virusinfekte begünstigen (ML-NRW, 1984).

Hochschulen, Universitäten

Die Vermittlung ökologischen Mindestwissens sollte auf allen Hochschulen und Universitäten und für alle Fachbereiche selbstverständlich sein. Die Gestaltung und Erhaltung eines unserem Wesen entsprechenden und deshalb naturnahen Lebensraumes ist von so grundlegender Bedeutung, daß jeder Studienrichtung, die darüber bisher noch nichts »hört« und dennoch später weitreichende Verantwortung tragen wird, entsprechende Pflichtvorlesungen geboten werden sollten. Der Nachholbedarf erscheint so groß, daß die Universitäten derartige Ausbildungsmöglichkeiten auch für ortsansässige »wohlbestallte Berufsausübende« anbieten sollten. Zumindest für Lehrer, möglichst aber auch für viele andere verantwortungsvolle Berufe, könnte dadurch die Zeit bis zum »Praxisumsatz« wesentlich verkürzt werden. Nicht der »Fachidiot«, sondern das »Universalgenie« sollte Vorbild sein, der Experte, der Mensch und Natur als Einheit verstehen gelernt hat (vgl. Kap. 1—14).

Jagdverpächter und Gesetzgeber

Im Wohnungsmietrecht sind gewisse staatliche Steuerungen selbstverständlich, ohne daß der Eigentümer einen »enteignungsgleichen Eingriff« unterstellen kann. Warum eigentlich sollte dies im Jagdpachtwesen nicht möglich sein? Ein vorrangig auf dem Höchstgebotsverfahren basierendes Verpachtungsgebahren bevorzugt recht häufig die »Jäger mit der dicken Brieftasche, aber wenig Zeit«. Die Folgen liegen zunehmend auf der Hand. Dagegen gibt es wesentlich mehr Interessenten, die über ökologische Kenntnisse und Zeit verfügen. Diese wären in der Lage und bereit, den heutigen Anforderungen an eine ökologisch ausgerichtete Jagd nachzukommen. Eine andere Möglichkeit wäre auch, in Gebieten mit extrem hohen Schalenwildbeständen und entsprechenden Schäden im ökologischen Bereich nach dem Naturschutzrecht Ausgleichszahlungen zu verlangen, die für Naturschutzprojekte eingesetzt werden müssen. Jeder Eingriff in eine Landschaft (z. Zt. noch außer Land- und Forstwirtschaft) kann heute je nach Bedeutung Ausgleichs- oder Ersatzmaßnahmen zur Folge haben. Wäre es nicht logisch, unbelehrbare Verpächter oder Pächter von Jagdrevieren sinngemäß zu belasten? Schließlich entsteht hier der Allgemeinheit ein Schaden, der in irgendeiner Form reguliert werden müßte (vgl. Kap. 13).

Jedermann bevorzugt Waren mit Umwelt-Gütesiegel

Das Umweltzeichen ist eine Initiative des Bundesinnenministers und der Umweltminister der Länder zur Förderung besonders umweltfreundlicher Produkte. Diese müssen bestimmte Voraussetzungen erfüllen, die in Expertenanhörungen beraten und von einer unabhängigen »Jury Umweltzeichen« beschlossen werden. Das Berliner Umweltbundesamt zeichnet seit 1978 geeignete Produkte mit diesem Umwelt-Gütezeichen aus, über dessen Bevorzugung nun jedermann als Käufer zum Umweltschutz beitragen kann (1984 waren es bereits über 600 Produkte). Wenn Käufer z. B. nach schadstoffarmen Rostschutzfarben oder Umweltschutzpapier fragen, stellen sich Händler und Hersteller oft schneller und stärker darauf ein, als es Gesetze und Verordnungen bewirken können. Der »Blaue Engel« sollte bewußt eine kostenlose Werbung für umweltfreundliche Produkte sein, da über diesen Hebel auch andere Hersteller schnell zum Umdenken veranlaßt werden können, ohne daß der Staat immer wieder eingreifen muß. So bleibt zu hoffen, daß der Bekanntheitsgrad dieses Gütesiegels über die Medien noch wesentlich gefördert werden kann. Jedermann sollte nach diesem Umwelt-Gütesiegel in den Geschäften fragen und auch andere zu diesem Verhalten motivieren. Dabei sollte allerdings auch auf die Echtheit des Siegels geachtet werden, da es bereits mehrfach bei nicht anerkannten Produkten in ähnlicher Form verwendet worden ist (Abb. 116).

Abb. 116. Beispiele echter Gütesiegel.

Christen und Kirchen

Anläßlich der Verleihung des Bayerischen Naturschutzpreises an Pfarrer Kurt Oeser, Umweltbeauftragter der Evangelischen Kirche in Deutschland, hat v. Guttenberg (1976) in seiner Festansprache die Kirchen beschworen,

> »endlich, endlich die brennende Problematik des ausgehenden 20. Jahrhunderts — also die Umwelt- und Naturschutzbewegung zu erkennen, damit sie mit der ganzen Gewalt der kirchlichen Autorität unseren Kampf aufnimmt und mitstreitet für diese Schöpfung, für deren Menschen und gegen einen Zeitgeist, der sich in der Tat mit teuflischen Dingen beschäftigt. Wer schweigt, macht sich der Hehlerei schuldig. Mittun gar grenzt an Verbrechen... Angst, Lärm, vergaste Luft, zerschundenes Land, zerrüttetes Leben, dies sind die Geißeln der westlichen Welt... Wacht endlich auf, tut es dem nach, der heute hier geehrt wird!... **Nicht alle Umweltschützer müssen Christen, aber alle Christen müssen Umweltschützer sein.**«

Und Pfarrer Oeser (1976) selbst hat anläßlich dieser Verleihung gesagt:

> »Unsere derzeitige Naturwissenschaft und unsere derzeitige Technik sind so sehr von einer orthodoxen christlichen Arroganz gegenüber der Natur durchsetzt, daß von ihnen allein keine Lösung unserer ökologischen Krise erwartet werden kann. Da die Ursachen unserer Probleme größtenteils religiöser Art sind, muß auch das Gegenmittel im wesentlichen ein religiöses sein, ob wir es nun so bezeichnen oder nicht.«

Dem ist eigentlich nichts hinzuzufügen. Da die Umwelt- und Naturschutzaufgaben politisch neutral zu sehen sind, gibt es nur eine Erklärung für die bisher recht bescheidene Zurückhaltung der Kirche, nämlich die, daß sie den Ernst der Situation noch nicht erfaßt hat. Christen und Kirchen haben im Bereich Umwelt- und Naturschutz durchaus eine grundlegende Aufgabe und Verantwortung gegenüber der Allgemeinheit und insbesondere gegenüber den Mitmenschen , die das Gefährdungsausmaß noch nicht erkennen können.

Politiker

Die hohe Sensibilisierung der Bevölkerung während der letzten 10 Jahre in Verbindung mit den täglichen Horrormeldungen läßt vermuten, daß die öffentliche Meinung bald Erfolge erwarten wird. In absehbarer Zeit wird sich **die** Politik in der Öffentlichkeit bei uns in der Bundesrepublik Deutschland durchsetzen, die es am überzeugendsten versteht, Umwelt- und Naturschutz in Verbindung mit den anderen Problemen wirklich zu praktizieren. Wahlopportunistisch zögernde Politiker werden ihrer Verantwortung nicht gerecht, und das wird der Wähler auf allen Ebenen erkennen. Was moralisch falsch ist, kann nicht politisch richtig sein (Gladstone).

»Gegenwärtig krankt die Situation daran, daß sich auch viele ökologisch aufgeschlossene Politiker im Hinblick auf die Durchsetzung ökologischer Perspektiven noch auf den gesellschaftlichen und politischen Druck von Verbänden und Bürgerinitiativen verlassen. Die innerparteiliche Position der ökologisch Orientierten ist immer noch schlecht. Es besteht ein großes

Defizit an Durchsetzungschancen in der Umweltpolitik für Parlamentarier in allen im Bundestag vertretenen Parteien (allerdings mit Abstufungen dieser Defizite), solange keine bessere Naturschutz-Lobby da ist.

Von bedauerlicher Effizienz ist das Niveau-Defizit in der ökologischen Diskussion. Es ist immer wieder feststellbar, mit wie wenig sachlich-ökologischem Vorwissen manche Politiker und Verwaltungsbeamte in die Diskussion um den Naturschutz einsteigen. Keine wirtschaftliche oder finanzpolitische Diskussion könnte sich selbst im einfachsten Provinzblatt ein so niedriges Niveau und eine solche Ansammlung von falschen Behauptungen und pseudologischen Zusammenhängen leisten wie dieses in der ökologischen Diskussion, vor allen Dingen in Bezug auf die Notwendigkeit der Vermeidung bestimmter Eingriffe in Ökosysteme und in die ökologische Gesamtsubstanz der Bundesrepublik oft geschieht.« (Jahrbuch für Naturschutz, Band 30, Bonn 1980).

Regierungen

Im Jahrbuch für Naturschutz und Landschaftspflege (Band 30, Bonn 1980, herausgegeben von der Arbeitsgemeinschaft Deutscher Beauftragter für Naturschutz und Landschaftspflege) werden weitgehende ökologische Forderungen gestellt:

»Es sind entscheidende Verbesserungen in der finanziellen Ausstattung im Personal- und Sachmittelbereich für den Naturschutz vorzunehmen. Es muß dabei auch unverzüglich und wirksam an eine Umwidmung von Investitions- und Sachmitteln zu Lasten von Flurbereinigung, Entwässerungsmaßnahmen, agrarischen Subventionierungen, Straßenbau und unökologischer Straßenrandpflege herangegangen werden. Es bedarf der schnellen Vorbereitung einer umfassenden "Biotopschutz-Verordnung" (ähnlich der Artenschutz-Verordnung) auf Bundesebene (und der dafür erforderlichen Ermächtigungsnorm durch Ergänzung des Bundesnaturschutzgesetzes), um einen einheitlichen Biotopschutz zu gewährleisten. Für den Ankauf und die anderweitige Bereitstellung von Flächen für den Biotop-Verbund (10 bis 12 % der Fläche der Bundesrepublik) bedarf es eines Zehn-Jahres-Planes, innerhalb dessen pro Jahr innerhalb der Bundesrepublik mindestens 4 bis 5 Milliarden DM für diese Zwecke bereitgestellt werden müssen. Die augenblicklichen Aufwendungen sind also um das Hundertfache zu vergrößern. Das sind angesichts der Mittelsubventionen für den Agrarmarkt und Straßenbau vergleichsweise geringe Summen. Diese sollen nicht durch vermehrte Staatsverschuldung, sondern durch entsprechende Umwidmung der Mittel aus den obengenannten Finanzbereichen aufgebracht werden. Es muß einmal deutlich gemacht werden, daß jede andere Finanzpolitik gegenüber der ökologisch prekären Lage der Bundesrepublik auf eine Verschleierung der Gegenwartsprobleme hinausliefe und die Lösung der mittelfristig entstehenden Zukunftsprobleme verhindern würde. Dieses sollte auch durch Umwidmung von Personalstellen der Landwirtschaft, des Wasserbaus, des Straßenbaus usw. möglich sein, wenn es zu einer wirklichen Reform (Funktionalreform mit Arbeitsplatzüberprüfungen, z. B. auch durch die Rechnungshöfe) kommen würde.«

An der Aktualität dieser Empfehlungen hat sich bis heute wenig geändert. Eher im Gegenteil, sie erscheinen aktueller denn je, ökologisch angemessen und politisch neutral.

Richter und Staatsanwälte

Für Kenner der Materie steht außer Zweifel, daß der Umwelt- und Naturschutz neben der Friedenssicherung zu unserer höchstrangigen Aufgabe geworden ist. Das haben viele Richter und Staatsanwälte noch nicht erkannt. Darauf basiert letztlich eine recht verbreitete Unsicherheit bei örtlichen Ordnungs- und Polizeibehörden, die nach dem Motto »Das wird sowieso wegen Geringfügigkeit niedergeschlagen« vor unbequemen Schritten zurückscheuen. Über viele Umweltdelikte wird aus diesen Gründen das »Mäntelchen der Nächstenliebe« gedeckt. Häufig fehlen rechtliche Mechanismen, die den Ordnungshütern die zwingende Pflicht auferlegen, beim Bekanntwerden von Umwelttatbeständen gegen die Verursacher vorzugehen bzw. die Staatsanwaltschaft einzuschalten.

Andererseits gibt es in vielen Städten verschiedenste Zeugen einer Rechtsprechung, die an die Verkehrssicherungspflicht überzogene Forderungen stellt und dadurch — unbewußt — Interessen der Allgemeinheit (z. B. deren Gesundheit) hintanstellt. Ein Beispiel stellen die vielen großen Stadtbäume dar, die sehr wichtige Aufgaben der Klima-, Luft- und Lebensraumverbesserung für Menschen erfüllen sollen, aber aus Sicherheitsgründen oft aller stärkeren Äste beraubt und damit zu wirkungsarmen Krüppeln degradiert wurden. Es erscheint erforderlich, daß für jeden Bezirk Richter und Staatsanwälte — ähnlich wie im Familien-, Verkehrs-, Wirtschafts- oder Steuerrecht — in angemessener Zahl in Sachen Umwelt- und Naturschutz spezialisiert werden. Von der juristischen Seite aus könnte z. B. auch die Beseitigung bzw. Novellierung von unzähligen Erlassen, Verordnungen und Ländergesetzen initiiert werden, die nach heutigen ökologischen Erkenntnissen nicht mehr vertretbar sind. Dazu gehören auch verschiedene »Unkrautverordnungen«, die sich immer noch gegen Pflanzen richten, die Lebensgrundlage für Tierarten der »Roten Liste« sind. In Schleswig-Holstein ist z. B. eine »Unkraut«-Verordnung seit 1982 aufgehoben worden, die den Gartenbesitzer verpflichtete, einige wenige Arten (Disteln, Franzosenkraut und Saatwucherblume) an ihrer Ausbreitung zu hindern.

Schulen

Bei den Kindern und Jugendlichen werden die entscheidenden Weichen zu einem ökologischen Verständnis gestellt. Dabei wird eine theoretische Wissensvermittlung nicht ausreichen, sondern ein naturnaher Unterricht zur dringend erforderlichen Artenkenntnis und zur Erfassung der wichtigsten ökologischen Abhängigkeiten in den Grüninseln der Stadt, an den Gewässern und in der freien Landschaft erforderlich sein. Biologie muß Pflichtfach für alle Schüler bis zur Oberstufe werden. »Wenn es uns wirklich ernst ist mit dem Schutz unserer Umwelt, müssen wir vor allem unseren Kindern Gelegenheit geben, die Natur und die Funktionen des Lebens im eigentlichen Sinne zu begreifen. Denn der Mensch schützt letztlich nur das, was er auch kennt.« (Verband Deutscher Biologen, 1985).

Vereine — Verbände

In unserer Demokratie spielt das Vereins- und Verbandswesen eine gewichtige Rolle. Die meisten Vereine partizipieren in irgendeiner Form an der Natur: das sind nicht nur die Heimatvereine, Umweltschutzorganisationen oder Angel- und Jagdverbände, sondern z. B. auch die Tierfreunde, die Segel- und Kanuvereine, die Aquarien- und Terrarienfreunde, die Imkervereine, die Bioladen-Förderkreise, die Tauben-, Hühner- und Kaninchenzüchter und viele andere mehr, die es vielleicht noch gar nicht bemerkt haben. Im Bereich des Umwelt- und Naturschutzes ist ihre organisatorische Zersplitterung symptomatisch, damit leider auch ihre begrenzte Effektivität. Die verbreitete Neigung zu elitärem Einzelgängertum und die häufig auftretende Meinung, Umwelt- und Naturschutz ständen nicht in den Satzungen und gingen deshalb den Verein nichts an, verkennen die Verantwortung, die heute jeder mitübernehmen muß.

Ich halte es für empfehlenswert, daß sich — auf der Ortsebene beginnend — Vereine zu einer Gemeinschaft zusammenschließen und anstehende Umwelt- und Naturschutzprobleme gemeinsam aufgreifen. Es gibt überall für alle Detailprobleme Fachleute mit Spezialkenntnissen, die in die Arbeit »eingebunden« werden können. Der Grundsatz der Überparteilichkeit erscheint dabei von entscheidender Bedeutung, denn das Ziel der ausgewogenen Humanökologie ist so wichtig, daß schon ein Verdacht »parteipolitischer Infizierung« Wirkungsverlust bedeuten kann. Es müssen nur einzelne Vereine den Anfang machen und die Zusammenarbeit initiieren (vgl. Kap. 13). Hermann Löns hat vor 70 Jahren schon geschrieben: »Die Naturverhunzung fährt Auto im Hundertachtzig-Kilometer-Tempo, und der Naturschutz kraucht knickebeinig hinterdrein, die Naturverhunzung arbeitet 'en gros', der Naturschutz 'en detail'.« Wirksam werden die Vereine beim Naturschutz nicht durch Trennendes, sondern nur durch Gemeinsames im Rennen gegen die Zeit (vgl. Kap. 2—14).

Werbung — Führung — Rhetorik: Fachleute können helfen

Noch immer ist es so, daß der Naturschutz sehr häufig seine Daseinsberechtigung belegen und die Erfordernisse des Biotop- und Artenschutzes für alle Pflanzen und Tiere, aber auch des Lebensraumschutzes für den Menchen fast täglich neu begründen muß. Jeder halbe Hektar neuer Naturschutzgebietsfläche muß wie auf einem levantinischen Basar erhandelt werden, und eine Nutzungsbeschränkung zugunsten des Naturschutzes kommt oft nur über Wählerstimmendruck oder über erhebliche materielle Gegenleistungen zustande. Als ob es um persönliche Interessen der Naturschutzspezialisten ginge!

Aus diesem Dilemma müssen Naturschutzorganisationen und -aktionen auf der Ortsebene heraus. Die Öffentlichkeit muß merken, daß Sachwalter für die Allgemeinheit am Werk sind, die man unterstützen sollte. Jede Kampagne muß zugleich auch eine Sympathie-Werbung für den Naturschutz sein, und dabei ist psychologisches »Handwerkszeug« das halbe Argument! Fachleute aus den Bereichen der Werbung, der Menschenführung, der Psychologie, der Rhetorik könnten hier eine Menge Schützenhilfe liefern. Ich halte diesen »taktischen

Sektor« in der Arbeit für genauso wichtig wie die rein fachliche Seite. Wie wäre es mit kostenlosen Schulungsseminaren und Hilfen bei Strategiebesprechungen?

Wochenillustrierte und Tageszeitungen

Wochenillustrierte und Nachrichtenmagazine sind ausgesprochen nachfrage- und zielgruppenorientiert, d. h. ihr Inhalt wird ausgeprägt auf der Grundlage von Befragungsergebnissen gestaltet. Als z. B. 1984 das Ergebnis einer für die »Neue Revue« durchgeführten Umfrage auswies, daß 91,3 % der Befragten wissen wollten, »wie gefährlich der Saure Regen in ihrer direkten Umgebung ist«, wurde von dieser Illustrierten sofort eine Großaktion »Rettet den Wald« ins Leben gerufen (Heinzmann, 1985). So gesehen sind tatsächlich Art und Häufigkeit der Umweltberichterstattung in den großen Zeitschriften Ausdruck wachsenden Umweltbewußtseins in der Bevölkerung und deren Ruf nach differenzierter Information.

Insofern erscheint es auch besonders bemerkenswert, daß alle großen Wochenillustrierten (z. B. Bunte, Neue Revue, Neue Post, Spiegel, Stern, Manager Magazin; monatlich Geo) heute mehr oder weniger regelmäßig Umwelt- und Naturschutzthemen aufgreifen. Gerade in der Ökologisierung des »Bein- und Busenblattes« Neue Revue sieht z. B. der Spiegel »das wohl verblüffendste Symptom der jüngsten Trendwende in der Medienlandschaft«. Dieser Trend wird sich mit zunehmender Öko-Sensibilisierung der Bevölkerung mit Sicherheit weiter verstärken. Das läßt hoffen, denn durch die Möglichkeit, komplizierte öko-technische Zusammenhänge journalistisch, d. h. besonders lesernah aufzubereiten, verfügen die Wochenillustrierten über eine große Multiplikatorwirkung. In dieser Entwicklung sehe ich eine große Chance, nicht zuletzt auch in der Vorbildwirkung für die Tagespresse einerseits und für Rundfunk und Fernsehen andererseits. Gerade bei der örtlichen Tagespresse liegt die verantwortungsvolle Information über ökologische Grundlagen trotz meist sehr guten Willens oft noch etwas im »zufälligen Schaukelbereich«: Einerseits informieren Zeitungen und schaffen damit einen Fundus an Tatsachenwissen und einen allgemeinen Bewußtseinshintergrund; andererseits berichten sie zunächst — aus Platz-, Zeit- und personellen Gründen — vor allem über jene Dinge, für die sie ein Interesse in der Öffentlichkeit voraussetzen können. Die dabei entstehende Wechselwirkung liegt auf der Hand. Wird durch bestimmte, sich häufig wiederholende Berichte über ein Thema die Aufmerksamkeit in der Bevölkerung geweckt, so entsteht dort auch ein Interesse daran, das den Journalisten wiederum bei der Auswahl seiner Meldungen und Artikel beeinflussen wird. In der Regel verfügen die Zeitungen über keinerlei ökologisch geschulte Redakteure, so daß der Erfolg der Öffentlichkeitsarbeit auf örtlicher Ebene mehr davon abhängt, wie weit z. B. ein Lokalreporter in die Materie »einsteigt«. Wie die nachfrageorientierten Wochenillustrierten zeigen, erwartet der Bürger »hautnahe« Informationen über — auch unbequeme — Dinge, die seine direkten Lebensgrundlagen betreffen (vgl. Kap. 1—14).

Wohnungsbaugesellschaften

Zwischen »modernen Wohnsilos und Bettenburgen« hat der Gesetzgeber gewisse »Abstandsflächen« vorgeschrieben. In vielen Fällen bestehen diese aus englischem Rasen, durch den sich Wege schlängeln, auf denen man sich seinem Haus nähern kann. Dann gibt es noch kleine Betonzellen, in denen die Mülleimer stehen und ab und an einen Baum oder Strauch. Alles in allem fast so lebensfremd wie der »Zentralfriedhof von Chicago«. Der Rasen muß selbstverständlich gepflegt werden. Das überträgt man dann der Einfachheit halber einem Dienstleistungsbetrieb, die Kosten werden umgelegt und damit basta. Und damit beim Rasen niemand dazwischenfunkt, läßt man sein Betreten verbieten. Der Rasen wird damit genauso unpersönlich wie die grünlosen Fassaden der Hochhäuser, von denen niemand behaupten wird, daß sie so etwas wie Wärme vermitteln. Warum kommt eigentlich niemand auf die Idee, die Bewohner zu animieren, dieses Stückchen Grün als zu ihrer Wohnung gehörig zu betrachten? Das hieße nichts anderes als Bürgerbeteiligung an der Gestaltung ihrer unmittelbaren Wohnumgebung. Die unnatürliche Gestaltung menschlichen Lebensraumes mit Alibi-Grün rechtfertigt in keiner Weise die lieblose Gestaltung der Flächen. Kap. 9 enthält Anregungen dafür, wie man derartige Bereiche biologisch beleben und ihren Erholungswert wesentlich steigern kann. Wie wäre es, wenn man einen Teil der »Kunst-am-Bau-Summe« (2 % der Bausumme sollen Kunst sein) für »Leben-am-Bau« verwenden würde? Das könnte sogar umsonst sein, denn ein Nichtstun ist in der Natur stets wertvoller als ein Zuvieltun! Und was für die Natur gut ist, ist schön, belebend und ausgleichend für den Menschen zugleich.

16 Schluß

»Was aber ist Deine Pflicht?
Die Forderung des Tages!«
J. W. Goethe

Ein bewährtes altes Pfadfindermotto lautet: »Jeden Tag eine gute Tat!« Worauf warten wir noch? Packen wir es an!

17 Literatur*

»Alles Gescheite ist schon gedacht worden, man muß nur versuchen, es noch einmal zu denken.«
J. W. Goethe

ADAC: Freizeit 2000 — Eine Studie des ADAC über die Tendenzen der Freizeitentwicklung und die Notwendigkeit einer verbraucherorientierten Freizeitpolitik. München, 1980.

Adam, K.: Veränderungen der städtischen Ökosysteme durch hohe Energieumsätze. In: Inform. zur Raumentwicklung, 1982.

Altenkirch, W.: Ökologische Vielfalt — ein Mittel natürlichen Waldschutzes? In: Der Forst- und Holzwirt, April 1982.

Amberg, M.: Naturschutz — die große Lüge. Kilda-Verlag, Greven, 1980.

Andritzky, W.: Bürgerbeteiligung an der Umweltpolitik. In: Natur und Landschaft, 53. Jg., 1978, Heft 7/8.

Anselm, R.: Analyse der Ausbauverfahren, Schäden und Unterhaltungskosten von Gewässern. Dissertation 1975.

ABN — Arbeitsgemeinschaft Deutscher Beauftragter für Naturschutz und Landschaftspflege: Bürgerbeteiligung und Landschaftspflege. Jahrbuch für Naturschutz und Landschaftspflege. Band 28, Bonn, 1978.

-: Naturschutz und Flurbereinigung. Jahrbuch für Naturschutz und Landschaftspflege. Band 29, Bonn, 1979.

-: Grundlagen und Bedingungen für den Artenschutz. Jahrbuch für Naturschutz und Landschaftspflege. Band 30, Bonn, 1980.

-: Flächensicherung für den Artenschutz. Jahrbuch für Naturschutz und Landschaftspflege. Band 31, Bonn, 1981.

Arbeitskreis Forstliche Landespflege in der Arbeitsgemeinschaft Forsteinrichtung: Biotop-Pflege im Wald. Ein Leitfaden für die forstliche Praxis, Kilda-Verlag, Greven, 1984.

Bakker, J. P.; Vries, Y. de: Über die Wiederherstellung artenreicher Wiesengesellschaften unter verschiedenen Mahdsystemen in den Niederlanden. In: Natur und Landschaft, 60. Jg., 1985, Heft 7/8.

Baumgartner, A.: Wald und Biosphäre. In: AFZ, 37. Jg., Nr. 21, München 1982

*Abkürzungen:
AFZ Allgemeine Forstzeitschrift
FAZ Frankfurter Allgemeine Zeitung

Bayer: Pflanzenschutzkurier Nr. 1/1982, Leverkusen.

Bechet, G. H.: Der Biotopwert — ein Beitrag zur Quantifizierung der ökologischen Vielfalt im Rahmen der Landschafts- und Flächennutzungsplanung. Dissertation 1976.

Bechmann, A.; Michelsen, G. (Hrsg.): Global Future — Es ist Zeit, zu handeln. Global 2000 — die Fortschreibung des Berichts an den Präsidenten. Übersetzung 1981, Öko-Institut Freiburg, Dreisam-Verlag, Freiburg, 1981.

Beisel, D.: Bevölkerungsexplosion: Menschlicher Weg zu weniger Menschen. In: Natur, Nr. 6/1984.

Berg, St.: Einfluß von Begrenzungen beim Einsatz von Umweltchemikalien auf den Gewinn landwirtschaftlicher Unternehmen.

Bergerhausen, W; Frankenberg, O. von; Herrlinger, E.: Die Situation der Wiedereinbürgerung des Uhus in der Bundesrepublik Deutschland. In: Natur und Landschaft, 56. Jg., 1981, Heft 4.

Berlin, Senator für Stadtentwicklung und Umweltschutz: Mut zu grünen Wänden. Berlin, 1982.

Berndt, R.; Winkel, W.: Der Jagddruck als Minusfaktor in der Populationsdynamik von *Scolopax rusticola* — Gedanken zum »Waldschnepfenproblem«. In: Die Vogelwelt, 97. Jg., Heft 1, 1976.

Berndt, R.; Winkel, W.: Die Jagd als Überlebensproblem für die Waldschnepfe. In: Natur und Landschaft, 52. Jg., 1977, Heft 4.

Bernhardt, W., u. a.: Die Öl-Felder der Zukunft. Umschau, Nr. 12/1981, S. 354—359.

Bettmann, H.: Die Waldschnepfe. 2. Aufl., BLV-Verlag, München, 1975.

Bezirksregierung Braunschweig: Landschaftsrahmenplan für den Naturpark Harz. Braunschweig, 1975.

Bezzel, E.: Vogelkunde für den Jäger. Grundwissen für Ausbildung und Praxis. BLV-Pirsch-Buch, München, 1980.

Biebelriether, H.: Erholung im Wald. In: Rettet den Wald. Kindler-Verlag, München, 1979.

-: Schutzwald — wogegen oder wofür? In: Rettet den Wald. Kindler-Verlag, München, 1979.

-: Wald und Naturschutz. In: Rettet den Wald. Kindler-Verlag, München, 1979.

Bierhals, E.: Brachflächen in der Landschaft. Vegetationsentwicklung, Auswirkungen auf Landschaftshaushalt und Landschaftserlebnis, Pflegeverfahren. 1976.

Binder, W.: Grundzüge der Gewässerpflege. In: Schriftenreihe des Bayerischen Landesamtes für Wasserwirtschaft, Heft 10, 1979.

Blab, J.: Amphibien und Reptilien — gefährdete Bewohner der Feuchtgebiete. In: Natur und Landschaft, 51. Jg., 1976, Heft 7/8

-: Grundlagen des Biotopschutzes für Tiere. Kilda-Verlag, Greven, 1984.

Bless, R.: Untersuchungen zum Einfluß von gewässerbaulichen Maßnahmen auf die Fischfauna in Mittelgebirgsbächen. In: Natur und Landschaft, 56. Jg., 1981, Heft 7/8.

Böhr, H.-J.: Wassersport und Naturschutz. Sonderdruck »Deutscher Naturschutzring (DNR)«, Bonn, 1980.

Bölsche, J.: Natur ohne Schutz. Neue Öko-Strategien gegen die Umweltzerstörung. Spiegel-Buch, Rowohlt, Hamburg, 1982.

-: Die deutsche Landschaft stirbt — Zerschnitten, zersiedelt, zerstört. Spiegel-Buch, Rowohlt, Hamburg, 1983.

-: Das gelbe Gift. Todesursache Saurer Regen. Spiegel-Buch, Rowohlt, Hamburg, 1984.

-: Was die Erde befällt — nach den Wäldern sterben die Böden. Spiegel-Buch, Rowohlt, Hamburg, 1984.

Böse, H.; Schürmeyer, B.: Die Freiräume der Straße oder die Straße als Landschaft? Anmerkung zur Verkehrsberuhigung. In: Das Gartenamt 33/1984.

Bohn, U.;Lohmeyer, W.: Solitärbäume als lebende Gestaltelemente in den landwirtschaftlich genutzten Gebieten der Rhön, des Vogelsberges und des Westerwaldes. In: Natur und Landschaft, 55. Jg., 1980, Heft 9.

Borchert, J.; Winkelbrandt, A.: Untersuchung der visuellen Wirkungen von Straßenbepflanzungen. In: Natur und Landschaft, 54. Jg., 1979, Heft 10.

Brenner, S.: Die Parteien zur Landtagswahl 1984. In: Forstliche Mitteilungen Nr. 6/1984.

Broda, W.: Der Kampf gegen den Sauren Regen. In: Praxis der Naturwissenschaften, Biologie Nr. 9/1983.

Brüll, H.: Greifvögel und Eulen Mitteleuropas. Lehrmeisterbücherei Nr. 330, Albrecht Philler Verlag, Minden.

Buchwald, K.: Ethik und Umweltpolitik — Wege zu einer ökologischen Ethik. In: Natur und Landschaft, 58 Jg., Heft 7/8, 1983.

Buchwald, K.; Rincke, G.; Rudolph, K.-U.: Umweltprobleme der ostfriesischen Inseln. Gutachten im Auftrag der Kurverwaltung von Borkum und der sieben ostfriesischen Inselgemeinden, 1985.

Bundesministerium des Innern (Hrsg.): Was Sie schon immer über Lärmschutz wissen wollten. Verlag W. Kohlhammer, Berlin, 1982.

-: Umweltbrief; Abschlußbericht der Projektgruppe »Aktionsprogramm Ökologie«, Nr. 29/1983.

-: Was Sie schon immer über Umweltchemikalien wissen wollten. 6. Aufl., Verlag Kohlhammer, Berlin, 1985.

Bundesministerium für Ernährung, Landwirtschaft und Forsten: Flurbereinigung und Wild. Schriftenreihe des BML, Sonderheft Flurbereinigung. Landwirtschaftsverlag Münster-Hiltrup, 1983.

Bundesprüfungskommission: Unser Dorf soll schöner werden. Empfehlungen der Bundesprüfungskommission — BMELF — Informationen Nr. 44 vom 3.11.1975. In: Natur und Landschaft, 50. Jg., 1975, Heft 12.

Bundesverband der Bürgerinitiativen Umweltschutz e. V. (BBU): Biotop-Zerstörung durch wasserbauliche Maßnahmen. Methoden des naturnahen Gewässerbaues. Worms, 1979.

Bundesverkehrsministerium: Auch höhere Ölpreise hindern nicht am Fliegen. In: FAZ vom 9. Februar 1982.

Bund für Naturschutz in Bayern (Hrsg.): Ökologischer Garten. München.

Burkhardt, M.: Die gesellschaftlichen Kosten des Autoverkehrs. Hrsg.: Bundesverband Bürgerinitiativen Umweltschutz e. V. (BBU), Bundschuh-Verlag, Freiburg, 1980.

Burschel, P.: Der Waldbau. In: Rettet den Wald. Kindler-Verlag, München, 1979.

-: Der Wald in seiner Umwelt. In: Rettet den Wald, Kindler-Verlag, München, 1979.

Bußler, H.: Waldgewässer als Lebensraum. In: Natur und Landschaft, 57. Jg., 1982, Heft 4.

Chevallerie, H. de la: Mehr Grün in die Stadt. Freiraumplanung im Wohnungs- und Städtebau. Bauverlag, Wiesbaden und Berlin, 1976.

Chwalczyk, C.: Rotwild im Wirtschaftswald — aus der Sicht des Forsteinrichters und Schadensgutachters. Vortrag vor der GGLuF am 18.3.1983 in Gießen.

Claus, P.: Düngemethoden, Ertrag und ernährungsphysiologischer Wert. In: FAZ vom 25. 3.1984.

Clausnitzer, H.-J.: Hilfsprogramm für gefährdete Libellen. In: Natur und Landschaft, 55. Jg., 1980, Heft 1.

Conrad, P.: Werden wir morgen noch jagen? In: Niedersächsischer Jäger Nr. 9/1982.

-: Unsere Fledermäuse brauchen Hilfe. In: Unser Wald, 36. Jg., Heft 2/1984.

Costa, W.: Landschaftspflegerische Maßnahmen im Rahmen der Flurbereinigung. Schutzpflanzungen in der freien Landschaft. In: Natur und Landschaft, 53. Jg., 1978, Heft 2.

Dahl, H.-J.: Biotopgestaltung beim Ausbau kleiner Fließgewässer. In: Natur und Landschaft, 51. Jg., 1976, Heft 7/8.

Dahl, J.: Schmetterlingshege. Ökologische Arbeitsblätter Nr. 1. Hrsg.: Max-Himmelberger-Stiftung, Baiersbronn.

Dahmen, F. W.; Heiss, W.: Umwelt — Schlagwort oder rettende Einsicht? Verlag Rother, München, 1973.

Deixler, W.: Erfordernisse des Naturschutzes und der Landschaftspflege in der Flurbereinigung aufgrund der Möglichkeiten des Naturschutzrechtes in Bund und Ländern. In: Jahrbuch für Naturschutz und Landschaftspflege, Band 29, 1979.

Demandt, E.: Sollte das Sammeln von Insekten — insbesondere von Schmetterlingen — in Deutschland verboten werden? In: Natur und Landschaft, 53. Jg., 1978, Heft 10.

Deutscher Forstverein (Hrsg.): Waldsterben — Argumente zur Diskussion. Regensburg, 1984.

Deutscher Jagdschutzverband (DJV): Nachrichten, Nr. 5/1981.

Deutscher Naturschutzring e. V. , Bundesverband für Umweltschutz (DNR) (Hrsg.): Moore — Bedeutung — Schutz — Regeneration. Bonn, 1980.

-: Flora und Vegetation der Äcker, Raine und Ruderalplätze. Bonn, 1980.

-: Wildpflanzen in der Stadt. Merkblatt. Bonn, 1980.

-: Grundwasserentnahmen — ökologische Risiken und Alternativen. Sonderdruck der Grundwassertagung. Hanstedt, Mai 1981.

Diercks, R.: Pflanzenschutz mit Maß und Ziel. Merkblatt der Deutschen Landwirtschafts-Gesellschaft, DLG-Ausstellung 1980, Hannover.

Dierßen, K.: Regeneration von Hochmooren — Zielsetzung, Möglichkeiten, Erfahrungen. In: Natur und Landschaft, 56. Jg., 1981, Heft 2.

Dietzen, W.; Kalchreuther, H.: Den Habicht verstehen. DJV-Nachrichten, 1982.

DLG: Landbewirtschaftung und Ökologie. DLG-Verlag, Frankfurt (Main), 1981.

Ditfurth, H. v.: Sind wir noch zu retten? In: Natur, Nr. 7, 1985.

Eickeler, R.: Europa: Die bedrohte Natur präsentiert ihren Bewohnern eine saftige Rechnung. In: Signatur der Zeit, Handelsblatt, Nr. 125/1984.

Eigner, J.: Ökologische Knickbewertung in Schleswig-Holstein. Sonderdruck aus »Die Heimat«, Nr. 10/11, 1978.

Ellenberg, H.: Vegetation Mitteleuropas mit den Alpen in ökologischer Sicht. Eugen Ulmer Verlag, Stuttgart, 1978.

-: Habicht und Beute. Wechselwirkungen im Ökosystem Kulturlandschaft. In: AFZ, Nr. 44/1984.

Emonds, G.: Der Schutz wild wachsender Pflanzen und wildlebender Tiere durch internationale Abkommen und Vorhaben. In: Natur und Landschaft, 53. Jg., Heft 12/1978.

Englaender, C.: Die Bedeutung der Waidgerechtigkeit im Tierschutzrecht. DJV-Nachrichten, 1982.

Erlinger, G.; Reichholf, J.: Störungen durch Angler in Wasservogel-Schutzgebieten. In: Natur und Landschaft, 49. Jg., 1974, Heft 11.

Erz, W.: Naturschutz und Landwirtschaft. Jahrbuch für Naturschutz und Landschaftspflege, Band 27, Bonn, 1977.

-: Bürgerbeteiligung und Landschaftspflege. Jahrbuch für Naturschutz und Landschaftspflege. Band 28, Bonn, 1978.

Evers, F. H.: Streusalzschäden an Waldbäumen. Waldschutzmerkblatt Nr. 3, Verlag Paul Parey, Hamburg und Berlin, 1981.

Evers, O.; Schmatzler, E.: Vorschläge zur Renaturalisierung von Hochmooren, dargestellt am Uchter Moor im Landkreis Nienburg/Weser. In: Natur und Landschaft, 51. Jg., 1976, Heft 7/8.

Feldmann, R.: Rote Liste der im Landesteil Westfalen (Land NRW) gefährdeten Amphibien und Reptilienarten. In: Natur und Landschaft, Nr. 51, 1976.

Fink, E.: Die ästhetische Bedeutung der Pflanzen im versteinerten Stadtraum. In: Pflanzenverwendung im urbanen Bereich. Verlag G. Callwey, München, 1976.

Finke L.: Zum Problem einer planungsorientierten ökologischen Raumgliederung. In: Natur und Landschaft, 49. Jg., 1974, Heft 11.

Flad-Schnorrenberg, B.: Wie stellen sich Arten- und Biotopschutz in der Presse dar? In: Natur und Landschaft, 53. Jg., 1978, Heft 12.

Flemming, G.: Klima — Umwelt — Mensch — Umweltforschung. VEB Gustav Fischer Verlag, Jena, 1979.

Flessner, G.: Ohne Jäger kein Wild. In: Niedersächsischer Jäger, Nr. 4/1983.

Förster, M.: Auswirkungen eines überhöhten Wildbestandes auf die Vegetation. In: AFZ, 1975.

Forschungsgemeinschaft Bauen und Wohnen, Stuttgart: Städtebauliche Klimafibel. Hinweise für die Bauleitplanung, Folge 1, Baden-Württemberg, Innenministerium Stuttgart, 1977.

Forstbehörde, Höhere, in Westfalen-Lippe (Hrsg.): Waldränder und Gehölze in der Landschaft. Münster, 1981.

Frank, G.: Wald und Wild, kein Gegensatz — Das Wild ist nicht am Waldsterben schuld! In: DJV-Nachrichten, 1/1984.

Franz, J. M.; Krieg, A.: Biologische Schädlingsbekämpfung, 2. Aufl., Pareys Studientexte, Nr. 12, Verlag Paul Parey, Hamburg und Berlin, 1976.

Fritz, G.: Zur Inanspruchnahme von Naturschutzgebieten durch Freizeit und Erholung. In: Natur und Landschaft, 52. Jg., 1977, Heft 7.

-: Zusammenarbeit zwischen Fremdenverkehr und Naturschutz? In: Natur und Landschaft, 60. Jg., 1985, Heft 2.

Gaia: Der Öko-Atlas unserer Erde. Fischer-Verlag, Frankfurt (Main), 1985.

Ganser, A.: Auch in der Natur ist Luxus gefragt. In: FAZ vom 15.8.1985.

Genßler, H.: Waldbau als angewandte Ökologie — Grenzen, Fehler, Möglichkeiten. In: Der Forst- und Holzwirt, Nr. 22/1981.

Georgii, B.; Schröder, W.; Schreiber, R. L.: Skilanglauf und Wildtiere — Konflikte und Lösungsmöglichkeiten. Band 1, Schriftenreihe ökologisch orientierter Tourismus, Pro Natur — Umweltpraxis, 1985.

Gerken, B.: Exkursionen ins Moor. In: Lehrer-Service vom BUND, DBV, WWF, Nr. 18 »Das Moor«, Freiburg, 1984.

Gildemeister, R.: Öffentlichkeitsarbeit für Naturschutz und Landschaftspflege — Auswertung eines Untersuchungsberichtes. In: Natur und Landschaft, 56. Jg., 1981, Heft 6.

-: Sicherung von Erholungslandschaften. In: Städte- und Gemeindebund, Heft 8, 1984.

Glandt, D.: Amphibienschutz aus der Sicht der Ökologie — Ein Beitrag zur Artenschutz-Theorie. In: Natur und Landschaft, 56. Jg., 1981, Heft 9.

Global 2000: Bericht an den Präsidenten (1980), Deutsche Übersetzung von Reinhard Kaiser.

Gößwald, K.: Biotechnik der Waldameisenhege. In: Der Forst- und Holzwirt, Nr. 20, 1981.

Goldberg, E. D.: The health of the oceans. Paris, 1976.

Gossow, H.: Wald — Wildtier — Wechselbeziehungen in Mitteleuropa. In: AFZ, Nr. 15/1983.

Graulich, R.: Feldholzinseln, Stätten des Lebens. Landesjagdverband Hessen, 1980.

-: Hecken und Gehölze für das Niederwild. In: Niedersächsischer Jäger, 21/1983.

-: Situation des Niederwildes in Hessen. In: Ist der Rückgang des Niederwildes in der Kulturlandschaft unabwendbar? In: Niedersächsischer Jäger, Nr. 17/1984.

Grohé, T. Stadtökologie, Stadtgrün und integrierte Planung. In: Inform. zur Raumentwicklung, 1982.

Grosch, P.: Öko-Landbau — unsere Zukunft. Naturschutz und Landwirtschaft aus der Sicht des alternativen Landwirtes. In: Wir und die Vögel, DBV.

Gruhl, H.: Ein Planet wird geplündert. Frankfurt, 1975.

-: Das irdische Gleichgewicht. Erb Verlag, Düsseldorf, 1982.

Gussone, H. A.: Auswirkungen von Immissionen und Gegenmaßnahmen in den Wäldern Nordwestdeutschlands. In: Der Forst- und Holzwirt, 38. Jg., Nr. 21/1983.

Guttenberg, E., Freiherr v. u. z.: Alle Christen müssen Umweltschützer sein. In: Nationalpark, Nr. 12, 1976.

Haaf, G.: Rettet die Natur. Praesentverlag, Europäische Bildungsgemeinschaft Verlags-GmbH, Stuttgart, 1981.

Hampicke, U.: Landwirtschaft und Umwelt — Ökologische und ökonomische Aspekte einer rationalen Umweltstrategie, dargestellt am Beispiel der Landwirtschaft der Bundesrepublik Deutschland, 1977.

Hanstein, U.: Biotopschutz durch Unterlassen. In: Der Forst- und Holzwirt, Nr. 6, 1982.

-: Welche Wünsche hat der Naturschutz an die Forstwirtschaft und wie lassen sie sich erfüllen? In: Der Forst- und Holzwirt, Nr. 2, 1984.

Hard, G. Brachflächen in der Landschaft 1976 — Vegetationsentwicklung, Auswirkungen auf Landschaftshaushalt und Landschaftserlebnis, Pflegeverfahren.

-: Die spontane Vegetation der Wohn- und Gewerbequartiere von Osnabrück. In: Osnabrücker naturwissenschaftliche Mitteilungen 9/1982.

Haß: Merkblatt über die Grundzüge der fischereilichen Bewirtschaftung von Gewässern. Hrsg.: Niedersächsisches Landesverwaltungsamt — Binnenfischerei. 1984.

Hattemer, H. H.: Meinungsvielfalt und genetische Vielfalt im Walde. In: FAZ vom 5.7.1985.

Hatzfeld, H.: Ist der Wald noch zu retten? Eine teure Zeche: Der grünen Lunge der Erde geht die Luft aus. In: DIE ZEIT, vom 2.3.1984.
Hauser, B.: Weniger Schwermetalle in den Flüssen. In: FAZ, Nr. 224, 1985.
Heimburg, B. von: Umweltschutz geht alle an. Was kann die Landwirtschaft tun? Merkblatt, Hrsg.: AID-Bonn, 1980.
Heinemann, G.: Auf welchem Weg befinden wir uns als Jäger? In: DJV-Informationen, Nr. 5/1981.
Heinzmann, R.: Natur- und Umweltschutzrubriken in bundesdeutschen Illustrierten, Wochenblättern und Magazinen. In: Natur und Landschaft, 60. Jg., 1985, Heft 3.
Hepting, L.: Der Maisanbau hat seine Grenzen — Bodenverdichtung und Erosion beschränken den Fruchtfolgeanteil. In: Landwirtschaftl. Wochenblatt vom 15.3.1980.
Hessische Landesforstverwaltung: Ruhezonen im Walde, Merkblatt 21, Hann.-Münden, 1983.
Heydemann, B.: Empfehlung zum Problem des Herbizid-Einsatzes an Straßen-, Weg- und Feldrändern. In: Informationsdienst Naturschutz, Nr. 1, Juni 1981. Nds. Ministerium für Ernährung, Landwirtschaft und Forsten.
-: Flächensicherung für den Artenschutz. Jahrbuch für Naturschutz und Landschaftspflege 31/1981.
Hildebrand, E.; Wiebel, M.: Der Einfluß der Befahrung auf die Qualität von Forststandorten, dargestellt an bodenphysikalischen Kenngrößen. AFJZ, 153. Jg., Heft 1/2, 1982.
Hiller, H.: Probleme der Ufersicherung in der Röhrichtzone durch ingenieur-biologische Bauweisen. In: Natur und Landschaft, 53. Jg., 1978, Heft 7/8.
Hornsmann, E.: Erschließung für wen? In: Unser Wald, Nr. 6/1981.
Hüttermann, A.: Frühdiagnose von Immissionsschäden im Wurzelbereich von Waldbäumen. In: Sonderheft der Schriftenreihe »Wald und Umwelt« der Schutzgemeinschaft Deutscher Wald e. V., Münster-Hiltrup, 1982.
Huss, J.: Die Bekämpfung der Konkurrenzvegetation von Waldverjüngungen in der forstlichen Praxis. In: AFZ, Nr. 14/1982.
Hutter, Cl.-P.; Thielcke, G.; Herrn, Cl.-P.; Faust, B.: Naturschutz in der Gemeinde — Praktischer Ratgeber für Jedermann. Pro Natur Verlag, Stuttgart, 1985.

Iglisch, I.: Landschaftshygienische Probleme bei Massenentfaltungen von tierischen Schädlingen. In: Natur und Landschaft, 55. Jg., 1980, Heft 7/8.
Innenministerium Baden-Württemberg (Hrsg.): Städtebauliche Klimafibel. Hinweise für die Bauleitplanung, Folge 1, ausgearbeitet von Forschungsgemeinschaft Bauen und Wohnen.
Internationale Föderation der Landschaftsarchitekten — Arbeitsgruppe Landschaftsplanung in städtischen Bereichen: Landschaftsentwicklung in der Stadt (Erlanger Empfehlungen). In: Natur und Landschaft, 55. Jg., 1980, Heft 10.

Jacoby, H.: Wassersport und Naturschutz (Bereich Seengebiete). Sonderdruck Deutscher Naturschutzring e. V. (DNR), Bonn, 1980.
Jahn, G.: Wald- und Gebüschgesellschaften in Norddeutschland — Ihre Gefährdung sowie Möglichkeiten ihrer Förderung durch Waldbau. In: Der Forst- und Holzwirt, Nr. 6, März 1982.
Jens, G. Versauern die Fischgewässer? In: AFZ, Nr. 25/26, 1985.
Joepen, K. H.: Verpackt, verkauft, verschleudert. In: DIE ZEIT vom 17.2.1984.

Kalchreuther, H.: Die Sache mit der Jagd — Grundlagen, Erkenntnisse, Perspektiven. 4. Aufl. (Neuausgabe), BLV-Verlag, München, 1984.
Kaule, G.: Forderungen an die Gesetzgebung aufgrund der Ergebnisse der Biotopkartierung Bayern und ihrer Auswertung als Naturschutzfachplanung. In: Z. TU Berlin, 1978.
Kiemstedt, H; Trommsdorff, U.; Wirz, St: Gutachten zur Umweltverträglichkeit der Bundesautobahn A4 — Rothaargebirge. In: Beiträge zur räumlichen Planung. Schriftenreihe des Fachbereiches Landespflege der Universität Hannover, 1985.
Killper u. Partner: Landschaftsverbrauch durch Verkehr; Untersuchung über die Entwicklung von 1955 bis 1990 in der Region Mittlerer Neckar, im Auftrag d. Min. Ernährung, Landw. und Umwelt, Baden-Württemberg, Stuttgart, 1979.
Kinzelbach, R.: Limnische Lebensräume — limnische Wirbellose. In: Natur und Landschaft, 55. Jg. 1980, Heft 1.
Kleinschmit, H.: Biotop- und Artenschutz im forstlichen Alltag. In: Der Forst- und Holzwirt, Nr. 6/1982.
Kleinschmit, J.: Artenschutz und Forstpflanzenzüchtung. In: Der Forst- und Holzwirt, Nr. 6/1982.
Klingholz, R.: Der waidwunde Wald — Wie Reh und Hirsch den geplagten Forsten zusetzen. In: DIE ZEIT vom 22.3.1985.

Kloehn, E.; Zacharias, F.: Einrichtung von Biotopen auf dem Schulgelände, Kiel 1983, Landesinstitut Schleswig-Holstein für Praxis und Theorie in der Schule (IPTS) und Institut für die Pädagogik der Naturwissenschaften (IPN).

Klötzli, F.; Unsere Umwelt und wir — Eine Einführung in die Ökologie. Hallwag Verlag, Bern und Stuttgart, 1980.

Knauer, N.: Naturschutz und Flurbereinigung in der Diskussion — Zusammenfassung der Tagungsergebnisse. In: Jahrbuch für Naturschutz und Landschaftspflege, Band 29, 1979.

Koch, E. R.; Vahrenholt, F.: Die Lage der Nation. Umwelt-Atlas der Bundesrepublik — Daten, Analysen, Konsequenzen, GEO, 1983.

König, C.: Sportangler — Konfliktpartner wider Willen. In: Wir und die Vögel, 11. Jg., 1979, Heft 3.

Koeppel, H.-D.: Sinnvolle Planung an Seeufern — ein Beispiel aus der Schweiz. In: Natur und Landschaft, 51. Jg., 1976, Heft 3.

Koeppel, H. W.: Der Nutzen des Landschafts-Informationssystems für die Landschaftsplanung. In: Natur und Landschaft, 56. Jg., 1981, Heft 10.

Kramer, G.: Naturschutz und Tourismus — Konflikte und deren Lösungsmöglichkeiten. Vortrag beim Seminar des Verbandes Deutscher Gebirgs- und Wandervereine e. V. am 17. 11.1984 in Goslar.

Krause, A.: Gehölzbewuchs als natürlicher Uferschutz an Bächen des Hügel- und unteren Berglandes. In: Natur und Landschaft, 51. Jg., 1976, Heft 7/8.

Krause, A.; Lohmeyer, W.: Über Erosionsschäden an gehölzfreien Bachufern in Nordwestdeutschland. In: Natur und Landschaft, 53. Jg., 1978, Heft 6.

-: Schränken Pflanzenschutzbestimmungen unser Wildstrauchsortiment ein? — Zur Frage verfemter Holzarten. In: Natur und Landschaft, 55. Jg., 1980, Heft 7/8.

Krause, A.: Straßenbegleitgrün — Eine Chance für Flora und Vegetation in Händen der Straßenmeistereien. In: Natur und Landschaft, 57. Jg., 1982, Heft 2.

Kremser, W.: Waldplanungen als Kulturaufgabe, AFZ vom 9.1.1982.

Kreuz, W.; Walter, W.: Strömungs- und Erosionsvorgänge im Bereich von einzelnen und gestaffelten Windschutzanlagen (nach Untersuchungen im Windkanal), Institut für Naturschutz, Schriftenreihe V4, 1960.

Kreutzer, K.: Immissionsschäden durch Auftausalze in den Wäldern. In: Forstwiss. Centralblatt, S. 76/1977.

Kroth, W.; Sinner, H.-U.; Bartelheimer, P.: Hilfsmittel zur Bewertung von Schälschäden an Fichte und Buche. In: AFZ, Nr. 5/1984.

Küppers, B.-O.: Der Verlust aller Werte. In: Natur, Nr. 4/1982.

Kulzer, E.: Der Winterschlaf der Fledermäuse — Die Überwindung einer Energiekrise. Stuttgarter Beiträge zur Naturkunde, Serie C, Nr. 14.

Kurt, F.: Wildtiere in der Kulturlandschaft. Eugen Rentsch Verlag, Erlenbach-Zürich, 1977.

-: Naturschutz — Illusion und Wirklichkeit. Verlag Paul Parey, Hamburg und Berlin, 1982.

Lehringer, S.: Schwermetallbelastung des Bodens aus heutiger Sicht. In: AFZ, Nr. 6/1984.

-: Luftverunreinigungen und Atemwegserkrankungen beim Menschen. In: AFZ, Nr. 14/1985.

Leibundgut, H.: Das zeitgemäße Waldbauideal. Schweizer Zeitschrift f. Forstw. 1973.

-: Wirkungen des Waldes auf die Umwelt des Menschen. Zürich und Stuttgart, 1975.

Lenhart, B.; Steinberg, Chr. (Bearb.): Limnochemische und limnobiologische Auswirkungen der Versauerung von kalkarmen Oberflächengewässern. In: Informationsberichte Bayer. Landesamt für Wasserwirtschaft, Nr. 4/1984.

Lersner, H. v.: Schutz der Wälder vor Immissionsschäden. In: Der Forst- und Holzwirt, 39. Jg., 1984, Nr. 16.

Lohmann, M.: Ökofibel. Hrsg.: Bund für Umwelt- und Naturschutz Deutschland e. V. , 8. Aufl., Bonn, 1981.

Lohmeyer, W.; Krause, A.: Über den Gehölzbewuchs an kleinen Fließgewässern Nordwestdeutschlands und seine Bedeutung für den Uferschutz. In: Natur und Landschaft, 49. Jg., 1974, Heft 12.

Lorenz, K.: Die acht Todsünden der zivilisierten Menschheit. München, 1973.

Loske, K.-H.: Pflege, Erhaltung und Neuanlage von Kopfbäumen. In: Natur und Landschaft, 53. Jg., 1978, Heft 9.

Lucius, R. v.: Ein austrocknender Kontinent? Die Versteppung Afrikas wächst. Die Folgen einer verfehlten Umweltpolitik und unzureichender Kenntnisse. In: FAZ vom 27.10.1984.

Lühl, R.: Probleme des Naturschutzes. In: Der Präparator, Heft 1, Bochum, 1984.

Mader, H.-J.: Die Isolationswirkungen von Verkehrsstraßen auf Tierpopulationen, untersucht am Beispiel von Arthropoden und Kleinsäugern der Waldbiozönose. Schriftenreihe für Landschaftspflege und Natur-

schutz, Heft 19, Bonn-Bad Godesberg, 1979.
-: Die Verinselung der Landschaft aus tierökologischer Sicht. In: Natur und Landschaft, 55. Jg., 1980, Heft 3.
-: Pauritsch, G.: Nachweis des Barriere-Effektes von verkehrsarmen Straßen und Forstwegen auf Kleinsäuger der Waldbiozönose durch Markierungs- und Umsetzungsversuche. In: Natur und Landschaft, 56. Jg., 1981, Heft 12.
-: Die Tierwelt der Obstwiesen und intensiv bewirtschafteten Obstplantagen in quantitativem Vergleich. In: Natur und Landschaft, Nr. 57/1982.
-: Kritische Bilanz eines Insektizideinsatzes auf einem Bohnenfeld oder 51.000 tote Marienkäfer. In: Natur und Landschaft, 59. Jg., 1984, Heft 12.
Magel, H.: Das Dorf als Lebensraum — Gedanken zur Dorfökologie und Dorferneuerung. In: Natur und Landschaft, 58. Jg., 1983, Heft 9.
Mahr, R.: Widerwillen und Widerstand gegen »Naturschutz«. In: Natur und Landschaft, 53. Jg., 1978, Heft 7/8.
Maier, L.: Gärtnern ohne Gift?, Verbraucherzentrale Hamburg e. V., 1982.
Majewski, P.: Die biologischen Auswirkungen der Jagd auf die Wildenten. In: Jagd und Hege, Nr. 1/1982.
Markl, H.: Dynamik und Stabilität biologischer Populationen. In: AFZ, Nr. 6/1984.
Mayer, H.: Waldpflege als landeskulturelle Herausforderung. In: AFZ vom 9.1.1982.
-: Waldverwüstende Wildschäden in Tirol. Universität für Bodenkultur, Wien, 1983.
Mayer-Tasch; Kroher, E.: Kulturlandschaft in Gefahr.
Menke, R.: Stadtverkehrsplanung. Schriften des DIFU, Bd. 53, Stuttgart, 1975.
Meister, G.: Künftige Betriebsgestaltung im Oberbayerischen Hochgebirge. Forstwissenschaftliches Centralblatt, 88. Jg., 1969.
Metzner, U.: Einstellung von Entscheidungsträgern in Planungsbehörden zu Naturschutz- und Landschaftspflege. In: Natur und Landschaft, 56. Jg., 1981, Heft 9.
Meyer, F. H.: Bedeutung des Baumbestandes in der Großstadt. In: Unser Wald, Nr. 5/1984.
-: Mykologische Beobachtungen zum Baumsterben. In: AFZ, 1984.
Michelsen, G. (Hrsg.): Der Fischer Öko-Almanach. Daten, Fakten, Trends der Umweltdiskussion. Fischer-Verlag, Frankfurt, 1984.
Minister für Ernährung, Landwirtschaft und Forsten des Landes Nordrhein-Westfalen (Hrsg.): Umweltschutz beginnt zu Hause. Broschüre, Düsseldorf, 1984.
Moll, W. L. H.: Taschenbuch für Umweltschutz. I. Chemische und technologische Informationen 1972. II. Biologische Informationen 1976. III. Ökologische Informationen, 2. Aufl., 1982, UTB, Steinkopf-Verlag, Darmstadt.
Mosler-Berger, C.: Rothirsche im Winter — Energiesparen zum Überleben. In: Jagd und Hege, Nr. 2/1982.
Müller, H.: Hobbyferien zum Umwelt- und Naturschutz. Bericht über eine Jugendfreizeit. In: Natur und Landschaft, 56. Jg., 1981, Heft 6.
Müller, K.-H.: Naturwissenschaftliche Daten — Grundlagen für Stadtökologie und ökologische Planung. In: Ökologie und Stadtplanung. Deutscher Gemeindeverlag. 1984.
Müller, W.: Bedeutung, Schutz und Pflege von Hecken. Merkblatt des SLKV, Schweizerisches Landeskomitee für Vogelschutz, Birmensdorf, 1979.
Mrass, W.: Ziele und Aufgaben der landschaftspflegerischen Begleitplanung in der Agrarplanung. In: Jahrbuch für Naturschutz und Landschaftspflege, Band 29, 1979.

Nemetschek, G.; Festetics, A.: Zur Frage der Frühjahrsbejagung der Waldschnepfe in der Bundesrepublik Deutschland. Kilda-Verlag, Greven, 1977.
Nieders. Landesforstverwaltung: Waldränder. Merkblatt Nr. 3, Wolfenbüttel, 1977.
-: Naturnahe Bachgestaltung. Merkblatt Nr. 10, — Stillgewässer im Wald, Merkblatt Nr. 11, — Pflanzen an Gewässern, Merkblatt Nr. 12, Wolfenbüttel, 1982.
Nieders. Landesverwaltungsamt — Fachbehörde für Naturschutz, Landschaftspflege, Vogelschutz (Hrsg.): Niedersachsens Moore sind bedroht. Merkblatt Nr. 6, Hannover, 1977.
-: Hochmoore in Niedersachsen. Merkblatt Nr. 12, Hannover, 1982.
-: Wir müssen unseren letzten Störchen helfen. Merkblatt zum Schutz des Weißstorches, 6. Aufl., 1981.
-: Naturschutzatlas Niedersachsen. Hannover, 1984.
Nohl, W.: Zur Ermittlung planungsrelevanter Bedürfnisse — Dargestellt am Beispiel städtischer Freiräume. In: Natur und Landschaft, 50. Jg., 1975, Heft 8/9.
-: Eine »andere« Freiraum-Ästhetik. In: Unser Wald, Heft 1/1984.
Nordrhein-Westfalen: Richtlinie der Wasserwirtschaft. Fließgewässer. 1982.
Nowak, E.: Biotopschutz für wirbellose Tierarten — Gedanken zu einem Kolloquium. In: Natur und Landschaft, 5. Jg., 1980, Heft 1.

-: Wiedereinbürgerung von Tieren — Betrachtungen über Zweck, Handlungsvielfalt und naturschützerische Relevanz. In: Natur und Landschaft, 56. Jg., 1981, Heft 4.
-: Tieraussetzungen als Methode des Naturschutzes — Gedanken über künftige Aktivitäten. In: Natur und Landschaft, 56. Jg., 1981, Heft 4.
Nohl, W.: Brachflächen in der Landschaft — Vegetationsentwicklung, Auswirkungen auf Landschaftshaushalt und Landschaftserlebnis, Pflegeverfahren. 1976.
-: Ästhetik und Pflanzenverwendung im städtischen Freiraum. In: Natur und Landschaft, 60. Jg., 1985, Heft 7/8.

Oehry, W.: Jagd und Tierschutz. DJV-Informationen, Nr. 5/1981.
Oeser, K.: Natur- und Umweltschutz als ethische Verpflichtung. In: Nationalpark, Nr. 12/1976.
Olschowy, G. (Hrsg.): Ökologische Grundlagen des Natur- und Umweltschutzes, Band 1—3, Sonderdruckausgabe Funkkolleg »Mensch und Umwelt«, Verlag Paul Parey, Hamburg und Berlin, 1981.
-: Straße und Umwelt — Zielkonflikte und ihre Auswirkungen. In: Natur und Landschaft, 56. Jg., 1981, Heft 10.
-: Bundeswettbewerb »Unser Dorf soll schöner werden« — Gedanken und Eindrücke. In: Natur und Landschaft, 59. Jg., 1984, Heft 2.
Osten, G. v. d : Naturschutz — warum?. In: Natur und Landschaft, 53. Jg., 1978, Heft 10.
Otto, F.: Störung des Naturgenusses durch Modellflugbetrieb. In: Natur und Landschaft, 53. Jg., 1978, Heft 6.

Pegel, M.: Niederwild in unserer Kulturlandschaft — Ökologische Zusammenhänge, aufgezeigt an Beispielen für Hase, Rebhuhn und Fasan. In: Jagd und Hege, Mai 1982.
Peltzer, H.: Praktische Erfahrungen mit dem landschaftspflegerischen Begleitplan aus der Sicht der Landschaftspflege. In: Jahrbuch für Naturschutz und Landschaftspflege, Band 29, 1979.
Pleiss, H.: Der Kreislauf des Wassers in der Natur. G. Fischer-Verlag, Jena, 1977.
Plochmann, R.: Wald zwischen Ökologie und Ökonomie. In: Rettet den Wald, Kindler-Verlag, München, 1979.
-: Mensch und Wald. In: Rettet den Wald, Kindler-Verlag, München, 1979.
Pöggeler, F.: Ökologische Aspekte der Andragogik — Erwachsenenbildung im Gelände. In: Natur und Landschaft, 56. Jg., 1981, Heft 2.
Pretscher, P.; Schult, A.: Die Gefährdung der Insektenfauna, insbesondere der Schmetterlinge, durch Fang und Handel. In: Natur und Landschaft, 53. Jg., 1978, Heft 10.
Preuß, G. Voraussetzungen und Möglichkeiten für Hilfsmaßnahmen zur Erhaltung und Förderung von Stechimmen in der Bundesrepublik Deutschland. In: Natur und Landschaft, 55. Jg., 1980, Heft 1.
Probst, Ch.: Die moderne Barbarei. In: Kleine Zeitung (Österreich) vom 26.2.1984.

Quirbach, K.-H.: Agrarlandschaft. In: Natur und Landschaft, 53. Jg., 1978, Heft 3.
-: Konventionell oder alternativ wirtschaften? In: Natur und Landschaft, 55. Jg., 1980, Heft 7/8.
-: Freund oder Feind — Unkraut? In: Natur und Landschaft, 56. Jg., 1981, Heft 11.

Raabe, E.-W.: Über die Entwicklung der Kleingewässer, dargestellt am Beispiel der Gemeinde Heikendorf. Heimat 86: 53—56, 1979.
Rehfuess, K.-E.: Walderkrankungen und Immissionen — eine Zwischenbilanz. In: AFZ, Nr. 24/1983.
Reichelt, G.: Landschaftsverlust durch Straßenbau. In: Natur und Landschaft, 54. Jg., 1979, Heft 10.
-; Schwoerbel, W.: »Ökologie«. Cornelsen-Velhagen und Klasing-Verlag, Bielefeld, 1979.
Reichholf, J.: Ohne Beschränkungen geht es nicht. In: Wir und die Vögel, 10/1979, Heft 3.
-: Landschaftsstruktur und Artenvielfalt. In: Nationalpark.
Reimoser, F.: Wildökologische Aspekte zur Lösung von Wildschadensproblemen. In: AFZ, Nr. 44/1983.
Remmert, H.: Ökologische Probleme als Herausforderung. Beispiele aus Vergangenheit und Gegenwart. AFZ, 37. Jg.,Nr. 22/1982.
Riesenhuber, H.: Die Herausforderung annehmen. Rede des Bundesministers für Forschung und Technologie zur Eröffnung des Symposiums der Kommission der EG »Saurer Regen — eine Herausforderung für Europa«, Karlsruhe, 19. September 1983.
Ringler, A.: Schrumpfung und Dispersion von Biotopen. In: Natur und Landschaft, 56. Jg., 1981, Heft 2.
Rock, M.: Umweltschutz — Eine Herausforderung an die christliche Ethik. In: Aktuelle Information, Mainz, 8/1979.
-: Mensch und Umwelt — Anthropologische Überlegungen zu einem gestörten Verhältnis. Vortrag vor dem Deutschen Forstverein in Münster, 1982.

-: Natur und Landschaft — was bedeuten sie für den Menschen?. In: Natur und Landschaft, 58. Jg., 1983, Heft 7/8.

Röhnert, G.: Rettung der Lurchbevölkerungen vor dem Straßentod. Verband Deutscher Vereine für Aquarien- und Terrarienkunde e. V., Arbeitskreis Information Nr. 12, Grevenbroich, 1980.

-: Wer mithilft, die Umwelt gesund zu erhalten, hilft sich selbst am meisten. Verband Deutscher Vereine für Aquarien- und Terrarienkunde e. V., Arbeitskreis Umweltschutz-Fauna-Flora, Grevenbroich.

Röhrig, E.: Waldbau auf ökologischer Grundlage. Verlag Paul Parey, Hamburg und Berlin, 1980.

Röth, R.: Naturschutz als Entscheidungshilfe für die Praxis. In: Natur und Landschaft, 57. Jg., 1982, Heft 1.

Roy, L. G. le: Natur ausschalten — Natur einschalten. Klett-Cotta, Stuttgart, 1978.

Rühl, D.: Rote Liste gefährdeter Tierarten in der Bundesrepublik Deutschland, Teil II — Wirbellose. In: Natur und Landschaft, 52. Jg., 1977, Heft 4.

Saar, Ch.: Der Wanderfalke — Arealerweiterung durch Zucht und Aussetzung? In: Natur und Landschaft, 56. Jg., 1981, Heft 4.

Schaefer, M.: Gedanken zum Schutz der Spinnen. In: Natur und Landschaft, 55. Jg., 1980, Heft 1.

-: Waldschäden und die Tierwelt des Bodens. In: AFZ, Nr. 27/1985.

Schäfer, R.: Der Regen gibt Gewässern Saures. In: Natur Nr. 6/1984.

Schandinischky, L. H.; Schiller, G.; Keller, Y.: Über die Schallschutzwirkung von Einzelbäumen und Waldstreifen. In: Forstarchiv, 53. Jg., Hannover, 1982, Nr. 2.

Schemel, H.-J.; Englmaier, A.: Zur Bedeutung naturnaher Kleinstrukturen für die Landwirtschaft im Rahmen der Flurbereinigung. In: Z. f. Kulturtechnik und Flurbereinigung, 23/1982.

Scherzinger, W.: Rauhfußhühner. Nationalpark Bayerischer Wald, Heft 2, München, 1976.

-: Chancen der Wiedereinbürgerung von Waldhühnern in Deutschland. In: Natur und Landschaft, 56. Jg., 1981, Heft 4.

Schiefer, J.: Vegetationsentwicklung und Pflegemaßnahmen auf Brachflächen in Baden-Württemberg. In: Natur und Landschaft, 56. Jg., 1981, Heft 7/8.

-: Ergebnisse der Landschaftspflegeversuche in Baden-Württemberg — Wirkungen des Mulchens auf Pflanzenbestand und Streuzersetzung. In: Natur und Landschaft, 58. Jg., 1983, Heft 7/8.

Schmiese, N.: Was kann eine Kreisverwaltung für den Biotop- und Artenschutz tun? In: Natur und Landschaft, 53. Jg., 1978, Heft 12.

Schmitt, A.: Pflanzenverwendung im urbanen Bereich, BDLA 18 (Beiträge des 18. Seminars), Callwey-Verlag, München, 1976.

Schneider, E.: Angler — Vogelfeinde wider Willen. In: Wir und die Vögel, 10/1979, Heft 3.

-: Hegemaßnahmen für den Feldhasen. In: Niedersächsischer Jäger 9/1984.

Schneider, R.: Erfahrungen bei der Rekultivierung von Kiesgruben. In: Natur und Landschaft, 51. Jg., 1976, Heft 4.

Schneider, W.: Selbstverwirklichung — nichts weiter als ein Wahn. In: FAZ vom 7.11.1981.

Schnell, P.; Weber, P.: Naturpark »Hohe Mark« — Gruppenspezifische Analyse der Besuchsmotive. In: Natur und Landschaft, 52. Jg., 1977, Heft 12.

Schoen, R.; Wright, R.; Krieter, U.: Gewässerversauerung in der Bundesrepublik Deutschland. Naturwissenschaften 71, 1984.

Schorn, A.: Wald und Wild, Gegensätze oder Lebensgemeinschaften? In: Der Forst- und Holzwirt, Nr. 22/1981.

Schreiber, R. L. (Hrsg.): Rettet die Wildtiere. Pro Natur Verlag, Stuttgart, 1980.

-: Arche Noah 2000 — Unsere Umwelt braucht unsere Hilfe. Das Buch zur HörZu-Aktion, Frankfurt (Main), 1981.

Schreiber, R.: Pro Mehrweg — Stop Einweg/Getränkeverpackungen, Daten und Fakten 1983/84. Frankfurt, 1984.

Schröder, W.: Ändert sich der Wald, ändert sich die Tierwelt. In: Rettet den Wald, Kindler-Verlag, München, 1979.

-: Die Tiere des Waldes — Glieder im Ökosystem. In: Rettet den Wald, Kindler-Verlag, München, 1979.

Schürmann, H.: Gärtnern und Gift. Berufsschul- und Fragebogenaktion, Nov. 1983 im Bezirk Wuppertal. In: GGLuF-Mitteilungen.

Schulz, A.: Der KÖH-Wert — Modell einer komplexen planungsrelevanten Zustandserfassung. In: Inform. zur Raumentwicklung, Heft 10, 1982.

Schulz, H.-J.: Naherholungsgebiete, Grundlagen der Planung und Entwicklung. Verlag Paul Parey, Hamburg und Berlin, 1978.

Schuster, G.: Das Tiernutzgesetz. In: Natur, Nr. 6/1984.

Schuster, S.: Angelsport und Naturschutz - Eine Dokumentation des DBV und Sportfischerei und Vogelschutz. Die Behörden müssen eingreifen. In: Wir und die Vögel, 10/1979, Heft 3.

Schutzgemeinschaft Deutsche Nordseeküste e. V. (Hrsg.): Das Watt — Lebensraum zwi-

schen Festland und Meer. Schriftenreihe Naturschutz und Umweltschutz an der Nordsee, Heft 1, Aurich, 1980.
Schwarz, U.: Der Naturgarten. W. Krüger Verlag, Frankfurt, 1980.
Schwertmann, U.: Stand der Erosionsforschung in Bayern, Ökologische Probleme in Agrarlandschaften. Daten und Dokumente zum Umweltschutz. Sonderreihe Umwelttagung, Nr. 30, 1980.
Sening, Chr.: Umweltzerstörung, Recht und Information. In: Natur und Recht, 7. Jg., 1985, Nr. 4.
Spittler, H.: Witterung und Niederwildbesatz, Hessischer Jäger, 24/11, 1980.
-: Winterdeckung für das Niederwild. In: Niedersächsischer Jäger 21/1983.
Sukopp; Trautmann; Korneck: Auswertung der Roten Liste gefährdeter Farn- und Blütenpflanzen in der Bundesrepublik Deutschland für den Arten- und Biotopschutz. Schriftenreihe für Vegetationskunde Nr. 12/1978.
Städtetag Nordrhein-Westfalen: Muster einer Baumschutzsatzung (Umdruck K 3258). In: Natur und Landschaft, 52. Jg., 1977, Heft 4.
Staub, E.: Graureiher und Fischerei. In: Jagd und Hege, Nr. 1/1985.
Stein, H.: Kontrollierte Vermehrung und Arterhaltung bei Fischen. In: Natur und Landschaft, 56. Jg., 1981, Heft 11.
Stern, H.; Thielcke, G.; Vester, F.; Schreiber, R.: Rettet die Vögel, Herbig-Verlag, 1978.
Steubing, L.; Kirschbaum, U.: Immissionsbelastung der Straßenrandvegetation. In: Natur und Landschaft, 51. Jg., 1976, Heft 9.
Strate, W.: Rebhühner — eine Rarität. In: Niedersächsischer Jäger 1/1982.

Tamm, J.: Angler und Naturschützer — Feindliche Brüder? In: Natur und Landschaft, 56. Jg., 1981, Heft 3.
Tataruch, F.: Die Cadmium-Kontamination der Wildtiere. In: AFZ, Nr. 21/1984.
Technische Universität Berlin: Landwirtschaft im Konflikt zwischen Ökologie und Ökonomie. Dissertation 1977.
Thielcke, G.: Vogelarten sind tatsächlich durch Jagd im Bestand gefährdet. In: Natur und Landschaft, 50. Jg., 1975, Heft 3.
-: Ein Kooperationsmodell zwischen Flurbereinigung und Naturschutz. In: Natur und Landschaft, 53. Jg., 1978, Heft 3.
Thorwart, G.: Auf Schritt und Tritt. In: Unser Wald, Heft 2/1982.
Trommer, G.: Naturschutz im Biologieunterricht der Sekundarstufe II. In: Naturschutz heute, Naturschutzzentrum Hessen, Heft 3, Tagungsbericht Wetzlar, 1984.
Tscharntke, T.: Klärteiche — Feuchtgebiete in einer ausgeräumten Kulturlandschaft. In: Natur und Landschaft, 58. Jg., 1983, Heft 9.

Ulrich, B; Mayer, R.; Khanna, P. K.: Deposition von Luftverunreinigungen und ihre Auswirkungen in Waldökosystemen im Solling, Sauerländer Verlag, Frankfurt, 1979.
Ulrich, B.: Destabilisierung von Waldökosystemen durch Akkumulation von Luftverunreinigungen. In: Der Forst- und Holzwirt, 36. Jg., 1981, Nr. 21.
-: Die Rolle des Waldes für die Wassergüte. In: AFZ, 36. Jg., 1981, Nr. 42.
-: Gefahren für das Waldökosystem durch saure Niederschläge. In: Sonderheft der Schriftenreihe Wald und Umwelt der Schutzgemeinschaft Deutscher Wald e. V., Münster-Hiltrup, 1982.
Umweltbundesamt: Daten zur Umwelt 1984, Berlin, 1984.
Unger, H.-J.: Verpflanzen von Hecken und Feldrainen im Rahmen der Flurbereinigung — Erste Erfahrungen aus Bayern. In: Natur und Landschaft, 56. Jg., 1981, Heft 9.

Vangerow, H.-H.: Möglichkeiten des Biotopschutzes in Bayern aus forstlicher Sicht. In: Natur und Landschaft, 52. Jg., 1977, Heft 8/9.
Vauk, G.: Naturschutz und Jagd. In: Niedersächsischer Jäger, Nr. 15/1976.
Verband Deutscher Biologen: Zu wenig Biologieunterricht. In: Natur und Landschaft, 60. Jg., 1985, Heft 9.
Vester, F.: Lebensquelle Wasser. In: Rettet die Vögel, Herbig-Verlag.
Vetter, H.: Ist alternativer Landbau der Landbau der Zukunft? — Die Landwirtschaft braucht mehr Wissenschaft und mehr Verantwortungsbewußtsein. In: FAZ vom 8.2.1984.
Völksen, G.: Ferienzentren und Erholungslandschaft. In: Forschungen zur niedersächsischen Landeskunde, Band 111, Göttingen-Hannover, 1978.
Volk, H.: Biotopschutz und Freizeitnutzung der Wälder — Auswirkungen des Skilanglaufs und anderer Erholungsformen auf Wald und Landschaft. In: Der Forst- und Holzwirt, Nr. 17, 1984.
Volquardts, G.: Landesforsten müssen dem Allgemein-Nutzen dienen! In: Wild und Hund, 87. Jg., 1985, Nr. 22.

Waldmann, G.: Saurer Nebel-Niederschlag — Hauptverursacher des Waldsterbens? In: Forstliche Mitteilungen, Nr. 19/1984.

Wasner, U.; Wolfstraub, R.: Mitteilungen LÖLF 6, Heft 1 und 2, 1981.

Waßmann, R.: Bewertung des biologischen Zustandes der Fließgewässer in Südniedersachsen anhand der vorgefundenen Wirbellosen-Fauna. In: Neues Archiv für Niedersachsen, Band 33, Heft 4, Göttingen, 1984.

Weber, H. E.: Das expositionsbedingte Verhalten von Gehölzen und Hinweise für eine standortgerechte Artenwahl. In: Natur und Landschaft, 50. Jg., 1975, Heft 7.

Wegener, H.-J.: Forstleute: Landespfleger oder Holztechnokraten? In: Der Forst- und Holzwirt, 36. Jg., 1981, Heft 22.

Wehber, P.: Wie die Nadelbäume durch Luftschadstoffe vorzeitig sterben. In: AFZ, Nr. 38, 1985.

Weiger, H.: Naturschutzforschung als Anforderung von der Praxis aus der Sicht der Naturschutzverbände. In: Natur und Landschaft, 57. Jg., 1982, Heft 1.

-: Der Wald stirbt. In: Praxis der Naturwissenschaften Biologie, Nr. 9/1983.

Wellenstein, G.: Ist unsere Gesundheit in Gefahr? — Ein kritischer Rück- und Ausblick auf den chemischen Pflanzenschutz. Heinrich-Schwab-Verlag, Schopfheim, 1976.

Wentzel, K. F.; Zundel, R.: Hilfe für den Wald — Ursachen — Schadbilder — Hilfsprogramme. Falken-Verlag, Niedernhausen, 1984.

Wentzel, K. F.: Hypothesen und Theorien zum Waldsterben. In: Forstarchiv, 56. Jg., 1985, Heft 2.

-: Lektionen der Smog-Periode 1985 zur Beurteilung der Walderkrankungen. In: AFZ, Nr. 27/1985.

Werner, J.: Warum jagen wir? In: Niedersächsischer Jäger Nr. 21/1983.

Wesemüller, H.: Wassersport und Naturschutz (Bereich Wattenmeer), Sonderdruck, Deutscher Naturschutzring (DNR), Bonn, 1980.

Wildermuth, H.: Natur als Aufgabe. Hrsg.: Schweizerischer Bund für Naturschutz, 1978.

Windt, A.: Natur in der Stadt,Ravensburg, 1980.

Wingert, E.: Stirbt nach dem Wald auch der Boden? In: Natur, Nr. 3/1983.

Winkel, G.: Artenschutz als Auftrag für Erziehung und Öffentlichkeitsarbeit. In: Jahrbuch für Naturschutz und Landschaftspflege, Band 30, Bonn, 1980.

Winkelbrandt, A.: Aufgabe und Verfahrensweise der landschaftspflegerischen Begleitplanung in der Straßenplanung. In: Natur und Landschaft, 54. Jg., 1979, Heft 10.

Winter, K.: Tiergemeinschaften der Waldtypen, insbesondere des Flachlandes, und Möglichkeiten ihrer Förderung. In: Der Forst- und Holzwirt, Nr. 6, 1982.

Wittenberg, J.: Zur Frage einer Artenschutzregelung für Rabenkrähe, Elster und Eichelhäher. In: Natur und Landschaft, Nr. 53/1978.

Wölfl, H.: Zur Jugendentwicklung, Mutter-Kind-Bindung und Feindvermeidung beim Rothirsch. Dissertation. Göttingen, 1981.

Wohlfahrt, K. A.: Mensch und Natur — Überlegungen zu einem gestörten Verhältnis. Vortrag vor der Jahrestagung des Nordwestdeutschen Forstvereins in Neuhaus, 12.—13. Oktober 1983.

Wolgast, Th. V.: Geld für den, der Unkraut wachsen läßt. In: FAZ vom 22.11.1980.

Ziesemer, F.: Untersuchungen zum Einfluß des Habichts auf Populationen seiner Beutetiere. In: Beiträge zur Wildbiologie, Heft 2, Landesjagdverband Schleswig-Holstein, 1983.

Zimmerli, E.: Freilandlabor Natur — Schulreservat, Schulweiher, Naturlehrpfad; Schaffung, Betreuung, Einsatz im Unterricht — Ein Leitfaden. Verlag WWF Schweiz, Zürich, 1980.

Zucchi, H.: Aspekte ökologischen Lernens. In: Natur und Landschaft, 59. Jg., 1984, Heft 3.

Zundel, R.: Vorschläge zur Einschränkung der Walderholung zugunsten des Arten- und Biotopschutzes. In: DJV-Nachrichten, Nr. 5/1984.

18 Sachverzeichnis

In Sachen des Gewissens
ist die Mehrheit nicht zuständig.
Mahatma Gandhi